신판

행 정 학

백완기 저

博 英 社

신판 서문

저자는 1984년에 행정학을 출간하고 그 이후로 여러 차례 증보판을 낸 바 있다. 증보판을 거듭하면서도 관리기법보다는 이론성을 강조하는 데에는 변함이 없었다. 이번 신판은 어느 때보다 대대적인 변화를 시도하였다. 우선 행정의 공공성과 권력적인 측면을 부각시키려고 노력하였다. 행정은 능률성도 중요하지만 공공성과 권력성도 중요하다는 것을 내세우고 싶었다. 공공성의 본질적 영역은 돈을 아끼고 절약하는 일보다는 사회적 약자의 편에 서서 손해나는 일을 하는 것이 본래의 영역이라는 것을 강조하고 싶었다. 아울러 행정은 경제의 논리 못지않게 권력의 논리와 사회문화적 논리에 의해서 영향을 받는다는 것도 강조하고 싶었다. 다음으로 지적하고 싶은 것은 새로운 이론들과 제도들을 보강하면서 기존의 내용들을 적지않게 과감하게 삭제하였다. 변화와 보강의 내용들을 좀더 구체적으로 살펴보기로 한다.

첫째, 행정학 본래의 주제인 공공성이 무엇인가에 대해서 이론적인 규명을 시도하여 보았다.

둘째, 행정학 계보를 다루는 장에서는 요즈음에 논의되는 신공공관리이론, 거버넌스이론, 및 포스트모더니즘을 첨가하였다.

셋째, 행정과 환경을 다루는 장에서는 행정에 가장 큰 영향을 준다고 생각되는 정치, 정보화 및 세계화를 심도 있게 다루었다. 정치권력과 행정과의 관계, 전자정부, 지식정부, 세계화 속에서 변화되는 행정의 모습 등을 다루었다.

넷째, 사회자본인 신뢰문제를 본격적으로 다루어 보았다.

다섯째, 조직문제와 관리문제를 다룰 때에 팀제와 책임운영기관제도를 첨가해서 소개하였다.

여섯째, 예산관리를 다룰 때에 하향적 편성제도, 일괄총액제도, 정부회계, 발생주의회계, 복식회계, 현금관리 등을 새로 소개하였다.

일곱째, 인력관리를 다루는 장에서는 고위공무원제도, 중앙인사기관, 성과급제 등을 새로 다루었다.

여덟째, 기존에 다루었던 막료제도 · 공기업, 커뮤니케이션, 공공관계, 행정의 발전전략, 중앙과 지방간의 관계 등을 삭제하였다.

저자 나름대로 행정학의 정체성을 밝히는 데 최선을 다한다고 하였으나 항시 미완성이라는 것을 가슴에 지니고 있다.

2006년 6월

저자 백 완 기

제 4 전정보정판을 내면서

이번 제 4 전정보정판에서는 오·탈자의 수정, 한자의 한글화, 정부조직개편에 따른 변화를 반영하였다.

그 구체적인 내용을 보면

첫째, 독자층이 한글세대임을 감안하여 본문의 한자를 각주에 나오는 문헌들을 제외하고는 전부 한글화하였고,

둘째, 예산편성 기능이 기획예산위원회와 예산청으로 이원화된 체제에서 기획예산처로 통합됨으로써 일원화된 점을 반영하였고,

셋째, 중앙인사기관이 중앙인사위원회의 설치로 단독제에서 합의제로 바뀐 점 등을 반영하였다.

이상의 내용을 반영하여 이번 판이 나오게 되었음을 독자제현들께 알리고 이해를 구하고자 한다.

1999년 8월

저 자

제 4 전정판을 내면서

저자가 본서를 발간한 것은 1984년이다. 그 사이 세 차례에 걸쳐서 보완작업을 한 바 있다. 보완작업을 했다는 것은 새로운 이론들을 첨가했다는 이야기다. 이번에 네 번째의 보완작업을 하게 되었는데 이것 역시 새롭게 논의된 이론들이나 이전부터 논의된 이론들을 첨가하고 약간의 보강작업을 한 것이다.

이번 제 4 전정판은 세 가지 특징을 가지고 있다. 하나는 체제상에 있어서 약간의 개편이고, 두 번째는 미비했던 부분을 보강한 것이고, 세 번째는 새로운 장을 설치해서 새롭게 논의된 이론들이나 이전부터 논의된 중요한 이론들을 첨가하였다. 그러면 좀더 구체적으로 살펴보기로 한다.

우선 체제상의 개편을 보면 다음과 같다.

첫째, 정책과정편을 종래에는 행정관리편에서 다루었는데 이번에는 독립적으로 다루었다.

둘째, 행정학의 발달계보와 접근방법을 통합해서 다루었다. 과거에는 양자를 분리해서 다루었으나 통합해서 다루는 것이 보다 짜임새 있고 중복성을 피하는 것 같아 통합해서 다루었다. 그리고 계보를 다룰 때에 종래의 기술주의와 원리주의를 합쳐서 관리주의로 설명하였다.

셋째, 조직의 설계를 관리편에서 구조편으로 옮겼다.

넷째, 과거에는 행렬조직을 별도의 장에서 다루었으나 이번에는 애드호크라시에 포함시켜 보다 간략하게 다루었다.

다섯째, 행정부패를 종래에는 인력관리편에서 다루었으나 본 제 4 전정판에서는 규범편으로 옮기고 그 내용도 대폭적으로 보강하였다.

다음에 보강의 내용을 보기로 한다.

첫째, 공공성의 성격을 규명하는 데 경제학적 접근방법을 첨가하였다.

둘째, 공공행정에서 왜 능률성의 확보가 어려운가를 설명하는 데 정치적 역학관계를 보탬으로써 설명의 폭을 넓혔다.

셋째, 행정과 정보사회를 완전히 다시 썼다.

넷째, 집권화의 요인을 설명할 때에 행정서비스의 최저수준의 확보필요성과 외부효과의 영향을 가필함으로써 설명의 폭을 넓혔다.

다섯째, 중앙과 지방간의 관계를 보다 폭넓게 다루었다.

여섯째, 리더십 이론의 변천을 다룰 때에 다중연결모형의 이론을 첨가하였다.

일곱째, 사회적 규제를 보다 폭넓게 설명하였다.

여덟째, 예산집행상의 신축성과 통제문제를 상대적인 시각에서 다루었다.

아홉째, 통합예산을 이론적인 면에서 보강하였다.

열째, 국가공무원과 지방공무원의 관계를 보다 심도 있게 다루었다.

끝으로 새로 첨가한 이론들과 삭제한 것들을 보면 다음과 같다.

첫째, 행정학발달의 계보와 접근방법을 다룰 때에 공공선택이론을 첨가하고 체제접근방법을 삭제하였다. 체제적 접근방법은 환경론적 접근방법과 비슷하기 때문에 삭제하였다.

둘째, 행정문화를 다룰 때에 발전적 행정문화를 행정문화의 변동요인에 통합하고 행정의 정치권력으로부터의 분리, 주민의 행정평가 및 개별적 책임제를 첨가하였다.

셋째, 조직학습을 새로 소개하였다.

넷째, 총체적 품질관리(TQM)를 신설하였다.

다섯째, 조직문화를 새로 소개하였다.

여섯째, 정책결정의 모형을 다룰 때에 새로 쓰레기통 모형을 소개하였다.

일곱째, 예산의 원칙을 설명할 때에 현대적 원칙을 삭제하였다.

상기의 작업을 실시할 때에 제자교수들의 도움이 컸다는 것을 밝혀 둔다. 우선 충주산업대학 행정학과에 재직하고 있는 윤견수 교수는 책 전체를 정독하고 잘못된 용어를 바로잡고 순서를 다시 바꾸는 데 크게 도와주었다. 행정연구원의 전산실장으로 있는 문신용 박사는 정보사회와 행정을 다루는데, 안성민 박사는 공공선택이론을 다루는데, 울산대학의 조경호 교수는 총체적 품질관리를 다루는 데 결정적으로 도와주었다. 감사한 마음을 표하는 바이다.

끝으로 편집하고 교정하면서 끝까지 수고를 아끼지 않은 편집부의 노현 씨에게 감사를 표하는 바이다.

1998년 6월

저 자

전정증보신판을 내면서

이번 전정증보신판은 전정증보판과 전혀 차이가 없다. 다만 활판이었던 이전 책을 전산조판화하면서 활자와 책의 크기를 더 크게 하였다. 또한 독자층이 한글세대임을 감안하여 되도록이면 한자를 줄이려고 노력하였다. 그리고 일부 정부기구명칭의 변화가 있어 이를 바로잡았다. 예를 들면 경제기획원과 재무부를 재정경제원으로 바꾼 것이다.

1996년 7월

저 자

전정증보판을 내면서

본서의 전정판을 낸 지도 벌써 4년의 세월이 흘렀다. 세월이 흐르면서 책의 내용도 변한다는 것은 당연한 일이다. 교과서의 경우는 더욱 그러하다. 변한다고 하니까 전면적으로 변한 것은 아니고 부분적인 변화이다. 그래서 증보판이라고 하였다. 변화를 구체적으로 살펴보면 다음과 같다.

첫째, 제 1 편 제 6 장인 선·후진국 행정의 특징, 제 4 편 제 1 장의 조직의 목표와 제16장 제 4 절 미국의 행정개혁, 제 5 절 영국의 행정개혁 및 제 6 절의 한국의 행정개혁을 삭제하였다.

둘째, 새로 설치한 것은 제 4 편 제 1 장의 조직의 설계이다.

셋째, 새로 첨가하거나 다시 쓴 것을 살펴보면 다음과 같다.

(1) 제 1 편 제 5 장 제 1 절의 정치와 행정의 내용을 보강하였다.

(2) 제 4 편 제 2 장의 리더십이론에서 제 5 절 리더십의 구체적 기능들을 첨가

하였다.

(3) 제 4 편 제 6 장 제 2 절의 조직의 효과성의 접근방법에서 사회적 정의의 접근방법을 첨가하였다.

(4) 제 4 편 제 7 장의 조직 내의 갈등을 행정의 갈등관리로 바꾸고 그 내용을 조직 내적 갈등과 조직 외적 갈등으로 나누어 설명하였다.

(5) 제 5 편 제 1 장의 행정의 윤리에서 제 3 절의 행정윤리의 제차원과 제 4 절의 행정윤리의 확립방안을 첨가하였다.

(6) 제 5 편 제 3 장의 사회적 형평에서 제 4 절의 사회적 형평을 확보하기 위한 행정의 역할을 새로 다루었다.

(7) 제 5 편 제 5 장의 행정의 국민경제에 대한 규제를 행정규제로 확장개편하였다. 확장의 내용으로는 사회적 규제를 첨가하였다.

아울러 부연하고 싶은 것은 독자의 이해를 돕는다는 의미에서 절별로 소제목을 달았고, 용어도 적절치 못하다고 생각되었던 것은 이번 기회에 바로잡았다.

큰 의욕을 가지고 증보판을 착수하였으나 역시 능력의 한계로 큰 성과가 없었음을 고백하지 않을 수 없다. 끝으로 이 전정증보판을 냄에 있어서 문장 수정, 교정 및 색인작업에 수고를 아끼지 않은 고려대학교 대학원 행정학석사과정에 있는 노종호 군에게 감사하는 바이다.

1992년 7월

저 자

전정판을 내면서

변변치 못한 행정학교과서를 펴낸 지 벌써 3년 이상의 세월이 되었다. 그 동안에 새로 첨가하고 싶은 내용도 생겼고 또 기존의 내용 중 다시 쓰고 싶은 것도 있어 전정판을 내게 되었다. 새로 첨가하고 싶었던 것들은 공행정의 존재이유, 공식화이론, 불확실성의 문제, 현상학적 접근방법, 애드호크라시, 조직의 효과성 등의 문제였다. 이 중에서도 특별히 밀도 있게 다룬 것은 공식화문제와 불확실성의 문제이다. 행정은 어디까지나 국민과의 관계에서 공적인 문제를 다루기 때문에 공식화의 이론은 대단히 중요하다. 그리고 행정을 문제해결과정으로 이해한다면 불확실성에 대한 대처문제가 중요한 문제가 될 것이다.

기존의 내용 중 전면적으로 다시 쓴 것은 공기업·정책집행·정책평가 등이다. 새로 첨가하거나 다시 쓴 것을 좀더 상세히 적으면 다음과 같다. 제 1 편 제 1 장 제 4 절의 공행정의 역할, 제 1 편 제 3 장 제 6 절의 현상학적 접근방법, 제 1 편 제 4 장 제 2 절의 능률성, 제 2 편 제 3 장의 공식화, 제 2 편 제 5 장 제 3 절 Z 이론, 제 2 편 제 8 장의 불확실성, 제 3 편 제 4 장의 애드호크라시, 제 3 편 제 6 장의 공기업, 제 4 편 제 6 장의 조직의 효과성, 제 4 편 제10장의 정책집행, 제 4 편 제11장의 정책평가 등이다.

그리고 그 외의 부분들은 초판의 오자·탈자들을 바로잡고 문장을 가다듬었으며, 내용상의 오류라고 생각되는 것을 바로잡는 정도에 그쳤다. 저자 나름대로 수정한다고 하였으나 워낙 천학비재인데다가 그 사이에 연구의 진전도 크게 없어 전정판이라고 하기에는 부끄러움이 있다는 것을 지적하지 않을 수 없다. 그리고 이 전정판을 냄에 있어 교정과 색인작업에 수고한 고려대학교 대학원 행정학석사과정에 있는 오홍복 군에게 감사한다.

1987년 12월

저 자

서 문

대학에서 행정학을 강의하면서 어떻게 행정학을 가르쳐야 하느냐의 문제는 오랫동안 숙제로 남아 있었고, 지금도 이 숙제는 풀리지 않고 있다. 처음에 교과서를 구상할 때에는 행정현상을 행정인들의 행동양식에 초점을 맞추어 설명하는 행태주의적 접근방법을 취하려고 하였다. 이러한 생각을 갖게 되었던 것은 행정학을 연구하는 데 있어서 처방성이나 기술성보다는 설명과 진단 위주의 과학성을 강조하고 싶어서였다. 그러나 이 책은 교과서이기 때문에 행정학의 어느 한 측면만을 강조하게 되면 오히려 학생들에게 편파된 지식을 제공하게 될지도 모른다는 우려에서 애초의 의도를 바꾸게 되었다. 그래서 처음의 의도와는 달리 행정학이 가지고 있는 모든 속성들을 있는 그대로 노정시키기로 하였다. 그런데 노정시키는 방법이 문제였다. 즉 어떤 방법으로 노정시켜야 모든 현상을 질서 있게 노정시킬 수 있느냐 하는 것이다. 왜냐하면 잘못하면 무질서한 자료의 나열이 되거나 아니면 맥이 없는 백과사전식 스타일이 되기 쉽기 때문이었다.

행정학의 모든 속성들을 다 다룬다고 하여 기존의 Gulick식 전통적 이론까지 다 다룬다는 뜻은 아니다. 우선 저자는 Gulick식 스타일의 교과서에서 벗어나야 한다는 것이 제 1 의 과제로 생각되어 이러한 이론들은 행정학 계보 중의 일파로 처리하여 버렸다. 오랫동안 우리 학계의 교과서들은 Gulick식 스타일에 젖어 있었고, 아직도 이러한 잔재가 남아 있는 것이 사실이다. 이러한 처방식 위주의 행정학은 행정학의 학문성이나 과학성의 발전을 저해하고 있다고 생각된다.

우선 저자는 행정학을 이론성·관리성·규범성으로 나누어 기존의 문헌이나 이론들을 이 세 가지 범주하에서 분류·정리하기로 하였다. 이렇게 나누는 것이 행정의 전면적인 모습과 실상을 있는 그대로 노출시키는 데에는 가장 적합하다고 생각되었다. 뿐만 아니라 이렇게 세 가지로 분류할 때에 행정학의 내용들을 질서 있게 정리할 수 있고 행정학의 학문성을 제고시킬 수 있다고 생각되었다. 이 책에서 가장 강조하고 싶었던 것은 행정학의 고유영역의 확보와 그것을 중심으로 한 학문성의 구축이었다. 행정학을 연구하는 학도로서 늘 관심의 대상이 되어온 것은 어떻게 하면 행정학을 기술주의에서 내용이 풍성하고 영토가 넓은 학문위주의 행정학으로 전환시키느냐 하는 것이었다. 행정학은 이론성·관리성·규범성의 다양한 모습을 지녔으면서도 이것들이 맥을 가지고 서로 연결되고 통일되는 그러한 학문, 다시 말해서 비옥한 영토 속에서 곡식들이 풍성히 익어가는 그러한 모습의 행정학이 저자가 바라는 행정학이었다. 비옥한 영토 속에 내용이 풍성하게 담겨진 행정학을 구축하기 위해서는 해당 분야에 종사하는 우리 모두가 노력해야 할 일이라고 생각된다.

이 책을 집필하면서 두 번째로 신경을 쓴 것은 어떻게 하면 내용들을 쉽고 간결하면서도 충실하게 전달하느냐였다. 저자 나름대로의 노력은 하였지만 얼마나 성공을 하였는지는 독자가 판단할 일이라고 생각된다.

셋째, 어떤 주제를 다룰 때에 여러 학자들의 학설이나 이론들을 나열식으로 소개하는 것은 되도록이면 피하였다. 저자의 능력으로 다룰 수 없는 주제에 대해서는 아예 처음부터 대표적인 학자를 선정해서 그 사람의 이론을 중심으로 다루었다.

넷째, 반복적인 내용들을 하나로 정리하는 것이었다. 예컨대 기획과 정책결정을 따로 분리해서 다루지 않고 하나로 통합해서 다루었다. 그리고 정책결정의 모델을 다룰 때에도 Simon의 만족모형과 Lindblom의 점증모형은 이름만 다르지 내용은 같기 때문에 통일해서 다루었다.

다섯째, 특히 관심을 쏟은 것은 예산관리와 인력관리를 다룰 때에 가장 보편화된 기본적인 내용만 다루는 것이었다. 따라서 불필요한 외국제도의 설명이나 장황스러운 절차소개는 전혀 취급하지 않았다. 예산관리에서 강조한 부문은 자원배분과 예산과정에서 관계자들의 행태분석 및 예산제도의 발달과정이었다. 인력관리에서 강조한 것은 공무원의 행동규범이었다. 행동규범 중에서도 특히 관심을 기울인 것은 공무원의 집단행동과 부패문제였다.

이처럼 몇 가지에 주의를 기울이면서 본서를 구상하였으나 아직도 배우고 익힌 것이 적은 저자로서는 의욕에 그쳤으리라고 생각된다. 세월이 가면서 의욕이 결실화되기를 빌 뿐이다.

이 책이 나오기까지에는 여러분들의 은혜와 도움을 많이 받았다. 우선 본서의 체제를 가다듬는 데 이완범 교수와 김영평 교수로부터 많은 도움을 받았다. 본서에서 가외성(redundancy)의 문제를 다루게 된 것은 김영평 교수의 권고로 인해서였다. 그리고 행정의 국민경제에 대한 규제문제를 다룰 때에는 전적으로 정용덕 교수의 아이디어에 의존하였다.

본서의 출간에 성의와 협조를 보여주신 안종만 사장에게 사의를 표하며, 제작과정에서 처음부터 끝까지 헌신적으로 도와준 이명재 상무와 편집부 여러분에게 특별히 감사를 드린다. 그리고 교정과 색인작성에 수고를 아끼지 않았던 행정학석사 임정호·이영진·임홍래 제군에게 아울러 감사를 표하는 바이다.

1984년 5월 고려대학교 연구실에서

저　자

목　　차

제1편　총론편

제1장　행정의 개념과 행정학

제1절　행정의 개념 ······ 3

제2절　공 공 성 ······ 4

Ⅰ. 공공성의 본질적 측면 ······ 4

Ⅱ. 공공성에 대한 학설 ······ 5

Ⅲ. 공공성의 구성요인들 ······ 6

제3절　공행정과 사행정 ······ 8

Ⅰ. 유 사 점 ······ 8

Ⅱ. 차 이 점 ······ 9

제4절　공행정의 역할 ······ 12

Ⅰ. 공공정책의 집행 ······ 12

Ⅱ. 서비스의 전달 ······ 13

Ⅲ. 정치의 안정화 ······ 13

Ⅳ. 대　　표 ······ 13

Ⅴ. 정치적 문제에 대한 반응 ······ 14

Ⅵ. 시장경제의 결함에 대한 보완 ······ 14

Ⅶ. 형 평 화 ······ 15

Ⅷ. 개발전략의 수립 및 집행 ······ 15

Ⅸ. 공행정역할의 한계 ······ 15

제 5 절 행정학의 성격 …… 15
Ⅰ. 기 술 성 …… 16
Ⅱ. 과 학 성 …… 17
Ⅲ. 행정학의 양면성 …… 18

제 2 장 행정학의 계보와 접근방법

제 1 절 관리주의 …… 20
Ⅰ. 기본내용 …… 20
Ⅱ. 접근방법: 전통적 접근방법 …… 23
제 2 절 인간주의 …… 26
Ⅰ. 기본내용 …… 26
Ⅱ. 접근방법: 사회심리학적 접근방법 …… 28
제 3 절 행태주의 …… 30
Ⅰ. 기본내용 …… 30
Ⅱ. 접근방법: 행태론적 접근방법 …… 32
제 4 절 발전주의 …… 35
Ⅰ. 기본내용 …… 35
Ⅱ. 접근방법: 생태론적 접근방법 …… 37
제 5 절 가치주의 …… 39
Ⅰ. 기본내용 …… 39
Ⅱ. 접근방법: 현상학적 접근방법 …… 41
제 6 절 공공선택이론 …… 45
Ⅰ. 기본내용 …… 45
Ⅱ. 접근방법: 경제학적 접근방법 …… 47
제 7 절 신공공관리 학파 …… 49
Ⅰ. 기본내용 …… 49
Ⅱ. 접근방법: 제도경제학적 접근방법 …… 50
제 8 절 거버넌스 학파 …… 52
Ⅰ. 기본내용 …… 52

Ⅱ. 접근방법: 네트워크적 접근방법 ······ 53
제 9 절 포스트모더니즘 학파 ······ 55
Ⅰ. 기본내용 ······ 55
Ⅱ. 접근방법: 성찰적 언어 패러다임의 접근 ······ 58

제 3 장 행정의 준거기준

제 1 절 행정의 준거기준의 의의 ······ 61
제 2 절 행정의 준거기준의 내용 ······ 61
Ⅰ. 합 법 성 ······ 61
Ⅱ. 민 주 성 ······ 62
Ⅲ. 능 률 성 ······ 63
Ⅳ. 효 과 성 ······ 65
Ⅴ. 중 립 성 ······ 66
제 3 절 준거기준간의 우선순위 ······ 67
제 4 절 준거기준간의 갈등문제 ······ 68
Ⅰ. 같은 방향으로 나가는 경우 ······ 68
Ⅱ. 대립의 방향으로 가는 경우 ······ 69
Ⅲ. 행정의 준거기준간의 조화가능성 ······ 69

제 4 장 정치와 행정

제 1 절 정치와 행정의 통합과정 ······ 71
제 2 절 정치와 행정의 이질성 ······ 72
제 3 절 정치권력과 행정과의 관계 ······ 74

제 5 장 정보사회와 행정

제 1 절 정보사회의 개념 ······ 76
제 2 절 정보통신기술이 행정에 미치는 영향 ······ 77
Ⅰ. 조직구조에 미치는 영향 ······ 77

Ⅱ. 권한의 변화 …… 77
Ⅲ. 정책결정과정에 미치는 영향 …… 78
Ⅳ. 조직 구성원에게 미친 영향 …… 79
Ⅴ. 전자정부의 탄생 …… 79
제 3 절 전자정부 …… 80
Ⅰ. 전자정부의 개념 …… 80
Ⅱ. 전자정부의 구현방안 …… 80
Ⅲ. 전자정부와 부패통제 …… 82
제 4 절 지식정부 …… 83
Ⅰ. 지식정부의 개념 …… 83
Ⅱ. 지식정부의 활성화 요인들 …… 84

제 6 장 세계화와 행정

제 1 절 세계화의 의미 …… 87
제 2 절 세계화가 행정에 미친 영향 …… 89
Ⅰ. 기업경쟁력 강화의 기반조성 …… 89
Ⅱ. 세계화 마인드로 의식의 변화 …… 89
Ⅲ. 행정의 전문성 강화 …… 90
Ⅳ. 절차 및 제도의 국제화 …… 90
Ⅴ. 각 부처간 협력체제의 강화 …… 91
Ⅵ. 세계화의 주체로서 지방자치단체와 기업의 역할 강조 …… 91
Ⅶ. 세계성이 있는 상품발굴과 판로확장 …… 91

제 2 편 행정학의 이론성

제 1 장 관 료 제

제 1 절 관료제의 개념 …… 95

Ⅰ. 관료제의 의의 ········· 95
Ⅱ. 관료제의 성립기반 ········· 99
제 2 절 관료제의 병리와 순기능 ········· 101
Ⅰ. 관료제의 병리 ········· 101
Ⅱ. 관료제의 순기능 ········· 105
제 3 절 Weber의 관료제의 평가 ········· 108
Ⅰ. Weber의 관료제에 대한 도전 ········· 108
Ⅱ. 관료제의 재평가 ········· 110
제 4 절 관료제와 민주제 ········· 112
Ⅰ. 갈등관계 ········· 112
Ⅱ. 조화관계 ········· 113
Ⅲ. 관료제에 대한 통제 ········· 114

제 2 장 행정적 권위와 권력현상

제 1 절 행정적 권위 ········· 115
Ⅰ. 행정적 권위의 개념 ········· 115
Ⅱ. 행정적 권위의 종류 ········· 117
Ⅲ. 행정적 권위의 기능 ········· 119
제 2 절 행정의 권력현상 ········· 121
Ⅰ. 권력의 개념 ········· 121
Ⅱ. 권력의 원천 ········· 122
Ⅲ. 권력의 존재 양상 ········· 124

제 3 장 공 식 화

제 1 절 행정의 공식화이유 ········· 126
Ⅰ. 인간의 자의성배제 ········· 126
Ⅱ. 예측성의 확보 ········· 126
Ⅲ. 자동적인 조정력의 확보 ········· 126
Ⅳ. 공신력의 확보 ········· 127

제 2 절 공식화의 개념 ········ 127
제 3 절 공식화의 범위 ········ 128
제 4 절 공식화의 기법 ········ 128
Ⅰ. 선 발 ········ 128
Ⅱ. 역할요구 ········ 129
Ⅲ. 규칙과 절차 ········ 129
Ⅳ. 정 책 ········ 129
Ⅴ. 훈 련 ········ 130
Ⅵ. 의 식 ········ 130
제 5 절 공식화의 문제점 ········ 130

제 4 장 비공식적 조직

제 1 절 비공식적 조직의 개념 ········ 132
제 2 절 비공식적 조직의 발생근거 ········ 132
Ⅰ. 사회적 동물 ········ 133
Ⅱ. 유사성의 추구 ········ 133
Ⅲ. 자아발현적 욕구 ········ 133
Ⅳ. 단조성으로부터 탈피 ········ 134
제 3 절 비공식적 조직의 특징 ········ 134
Ⅰ. 공식적 조직 내에서 발생 ········ 134
Ⅱ. 집단규범의 확립 ········ 134
Ⅲ. 신분체계의 확립 ········ 135
Ⅳ. 감정의 논리 ········ 136
Ⅴ. 탈퇴의 자유 ········ 136
제 4 절 비공식적 조직의 기능 ········ 136
Ⅰ. 순 기 능 ········ 137
Ⅱ. 역 기 능 ········ 139

제 5 장 인간해석

제 1 절 X 이 론 ········· 141

Ⅰ. X이론의 인간해석 ········· 141

Ⅱ. X이론하의 관리전략 ········· 142

제 2 절 Y 이 론 ········· 143

Ⅰ. Y이론의 인간해석 ········· 144

Ⅱ. Y이론하의 관리전략 ········· 145

제 3 절 Z 이 론 ········· 147

Ⅰ. Z이론의 인간해석 ········· 147

Ⅱ. Z이론하의 관리전략 ········· 147

제 4 절 복합적 인간관 ········· 148

Ⅰ. 기본적 가정 ········· 148

Ⅱ. 관리전략 ········· 149

제 5 절 인간의 욕구와 조직의 목표 ········· 149

Ⅰ. 인간의 욕구체계 ········· 150

Ⅱ. 조화관계 ········· 151

Ⅲ. 갈등관계 ········· 152

Ⅳ. 인간목표중심의 관리 ········· 153

제 6 장 합 리 성

제 1 절 합리성의 개념 ········· 155

제 2 절 합리성에 대한 제견해 ········· 156

Ⅰ. Karl Mannheim ········· 156

Ⅱ. Herbert Simon ········· 158

Ⅲ. Paul Diesing ········· 158

제 3 절 합리성의 차원 ········· 160

Ⅰ. 실천적 차원 ········· 161

Ⅱ. 형식적 차원 ········· 161

Ⅲ. 가치적 차원 ········· 162

Ⅳ. 인지과정상의 차원 ········ 162
Ⅴ. 이론적 차원 ········ 163
제 4 절 합리성의 제약요인 ········ 163
Ⅰ. 감정적 요소 ········ 163
Ⅱ. 가치선호의 갈등 ········ 164
Ⅲ. 지식 및 정보의 불완전성 ········ 164
Ⅳ. 기존의 가치체계 ········ 164
Ⅴ. 비용의 과중 ········ 165
Ⅵ. 습관과 기억 ········ 165
Ⅶ. 관성적인 현상 ········ 165

제 7 장 가 외 성

제 1 절 가외성의 개념 ········ 166
제 2 절 가외성이 정당화되는 근거 ········ 168
Ⅰ. 정책결정의 불확실성상태 ········ 168
Ⅱ. 조직의 신경구조성 ········ 169
Ⅲ. 조직의 체제성 ········ 170
Ⅳ. 협상의 사회 ········ 170
제 3 절 가외성의 효용성 ········ 171
Ⅰ. 조직의 신뢰성증진 ········ 171
Ⅱ. 적 응 성 ········ 172
Ⅲ. 창 조 성 ········ 172
Ⅳ. 정보의 정확성확보 ········ 172
제 4 절 가외성의 한계 ········ 173
Ⅰ. 비용·효과상의 한계 ········ 173
Ⅱ. 운영상의 한계 ········ 173

제 8 장 불확실성

제 1 절 행정에 있어서 불확실성의 문제 ········ 175

Ⅰ. 불확실성의 부정적 측면 ………………………………………… 176
Ⅱ. 불확실성의 긍정적 측면 ………………………………………… 177
Ⅲ. H. Simon과 불확실성 ………………………………………… 177
제 2 절 불확실성의 개념 ………………………………………… 178
제 3 절 환경적 불확실성 ………………………………………… 179
제 4 절 불확실성의 대처방안 ………………………………………… 181
Ⅰ. 표 준 화 ………………………………………… 181
Ⅱ. 지식 및 정보의 수집 ………………………………………… 181
Ⅲ. 가외성의 장치 ………………………………………… 182
Ⅳ. 불확실성의 제거 ………………………………………… 182
Ⅴ. 한정적 합리성의 확보 ………………………………………… 182
Ⅵ. 문제의식적 탐색 ………………………………………… 182
Ⅶ. 환경에 대한 제어 ………………………………………… 183
Ⅷ. 환경에 대한 조직적 대응 ………………………………………… 183
Ⅸ. 탐 지 ………………………………………… 183

제 9 장 행정문화

제 1 절 행정문화의 개념 ………………………………………… 185
제 2 절 행정문화의 주요내용 ………………………………………… 186
Ⅰ. 선진국의 행정문화 ………………………………………… 186
Ⅱ. 발전도상국의 행정문화 ………………………………………… 188
제 3 절 행정문화의 변동요인 ………………………………………… 190
Ⅰ. 엘리트의 분산화 ………………………………………… 190
Ⅱ. 행정을 문제해결과정으로 인식 ………………………………………… 190
Ⅲ. 사영역의 확대 ………………………………………… 191
Ⅳ. 절차의 간소화 ………………………………………… 191
Ⅴ. 생활급의 지급 ………………………………………… 191
Ⅵ. 교육 · 훈련의 강화 ………………………………………… 192
Ⅶ. 정치권력으로부터 행정의 자율성 확보 ………………………………………… 192
Ⅷ. 주민의 행정평가제 도입 ………………………………………… 193

Ⅸ. 개별적 책임제의 채택 ································· 193

제10장 행정신뢰

제 1 절 신뢰의 개념 ································· 194
제 2 절 행정신뢰의 형성에 영향을 주는 요인들 ································· 196
Ⅰ. 피신뢰자의 차원 ································· 196
Ⅱ. 신뢰자의 차원 ································· 198
제 3 절 행정신뢰의 기능 ································· 199
Ⅰ. 협력의 활성화 ································· 199
Ⅱ. 거래비용 및 기관비용의 축소 ································· 199
Ⅲ. 거리감의 축소 ································· 199
Ⅳ. 새로운 창의적 작업에의 몰두 ································· 200
Ⅴ. 국가경쟁력의 제고 ································· 200

제 3 편 행정학의 구조성

제 1 장 계층적 구조

제 1 절 계층적 구조의 형성 ································· 203
제 2 절 계층제의 개념 ································· 204
제 3 절 계층제의 기능 ································· 205
Ⅰ. 명령의 통로 ································· 205
Ⅱ. 통신의 통로 ································· 206
Ⅲ. 권한위임의 통로 ································· 206
Ⅳ. 정책결정의 검토 및 행정책임의 소재규명 ································· 206
Ⅴ. 행정목표의 설정과 업무분담 ································· 206
Ⅵ. 조직 내의 분쟁의 조정과 해결 ································· 207
Ⅶ. 영향력과 추종력의 행사수단 ································· 207

제 2 장　위원회제

제 1 절　일반적 특성 ······ 208

Ⅰ. 의　　의 ······ 208

Ⅱ. 위원회의 효용 ······ 208

Ⅲ. 위원회의 유형 ······ 210

제 2 절　독립규제위원회 ······ 211

Ⅰ. 개념 및 성격 ······ 211

Ⅱ. 설립이유 ······ 211

Ⅲ. 독 립 성 ······ 212

Ⅳ. 문 제 점 ······ 212

제 3 장　애드호크라시

제 1 절　개　　념 ······ 214

제 2 절　구조적 특징 ······ 215

제 3 절　종　　류 ······ 216

Ⅰ. 행렬조직 ······ 216

Ⅱ. 과업집단 ······ 217

Ⅲ. 위원회구조 ······ 218

Ⅳ. 동료조직 ······ 218

제 4 절　장·단점 ······ 219

Ⅰ. 장　　점 ······ 219

Ⅱ. 단　　점 ······ 220

제 4 장　팀　　제

제 1 절　개념 및 도입배경 ······ 221

Ⅰ. 개　　념 ······ 221

Ⅱ. 도입배경 ······ 222

제 2 절　팀제의 장·단점 ······ 223

Ⅰ. 장 점 ········· 223
Ⅱ. 단 점 ········· 224

제 5 장 조직의 설계

제 1 절 개 념 ········· 226
Ⅰ. 목표의 선택 ········· 226
Ⅱ. 조직화하는 방법의 선택 ········· 226
Ⅲ. 구성원의 통합 ········· 227
제 2 절 조직설계의 접근방법 ········· 227
Ⅰ. 전통적 접근방법 ········· 227
Ⅱ. 인간관계적 접근방법 ········· 228
Ⅲ. 인간중심적 접근방법 ········· 229
Ⅳ. 정보 및 결정과정 접근방법 ········· 229
제 3 절 조직설계의 과정: 정보처리모형을 중심으로 ········· 230
Ⅰ. 과업의 불확실성과 조직설계 ········· 230
Ⅱ. 기계모형의 조직 ········· 231
Ⅲ. 권위의 계서화 ········· 231
Ⅳ. 규칙 · 프로그램 및 절차 ········· 232
Ⅴ. 전문화를 토대로 한 재량영역의 확대 ········· 232
Ⅵ. 설계전략 ········· 233

제 4 편 행정학의 관리성

제 1 장 집권화와 분권화

제 1 절 의 의 ········· 236
제 2 절 집권화와 분권화의 결정요인 ········· 236
Ⅰ. 그 나라 사회의 문화적 환경 ········· 238

Ⅱ. 조직의 규모성과 연대성 ……………………………… 238
Ⅲ. 하부조직의 인적 · 물적 자원의 구비조건 ……………………… 239
Ⅳ. 과학 · 기술의 발달과 행정의 전문화현상 ……………………… 239
Ⅴ. 전쟁이나 비상사태와 같은 위기의 존재 ……………………… 239
Ⅵ. 주위환경의 불확실성과 가변성……………………………… 240
Ⅶ. 행정서비스의 최저수준 확보 필요성 …………………………… 240
Ⅷ. 외부효과의 영향 ……………………………………… 240
제 3 절 집권화와 분권화의 장·단점 ……………………………… 241
Ⅰ. 집권화의 장점 ……………………………………… 241
Ⅱ. 분권화의 장점 ……………………………………… 242
Ⅲ. 집권화와 분권화의 상대성 ……………………………… 243

제 2 장 리 더 십

제 1 절 리더십의 개념 ……………………………………… 245
제 2 절 리더십의 구성요소 …………………………………… 246
Ⅰ. 지 도 자 ………………………………………… 246
Ⅱ. 집 단 ………………………………………… 246
Ⅲ. 추 종 자 ………………………………………… 246
Ⅳ. 상 황 ………………………………………… 247
Ⅴ. 과 업 ………………………………………… 247
제 3 절 리더십이론의 변천 …………………………………… 247
Ⅰ. 속 성 론 ………………………………………… 248
Ⅱ. 집 단 론 ………………………………………… 249
Ⅲ. 상 황 론 ………………………………………… 249
Ⅳ. 도정-목표이론 ……………………………………… 250
Ⅴ. 다중연결모형이론 …………………………………… 251
제 4 절 리더십의 유형 ……………………………………… 253
Ⅰ. 리더십의 유형 ……………………………………… 253
Ⅱ. 리더십의 유형을 결정하는 상황적 요소 ………………………… 254
제 5 절 리더십의 구체적 기능……………………………………… 256

Ⅰ. 응집력의 확보 ······ 256
Ⅱ. 동기부여 ······ 257
Ⅲ. 조정 · 통합행위 ······ 257
Ⅳ. 촉매역할 ······ 258
Ⅴ. 대변역할 ······ 258
Ⅵ. 위기관리의 역할 ······ 258

제 3 장 목표관리

제 1 절 개 념 ······ 259
Ⅰ. 인간의 행위는 합리적이라는 가정 ······ 260
Ⅱ. 참여적 관리 ······ 260
Ⅲ. 결과정향적 목표의 설정 ······ 260
Ⅳ. 조직운영에 있어서 구성요소간의 상호의존성 ······ 261
Ⅴ. 최종결과를 평가하여 목표와 대비시키는 환류과정의 강조 ··· 261
제 2 절 목표관리의 장점 ······ 261
Ⅰ. 조직의 민주화추구 ······ 261
Ⅱ. 조직구성원의 사기와 만족감의 제고 ······ 262
Ⅲ. 조직운영에서 불분명하고 애매한 것의 제거 ······ 262
Ⅳ. 자율적 책임을 통한 팀워크의 강화 ······ 262
Ⅴ. 조직의 약점의 신속한 발견과 그 보완 ······ 263
Ⅵ. 관료제의 부정적 측면 제거 ······ 263
제 3 절 목표관리의 문제점 ······ 263
제 4 절 유사개념과의 비교 ······ 264
Ⅰ. PPBS와의 비교 ······ 265
Ⅱ. OD와의 비교 ······ 266

제 4 장 조직발전

제 1 절 개 념 ······ 268
제 2 절 가 정 ······ 269

Ⅰ. 인간의 성격에 대한 가정 …… 270
Ⅱ. 조직의 성격에 대한 가정 …… 270
제 3 절　조직발전의 과정 …… 270
제 4 절　조직발전의 기법 …… 272
Ⅰ. 감수성훈련 …… 273
Ⅱ. 태도조사환류 …… 274
Ⅲ. 관 리 망 …… 274
제 5 절　조직발전의 문제점 …… 276

제 5 장　조직학습

제 1 절　개　　념 …… 278
제 2 절　조직학습의 과정 …… 279
Ⅰ. 환경인식과 지각필터 …… 279
Ⅱ. 해석과정 …… 279
Ⅲ. 보존과 폐기학습 …… 280
Ⅳ. 인출행위 …… 280
Ⅴ. 조직행동의 선택 …… 280
제 3 절　조직학습의 유형 …… 280
Ⅰ. 단순순환학습 …… 281
Ⅱ. 이중순환학습 …… 281
Ⅲ. 삼중순환학습 …… 281
제 4 절　조직학습의 활성화방안 …… 282
Ⅰ. 지속적인 학습기회의 창출 …… 282
Ⅱ. 학습을 공유할 수 있는 체제의 모색 …… 282
Ⅲ. 학습담당자로서의 인식 …… 283
Ⅳ. 폐기학습 …… 283
Ⅴ. 느슨한 조직구조 …… 283

제 6 장 총체적 품질관리

제 1 절 TQM의 발달과정 ···· 284
제 2 절 TQM의 핵심개념 ···· 285
Ⅰ. 소비자의 수요를 중시 ···· 285
Ⅱ. 사전적 품질관리 체계 ···· 285
Ⅲ. 통계적 품질관리 체계 ···· 285
Ⅳ. 장기적 관점 ···· 285
Ⅴ. 팀워크 중심의 조직관리 ···· 286
제 3 절 TQM의 원칙 ···· 286
Ⅰ. 소비자 중심의 품질원칙 ···· 286
Ⅱ. 명확하고 공유되는 목표원칙 ···· 286
Ⅲ. 결과보다는 투입과 과정의 지속적인 개선원칙 ···· 287
Ⅳ. 참여적 관리원칙 ···· 287
제 4 절 공공부문에서 TQM 적용의 한계 ···· 287
Ⅰ. 공공부문의 불명확한 목표 ···· 288
Ⅱ. 소비자의 중첩성, 갈등성 ···· 288
Ⅲ. 공공조직의 관료적 문화 ···· 288

제 7 장 책임운영기관제도

제 1 절 개 념 ···· 289
제 2 절 책임운영기관의 공식적 구성요소 ···· 289
Ⅰ. 기관헌장 ···· 289
Ⅱ. 사업계획서 ···· 290
Ⅲ. 성과계약보고서 ···· 290
제 3 절 한국의 책임운영기관제도 ···· 290
Ⅰ. 책임운영기관의 대상업무 ···· 291
Ⅱ. 책임운영기관의 운영상의 기본내용 ···· 291
Ⅲ. 우리 나라 책임운영기관제도의 특징 ···· 291

제 8 장 조직문화

제 1 절 개 념 ······ 293

제 2 절 조직문화의 형성요인 ······ 294

Ⅰ. 외부환경적응과 내부통합 ······ 294

Ⅱ. 사회문화 ······ 294

Ⅲ. 창업자의 신념과 철학 ······ 294

제 3 절 조직문화의 계층 ······ 295

Ⅰ. 기본적인 믿음 ······ 295

Ⅱ. 가 치 관 ······ 295

Ⅲ. 인공적인 창조물 ······ 295

제 4 절 조직문화의 기능 ······ 296

Ⅰ. 행동의 결정요인 ······ 296

Ⅱ. 응집의 역할 ······ 296

Ⅲ. 집단역학의 정확한 진단 ······ 296

Ⅳ. 의사소통의 원활화 ······ 297

Ⅴ. 개혁의 성공여부 결정 ······ 297

제 9 장 행정의 갈등관리

제 1 절 보편적 현상으로서의 갈등 ······ 298

제 2 절 조직 내적 갈등 ······ 299

Ⅰ. 갈등의 원천 ······ 299

Ⅱ. 갈등의 해결방안 ······ 302

제 3 절 조직 외적 갈등 ······ 305

Ⅰ. 행정중재 ······ 305

Ⅱ. 공권력의 사용 ······ 308

제10장 조직의 효과성

제 1 절 개념의 모색 ······ 310

제 2 절 접근방법 …… 311
Ⅰ. 목표성취의 접근방법 …… 311
Ⅱ. 체제접근방법 …… 313
Ⅲ. 전략-환경적 접근방법 …… 314
Ⅳ. 경합적 가치의 접근방법 …… 316
Ⅴ. 사회적 정의의 접근방법 …… 318

제11장 행정에의 주민참여

제 1 절 의 의 …… 321
제 2 절 주민참여의 근거 …… 321
제 3 절 주민참여의 문제점 …… 323
제 4 절 주민참여의 활성화방안 …… 325

제12장 행정책임과 행정통제

제 1 절 행정책임의 의의 …… 328
제 2 절 행정책임의 종류 …… 328
Ⅰ. 도의적 책임 …… 328
Ⅱ. 법적 책임 …… 329
Ⅲ. 직무적 책임 …… 330
제 3 절 행정책임의 기준 …… 330
Ⅰ. 명문화된 기준 …… 330
Ⅱ. 행정의 준거기준 …… 331
Ⅲ. 공 익 …… 331
Ⅳ. 고객의 요구 …… 331
제 4 절 행정통제 …… 331
Ⅰ. 외부통제 …… 332
Ⅱ. 내부통제 …… 335
Ⅲ. 통제과정 …… 337
Ⅳ. 시정조치 …… 338

제13장 행정개혁

제 1 절 행정개혁의 개념 및 발생계기 ······ 340

Ⅰ. 행정개혁의 개념 ······ 340

Ⅱ. 행정개혁의 발생계기 ······ 341

제 2 절 행정개혁의 접근방법 ······ 342

Ⅰ. 구조적 접근방법 ······ 343

Ⅱ. 과정적 접근방법 ······ 343

Ⅲ. 행태적 접근방법 ······ 344

Ⅳ. 접근방법들의 종합화 ······ 344

제 3 절 행정개혁의 과정 ······ 345

Ⅰ. 행정개혁의 성공적 조건 ······ 345

Ⅱ. 행정개혁의 추진과정 ······ 346

Ⅲ. 행정개혁에 대한 저항 ······ 348

제 5 편 행정학의 정책과정성

제 1 장 정책결정과 기획

제 1 절 양자의 관계 ······ 353

제 2 절 정책결정의 과정 ······ 354

Ⅰ. 정책결정의 제단계 ······ 354

Ⅱ. 정책결정에 영향을 미치는 제요소 ······ 357

Ⅲ. 정책결정과 합리성 ······ 359

제 2 장 정책결정의 모형

제 1 절 합리모형 ······ 361

제 2 절 점증모형 ······ 362
제 3 절 혼합관조모형 ······ 364
제 4 절 최적모형 ······ 367
제 5 절 쓰레기통모형 ······ 369

제 3 장 정책집행

제 1 절 집행의 중요성과 개념 ······ 371
제 2 절 집행과정의 정신적 측면 ······ 373
제 3 절 집행과정의 기술적 측면 ······ 374
제 4 절 정책집행의 유형 ······ 376
Ⅰ. 고전적 기술관료형 ······ 376
Ⅱ. 지시적 위임형 ······ 377
Ⅲ. 협 상 형 ······ 377
Ⅳ. 재량적 실험형 ······ 378
Ⅴ. 관료적 기업가형 ······ 379

제 4 장 정책평가

제 1 절 평가의 의의와 중요성 ······ 380
제 2 절 평가의 논리 ······ 381
제 3 절 평가의 모델 ······ 382
Ⅰ. 작업성취도만을 측정하는 모델 ······ 382
Ⅱ. 목표의 성취도를 측정하는 모델 ······ 382
Ⅲ. 능률성을 측정하는 모델 ······ 384
제 4 절 평가의 절차 ······ 385
Ⅰ. 목표의 식별 ······ 385
Ⅱ. 성과의 평가기준과 유의미성의 판정기준 ······ 385
Ⅲ. 영향모형의 설정 ······ 386
Ⅳ. 연구설계의 설정 ······ 386
Ⅴ. 측 정 ······ 387

Ⅵ. 자료의 수집과 분석 ······ 387
제 5 절 효과성의 측정문제 ······ 387
Ⅰ. 효과의 종류 ······ 388
Ⅱ. 측정수단의 신뢰도와 타당도 ······ 389
제 6 절 평가작업의 관리문제 ······ 390

제 6 편 행정학의 규범성

제 1 장 행정의 윤리

제 1 절 행정윤리의 개념 ······ 395
제 2 절 행정윤리가 확보되기 어려운 이유 ······ 397
제 3 절 행정윤리의 제차원 ······ 399
Ⅰ. 개인적 차원 ······ 399
Ⅱ. 구조적 차원 ······ 400
Ⅲ. 정책적 차원 ······ 401
Ⅳ. 문화적 차원 ······ 401
제 4 절 행정윤리의 확립방안 ······ 401
Ⅰ. 용 기 ······ 401
Ⅱ. 공 평 성 ······ 402
Ⅲ. 인간다운 생활보장 ······ 402
Ⅳ. 절차의 간소화 ······ 403
Ⅴ. 행정의 탈권력화 ······ 403
Ⅵ. 대표관료제의 확립 ······ 403
Ⅶ. 인간지배에서 벗어나는 행정 ······ 404
Ⅷ. 직업윤리의 확립 ······ 404
Ⅸ. 공공조직의 파벌성지양 ······ 404

제 2 장 행정부패

제 1 절 부패의 개념 ······ 405
제 2 절 부패의 유형 ······ 406
Ⅰ. 권력형 부패 ······ 406
Ⅱ. 뇌물수수행위 ······ 406
Ⅲ. 공금횡령행위 ······ 407
Ⅳ. 정실주의적 특혜행위 ······ 407
Ⅴ. 후원자 · 고객간의 관계 ······ 407
제 3 절 부패의 소지 ······ 408
Ⅰ. 낮은 급여 ······ 408
Ⅱ. 신분과 미래에 대한 불안 ······ 408
Ⅲ. 절차의 복잡성 ······ 408
Ⅳ. 법적 기준의 모호성과 비현실성 ······ 409
Ⅴ. 통제장치의 불비 ······ 409
Ⅵ. 정부주도의 경제개발 ······ 409
Ⅶ. 사회문화적 요인 ······ 409
제 4 절 부패의 기능 ······ 410
Ⅰ. 긍정적 기능 ······ 410
Ⅱ. 부정적 기능 ······ 411
제 5 절 부패에 대한 대책 ······ 413
Ⅰ. 생활급의 지급 ······ 413
Ⅱ. 행정의 탈규제화 및 절차의 간소화 ······ 413
Ⅲ. 연고주의의 불식 ······ 413
Ⅳ. 법이나 제도의 현실화 ······ 414
Ⅴ. 법의 공평한 적용 ······ 414
Ⅵ. 관주도발전의 지양 ······ 414
Ⅶ. 시민단체감시운동의 활성화 ······ 414
Ⅷ. 내부고발의 활성화 ······ 414

제 3 장 공 익

제 1 절 서 론 ······ 416

제 2 절 공익에 관한 제학설 ······ 416

Ⅰ. 규 범 설 ······ 417

Ⅱ. 과 정 설 ······ 417

Ⅲ. 합 의 설 ······ 418

Ⅳ. 공동체의 이익설 ······ 419

Ⅴ. 공공재설 ······ 419

제 3 절 공익의 구성요소 ······ 419

Ⅰ. 보편화된 가치 ······ 420

Ⅱ. 공동체 자체의 권익 ······ 420

Ⅲ. 재화나 용역의 외부경제성 ······ 420

Ⅳ. 미래의 이익이나 효용성 ······ 421

Ⅴ. 다수의 이익 ······ 421

Ⅵ. 사회적 약자의 이익 ······ 422

제 4 절 공익의 기능 ······ 422

제 5 절 공익과 사익과의 관계 ······ 424

제 6 절 공익의 산출과정 ······ 425

Ⅰ. 공익산출이 활발한 사회 ······ 425

Ⅱ. 공익의 산출자 ······ 426

제 4 장 사회적 형평

제 1 절 행정에 있어서 사회적 형평의 문제 ······ 427

제 2 절 사회적 형평의 개념 ······ 428

제 3 절 사회적 형평의 근거 ······ 429

Ⅰ. 평 등 ······ 429

Ⅱ. 실 적 ······ 430

Ⅲ. 욕 구 ······ 432

제 4 절 사회적 형평을 확보하기 위한 행정의 역할 ······ 433

Ⅰ. 공정한 기관으로서의 위상정립 433
Ⅱ. 가치의 공정한 배분 434
Ⅲ. 사회적 약자의 이익보호 435
Ⅳ. 대표관료제의 채택 435
Ⅴ. 빈곤에 대한 대책 436

제 5 장 사회개발과 사회지표

제 1 절 사회개발의 개념 437
제 2 절 사회지표의 대두 439
제 3 절 사회지표의 효용성 440

제 6 장 행정규제

제 1 절 규제의 일반이론 442
Ⅰ. 규제의 개념 442
Ⅱ. 규제의 발생근거 443
Ⅲ. 규제의 목표 445
Ⅳ. 규제의 방법 447
제 2 절 경제적 규제 448
Ⅰ. 독과점규제 448
Ⅱ. 특정산업에 대한 규제 449
Ⅲ. 구체적인 수단들 450
제 3 절 사회적 규제 451
Ⅰ. 개 념 451
Ⅱ. 사회적 규제의 목적 452
Ⅲ. 사회적 규제의 종류 452
제 4 절 규제의 개혁 및 완화문제 454
Ⅰ. 규제개혁의 의미 454
Ⅱ. 규제의 완화문제 454

제 7 편 예산관리

제 1 장 예산의 일반이론

제 1 절 예산의 개념과 기능 …… 459

Ⅰ. 예산의 개념 …… 459

Ⅱ. 예산의 기능 …… 459

제 2 절 예산의 원칙 …… 463

Ⅰ. 예산원칙의 개념 …… 463

Ⅱ. 예산원칙과 적용상의 한계 …… 463

제 3 절 예산의 종류 …… 466

Ⅰ. 일반회계예산 · 특별회계예산 및 기금 …… 466

Ⅱ. 본예산 · 수정예산 및 추가경정예산 …… 467

Ⅲ. 통합예산 …… 468

Ⅳ. 자본예산 …… 470

제 4 절 예산의 분류 …… 472

Ⅰ. 예산분류의 의의 …… 472

Ⅱ. 품목별 분류 …… 472

Ⅲ. 기능별 분류 …… 472

Ⅳ. 사업계획 및 활동별 분류 …… 473

Ⅴ. 경제성질별 분류 …… 473

제 2 장 공공영역에서의 자원배분문제

제 1 절 소비자선호의 접근방법 …… 476

Ⅰ. 내 용 …… 476

Ⅱ. 문 제 점 …… 477

제 2 절 정치적 접근방법 …… 478

Ⅰ. 내 용 …… 478

Ⅱ. 문 제 점 …… 481

제 3 절 경제적 접근방법 …………………………………………………… 483
Ⅰ. 내 용 …………………………………………………………… 483
Ⅱ. 문 제 점 …………………………………………………………… 484
제 4 절 각 접근방법의 보완성 ……………………………………………… 486

제 3 장 예산과정

제 1 절 예산의 편성 ……………………………………………………… 488
Ⅰ. 상향적 편성 ……………………………………………………… 488
Ⅱ. 하향적 편성 ……………………………………………………… 490
제 2 절 예산의 심의 ……………………………………………………… 492
Ⅰ. 예산심의의 의의 ………………………………………………… 492
Ⅱ. 예산심의과정 …………………………………………………… 493
Ⅲ. 예산심의의 행태 ………………………………………………… 494
Ⅳ. 일괄총액예산 …………………………………………………… 496
제 3 절 예산의 집행 ……………………………………………………… 497
Ⅰ. 예산집행의 의의 ………………………………………………… 497
Ⅱ. 집행상의 재정통제 ……………………………………………… 498
Ⅲ. 집행상의 신축성 ………………………………………………… 500
Ⅳ. 집행상의 문제점 ………………………………………………… 504
제 4 절 결 산 …………………………………………………………… 505
Ⅰ. 결산의 의의 ……………………………………………………… 505
Ⅱ. 세입 · 세출결산서의 작성 ……………………………………… 506
Ⅲ. 결산의 확인 ……………………………………………………… 506
Ⅳ. 결산의 심사 ……………………………………………………… 506
Ⅴ. 결산의 문제점 …………………………………………………… 507
제 5 절 회계검사 ………………………………………………………… 507
Ⅰ. 회계검사의 의의 ………………………………………………… 507
Ⅱ. 회계검사의 종류 ………………………………………………… 508
Ⅲ. 검사결과의 처리 ………………………………………………… 509
Ⅳ. 회계검사의 문제점 ……………………………………………… 510

제 6 절　직무감찰 …… 510
Ⅰ. 직무감찰의 의의 …… 510
Ⅱ. 회계검사와 직무감찰의 차이 …… 511
Ⅲ. 회계검사와 직무감찰의 균형적 접근 …… 511
제 7 절　정책감사 …… 512
Ⅰ. 정책감사의 의의 …… 512
Ⅱ. 정책감사의 범위 …… 513
Ⅲ. 정책감사결과의 처리 …… 515

제 4 장　예산제도의 발달과정

제 1 절　품목별예산 …… 516
Ⅰ. 품목별예산의 내용 …… 516
Ⅱ. 품목별예산의 효용성 …… 516
Ⅲ. 품목별예산의 문제점 …… 517
제 2 절　성과주의예산 …… 517
Ⅰ. 성과주의예산의 발생동기 …… 517
Ⅱ. 성과주의예산의 내용 …… 518
Ⅲ. 성과주의예산의 효용성 …… 519
Ⅳ. 성과주의예산의 문제점 …… 520
제 3 절　계획예산 …… 520
Ⅰ. 계획예산의 발생동기 …… 520
Ⅱ. 계획예산의 의의 …… 522
Ⅲ. 계획예산의 구성요소 …… 522
Ⅳ. 계획예산의 효용성 …… 523
Ⅴ. 계획예산의 문제점 …… 524
Ⅵ. 성과주의예산과 계획예산의 관계 …… 525
제 4 절　영기준예산 …… 526
Ⅰ. 영기준예산의 발생동기 …… 526
Ⅱ. 영기준예산의 의의 …… 526
Ⅲ. 영기준예산의 주요절차 …… 528

Ⅳ. 영기준예산과 계획예산의 관계 ······ 530
Ⅴ. 영기준예산에 대한 평가 ······ 531

제 5 장 정부구매

제 1 절 구매의 의의 ······ 533
제 2 절 집중구매제도 ······ 534
Ⅰ. 집중구매와 분산구매 ······ 534
Ⅱ. 집중구매의 장·단점 ······ 534
제 3 절 구매의 절차 ······ 536
Ⅰ. 수요판단 ······ 536
Ⅱ. 구 매 ······ 536
Ⅲ. 수납과 검사 ······ 536
Ⅳ. 대금지급 ······ 537

제 6 장 공공재무관리

제 1 절 정부회계 ······ 538
Ⅰ. 정부회계의 개념 ······ 538
Ⅱ. 정부회계의 분류 ······ 538
제 2 절 예산회계정보시스템 ······ 539
Ⅰ. 예산회계정보시스템의 개념 ······ 539
Ⅱ. 예산회계정보시스템의 기능 ······ 540
제 3 절 발생주의회계와 복식부기 ······ 541
Ⅰ. 발생주의회계 ······ 541
Ⅱ. 복식부기제도 ······ 542
제 4 절 현금관리 ······ 543
Ⅰ. 현금관리의 개념 ······ 543
Ⅱ. 현금예산 ······ 543
Ⅲ. 현금관리시스템 ······ 543

제 8 편　인력관리

제 1 장　인력관리의 일반이론

제 1 절　엽관제 · 실적제 및 직업공무원제 …… 547

Ⅰ. 엽 관 제 …… 547

Ⅱ. 실 적 제 …… 548

Ⅲ. 직업공무원제 …… 550

제 2 절　공무원제도의 분류 …… 552

Ⅰ. 폐쇄형과 개방형 …… 552

Ⅱ. 경력직과 특수경력직 …… 553

Ⅲ. 국가공무원과 지방공무원 …… 554

Ⅳ. 고위공무원단 …… 555

제 3 절　중앙인사기관 …… 558

Ⅰ. 중앙인사기관의 설치이유 …… 558

Ⅱ. 중앙인사기관의 조직상의 특성 …… 559

Ⅲ. 중앙인사기관의 조직형태 …… 560

Ⅳ. 중앙인사기관의 기능 …… 561

Ⅴ. 각국의 중앙인사기관 …… 561

Ⅵ. 한국의 중앙인사기관: 중앙인사위원회 …… 563

제 2 장　공직의 분류

제 1 절　계 급 제 …… 564

Ⅰ. 계급제의 의의 …… 564

Ⅱ. 계급제의 장·단점 …… 564

제 2 절　직위분류제 …… 565

Ⅰ. 직위분류제의 의의 …… 565

Ⅱ. 직위분류제의 발달원인 …… 565

제 3 절 직위분류제의 수립과정 …… 566
Ⅰ. 직위분류제의 구성요소 …… 566
Ⅱ. 직위분류제의 수립과정 …… 567
제 4 절 직위분류제의 장·단점 …… 569
Ⅰ. 장 점 …… 569
Ⅱ. 단 점 …… 570
제 5 절 우리 나라에서의 공직의 분류 …… 570
Ⅰ. 경 위 …… 570
Ⅱ. 직위분류제도입상의 문제점 …… 571

제 3 장 충원과정

제 1 절 모 집 …… 572
Ⅰ. 모집의 의의 …… 572
Ⅱ. 모집에 대한 두 가지 견해 …… 573
Ⅲ. 적극적인 모집방법 …… 573
Ⅳ. 모집의 자격요건 …… 574
제 2 절 시 험 …… 575
Ⅰ. 시험의 의의 …… 575
Ⅱ. 시험의 효용성 …… 575
Ⅲ. 시험의 종류 …… 576
제 3 절 채용절차 …… 578
Ⅰ. 채용후보자명부 …… 578
Ⅱ. 추 천 …… 578
Ⅲ. 시보임용 …… 579
Ⅳ. 임명과 보직 …… 579
제 4 절 배치전환 …… 579
Ⅰ. 배치전환의 의의 …… 579
Ⅱ. 배치전환의 효용성 …… 580
Ⅲ. 빈번한 배치전환의 폐해 …… 580
Ⅳ. 파견근무 …… 581

제 5 절 승 진 ···················· 582
Ⅰ. 승진의 의의 ···················· 582
Ⅱ. 승진과 신규채용과의 관계 ···················· 583
Ⅲ. 승진에 있어서 폐쇄주의와 개방주의 ···················· 583
Ⅳ. 승진의 기준 ···················· 583

제 4 장 능력개발

제 1 절 교육훈련 ···················· 586
Ⅰ. 교육훈련의 의미 ···················· 586
Ⅱ. 교육훈련의 필요성 ···················· 586
Ⅲ. 교육훈련의 제방법 ···················· 587
Ⅳ. 교육훈련상의 유의점 ···················· 590
제 2 절 근무성적평정 ···················· 590
Ⅰ. 근무성적평정의 의미 ···················· 590
Ⅱ. 근무성적평정의 목표 ···················· 591
Ⅲ. 평정방법 ···················· 591
Ⅳ. 근무성적평정에 대한 부정적 견해 ···················· 594

제 5 장 사 기

제 1 절 사기의 일반이론 ···················· 596
Ⅰ. 사기의 개념 ···················· 596
Ⅱ. 사기의 역할 ···················· 597
Ⅲ. 사기의 결정인자 ···················· 598
제 2 절 보수와 연금 ···················· 600
Ⅰ. 보수의 의미 ···················· 600
Ⅱ. 보수수준의 결정 ···················· 601
Ⅲ. 보수의 구성 ···················· 602
Ⅳ. 보수의 지급 형태 ···················· 603
Ⅴ. 승급과 보수의 조정 ···················· 605
Ⅵ. 연 금 ···················· 606

제 3 절 제안제도 ······ 607
Ⅰ. 제안제도의 의미 ······ 607
Ⅱ. 제안제도의 효용 ······ 608
Ⅲ. 제안제도의 과정 ······ 609
제 4 절 고충처리 ······ 610
Ⅰ. 고충처리의 의미 ······ 610
Ⅱ. 고충처리의 절차 ······ 611

제 6 장 공무원의 행동규범

제 1 절 공무원의 행동규범 ······ 612
Ⅰ. 행동규범의 내용 ······ 612
Ⅱ. 행동규범을 준수시키는 방안 ······ 614
제 2 절 공무원의 정치적 중립 ······ 616
Ⅰ. 정치적 중립의 의미 ······ 616
Ⅱ. 정치적 중립의 내용 ······ 616
Ⅲ. 정치적 중립에 대한 비판 ······ 617
제 3 절 공무원의 단체행동 ······ 618
Ⅰ. 공무원단체행동의 의미 ······ 618
Ⅱ. 공무원단체행동의 발생계기 ······ 618
Ⅲ. 단체행동의 긍정적 측면 ······ 619
Ⅳ. 단체행동의 부정적 측면 ······ 620
Ⅴ. 우리 나라의 경우 ······ 621
참고문헌 ······ 623
색인(인명 · 사항) ······ 637

제 1 편

총 론 편

제 1 장 행정의 개념과 행정학
제 2 장 행정학의 계보와 접근방법
제 3 장 행정의 준거기준
제 4 장 정치와 행정
제 5 장 정보사회와 행정
제 6 장 세계화와 행정

제 1 장 행정의 개념과 행정학

제 1 절 행정의 개념

행정의 개념은 이해하는 각도에 따라 여러 가지로 정의될 수 있으나 가장 대표적인 것은 행정법학적 개념과 행정학적(관리적) 개념이다. 여기서는 행정법학적 설명은 피하고 행정학적 개념만을 살펴보기로 한다. 그런데 행정에 대한 행정학적 개념도 수없이 많다. 여기서 그 많은 개념을 다 소개할 수도 없고, 또 그럴 필요성도 느끼지 않는다. 단지 그 많은 개념들 중에서 공통적인 것만을 골라서 정의할 수밖에 없다.

행정은 특정의 목적을 달성하기 위해서 두 사람 이상이 모여 협동하는 행위(cooperative action)라고 할 수 있다. 다시 말해서 협동적인 집단행동이라는 것이다.[1] 목적을 향한 집단적 행위이기 때문에 Dwight Waldo는 행정의 중심개념은 합리적인 행동(rational action)이라고 지적하고 있다.[2]

행정은 인간이 특정의 목적을 달성하기 위해서 함께 모여 협동하는 행위이기 때문에 다음과 같은 요소들을 포함하게 된다. 첫째, 두 사람 이상이 모여 의식적인 협동(conscious cooperation)을 하기 때문에 이것은 곧 조직화된 행동(organized activity)이라는 것이다. 이때 조직화된 행동은 공식적인 조직은 물론 비공식적인 조직도 포함된다. 둘째, 여기서 협동하는 사람들을 어떻게 선발할 것인가의 문제이다. 이어서 선발된 이 사람들을 어떻게 하면 일을 열심히 하도록 동기를 부여하는가의 문제이다. 셋째, 목적성취에 필요한 물적 자원을 어떻게 하면 효율적으로 조달하고 관리하는가의 문제이다. 넷째, 목적을 성취하는 방법에는 여러 가지가 있는데, 가장 바람직한 대안은 무엇인가의 대안선정문제가 나타나게 된다. 다섯

1) Herbert A. Simon, Donald W. Smithburg and Victor A. Thompson, *Public Administration,* Alfred A. Knopf, 1973, p. 4.

2) Dwight Waldo, *The Study of Public Administration,* Random House, 1955, pp. 4∼11.

째, 효율적인 목표성취를 위해서 작업은 어떻게 분할되어야 하며, 분할된 작업은 어떻게 다시 통합되어야 하는가의 문제이다.

제 2 절 공 공 성

여기서 다루는 행정은 공공행정으로서 공공성을 전제로 하고 있다. 그런데 공공성(public)이 무엇이냐에 대한 답변이 그리 간단하지가 않다. 이 문제는 비단 행정학의 영역에서만 다루어지지 않고 법학, 정치학, 경제학, 사회학, 복지학 등 모든 사회과학분야에서 오랫동안 연구의 대상이 되어 왔지만 아직도 그 모습이 뚜렷이 밝혀지지 않고 있다. 우선 공공성이라는 뜻이 애매모호하고 다양한 내용을 지니고 있어 그 정체성(identity)을 밝히기가 어렵다는 것이다. 따라서 개념규정하기도 어렵다. 공공성 하면 떠오르는 개념들이 많은데 그 예로서 공익, 정치성(political), 정부(governmental), 공권력, 권위성, 공개성, 공공선, 공공재, 공동체 등이다. 공공성이 이처럼 다양한 측면을 가지다 보니 여기에 대한 학설도 다양하다. 공공성의 본질적 측면과 공공성에 대한 몇 개의 학설을 간단히 살펴보기로 한다.

Ⅰ. 공공성의 본질적 측면

공공성 또는 공공영역(public sector)은 사적 영역(private sector)에 대비되는 말이다. 사적 영역 하면 우선 이윤을 추구하다 보니 장사되고 돈벌이가 되는 일은 찾지만 손해가 되는 일은 결코 하지 않는다. 그런데 전체사회가 균형을 이루면서 지속적인 발전을 하려면 누군가 손해나는 일도 해야 하고 돈벌이가 되지 않는 일도 해야 한다. 사회의 모든 구성인자들이 이윤을 추구하고 돈벌이에만 열을 올리면 사회는 파국으로 치닫게 되고 또 아이러니컬하게도 사회전체적으로 부의 축적이 일어나지 않는다. 사회구성인자 중에서 누군가 손해나고 희생적인 일을 하는 사람들이 있어야 그것을 토대로 이윤을 추구하고 부를 축적할 수 있는 것이다. 바로 이 손해나고 돈벌이가 되지 않는 일을 담당하는 영역이 공공영역인 것이다. 공공영역이나 사적 영역이 다 같이 돈벌이 되는 일에만 열을 올리면 부의 축적은 일어나지 않는다는 것이다. 여기서 공공성의 본질이란 손해나고, 돈벌이가 되지 않고, 사회적 약자의 편에 서고, 불특정 다수의 이익을 생각하고, 먼 장래의 이익을 위해서 현재의 이익을 희생하는 자세라고 할 수 있다. 여기서 우리가 터득할 수 있는 것은 사적 영역에서 성공적으로 통용되는 관리원칙이나 기법들이 공공영역에서도 성공적으로 적용될 것이라고 주장할 수 없다는 것이다. 사적 영역에서 추구되는 능률의 논리가 공공영역에서도 같은 비중으로 주장될 수는 없는 것이다.

Ⅱ. 공공성에 대한 학설

(1) 주 체 설

이 학설은 국가나 정부기관이 하는 일은 다 공공성을 지니고 있다는 것이다. 이 학설은 공공성을 이해하는 데 가장 중요하고 유의미하기도 하다. 공공성을 주체설로 이해할 때에 주권, 정통성, 복지, 공권력, 강제성 등의 많은 문제들이 포함되어 가장 많이 통용되는 학설이라고 할 수 있다. 그러나 여기에도 한계가 있다. 공공성을 정부가 수행하는 기능만을 중심으로 이해한다면 문제가 있다. 예컨대 정부와 계약을 맺고 연구를 하고 있는 사립학교 연구소의 연구역할이나, 사립학교가 제공하고 있는 교육서비스는 공공성을 띠고 있기 때문이다. 그런가 하면 아무리 정부기관이 하는 일이라고 해도 전매수익을 목표로 하는 담배나 인삼판매 행위를 공공성이라고 할 수 있을까이다.

(2) 구조기능설

이 학설은 Waldo 등에 의해서 주장되는 학설이다.[3] 이 학설의 핵심은 국가 또는 사회전체의 운명이나 생존 또는 정체성(identity)과 직결되어 있는 제도·활동·강제성·상징성 및 의식 등이 공공성을 띠고 있다는 것이다. 그러나 여기에도 한계가 있다. 무엇이 국가나 전체사회의 생존에 직결되어 있는 제도요 역할인지 분별하기가 어렵다는 것이다. 물론 쉽게 판별될 수 있는 기능이 있는데 예컨대 국방이나 치안업무 같은 것은 누구나 수긍할 수 있는 생존과 직결되는 기능이다. 그러나 교육이나 복지 같은 기능이 생존에 직결되는 제도요 기능인가는 논쟁의 여지가 있다.

(3) 시장 실패설

이 학설은 주로 경제학자들에 의해서 주장되는 학설이다. 이 학설의 주요내용은 시장의 원리에 맡겼을 때에 수요와 공급에 의해서 재화나 용역의 생산이 이

3) Dwight Waldo, *op. cit.*, pp. 8～9.

루어지지 않는다는 것이다. 다시 말해서 수요는 있는데 공급이 일어나지 않는다는 것이다. 이 경우 공적 영역(public sector)이 생겨난다는 것이다. 그리고 시장을 통해서 재화나 용역이 생산된다 할지라도 그것이 독점성을 띠게 될 때에 역시 공적 영역이 창조된다는 것이다. 그리고 시장의 실패가 일어나지 않아 최적의 효율에 도달했다 할지라도 그것만으로 한 사회가 바람직한 후생의 상태에 도달했다고 볼 수는 없다. 즉 사회적 후생을 증진시키기 위해서는 경제적 효율성 이외에도 분배적 형평이라는 또 다른 변수가 고려되어야 한다. 그런데 시장의 원리에 입각한 자원배분의 결과는 형평의 입장에서 볼 때에 바람직하지 못한 경우가 있다. 또 자유경쟁시장하에서 이루어지는 소득의 분배는 공정한 분배가 될 수 없는 경우가 많다.

(4) 정치적 권위설

이 학설은 Bozeman에 의해서 제기되고 있는데 주요골자는 모든 조직은 정치적 권위(political authority)에 의해서 영향과 제약을 받고, 또 정치적 권위에 영향을 끼치는 한 정도의 차이만 있지 공공성을 띠고 있다는 것이다. 따라서 구태여 공적 조직이다, 사적 조직이다 하고 구별할 필요가 없다는 것이다.[4] 단지 차이가 있다면 어떤 조직은 공공성을 더욱 많이 띠고 있고, 다른 조직은 적게 띠고 있다는 것이다. 오늘날 많은 사기업들은 공적 보조금이나 규제를 통해서 정부에 의존성을 띠고 있으며, 정부조직 역시 시장경제에 점점 의존성을 증가시키고 있다는 것이다. 여기서 사적 기업이 공공성을 띠게 될 때에 정부도 사적 성격을 띠게 된다는 것이다. 이 학설의 한계점은 공공성을 정치적 권위와의 영향관계 유무에서 살피기 때문에 공공성의 생성, 확장 및 감소의 이유와 그 과정을 설명하지 못한다. 또 하나의 한계점으로 공공성은 정치적 권위 이외의 요인을 통해서도 생성된다는 것이다.

Ⅲ. 공공성의 구성요인들

여기서 이야기하는 구성요인들은 공공성 발생의 근거가 되기도 한다.

(1) 외연성이 높은 재화나 용역의 생산활동

외연성이란 분할성, 배재성 및 전유성이 없는 경우를 이야기한다. 치안이나

4) Barry Bozeman, *All Organizations are Public,* Jossey Bass Publishers, 1987, pp. 84~86.

국방이나 깨끗한 공기는 이러한 용역이다. 이러한 재화나 용역을 생산하는 행위는 바로 공공성의 활동이다. 도로 같은 경우는 외연성이 높으나 사기업이 수익을 목적으로 건설을 해서 사용료를 받으면 사적인 성격을 띠게 된다. 국가가 건설하는 고속도로는 비록 사용료를 받아도 수익을 목적으로 하지 않기 때문에 공공성을 띠고 있다.

⑵ 국가나 공동체의 존립에 필요한 재화나 용역

세금의 징수, 질서유지, 국토방위, 환경보존 등의 업무는 국가나 공동체의 존립에 절대 필요한 업무이다. 이러한 업무가 공공성을 띠고 있다는 것은 논의의 여지가 없다.

⑶ 시장의 원리로 문제가 풀어지지 않는 경우

시장의 원리에 맡겼더니 수요는 있는데 공급이 일어나지 않는 경우는 공공성이 창조된다. 예컨대 산간벽지에 사는 사람들도 텔레비전을 시청하고 싶고 외지에 출입할 때에 버스 등 교통시설의 혜택을 보고 싶어한다. 그러나 사기업은 수익상 이러한 사람들의 수요에 따라 공급을 제공하지 않는다. 이때 공공성은 생성하게 된다. 그리고 시장의 원리에 맡길 때에 독·과점이 벌어지고, 부익부 · 빈익빈의 사태가 벌어지면 이것을 시정하기 위해서 공공성은 발동하게 된다.

⑷ 업무의 성질이나 규모

업무의 성질이나 규모 또는 동원되는 자본이나 기술의 규모로 보아 사기업으로서는 감당하기가 극히 곤란하거나 거의 불가능한 사업이다. 예컨대 우주개발, 해양개발 등의 사업이다.

⑸ 국민생활에 필수적인 서비스

국민생활에 필수적인 서비스 예컨대 교육, 교통, 의료 등은 국민이면 누려야 할 기본적 서비스이다. 이러한 서비스를 사적 영역에만 맡기면 가난한 사람들은 제대로 공급받기가 어렵다. 여기서 정부는 이러한 서비스를 골고루 공급하기 위해서 공적인 사업활동을 하지 않을 수 없다. 여기서 국민의 기본적 필수품을 공급하기 위해서 정부의 역할로서 공공성이 탄생하게 된다.

(6) 재생산이나 확장이 불가능한 재화

재화 중에는 재생산이나 확장이 불가능한 재화가 있다. 대표적인 경우가 토지이다. 이러한 재화를 민간인의 거래에만 맡기면 사회의 존립이 위태로워질 수 있다. 특히나 지역이 좁고 인구가 많은 사회에서는 더욱 그러하다. 이러한 재화의 거래는 필히 정부의 개입이나 규제로서의 공공성을 불러온다.

(7) 빈번한 자연재해의 발생

태풍, 풍수재해, 악천후, 폭우, 폭설 등 자연재해가 자주 발생하면 이러한 재해현상은 정부의 지원 역할을 불러옴으로써 공공성을 발생시킨다.

(8) 자율적 질서가 빈약한 사회

질서에는 자율적 질서와 타율적 질서가 있는데 자율적 질서가 발달한 사회에서는 정부의 역할이 줄어든다. 정부가 간섭하지 않고 개입하지 않아도 질서가 생성되기 때문이다. 그러나 자율적 질서가 발달하지 않는 사회는 자연히 정부의 개입과 규제에 의존하기 때문에 공공성의 존재양상이 확장 및 증가될 수밖에 없다.

제 3 절 공행정과 사행정

공행정과 사행정은 유사점이 있고 차이점도 있다. 그런데 여기서 미리 밝혀둘 것은 그 차이점이 본질적이고 종류상(in kind)의 차이가 아니라 정도상의 차이라는 것이다.

Ⅰ. 유 사 점

(1) 관료제적 성격

본래 관료제를 합리적 조직구조로 이해할 때에 공행정이나 사행정은 관료제적 성격을 띠고 있다. 물론 이때의 사행정은 대규모의 사적 조직만을 포함하며, 소규모의 조직이나 제 1 차적 집단 같은 조직은 포함하지 않는다. 따라서 사적 조직이 대규모화됨으로써 관료제적 성격을 갖게 됨에 따라 공행정과 사행정은 유사하게 된다.

(2) 관리적 성격

사행정은 그 본래의 속성이 관리성이라 할 수 있다. 그런데 공행정도 지금까지 관리성이 강조되어 온 것이 사실이다. 물론 공행정은 관리성 외에도 권력성의 측면을 가지고 있다. 그러나 현대의 행정학은 권력적 성격보다도 관리적 성격을 더욱 강하게 띠고 있는 것이 사실이다. 공행정이 관리적 성격을 띨수록 사행정과 유사해진다는 것은 말할 것도 없다.

(3) 관리기술의 적용성

공행정이나 사행정은 다같이 목표성취과정에서 능률성을 강조하므로 여기에 적용되는 관리기술이 거의 동일하다고 볼 수 있다.[5] 다시 말해서 사행정에서 적용되는 관리기술은 공행정에서도 그대로 적용된다는 것이다. 사행정에서 발달한 과학적 관리법이나 영기준예산이 공행정에서 그대로 적용된 것은 그 좋은 예라고 할 수 있다. 동일한 관리기술이 다같이 적용된다는 점에서 공행정과 사행정은 유사하다고 볼 수 있다.

Ⅱ. 차 이 점

(1) 추구하는 목적

공행정과 사행정은 추구하는 목적이 다르다고 할 수 있다. 공행정이 공익을 추구할 때에 사행정은 사익을 추구한다.[6] 물론 사행정이라고 해서 사익만 추구하고 공익은 추구하지 않는다는 이야기는 아니다. 영리법인이 장학재단을 설립하고 사회복지시설을 운영하는 것은 그 좋은 예이다. 공행정의 경우도 마찬가지이다. 공행정이 전매사업을 하는 것은 공익만을 추구하지 않고 사익도 추구하는 좋은 예이다. 여기서 따지는 것은 본질적이고 지배적인 목적이 무엇이냐이다.

일반적으로 공행정은 손해나는 일도 하지만 사행정은 여간해서는 하지 않는다. 여기에서 평가의 기준도 달라지는데, 사행정의 평가의 기준이 이윤(profitability)일 때 공행정의 평가의 기준은 고객에 대한 봉사성이다.[7]

5) D. Waldo, *op. cit.*, pp. 8∼9.

6) *Ibid.*, pp. 10∼11.

7) Thomas Vocino and Jack Rabin, "Contemporary Public Administration," in Vocino and Rabin(eds.), *Contemporary Public Administration*, Harcourt Brace, 1981, p. 10.

(2) 정치적 성격

공행정은 정치의 울타리 내에서 일어나며 정치의 영역과 밀착되어 있다. 여기서 행정은 정치에 대해서 수단성과 하위성의 성격을 띠고 있다. 따라서 행정은 정치의 감독을 받으며 모든 사람의 비판과 감시의 대상이 된다.[8] 그러나 사행정은 정치의 영역에서 벗어나 있으며,[9] 이윤추구 그 자체가 목적이며, 또 국민의 비판의 대상도 되지 않는다. 물론 사행정도 국민의 비판의 대상이 되는 경우도 있으나 이는 어디까지나 도의적인 것에 지나지 않아 그 비판에 대해서 반드시 책임을 져야 할 의무는 없다. 그러나 공행정은 그 비판에서 책임을 면할 수 없다.

(3) 법적 규제성

공행정이나 사행정이 다같이 법의 테두리 안에서 작동해야 한다는 것은 마찬가지이다. 그러나 공행정의 행위 · 의무 · 책임은 사행정의 그것보다 법에 의해서 보다 자세하게 규정되어 있다.[10] 따라서 공행정의 경우 법의 제약성이 대단히 크다고 할 수 있다. 공행정의 행위는 대개 법적 책임(accountability)의 대상이 되지만 사행정의 경우는 그러하지 않다. 똑같은 재료를 구입하는 경우에도 사행정의 경우에는 비교적 자유스럽게 구입할 수 있으나 공행정의 경우에는 소정의 절차를 밟아 법적 요구에 맞추어 구입하게 되어 있다.

오늘날 사기업에 대한 정부의 규제(governmental regulation)가 강화됨에 따라 사행정의 활동이 법에 의한 제약성을 보다 구체적으로 받는다고 하나 아직도 공행정에 비해서는 문제가 되지 않는다고 할 수 있다.

(4) 고객에 대한 평등성

공행정은 모든 고객을 평등하게 대우하게 되어 있다. 법을 집행하고 적용하고 서비스를 제공하는 데 있어서 평등성이 철저하게 요구된다. 서비스를 어떤 사람에게는 비싸게 팔고 어떤 사람에게는 싸게 파는 일이 허용되지 않는다. '법 앞의 평등'은 공행정이 철저하게 준수해야 할 절대규범이라고 할 수 있다. 그러나 사행정에서는 연고관계나 특별관계에 있는 사람에게 특혜를 줌으로써 평등한 대우가 준수되지 않는 경우가 많다. 특별한 사이의 사람에게는 물건값을 깎아 주고

8) Felix A. Nigro and Llyod G. Nigro, *Modern Public Administration,* 5th ed., Harper & Row, 1980, p. 11.

9) 때때로 정치와 재벌은 결탁되어 있는 경우가 있으나 이것은 정상적인 현상은 아니다.

10) Simon, Smithburg and Thompson, *op. cit.,* p. 10.

또는 무료로 제공하기도 한다. 그런가 하면 공개경쟁시험을 거치지 않고 연고관계에 있는 사람을 채용할 수 있는 것이 사행정이다.

(5) 강제수단의 유무

모든 국민은 공행정의 명령이나 지시에 따라야 한다. 명령에 따르지 않을 때에 공행정은 강제력을 발동하여 명령을 이행시킬 수 있다. 따라서 공행정은 강제수단을 보유하고 있다.

그러나 사행정은 관할범위가 사기업체 내에 한정되어 있고 또 관할범위 내에 있는 사람에게 대해서도 명령불이행시 퇴직시킬 수는 있어도 강제력을 발동할 수는 없는 것이다.

(6) 영향력의 규모

공행정과 사행정은 영향력의 규모면에서 차이가 있다. 공행정은 그 영향력이 전국 또는 그 지방단체의 전영역에 미쳐 아무도 그 영향력으로부터 벗어날 수 없으나 사행정은 그 영향력이 조직 내에 한정되어 있고 그 영향력으로부터 벗어날 수도 있다. 사행정의 경우는 계약관계를 청산함으로써 그 영향력으로부터 벗어날 수 있으나, 공행정의 경우는 이러한 자유가 없다.

(7) 독점성의 유무

공행정의 속성이 독점성이라면, 사행정의 특징은 경쟁성이다.[11] 공행정은 경쟁의 상대가 없는 데 대하여, 사행정은 경쟁의 상대가 많다. 공행정의 독점성은 거의 절대적이어서 영리사업의 경우에도 타의 경쟁성을 허용하지 않는다. 국가의 전매사업은 그 좋은 예이다.

(8) 조직구성원의 신분보장

공행정의 경우 조직구성원인 공무원은 신분이 보장되어 있다. 어느 누구도 법에 규정된 이유 없이 공무원을 해고시킬 수 없다. 따라서 공행정의 경우에는 조직구성원의 신분이 보장되어 있다는 것이다. 그러나 사행정의 경우는 조직구성원의 신분이 덜 보장되어 있다. 조직의 책임자는 채용에서부터 승진・전보・해고에 이르기까지 거의 절대권을 가지고 있고 언제든지 자기가 싫어하는 사람을 퇴직시킬 수도 있다. 그리고 경기의 상태에 따라 대대적으로 감원을 단행할 수도 있다.

11) 사행정의 경우도 독·과점이 있으나 이것은 예외적이고 변칙적인 현상이다.

(9) 정책결정의 공개성

일반적으로 공행정에서 이루어지는 정책결정은 공개성을 요구하고 있고, 사행정에서 이루어지는 정책결정은 비밀성을 띠고 있다.[12] 물론 공행정이라고 모두가 다 공개성을 요구받고 있는 것은 아니다. 외교·국방상의 문제는 사행정의 경우보다 더욱 비밀성이 요구되고 있는 것이다. 그러나 대부분의 경우에 공행정의 정책결정은 공개성을 띠게 되고, 또 전체주민의 이익과 결부된 것은 반드시 공개되어야 한다. 그러나 사행정은 타사와의 경쟁성을 띠고 있기 때문에 대부분의 결정은 비밀리에 이루어진다. 그리고 각 사마다 제조비법을 개발하고 있는데 이것은 공개될 수가 없는 것이다. 이러한 제조비법을 비밀리에 입수할려고 할 때 산업스파이로 몰린다.

제 4 절 공행정의 역할(존재이유)

국가가 존재하면서부터 공행정은 존재하여 왔다. 그러나 공행정의 역할과 기능은 시대와 장소에 따라 달랐다. 따라서 무엇이 바람직한 공행정의 역할상인가에 대해서는 정답이 없다. 야경국가시절에는 공행정의 역할이 적을수록 좋았고, 복지국가에서는 행정역할의 팽창이 요구된다. 여기서는 자유민주주의국가에서 보편적으로 기대되는 공행정의 역할에 대해서만 살펴보기로 한다.

Ⅰ. 공공정책의 집행

공행정의 가장 기본적인 역할이란 공공정책의 집행이라고 할 수 있다. 공공정책은 대통령·입법부·정당 등 정치기관에 의해서 결정되는 것이 상례이다. 여기서 이러한 정책은 집행을 통해서 그 가치와 내용이 구체화되는데, 그 집행기능을 공행정이 담당한다.

또한 사회가 산업화되고 전문화됨에 따라 공행정은 공공정책의 결정에도 크게 참여하고 집행과정에서 재량권을 발동함으로써 가치배분의 기능까지 담당하게 된다.[13]

---

12) Thomas Vocino and Jack Rabin, *op. cit.*, pp. 11~12.

13) 국회를 통과한 법률안 중에서 행정부안이 더 많은 것을 생각할 때에 행정부는 집행기관일 뿐

Ⅱ. 서비스의 전달

공행정은 민간기업에서 생산할 수 없는 각종 서비스를 제공한다. 국방·치안·공중위생·환경정화·도로건설 등이 이에 속한다. 공행정이 제공하는 재화나 용역은 주로 미분할성과 외부경제성의 성격을 띠고 있다. 그러나 우편·전신·전화·철도 등과 같이 분할성이 있는 재화나 용역도 제공한다. 단지 미분할성의 재화나 용역은 고도의 시장중심의 자본주의국가에서도 행정만이 공급할 수 있다는 것이다.

Ⅲ. 정치의 안정화

공행정은 정치체제에서 안정성과 연속성을 가져다 준다. 정치권력이 수시로 교체되어 정치가 혼란과 소용돌이 속으로 빠질 때에 공행정은 여기에 대해서 방파제역할을 한다.[14] 정치권력이 수시로 바뀐다 하더라도 급진적이고 급작스러운 정책의 변화는 공행정의 견제작용으로 인하여 일어나지 않는다. 공행정은 체질적인 보수성으로 인해서 정치인들의 성급한 변화요구에 서서히 반응하는 경향이 있다. 특히나 공공관료들은 새로 들어선 정치인들의 요구와 명령을 과거의 정책과 일치시키는 방향에서 재해석하기도 하고, 때로는 이들의 명령이 부도덕하다고 생각할 때에는 저항하기도 한다.[15] 여기서 공행정은 정책의 단절적이고 급진적인 변화에 제동을 걸어 정치의 안정화기능을 수행한다.

Ⅳ. 대 표

공행정의 조직구조인 공공관료제는 주로 임명에 의해서 충원된다. 이때 공공관료제는 각계 각층의 다양한 생각과 가치를 대표할 수 있는 터전을 마련한다는 것이다. 미국 같은 경우에도 공공관료제가 백악관이나 상원보다 미국인의 광범위한 생각과 가치의 범위를 훨씬 더 잘 대표할 수 있다고 지적되고 있다.[16] 입법부

만 아니라 정책결정에도 크게 참여하고 있다는 것을 알 수 있다.

14) 여기에 대한 좋은 예로서 드골 대통령 이전의 불란서정치상황을 들 수 있다. 이 시절의 불란서정국은 내각의 단명(평균 9개월)으로 정치가 극도의 혼란상태에 빠졌었는데 공공관료제가 방파제의 역할을 하였다.

15) James A. Medeiros and David E. Schmitt, *Public Bureaucracy: Values and Perspective*, Duxbury Press, 1977, p. 5.

16) Norton Long, "Bureaucracy and Constitutionalism," *American Political Science Review*,

가 백인 남성법률가들에 의해서 장악되고 있을 때에 공공관료제는 좀더 다양한 사회·경제적 배경의 사람들로 구성되어 있다는 것이다.

공공관료제는 어느 사회에서나 임명직·기회균등·시험제의 장점을 살려 어느 정치단체보다 대표성을 확보할 수 있다.[17] 뿐만 아니라 공공관료제는 중립성과 전문성을 토대로 해서 여러 계층의 이익들을 조절함으로써 이익대표의 형평성을 유지할 수도 있다.

Ⅴ. 정치적 문제에 대한 반응

공공조직은 항상 정치적 환경 내에서 비중이 있는 압력단체나 이익집단들이 내세우는 문제에 반응하도록 창조된다. 어느 사회에나 압력단체가 존재하고, 이러한 단체들은 자기들의 이익을 정치문제화시킨다. 이러한 정치문제화된 압력행위를 효율적으로 흡수·해결해야 하는데, 여기서 신속하면서도 전문적으로 대처할 수 있는 기관이 공공관료제라는 것이다.

Ⅵ. 시장경제의 결함에 대한 보완

첫번째로 생각할 수 있는 것은 외연성(externalities)의 존재이다. 외연성에는 외부경제성과 외부비경제성이 있는데 이는 시장경제에서는 풀어질 수 없는 문제들이다. 공공행정만이 이러한 외연성의 문제를 해결할 수 있다.

두 번째, 재화나 용역의 생산을 시장경제에만 맡겼을 때에는 수요가 충족되지 않는 경우가 많다. 일반적으로 민간부문은 이윤이 있을 때에 생산에 참여한다. 민간기업은 이윤부족 때문에 생산에 참여하지 않지만 필히 충족되어야 할 국민적 수요가 있는데, 이러한 수요를 충족시켜 주기 위해서 공행정이 존재하게 된다. 예컨대 산간지역에 사는 사람들을 상대로 손해를 감수하면서 교통 서비스를 제공하는 민간기업은 없을 것이다. 이때 공행정은 이 공백을 메워 주는 일을 하게 된다.

세 번째, 시장의 원리에 의해서 경제활동을 무한정으로 방임하면 약육강식에 의한 독·과점현상이 일어난다. 독·과점이 지배하는 시장구조하에서는 대기업의 횡포, 부당한 가격결정, 불공정한 거래행위가 나타난다. 이러한 점에서 독·과점은 공행정의 규제의 대상이 되어야 한다.

September 1952, pp. 808~818.

17) 미국의 경우는 공직취임의 경우 여성·흑인 등 소수자들에게 일정비율의 대표성을 확보해 주고 있다.

Ⅶ. 형 평 화

사회 내에서 가진 자와 못 가진 자간에 간격이 너무 심하면 사회의 안정을 위해서도 바람직한 일이 아니다. 이때 형평화의 기능이 요구되는데, 이것을 공행정이 맡게 된다.

형평화의 기능은 사회적 약자를 보호하는 것으로 그 출발점을 삼는다. 부, 권력, 프레스티즈, 문화의 혜택이 특정계층이나 특정지역에 편중되어 있으면 균형 있는 사회발전은 물론 사회존속을 위해서도 불행한 일이다. 여기에서 형평화는 공행정의 중요한 기능으로 등장한다. 형평화의 기능으로 들 수 있는 것은 사회보장제도, 최저임금제, 의료보험제, 실업보험제, 누진세제도, 소비자보호, 중소기업 보호육성, 균등한 지역개발, 중앙의 교부세 및 보조금, 의무교육제도 등이다.

Ⅷ. 개발전략의 수립 및 집행

오늘날의 국가는 여러 가지 개발전략을 수립하고 집행한다. 특히 민간기업의 자본이나 기술이 부족한 개발도상국의 경우에는 더욱 현저하다. 개발기능에 포함되는 것으로는 사회간접자본의 육성, 에너지 분야의 개발, 관광개발, 국토개발, 과학 · 기술의 개발 등을 들 수 있다.

Ⅸ. 공행정역할의 한계

위에서 살펴본 대로 공행정은 여러 가지의 중요한 역할을 수행하고 있다. 그러나 공행정이 적정규모를 넘어서 그 역할을 지나치게 확장하면 민간부문에서의 창의성과 자율성을 억압함으로써 사회전반적인 발전에 있어서 오히려 해독작용을 하게 된다. 따라서 공행정의 역할은 민간부문에서 감당할 수 없거나 처리하기에 부적합한 영역에 한정하는 것이 바람직하다고 생각된다.

제 5 절 행정학의 성격

행정학이 과학이냐 아니면 실천위주의 기술이냐의 문제는 오랫동안 논쟁의 대상이 되어 왔고 지금도 계속되고 있다. 그러나 어느 한쪽도 행정학의 전체를 다 다루고 있다고 볼 수는 없다. 즉 행정학은 과학만도 아니고 그렇다고 기술만도 아니라는 것이다. 단지 어느 측면을 강조하느냐에 따라 과학성이 강조되기도 하고 기술성이 강조되기도 한다. 어느 한쪽을 강조한다고 해서 다른 한쪽을 부정하는 학자는 거의 없다. 예컨대 행정학의 양대산맥이라고 할 수 있는 Dwight Waldo나 Herbert A. Simon도 행정학의 양면성을 다같이 인정하고 있다. 단지 Waldo는 행정학의 기술성이나 전문성(professional)을 강조하였고,[18] Simon은 과학성을 강조하였을 뿐이다.[19] 그러면 과학성과 기술성을 분리해서 설명하기로 한다.

Ⅰ. 기 술 성

행정학에서 기술성이 무엇이냐에 대해서 그 용어와 개념이 통일되어 있지 않다. Waldo는 Art 또는 Profession으로 표시하고 있고, Simon은 Practice로 표현하고 있다. 또 Waldo가 생각하는 기술성은 행정의 활동 자체나 처방하고 치료하는 행위를 말하며, Simon이 생각하는 기술성은 정해진 목표를 어떻게 하면 효율적으로 성취하는가의 방법을 다루는 것이었다.

여기서의 기술성은 '어떻게'(how)를 중심으로 실효성·실천성·처방성 및 명령성(imperative)을 내포하는 것으로 이해하기로 한다.[20]

Woodrow Wilson의 "행정학연구"(1887)논문 이후로 초기의 행정학은 관리기술이나 원리의 발견에 치중하다 보니 자연히 기술성 위주의 행정학이 강조되었다. 그러나 이들은 아이러니컬하게도 행정의 과학적 연구를 내세움으로써 '과학적'이라는 용어를 계속 표방하고 있다. 이들은 '과학적'이라는 용어를 서슴없이 쓰고 있지만, 이들이 주장하는 내용은 행정학의 과학성이 아니라 기술성이었다. Wilson은 어지럽고 추잡한 정치의 세계에서 행정의 자율성을 찾기 위해서 '과학적'이라는 용어를 의식적으로 사용하였고, L. Gulick과 L. Urwick은 여러 가지 원리들을 찾겠다는 의미에서 '과학'이라는 용어를 서슴없이 사용하였다.[21] 그러나

18) Dwight Waldo, "The Administrative State Revisited," *Public Administration Review*, March 1965, pp. 3~29.

19) Herbert A. Simon, *Administrative Behavior*, 2nd ed., Free Press, 1968.

20) 白完基, "韓國行政學의 學問性 定立問題 — 科學主義의 立場에서," 韓國政治學會報, 第20輯, 韓國政治學會, 1978, 75면.

21) L. Gulick and L. Urwick(eds.), *Papers on the Science of Administration*, Institute of Public Administration, 1937.

이들의 주장은 과학성과는 거리가 멀었다. 오히려 이들의 주장은 과학적 형식성[22] 또는 허구성이라고 할 수 있다.

이들은 행정의 능률을 올리는 여러 가지 기법들과 기술들을 찾는 데 최대의 관심을 기울였다. 행정학의 과학성을 의식적으로 배격하면서 처방과 실천 위주의 기술성을 강조한 사람들이 있었으니, 그들의 대표자로 F. Morstein Marx와 Wallace S. Sayre를 들 수 있다. 이들은 행정학이 순수한 과학성을 띠면 띨수록 실천적 타당성이 없다고 지적하고 있다.[23]

1970년대를 전후로 해서 행정학의 과학성을 배격하면서 행정연구에서 가치성·문제해결성·처방성·실천성을 강조하는 사람들이 나타났는데, 이들이 Dwihgt Waldo를 중심으로 한 신행정학파이다. 이들은 가치를 배제한 행정학은 생각할 수도 없으며 기존의 과학성 위주의 행정학은 여러 가지 사회 및 행정문제를 해결할 능력이 없다고 지적하고 있다.[24]

Ⅱ. 과 학 성

행정학연구에서 과학성이란 왜(why)를 중심으로 설명성(explanation)·인과성(causality)·객관성(objectivity) 및 유형성(pattern)을 강조한다.[25] 행정학에서 과학성을 내세우는 대표적인 학자로는 Hebert A. Simon과 Martin Landau를 들 수 있다. Simon은 인간행태의 분석에 연구의 초점을 둠으로써 행정이론의 과학화에 크게 기여하고 있다. 그는 행정학연구에서 실천성보다 과학성을 강조하는 이유를 다음과 같이 들고 있다. 첫째, 인간행태에 대한 객관적인 분석(과학성)은 연구자의 주관적인 가치와 편견으로부터 해방시킬 수 있다는 것이다. 즉 객관적인 분석 위주의 과학성은 연구자의 주관적인 편견이나 가치를 지양시킨다는 것이다. 다시 말해서 규범적인 가치성은 현실을 있는 그대로 설명하지 못한다는 것이다. 둘째, 실제 일어나고 있는 조직문제에 기계적으로 적용할 수 있는 실천적 규칙(practical rules)이 존재하지 않는다는 것이다. 여기서 작동능력이 없는 형식적인 원리보다는 상황을 정확하게 이해하고 진단하는 것이 더욱 중요하다는 것이

22) 오석홍, 조직이론, 박영사, 1980, 15면.

23) F. Morstein Marx, "A Closer View of Organization," *Public Administration Review*, Vol. 8, Winter 1948, p. 65; Wallace S. Sayre, "Trends of a Decades in Administrative Value," *Public Administration Review*, Vol. 11, Winter 1951, p. 5.

24) Dwight Waldo, "Administrative State Revisited"; Frank Marini(ed.), *Toward a New Public Administration; The Minnowbrook Perspective*, Chandler Publishing Co., 1971.

25) 白完基, 前揭論文, 75면.

다. 셋째, 행정의 실천적 기술은 객관적인 지식보다는 행정가의 성격과 더욱 결부되어 있다는 것이다. 넷째, 행위에 대한 실천적 처방이나 건의는 그 건의를 하는 사람들의 가치관에 좌우된다는 것이다. 예컨대 작업에 있어서 능률을 강조하는 사람은 민주적 책임성을 강조하는 사람과는 상이한 처방이나 건의를 한다는 것이다.[26)]

행정학연구에서 과학성을 강조한 Landau는 실천적 기술 위주의 학문은 상식적인 세계에서 타당성과 의미성만을 추구하고 그때 그때의 즉각적인 문제 해결에 대한 처방만을 일삼기 때문에 자연히 연구결과는 단편적(fragmented)인 현상에서 벗어나기 어려워 학문으로서의 동질적 결합력(coherence)을 갖추기가 어렵다고 주장하고 있다.[27)] 다시 말해서 실천위주의 학문은 단편적인 지식은 될 수 있어도 축적성과 일관성을 띤 과학적 지식은 될 수 없다는 것이다.

Ⅲ. 행정학의 양면성

행정학의 출발이 실천적 이유에 있었다는 것은 의심의 여지가 없다. 그런데 이러한 실천적 필요성은 과학적 연구를 촉진시킨 것이 사실이다. 여기서 행정학은 필히 양면성을 다 가지게 된다. 그런데 실천적 기술성이나 처방성은 과학성을 전제로 하기 때문에 과학성이 선행되어야 한다는 것이다. 처방은 현실의 정확한 설명이나 진단을 기초로 해야지 여타의 그 어느 것에도 근거를 둘 수 없다는 것이다. 현실에 대한 객관적인 설명이 없이 내리는 처방은 피상성, 공허성, 또는 불모성을 띠게 마련이다. 이러한 처방은 위험성까지 띠게 된다는 것을 알아야 한다. 여기서 나오는 결론은 실천성과 처방성을 강조하면 할수록 과학성을 선행시켜야 한다는 것이다.

과학성이나 이론성을 지나치게 강조할 때에 현실적인 문제에 대한 해결능력이 부족하다고 비판을 받기도 한다. 그러나 문제해결의 근원은 과학성에 있다는 것을 명심할 필요가 있다. 실천적 처방위주의 학문은 결국 처방능력도 상실하게 된다는 것을 알아야 한다. 여기서 행정학은 그 학문 자체를 위해서나 실천적 필요성을 위해서도 과학성의 강조가 요구된다.

---

26) Simon, Smithburg and Thompson, *Public Administration,* pp. 19～21.

27) Martin Landau, *Political Theory and Political Science,* The Macmillan Company, 1972, pp. 204～205.

제 2 장 행정학의 계보와 접근방법

행정학의 발달과정이나 이론적 계보를 설명하는 데 흔히 정치와의 연관에 초점을 두어 왔다. 즉 정치와 행정은 이원적이냐 아니면 연속적이냐에 설명의 초점을 두어 왔다는 것이다. 그러나 행정학의 발달과정을 정치와의 연관하에서만 본다면, 그 설명은 부분성과 편향성을 면치 못할 것이다. 다시 말해서 행정학의 발달과정에 대한 전면적이고 포괄적인 설명이 불가능하다는 것이다. 뿐만 아니라 정치와 행정의 분리가능성 또는 통합성에서 행정학의 이론적 계보를 따진다는 것은 무의미하다고 볼 수 있다. 또 학자들 중에는 행정을 정치와 분리시켜 연구해야 한다고 명확히 주장한 사람도 거의 없다. 정치·행정이원론의 시조라고 할 수 있는 W. Wilson마저도 정치로부터 행정의 독립을 주장하지 않았다고 지적되고 있다.[1] Richard J. Stillman도 Wilson의 "The Study of Administration"을 철저히 분석하면서 Wilson은 정치영역과 행정영역간의 적절한 관계에 대해서 명확하게 설명하지 못하고 있다고 지적하고 있다.[2]

여기서는 행정학의 이론적 계보를 설명하는 데 종래의 정치와의 관계성을 지양하고, 그 시대에 강조되었던 철학과 학자들을 중심으로 살펴보기로 한다.

주제와 학자들을 중심으로 이론적 계보를 다룬다 하더라도 행정학 100여 년 역사에 수많은 주제와 학설들이 난립상을 띠면서 나타났기 때문에 이 모든 것들을 시대구분을 명확히 해가면서 체계적으로 정리한다는 것은 대단히 어려운 일인 것 같다. 따라서 여기서는 지배적인 사상이나 주제만을 선정해서 대표적인 학자들의 이론을 중심으로 이론적인 계보를 다루어 보기로 한다. 이러한 이론적인 계보는 난립상을 이루고 있는 행정이론들을 체계적으로 이해하는 데 적지않게 도움을 주리라고 생각된다.

1) Fred Riggs, "Relearning and Old Lesson: The Political Context of Development," *Public Administration Review,* Vol. 25, No. 1, 1965, pp. 70~79.

2) Richard J. Stillman, "Woodrow Wilson and the Study of Administration: A New Look at an Old Essay," *American Political Science Review,* 67, June 1973, p. 587.

제 1 절 관리주의

I. 기본내용

관리주의는 현대행정학의 발달과정에서 초창기에 나타난 지배철학으로서 Woodrow Wilson, Frederick W. Taylor 및 Luther Gulick에 의해서 대표된다고 볼 수 있다. 관리주의의 핵심은 행정의 가치중립성과 기계적 능률이라고 할 수 있다. Wilson, Taylor 및 Gulick을 나누어서 설명하기로 한다.

(1) Woodrow Wilson

Wilson의 1887년 *Political Science Quarterly*에 실린 "행정학의 연구"(The Study of Administration)는 가히 현대행정학의 독립선언서라고 할 수 있다. 즉 현대행정학이 독립과학으로 성립하는 데 주춧돌의 역할을 하였다는 것이다.

Wilson은 이 논문에서 행정의 본질은 관리라고 명명하고 있다. 행정은 정책을 형성하거나 가치를 창조하는 것이 아니라 주어진 정책이나 프로그램을 능률적으로 집행하고 관리하는 것이라는 것이다. 여기서 그는 정치·행정이원론을 주장한 최초의 학자라고 지적되기도 한다. 그는 행정은 정치의 소용돌이 속에서 벗어나 있는 영역으로서 그것의 본래적 사명은 적은 비용으로 큰 성과를 올리는 관리의 문제라는 것이다. 여기서 행정의 기술성이 강조되는 것이다. 그는 행정의 본영역이 기술성이라고 하고 있지만, 그 기술성이 어디까지나 정치적 지혜의 교훈(maxims of political wisdom)이나 정치적 진보의 진리(truths of political progress)의 맥락 속에서 이해되어야지 단순한 기계적이고 건조한 기술이 아니라는 것이다.[3] 행정의 본영역은 기술성이지만 그 기술성은 맥이 있고 원리가 있다는 것이다.

Wilson이 행정의 기술성을 강조하면서 정치로부터 행정의 독자성과 고유성을 강조하게 된 것은 순수한 이론적인 것에서보다는 실천적인 이유에서였다고 추정할 수 있다. 그 당시 미국의 시대적 배경을 보면 행정에 있어서 전문주의가 요구되고 있었는데, 정치 물결의 행정에의 침투는 행정에 있어서 직업적 전문주의의 확보를 불가능하게 하였다. 예컨대 이 당시 성행했던 엽관주의는 선거운동원을 행정에 끌어들여 중요한 직책을 맡게 함으로써 행정상의 혼란과 비능률을 극

3) Woodrow Wilson, "The Study of Administration," *Political Science Quarterly*, Vol. 2, June 1887, pp. 215~220.

에 달하게 하였다. 또 행정관료의 진퇴를 정치적 운명과 같이하게 함으로써 행정의 전문화를 키울 여지를 주지 않았다. 즉 정치와 행정의 야합 속에서 행정이 제구실을 할 수가 없었던 것이다. 정치편에서 손해를 보는 것도 마찬가지였다. 행정이 제대로 작동하지 않는 상태에서 정치가 국민의 신임을 얻을 수가 없었던 것이다.

여기서 Wilson의 눈으로 볼 때에 행정영역의 정치로부터의 분리성이 요구되었던 것이다. 즉 행정의 기술성을 강조함으로써 정치의 바람으로부터 행정의 영역을 지켜 행정상의 전문주의를 강조하고 싶었던 것이다.

(2) Frederick W. Taylor

F. W. Taylor는 과학적 관리법의 창시자이다. 그가 1911년에 쓴 *The Principles of Scientific management*는 행정학연구나 이론사에 사라질 수 없는 금자탑이라고 할 수 있다. Taylor의 최대의 관심사는 능률과 이윤이었다. 그가 과학적 관리법에서 가장 강조한 것은 훈련(training)과 작업분석(job analysis)이었다. 그는 삽으로 석탄을 퍼내는 데에도 적절한 방법을 제시하는 과학적 기법(specific science)이 있을 수 있다고 주장하였다. 즉 삽의 모양과 크기가 결정될 수 있고, 한 번 삽질할 때마다 퍼올리는 석탄의 적량이 결정될 수 있고, 삽질을 몇 번 하고 어느 정도 쉬어야만 가장 생산량을 극대화할 수 있는가가 산정될 수 있다는 것이다. 여기서 과학적 관리법은 시간과 동작의 연구, 작업의 분할(task fragmentation), 작업의 분석과 집행, 정밀한 측정 및 작업의 구체적인 분류 등으로 특징지어지는데, 이것은 기업경영의 발전에 지대한 영향을 주었음은 말할 것도 없고 행정분야에서도 그것의 기술적 전문화와 능률화에 결정적인 영향을 끼치고 있다. 이 무렵에 과학적 관리법이 행정에서 차지하고 있는 비중은 너무도 커 Dwight Waldo 같은 사람은 과학적 관리법과 행정은 동일한 것으로 파악되었다고 지적하고 있다.[4)]

Taylor의 주요 관심은 작업과정에서 시간과 동작과정을 세분해서 분석·검토함으로써 생산의 극대화를 가져올 수 있는 최선의 길(one best way)을 찾는 것이었다. 그가 실험 끝에 얻은 결론은 작업을 가장 효율적으로 수행할 수 있는 최선의 방법이 있다는 것이다. 이 최선의 방법은 과학적으로 입증할 수 있다고 주장하고 있다. 그리고 그는 생산성향상의 기법으로 작업과정과 실적의 표준화와 도급제를 내세우고 있다.

그가 생각하는 인간은 어디까지나 경제적 욕구와 생리적 조건에 의해서 지배되는 존재였다. 돈만 많이 주면 노동자는 체력의 한계에 달할 때까지 일을 열심히

4) Dwight Waldo, *The Administrative State*, The Ronald Press, 1948, p. 47.

한다는 것이 그의 인간관이었다. 그는 인간을 기계처럼 생각하였고 경제적이고 생물학적인 존재라는 가정하에서 모든 이론을 전개하고 있다.

(3) Luther Gulick

Luther Gulick은 행정에는 어떠한 나라에서나 적용될 수 있는 보편타당한 과학적 원리가 존재한다는 것이다.

그는 행정의 내용을 POSDCORB[5]으로 이해하고 있는데, 그가 주장한 주요한 원리들이란 전문화의 원리, 명령통일의 원리, 통솔의 범위, 부서편성의 원리들이다. 이러한 원리들을 개별적으로 살펴보면 다음과 같다.

1) 전문화의 원리

행정능률은 전문화가 되면 될수록 올라간다는 것이다. 본래 전문화는 작업과정을 세분해서 한 사람이 세분된 일부문만을 담당케 함으로써 작업의 전문화를 통해서 인간의 전문화가 일어난다.

2) 명령통일의 원리

명령통일(unity of command)은 명령을 내리고 보고를 받는 사람이 반드시 한 사람이어야 한다는 것이다. 명령통일을 잘 지키고 이를 위해서 권한이 계층적으로 배열될 때 행정능률은 올라간다고 지적되고 있다.

조직 내에서 한 사람이 두 사람 이상으로부터 명령과 지시를 받을 때에는 혼란과 갈등을 일으키기 때문에 명령을 내리는 사람도 한 사람이고, 보고를 받고 책임을 지는 사람도 한 사람이어야 한다는 것이다.

L. Gulick 자신도 명령통일을 지나치게 고수할 때에는 약간의 문제점이 없지도 않으나, 이러한 문제점은 명령통일을 지키지 않음으로써 발생하는 혼란·비능률·무책임에 비하면 아무것도 아니라는 것이다.[6]

3) 통솔의 범위

하나의 상관이 부하들을 효과적으로 통솔하기 위해서는 그 부하의 수가 한정되어야 한다는 것이다. 통솔의 범위(span of control)가 너무 커도 좋지 않고 너무 작아도 좋지 않다는 것이다. 통솔의 범위가 너무 커 부하의 수가 너무 많게 되면 통솔은 약화된다는 것이다.[7] 이때 부하는 직접 보고의 책임을 맡은 사람을 말한다.

---

5) Planning, Organizing, Staffing, Directing, Coordinating, Reporting 및 Budgeting의 첫글자만을 따서 만든 것임.

6) Luther Gulick, "Notes on the Theory of Organization," in Gulick and Urwick(eds.), *Papers on the Science of Administration,* 1937, p. 9.

7) L. Urwick, *The Elements of Administration,* Harper and Brothers, 1945, pp. 52~54.

통솔의 범위가 주장되는 근거는 인간은 능력과 주의력에 있어서 한계가 있다는 것이다. 그러나 효과적인 통솔을 위해서 부하의 수는 몇 사람이 되어야 하는가에 대해서는 정답이 없다. 일반적으로 기획과 정책을 다루는 업무에서 통솔의 범위는 5～6인으로 지적되고 있다.[8] 통솔의 범위를 수식으로 정립해 보려는 V.A. Graicunas 역시 계층제의 상층부에는 5～6인, 말단에는 20인 정도로 잡고 있다.[9]

4) 부서편성의 원리

부서편성의 원리는 조직을 편성하는 기준을 말하는데, 그 기준으로서 목적(purpose)·과정(process)·고객(clientele) 및 장소(place)의 4가지를 들고 있다. 즉 조직이 이 4가지 기준에 의해서 편성될 때에 행정능률은 올라간다는 것이다.

(1) 목적에 의한 분류편성은 행정이 추구하는 목적에 따라서 조직을 편성하는 것인데, 행정자치부·국방부·농림부 등이 좋은 예이다.

(2) 과정에 의한 분류편성은 사용되는 기술이나 과정에 따라 편성하는 것으로 간호과·전자계산국·통계국 등이 그 좋은 예이다.

(3) 고객에 대한 분류편성은 봉사의 대상이 되는 사람들을 중심으로 편성하는 경우인데, 인디언국·아동보호국·부녀국·국가보훈처 등이 그 좋은 예이다.

(4) 장소에 의한 분류편성은 장소를 중심으로 조직을 편성하는 경우인데, 충청건설국·호남건설국·영남건설국·미주국·아주국 등이 그 좋은 예이다.

이러한 원리들은 다음에 설명할 행태주의에 의해서 매서운 공격과 비판을 받고 있다.

Ⅱ. 접근방법: 전통적 접근방법

관리주의에서 행정학이 어떻게 이해되고 연구되는가의 접근방법에 대해서 살펴보기로 한다. 흔히 관리주의에서 취하는 접근방법을 전통적 접근방법이라고 한다. 그러면 그 내용부터 살펴보기로 한다.

(1) 내 용

전통적 접근방법에도 이해의 시각에 따라 여러 가지 분파가 있을 수 있으나, 여기서는 가장 두드러진다고 생각되는 과학적 관리법과 원리적 접근법을 합쳐 전

8) L. Urwick, *Scientific Principles and Organization*, 1938, p. 8.
9) V. A. Graicunas, "Relationship in Organization," in L. Gulick and L. Urwick(eds.), *op. cit.*, pp. 183～187.

통적 접근방법으로 다루기로 한다.

본래 F. Taylor에 의해서 대표되는 과학적 관리법과 L. Gulick과 L. Urwick에 의해서 대표되는 원리적 접근법은 출발점이나 강조하는 측면이 약간 다르기는 하나, 인간에 대한 해석이나 추구하는 기본이념이 능률이라는 점에서 입장을 같이하고 있다.

1) 전통적 접근방법은 인간을 해석하는 데 있어서 개인은 경제적 이윤을 추구하는 데 가장 합리적 존재라는 것이다. 다시 말해서 인간은 어떠한 욕구보다 경제적 욕구를 중요시하는 경제적 존재(economic being)라는 것이다. 이러한 경제적 욕구를 충족하기 위해서 인간은 자기의 육체적·생리적 조건이 허락하는 한 노동을 계속한다. 여기서 전통적 접근방법에서는 인간의 생리적 측면(physiological aspects)도 강조하게 된다. 인간은 월급만 많이 주면 육제적 조건이 허락하는 한 노동을 투하하는 경제적이고 생리적 존재라는 것이다.

2) 이들이 추구하는 기본이념은 능률과 절약이었는데, 이러한 능률과 절약은 합리적인 조직구조나 일련의 원리를 통해서 이루어질 수 있다고 믿었다. 이들에게 능률은 복음으로 간주되었고, 능률의 결핍은 죄악으로 생각되었다.[10] 그런데 이들이 추구하는 능률은 상대적 능률이 아니라 기계적 능률이었다. 즉 철저하게 비용과 효과의 비교에서 따져지는 능률이었다.

3) 이들은 원리의 발견에 급급하였는데, 이때의 원리란 능률에 인도되는 원리였다. F. Taylor는 능률을 확보하는 원리로서 과학의 개발, 과학적인 노동자의 선발, 노동자의 과학적 교육과 훈련 및 경영자와 노동자간의 우호적인 협조체제였다.[11] 그런가 하면 L. Gulick과 L. Urwick이 추구하는 원리는 합리적인 조직구조를 중심으로 엮어지는 원리였다. 즉 이들이 주장하는 능률이란 조직의 합리화에서 일어날 수 있는데, 조직의 합리화로 인도하는 원리들이란 명령통일의 원리, 통솔의 범위, 분업과 전문화, 목표·고객·과정 및 장소에 의한 부서편성의 원리였다.[12] 여기서 전통적 접근방법의 최대의 관심사란 능률과 직결되고 인도되는 원리의 발견이라는 것을 알 수 있다.

4) 전통적 입장에서 생각하는 행정의 과제란 작업(work)·사람(people) 및 작업장소(workplace)간의 관계를 체계적으로 설정하고, 권한과 책임을 합리적으

10) Marshall E. Dimock, *Free Enterprise and the Administrative State*, University of Alabama Press, 1951, p. 125.

11) F. Taylor, *The Principles of Scientific Management*, Haper and Brothers, 1947, pp. 36～37.

12) L. Gulick and L. Urwick(eds.), *Papers on the Science of Administration*, Institute of Pubic Administration, 1938.

로 배열하고, 이러한 책임들이 이행되도록 통제장치를 마련하는 것이다. 한마디로 말해서 목표에 대한 능률적인 수단을 합리적으로 강구하는 것이다.[13)]

5) 행정현상은 어디까지나 행정 내에서의 현상이지 행정 밖의 현상은 아니다. 다시 말해서 전통적인 접근방법은 행정이라는 '울타리' 안에서 일어나는 것만 취급함으로써 행정 밖의 현상은 연구의 대상으로 삼지 않았다. 이들이 생각하는 원리나 합리적 구조는 행정의 내적 요소들만을 고려해서 만들어진 것이었다. 이들은 행정이 행정 자체의 세계에 의해서 움직이는 것이지 그 밖의 다른 요인들에 의해서 움직이는 것이라고 보지 않았다.

(2) 비 판

1) 인간을 생리적인 존재, 기계적인 존재, 합리적인 존재 및 경제적인 존재로만 보았기 때문에 사회심리적인 존재나 감정적인 존재로서 나타나는 현상을 설명하지 못하고 있다. 이들은 피곤을 생리적이고 육체적인 현상으로만 설명하지 심리적인 현상으로는 설명하지 못하고 있다.[14)] 이들은 인간의 감정적이고 심리적인 현상에서 나오는 비공식적 조직, 소집단, 리더십, 사기, 조직 내의 갈등현상과 무력감 등을 설명하지 못하고 있다. 다시 말해서 행정의 합리적이고 공식적인 현상은 설명하여도 비합리적이고 비공식적인 측면은 설명하지 못한다.

2) 이들이 내세우는 원리와 원리간에는 모순과 갈등이 존재한다는 것이다. 합리적 구조와 원리를 주장하는 전통주의학파들은 행정의 능률은 전문화의 원리, 명령통일의 원리, 통솔의 범위 및 부서편성의 원리 등에 의해서 향상된다고 하는데, 이러한 원리들은 상호모순되고 있다는 것이다. 예컨대 명령통일의 원리는 기능적 전문화와 행정능률을 향상시키는 데 서로 모순되고 있다.[15)] 예컨대 행정자치부의 예산담당관은 명령통일의 원리를 준수하기 위해서는 기획예산처의 예산실장의 지휘감독을 받을 수 없다. 또 부서편성의 경우 목적에 의한 것과 장소에 의한 것이 동시에 겹쳐 어느 것을 택하는 것이 더 능률을 향상시키는 것인지 모르는 경우가 많다.

3) 행정에 영향을 주는 외적 요인들을 고려하지 않는다. 즉 행정은 행정 자체의 원리나 논리에 의해서 움직이지 그 밖의 환경적 요인들에 의해서 작용되거나 영향을 받는다고 생각하지 않는다. 여기서 이들이 이해하는 행정체제는 폐쇄

13) Paul J. Gordon, "Transcend the Current Debate on Administrative Theory," *Academy of Management Journal*, Vol. Ⅵ, No. 4, December 1963.

14) Amital Etzioni, *Modern Organization*, Prentice-Hall, Inc., 1964, p. 22.

15) Herbert A. Simon, *Administrative Behavior*, The Free Press, 1976, pp. 24~26.

체제(closed system)이지 개방체제(open system)가 아니다. 이러한 이유로 행정 내에서 일어나는 현상은 설명할 수 있어도 행정과 외부환경과의 상호작용에 대해서는 설명을 하지 못한다.

4) 이들이 추구하는 능률은 주로 비용·효과(cost-effectiveness)의 비교에서 따지는 기계적 능률이기 때문에 조직 전체의 신축적 운영이나 장기적 능률에 크게 관심을 기울이지 않는다. 아울러 기계적 능률의 확보에 치중하기 때문에 조직 성원의 인간발전(human development)에 소홀하다. 다시 말해서 인간성을 존중하는 관리에 관심을 기울이지 않는다.

제 2 절 인간주의

Ⅰ. 기본내용

인간주의는 인간의 경제적 욕구보다는 사회·심리적 욕구를 더욱 강조하는 입장으로 관리주의, 특히 과학적 관리법에 대한 반작용으로 나타났다고 해도 과언이 아니다.

행정학에서 인간주의는 Elton Mayo의 Hawthorne실험을 시발점으로 해서 본격화되었다. 이 실험을 계기로 해서 이 방면에 좋은 책들이 많이 나왔는데 그 대표적인 것으로 E. Mayo의 *The Human Problems of an Industrial Civilization* (Macmillan, 1933); William J. Dickson과 Fritz J. Roethlisberger의 *Management and the Worker*(Harvard University Press, 1939) 및 F.J. Roethlisberger의 *Management and Morale*(Harvard University Press, 1941) 등을 들 수 있다.

Hawthorne실험을 토대로 얻은 결론은 노동자의 생산력을 결정하는 요인은 물리적이고 경제적이고 육체적인 조건보다는 인간관계의 사회심리적 요인이 더욱 중요하다는 것이다. 인간주의에서 내세우는 주장은 인간의 생산력이란 돈을 얼마 받고, 조명장치를 어떻게 설치하고, 휴식시간을 어떻게 짜고, 작업과정을 어떻게 분할할 것인가의 경제적·물리적·생리적·기술적인 조건들보다는 누구와 같이 일하고, 사람의 대접을 받고 있으며, 자기능력을 인정받고 있는가의 인간적이고 사회심리적 요소에 의해서 결정된다는 것이다. 사람의 동기부여는 돈만 많이 주고 작업조건을 개선하였다고 일어나는 것이 아니라는 것이다. 오히려 이러한 것들보다는 어떤 사람이 지도자이고, 작업 파트너가 누구이며, 심리적인 행복감을 얻을 수 있는가가 보다 큰 동기부여의 요인이라는 것이다. 그리고 작업환경의 개선문제는 기술적 능률이나 이윤 또는 임금의 문제로서 설명될 것이 아니라 동료와의 인간관계, 집단정신, 집단압력 및 사회심리적 분위기의 입장에서 이해되고 설명되어야 한다는 것이다.

인간주의도 관리주의와 마찬가지로 작업의 능률과 생산력을 강조한다. 그러나 인간에 대한 해석이 다르기 때문에 능률을 달성하는 방법에 있어서 상이한 입장을 취하고 있다.

이러한 인간주의는 Chris Argyris의 자아실현주의(self-actualization)[16]와 Warren G. Bennis의 탈관료주의(beyond bureaucracy)[17] 및 기타의 조직발전주의(organization development)[18]에 이르러 세련되면서 더욱 발전하고 있다.

Argyris는 조직효과성의 기본인자는 조직구성원의 심리적 성공감(psychological success)이라고 주장하면서 인간의 자아실현적 욕구를 내세우고 있다. 그는 조직생활에서 인간의 궁극의 목표는 자아실현이라고 지적하고 있으며, 자아실현을 중심으로 조직은 개편되어야 한다는 것이다. 다시 말해서 인간의 자아실현에 맞도록 조직이 짜여져야 한다는 것이다. 여기서 나온 것이 직무확장(job enlargement)이다. 작업을 세분해서 한 가지 일만 하면 인간은 기계처럼 되어 권태와 심리적 좌절감에 빠지기 쉽기 때문에 한 사람이 포괄적인 면에서 여러 가지 일을 하자는 것이 직무확장이다. 그리고 그는 계속해서 주장하기를 인간의 심리적 만족감을 얻기 위해서 계층이 적은 조직의 평면성(flat)을 강조하고 있다.

Bennis 역시 조직의 민주화와 인간화를 주장하고 있다. 이것이 이른바 그의 탈관료화이론이다. 그는 계층이 많고 경직성이 강한 기존의 관료체제에서는 인간의 발전을 기대하기가 어렵다고 주장하고 있다.

조직발전론자들의 주장도 그 골격을 이루고 있는 것이 인간개발이라 할 수 있다. 이들은 조직발전을 조직구성원의 발전으로 이해하고 있으며, 조직구성원의

16) Chris Argyris, *Personality and Organization,* Harper and Row, 1957; *Integration the Individual and the Organization,* John Wiley & Sons, 1964; *Management and Organizational Development,* McGraw-Hill, 1971.

17) Warren G. Bennis, *Beyond Bureaucracy: Essays on the Development and Evolution of Human Organization,* McGraw-Hill, 1973; *Organization Development; Its Nature, Origins and Prospects,* Addison-Wesley, 1969; W.G. Bennis and Philips E. Slater, *The Temporary Society,* Harper and Row, 1968.

18) Robert R. Blake and Jane S. Mouton, *Building a Dynamic Corporation through Organization Development,* Addison-Wesley, 1969; Richard Beckhard, *Organization Development: Strategies and Models,* Addison-Wesley, 1969; Wendell French and Cecil Bell, Jr., *Organization Development: Behavioral Science Interventions for Organization Improvement,* Prentice-Hall, 1973.

발전을 위해서 감수성훈련(sensitivity training) 같은 기법을 강조하고 있다.

여하튼 인간주의는 초창기부터 오늘에 이르기까지 인간의 사회심리적 측면·민주적 과정·인간 발전 등을 강조함으로써 행정학에 있어서 리더십 이론·비공식적 조직이론·집단역학이론 등의 발달에 엄청난 영향을 끼치고 있다.

Ⅱ. 접근방법: 사회심리학적 접근방법

인간주의에서 취하는 접근방법을 사회심리학적 접근방법 또는 인간관계론적 접근방법이라고 한다.

사회심리학적 접근방법은 전통적 접근방법에 대한 반동으로부터 시작된다. 이 접근방법은 Elton Mayo의 Hawthorne 연구에서부터 시작하여 Chris Argyris의 자아실현적 이론(self-actualization theory)에 이르기까지 다채로운 이론을 내포하고 있는데, 그 기본내용과 비판점을 보면 다음과 같다.

(1) 내 용

1) 이 접근방법은 인간의 합리적이고 경제적인 측면보다는 사회심리적이고 감정적인 측면을 더욱 강조하고 있다. 즉 인간은 경제적인 욕구보다는 심리적인 만족을 더욱 추구하는 심리적 존재(psychological being)라는 것이다. 인간은 합리적으로 행동하는 경우보다는 감정의 논리에 의해서 비합리적으로 행동하는 경우가 많다는 것이다. 따라서 생산력의 증가도 사회규범(social norm)이나 심리적 만족의 차이나 사회적 상호작용에 의해서 결정되지 경제적 대가나 생리적 능력에 의해서 결정되는 것은 아니라는 것이다. 여기서 생산력의 결정요인은 경제적 요소가 아니라 사회심리적 요소이다.[19)]

2) 고용된 노동자는 개인(individuals)으로서보다 집단의 구성원(members of groups)으로서 행동하고 반응한다. 작업노동자는 스스로 생산의 기준량을 설정하지 못하고 그가 소속한 집단이 설정해 놓은 기준량에 따라 생산량을 맞춘다. 그는 집단규범(group norm)에 벗어나면서까지 생산력을 높이려고 하지 않는다. 그런데 이때의 집단이란 공식적인 집단이 아니라 비공식적인 집단이거나 소집단이다.

3) 인간의 감정적이고 심리적인 측면을 중요시하고 있기 때문에 이러한 측면에서 나오고 있는 비공식적인 조직현상, 리더십, 커뮤니케이션, 참여문제, 갈등문

19) F. J. Roethlisberger and W. J. Dickson, *Management and the Worker*, Harvard University Press, 1939.

제 등에 연구의 초점을 둔다. 이들은 가장 능률적이고 생산적인 조직은 조직성원이 심리적으로 행복감을 느끼는 조직이기 때문에 무엇이 심리적 욕구를 충족시켜 주는가에 최대의 관심을 기울이고 있다.

4) 인간의 사회적 또는 심리적 만족을 확보하기 위해서는 작업(work)과 조직구조와의 관계가 적절히 조정·조화되어야 한다는 것이다.[20] 조직의 계층구조가 고층성(tall)을 띠고 있을 때에는 인간의 심리적 만족이나 자아실현적 욕구의 충족이 일어나기 어렵기 때문에 조직구조는 평면성(flat)을 띠어야 한다는 것이다. 이들은 조직성원이 조직의 목표를 위해서 일할 때에 조직의 목표가 개인의 심리적 만족에도 기여한다고 생각한다. 여기에서 사회심리학적 접근법은 조직의 목표와 개인의 심리적 욕구간의 조화를 강조하게 된다.

5) 이 접근방법은 조직행위의 비정형성(unplanned)과 비구조성(unstructured)의 설명에 많은 관심을 기울이고 있다. 인간은 단순한 기계적 존재가 아니고 감정·신념·의견·인격을 가진 존재이기 때문에 공식적인 처방이나 기준에 어긋나는 행위를 할 수 있다는 것이다.[21] 즉 인간은 조직이 공식적으로 요구하는 대로만 움직이지는 않는다는 것이다. 여기서 조직의 예기치 않은 행위(unexpected behavior)나 비정형적 행위가 나타나게 된다. 이 접근방법은 조직의 비공식적인 측면이나 비정형화된 측면을 더욱 중요시하게 된다.

(2) 비 판

1) 이 접근방법도 다른 접근방법과 마찬가지로 인간의 일면성만을 강조하고 있다. 즉 인간의 합리적이고 경제적인 측면을 완전히 무시하고 있다. 그리고 이 접근방법은 심리적 만족과 경제적 욕구충족은 별개의 것으로 생각하고 있는데, 사실은 심리적 만족도 경제적 욕구가 충족됨으로써 오는 경우가 많다. 동시에 심리적 불만도 경제적 욕구가 충족되지 않음으로써 오는 경우도 많은 것이다. 이 접근방법은 경제적 욕구충족과 심리적 만족이 상이하다는 것만 알지, 서로 의존적이고 밀착되어 있다는 것을 간과하고 있다.

2) 이 접근방법은 대규모의 조직체를 하나의 커다란 행복한 가정으로 착각하고 있다는 것이다. 조직체는 다양한 인격을 가진 여러 사람들이 모여 있기 때문에 일체감이나 심리적 만족의 공유만 일어날 수 있는 것은 아니다. 오히려 이해를 달리하고 있는 사람들이 많기 때문에 한 사람의 심리적 만족은 다른 사람의 불만을

20) A. Etzioni, *op. cit.*, p. 39; Chris Argyris, *Intergrating Individual and Organization*, 1964.
21) John C. Buechner, *Public Administration*, Dickenson Publishing Co., 1968, p. 27.

유발하기 쉬운 것이다. 따라서 조직체를 행복한 가정으로 생각하는 것보다는 집단성원이 자기의 목표성취를 위해서 최선을 다하는 경쟁의 장으로 보는 것이 보다 현실적이라는 것이다. 이들은 비공식적 집단이나 소집단이 나타나면 작업의 단조성을 없애줄 걸로 생각하지만, 반복성에서 오는 단조성을 완전히 없앨 수는 없는 것이다.

3) 이 접근방법은 모든 조직성원이 추구하는 심리적 만족이나 행복은 다 같은 것으로 가정하고 있다. 그러나 각개의 집단성원이 추구하는 심리적 만족은 서로 다르다는 것을 알아야 한다. 인간은 성격이 다른 것처럼 추구하는 만족도 다른 것이다. 한 사람에게 만족스러운 것이 다른 사람에게는 불만의 대상이 될 수도 있는 것이다. 어떤 사람은 반복적인 일을 함으로써 불행감을 느낄 수 있지만, 다른 사람은 여기서 만족감을 얻을 수 있는 것이다. 즉 조직의 평면성이나 직무확장(job enlargement) 또는 정책결정에의 참여가 모든 사람에게 다 행복감을 가져다주는 것은 아니다.

4) 이 접근방법은 지나치게 인간간의 협동이나 원활한 관계만을 강조함으로써 갈등의 건설적이고 긍정적인 측면을 간과하고 있다.[22] 즉 발전의 요인이 갈등과 긴장에 내재하고 있다는 것을 간과하고 있다. 그리고 갈등을 피하고 협동을 확보하는 데 있어서 제도적 방안보다는 조작(manipulation)에 의존하게 되는데, 이러한 조작은 조직성원의 복지나 만족보다는 조직의 목표를 악용할 가능성도 크다.[23]

5) 이 접근방법 역시 조직과 환경과의 상호작용관계를 다루지 않고 있다. 조직의 목표성취는 조직성원의 심리적 만족도에 의해서만 좌우된다고 생각하였지 환경적 요인에 의해서 영향을 받는다는 것을 이해하지 못하였다.

제 3 절 행태주의

I. 기본내용

행태주의의 기본골자는 과학성의 강조라고 할 수 있다. 따라서 일명 과학주의라고도 한다. 행정학에서 과학성을 주장한 사람은 Robert A. Dahl,[24] Chester

22) William L. Morrow, *Public Administration*, Random House, 1975, p. 66.

23) *Loc. cit.*

24) Robert A. Dahl, "The Science of Public Administration," *Public Administration Review*, Vol. 7, No. 1, 1947, pp. 1～11.

I. Barnard[25] 및 Hebert A. Simon 등을 들 수 있으나, 이 중에 대표자는 Simon이라고 할 수 있다. 다시 말해서 행태주의는 Simon에 의해서 대표된다고 할 수 있다.

행정학에서 행태주의는 앞에서 설명한 원리주의에 대한 공격과 비판에서 출발한다고 볼 수 있다. 물론 원리주의가 Simon의 행태주의에 의해서만 공격된 것은 아니다.[26] 그러나 지금까지 행정학에서 논의된 제원리들은 주로 Simon을 중심으로 한 행태주의에 의해서 공격을 받고 지금까지 누리던 그 위세를 상실하게 되었다. 여하간 1920년대에서 1940년대 초반에 이르기까지 행정학의 전부라고 해도 과언이 아닐 정도로 그 위세가 당당했던 제원리들은 1950년대 후반부터 거의 학계에서 자취를 감추다시피했다.

Simon은 Gulick과 Urwick이 제창한 명령통일, 통솔의 범위, 전문화 및 조직편성의 제원리들이 능률향상을 위해서 일관성을 가지면서 조화되는 것이 아니라 서로 상충되고 있다고 지적하면서 이러한 것들은 원리가 아니라 격언(proverb)에 불과하고 기껏해야 기준이나 개념에 불과하다고 한다.[27] 그는 원리주의자들이 내세우는 원리 하나하나를 분석·비판하고, 이러한 원리들이 조직 내에서 동시에 적용될 때에 서로 상충되어 어떤 것을 채택하고 어떤 것을 버려야 할지 알 수 없다는 것이다. 예컨대 명령통일의 원리와 전문화의 원리는 서로 역관계에 있다는 것이다.[28] 그리고 부서편성의 원리에서도 장소에 의한 편성이나 기능(function)에 의한 편성이 다같이 전문화를 충족시키지만 동시에 하나의 조직 내에서는 추구될 수 없다는 것이다. 다시 말해서 어느 하나를 택할 때에 다른 하나는 희생된다는 것이다.

Simon은 논리적 실증성이 없는 이론을 배격하고 있으며 행정학연구에서도 자연과학식 연구방법의 도입을 강조하고 있다. 그는 개념이나 용어선정 및 요소간에 관계를 설정하는 데에 있어서 또는 가설의 설정에 있어서 논리적 명확성(logical clarity)을 강조하고, 가치와 사실을 논리적으로 구분해서 연구의 초점은 실증의 세계(empirical reality)가 되어야 한다고 주장하고 있다. 이어서 그는 가능한 한 연구방법이나 설명에 있어서 계량화(quantification)와 통제될 수 있는 실험설계를 내세웠고, 개념의 조작화(operationalization of concept)와 확률적 설명

25) Chester I. Barnard, *The Function of Executive,* Harvard University Press, 1938.
26) Dwight Waldo 역시 원리주의를 그의 대표적 저서 *The Administrative State: A Study of the Political Theory of American Public Administration* (1948)에서 그의 부당성을 지적하면서 신랄하게 비판하고 있다.
27) Herbert A. Simon, *Administrative Behavior,* 2nd ed., The Free Press, 1965, pp. 20~44.
28) *Ibid.,* p. 23.

(probabilistic statement)을 좋아하였다.[29)]

그는 처방보다는 정확한 진단을 토대로 한 설명을 좋아했고, 인간의 행태에 연구의 초점을 두었기 때문에 사회심리학에 많이 의존하고 있다. 그가 가치와 사실을 구분하고 과학으로서 행정학은 사실만을 다루어야 한다고 주장했기 때문에 자칫하면 정치·행정이원론자로 오해받기 쉬우나, 그의 가치와 사실의 구분론은 정치·행정의 이원론과는 전혀 차원이 다르고 거리가 먼 이야기이다. 그의 이론은 많은 학자들에게 영향을 주었고, 오늘날 미국행정학연구에서 반석의 위치를 차지하고 있으나 후에 설명할 가치주의에 의해서 도전을 받고 있다.

Ⅱ. 접근방법: 행태론적 접근방법

형태주의에서 취하는 접근방법을 행태론적 접근방법이라고 한다.

본래 행태론적 접근방법 하면 그 개념이 모호하고 다양하여 '이것이 행태론적 접근방법이다' 하고 딱 정해서 이야기하기는 어렵다. 왜냐하면 행태론적 접근방법을 취하는 사람마다 그 내용이 다르기 때문이다. 그러나 행정학에서 행태론적 접근방법 하면 Herbert A. Simon의 논리실증주의적 접근방법을 이야기하기 때문에 여기서도 Simon의 논리실증주의를 중심으로 설명하기로 한다.

(1) 내 용

1) 행태론적 접근방법은 조직성원의 행동양식(the way people behave in the organization)에 연구의 초점을 둔다. 즉 이들은 조직의 구조적인 측면보다는 조직성원의 행동양식에 연구의 초점을 둔다. 다시 말해서 행정인의 행동양식을 통해서 행정현상을 파악하겠다는 것이다. 그러나 행동양식에 연구의 초점을 둔다고 해서 집단현상을 무시하거나 소홀히하는 것은 아니다. 오히려 Simon 같은 사람은 인간행위를 규제하는 것은 인간내부의 심리적인 것보다는 그가 소속하고 있는 집단의 규범이나 정신이라고 함으로써 집단의 중요성을 강조하고 있다.[30)] 단지 이들이 등한시한 것은 인간행위와 동떨어진 제도와 구조였던 것이다. 이들은 인간의 행위를 설명하는 범위 내에서 조직이나 집단의 역할을 중요시하고 있다.

2) 이 접근방법은 가치(value)와 사실(facts)을 구별하고, 가치를 연구의 대

29) Frank Marini and Darrell Pugh, "The Development of Public Administration," in Thomas Vocino and Fack Rabin(eds.), *Contemporary Public Administration,* Harcourt Brace Jovanovich, Inc., 1981, p. 31.

30) Herbert A. Simon, *Administrative Behavior,* 2nd ed., 1966, Introduction 참조.

상에서 제외하여야 한다고 주장하고 있다.[31)]

이들의 주장은 행정학도 자연과학처럼 가치중립적인 연구방법을 택함으로써 과학성을 높여야 한다는 것이다. 행정학은 목표가 정해졌으며 그 목표를 성취하는 최선의 방안을 찾아냄으로써 그 실천적 가치를 다하는 것이지, 그 이상의 가치함축적인 문제는 다룰 수도 없고 다루어서도 안 된다는 것이다. 따라서 행정현상에서 '왜'(why)와 '어떻게'(how)의 문제만 다루면 되었지 '무엇을 해야 한다'의 가치적이고 윤리적인 문제를 다루어서는 안 된다는 것이다. 이들의 주장은 어떠한 이론이나 검증가능성이 있어야 하고, 이것이 없을 때에는 허구이지 이론은 아니라는 것이다. 즉 행정현상은 철저하게 사실현상이지 가치현상이나 윤리현상은 아니라는 입장이다.

3) 이 접근방법은 계량적인 접근이나 기법을 좋아한다. 흔히 행태론적 접근방법 하면 계량적인 접근방법과 동일한 것으로 생각하기 쉬우나, 방법론상 양자가 결합가능성만 강할 뿐이지 같은 것은 아니다. 본래 행태론적 접근방법은 개별적인 행위의 집합을 통해서 전체를 추적하고 설명하기 때문에 계량적인 접근이나 기법의 사용은 불가피하다고 할 수 있다. 즉 개별적인 현상을 집합시킴으로써 전체현상을 설명하기 때문에 이 과정에서 계량적인 기법들은 거의 불가피하다. 특히나 행태론적 접근방법은 이론의 검증성(verifiability)을 강조하고 있는데, 이러한 검증성을 가능하게 해 주는 것이 계량적 기법이라고 할 수 있다.

4) 행태론적 접근방법은 인간의 행위설명에 초점을 두고 있기 때문에 종합과학적인 성격을 다분히 띠고 있다.

인간행위에 대한 종합적인 설명은 심리학·사회학·문화인류학의 도움을 크게 요청하고 있어 이들 학문과의 상호의존성을 강조하고 있다. 특히 행태론적 접근방법은 관료들의 의식구조·행동양식·사고방식·가치관·선호성 등에 연구의 초점을 두기 때문에 행정문화를 중요시하고 있다.

5) 행태론자 특히 Simon은 행정현상을 의사결정과정(decision-making process)으로 파악하고 있다.[32)]

행정조직은 하나의 집합체로서 의사결정의 단위이며 개별적인 행정가도 이

31) 정치학에서 행태론적 접근방법을 취하고 있는 학자 중에는 가치를 포함시켜야 한다고 하는 사람들이 많다. 예컨대 Robert A. Dahl, "The Science of Public Administration," *Public Administration Review*, Vol. Ⅶ, No. 1, Fall 1947; David Easton, "The Current Meaning of Behavioralism," in James C. Charlesworth(ed.), *Contemporary Political Analysis*, 1967, pp. 11~31.

32) 의사결정론적 접근방법을 별도로 내세우는 사람이 있으나, 이 방법도 Simon이 최초로 제창하였기 때문에 행태론적 접근방법에 포함시켜 설명한다.

범주 내에서 의사결정을 수행하고 있다. 즉 개별적인 행정가의 행위도 따지고 보면 의사결정과 다 연결되고 있다는 것이다. 여기서 행정조직은 개별적인 행정가들이 의사결정을 내리는 결정상황의 단위로 작용한다. 그리고 모든 행정인의 행위는 대안의 선정행위와 동일하거나 직결되고 있다. 조직의 과학적 설명이란 조직인이 어떠한 결정을 내리며, 이러한 결정을 내리는 데 어떠한 요소들이 영향을 주는가에 대한 설명이라는 것이다.[33)]

6) 행태론적 접근방법은 행정을 여러 가지 욕구를 가진 개인 상호간 또는 개인과 집단간의 상호작용의 동적인 과정(dynamic interplay)으로 파악하고 있다.

이때 인간이 갖는 욕구는 경제적인 욕구도 좋고, 심리적인 욕구도 좋다. 따라서 행정현상은 늘 갈등을 갖게 마련이며 복잡한 요소들로 뒤얽혀 있다.

(2) 비 판

1) 행태론적 접근방법은 행정학의 과학화에 공헌하였다고 평가되고 있지만, 바로 그것 때문에 행정현상의 연구에서 가치를 배제시켰다고 비판받고 있다. 가치를 배제시킨 행정현상을 생각할 수 없다는 것이다. 대부분의 행정문제는 가치함축적인 문제요, 윤리적인 요소를 내포하고 있다는 것이다. 행정학이 가치문제를 다루지 못할 때에는 어떠한 방향제시도 처방도 내리지 못하기 때문에 실제 행정문제를 해결하는 데 도움이 되지 못한다고 지적받고 있다.

2) 이 접근방법은 지나치게 엄격성(rigorous)과 논리성 및 정밀성을 강조하기 때문에[34)] 그 논리가 형식논리에 빠지기 쉽다는 것이다. 다시 말해서 행정의 실상(substance)이나 실제문제를 외면한 형식논리에 빠지기 쉽다는 것이다. 더욱이 이러한 이론은 난해한 전문용어로 가득 차 있어 일반행정인은 이해할 수도 없으며, 한정된 범위 내에서 몇 사람의 학자들에 의해서만 이해되고 있다는 것이다. 이러한 이론은 이론 자체로서는 훌륭하고 또 행정학의 과학성을 높이는 데에는 기여할지 몰라도 행정문제를 해결하는 데에는 별로 도움을 주지 못한다는 것이다.

---

33) H. Simon, *Administrative Behavior*, p. 37.

34) 예컨대 James March, James Thompson, Anthony Downs, Aarron Wildavsky, Gordon Tullock, Victor Thompson 등을 들 수 있다.

제 4 절 발전주의

Ⅰ. 기본내용

발전주의는 주로 후진국행정의 발전문제와 발전에 있어서 행정의 역할문제를 다루고 있다. 발전주의는 선·후진국에 공통되는 행정의 발전문제를 다루고 있는 것이 아니라 후진국의 행정문제만을 다루고 있기 때문에 이론의 보편성을 결하고 있으나, 행정학발달에 있어서 중요한 위치를 점하고 있다.

행정학발달과정에서 발전주의가 나타나게 된 것은 제 2 차대전의 종결을 계기로 해서이다.

행정학발달과정에서 비교주의를 어떻게 발전주의와 연결시키면서 설명할 것인가가 문제된다. 물론 비교주의에는 선진국행정체제간의 비교문제를 다루는 경우도 있으나,[35] 대부분 선진국과 후진국간의 비교문제를 다루고 있기 때문에 발전주의에 포함시켜 설명할 수 있다고 생각한다. 다시 말해서 비교주의도 발전을 전제로 한 선·후진국행정체제간의 비교이기 때문에 발전주의에 포함시켜 설명할 수 있다는 것이다.

1945 년 2 차대전이 종결됨과 동시에 미국은 새로 탄생한 독립국들의 발전문제에 본격적으로 개입 · 관여하기 시작하였다. 이것을 계기로 하여 많은 학자들이 후진국의 발전문제를 행정과 결부시켜 연구하기 시작하였다. 이것이 이른바 발전주의이다. 발전주의자들의 연구초점은 후진국의 행정현상분석과 발전을 추진하는데 있어서 행정의 역할이었다.

발전주의에 속하는 학자들로서는 Fred Riggs,[36] William J. Siffin,[37] Joseph La Palombra,[38] Edward Weidner,[39] Ferrel Heady,[40] Alfred Diamant,[41] S.N.

35) 예컨대 Wallace S. Sayre 같은 학자는 미국의 행정체제와 영국의 행정체제를 비교 · 고찰하고 있다. "Bureaucracies: Some Contrasts in Systems," in Nimorod Raphaeli(ed.), *Readings in Comparative Public Administration,* Allyn and Bacon, Inc., 1967, pp. 341～354 참조.

36) Fred Riggs, *Administration in Developing Countries: The Theory of Prismatic Society,* Houghton Mifflin Co., 1964.

37) W. J. Siffin(ed.), *Toward the Comparative Study of Public Administration,* Indiana University Press, 1957.

38) Joseph La Palombara, *Bureaucracy and Political Development,* Princeton University Press, 1963.

39) Edward Weidner, "Development Administration: A New Focus for Research," in F. Heady and S. Stokes(eds.), *Papers in Comparative Public Administration,* University of Michigan, 1962, pp. 79～115.

Eisenstadt,[42] Morroe Berger,[43] Ralph Braibanti,[44] Milton Esman,[45] Hahn-Been Lee[46] 등의 많은 학자들을 들 수 있으나, 이 중에서도 후진국행정연구에 두드러진 업적을 낸 사람은 Fred Riggs라고 할 수 있다.

Fred Riggs는 행정체제는 전체체제(total system)의 하위체제(subsystem)라고 설명하면서 행정체제는 그를 둘러싸고 있는 다른 하위체제들과의 상호 관련하에서만 이해될 수 있다고 주장하고 있다. 즉 후진국의 행정체제는 후진국의 사회문화적 배경을 이해하지 않고는 파악할 수 없다는 것이다.

그는 Talcott Parsons의 구조기능주의적 입장(structural-functional approach)을 취하면서 후진국행정을 이해하는데, 여러 가지 모형들을 만들어 보고 다시 그것을 고치고 재구성해 보고 있다. 그는 처음에는 사회를 농업사회(agraria)와 산업사회(industria)로 나누고, 각 사회는 자기 특유의 행정체제를 갖게 된다는 것이다. 그는 이어서 주장하기를 농업사회가 산업사회로 넘어가는 과정에서 나타나는 과도사회를 프리즘적 사회(prismatic society)라고 부르고, 여기서 나타나는 행정상을 살라형(sala model)이라고 하였다. 그는 이러한 살라형의 행정체제는 형식주의(formalism)·이질혼합성(heterogeneity)·중복성(overlapping)·정실주의(nepotism)·가격비결정성(price indeterminacy) 등으로 특정지어진다고 설명하고 있다.

다음에 후진국의 발전문제를 다루는 데 있어서 행정의 역할에 대해서 간단히 살펴보자. 발전주의자들은 하나같이 행정의 역할을 중요시하고 있다. 그러나 정치발전과 행정발전과의 관계를 논할 때에 그 우선순위에 대해서는 견해를 달리하고 있다.

Riggs는 행정발전에 앞서 정치발전을 주장하고 있다. 민주주의로서의 정치발전이 일어나지 않은 상태에서 행정발전이 일어나면, 관료의 독선화가 일어나

---

40) Ferrel Heady, *Public Administration: A Comparative Perspective,* 2nd ed., Marcel Dekker, 1979.

41) Alfred Diamant, "Bureaucracy in Developmental Movement Regimes: A Bureaucratic Model for Developing Societies," CAG Occasional Papers, Oct. 1964.

42) S.N. Eisenstadt, "Problems of Emerging Bureaucracies in Developing Areas and New State," in B.F. Hoselitz and W.E. Moore(eds.), *Industrialization and Society,* UNESCO, 1963, pp. 159～174.

43) Morroe Berger, *Bureaucracy and Society in Modern Egypt,* Princeton University Press, 1957.

44) Ralph Braibanti and Associate(eds.), *Political and Administration Development,* Duke University Press, 1966.

45) Milton Esman, *Administration and Development in Malaysia,* Cornell University Press, 1972.

46) Hahn-Been Lee, *Korea; Time, Change, and Administration,* East-West Center Press, 1968.

행정독재국가가 탄생한다는 것이다.[47] 그는 발전에 있어서 행정의 역할이 아무리 중요해도 정치의 영역까지 침해해서는 안 된다는 것이다. 여기서 그는 행정역할의 한계성을 주장하게 된다.

그러나 위에서 든 학자들 중 La Palombara, Braibanti, Esman 등은 행정발전의 우선성을 강조하고 있다. 이들의 주장의 논거는 신생국 내의 경제·사회 등의 절박한 문제들을 신속히 해결하기 위해서는 행정능력을 향상시키고 우선 행정발전을 도모해야 한다는 것이다. 행정은 모든 분야의 발전에서 주도적 역할을 하기 때문에 정치의 행정에의 예속화현상은 불가피하다는 것이다. 민주주의 중심의 정치발전은 후진국에서 너무 비용이 많이 들고 시간이 걸리기 때문에 행정주도의 발전이 불가피하다는 것이다.

이처럼 발전주의자들간에도 발전에 있어서 행정의 역할에 관해서는 의견을 달리하고 있다. 그러나 이들의 공통적인 주요 관심은 후진국행정의 이해와 발전이었다.

Ⅱ. 접근방법: 생태론적 접근방법

발전주의에서는 생태론적 접근방법(환경론적 접근방법)을 취하고 있다.

생태론적 접근방법은 전통적 접근방법이나 인간관계론적 접근방법과는 달리 행정체제와 그를 둘러싸고 있는 환경적 세력들간의 관계에 연구의 초점을 둔다. 다시 말해서 행정은 그를 둘러싸고 있는 환경적 요소들을 파악하지 않고는 이해할 수 없다는 입장이다. 본래 생태론(ecology)은 유기체(organism)와 환경간의 상호관계를 다루는 생물학의 분야이다. 인간생태론(human ecology)은 사회학적인 대조단위(counterpart)에 불과하다.

이러한 접근방법을 택한 학자로서는 John Gaus와 비교행정학자인 Fred Riggs, Morroe Berger 및 Ferrel Heady를 들 수 있다. Gaus와 Riggs는 분석의 초점이 다르기는 하지만, 다같이 행정에 대한 환경적 요소들의 영향을 강조하고 있어 한데 묶어서 종합적으로 다루어 보기로 한다.

(1) 내 용

1) 이 접근방법은 행정현상을 자연적·사회적·문화적 환경상황과 관련시켜

47) F. Riggs, "Bureaucrats and Political Development," in J. La Palombara(ed.), *op. cit.*, pp. 126~339.

이해하려고 한다. 환경적 상황으로서 John Gaus는 i) 국민(people), ii) 장소(place), iii) 과학기술(physical technology), iv) 사회기술(social technology), v) 희망과 사고능력(wishes and ideas), vi) 재난(catastrophe), 및 vii) 인간성(personality)을 들고 있고,[48] Fred Riggs는 전통적이고 사회문화적 요소들을 들고 있다.[49] 이들의 주장은 행정의 내용이나 운영은 행정 외적인 요인들에 의해서 영향을 받고 결정된다는 것이다. 여기서 행정의 개방성과 상호의존성을 강조하고 있다.

2) 행정의 외적인 것을 통해서 행정을 이해하기 때문에 보다 포괄적이고 종합적인 설명을 가능하게 한다. 예컨대 후진국에서 왜 서구의 행정체제가 제대로 작동하지 않는가를 설명하는 데에는 그 사회의 문화적·전통적·환경적 요소들을 통하지 않고는 불가능하다. 여기서 비교행정학자들은 후진국의 행정을 이해하기 위해서 문화적이고 역사적인 전통에 연구의 초점을 둔다. 이때 환경론적 접근은 후진국행정의 변칙적인 현상에 대한 설명을 가능하게 한다.

3) 생태론적인 접근방법은 개별적인 행위자의 수준에서보다 집합적 행위(aggregate actions)의 수준에서 행정현상을 설명한다. 정치나 경제·과학·기술·문화 등이 행정에 어떻게 영향을 주는가를 설명하기 때문에 전체적이고 집합적인 설명을 잘한다. 따라서 생태론적인 접근은 미시적 설명보다 거시적 설명을 더욱 좋아한다.

4) 이 접근방법은 행정을 주위환경에 의해서 둘러싸인 존재로 파악하기 때문에 행정현상을 행정과 주위의 제세력간의 상호작용의 관계로 인식한다. 따라서 연구의 초점을 현상과 현상간의 상호인과관계의 분석에 두기 때문에 자연히 처방적인 설명을 싫어한다. 즉 '행정은 왜 그렇게 되어 있는가?'의 설명에 주안점을 두지, '행정은 어떻게 되어야 한다'의 명제나 당위성에 대해서는 별로 흥미를 가지고 있지 않다. 따라서 생태론적 접근은 위에서 설명한 행태론적 접근방법과 아울러 고도의 과학성을 띠고 있다고 볼 수 있다.

(2) 비 판

1) 이 접근방법은 행정의 환경적인 요소에의 의존성과 종속성만을 강조하게 되어 행정의 적극적이고 주체적인 역할을 설명하는 데 부족하다. 즉 이 접근방법은 행정이 환경적 요소에 의해서 영향을 받는 것은 설명을 잘하지만, 행정이 독립변수로 환경에 끼치는 영향에 대해서는 설명을 잘하지 못한다. 다시 말해서 행정

48) John Gaus, *Reflection on Public Administration*, The University of Alabama Press, 1947, pp. 6~19.

49) Fred Riggs, *Administration in Developing Countries*, Houghton Mifflin Co., 1964.

의 피동적이고 종속적인 현상은 설명을 잘하지만 적극적이고 능동적인 측면은 설명을 잘하지 못한다.

2) 정치·경제·사회·지리·문화 등의 여러 가지 환경적 요소들이 복합적으로 행정에 영향을 끼칠 때에, 어느 요소가 어떤 방법으로 얼마만큼 영향을 끼쳤는가를 분리해서 측정하기가 어렵다는 것이다.[50] 물론 과학기술이 행정에 끼친 영향의 경우와 같이 쉽게 판별할 수 있는 요소도 있지만, 정치·사회·문화 등의 요소들이 개별적으로 어떻게 영향을 끼치고 있는가를 정확하게 분별하기 어려운 경우가 많다.

3) 행정현상을 집합적이고 거시적인 입장에서만 설명하기 때문에 개별적인 행위단위들이 어떻게 행동하고 문제를 처리하고 있는가를 설명하지 못한다. 즉 이 접근방법은 구체적이고 궁극적인 문제해결자는 집합적인 단위가 아니라 개별적인 행위단위라는 것을 인식하지 못하고 있다.

4) 행정 자체의 독자성과 논리에 대해서는 관심을 기울이지 않고 있다. 행정이 아무리 주위의 환경적 요소들에 의해 영향을 받는다 할지라도 행정은 자체의 고유영역과 독자성이 있는 것이다. 자체의 고유영역이 있기 때문에 자체의 독자적 논리가 있게 마련인데, 생태론적 접근방법은 이 독자적 논리를 외면하고 있다. 예컨대 행정은 어떠한 정치체제하에서 어떠한 환경에 둘러싸여 있어도 자기의 제1의 생명인 봉사성을 포기할 수는 없는 것이다.

5) 생태론적 접근방법은 현상에 대한 진단과 설명은 잘해도 행정이 지향하고 추구해야 할 목표나 이념에 대해서는 전혀 언급하는 바가 없다. 다시 말해서 행정현상의 인과관계에 대해서는 곧잘 설명을 해도 행정이 나가야 할 방향에 대해서는 아는 바가 별로 없다.

제 5 절 가치주의

Ⅰ. 기본내용

가치주의는 기존의 행정학, 특히 행태주의에 도전하면서 나타난 이른바 신행정학파를 말한다. 가치주의의 기본입장은 기존의 행정학, 특히 논리실증주의를 중심으로 한 행태주의는 행정현실에서 일어나는 절박한 문제들을 해결하는 능력

50) John C. Buechner, *op. cit.*, p. 18.

이 없었다는 것이다. 여기서 가치주의는 행정학의 실용성(pragmatic)과 현실적합성(relevance)을 중요시하게 되었다. 이들의 기본적 주장은 행정학연구에서 가치를 배제한다는 것은 내용이 없는 그릇과 같다는 것이다. 행정은 그 자체가 가치함축적인 개념이기 때문에 행정에서 가치를 배제할 수 없다는 것이다.

여기서 가치중심의 신행정학이 나타나기 시작하였는데, 이들의 주요 관심사항은 규범이론·철학·행동주의(activism) 및 사회적 관심(social concern)이었다. 다시 말해서 실증주의(positivism)와 과학주의에서 벗어나 가치주의의 입장에서 행정의 규범성, 철학, 가치의 발견과 실천, 개인과 조직의 윤리성, 고객중심의 행정, 유관합의성, 사회형평 등의 문제들을 다루고 싶었다.

행정학에서 가치주의는 Dwight Waldo[51)]와 그를 따르는 H. George Frederickson,[52)] Frank Marini,[53)] Michael M. Harmon,[54)] Carl J. Bellone[55)] 등의 소장학자들에 의해서 본격적으로 추구되었다. Waldo는 행태주의자들이 사실의 판단과 가치를 단순히 데이터로서 처리함으로써 가치를 가치로 취급하지 않으려고 하고 있다고 비판하고 있다. 그에 의하면 행태주의의 결정적 결함이란 가치와 당위의 배제라는 것이다. 그는 계속해서 주장하기를 경험세계에서 존재(is)로부터 당위(ought)가 도출되는 것보다 더 명백한 것은 없다고 하고 있다.[56)]

Minnowbrook 회의에서 발표된 논문들을 *Toward a New Public Administration*의 책으로 편집한 Frank Marini는 신행정학의 방향으로서 현실 적합성이 있는 행정학, 탈행태주의, 격동적 변화에 대한 적응력, 새로운 조직모형, 고객중심주의 등을 들고 있다.[57)] 여기서 그는 문제해결능력이 있고, 환경의 변화에 적응력이 있고, 고객을 위한 가치지향적인 행정학을 제창하고 있다.

신행정학의 기수 가운데 하나인 Frederickson은 가치중립적인 행정은 존재할 수 없으며, 행정의 기본사명은 사회형평의 확보라고 주장하고 있다. 그가 이야기하는 사회형평은 행정봉사의 공평성, 정책의 책임성, 변화지향성, 시민의 욕구

51) Dwight Waldo, "The Administrative State Revisited," *Public Administration Review*, March 1965; (ed.), *Public Administration in a Time of Turbulence*, Chandler Publishing Co., 1971; *The Enterprise of Public Administration*, Chandler & Sharp Publishers, 1980.

52) H. George Frederickson, *New Public Administration*, The University of Alabama Press, 1980.

53) Frank Marini(ed.), *Toward a New Public Administration: The Minnowbrook Perspective*, Chandler publishing Co., 1971.

54) M.M. Harmon, *Action Theory for Public Administration*, Longman, Inc., 1981.

55) Carl J. Bellone, *Organization Theory and the New Public Administration*, Allyn and Bacon, 1980.

56) D. Waldo, "The Administrative State Revisited," pp. 13～23.

57) Frank Marini(ed.), *op. cit.*, pp. 348～353.

에 대한 대응성 등을 내포하고 있다.[58] 그 역시 행정의 존재이유가 이미 가치를 내포하고 있다는 것이다.

Harmon은 기존의 행정이론을 비판하면서 새로운 입장, 즉 해석사회학(interpretive sociology)·현상학(phenomenology)·상징적 상호작용주의(symbolic interactionism) 및 반실증주의(antipositivism)의 입장에서 행정을 다루고 있다. 그는 행정학에서 상호의존성·정의 및 형평성 등의 규범적 이론을 가장 강조하고 있다. 뿐만 아니라 행정의 책임과 시민의 요구에 대한 적극적인(proactive) 반응을 강조함으로써 역시 가치지향적인 행정의 존재성을 강조하고 있다.[59]

위에서 설명한 대로 신행정학을 중심으로 한 가치주의는 행태주의를 비판하면서 그 자리를 다져 나가고 있다. 이들은 행정학연구에서 가치문제를 제 1 의 과제로 삼고, 가치문제를 떠난 행정학이란 생각할 수도 없다는 것이다. 그러나 가치주의는 아직 확립된 이론적 축적과 연구를 결하고 있다. 그 기세는 당당하나 내용의 부실성과 공허성을 면치 못하고 있다.

Ⅱ. 접근방법: 현상학적 접근방법

가치주의는 행정학을 연구하는 데 있어서 현상학적 접근방법을 취하고 있다.

현상학은 영어로 Phenomenology라고 하는데, 이것은 희랍어 'Phainein'에서 유래되고 있다. Phainein의 뜻은 '보이다'(show)와 같은 말이다. 따라서 현상학하면 일반적이고 광범위한 뜻에서는 현상(phenomena) 또는 '나타난 것'(appearance)에 대한 체계적인 연구라고 할 수 있다.

그러나 보다 한정된 의미로는 '현상으로서 현상에 대한 학문'(the study of phenomena as phenomena)이라고 하는데, 보다 구체적으로 이야기하면 20세기 독일철학자 Edmund Husserl중심의 철학운동이라고 이야기할 수 있다. 현상학은 직관적(intuitively)으로 포착되는 경험의 본체(essences of experiences)를 중시하고 확인하려고 한다. Husserl은 이러한 입장에서 철학은 비생산적인 사색에서 벗어나 오히려 엄격한 경험과학(a rigorously empirical discipline)으로 재정립될 수 있다고 믿었다. 현상학은 경험에 대해서 계속적이고 편견이 없는 탐색을 강조한다는 의미에서 실증적(empirical)인 성격을 띠고 있지만, 그러나 과거의 경험을 통해서 증명하려는 실증주의(empiricism)와는 다르다.[60]

58) Frederickson, *op. cit.*, pp. 4~10.

59) Harmon, *op. cit.*, pp. 73~161.

60) Robert B. Macleod, "Phenomenology," *International Encyclopedia of the Social Sciences,*

현상학은 객관화에 앞서 자연스럽게 체험된 생활세계를 찾아내야 한다고 주장하는데, 이것은 실증주의적 풍조에 가려 밝혀지지 않고 있다고 생각하고 있다. 여기서의 생활세계란 이론이나 윤리에 앞서 인간의 감각에 직접적으로 접촉되는 본체의 세계로서 선논리적 세계라고 하기도 한다. 현상학은 윤리학 · 문학 · 논리학 및 사회과학 등의 연구에 적지 않은 영향을 주었는데, 행정학에서도 이러한 입장을 받아들이는 사람들이 적지 않다. 행정학에서는 주로 행태론적 접근방법에 비판적인 입장을 취하는 사람들이 현상학적 접근방법을 취하고 있는데, Michael Harmon,[61] David Silverman,[62] Larry Kirkhart[63] 등이 좋은 예이다.

현상학적 접근방법의 주요 내용을 간추려 보면 다음과 같다.

(1) 내 용

1) 과학적 방법이란 인간현상의 실체를 이해하는 데 오히려 역작용을 한다는 것이다. 우리에게 흥미있는 것은 인간의 마음 속에서 일어나는 현상의 본질인데, 과학적 방법은 인간의 심리현상이나 정신세계를 물질현상의 일부로 처리하여 버려 그것들의 본질을 파악하지 못한다는 것이다. 다시 말해서 인간의 내면세계는 겉으로 나타난 표출에 대한 관찰만으로 포착되는 것은 아니라는 것이다. 따라서 현상학적 방법이 관심 두는 것은 관찰가능한 요소간의 인과관계에 대한 설명이 아니라 조직구성원이 능동적인 입장에서 그들이 살고 있는 사회질서(social order)를 어떻게 관찰하고 이해하는가에 대한 설명이다.[64] 여기서 현상학적 접근방법은 행정현실을 이해하는 데 해석학적 방법(interpretive method)을 좋아한다.

2) 조직의 중요성은 겉으로 나타난 구조성에 있는 것이 아니라 그 안에 있는 가치(values) · 의미(meanings) 및 행동(actions)에 있다.[65] 조직은 어디까지나 인간의 산물이기 때문에 그 사회적 의미가 인간상호작용에 의해서 끊임없이 수정되고 변형될 수 있는 것이지 인간의지와 독립된 독자적 존재는 아니다. 인간이 조직에 그 의지를 강요하지, 조직이 인간에게 그 의지를 강요하지는 않는다. 능동적인 것은 인간이지 조직이 아니다. 조직 속의 인간행위는 어디까지나 목적적이고 의

12, The Macmillan Company, 1974, p. 68.

61) Michael Harmon, *Action Theory for Public Administration*, Longman, 1981.

62) David Silverman, *The Theory of Organizations*, Basic Books, 1971.

63) Larry Kirkhart, "Toward a Theory of Public Administration," in Frank Marini(ed.), *Toward a New Public Administration*, Chandler, 1971, pp. 127～164.

64) Jong S. Jun, *Public Administration: Design and Problem Solving*, Macmillan Publishing Co., 1986, p. 72.

65) *Ibid.*, p. 72.

도적이지, 기계적이거나 수동적이 아니다. 여기서 개인의 자율과 책임이 중요시된다. 조직은 어디까지나 인간의 목적적이고 의도적인 행위에 의해서 구성되어 있기 때문에 가치함축적인 행위의 집합물이라고 할 수 있다. 즉 조직은 개인들의 지식, 규범, 가치, 행동기준과 조직의 역할체계의 상호작용의 결과라는 것이다.[66)]

3) 인간이 만든 조직은 대규모화되고 전문화되고 복잡화됨에 따라 물화(reification)되어 버려 인간의 정신적이고 심리적인 것을 떠나버리게 된다. 현상학은 조직의 물화과정에 흥미를 느끼고, 이것의 원인을 규명하려고 한다. 물화는 인간의 주관적인 의지와 가치·목적성을 객관적인 형체에 함입시킴으로써 인간상실로 유도하게 된다는 것이다. 여기서 현상학은 조직의 탈물화(de-reification)를 강조하게 한다. 현상학에서 인식하는 조직은 어디까지나 간주관적으로 공유된 의미의 집합(a set of intersubjectively shared meanings)이라는 것이다. 다시 말해서 행위자들의 의미 있는 상호작용의 활동(meaningfully interlocking activities)으로 구성된다는 것이다.[67)]

4) 인간행위의 의미는 외부의 과학적인 관찰에 의해서 파악되는 것이 아니라 행위자 자신들(actors themselves)의 관점에서 파악될 수 있다는 것이다. 행위에 대한 의미부여는 행위자 자신이 하는 것이지 외부의 누구도 할 수 없는 것이다. 여기서 관심은 행위자들이 자기들이 살고 또 대면하고 있는 일상적인 실존, 소위 생활세계(life-world)를 어떻게 해석하느냐에 쏠린다. 여기서 의미의 세계는 현상학의 중심을 이룬다.[68)]

모든 의식의 행위는 우리에게 의미를 부여하고, 우리는 그것에 질서를 부여한다. 이때 사회과학자들이 할 일이란 의식의 구조와 의미의 세계를 이해하고 해석하는 것이다. 여기서 인간은 의도성(intentionality)을 지닌 능동적 존재라는 것이 다시 확인된다. 의도성이란 특정의 목표에 대해서 의식을 적극적으로 구사하려는 것이다.

5) 조직내외에 있는 인간들은 자신의 행위나 다른 사람들의 행위에 의미를 부여함으로써 조직을 설계한다. 조직은 여러 가지 행위유형에 부여된 의미의 흐름(flow of meanings)에 의해서 다스려진다. 이때의 조직구조는 Larry Kirkhart가 이야기한 대로 연합적 모형(consociated model)의 형태를 갖추게 될 것이다. 연합적

66) 金聖基, "組織에서의 目標 ── 合理的 行爲에 관한 批判," 博士學位論文, 高麗大學校 大學院, 1985, 62~63면.

67) Jong S. Jun, *op. cit.*, p. 72.

68) Robert B. Denhardt, *Theories of Public Organization*, Brooks/Cole Publishing Company, 1984, p. 157.

모형의 조직구조는 인간간의 비경쟁성과 상호신뢰를 토대로 해서 이룩되는데, 이것의 특징은 i) 프로젝트 팀이 작업의 기초단위가 되고, ii) 권위구조는 다양한 권위유형에 의존함으로써 고정된 계층구조를 내포하고 있지 않으며, iii) 사회적 인간관계는 항시 개방적이며, iv) 고객의 대표성이 조직 내에서 보장되고, v) 기술성과 애매성을 동시에 갖춘 전문정향성(professional orientations)의 확보 등이다.[69)]

6) 현상학적 접근방법은 인간의 의도된 행위(action)와 표출된 행위(behavior)를 구별하고, 정작 관심을 기울여야 할 분야는 의도된 행위라는 것이다.[70)] 여기서 행정이론은 인간은 자기 주위의 세계를 어떻게 이해하고 있으며, 무엇이 가치 있는 일이며, 인간행위의 의미를 어떻게 이해하고 해석할 것인가에 관심을 기울여야 한다는 것이다. 현상학이론의 대표적인 학자 Michael Harmon은 인간행위의 가치는 그 행위 자체에 있는 것이지 그 행위가 산출한 결과에 있는 것이 아니라고 주장하고 있다. 여기서 Harmon은 결과(substance)보다 과정(process)을 더욱 중요시하게 된다. 그런데 이때의 과정은 합리주의자들이 이야기하는 목표성취로 가는 단순한 도구가 아니라, 문제의 본질이 구성원간에 정확하게 이해되고 공유되며 상호신뢰가 이루어진 가운데 문제가 해결되는 과정을 이야기한다.[71)]

(2) 비 판

1) 이 접근방법에서의 주장은 지나치게 사변적이고 철학적이기 때문에 주관적인 철학의 범주를 벗어나기 어렵다. 현상학적 접근방법은 이해나 경험의 공유성을 강조하지만 공유의 범위를 확인하기가 어렵다. 공유란 만장일치의 공유인지, 2인 이상만 뜻을 같이해도 공유인지 그 범위가 명확하지 않다.

2) 행위의 목적성과 의도성을 찾아내는 데에 주안점을 두고 있지만, 이것들을 어떻게 찾을 것인가에 대한 방법과 기술에 대해서는 언급이 없다. 다시 말해서 문제는 제기하고 있지만, 그 문제를 해결하는 방법에 대해서는 전혀 언급이 없다. 행위의 내면세계인 진의나 의도성을 이론적인 수준에서 파악하기는 어렵고, 설사 파악된다 할지라도 그것은 주관적인 사변에 그치기 쉽다.

3) 현상학적 접근방법은 인간의 모든 행위는 의식과 의도의 산물이라고 가정하고 있는데, 인간행위의 많은 부분이 무의식이나 집단규범 또는 외적 환경의 산물이라는 것을 간과하고 있다. 인간은 능동적이라고 가정하고 있지만, 실제에 있어서는 수동적인 경우가 더 많다는 것이다.

---

69) Larry Kirkhart, *op. cit.*, p. 161.
70) Michael Harmon, *op. cit.*, pp. 45∼67.
71) *Ibid.*, p. 102.

4) 개별적인 인간행위와 개인간의 상호작용의 해석에 역점을 두기 때문에 그 접근방법이 지나치게 미시적이라는 것이다. 조직 내의 개별적 행위들에 대해서는 설명을 잘할지 모르지만, 조직의 전체성을 파악하는 데에는 미약하다는 것이다. 다시 말해서 숲 속의 나무에 대해서는 이야기하지만, 숲 전체에 대해서는 이야기를 하지 못한다는 것이다.

제 6 절 공공선택이론

Ⅰ. 기본내용

공공선택론(public choice)은 시장의 범주 밖에서 일어나는 결정행위를 경제학적으로 접근하고 연구하는 이론을 이야기한다. 인간은 철저하게 자기이익을 추구하는 데 있어서 합리적이라는 전제하에서 정치나 행정영역에서 일어나는 결정행위를 경제학적으로 분석하고 파악하고 있다.

공공선택론이 독자적인 학문의 분야로 발달하기 시작한 것은 1950년대의 Kenneth Arrow의 '불가능의 공리'(impossibility theorem)에서부터였다고 할 수 있다. Arrow는 시장의 범주 밖에서 개인의 선호를 통합하여 공동체를 위한 합리적인 결정행위를 내린다는 것이 얼마나 어려운 것인가를 지적하고 있다.[72] 합리적인 인간들의 행위가 비효율적이며 공동체를 불행하게 만들 수 있다는 논리는 계속해서 연구되어 '죄수의 딜레마' 같은 경우를 알게 되었고, Garret Hardin같은 사람은 개인들이 추구하는 이익의 극대화는 모든 개인들을 불행하게 만들 수 있다는 '공유지의 비극'(tragedy of commons)을 지적하기도 하였다.[73]

그러나 공공선택이 행정학에서 본격적으로 논의되기 시작한 것은 1960년대부터라고 할 수 있다. 1963년 11월에 James Buchanan과 Gordon Tullock은 경제학자와 사회과학자들을 초빙하여 학술회의를 개최하고 여기서 집단적이고 정치적이고 사회적인 영역에서의 결정행위를 연구할 때에 경제학적인 접근방법을 적용하자는 것에 대해서 의견을 같이하게 되었다. 이때의 토론내용은 1964년 3월의 PAR 제24권에 "Development in the 'No-Name' Fields of Public Administration"라는 제목으로 소개되고 있다. 이어서 1967년 12월에 공공선택

72) Kenneth J. Arrow, *Social Choice and Individual Values,* John Wiley and Sons, 1951.
73) Garret Hardin, "The Tragedy of the Commons," *Science,* 162, 1968, pp. 1243~1248.

학회(Public Choice Society)가 결성되었고 1968년부터 공공선택(*Public Choice*)이라는 학술지가 나오게 되었다.

공공선택론은 기존의 세 가지 연구업적을 토대로 해서 본격적으로 발달하고 있는데 하나는 Wilson을 위시한 전통적인 행정이론에 대한 비판이고, 두 번째는 Simon의 정책결정론이고, 세 번째는 공공재에 대한 경제적 분석이라고 할 수 있다.[74)]

공공선택이론은 시장의 실패에서 출발한다. 외연성, 미분할성, 무임승차성으로 특징지어지는 공공재는 시장의 논리하에서는 생산될 수가 없다는 것이다. 다시 말해서 국방, 치안, 깨끗한 공기 등의 공공재는 정부의 개입하에서만 그 생산이 가능하다는 것이다. 그러면 정부는 공공재를 성공적이면서도 효율적으로 그 적정규모를 생산하고 있는가? 그렇지 않다는 것이다. 여기서 공공선택론은 시장의 실패에서 출발하지만 정부의 실패도 인정하고 있다. 특히 정부의 정책결정규칙(decision rule)이나 결정구조(decision-making structure)가 어떻게 만들어졌느냐에 따라 공공재의 산출에 있어서 적정규모나 효율성은 확보되기도 하고 되지 않기도 한다는 것이다. Ostrom 부부는 Wilson의 행정이론을 통렬히 비판하면서 Wilson이 능률적 조직구조라고 생각한 계층적 조직, 명령의 통일, 권력의 집중과 통합, 전문화 등은 공공재의 효율적 생산을 처음부터 가로막고 있다고 지적하고 있다.[75)] 여기서 Ostrom 부부는 여러 사람들이 만족할 수 있는 공공재를 생산하기 위해서는 행정구조는 달라져야 한다는 것이다. 권한과 책임이 다원화되고, 시민의 선호체계가 정부결정에 반영될 수 있는 제도적 조치가 마련되고, 대리정부제도나 연합적 기업조직, 다조직적 조정(multiorganizational arrangement) 등이 작동할 때에 국민이 만족할 수 있는 공공재의 생산은 가능하다는 것이다.[76)] 정부실패의 또 하나의 원인은 공공기관에 몸담고 있는 관료들은 하나같이 개인의 이익을 추구하는 자기중심적이고(self-interested), 합리적이고, 전략적인 사람들로서 자기 기관을 확장하고, 자기기관의 예산을 증대하고, 승진이나 좋은 자리로의 전보에만 관심을 쏟기 때문에 이들을 견제하는 장치들을 마련하지 않고는 적정규모의 효율적인 공공재 생산은 어렵다는 것이다. 다시 말해서 이기적이고 합리적인 관료들은 시민들의 선호체계나 사회효용함수보다는 자기들의 선호체계를 중심으

74) Vincent Ostrom and Elinor Ostrom, "Public Choice: A Different Approach to the Study of Public Administration," *Public Administration Review*, Vol. XXXI, No. 2, March-April 1971, pp. 203～205.

75) *Ibid.*, pp. 203～204.

76) *Ibid.*, pp. 209～211.

로 공공재를 산출할 가능성이 높다는 것이다. 여기서 공공선택론은 희소성을 띤 공공재와 공공용역을 어떻게 하면 국민과 정부가 다같이 만족할 수 있는 최선의 방법으로 생산하고 소비하는가를 연구하고 있다.

Ⅱ. 접근방법: 경제학적 접근방법

앞에서 설명한 인간주의 행정학이 사회심리학에서 온 것이라면 공공선택론은 경제학에서 온 것이라고 할 수 있다. 공공선택론에서 취하는 경제학적 접근방법도 학자들마다 차이는 있으나 공통적인 것은 다같이 방법론적 개인주의(methodological individualism)에서 출발하고 있다는 것이다.

(1) 내 용

1) 분석의 단위가 개인이다. Ostrom 부부는 결정행위의 주체인 개인을 다음과 같이 설명하고 있다.[77)]

첫째, 개인은 자기이익을 중심으로 행동하는 사람들이다. 자기중심적(self-interested)이라는 말을 자기이익만을 생각하는 자리적(selfish)이라는 말과는 다르다. 자기중심적이라는 말은 모든 개인은 결정행위를 하는 데 있어서 자기의 선호체계(preferences)를 가지고 있고, 이 선호체계에 따라 행동한다는 것이다. 따라서 선호체계는 각 개인마다 다르다. 정부에서 일하는 관료들도 예외가 아니다. 흔히 전통적 행정학에서는 관료 하면 정치적으로 중립을 지키고 헌신적이고 조직 전체를 생각하는 사람으로 생각하는데 공공선택론에서는 이러한 가정을 전면적으로 부정한다. 관료 역시 자기의 확장과 자기기관의 예산증대에 혈안이 되어 있다는 것이다.

둘째, 개인은 합리적(rational)이다. 합리적이라는 말은 모든 대안들에 대해서 순서적으로 등급을 매길 수 있다는 이야기다.

셋째, 개인은 극대화의 전략(maximizing strategies)을 택한다. 극대화의 전략은 여러 가지 대안들 중에서 최대의 효과를 가져오는 대안을 택한다는 이야기다.

넷째, 개인은 정보의 수준에 따라 결정행위를 달리한다. 정보는 확실성(certainty), 위험(risk), 불확실성(uncertainty)의 수준으로 나누어진다. 결정행위의 주체인 개인은 정보수준의 상태에 따라 결정을 달리한다.

2) 공공선택에서 인간, 결정구조, 공공재의 형태가 가장 중요한 분석적 변수

---
77) *Ibid.*, pp. 205~206.

(analytical variables)로 등장한다. 결정가는 결정행위를 하는 데 있어서 여러 가지 기회와 가능성을 만나게 된다.

3) 상이한 결정규칙이나 결정구조는 공공재를 생산하는 데 있어서 상이한 효과를 미친다. 어느 규칙이나 구조도 모든 결정가들을 만족시킬 수는 없다. 여기서 규칙과 결정구조의 다원화를 탐색한다.

4) 개인의 선택행위이든 집단의 선택행위(collective choice)이든 논리적·연역적·수학적 설명이 가능하다고 생각한다.

(2) 비 판

1) 접근가능성의 문제이다. 공공선택이론은 연역적이고 수학적인 방법으로 문제를 접근하기 때문에 보통사람들은 이해하기가 어렵다는 것이다. 논리전개의 엄격성은 우아하게 보이지만 참여자들의 접근성을 가로막고 있다는 것이다. 이들이 특히 수학적 모델을 쓰면서 문제를 접근할 때에는 더욱 참여를 어렵게 만든다는 것이다. 그리고 연역적이고 수학적인 모델은 내용보다는 형식을 더욱 중요시하여 경험적 현상을 설명하는 데 역부족이라는 것이다.[78)]

2) 형평성의 문제이다. 공공선택론은 모든 시민은 자기의 필요한 재화를 구입하는 데 지불할 수 있는 충분한 재원을 가지고 있다고 가정한다. 그러나 필요한 재원을 가지고 있지 않은 가난한 사람들이 너무 많다는 것이다. 공공행정의 가장 중요한 문제의 하나가 형평성의 확보인데 공공선택론은 형평성의 문제와는 거리가 멀다는 것이다.[79)]

3) 인간은 공공선택론자들이 생각한 것처럼 경제적인 이해관계로만 움직이는 것이 아니라는 것이다. 인간은 경제적 요인보다는 사회심리적인 세력들에 의해서 움직이는 경우가 더 많다는 것이다. 여기서 공공선택론은 인간행위를 설명하는 데 있어서 많은 부분을 놓친다는 것이다.

4) 공공선택론은 공공기관을 낭비적이고 비능률적인 기관으로 질타하고 있는데 공공기관이 존재함으로써 사영역이 활발하게 작동할 수 있다는 것을 간과하고 있다. 예컨대 국방이나 치안 등은 사영역이 활발하게 작동할 수 있는 보호의 울타리역할을 하고 있는 것이다.[80)]

---

78) Louis F. Weschler, "Public Choice: Methodological Individualism in Politics," *Public Administration Review* 42, May-June 1982, pp. 288~294; Terry M. Moe, "On the Scientific Status of Rational Models," *American Journal of Political Science* 23, February 1979, p. 237.

79) Charles H. Levine *et al.*, *Public Administration*, Scott, Foresman and Company, 1990, pp. 288~289.

80) *Ibid.*, pp. 289~290.

5) 행정 내에서 관리(management)와 조정(coordination)을 어렵게 한다. 공공선택론은 분산적이고 다원화되고 파편적인(fragmented) 결정구조를 좋아한다. 여기에다 민영화는 물론 대리정부제도와 시민과의 계약을 통한 공동생산도 권장한다. 이 경우 행정은 방향을 잃게 되고 관리와 조정은 대단히 어렵게 된다.

제 7 절 신공공관리 학파

Ⅰ. 기본내용

신공공관리에 대한 개념규정은 간단하지 않다. 많은 사람들이 상이한 시각에서 상이한 내용을 들고 나오기 때문에 그 개념을 명확하게 규정하기가 어렵다는 것이다. 그러나 그 기본내용을 요약하면 행정에 시장의 경쟁적 원리를 도입해서 정부의 역할과 규모를 줄이고 행정운영에 기업경영 방식과 기법들을 대대적으로 도입해서 행정운영을 기업운영식으로 바꾸자는 것이다. 신공공관리론은 주로 영·미에서 행정개혁을 추진하면서 채택된 이론으로 전 세계로 확산되고 있는 추세다.

신공공관리론은 1970년대 중반 이후로 영·미에서 태동한 신자유주의와 맥을 같이하고 있다고 할 수 있다.[81] 신자유주의는 서구의 복지국가의 후유증에 대한 비판에서 출발하고 있다. 서구의 복지국가는 행정기능을 팽창시킴으로써 시장기능의 약화와 거대한 관료제의 탄생을 가져오게 하고 과도한 정부지출과 더불어 엄청난 재정적자를 몰고 옴으로써 국가경제를 위기로 몰고 온 것이 사실이다. 이를 치료하기 위해서 정부의 기능과 규모를 줄이고 개인의 자유와 시장의 기능을 활성화시킴으로써 경쟁의 원리를 확산시키자는 것이 신자유주의의 본 모습이다. 방대한 정부규모와 재정적자를 줄이고 행정의 효율성을 높이기 위해서 행정에서도 과격한 개혁이 요구되는데 개혁의 골격은 기존의 관료제적 패러다임을 기업형 정부로 대체하자는 것이다. 여기서 우리는 신자유주의가 신공공관리론과 동일한 것은 아니라도 그 주장하는 내용이 서로 비슷하고 최소한 신자유주의는 신공공관

81) 신자유주의와 신공공관리론은 동일하다고 주장하는 사람들이 있는가 하면, 양자는 개념적으로 구분될 수 있다는 주장도 있다. 그러나 양자는 주장하는 내용이 비슷하고, 또 신자유주의가 행정분야로 적용될 때에 신공공관리론적 모습을 띠게 되기 때문에 양자는 맥을 같이한다고 볼 수 있다. 여기에 대해서는 이명석, "신자유주의, 신공공관리론 그리고 행정개혁," 사회과학, 제40권 1호(통권 제52호), 성균관대학교, 2001, 1~45면 참조.

리론을 촉진시키는 데 배경의 역할을 하고 있다고 할 수 있다. 신공공관리론을 부추기는 또 하나의 배경은 기존의 관료제적 행정은 무능, 낭비, 비효율, 부패, 지체 등으로 행정의 여러 분야에서 국민들의 요구를 충족시켜 주지 못하였다는 것이다. 여기에다 여러 세력들이 결집해서 신공공관리론의 채택과 확산을 부추기고 나왔는데 그 세력들이란 행정서비스에 불만을 품은 일반대중들, 개혁을 강하게 추진하고 싶은 정치인들, 사업비의 절감과 거래비용의 감소를 원하는 자본가들, OECD와 IMF 등 국제기구들이 이러한 세력들이다.[82)]

신공공관리론이 주장하는 행정개혁의 내용을 보면 다음과 같다.

첫째, 규정과 규제 및 절차를 완화 및 간소화하고 분권화를 통해서 관료들로 하여금 능력을 발휘할 수 있도록 재량권을 충분히 갖도록 한다.

둘째, 투입보다는 성과를 중시하고, 성과에 대한 명시적인 기준을 제시한다.

셋째, 계약제, 외부계약(contract out) 등을 통해서 공공부문에 경쟁체제를 도입한다.

넷째, 정책결정과 정책집행을 분리하고, 집행업무는 일선기관에서 전담케 한다.

다섯째, 행정을 운영하는 데 있어서 기업운영의 기법들을 대대적으로 도입해서 효율성을 높이고, 행정가를 공공기업가가 되도록 유도한다.

여섯째, 기업이 고객만족을 위해서 최선을 다하듯이 행정도 시민을 고객으로 인식하고 고객이 만족하는 서비스를 창출하도록 최선을 다해야 한다.

일곱째, 보상은 측정된 성과를 토대로 해서 제공함으로써 금전적 유인체계를 확립한다.[83)]

Ⅱ. 접근방법: 제도경제학적 접근방법

신공공관리론은 주로 제도경제학적 접근방법에 의존하고 있는데, 제도경제학적 접근방법에는 공공선택론을 위시해서 거래비용이론, 대리인이론 등이 포함된다. 공공선택론은 앞 절에서 살펴보았듯이 비경제영역인 정치나 행정영역을 경제논리로 설명하려는 입장이라고 할 수 있다. 거래비용이론이란 경제활동에 있어서 거래에 소요되는 비용을 최소화하기 위해서 만든 것이 조직이라는 것이다. 조직의 형태는 거래에 필요한 자산이나 투자의 특수성, 거래의 빈도와 복잡성 및 불확

82) 이영철, "신공공관리론의 이론적 비판," 정부학 연구, 제9권 1호(2003), 고려대학교 정부학연구소, 57~58면.
83) 이명석, 前揭論文, 11~12면.

실성의 상황에 따라 결정된다는 것이다. 거래비용이론은 경영관리 및 전략분야에서 많이 응용되고 최근에는 공공분야에서도 민영화, 민간위탁, 계약제 등이 등장함으로써 그 응용이 모색되고 있다. 대리인이론은 주인이 대리인으로 하여금 자신의 이익과 관련된 행위를 그의 재량으로 처리하여 줄 것을 내용으로 계약이 이루어졌을 때에 성립한다. 이러한 위임관계가 성립하는 것은 대리인이 주인인 위임자보다 특정한 과업에 대해서 많은 지식과 능력을 소유하고 있기 때문이다. 그런데 문제는 대리인이 위임자를 위해서 최선을 다해서 일을 처리하느냐이다. 위임자는 대리인이 제대로 업무를 수행하고 있는지를 파악할 수가 없다. 이러한 현상을 정보의 비대칭성이라고 하는데 이러한 비대칭을 해결하는 길이 성과급 등의 인센티브 제도의 도입이다.

(1) 내 용

1) 정책결정, 조직의 설계, 구조조정, 인력관리, 자원배분 등 모든 행정현상을 경제적 논리에 입각해서 설명하고 분석함으로써 행정에서 추구하는 최고의 가치는 경쟁을 통한 효율성의 확보라고 생각한다. 여기서 민영화, 민간위탁, 계약직, 임시직, 개방형직, 책임운영기관 등의 도입 및 채택이 적극적으로 장려된다.

2) 기존의 계서제에 입각한 관료체제는 관료들의 창의적이고 건설적인 행위를 가로막고 있어, 시민이 요구하는 봉사행정을 펼치는 데 도움이 되지 않는다는 것이다. 시민이 원하는 행정을 펼치려면, 분권화를 통해서 관료들에게 충분한 재량권을 부여하고, 절차와 법규의 구속에서 벗어나 해방감을 주어야 한다는 것이다.

3) 투입보다는 성과와 결과를 중시하고, 성과에 입각해서 승진 및 보상체계를 마련하여야 한다는 것이다. 이를 위해서는 성과의 기준과 지표를 명시하고, 정확하고 객관적인 측정을 확보해야 한다는 것이다.

4) 정부는 기업가형 정부로 전환되어야 하고, 행정인은 공공기업인(public entrepreneur)이 되어야 하고, 시민은 서비스의 대상인 고객으로 생각해야 한다는 것이다.

5) 정책과 집행을 분리하고, 정책은 고위층에서 결정하고, 집행은 일선기관에 위임해야 한다는 것이다.

(2) 비 판

1) 행정현상을 경제논리로만 설명하다 보니 그 설명은 부분적이고 한계적인 것을 면하지 못한다. 행정현상은 경제논리뿐만 아니라 정치논리, 사회심리적 논

리, 문화적 논리 등에 의해서도 결정지워지고 영향도 받는다.

2) 행정에서 효율성도 중요하지만 그 못지않게 민주성이나 형평성도 중요하다는 것이다.

3) 시민은 봉사의 대상으로 고객도 되지만 그 못지않게, 행정을 지도하고 감시하는 주인역할도 한다는 것을 간과하고 있다.

4) 정책결정과 집행을 칼로 무 베듯이 그렇게 명확하게 분리할 수 없다. 정책과 집행은 연속과정과 전환과정을 거듭하면서 그 과정이 일어나는 것을 간과하고 있다. 집행과정 속에서 수없이 결정과정이 일어나는 것을 모르고 있다.

5) 공공부문에서는 민간기업처럼 목표나 성과를 객관적인 기준이나 수치로 표현하기가 쉽지 않다. 오히려 공공영역에서는 객관적인 수치보다는 직감과 주관적인 판단으로 헤아리는 경우가 훨씬 많다.

제 8 절 거버넌스 학파

Ⅰ. 기본내용

거버넌스가 무엇이냐고 물을 때 역시 명확하게 개념규정하기가 어렵다. 그만큼 내용이 혼란스럽고 무질서하고 복잡하다. 그래서 어떤 사람들은 거버넌스의 개념에 앞 절에서 설명한 신공공관리를 포함시키는 사람들도 있다. 다시 말해서 신공공관리론은 거버넌스 이론의 한 부분이라는 것이다.[84] 여기서는 거버넌스의 공통적인 핵심내용만을 소개하면 공통의 문제를 해결하는데 여기에 관계되는 여러 집단들이 자율성을 지니면서 서로 유기적인 상호작용을 통해서 협상과 타협 및 조정을 이끌어 냄으로써 문제를 해결하자는 것이다. 예컨대 정부의 공공문제를 풀어나가는데 전통적인 관료적 행정체제에서는 행정이 지휘하는 자세에서 주도적으로 문제를 풀어나갔는데, 거버넌스체제에서는 정부는 지휘하고 주도하는 자세를 버리고 이웃의 집단인 시장과 시민단체 등 자율성을 지닌 여러 이웃 단체들과 파트너십을 유지하면서 협상하고 타협하고 조정하면서 문제를 풀어나간다는 것이다. 여기서 우리는 신공공관리론과 거버넌스의 기본 차이를 보면 전자는 조직내부의 문제에만 관심을 가질 때에 후자는 조직간의 상호작용과 협상에 관심

84) 예컨대 R.A.W. Rhodes 같은 학자가 대표적인 인물이다. "The New Governance: Governing Without Government," *Political Studies*, 44(4) 1996, pp. 652~667.

을 두고 이웃 집단들과 파트너십을 형성함으로써 문제를 참여를 통해서 보다 민주적으로 푼다는 의미에서 신공공관리론의 한계를 극복한다고 할 수 있다.[85] 신공공관리론이 효율성에 역점을 둘 때에 거버넌스는 민주성에 역점을 둔다.

거버넌스를 구성하고 있는 자율적 집단들 다시 말해서 정부, 시민사회, 시장 중에서 누가 주도적 역할을 하느냐에 따라 거버넌스의 유형은 달라진다. 정부가 중심적 역할을 할 때에 정부중심 거버넌스가 되고, 시민사회가 중심적 역할을 할 때에 시민사회중심 거버넌스가 나타나고, 시장이 중심의 역할을 할 때에는 시장중심 거버넌스가 된다.[86] 그런가 하면 관할지역의 범위에 따라 거버넌스는 글로벌 거버넌스, 리저널 거버넌스, 내셔널 거버넌스, 로컬 거버넌스 및 사이버 거버넌스로 분류되기도 한다.[87]

거버넌스가 담고 있는 몇 가지 중요한 내용들을 살펴보면 다음과 같다.

첫째, 정부의 역할과 규모를 줄인다.

둘째, 정부는 시장과 시민사회와의 관계에서 지휘하고 통제하는 자세를 지양하고 동반자의 자세를 갖는다.

셋째, 각 집단간의 관계가 단순한 집합적 관계가 아니라 유기적 관계가 된다.

넷째, 정부, 시장, 시민사회간의 경계가 불분명하여진다.

다섯째, 집단 상호간에 파트너십과 자율적 네트워크를 확립한다.

여섯째, 거버넌스의 출발점은 구성원들의 권리와 의무 및 행동을 규정하는 '규칙에 의한 지배'이다. 다시 말해서 구성원들이 규정에 따라 행동해야 한다는 것이다.[88]

Ⅱ. 접근방법: 네트워크적 접근방법

(1) 내　용

1) 거버넌스의 핵심개념은 네트워크이다. 네트워크는 단체간의 유대를 지속시켜 주는 연계망으로 비공식적이고 유동적인 존재이다. 네트워크는 단체들간의

85) 이명석, "거버넌스의 개념화: '사회적 조정'으로서의 거버넌스," 비평논문, 한국행정학보, 36권 4호, 2002 겨울, 326면.

86) 각 유형의 구체적 내용에 대해서는 김석준 외, 뉴거버넌스 연구, 대영문화사, 2000, 61～104면 참조.

87) 이러한 분류내용에 대해서 上揭書, 134～149면 참조.

88) J. Rosenau, "Governance, Order, and Changes in World Politics," in J. Rosenau and E. Czempiel(ed.), *Governance without Government: Order and Changes in World Politics*, Cambridge University Press, 1992, pp. 1～29.

협상의 산물로 정부와의 공식적인 파트너십과는 개념적으로 다르다. 네트워크는 국가로부터 자율성을 갖는 단체나 조직들간의 지속적인 유대와 상호작용을 의미한다.[89)]

2) 연구의 초점은 단체나 조직간에 타협과 협상을 통해서 조정과 결정이 어떻게 이루어지는가의 과정에 분석의 초점을 둔다. 여기서 행위주체들간의 상호영향력을 중심으로 정치적 과정에 대한 분석이 연구의 핵심을 이룬다. 다시 말해서 어느 단체가 어느 만큼 영향력을 발휘해서 자기의 주장과 이익을 정책에 반영하고 있는가를 분석한다.

3) 국가와 사회를 분리시키는 이분법적 사고에서 벗어나서 양자의 관계는 상호작용함으로써 그 경계가 불분명하다고 생각한다.

4) 행정학 연구에서 사용되는 네트워크 방법은 정책네트워크의 모습을 띠게 되는데 정책네트워크의 구성요소를 이루는 것은 정책행위자, 정책이익, 권력관계, 상호작용통로 등이다.[90)]

5) 분석수준은 거시수준에서 미시수준에 이르기까지 포괄적이다. 미시적 수준에서는 개인들간의 관계를, 중범위수준에서는 조직간의 관계를, 거시적 수준에서는 국가와 사회간의 관계를 다룬다. 아울러 분석방법을 보면 역사적 분석, 비교적 분석, 양적 분석 및 질적 분석을 상황에 따라 사용하고 있다.[91)]

⑵ 비 판

1) 네트워크적 접근법은 집단들간의 상호작용과 영향력을 설명하는 데 역점을 두고 있지만, 실제로 누가 어느 만큼 영향력을 행사하고 있는가를 구체적으로 밝혀 내기는 어렵다.

2) 이러한 접근방법의 사용은 성숙화된 민주사회에서만 가능하다. 다시 말해서 정부 밖의 시장, 시민단체, 이익단체 등 여러 단체들의 활동이 활발한 사회에서만 이러한 접근방법이 타당성을 지닌다는 것이다. 그리고 전통적으로 정부가 주도하는 사회에서는 이러한 접근방법의 실효성은 떨어지게 된다.

3) 네트워크적 접근방법은 집단간의 수평적 협상과 타협 및 조정을 강조하기 때문에 정치적 권위나 정당성을 체감시킨다는 것이다.[92)] 현실적으로 사회의 많은

89) 이명석, 前揭論文, 325면.

90) 배응환, "정책네트워크모형의 행정학연구에 적용탐색," 한국행정연구, 제10권 3호(2001 가을호), 268~272면.

91) 上揭書, 272면.

92) 김정열, "정부의 미래와 거버넌스――공공관리와 정책네트워크――," 한국행정학보, 34권 1호(2000 봄), 31면.

중요한 문제들이 최종적으로 정치적 권위에 의해서 해결되는 경우가 많다는 것을 간과하고 있다.

제 9 절 포스트모더니즘 학파

1960년대부터 문학, 예술 분야 등에서 새로운 사조로 등장한 포스트모더니즘은 그 확산이 인문학과 사회과학으로 퍼져, 급기야 1990년대부터는 행정학 분야에서도 하나의 패러다임으로 자리를 잡기 시작하여 국내외 학자들의 관심을 끌게 되었다.[93)]

Ⅰ. 기본내용

포스트모더니즘은 한마디로 계몽주의를 토대로 해서 나타난 이성과 합리성 및 과학으로 압축되는 현대주의 사조를 전면적으로 거부하고 해체하려는 반현대주의적 정신자세라고 할 수 있다. 모더니즘은 인간의 이성이나 합리적 사고를 토대로 사회를 통일적으로 설명할 수 있는 근본주의적 메타이론이나 메타설화가 가능하다고 생각하여 왔다. 여기서 메타이론이란 사회현상을 통일적으로 설명할 수 있는 절대적 진리나 보편적 원리 또는 역사적 법칙을 이야기한다. 포스트모더니즘은 모더니즘의 이러한 가정을 정면으로 부정하고 있다. 이성을 토대로 정립된 보편적 원리나 법칙 및 이것을 토대로 일어난 진보나 지식은 오히려 인간을 억압하고 폐쇄적인 울타리에 가두어 놓았다고 주장하고 있다. 이러한 억압의 울타리에서 벗어나는 길이 바로 이성중심의 과학적 사고에서 해방되는 것이라는 것이다. 이성과 합리성은 인간의 정서적·표출적·미학적 욕구와 가치를 억압한다는

93) 외국의 학자들로 대표적인 사람은 David J. Farmer, *The Language of Public Administration: Bureaucracy, Modernity, and Postmodernity,* The University of Alabama Press, 1995; 강신택 역, 행정학의 언어, 박영사, 1999; Charles J. Fox and Hugh T. Miller, *Postmodern Public Administration: Toward Discourse,* Sage Publication, Inc., 1996 등이고, 국내학자로는 윤견수, "자연언어에 토대를 둔 조직연구방법: 스토리텔링 구조를 중심으로," 정부학 연구, 7권 2호, 2001; "약자들의 설득전략: 어느 하위직 지방공무원의 개혁활동에 관한 현상학적 보고서," 한국행정학보, 35권 1호, 2001 봄; 정성호, "21세기 한국행정의 업무수행가치의 모색: 명령복종에서 공공봉사성으로," 한국정책학회보, 9권 3호, 2000; 정성호, "한국의 행정언어와 정부간 인사교류의 딜레마," 한국행정학보, 38권 4호, 2000. 8; 한인숙, "포스트모더니즘, 복지정책, 그리고 여성," 한국행정학보, 34권 4호, 2000 겨울; 원숙연, "포스트모더니즘 조직연구: 인식론적 정향성과 대안으로서의 가능성," 한국행정학보, 36권 2호, 2002 여름 등이다.

것이다. 여기서 이성을 토대로 한 보편적 가치를 거부하고 개별적 가치, 신념, 다원성, 다양성, 개별적 자아, 감상 등을 강조한다. 포스트모더니즘은 자연스럽게 탈중심성, 탈집권성, 탈권위주의를 불러들인다. 뿐만 아니라 기존의 모더니즘적 지식은 백인중류계급 중심적이고 남성 중심적이라고 질타하며 인종, 계급, 여성, 소수자 등 다양한 주체성을 강조한다.[94] 포스트모더니즘은 차이와 개별적인 것, 독특한 것, 특정분야의 저항과 주장에 관심을 쏟는다.

여기서는 포스트모더니즘이 행정학에서 어떠한 의미와 내용을 갖는가를 David J. Farmer 이론을 중심으로 살펴보기로 한다. Farmer는 포스트모더니즘을 상상, 해체, 영역해체 및 타자성으로 나누어 설명하고 있다. 각각을 간략하게 살펴보면 다음과 같다.

(1) 상상(imagination)

상상은 한마디로 합리성으로부터 벗어나는 것이다. 모더니티에서 합리성이 핵심적 역할을 하였다면, 포스트모더니즘에서는 상상이 그 역할을 한다는 것이다. 상상은 발견의 맥락(the context of discovery)에서 뿐만 아니라 정당화의 맥락(the context of justification)에서도 중요한 역할을 한다는 것이다.[95] 상상은 다차원적이어서 정돈된 합리적 범주 속에 잡아 가두기가 어렵다. 사르트르는 상상은 삶을 바꾸는 해방을 가져다 주고 인간의 잠재력이 합리성을 초월하도록 하는 힘을 가지고 있다고 주장한다.[96] 여기서 상상은 직관이나 가능성으로도 해석된다. 상상은 현실의 관례에서 해방시키는 역할을 하고, 가능성이라는 미지의 세계로 달려가게 하는 역할도 한다.

행정에서 상상이란 합리적인 것에 덜 의존하려는 행정적 정신이라고 할 수 있다. 모더니티의 합리화는 최적의 결과를 가져오도록 하는 목적-수단간의 도구적 합리성인데 이러한 합리성은 고객과 관료에게 다 같이 인간적인 희생을 가져왔다는 것이다. 차가운 이성보다는 뜨거운 감정이 보다 선호되어야 한다는 것이 포스트모더니즘의 입장이다.[97]

(2) 해체(deconstruction)

해체는 한마디로 이론이 되었던 설화가 되었던 텍스트의 근본부터 파헤치는

94) 한인숙, 前揭論文, 4~5면 참조.
95) 강신택 역, 행정학의 언어, 박영사, 1999, 326~327면.
96) 위의 번역서에서 재인용, 329면.
97) 上揭書, 352면.

것이다. 여기서 해체의 출발점은 의문(question)이다. 모든 객관적 지식은 그 확실성이 의문시된다. 하나의 현상을 파악하려면 그 반대의 현상을 미리 알아야 한다는 것이다. 예컨대 밝은 것을 알려면 어두운 것부터 알아야 한다. 행정에서 객관적 지식이나 격언 같은 것이 당연한 것으로 받아들여지지 않고 분해의 대상이 되면 그러한 근거가 불확실해지면서 동시에 더욱 잘 이해가 된다는 것이다.[98]

(3) 영역해체(deterritorization)

영역해체는 탈영역화 또는 학문영역간의 경계 파괴라고 할 수 있다. 즉 고유영역이 해체되고 지식의 경계가 무너지는 것을 이야기한다. 모든 코딩화는 사고를 한정시키고 상자에 가두는 역할을 하는데 영역해체는 독해를 통해서 해방을 가져다 준다는 것이다.[99] 모더니즘은 지식을 계층적인 방식으로 뿌리에서 출발하여 줄기와 가지로 분할하는데 포스트모더니즘은 뿌리를 파괴하며 차이와 다중성을 만들어 낸다. 경험적 연구들이 추구하는 하나의 객관성은 하나의 괴물이요 함정이라는 것이다.[100]

Lincoln과 Guba는 행정학연구에서 7가지의 과격한 움직임을 지적하고 있는데 첫째, 단순성에서 복잡성으로, 둘째, 계층제에서 이층체(heterarchy)로, 셋째, 기계적인 것에서 전문자필적으로(holographic), 넷째, 결정적인 것에서 비결정적인 것으로, 다섯째, 선형적인 인과성으로부터 상호적인 인과성으로, 여섯째, 집합적인 것으로부터 행태발생적(morphogenetic)인 것으로, 일곱째, 객관적인 것으로부터 원근법적인 것으로의 변화이다.[101]

(4) 타자성(alterity)

타자성은 다른 사람들과의 관계 속에서 행정가가 취해야 할 행동으로 여기에는 4가지 요소가 포함되어 있다.

1) 개 방 성

반행정현상(antiadministration)으로 우선 관료적 권위주의를 부정해야 한다. 다른 사람을 인식적 타자에서 도덕적 타자로 바꾸어야 하고, 모든 결정을 공동체에 개방해야 한다. 지역공동체 형태로 미시정치가 발달해야 하고, 실질적으로 무

98) 강신택, 행정학의 논리, 개정판, 박영사, 2005, 195면.
99) 강신택 역, 행정학의 언어, 433면.
100) 上揭書, 463면.
101) 上揭書에서 재인용, 437면.

정부주의가 필요하다는 것이다.[102)]

2) 다 양 성

직원들과 사람들을 어떤 범주나 틀에 집어 넣고 규격화시키고 정형화시키려는 상자주의(boxism)를 반대하는 것이다.

3) 상위설화(metanarratives)에 대한 반대

행정의 비현실적 제도의 근거와 행정적 권위의 신비로운 태도를 부정하고 해체하자는 것이다. 어떤 면에서 행정은 근거 없는 일종의 폭력이라는 것이다.[103)]

4) 기존질서에 대한 반대

통제위주의 기존제도와 행정을 지양하고 행정의 반제도적인 방법을 모색하자는 것이다.

Ⅱ. 접근방법: 성찰적 언어 패러다임의 접근

포스트모더니즘의 핵심적인 설명도구는 언어라고 할 수 있다. 이러한 의미에서 Farmer 같은 학자는 자기의 저서를 「*language of public administration*」(행정학의 언어)라고까지 명명하였다. 여기서의 언어적 접근이란 단순한 정보교환 도구 이상의 역할을 하는 담론중심의 인문학적 접근이라는 뜻을 내포하고 있다.

(1) 내 용

1) 과학적이고 객관적인 방법을 거부한다. 사회현상은 인간의식의 구성물이며 특정의 사회-문화적 맥락 속에서 배태되어 온 것이기 때문에 과학적 및 객관적 방법으로 그 파악이 어렵다는 것이다.[104)] 포스트모더니즘은 처음부터 해체주의적 다원성, 상대성, 애매 모호성, 비일관성 등 탈구조적인 개념들을 강조하기 때문에 과학적인 접근을 차단하고 있다.[105)] 여기서 포스트모더니즘은 사물을 인식하고 이해하는 데 주관적 해석과 직관 및 통찰력을 중요시한다.

2) 여기서 이야기하는 언어적 접근은 스토리, 유머, 은유, 상징 등을 이용해서 사회현상의 내부를 파헤침으로써 '성찰적 해석'의 자세를 취한다. 다시 말해서 눈에 보이는 표피적인 현상보다는 사회, 문화 및 언어 등 밑바닥에 흐르는 삶의

102) 上揭書, 467~468면.
103) 上揭書, 469면.
104) 원숙연, "포스트모더니즘적 조직연구: 인식론적 정향성과 대안으로 가능성," 한국행정학보, 36권 2호, 2002 여름, 4면.
105) 김동원, "행정학의 규범이론을 위한 포스트모더니즘의 인식론적 함의," 한국행정학보, 39권 3호, 2005 가을, 4면.

본질적 모습을 파악해야 한다는 것이다.[106] 이러한 내면의 참 모습을 파악하려면 언어 중에서도 전문용어인 경직언어보다는 자연언어인 연성언어가 더욱 바람직하다는 것이다.[107] 그리고 은유(metaphor)의 사용을 선호하는데 그것은 상징적 형태로 구성되는 사회이론의 성립과정을 이해하는 데 적절한 역할을 하며, 해석의 다양성과 차이의 존재가능성을 밝혀 줌으로써 보다 정확한 이해로 인도한다는 것이다.[108] 실제로 이러한 은유를 통해서 조직의 변동과정을 분석한 연구들이 나오고 있다.[109]

3) 비교하고 평가하는 데 동일한 기준의 사용을 불허한다. 다시 말해서 어떠한 현상도 같은 기준으로 비교하거나 평가할 수 없다는 것이다. 여기서 언어적 담론을 통한 상호 교환적 접근은 불가피하다는 것이다.

4) 거대설화나 거대담론에 반발하면서 '다름의 지식' '다름의 정치' '합리성 외부' '주변부에 있는 정치적 공동체' 등을 강조하면서 차이와 국지적인 것 그리고 특정분야의 저항을 존중한다.[110]

5) 사물을 이해하는 데 차가운 이성보다는 뜨거운 감성을 선호한다. 이성은 유형적이고 정형화된 겉모습을 탐색함으로써 내면에 흐르는 본질적인 모습을 간과하기 쉽다는 것이다. 감성은 숨어 있는 내면의 세계를 파헤침으로써 현상의 실체를 보다 정확하게 파악할 수 있다는 것이다.

(2) 비 판

1) 모더니즘이 설명하지 못한 빈구석을 메꾸고 보완하는 역할을 할 수는 있지만 모더니즘을 제치고 그 대안으로 자리잡기란 어렵다는 것이다. 포스트모더니즘은 예술이나 문학의 장르에서는 그 위력을 상당히 발휘할 수 있으나 지나치게 개별성, 특이성, 차이성, 내면성을 강조함으로써 사회현상을 체계적으로 연구하는 사회과학의 이론으로 자리잡기는 어렵다. 포스트모더니즘적 연구의 내용들은 난립성과 독자성을 강하게 부각시킴으로써 체계적 설명의 기본요소인 응집력(coherence)의 결핍을 불러와 처음부터 이론화의 길을 차단하고 있다는 것이다.

2) 부정적이고 냉소적인 칼을 휘두름으로써 감정적인 호소력을 지니고 있지

106) 원숙연, 前揭論文, 8면.

107) 윤견수, "자연언어에 토대를 둔 조직 연구방법: 스토리텔링 구조를 중심으로," 정부학연구, 7권 2호, 2001.

108) 원숙연, 前揭論文, 11면.

109) 예컨대 윤견수, "조직은유의 변화를 통해 본 조직의 변동과정," 행정과 정책, 창간호, 고려대학교 정부학연구소, 1992, 113~140면.

110) 한인숙, 前揭論文, 4~6면.

만 사회현상을 체계적으로 이해하는 데 한계가 있다는 것이다. 여기서 위에서 이야기한 대로 지식의 체계적인 축적을 어렵게 한다. 결국 이러한 자세는 스스로의 정체성(identity)을 확립하지 못함으로써 허무주의나 자기기만에 빠지기 쉽다.

3) 사회과학 특히 행정학을 연구하는 데 있어서 기본이 되는 것이 합리성이다. 행정학은 어떤 면에서는 합리성을 끊임없이 추구하는 학문이라고 할 수 있다. 이러한 합리성을 거부하고 외면하는 포스트모더니즘은 행정학 연구에서 주류의 방법으로 자리잡기란 처음부터 한계를 지니고 있다. 포스트모더니즘은 이질성, 개별성, 독특성, 난립성, 대립성, 혼돈성 등을 강조함으로써 합리성과 객관성 및 표준성으로 특징지워지는 행정이라는 본래적 속성을 분석하고 연구하는 데 태생적인 한계성을 지니고 있다고 할 수 있다. 행정현상에서 감성의 논리로 설명할 수 있는 부분은 극히 한정적이라고 할 수 있다.

4) 포스트모더니즘은 기존의 질서체계를 부정함으로써 근본적 단절 속에서 새로운 변혁을 탐색하고 있는데 이러한 자세는 발전과 진화의 연속성을 망각함으로써 스스로의 자립성을 잃어버리게 된다.

5) 메타이론이나 거대담론을 거부하는 그 자세 자체가 메타이론이나 거대담론의 자세로서 스스로의 함정과 모순을 불러일으키고 있다는 것이다.[111)]

111) 이윤희, "포스트모더니즘에 대한 비판적 고찰," 사회학연구, 일곱째 책, 1992, 262면.

제 3 장 행정의 준거기준

제 1 절 행정의 준거기준의 의의

여기서 이야기하는 행정의 준거기준이란 행정이 업무를 처리하는 데 있어서 의존하는 일련의 기준이라고 할 수 있다. 따라서 행정체제가 특별히 추구하는 이데올로기나 목표의 성격을 띠고 있지는 않다. 이러한 의미에서 행정의 준거기준은 행정운영상의 길잡이일 뿐이지 특별히 추구되는 목적은 아니다.

행정의 준거기준들 중에는 합법성 · 민주성 · 능률성 등 여러 가지가 있는데, 이러한 준거기준들은 나라마다 시대마다 강조되는 점이 다르다. 다시 말해서 합법성이 행정의 지배적 준거기준으로 강조되는가 하면, 나라에 따라서 시대에 따라서 능률성이 지배적 준거기준으로 강조되기도 한다는 것이다.

제 2 절 행정의 준거기준의 내용

행정의 준거기준에는 합법성 · 민주성 · 능률성 · 효과성 · 중립성 등이 있는데, 개별적으로 설명하면 다음과 같다.

Ⅰ. 합 법 성

합법성은 한마디로 법치행정을 말한다. 즉 법에 의한 행정이다. 행정은 아무리 재량성이 강조되어도 법의 테두리를 벗어날 수 없다. 합법성의 근원은 국민의 권리구제에 있다고 볼 수 있다.[1] 따라서 국민의 권리를 제한하고 규제하기 위해

1) 행정의 합법성을 보장하는 수단으로 입법에 의한 행정의 사전구속, 사법부에 의한 사후통제, 옴부즈만에 의한 권리구제 등이 있다.

서 합법성이 강조된다고 생각하면 큰 오해이다. 합법성은 어디까지나 행정의 권리침해행위나 과오를 방지하기 위해서 요구되는 것이지 국민의 자유나 권리를 규제하기 위해서 요구되는 것은 아니다. 따라서 국민이 특정의 요구사항을 제출했을 때에 법에 규정되어 있지 않다고 거절하는 것은 넌센스라고 할 수 있다.[2)] 여기서 합법성은 적극적으로 해석될 것이 요구된다. 법의 정신을 살리고 따지는 것이 합법성이지, 절차를 따지는 것이 합법성은 아니다.

행정이 합법성을 지나치게 따지거나 잘못 이해하면 법규만능주의로 흘러 형식위주의 행정으로 유도되기 쉽고, 오히려 국민의 권익을 해치는 역할을 하게 된다. 특히 독재체제하에서는 합법성의 이름으로 국민의 권익을 침해하는 경우가 적지 않다. 유신체제하에서 긴급조치제는 그 좋은 예라고 할 수 있다.

Ⅱ. 민 주 성

민주성이란 국민의 의사를 행정에 반영하고 국민을 위한 행정을 하자는 것이다. 따라서 민주성의 핵심적 내용은 반응성(responsiveness)이라고 할 수 있다. 그리고 행정의 민주성에는 행정과정상의 민주화도 포함된다.

민주성은 국민을 위하고 국민의 뜻에 따르는 행정을 한다는 의미에서 합법성보다 훨씬 적극적인 개념이다. 즉 다같이 국민의 권익을 보호한다는 의미에서는 같으나 합법성은 소극적인 성격을 띠고 있고, 민주성은 적극적인 성격을 띠고 있다.

본래 민주성은 행정과정보다 정치과정에서 더욱 요구되는 개념이다. 행정은 집행과정의 성격을 강하게 띠고 있기 때문에 정치과정에서 만들어 놓은 정책을 충실하게 집행만 하면 되기 때문에 구태여 민주성이 크게 문제시되지 않았던 것이다. 그러나 행정의 재량영역과 가치창조영역이 확대됨에 따라 민주성이 강하게 요구되었던 것이다.

행정의 민주성에는 다음과 같은 것들이 포함된다.

(1) 행정에의 주민참여

중요한 정책결정을 하는 데 있어서 공청회 등을 열어 관계된 주민을 참여시킴으로써 행정에 주민의 의사를 반영시키는 것이다. 행정에의 주민참여가 확대될수록 민주성이 확보된다는 것은 말할 것도 없다.

2) 朴東緖, "官僚의 倫理意識," 産業社會의 職業倫理, 第2回 福祉社會 심포지엄, 峨山社會福祉事業財團, 1981, 128~129면.

(2) 행정의 공개성

행정의 공개성이란 행정의 모든 결정내용이 모든 국민에게 공개됨으로써 그들이 그 결정내용에 동일한 입장과 조건하에서 대비할 수 있도록 기회를 평등하게 주는 것을 말한다. 정책결정이 비밀리에 이루어지거나 특수층에게만 개방됨으로써 그 혜택을 골고루 받지 못하면 행정의 민주성은 보장되기 어렵다.

(3) 행정과정의 민주화

행정과정의 민주화란 행정 내의 운영상의 민주화로서 분권화, 권한의 위임, 조직의 평면성, 집단토론을 확보하고 활성화시킴으로써 조직 내에서 권한을 분산시키고 좋은 의견을 정책에 반영시키자는 것이다.

(4) 행정의 공익성

행정결정으로 인한 혜택은 특수지역이나 특수계층에 국한되어서는 안 되고, 모든 사람과 모든 지역에 파급되어야 한다. 다시 말해서 행정은 소수의 이익 때문에 다수의 이익을 희생해서는 안 된다는 것이다.

(5) 공평한 대우

행정은 모든 고객을 평등하고 공평하게 대우할 것이 요구된다. 행정이 사람을 다룰 때에 차별성을 띠게 되면 민주성이 보장되기 어렵다. 공평한 대우는 행정과 국민간에는 말할 것도 없고 행정내부에서도 동일하게 요구된다.

Ⅲ. 능 률 성

능률성은 비용과 효과의 비교에서 추구되는 개념이다. 즉 적은 비용으로써 최대의 효과를 거두려고 하는 것이 능률이다.

본래 능률성은 행정학의 시작에서부터 강조되어 20세기 초엽 과학적 관리법이 행정학에 도입되면서부터는 행정학 하면 능률을 연구하는 것으로 인식되었다. 따라서 이 무렵에 능률은 일종의 복음(gospel)으로 간주되었고, 이것의 결핍은 거의 죄악(a crime)으로 간주되었다.[3] 이러한 경향은 미국의 행정학이 원리의 시대

3) Marshall E. Dimock, *Free Enterprise and the Administrative State*, University of Alabama Press, p. 125.

에 접어들면서 더욱 강화되어 Gulick과 Urwick은 그들의 편저인 *Papers on the Science of Administration*(1937)에서 능률을 제 1 의 공리(number one axiom)라고 주장하고 있다.

이러한 능률개념은 단순히 비용 · 효과 아니면 투입 · 산출의 즉각적인 비교에서 추구되는 기계적인 능률(mechanical efficiency)이었는데, Marshall E. Dimock은 이러한 능률개념에 비판적인 입장을 취하면서 사회적 능률(social efficiency)을 제창하고 있다.[4] 그는 종래의 능률개념이란 "누구를 위한 능률이냐"의 목적의식과 방향감각을 결하고 있어 기계적인 성격에서 벗어나지 못하였다고 지적하면서 능률의 상대화 · 사회화 · 인간화를 주장하였다. 우선 당장에는 능률적인 것 같지만 장기적인 면에서는 비능률적인 것이 많이 있고, 즉각적인 목적을 성취하는 데에는 능률적이지만, 인간을 파괴시킨다는 점에서는 비능률적인 것도 많다는 것이다. 그런가 하면 수단적인 면에서는 능률적이지만, 목적적인 면에서 비능률적이고 낭비적인 것이 많다는 것이다.[5]

그러나 종래의 능률개념이 근시안성과 기계성에서 인간성 · 상대성 · 합목적성 · 장기성으로 탈바꿈할 것이 요구되지만, 근본골격인 비용 · 효과 또는 투입 · 산출의 비교개념에서 크게 벗어날 수는 없다. 그리고 기계적인 능률이 비판을 받는다고 해서 행정의 준거기준으로서의 능률이 그 중요성을 잃었다는 이야기는 아니다. 능률은 예나 지금이나 항상 중요하다. 왜냐하면 능률 없는 행정은 생각할 수 없기 때문이다.

그런데 여기서 분명히 밝혀야 할 것은 공행정에서의 능률성의 확보는 사행정에서의 그것처럼 용이하지 않다는 것이다. 그것은 공행정의 존재이유가 사익인 이윤추구가 아니고 공익추구이기 때문에 그러하다. 그러나 이러한 근본적인 이유 이외에도 공행정에서 능률성이 확보되기 어려운 이유를 들면 다음과 같다.[6]

첫째, 공행정에서 추구하는 효과는 사행정에서처럼 화폐로 표시하기가 어렵다는 것이다. 비용 · 효과의 비교는 화폐로써 측정할 수 있다는 것을 전제로 하고 있는데, 공행정에서 추구하는 대부분의 목적이나 효과성이 화폐로써 표시하기가 어렵다는 것이다. 예컨대 치안의 효과를 화폐로 표시하기는 어렵다.

둘째, 공행정에서의 비용개념(the concept of cost)은 보는 시각에 따라 이윤이나 효과성이 될 수 있다는 것이다. 예컨대 사기업에서의 임금은 분명히 비용이

4) Marshall E. Dimock, *Modern Politics and Administration*, American Books Co., 1937; M. E. Dimock, G. O. Dimock and L. Koenig, *Public Administration*, Rinehart & Co., 1960.

5) 朴東緖, 韓國行政論, 第2全訂版, 法文社, 1984, 98~99면.

6) Herbert A. Simon, *Administrative Behavior*, 3rd ed., 1976, pp. 172~197.

되지만, 공행정에서의 공무원봉급은 한정된 범위 내에서는 비용이 되지만 사회 전체적인 면에서는 비용이 될 수 없다는 것이다. 따라서 공행정에 능률개념을 적용할 때에는 필히 그것이 사회 전체에 끼치는 경제적 효과를 고려해야 한다는 것이다. 예컨대 특정 지역사회에서의 공무원의 봉급은 비용개념보다 수입개념의 성격을 더욱 내포하고 있다.

셋째, 공행정에서의 목표는 가시적으로 측정하기가 어려운 경우가 많다. 불가시적인 목표(invisible ends)를 측정하기 위해서 가시적인 대체물(substitute)이 개발되는데, 이는 대개 목표의 실체(substance)를 충분히 반영하지 못한다는 것이다. 또 설사 목표가 구체적이고 가시적으로 표현된다 하더라도 공행정에서의 목표성취는 어디까지나 명확한 기준이 없는 막연한 개념에 지나지 않는다는 것이다. 공행정에서 정책결정을 내릴 때에는 단순히 목표성취만을 따지지 성취정도(degree of attainment)는 따지지 않는다.

넷째, 공행정에서의 정책결정은 정치적 역학(political dynamics) 속에서 이루어지는 경우가 많다. 이때 결정은 비용·효과의 경제적 합리성보다는 이익의 다원성을 대변하면서 내려지는 경우가 많다. 그리고 정치적 역학구조 속에서는 결정이 힘의 논리에 의해서 지배되는 경우가 많다.

다섯째, 공행정은 형평성을 능률성 못지않게 중요시하고 있다. 형평성을 추구할 때 능률성의 최적수준의 확보는 어려워진다.

Ⅳ. 효 과 성

효과성에 대해서는 여러 가지 개념이 있으나, 여기서는 가장 보편적인 개념인 목표성취로 이해하기로 한다.

효과성은 투입과 산출의 비율을 따지지 않고 목표의 성취도(degree of goal achievement)만을 따진다는 점에서 능률성과 다르다. 이때의 목표는 단순한 일상행정상의 목표가 아니라 변화나 발전을 추구하는 사업성(programmatic)을 띤 목표를 말한다.[7)]

행정의 준거기준으로서 효과성이 강조되는 국가는 발전도상국이나 후진국이다. 이러한 국가들이 근대화를 추진하는 데 있어서 가장 절박하게 요구한 것은 목표의 성취였다. 이러한 나라들은 행정이라는 도구를 사용해서 근대화를 추진하고 발전의 목표를 성취하고자 하였던 것이다. 여기서 효과성이 어느 준거기준보다

7) 朴東緖, 前揭書, 89면.

우선적으로 강조되었다. 그러나 효과성은 목표성취만을 강조하다 보니 주요한 절차를 무시함으로써 비민주성의 위험도 내포하였던 것이 사실이다.

효과성이 발전도상국에서 강조된다고 해서 선진국에서는 등한시된다는 것은 아니다. 행정을 프로그램이나 사업계획으로 생각할 때에 그 프로그램의 성취 여부를 따지는 것은 대단히 중요하다. 특히 근래에 와서는 행정평가가 중요시됨에 따라 자동적으로 효과성의 문제도 중요시되고 있다.

V. 중 립 성

여기서 중립성이란 주로 정치적 중립성을 말한다. 즉 행정은 어떠한 정당과 밀착되어서도 안 되고, 특정의 정당을 선호해서도 안 된다는 것이다. 다시 말해서 행정은 정치의 소용돌이에 휘말려서도 안 되고, 정치권력자의 사병이나 도구로 사용되어서도 안 된다는 것이다. 행정은 선거운동에 개입해서도 안 되고, 특정의 정치인을 당선시키기 위해서 행정력을 동원해서도 안 된다. 행정은 어떠한 정치세력에 대해서도 공정한 중립성을 지켜야 한다. 행정이 중립성을 지키지 않을 때에 정치과정에서 선의의 경쟁을 기대할 수 없다. 아울러 행정이 중립성을 지킴으로써 행정의 안정성·계속성·합리성 및 능률성을 확보할 수 있는 것이다.[8)]

행정의 중립성은 행정이 고유한 자기영역과 활동을 지켜야 한다는 점에서 행정의 자율성과 상통하고 있다. 행정이 정치로부터 중립성과 자율성을 지켜야 한다고 해서 기능적인 면에서 정치로부터 독립되고 분리되어야 한다는 이야기는 아니다. 행정과 정치는 기능적인 면에서 연속과정이요 순환과정이기 때문에 양자는 분리될 수도 없고 분리되어서도 안 된다. 정치는 행정에 활동의 울타리를 제공하고 가치전제(value premise)를 제공한다. 여기서 양자는 기능적인 면에서 연결되어 있다. 그러나 행정은 정치의 권력구축과정에 개입해서도 안 되고, 정치로부터 부당한 영향력을 받아서도 안 된다.

행정의 중립성이나 자율성을 보장시켜 주는 수단으로서는 공무원의 신분보장·전문화·실적주의·직업윤리 등을 들 수 있다.

8) 劉鐘海, 現代行政學, 博英社, 1980, 66면.

제 3 절 준거기준간의 우선순위

우리는 위에서 행정의 준거기준으로서 합법성·민주성·능률성·효과성·중립성을 살펴보았다. 어느 준거기준 하나 중요하지 않은 것이 없다. 그러나 모든 준거기준들이 동시에 동일한 비중을 가지고 추구되기란 어렵다. 여기서 준거기준간의 우선순위 문제가 대두되게 된다. 어떤 준거기준이 우선시된다고 해서 다른 준거기준들이 경시된다는 이야기는 아니다. 그때 그때의 시대적 요청과 정신에 따라 또는 국가적 상황에 따라 보다 우선적으로 강조되는 준거기준이 있을 수 있다는 것이다. 따라서 나라마다 그 우선순위가 다르다는 것은 말할 것도 없다. 나라마다 시대마다 그 우선순위가 다르기 때문에 이론적인 근거에서 그 우선순위를 결정할 길은 없다.[9)]

행정의 횡포를 막고 개인의 자유와 권리보호가 지상의 과제로 등장하였을 때에는 행정의 합법성이 어느 준거기준보다 우선시될 것이다. 다시 말해서 개인의 소극적인 자유(○○로부터 자유)가 가장 중요시된 사회에서는 행정의 합법성이 가장 우선시될 것이다. 19세기 초엽부터 유럽 사회에 불같이 일어났던 법치행정은 이러한 것의 반영이라고 할 수 있다. 그러나 아이러니컬하게도 개인의 자유와 권리를 억압하는 정치체제일수록 질서유지와 권력의 안정을 위해서 합법성을 내세운다. 독재정치일수록 합법성을 강조하게 되는데, 그것은 이를 두고 하는 말이다.

정치가 행정의 영역을 함부로 침입하고 엽관제가 횡행하고 정치의 영역이 혼란에 휩싸여 있을 때에는 여기에 대한 반작용으로서 중립성과 능률성이 최우선시된다. 19세기 말 Wilson의 행정학에서부터 1930년대의 원리의 시대에 이르기까지 미국사회에서 행정의 독립성과 능률성이 강조되었던 것은 엽관제를 지양하고 생산성을 높이자는 것의 반영이었다. 특히 이 무렵의 미국은 호황의 절정기에 있어 생산된 물건이 없어 못 팔 정도였다. 이러한 분위기 속에서 나온 것이 F. Taylor의 과학적 관리법인데, 이것은 행정분야에도 도입·적용되어 능률지상주의를 불러일으켰다.

오늘의 선진국은 20세기 중반부터 어느 준거기준보다 민주성을 강조하여 오는 경향이 짙다. 국민의 요구에 쉽게 반응하고, 국민의 뜻을 행정에 반영하고, 국민이 좋아하는 행정을 강조하는 것 같다. 아울러 조직 내에서도 계층적인 상하관

---

9) 朴東緖 교수는 그 우선순위를 민주성·효과성·능률성·합법성의 순으로 등급화시키고 있다. 前揭書, 104~105면.

계보다는 분권화, 권한의 위임, 집단토론 및 자아실현이 강조되므로 행정내외로 민주성이 최우선시되고 있다고 볼 수 있다.

그러나 제 2 차대전 이후에 나타난 신생국들이나 저개발국들의 경우는 다르다. 이들의 급선무는 근대화의 추진이요 빈곤으로부터의 해방이었는데, 이러한 과업을 성취하는 것이 행정의 지상과제였다. 따라서 행정이 최우선적으로 강조한 것이 효과성이었고, 그 다음이 능률성이었다. 효과성과 능률성이 우선시되다 보니 민주성과 합법성·중립성은 뒤로 처지게 되었다.

제 4 절 준거기준간의 갈등문제

행정의 준거기준간에는 동일차원(unidimensional)에서 동일방향으로 가는 것도 있고, 갈등의 가능성을 지니면서 반대방향으로 나아가려고 하는 것도 있다.

I. 같은 방향으로 나가는 경우

(1) 합법성과 민주성은 다같이 국민의 자유와 권익을 보호하고 신장한다는 의미에서 동일방향에서 조화되고 있다. 합법성이 소극적인 자유에 주안점을 둘 때에 민주성이 적극적인 자유에 두었다는 차이뿐, 양자가 다 국민의 자유와 권익의 보호·신장을 강조하는 점은 동일하다. 단지 합법성이 예외적으로 기존의 질서유지에 주안점을 둘 때에 민주성과 정면으로 대립될 가능성이 있다.

(2) 능률성과 효과성은 목표의 신속하고 경제적인 성취를 강조한다는 점에서 동일차원에서 조화되고 있다. 능률성이 수단적인 것을 강조하고 효과성이 목적적인 것과 가치적인 것을 강조함으로써 주안점이 다르기는 하나, 어느 한쪽이 올라가면 다른 한쪽도 올라감으로써 양자는 거의 언제나 정비례의 관계에 있다.

(3) 능률성과 중립성도 다같이 기술성과 도구성을 강조한다는 점에서 동일차원에서 조화되고 있다. 본래 중립성은 행정의 능률성·기술성·순수성을 보장하기 위해서 강조되었던 것이다. 여기서 능률성과 중립성은 같은 철학에서 상호 조화되고 있다.

Ⅱ. 대립의 방향으로 가는 경우

(1) 제일 먼저 대두되는 것이 능률성과 민주성간의 관계이다. 민주성이 강조될 때에 능률성이 희생되기 쉽고, 능률성이 제고될 때에 민주성이 뒷그늘로 물러나기 쉽다는 것이다. 민주성이 본래 가치함축적인 개념일 때에 능률성은 수단함축적인 개념으로 양자는 철학부터가 다르다. 그래서 어느 시대를 막론하고 양자가 동일비중으로 강조되는 경우란 거의 없었다. 물론 경우에 따라서 양자는 조화되는 경우도 있다. 예컨대 권한을 위임시킬 때(민주화) 보다 적절한 서비스가 신속하게 제공되는 경우(능률성)이다. 그러나 민주성과 능률성은 본질적으로 그 생리가 대립적이라고 할 수 있다.

(2) 민주성과 효과성도 대립적인 갈등관계에 있다. 민주성은 정당한 절차와 과정(due process)을 거의 생명으로 여길 때에 효과성은 목적성취에 치중하는 나머지 때로는 정당한 절차를 거추장스럽게 여긴다. 따라서 수단·방법을 가리지 않고 목적성취에만 급급하는 경우가 있다.

(3) 합법성과 효과성도 대립적인 준거기준이라고 할 수 있다. 합법성이 절차를 강조할 때에 효과성은 목적을 강조한다. 합법성이 명분과 공식성을 강조할 때에 효과성은 실리와 비공식성을 내세운다. 합법성이 보수적이고 방어적일 때에 효과성은 진취적이고 공격적이다.

(4) 민주성과 중립성도 서로 갈등관계에 놓이게 될 가능성이 크다. 민주성이 가치성·대표성·합의성을 추구할 때에 중립성은 기술성·도구성·공정성을 추구한다. 민주성은 정치의 영향력을 환영하고 고급관료의 정치적 임명에 대해서 수용적 자세를 취하나, 중립성은 정치의 영향력을 싫어하고 관료의 정치적 임명도 배격한다. 민주성은 행정의 정치성을 강조할 때에 중립성은 행정의 무색투명성을 강조한다. 다시 말해서 민주성이 행정의 정치에의 의존성을 강조할 때에 중립성은 행정의 정치로부터의 자율성을 강조한다. 그러나 민주성과 중립성이 완전하게 조화되는 경우가 있는데, 행정이 중립성을 지킬 때에 정치세계에서 민주성이 확보된다는 것이다.

Ⅲ. 행정의 준거기준간의 조화가능성

행정의 준거기준간에 갈등가능성이 있다는 것은 바로 위에서 살펴본 대로이다. 그러나 준거기준간에 갈등이 있다고 해서 하나의 준거기준이 추구될 때에 그와 대립되는 다른 준거기준은 포기되어도 좋다는 논리는 성립하지 않는다. 예컨대 민주성이 추구된다고 해서 능률성이나 효과성이 방치되어서는 안 된다는 것이다. 물론 나라와 시대에 따라서 보다 강조되는 준거기준이 있겠지만, 이것은 어디까지나 비중과 정도의 문제이지 대체나 희생을 전제로 한 문제는 아니다. 여기서 준거기준간의 갈등가능성은 보다 높고 종합적인 차원에서 조화될 것이 요구된다. 조화된다고 해서 모든 준거기준이 동일한 비중으로 추구되어야 한다는 이야기는 아니다. 그때 그때의 시대정신에 비추어 강조되는 준거기준을 중심으로 구심적으로 조화될 것이 요구된다.

제 4 장 정치와 행정

Wilson은 정치와 행정은 분리되어야 한다는 이원론을 주장한 바 있다. 주장의 근거는 이론적인 면에서보다는 엽관제도를 없애야 한다는 실천적인 이유에서였다고 할 수 있다. 이러한 실천적인 이유를 떠나서라도 정치와 행정의 관계를 어떠한 모습으로 위상정립을 해야 하는가의 문제는 대단히 중요한 문제이다. 양자는 통합과정인가 아니면 이질적인 성격으로 분리되어야 하는가의 문제는 간단하게 처리될 성질의 문제가 아니다. 양자는 이질적인 성격을 지니고 있으면서도 통합될 수밖에 없는 운명을 지니고 있다.

제 1 절 정치와 행정의 통합과정

국민의 의사가 종합화되고 형성되는 과정이 정치과정이고 이루어진 의사가 구체화되고 집행되는 과정이 행정과정이라면, 정치와 행정은 태생적으로 연속과정이요 통합과정이다.[1] 여하간 아무리 행정의 전문성 · 관리성 · 기술성을 강조한다 하더라도 정치의 울타리와 영향력에서 벗어날 수 없는 것이 행정이다. 정치는 그만큼 행정의 기본방향과 진로를 결정하여 주는 상위의 개념이다.

정치의 민주화가 일어나지 않은 곳에서 행정의 민주화를 기대하기 어렵다. 민주정치가 없는 곳에서 민주행정을 바랄 수 없다는 이야기다. 정치가 독재성을 띨 때에 반드시 행정도 독재성을 띠고 국민에 대한 봉사성보다는 지배성과 감독성을 강조하게 된다. 정당정치가 발달하지 않는 사회에서는 행정 관료는 보다 많은 이익집단들의 요구와 압력에 휘말리게 되어 행정의 정치화가 일어나게 된다. 왜냐 하면 집단간의 협상과정이 정당이나 의회 내에서 일어나지 않기 때문에 협상의 무대는 바로 행정 내로 옮겨지기 때문이다.

1) Paul Appleby, *Policy and Administration*, University of Alabama Press, 1949.

정권의 교체가 일어나지 않은 곳에 공무원의 정치적 중립성을 기대하기 어렵다. 왜냐 하면 권력이 교체되지 않은 곳에서 행정은 반드시 권력의 수단으로 정치와 밀착되어 있고, 국민의 요구보다는 권력자의 요구에 더욱 신경을 쓰게 되기 때문이다. 여기서 정권의 교체는 공무원의 정치적 중립성과 직결되어 있다는 것을 알수 있다.

동일한 민주적 정치체제를 채택하고 있는 국가에서도 대통령제 정부형태를 취하고 있느냐 아니면 의원내각제 정부형태를 취하고 있느냐에 따라 행정에 미치는 영향은 다르다고 할 수 있다. 의원내각제하에서는 행정공무원은 정무관에 대하여 보좌관으로서 자문역할에 치중하나, 대통령책임제하에서는 공무원이 곧잘 자기책임하에서 정책을 제안하고 건의하기도 한다.

정당이나 의회의 역할이 활성화되어 정치과정에서 주도권을 잡으면 행정은 관리성·집행성·도구성의 성격을 강하게 띠게 되나, 의회나 정당의 역할이 활성화되지 못하면 행정은 자연히 정치성·권력성·목적성을 띠게 된다. 행정이 정치성과 권력성 및 가치성을 띠게 되면 행정의 독재화 및 정치화 현상이 벌어지게 된다.

제 2 절 정치와 행정의 이질성

행정과 정치는 통합과정이요 연속과정이면서도 서로가 자기의 고유영역이 있다. 정치가 가치중심의 정책결정의 문제를 다룰 때에 행정은 주로 그것의 집행문제를 다룬다. 정치현상이 가치현상이요 권력현상이라면 행정현상은 수단현상이요 관리현상이다. 정치가 너와 나를 구별하는 가치선호현상이라면, 행정은 누구의 편도 들지 않은 중립성을 띠고 있다. 정치의 세계가 포괄적이고 목적적이고 비전문적이라면, 행정의 세계는 부분적이고 수단적이고 전문적이다. 정치가 여러가지 요소들을 다각적으로 고려하는 종합적이고 거시적이며 협상적 과정이라면, 행정은 한정된 범위 내에서 논리와 능률을 따지는 부분적이고 미시적인 과정이라고 할 수 있다. 정치의 세계가 비교적 자유분방하고 행동반경이 넓으며 행위의 제약이 적은 데 비해, 행정은 규격화되고 행동반경이 좁고 행위의 제약성도 크다. 정치의 주 관심은 권력에 대한 추구요 대표성과 정통성의 문제라면, 행정의 주 관심은 능률에 대한 추구요 봉사성과 합법성의 문제라고 할 수 있다.

이렇게 정치의 세계와 행정의 세계가 다르면 여기에 종사하는 사람들의 심리나 의식구조도 다르게 마련이다. 정치인의 의식구조는 권력정향성에서 벗어날 수 없기 때문에 이들의 주요 관심사는 권력의 유지이냐 아니면 권력에 대한 도전이다. 이들은 권력을 장악하기 위해서 대표성과 정통성의 문제를 내세운다. 이들은 여러 가지 세력들을 자기입장으로 유도해야 하기 때문에 이들 세력들에 대해서 융통성과 신축성을 가지고 대응한다. 따라서 정치과정은 합리성이나 논리성만으로 설명되지 않는다. 그런데 아이러니컬하게도 여러 가지 세력들이 떠들어대면서 또 밀치고 밀리면서 후퇴와 전진을 거듭하면서 이루어지는 과정이 보다 안정적이고 적응력도 강하다는 것이다. 혼돈과 무질서 속에서 이루어지는 질서가 참다운 질서라는 것이다. 이것이 바로 민주적 정치과정이다. 그러나 처음부터 원리중심의 합리화 속에서 이루어진 정치과정이나 정치질서는 얼핏 보기에는 강하고 견고한 것 같지만 뿌리가 없기 때문에 오히려 무너지기 쉽다. 그리고 이러한 권력일수록 교조성과 독선성을 띠기 쉽다. 여기에서 우리는 여러 가지 세력들이 경쟁하고 협상하면서 이룩되는 민주적 과정을 보다 높이 평가하게 되는 것이다. 이때 정치의 세계는 지식보다는 지혜를, 전문성보다는 일반성을, 부분성보다는 전체성을, 분석보다는 종합성을, 조급성보다는 완만성을, 단원성보다는 다원성을 요구하게 되는 것이다.

그런가 하면 행정은 합리성과 능률성이 생명이다. 그리고 기능의 분화를 강조하기 때문에 전문성과 기술성, 부분성과 구획성이 특징적 현상으로 나타난다. 이러한 현상은 독특한 관료적 사고를 탄생시킨다. 이들은 한군데에 치중하다 보니 전체를 돌볼 겨를이 없다. 이들은 한마디로 나무는 잘 보지만 숲은 잘 보지 못한다. 학자들은 이러한 현상을 '훈련된 무능력'이라고 한다. 이들의 사고는 일반적으로 규격화되어 있고 정형화되어 있어 혼란과 변화에 본능적으로 거부반응을 일으킨다.

위에서 살펴본 대로 정치의 체질과 행정의 체질은 기본적으로 다르다. 이러한 체질들이 서로 자기 영역을 지켜야지 서로 혼합되어 있고, 어느 한쪽이 다른 한쪽을 침식하여 버리면 사회전체를 위해서 불행한 일이다. 예컨대 정치인이 행정을 맡고 행정인이 정치를 맡았다고 생각하여 보라. 전자의 경우는 엉망진창의 행정이 될 것이고, 후자의 경우는 도식화된 정치가 될 것이다. 여기서 우리는 행정정향적 사고를 가진 사람들이 정치를 해서도 안 되고, 정치정향적 사고를 가진 사람들이 행정을 해서도 안 된다는 결론을 얻게 된다.

정치부재의 상황이나 정치가 활성화되지 않는 사회에서는 관료적 사고를 가진 사람들이 정치를 담당하는 관료정치가 나타나게 되는데 이러한 현상은 정치를 위해서도 행정을 위해서도 불행한 일이다. 선진화된 정치와 행정을 달성하려면 양자가 고유영역을 지키면서 통합과정을 이룩해야 한다.

제 3 절 정치권력과 행정과의 관계

앞에서 우리는 정치와 행정과의 관계를 살펴본 바 있다. 이때의 관계는 추상적이고 일반적인 관계이다. 여기서 다루는 정치권력과 행정과의 관계는 실제 정권을 담당하는 집권세력과 행정과의 구체적 관계를 이야기한다. 정치권력은 교체되는 권력이기 때문에 정권마다 행정과의 관계가 다르게 나타날 수 있다. 어떤 정권은 행정과의 관계가 우호적이고 상생적일 수 있으나 다른 어떤 정권은 행정과의 관계가 갈등적이고 불협화음적일 수 있다.

정치권력과 행정이 우호적인 관계 속에서 통합과정을 이루게 되면 별 문제가 없지만 양자가 불협화음 속에 놓이게 되면 문제는 심각하게 된다. 해결의 방안으로 국민의 의사를 직접적으로 대변하고 있는 정치권력의 의지와 방향에 행정이 따르는 것이다. 이러한 방안이 법리적인 차원에서나 상식적인 면에서도 타당하다고 생각할 수 있다. 그러나 행정이 정치권력에 거부반응을 보이면서 협조적인 자세를 취하지 않을 때에 생산적인 정책의 집행과정을 기대하기 어렵다. 행정은 정치권력이 필요로 하는 전문성과 정보력을 제공하지 않고 지연전술을 위시해서 여러 가지 비협조적 전술을 동원해서 정치권력을 괴롭힐 수 있다. 행정이 비록 국민의 의사를 직접적으로 대표하는 기관은 아니더라도 국가의 중심기관으로 자리를 잡아 왔기 때문에 아무리 국민을 직접적으로 대표하는 정치권력일지라도 함부로 좌지우지할 수는 없는 것이다.

정치권력과 행정과의 갈등관계는 다음과 같은 연유로 발생될 수 있다. 첫째, 정치권력이 기존의 정책과는 너무도 판이한 변화를 추구할 때에 갈등은 나타나게 된다. 예컨대 성장위주의 정책에서 분배위주의 정책으로 바꾼다든지, 친미외교에서 반미외교로 급커브의 길로 방향을 바꾸는 경우이다. 이러한 현상을 정책의 동질성 위기라고 하는데 이러한 현상은 행정에게 극심한 혼란을 야기시킴으로써 필히 갈등을 불러일으킨다. 둘째, 정치권력이 기존의 행정관행을 무시하고 새로운 관행을 성급하게 도입하려고 할 때에 행정은 여기에 강한 거부반응을 일으킨다. 행정 관료들은 일반적으로 오랫동안 몸에 배어 온 관행에서 벗어나게 되면 심히 불안감을 느끼게 된다. 셋째, 정치권력이 관료들의 기존이익을 침해하려고 할 때에 필히 갈등관계는 첨예화된다. 예컨대 관료들의 신분보장제도를 폐지하려고 할 때이다. 넷째, 정치권력이 행정 관료들을 개혁의 대상으로 생각할 때이다. 모든 개혁의 열매는 관료들의 손을 통해서 나타나는데 그러한 관료들을 개혁의 실천자에서 개혁의 대상으로 격하시킬 때에 양자간의 갈등은 극단으로 치닫게 된다. 다섯째, 정치권력이 행정의 고유영역인 합리성이나 전문성 및 능률성을 무시하고 파괴할 때이다. 예컨대 낙하산 인사로 행정의 전문성을 감퇴시키는 경우이다.

정치권력과 행정이 혼연일체가 되어도 정책상의 난제들을 풀기가 어려운데 하물며 양자가 갈등관계에 있으면 국정운영의 난맥상과 혼란성을 면하기 어렵다. 여기서 정치권력의 행정에 대한 통제가 필요한데 그 통제전략을 살펴보기로 한다.[2)]

첫째, 교체직의 상설화이다. 정권의 교체시 새로 들어오는 집권세력이 차지할 수 있는 직위들을 미리 마련하여 두는 것이다.

둘째, 국가원수요 행정수반인 대통령이나 수상을 보좌하는 비서실의 확장과 강화를 통해서 전문성과 정보력을 확보하는 것이다.

셋째, 조직개혁을 통해서 정보흐름을 집권자에게 수렴케 하고 정치적 힘을 과시할 수 있게 한다. 예컨대 예산기관을 대통령 직속기관으로 만들고 정치권력이 추구하는 새로운 이념을 확산시킬 수 있는 조직단위를 각 부처에 설치한다.

넷째, 집권세력에 충성을 다짐하는 충성파 인사를 행정요직에 배치하는 것이다.

다섯째, 당정협의회를 통해서 정책을 조율하고 당의 정책을 관철한다.

여섯째, 신관리주의 개혁을 통해서 관료의 정책결정권을 축소하고 성과평가를 통해서 행정 관료들을 통제한다.

그런데 여기서 주의할 것은 지나치게 정치권력이 관료체제를 통제하려고 하면 오히려 반발과 갈등을 증폭시킨다는 것을 명심할 필요가 있다.

2) 양재진, "정권교체와 관료제의 정치적 통제에 관한 연구: 국민의 정부를 중심으로," 한국행정학보, 37권 2호(2003 여름), 268~271면.

제 5 장 정보사회와 행정

제 1 절 정보사회의 개념

흔히 정보사회 하면 산업사회 이후 정보통신기술의 발달로 다가오는 변화된 사회의 형태를 이야기한다. 정보사회는 많은 학자나 연구가들에 따라 예상되는 모습이나 특성이 여러 가지로 묘사되고 있어 어떤 단일화된 개념이 존재하는 것은 아니다. 그러나 다가올 21세기는 행정뿐만 아니라 사회의 여러 영역에서 정보통신기술이 획기적인 변화를 가져다 줄 것이라는 점에서는 일치하고 있다.

Daniel Bell은 "정보사회란 정보화 지식이 사회적·경제적 교환수단으로서 중요한 역할을 하는 사회"라고 정의하고 있다.[1] 그는 전기통신기술에 의한 새로운 사회적 구조의 변화 및 발전을 예견하면서, 이러한 구조는 사회적·경제적인 교섭방법이라던가, 지식의 창조·검색방법, 나아가서는 인간이 종사하고 있는 일이나 직업의 성격까지 좌우할지도 모르며, 컴퓨터는 이 같은 혁명적 변화에 중추적 역할을 할 것이라고 주장하고 있다.[2]

Alvin Toffler는 정보사회를 "정치, 경제, 사회, 문화 전반에 걸쳐 다양성이 형성되고 과거의 획일적인 정보수요와 유통이 개별적 그리고 선택적으로 형성 및 유통되는 사회"라고 정의하고 있다. 행정의 기능도 분화가 촉진되어 행정의 개방성이 강조되고, 정책결정과정에 주민의 참여가 활발해지며, 행정기능이 간편해지고 고객위주의 행정이 실현될 것이라고 주장하고 있다.[3] 또한 John Naisbitt는 현 사회를 정보의 생산과 분배에 기초한 사회로 보고, 갈수록 정보의 역할이 증대되고 정보의 가치가 노동과 자본의 가치만큼, 아니 그 이상의 중요한 역할을 하는

1) Daniel Bell, *The Coming of Postindustrial Society: A Venture in Social Forecasting*, Harmondsworth: Penguin, 1974.
2) Daniel Bell, "The Social Framework of the Information Society," in Tom Forester(ed.), *The Microelectronics*, Oxford, England: Basil Blackwell, 1980.
3) Alvin Toffler, *The Third Wave*, London: Pan, 1980.

사회를 정보사회로 인식하고 있다. 이러한 정보사회는 경제적으로는 세계경제 지향적이며, 정치적으로는 분권화되는 경향이 강하고, 사회문화적으로는 다양한 선택이 제공되며, 기술과 정서의 균형이 강조되는 사회라고 주장하고 있다.[4)]

이상의 정의들을 종합하여 보면 정보사회란 정보가 사회구성 및 운영에 있어서 기본이 되고 가치창조의 원동력이 되며 거래 및 교환 등 모든 인간관계에서 매개의 주도적 역할을 하는 사회라고 할 수 있다. 아울러 정보사회는 정보통신기술의 발달로 지리적 경계가 무너짐으로써 지구촌화된 사회로 지역간, 인종간, 국가간 상호의존성이 높아지고, 시공을 초월한 실시간 접속으로 사회적 역동성이 배가되는 사회라고 할 수 있다.

제 2 절 정보통신기술이 행정에 미치는 영향

Ⅰ. 조직구조에 미치는 영향

계층단계의 축소로 의사결정과정이 단축됨에 따라 조직구조의 평면화가 일어나 조직의 공간적 개념이 변화하게 된다. 일상적으로 단순반복적인 업무를 담당하는 조직의 하부계층이 감소하게 된다. 그러나 정보기술의 도입과 발전이 행정조직에 어떤 영향을 미칠지 단정하기는 쉽지 않다. 그 이유는 어떠한 수준의 정보기술이 행정에 접목되느냐 하는 것도 중요하고, 조직 내의 정치적 요소도 중요하게 작용하게 되기 때문이다.

Ⅱ. 권한의 변화

정보통신기술은 권한을 집권화시킬 것인가 아니면 분권화시킬 것인가에 대한 논의는 어느 쪽이 옳은지 쉽게 판가름하기가 쉽지 않다. 집권화의 가능성을 주장하는 입장에 따르면 상부 층이 정보취득능력 확대로 조직전반에 대한 영향력을 발휘하게 되고, 업무 수행시 부하들에의 의존을 줄일 수 있게 되어 권한이 집중될 가능성이 커진다는 것이다.[5)] 이와는 반대로 분권화의 가능성을 주장하는 견해에 따르면 하부 계층들이 반복적인 일상 업무들을 줄이게 되고, 의사결정에 필요한

4) John Nasibitt, *Megatrends,* New York: Warner Books, Inc., 1982.

5) M. C. Er, "The Impacts of Information Technology on Organization," *Journal of Systems Management,* Vol. 38, No. 4, April 1987, p. 35.

정보에 쉽게 접근할 수 있게 되어 전보다 의사결정에 참여할 기회와 폭이 많아지고 넓어지게 되어 결과적으로 분권화를 유발하게 된다는 것이다.[6] 그런가 하면 각 기관들이 근거리 통신망 등으로 네트워크화됨에 따라 조직 내 권한의 집권화와 분권화가 동시에 초래될 가능성도 있으므로, 정보통신기술의 도입과 활용만으로는 집권화나 분권화를 일으킨다고 할 수 없다는 것이다.[7]

권한의 변화와 관계되는 문제로서 조직 내에서 어떤 사람들의 역할과 권한이 강화되느냐의 문제도 제기될 수 있다. 정보통신기술의 도입과 활용으로 컴퓨터 시스템을 운용하는 전산전문가의 역할과 영향력이 강화되어 정책결정에서 주도적 역할을 할 수 있다는 견해도 있다.[8] 그러나 조직의 정보화가 상관과 부하의 권력관계에 영향을 주지 못한다거나, 조직 내에서 이미 권력기반을 갖고 있는 기존세력의 권한을 강화시켜 줄 수 있다는 견해도 있다.[9] 현재까지의 상황으로 볼 때에 정보통신기술의 도입과 활용이 조직 내에서 권한관계에 어떠한 영향을 미치고 있는가를 명확하게 규명하기란 어렵다.

Ⅲ. 정책결정과정에 미치는 영향

정보통신기술은 보다 다양한 정보수집과 신속한 처리를 통해서 양질의 정책결정을 할 수 있도록 도와준다는 것이다. 또한 컴퓨터를 활용한 정보의 분석을 통해 상황예측이나 대안의 결과 분석이 보다 수준 높은 단계로 격상되어 정책결정과정의 질적 향상을 도모할 수 있다. 특히 DSS(Decision Support System)나 EIS (Executive Information System)를 활용함으로써 정형화되지 않은 문제에 대한 정책결정을 보다 신속하고 합리적으로 처리할 수 있게 된다.

6) Shirin Madon, "Introducing Administrative Reform through the Application of Computer-based Information System: A Case Study in India," *Public Administration and Development,* Vol. 13, No. 1, 1993, pp. 37~48.

7) Kenneth L. Kraemer and John L. King, "Computing and Public Organization," *Public Administration Review,* Vol. 46 Special Issue, November 1986, p. 489.

8) James N. Danziger, "Technology and Productivity: A Contingency Analysis of Computers in Local Government," *Administration and Society,* Vol. 11, No. 2, August 1979, pp. 144~171.

9) Donald F. Norris, "High Tech in City Hall: Uses and Effects of Microcomputers in United States Local Governments," *Social Science and Computer Review,* Vol. 7, No. 2 1989, pp. 137~146.

Ⅳ. 조직 구성원에게 미친 영향

(1) 순기능적 측면

조직 구성원 개개인의 능력을 향상시킬 수 있다는 것이다. 즉 정보통신기술의 활용이 업무수행에 필요한 시간과 노력의 양을 감소시킴으로써 남는 시간과 여력을 보다 생산적인 업무와 자기개발에 사용할 수 있다는 것이다. 개인의 업무와 관련해서는 업무수행이 신속해지고 보다 정확해짐으로써 업무성취감이 커지게 된다. 또한 과거보다 정보획득과 활용이 용이하게 됨에 따라 조직의 의사결정에 참여할 기회가 많아지게 되어 조직생활에 보람을 느끼게 된다.

(2) 역기능적인 측면

새로운 기술에 대한 불안감과 정신적인 스트레스를 받게 된다. 특히나 나이가 많은 사람들일수록 불안감과 스트레스를 넘어 두려움마저 갖게 된다.[10] 이러한 현상이 심하게 되면 정신적 및 육체적 질병으로 이어진다.

정보기술 사용의 증가로 인해 구성원들의 프라이버시 침해가 심각한 문제로 떠오르고 있다. 특히 조직이 갈수록 네트워크화됨에 따라 개인신상정보에의 접근과 유출은 심각성을 더해가고 있다. 그리고 정보기술을 통해 조직구성원들과 그들의 업무를 모니터링하게 됨에 따라 불필요한 간섭과 갈등의 가능성을 증폭시키고 있다.

Ⅴ. 전자정부의 탄생

정보사회에서의 행정이란 행정우위의 관료주의에서 벗어나서 서비스 지향적이고 고객중심의 행정으로 변화되어야 하는데 이러한 구체적인 모습으로 등장한 것이 전자정부이다. 일반적으로 전자정부란 공통의 정보통신기반 위에서 하나로 연결된 각종 행정서비스를 언제, 어디서나, 어떤 방법으로든, 신속하게 제공할 수 있는 정부를 의미한다. 전자정부의 실현을 위해서는 우선적으로 정부 부처간 그리고 공공부문과 민간부문과의 정보네트워크의 구축과 정보의 공동 활용이 요구된다. 따라서 전자정부를 일명 네트워크화된 정부라고도 한다. 전자정부에 대해서는 다음 절에서 보다 상세하게 검토하기로 한다.

---

10) Stanley B. Botner, "Utilization and Impact of Microcomputers in State Central Budget Offices," *Public Budeting and Finance,* Vol. 7, Autumn 1987, pp. 99~108.

제 3 절 전자정부

Ⅰ. 전자정부의 개념

전자정부란 다양한 행정서비스를 온라인화함으로써 언제 어디서나 고객의 접근과 이용이 가능한 정부를 말한다. 아울러 행정서비스 체계를 일원화하고 공개함으로써 정부 서비스의 생산성과 투명성을 확보하고, 정보통신기술을 활용하여 정부업무와 대민서비스를 전자적으로 처리하는 정부를 이야기한다. 전자정부의 주요 구성요소로는 정보통신기술의 활용, 정보의 공개, 인터넷 이용, 네트워크 정부, 전자우편, 전자결재, 논스톱 및 원스톱 서비스, 행정정보의 공동이용, 정부업무의 재설계, 업무처리의 컴퓨터화, 종이 없는 행정, 사이버 공간 등을 들 수 있다. 전자정부의 최대 목표는 업무처리의 생산성 향상과 신속한 대민 서비스의 확보 및 부패통제라고 할 수 있다.

Ⅱ. 전자정부의 구현방안

전자정부의 성공적인 구현방안에는 여러 가지가 있으나[11] 여기서는 몇 가지만을 검토하여 보기로 한다.

⑴ 법과 제도의 정비

전자정부를 활성화시키고 업무처리의 실효성과 구속력을 확보하기 위해서는 법과 제도의 개선 및 정비는 필수적이다. 예를 들어 전자상거래에 대처하기 위해서는 전자상거래법, 전자자금이체법, 전자서명법 등이 제정되어야 한다. 또 주민등록본이나 기타 민원서류 등 전자적으로 발급된 증명서가 법적인 효력을 발휘하려면 여기에 상응하는 법적 장치를 마련해야 한다. 그리고 무엇보다 중요한 것은 모든 법령, 처리기준, 규칙 등은 현실과 일치되어야 한다. 이어서 전자적인 업무처리를 위해서 업무의 표준화와 단순화 등 새로운 업무처리절차가 제정되어야

11) 정충식은 구현방안으로 법과 제도의 정비, 정부최고위층의 구축의지, 정부의 업무처리 방법 및 절차의 변화, 행정정보 공동이용을 위한 DB 구축, 초고속통신망의 구축, 행정정보의 디지털화, 대민서비스 업무의 개발, 각부처의 이해관계 조정, 공무원 교육 및 추진계획의 정립 등을 들고 있다. "전자정부의 개념정립 및 구현방안," 최성모 편, 정보사회와 정보화정책, 나남, 1998, 241~256면.

한다.

(2) 행정정보의 공동이용을 위한 데이터베이스 구축

정보의 공동이용은 업무의 전산화나 데이터베이스 구축 등과 연관지어서 추진되어야 한다. 또 정보공동이용 대상의 정보를 명시함으로써 공동이용을 조장하고, 정보유출 등 문제가 생겼을 때에 책임소재를 명확히 하고, 공동이용에 따른 비용부담도 결정해야 한다. 특히 공동이용은 많은 행정기관들이 다양한 이해관계를 갖고 참여하기 때문에 추진주체는 공동이용사업의 목표를 분명히 하고 체계적으로 접근해야 한다.

(3) 대민 서비스업무의 개발

각종 민원을 전자적으로 접수, 처리하며 민원인에게 민원처리의 진행상황을 계속 알려 주는 '안방민원' 서비스를 확대해야 한다. 또한 주민관리, 자동차, 토지 등과 관련된 정보의 조회를 각 부처가 전자적으로 직접 처리함으로써 민원인이 여러 기관을 중복적으로 방문할 필요 없이 한 기관에서 민원처리를 완결지을 수 있는 일회처리 대상업무도 계속 개발 및 확대해야 한다. 이러한 서비스를 한마디로 원스톱·논스톱 서비스라고 한다.

(4) 부처별 정보화 추진의 지양

정보화 추진이 부처별로 이루어지면 부처간의 중복투자, 정보화에 대한 정책 우선순위조정의 어려움 및 정보공동이용의 어려움 등이 나타난다. 다시 말해서 부처별 업무영역의 관점에서 정보화를 추진하면 통합성을 전제로 하는 전자정부의 탄생과 운영을 거의 불가능하게 한다. 여기서 부처간의 영역적인 사고를 지양하고 종합적인 관점에서 추진해야 한다.

(5) 행정정보의 디지털화

전자정부의 기반을 구축하기 위해서는 행정정보의 디지털화가 필수적이다. 여기서 행정정보의 디지털화를 전담하는 조직이나 기구의 설치가 요구된다. 정보의 공개나 공동이용은 디지털의 관점에서 접근되어야 한다. 현재 보유하고 있는 자료들을 모두 디지털화하는 데에는 오랜 시간이 걸리겠지만 기존의 중요한 통계자료부터 디지털화하여 이를 네트워크로 연결하여 제공하면 국민들은 전자적으로 전송받아 활용할 수 있을 것이다.

(6) 공무원에 대한 교육

공무원이 정보통신기술에 익숙하고 전자정부의 역할에 대한 확신이 견고할 때에만 전자정부는 그 기능이 원활해지고 위력을 발휘할 수 있을 것이다. 공무원이 정보화에 대한 지식이 없고 전자정부의 출현에 대한 거부감과 두려움으로 가득 차 있다면 전자정부는 나타나기도 어렵고 나타난다 하더라도 그 기능과 역할이 보잘 것이 없을 것이다. 공무원이 정보통신기술에 익숙해지고 전자정부에 우호적 자세를 갖도록 교육에 힘을 써야 한다.

Ⅲ. 전자정부와 부패통제

전자정부의 출현은 행정에 가히 혁명적 변화를 불러오고 있다. 위에서 이야기한 대로 행정업무의 생산성과 대민서비스를 크게 향상시킨 것은 말할 것도 없고 국민의 알 권리를 신장시키고 국민과 행정과의 거리감을 해소시키는 등 그 역할과 영향은 엄청나다. 그런데 무엇보다도 특기할 사항은 부패척결에 큰 위력을 발휘하고 있다는 것이다. 요인별로 검토하여 보기로 한다.[12)]

(1) 정보의 공개

정보의 독점 또는 과점은 부패의 온상이 되는 것이다. 정보가 여러 사람들에게 확산되고 공유되면 정보의 잘못된 사용은 그만큼 줄어들게 된다. 정보통신기술의 발달로 적은 비용으로 많은 정보를 많은 사람들에게 제공할 수 있다는 것은 부패통제를 위해서 다행한 일이다. 정보의 공개는 행정의 비밀성과 폐쇄성을 제거함으로써 투명성을 확보하여 준다. 공개적이고 투명한 공간에서는 부패행위가 일어나기 어렵다. 다시 말해서 부패의 균이 자랄 수 있는 토양을 만들어 주지 않는다는 것이다. 이러한 점에서 정보의 공개는 국민으로부터 행정신뢰를 쌓게 하는 데 크게 역할을 하고 있는 것이다.

(2) 재량적 행위의 제한

공무원의 재량적 행위영역이 크면 클수록 부패의 소지는 커지게 된다. 전자정부는 업무를 표준화하고, 뚜렷한 기준을 제정하고, 절차를 단순화시킴으로써

12) 박홍식, "전자정부를 통한 부패의 통제: 논리와 방법 및 한계," 남궁근 외, 전자정부를 통한 부패통제, 한울, 2002, 36~40면.

재량영역을 격감시키고 공무원의 자의적 판단을 차단한다.

(3) 공무원과 민원인과의 직접 접촉의 차단

부패 특히 인·허가상의 부패는 거의 직접 대면하고 접촉하는 가운데서 발생한다. 전자정부는 온라인 통신으로 행정과 민원인간의 직접적 대면을 불필요하게 한다. 민원인은 온라인으로 공개된 절차를 따라서 신청하고, 서류의 흐름을 확인할 수 있으며, 의문과 질의에 대한 응답은 전자우편으로 처리함으로써 민원인은 방문이나 전화통화가 필요 없게 된다.

(4) 경쟁의 확대

경쟁이 있는 곳에 부패는 줄어들고 없어지게 된다. 정보의 공개는 경쟁을 불러일으킴으로써 부패를 감소시킨다. 경쟁의 부패축소효과는 조달업무 등 특정분야에서 나타난다. 전자정부의 정보공개는 일단 공정한 경쟁을 보장한다. 정보공개는 조달에 관계된 모든 사항을 모든 업자들에게 제공함으로써 누구나 평등한 입장에서 입찰에 응하게 한다.

제 4 절 지식정부[13)]

Ⅰ. 지식정부의 개념

지식정부란 앞에서 이야기한 전자정부를 바탕으로 해서 그보다 한걸음 진화된 모습의 정부라고 할 수 있다. 정부가 전자통신기술을 활용하여 정보화 또는 전자화되었다고 해서 지식정부가 되는 것은 아니다. 여기서 정보통신기술은 지식정부의 출현에 필요조건은 되어도 충분조건은 아니다.[14)] 지식정부는 지식을 활용해서 급변하고 복잡한 환경에 스스로 적응하면서 국민이 원하는 가치를 창출하고

13) 지식정부를 지식행정이라고도 한다. 명칭은 다르지만 내용이 같기 때문에 구별해서 쓰지 않고 그냥 지식정부라고 하기로 한다.

14) 한세억, "지식행정에 대한 탐색적 연구," 한국행정학보, 33권 3호, 1999 가을, 16면. 여기에 대한 증명으로 지식정부의 성공적 요인에는 정보통신기술뿐만 아니라 다른 요인들도 필요하다는 연구들이 나오고 있다. 유홍림 · 이병기, "정부조직의 지식관리(KM)활용에 미치는 영향요인에 관한 실증적 연구," 한국행정학보, 38권 1호, 2004 봄, 23~44면; 이향수, "정부조직 지식관리활동 영향요인에 관한 연구: 중앙부처 공무원의 인식조사를 중심으로," 한국행정학보, 39권 4호, 2005 겨울, 273~298면; 김구, "지식행정 활동의 요구수준 진단을 통한 수요예측에 관한 연구: 의사결정나무분석을 이용하여," 한국행정학보, 39권 4호, 2005 겨울, 299~322면.

문제를 해결하는 정부라고 할 수 있다.

그러면 여기서 잠깐 지식이란 무엇인가를 살펴보기로 한다. 지식은 정보나 자료의 상위개념이라고 할 수 있다. 따라서 지식은 '정보의 집적적·복합적 형태'라고 하기도 하고 '체계화된 형태로서의 정보'라고 하기도 한다.[15] 그런가 하면 '해석되어진 정보'라고 할 수 있다. 여하간 정보나 경험이나 아이디어나 기술은 지식을 형성하는 자료는 되어도 지식 자체는 아니다. 지식에는 언어로 표현되고 형체를 갖춘 객관적 지식으로서 형식적 지식(explicit knowledge)과 언어로 표현되지도 않고 형체도 없는 주관적 지식으로서 암묵적 지식(tacit knowledge)이 있다. 그런가 하면 전통적 지식과 여기에 대응해서 최근에 나타난 신지식이라는 것이 있는데 전자는 원리성, 추상성, 사변성을 강조하는데 후자는 공리성, 실용성, 현장성을 강조하고 있다.

여기서 지식기반사회라는 것이 무엇인가에 대해서 잠깐 언급할 필요성을 느낀다. 산업사회가 육체노동생산성을 기초로 하는 사회라면 지식기반사회는 지식노동생산성을 기초로 하는 사회라고 할 수 있다. 한마디로 지적 능력 내지 지적 활동에 대한 의존도가 높아짐으로써 지식은 전통적 생산요소인 토지, 자본, 노동을 주변화시키면서 사회발전을 주도하는 데 견인자적 역할을 하는 사회라고 할 수 있다.[16]

지식정부의 탄생배경은 위에서 살펴본 지식기반사회의 출현과 더불어 행정환경의 가속적인 변화와 복잡성 및 불확실성에 대처하기 위한 지식과 학습욕구의 증대라고 할 수 있다. 이러한 배경 속에서 탄생한 지식정부에 대한 개념정의를 정리하면 지식정부란 정보기술을 활용하여 지식을 창출하고 축적하고 공유하며 이것을 행정운영과 정책결정 및 문제해결에 활용하는 정부라고 할 수 있다. 지식정부활동의 구성요소로 1) 지식창출(지식의 발견, 생성, 추출, 개발, 발굴, 확인, 해석, 습득, 수집 등) 2) 지식조직화(지식의 편집, 가공, 필터링, 통합, 조합, 코드화, 형식화 등) 3) 지식공유(유통, 교환, 배포, 이전, 확산, 흡수 등) 4) 지식활용(선택, 사용, 응용, 적용 등) 5) 지식축적(저장, 재사용 등)이다.[17]

Ⅱ. 지식정부의 활성화 요인들

(1) 학습조직

학습이란 생활의 경험 속에서 보다 낫고 새로운 것을 탐색하고 발견하려는

15) 김문조, "지식기반사회: 진단과 대응," 한국행정연구, 9권 1호, 2000년 봄, 237면.
16) 김문조, 위의 글, 237면.
17) 김구, 前揭論文, 302면.

과정에서 나타나는 것으로 보다 격상된 판단이나 행위능력을 불러오는 것을 의미한다. 이러한 학습을 생산적인 활동의 핵심으로 보는 조직은 지식을 창출하고 확산시키는 데 능숙한 조직, 새로운 지식과 통찰력으로 기존의 행위를 수정하는 데 능숙한 조직, 그리고 잘못된 관행이나 선례 및 지식을 폐기하는 데 능숙한 조직을 이야기한다.[18] 학습은 지식창출의 원천이며 활용의 요인도 함축하고 있다. 정부부문에서 지식창출은 개인과 조직의 학습을 통해서 이루어진다. 조직은 학습능력을 바탕으로 계속해서 현상개선에 탐색적이고 실천적인 자세를 가질 것이 요구된다.

⑵ 연성적 조직구조

위에서 이야기한 학습조직이 활성화되려면 조직이 경직적인 모습에서 벗어나서 연성적인 모습으로 탈바꿈해야 한다. 창조적인 사고는 집권적이고 집중적이고 공식화된 조직에서는 움트지 않는다. 창조적 사고는 유연하고 소통이 잘 되고 상호작용이 활발한 분위기 속에서 싹이 트고 자라게 되는 것이다.[19]

⑶ 인적 자원

지식정부가 활성화되려면 그 속에서 일하는 공무원들이 지식관료나 지식근로자로 탈바꿈해야 한다. 여기서의 지식관료는 자기업무 분야에서 전문적 지식이나 기술은 말할 것도 없고 불확실한 환경을 정확하게 파악하고 여기에 대한 대처방안이 무엇인가를 탐색하고 마련하는 능력도 갖추고 특히 상위직 관료들은 미래에 대한 비전과 설계능력도 갖출 것이 요구된다. 소품종 다량생산의 시대에는 소수의 몇 사람이 만들어 내는 큰 개념(big concept)의 지식만으로 통용되었지만 다품종 소량생산의 시대에는 다수의 작은 개념(small concept)의 지식창조가 필요하게 된 것이다.[20] 지식관료를 양성하는 길은 채용, 교육훈련, 개방적 임용제도, 순환보직제도, 고과제도 등 다각적인 면에서 검토되어야 한다.

⑷ 정보통신기술

정보통신기술은 행정인프라로서 거래비용의 절감, 시간·공간적 제약의 극복, 행정수요 변화에의 신속한 대응 등 행정운영의 개선에 지대한 역할을 한다. 정보기술은 모든 행정과정을 전자화함으로써 행정생산성을 높이고 국민에 대한

18) 이종범 외, 지식정부를 위한 고시제도개혁, 나남, 2000, 39~40면.
19) 한세억, 前揭論文, 13면.
20) 이종범 외, 前揭書, 47면.

정부의 각종 정보와 서비스를 누구에게나, 언제나, 어디서나 제공할 수 있다. 이러한 행정정보화는 정부 내의 각 구성단위를 네트워크로 연결함으로써 정보와 지식을 공유케 하고 확산시킴으로써 지식정부의 구축과 활성화에 초석의 역할을 한다.

(5) 제도적 장치의 구축

사람이 바뀌어도 축적된 지식이 조직 활동에 영속적으로 기여하도록 장치가 마련되어야 하는데 지식관리체제, 공유체제 및 인센티브제도 등이 이러한 제도적 장치의 예들이다. 그리고 지식저장·분류·활용 등을 관리하는 지식센터가 구축되어야 한다.

지식창출에 인센티브 제도는 필수적이다. 조직 내의 지식을 하나의 시스템으로 승화시키기 위해서는 조직구성원들에 대한 동기부여가 필요하다. 지식창출자에게 보상장치를 마련해야 지식창출이 활발하여진다는 것은 말할 나위도 없다.

제 6 장 세계화와 행정

오늘날 세계는 과학기술과 정보통신기술의 발달로 사람, 자본, 노동, 물자, 정보 등이 국가간 및 지역간의 공간적 장벽을 뛰어넘어 자유자재로 흘러 들어오고 흘러 나감으로써 지구촌화되어 가고 있다. 이러한 지구촌화 현상을 세계화라고 한다. 여기서는 세계화의 의미가 무엇이고, 그것이 행정에 어떠한 영향을 끼치는가를 살펴보기로 한다.

제 1 절 세계화의 의미

세계화(globalization)는 개방화와 국제화(internalization)를 내포하면서 그것들보다 한걸음 더 나간 상위의 개념이라고 할 수 있다. 국제화나 세계화가 개방적 교류를 지향한다는 점에서는 공통점을 가지고 있으나 전자는 국가의 독자성과 경계를 지니면서 폐쇄적이고 쇄국적인 자세를 벗어나서 국제사회에 능동적으로 참여하겠다는 의지가 담겨 있을 때에, 후자는 전 세계가 국경 없는 하나의 사회로 재편되어 가는 다시 말해서 '지구촌화'되어 가는 모습이라고 할 수 있다. 여기서 국제화는 국가간의 관계를 전제로 일어나는 현상이라면 세계화는 국경을 초월한 개념이라고 할 수 있다. 이런 의미에서 세계화는 '지구촌화' '범지구화' '탈국경화'와 같은 개념이라고 할 수 있다.[1] 그런가 하면 세계화란 단순한 추세가 아니라 세계수준의 일류국가로 가기 위한 개혁의 의지가 담겨 있는 개념이라는 견해도 있다.[2] 한국과 같이 선진국의 진입을 노리는 국가들은 세계화를 논의할 때에 '추세'에 '선진화의 의지'를 첨가해서 개념 규정할 수 있다.

1) 김정수, "국제화 · 세계화 시대의 한국행정의 진로," 한국행정연구, 4권 3호, 1995 가을호, 104면.

2) 송희준, "세계화의 의미와 행정의 역할," 한국행정연구, 4권 1호, 1995 봄, 10~11면.

그런데 여기서 주의할 것은 세계화는 세계적 통일체로서의 표준화 과정도 아니고 단선형적인 발전궤적을 의미하는 것도 아니라는 것이다. 세계화는 개별성과 지역성 및 다양성을 존중함으로써 세계적인 것과 지역적인 것이 공존하고 조화를 이루는 상호의존적 복합체라는 것이다.[3] 이러한 세계화는 경제 분야를 위시해서 정치, 사회, 교육, 문화 등 모든 분야에 확산되고 있는데 각 분야마다 그 의미가 다르다는 것이다. 예컨대 정치의 세계화는 정치의 원초적 기능인 '사회통합의 유지'를 개별주권국가의 차원에서 추구할 수밖에 없는데[4] 경제의 세계화는 개별국가의 차원을 넘어 자본과 기술을 중심으로 전개되고 있다는 것이다.

그러면 여기서 잠깐 세계화의 배경세력들에 대해서 살펴보기로 한다.

첫째, 과학기술과 정보통신기술의 발달이다. 이러한 기술의 발달은 공간적·시간적 장벽을 무너뜨림으로써 온 세계를 지구촌화로 인도하게 되었다.

둘째, 냉전체제의 종식이다. 미·소간의 냉전체제의 종식은 국가간의 이념적 대립과 장벽을 무너뜨림으로써 상호교류와 협력을 활성화시킴으로써 세계화를 촉진하게 되었다. 이러한 냉전의 종식으로 공산주의 계획경제가 자본주의적 시장경제로 통합되었다는 것이다. 자본의 확장적이고 팽창적인 성격은 '국경 없는 경제'를 창출하게 되었다. 이러한 자본의 팽창적 힘은 오늘의 수많은 다국적 기업과 초국적 기업을 탄생시켰다.

셋째, IMF나 WTO 같은 국제기구의 출범과 압력이다. 이러한 국제기구들은 교역장벽과 불공정한 거래를 제거함과 동시에 개방 압력을 가하고 제도화된 국제규범을 준수하도록 압력을 행사함으로써 세계화를 촉진시키는 데 기여한 바 크다.

넷째, 여러 나라들이 협력해서 공동으로 풀어야 할 과제들이 나타났기 때문이다. 예컨대 환경, 인권, 여성, 노동, 복지 등의 문제는 개별 국가의 차원에서만 풀어질 수 없는 공동의 과제가 되므로 여러 국가들의 공동의 협력을 불러들여 세계화를 촉진하게 되었다.

다섯째, 영·미를 중심으로 일어난 신자유주의의 등장이다. 신자유주의는 경제의 무한경쟁을 촉발함으로써 자본으로 하여금 이익이 발생하는 곳이라면 어디든지 가게 하여 세계화를 촉진하게 되었다.

3) 박길성, "세계화의 사회구성 논리와 한국사회의 발전과제," 백완기 편, 국제화에 대한 사회과학적 이해, 박영사, 1995, 72~78면.

4) 유석진, "세계화 · 국제화와 정치," 백완기 편, 국제화에 대한 사회과학적 이해, 박영사, 1955, 129~131면.

제 2 절 세계화가 행정에 미친 영향

세계가 지구촌화됨으로써 행정은 달라질 수밖에 없다. 행정은 자국민에게만 봉사의 책임을 느끼는 것이 아니라 자국에 들어 온 외국인이 불편 없이 살 수 있도록 봉사를 해야 한다. 행정의 세계화에 대한 효과적인 대처는 아무리 강조해도 지나침이 없다.

Ⅰ. 기업경쟁력 강화의 기반조성

국가의 경쟁력은 산업경쟁력에 달려 있고 산업경쟁력은 기업경쟁력에 달려 있어 국가경쟁력의 핵을 이루고 있는 것은 바로 기업경쟁력이라고 할 수 있다. 정부는 기업의 창의성과 자율성을 신장시키기 위해서 가급적이면 규제를 완화시킬 필요가 있다. 오늘의 세계화시대는 지식 · 기술 · 정보의 시대라는 것을 인식하고 지식창출, 기술혁신, 사회간접자본의 확충, 인력개발 등에 집중 투자할 것이 요구된다.[5)]

Ⅱ. 세계화 마인드로 의식의 변화

공직자들은 배타적이고 폐쇄적인 마음의 자세에서 벗어나서 봉사의 대상은 국내 고객만이 아니라 외국의 고객도 봉사의 대상이라는 것을 깨닫고 열린 마음으로 세계를 상대한다는 자세로 행정에 임해야 한다는 것이다. 여기서 이야기하는 세계화 마인드란 개방감각과 경쟁의식의 체질화를 이야기한다.[6)] 공직자들이 열린 마음의 자세를 가지면 자연스럽게 행정은 투명성과 공개성을 가져오게 되고, 세계화의 흐름 속에서 나타나는 문제들에 대해서 능동적이고 적극적인 자세를 취하게 될 것이다. 열린 마음과 세계화 마인드를 고취시키기 위해서는 해외연수 등을 위시해서 각종 교육훈련을 강화할 것이 요구된다. 세계시장에 진출해서 세계를 상대로 기업을 하고 있는 대기업들과의 활발한 정보교환도 세계화 마인드를 구축하는 데 크게 도움이 될 것이다. 그리고 UN이나 WTO 같은 국제기구에 근무할 수 있는 기회도 확장해 나가야 할 것이다.

---

5) 윤영진, "기업경쟁력 강화를 위한 정부의 역할," 한국행정연구, 4권 1호, 1995 봄, 73~75면.
6) 백완기, "행정문화와 국가경쟁력," 백완기 · 신유근 외 공저, 문화와 국가경쟁력, 박영사, 1996, 171~191면.

Ⅲ. 행정의 전문성 강화

행정에서 전문성의 강조는 아무리 강조해도 지나침이 없다. 특히 세계화 시대와 지식사회에 접어들면서 더욱 그러하다. 여기서의 전문성은 자기업무에 관한 전문적 지식과 기술은 말할 것도 없고, 전후좌우를 살펴보고 궁극적인 목표성취에 자기의 역할이 어떻게 기여하는가를 가늠해 보는 성찰적 판단과 지혜도 포함된다. 그리고 공직자로서 활동하는 데 제약을 받지 않는 일반적인 지식도 필요하다. 우선 활동에 제약을 받지 않기 위해서는 통신수단인 컴퓨터와 인터넷에 익숙해야 하고 세계의 공용어가 되어 버린 영어에도 익숙해야 한다. 그리고 자기의 역할을 국제적인 안목에서 관찰하고 평가하는 능력도 요구된다.

세계화 시대를 맞이해서 특별히 대외관계전문가와 지역전문가의 지속적인 육성이 절실히 필요하다.[7] 대외전문가는 외교 및 통상 문제를 다루는 부서뿐만 아니라 모든 부서에 대외전문가가 필요하다. 노동, 교육, 복지, 문화관광 등 모든 분야가 대외전문가를 요구하고 있다. 지역전문가는 각국의 지역사정에 정통한 사람들을 이야기한다. 전문가를 키우기 위해서는 직위분류제도를 강화하고 빈번한 순환보직을 지양하고 전문성을 키우기 위한 경력개발프로그램[8]을 마련해야 한다. 그리고 현지채용, 특별채용 등이 허용되어야 한다.

Ⅳ. 절차 및 제도의 국제화

외국인이 자국에 와서 기업 활동을 하거나 고용되어서 특정의 활동을 할 때에 불편을 느껴서는 안 된다. 다시 말해서 외국인이 자국에 와서 행정상의 제약으로 '살기 힘든 나라' 또는 '기업하기 힘든 나라'라고 느껴서는 안 된다는 것이다. 모든 절차와 제도는 국제관행과 기준에 맞추어 격상되어야 한다.

제도나 관행의 국제화는 행정의 모든 부서에서 요구된다. 따라서 각 부서에 세계화의 흐름과 거기에서 일어나는 문제들을 종합적으로 취합하고 분석하고 파악하는 국제정보담당기관을 설치할 필요가 있다. 다시 말해서 각 부서별로 세계화 문제를 다루는 특별기관이 필요하다는 것이다.

그리고 국가간 국제기구나 국제협약을 만들 때에 수동적인 자세에서 따라만

7) 김정수, 前揭論文, 122면.

8) 경력개발프로그램의 구체적인 내용에 대해서는 남궁근 · 서원석, "팀제와 참여정부 인사개혁의 정합성 검토," 행정논총, 43권 4호, 2005. 12, 444~446면 참조.

가지 말고 능동적인 자세로 임해서 자국의 의사와 이익을 반영시키는 데 최선을 다 할 것이 요구된다.

Ⅴ. 각 부처간 협력체제의 강화

세계화로 일어난 대부분의 문제들은 단독 부서의 차원을 넘어 다 부처의 협의나 협력하에서 처리될 문제들이다. 부처 이기주의의 발동으로 부처간에 갈등과 대립이 빈번히 일어나고 협의나 협력이 제대로 이루어지지 않으면 세계화는 순항을 하기가 어렵다. 여기서 행정은 부처간의 협력을 촉진할 수 있는 정보의 교환 및 공유와 협상 · 조정 · 중재능력이 절실하게 요구된다.

Ⅵ. 세계화의 주체로서 지방자치단체와 기업의 역할 강조

세계화의 주체는 국가기관에 한정되지 않는다. 지방자치단체(광역단체와 기초단체를 포함)와 기업은 독자적인 세계화의 주체로서 국가 이상으로 그 역할을 다하고 있다. 각 지방자치단체들은 독자적인 차원에서 세계 각 지역을 찾아다니며 자매결연을 위시해서 물품거래를 트고 투자를 유치하고 공동사업을 펼친다. 기업도 마찬가지다. 한국의 경우 삼성, 현대, LG 등의 대기업들은 세계시장을 주름잡으며 세계화의 무대에서 주역들의 역할을 하고 있다. 정부당국은 이러한 자치단체나 기업들이 세계화에 적극 동참함으로써 그 역할을 다하도록 도울 것이 요구된다.

Ⅶ. 세계성이 있는 상품발굴과 판로확장

세계화는 각국의 문화와 물품들이 상호 교환되는 큰 장을 이루는 현상이라고 할 수 있다. 각국은 사야 할 물품도 있어야 하지만 내다 팔아야 할 물품도 있어야 균형을 이루게 된다. 여기서 이야기하는 문화와 물품은 일상적인 용품이 아니라 그 나라만이 가지고 있는 독특한 물품이다. 이러한 문화유산이나 물품은 세계에 알려 영구히 보존할 길을 찾고, 또 상품으로 가치가 있는 것은 판로의 길을 확장하여 세계가 상용하는 물품으로 등장시켜야 한다. 한국의 경우 팔만대장경, 고인돌, 판소리 등의 문화유산을 유네스코에 등록하여 영구히 보존토록 하는 것은 세계화에의 동참이다. 우리문화의 자랑거리인 김치나 판소리 및 예술작품들이 세계시장에서 그 본래의 가치들을 드러낼 때에 세계화는 우리의 피부에 와 닿게 된다.

제 2 편

행정학의 이론성

제 1 장 관 료 제

제 2 장 행정적 권위와 권력현상

제 3 장 공 식 화

제 4 장 비공식적 조직

제 5 장 인간해석

제 6 장 합 리 성

제 7 장 가 외 성

제 8 장 불확실성

제 9 장 행정문화

제10장 행정신뢰

제 1 장 관 료 제

관료제도 연구의 초점을 어디에 두느냐에 따라 이해의 내용이 다를 수 있고 접근방법도 다를 수 있으나, 여기서는 Max Weber의 이상형(ideal type of bureaucracy)을 중심으로 다루어 보기로 한다. 여기서 이야기하는 관료제는 공적 조직에 한정되지 않고 대기업 등의 사적 조직에도 적용된다. 다시 말해서 공·사를 초월한 합리적 조직구조를 이야기한다.

제 1 절 관료제의 개념

Ⅰ. 관료제의 의의

Max Weber가 생각한 이상형의 관료제란 단적으로 표현해서 인간의 주관적이고 감정적인 편견과 차별적인 신분질서가 배제되고, 객관성 · 몰인정성(impersonality) · 전문성 · 능력성이 보장되는 합리적 조직구조를 이야기한다. 즉 Weber의 관료제는 객관성과 합리성으로 대표된다. Weber는 관료제를 구상하는 데에 있어서 인간의 자의성을 배제하는 데 역점을 두었다. 관료제의 중요한 구성인자로 들 수 있는 것은 기능의 전문화, 고정된 규칙에 따른 행동, 계층제적 권위구조, 명령의 연쇄적 통일성, 능력주의 등이다.

Weber는 관료제는 다음과 같은 속성을 지니고 있다고 지적하고 있다.[1)]

1) H.H. Gerth and C. Wright Mills(trans.), *From Max Weber: Essays in Sociology*, Oxford University Press, 1946, pp. 196～216; Max Weber, *The Theory of Social and Economic Organization*, A.M. Henderson and Talcott Parsons(trans.), Oxford University Press, 1947, pp. 329～336.

(1) 영역의 전문화

조직의 목표달성에 필요한 정규적인 활동은 공식적인 직무로서 적절하게 분할된다. 이것은 담당해야 할 영역의 확정 또는 분업이라고 할 수 있다. 이러한 분업현상은 특정직위에 알맞는 전문가의 채용을 가능하게 하며, 직무에 대한 효율적인 책임수행을 가능하게 한다.

(2) 계층적 지휘체계

조직의 운영은 계층제의 원리에 따라 운영된다. 즉 하위자는 상위자의 지시와 감독을 받는다. 계층제에 있는 모든 사람들은 자기 및 자기부하의 행위에 대하여 자기상관에게 책임을 져야 한다. 그가 부하들의 행동에 책임을 지기 위해서는 그 자신이 부하를 감독할 수 있는 권한이 있어야 한다. 부하는 상관의 지시나 명령에 복종해야 한다. 그런데 상관의 권한은 업무활동에 한정되어야 한다. 업무 밖의 신분상의 권한행사는 정당성을 띤 관료제의 권한행사(legitimate exercise of bureaucratic authority)로 인정되지 않는다.

(3) 법에 의한 운영

조직 내의 모든 결정행위나 작동 및 운영은 공식적으로 확립된 법규체제에 따른다. 이러한 법규체제는 작동의 획일성을 보장하며, 법규에 내재하는 권위구조(authority structure)가 다양한 활동의 조정을 가능하게 한다. 명백하게 규정된 법규는 각 조직성원의 책임과 조직성원간의 관계를 확정지어 놓고 있다. 그렇다고 해서 관료적 직무가 아주 단순하고 일상화된 성격만 띠고 있다는 이야기는 아니다. 여기에는 서류를 알파벳 순으로 철해야 한다는 단순한 일에서부터 법의 해석에 이르기까지 복잡한 것도 있다. 이러한 법규체제는 인사의 교체에 상관없이 조직운영에 있어서 계속성과 안정성을 부여하고 있다.

(4) 사인관계의 배제

조직성원은 증오 · 열정 · 감정의 관계를 떠나서 공식적인 비사인적 관계(formalistic impersonality)에서 자기업무를 처리하게 되어 있다.[2] 업무처리에 있어서 인간적 고려가 개입되지 않고 합리적 기준이 길잡이가 되기 위해서는 냉정하고 초연한 정신자세가 조직 내에서 보편화되어야 하는데, 이러한 정신은 특히 고객

2) Max Weber, *op. cit.*, p. 340.

을 대할 때에 요구된다. 만일 조직성원들이 고객들에 대해 감정을 가지고 대한다면, 그의 행정행위나 결정은 감정의 영향에서 벗어나기 어렵다. 공적인 업무처리 과정에서 인간적 고려나 연고관계를 배제하는 것이야말로 공정성을 확보하는 데 전제조건이 된다고 할 수 있다. 행정관료나 조직성원이 고객을 냉정하게 다룸으로써 그들로부터 인기를 얻지 못하는 것은 사실이나, 그들에게 인간적인 정을 베풀지 않고 초연하게 대하는 사실들은 오히려 고객을 유리하게 하는 행위들이라고 할 수 있다. 무관심이나 인간적 관심의 결핍은 오히려 일반고객에게 유리한 것이다. 고객과의 거리를 유지하지 않고 그들의 인간적 문제에 깊이 개입하고 있는 관료들은 고객을 다루는 데 있어서 편파적이 되지 않을 수 없다. 관료들의 몰인간적인 초연성(impersonal detachment)은 모든 사람들을 공평하게 다루고 업무처리에 있어서 공정성을 확보해 준다.

(5) 능력주의

관료조직 내에서의 충원 및 승진은 정치적 · 가족적 또는 귀속적 요소들을 고려하지 않고 전문적인 자격을 기준으로 해서 이루어진다. 이렇게 해서 충원된 사람들은 자의적인 해고로부터 보호된다. 이것이 바로 경력(career)이다. 즉 조직의 채용은 경력직을 뜻한다. 조직성원은 전임의 고용원(fulltime employee)이고, 조직 내에서 평생의 경력을 구축해 나간다. 승진을 할 때에는 연공순서(seniority)나 성취능력 아니면 양자를 다같이 고려해서 하게 된다.[3] 임용조건인 자격은 시험이나 자격증을 통해서 심사되는데, 이러한 자격증은 특정의 교육과정을 이수함으로써 얻어진다. 이러한 교육의 자격조건은 집단성원간의 동질성을 형성하게 한다. 집단성원은 선출되는 것이 아니라 임명되기 때문에 일반대중이나 선거민보다는 상관에게 더욱 의존적이다.

(6) 행정 · 생산 및 서기계층으로 구성

조직 내에서는 행정계층(administrative staff) · 서기계층(clerical staff) 및 생산계층(production staff)이 있는데, 행정계층의 주 임무는 조직을 유지하고 지휘계통을 총괄하는 것이다. 서기계층은 하위직으로 주로 문서화된 기록을 보관하는 일을 한다. 생산계층은 자동차를 생산하고 세금을 거두고 환자를 치료하고 전쟁을 수행하는 등 목표성취에 직접적으로 관여하고 있다.

---

3) *Ibid.*, p. 334.

(7) 문서주의

업무처리는 반드시 문서로써 하게 되어 있다. 아무리 모든 조건을 다 갖춘 대규모의 조직이라도 그의 행위가 문서로 표현·보존되지 않고 구두로만 표현·처리된다면, 이는 관료제라고 할 수 없다.

(8) 급료의 지불

조직 내에서 일하는 사람은 노동의 대가로서 반드시 급료를 규칙적으로 지불받아야 한다. 조직체 내에서 구성원들이 급료를 받지 않고 무료봉사하는 경우에는 관료제라고 할 수 없다. 따라서 가족집단·동창회·군중·교회·자선사업집단 등은 관료제라고 할 수 없다.

이러한 규칙적인 봉급의 지불은 조직성원의 조직에 대한 독립성과 의존성의 적절한 조화를 가능하게 한다.[4] 그런데 이러한 조화가능성이야말로 관료적 직무를 가장 충실하게 이행하는 데 안성맞춤이라는 것이다. 급료를 받지 않는 자원봉사자(unpaid volunteers)는 독립성이 지나치게 강한 나머지 조직의 규율에 충실하게 복종하지 않는다. 그런가 하면 노예는 주인에게 전적으로 의존하고 예속되어 있기 때문에 자기가 이니셔티브를 취해서 책임을 맡고 수행할 의욕과 동기를 가지고 있지 않다. 급료의 지불은 규율에 따르는 책임 있는 행위의 확보를 가능하게 한다.

이상의 설명을 다시 요약하면 대규모의 조직의 업무가 효과적으로 성취되려면 전문화된 직무로 분할되어야 한다. 이때 이러한 전문화된 직무를 수행하기 위해서 자격을 가진 직업적 전문가가 임명된다. 이러한 분업적 전문화는 조직 내에서 조정의 심각한 문제를 야기시킨다. 이때 특수한 행정계층이 커뮤니케이션의 채널과 조정을 유지하는 데 필요하고, 엄격한 권위의 계층제가 조직의 목표성취에 있어서 다양한 업무의 조정을 가능하게 한다. 그러나 모든 정책결정이나 행위에 대한 지나친 세부적 감독은 비능률적이고 정신적인 긴장을 야기시킨다. 여기서 작업활동을 표준화하고 직접적인 세부적 감독의 필요성을 줄이기 위해서 공식적인 법규체제(the system of official rule)가 고안되고 있다. 그러나 직업적인 훈련과 공식적인 법규체제가 마련되어 있음에도 불구하고 인간적 편견(personal bias)과 감정이 합리적인 정책결정능력을 억압하게 된다. 여기에서 몰인간적 초연성

4) Peter Blau and Marshall Meyer, *Bureaucracy in Modern Society*, 2nd ed., Random House, 1971, p. 26.

(impersonal detachment)이 강조되는데, 이러한 몰인간적 초연성은 정책결정에 있어서 비합리적 요소의 침투와 개입을 배제하여 준다. 이러한 몰인간적 요소가 계층적 조직구조 내에서 구성원들을 소외시키지 않도록 안정화된 경력직이 마련되는 것이다.

Weber가 구상한 관료제는 이처럼 철저히 합리적인 조직구조였다. 분명히 Weber의 관료제는 인간사회의 합리화의 산물이라고 할 수 있다. 또 Weber 자신도 이러한 입장에서 관료제를 설명하고 있다. 인간사회는 합리화를 향해서 진행해 가고 있는데, 여기서 나온 것이 관료제라는 것이다. 여기서 관료제는 공적인 기관에만 국한되지 않고 사적 기관도 포함하게 되는 것이다. 다시 말해서 공적 기관이든 사적 기관이든 관료제의 성격만 갖추고 있으면 관료제라는 것이다.

Ⅱ. 관료제의 성립기반

위에서 설명한 관료제는 아무런 사회에서나 성립할 수 없는 것이 사실이다. 관료제가 성립하기 위해서는 다음과 같은 조건 또는 기반이 조성되어야 한다.

(1) 화폐경제의 성립 · 발달

화폐경제는 관료제의 특징의 하나인 급료의 지불을 용이하게 한다. 화폐경제는 공통의 가치척도에 의해서 사물을 가치화함으로써 보편주의를 조장하고 인간의 교환행위를 촉진한다. 보편주의나 합리적 교환행위는 관료제의 발전을 촉진한다고 할 수 있다.

(2) 합법적이고 합리적인 권위(legal or rational authority)의 보편화

Max Weber는 지배의 정당성의 근거로서 권위를 들고 있는데, 권위에는 카리스마적 · 전통적 · 합리적(또는 합법적)의 세 가지 유형이 있다는 것이다.[5] 마술이나 신비적인 힘으로 특징지어지는 카리스마적 권위나 상속에 의해서 계승된 전통적 권위체제하에서는 관료제가 성립 · 발달할 수 없다.[6] 카리스마적 권위나 전통적 권위하에서 나타난 조직구조는 특정지배자 위주의 조직이지 관료제라고 할 수는 없다. 법이 부여한 합법적이고 합리적인 권위하에서만 관료제는 성립할 수 있는 것이다.

---

5) Max Weber, *op. cit.*, pp. 55~77.

6) Alfred Diamant, "The Bureaucratic Model: Max Weber Rejected, Rediscovered Reformed," in F. Heady and S.L. Stakes(eds.), *Papers in Comparative Public Administration*.

(3) 자본주의경제체제의 성립

자본주의경제체제는 이윤추구를 주내용으로 하는 운영을 요구한다.[7] 다시 말해서 자본주의가 자의적으로 움직이는 비능률의 정부보다는 비용·효과의 합리적인 계산체계(rational calculation of benefit or cost)에 의해서 움직이는 관료제의 성격을 갖는 정부를 더 좋아한다. 이처럼 자본주의는 정부영역에서 관료제적 성격을 갖춘 조직구조를 탄생·발전시키면서 다른 사적 영역에서도 관료제화(bureaucratization)를 촉진시킨다.[8] 기업조직의 확장과 이윤추구의 원리는 조직운영의 관료제적 방법(bureaucratic method)을 환영하게 되는 것이다. 다시 부연하지만 자유기업주의는 정부영역에서뿐만 아니라 사경제와 노동조합에서도 관료제의 발달을 촉진시킨다.

(4) 역할분할의 보편화

사회는 정치·경제·문화·교육·종교 등의 제분야에서 역할분할(role differentiation)이 일어나야 한다. 각 영역별로 분화와 전문화가 일어나야 하고 동시에 상호의존성도 발달하여야 한다. 각 영역에서 나타난 전문화된 집단은 폐쇄성을 띤 제 1 차적 집단과는 융화될 수 없다. 따라서 각 분야의 기능적으로 전문화된 집단들은 정치·경제·사회 등의 각자의 목표들을 추구하는데, 이러한 목표들은 혈연이나 지연 등의 폐쇄적인 특수집단(particularistic group)의 한정된 맥락 속에서는 성취될 수가 없는 것이다.[9] 이때의 사회는 배타성을 띤 제 1 차적 집단(primary group)으로 구성된 것이 아니라 보편성을 띤 제 2 차적 집단(secondary group)으로 구성된다.

(5) 성취주의의 보편화

역할의 충원이나 할당은 혈연이나 지연 등의 특수집단의 멤버십에 의해서 이루어지는 것이 아니라, 보편적이고 성취적인 기준(universalitic and achievement criteria)에 의해서 이루어져야 한다. 귀속적인 요소에 의해서 이루어진 채용이나 승진은 관료제의 제 1 의 적이라고 할 수 있다.

---

7) 趙錫俊, 組織論, 法文社, 1977, 98～99면.

8) Peter M. Blau and Marshall W. Meyer, *op. cit.*, pp. 27～28.

9) S.N. Eisenstadt, "Bureaucracy, Bureaucratization, and Debureaucratization," *Administrative Science Quarterly*, Vol. 4, December 1959, pp. 303～305.

(6) 선의의 경쟁을 통한 자원확보

인적 자원이나 물적 자원은 유동적인 자원(free-floating resources)으로 존재해야 하고, 모든 집단들은 이러한 자원들을 확보하기 위해 선의의 경쟁을 해야 한다.[10] 따라서 모든 자원은 경쟁의 대상이 되어야 한다. 자원이 유동성을 띠지 않고 특정의 폐쇄적 집단에 의해 독점되어 있다면 관료제는 성립할 수 없는 것이다. 다시 말해서 모든 자원은 유동성을 띠어야 하고, 그 확보를 위해서 경쟁의 대상이 되어야만 관료제가 성립할 수 있는 것이다.

제 2 절 관료제의 병리와 순기능

우선 학자들에 의해서 많이 논의되고 있는 관료제의 병리부터 살펴보고 다음에 긍정적인 순기능을 살펴보기로 한다.

Ⅰ. 관료제의 병리(부정적 측면)

(1) 인간발전의 저해

관료제의 속성은 생래적으로 인간성의 발전이나 인격의 발전에 저해적이라는 것이다. 다시 말해서 관료제의 계층적 구조나 전문화나 명령의 통일 등은 자아실현적 인간의 발전을 근원적으로 억압하고 있다는 것이다. 즉 인간의 심리적 성공감(psychological success)과 관료제 조직구조간에는 영원히 메워질 수 없는 간격이 존재한다는 것이다. 이러한 간격은 조직의 하부구조로 내려갈수록 심하다.

(2) 훈련된 무능력

관료제의 특성들은 조직성원들에게 의존성·복종성·좌절감·근시안적 안목을 가져다 줌으로써 심리적 무력감을 느끼게 한다는 것이다.[11] 인간은 경직성(rigidity), 전문화, 강력한 통제, 명령적 리더십을 경험하면 할수록 반항적 행위를 시현한다는 것이다. 조직의 한정된 부분 속에서 세분화된 일상적인 업무만을 다룸으로써 그 범위 내에서는 전문화를 가져오지만, 이러한 전문화는 훈련된 무능

10) *Loc. cit.*

11) Chris Argyris, *Integrating the Individual and the Organization*, John Wiley and Sons, 1964, pp. 38~41.

력(trained incapacity)에 불과하다는 것이다. 그 시야는 그 범위를 벗어나지 못하고 다른 면에서는 절벽이라는 것이다. 아울러 같은 일을 계속 반복하기 때문에 권태와 소외감에 젖게 되어 결국 무력감에 빠진다는 것이다. 계층적 지휘감독과 항시 위에서 내려오는 명령적 질서는 인간을 피동적으로 만들고 의존적으로 만든다. 이러한 조직구조하에서는 자발성이나 창의성은 싹트지 않고 자아실현적 욕구는 처음부터 좌절당하게 된다.

(3) 환경변화에 대한 빈약한 적응력

관료제의 높은 계층성과 경직적인 지휘체제는 급변하는 환경에 대한 적응능력이 빈약하다는 것이다. 조직의 생존 및 발전능력은 조직의 환경에의 적응능력과 정비례하고 있다. 조직이 급변하는 환경에의 적응능력이 부족하면 그 조직은 생존의 위협을 받게 된다. 그런데 조직구조의 계층성이 높고 권한이 집권화되었을 때에는 조직의 환경에의 적응능력이 약화된다고 볼 수 있다. 특히 오늘의 조직이 당면하고 있는 환경적 상황은 급변하고 불안정하고 불확실하다. 이러한 비예측적이고 불확실한 환경적 상황에 효과적으로 대처하기 위해서는 조직의 구조는 평면성(flat)을 띠고 권한은 분권화되어야 한다는 것이다.[12] 다시 말해서 계층성, 명령통일성, 전문화, 영역의 확정, 법규의 준수, 비인간화를 특징으로 하는 관료조직은 불확실하고 불안정하고 급변하는 환경에 대처하는 데 있어서 약점과 문제점이 많다는 것이다.

(4) 목표의 전환현상

목표의 전환현상(displacement of goal)을 비일비재하게 야기시킨다. 관료제속성의 하나가 규칙의 철저한 준수이다. 본래 규칙이란 조직의 목표성취를 보다 합리적으로 성취하기 위해서 만들어 놓은 수단에 불과하다. 따라서 목표를 떠난 수단이나 절차는 생각할 수 없다. 그러나 관료제 내에서 조직성원들은 목표보다는 수단이나 규칙 또는 절차에 집착함으로써 목표가 수단에 의해서 대치되거나 밀려나는 경우가 많다.[13] 다시 말해서 절차나 규정이 목표를 압도해 버린다는 것이다. 조직성원이 절차나 규칙에 얽매일 때에 과잉동조현상(overconformity)이 일어나고 조직은 목표의식을 잃는다. 규칙이나 절차에 대한 지나친 집착은 조직의 운영을 활성화시키지 못하게 할 뿐만 아니라 합리적이고 신축성 있는 판단을 저해

12) Paul R. Lawrence and Jay W. Lorsch, *Developing Organization: Diagnosis and Action*, Addison-Wesley Publishing Co., 1969, pp. 23~24.

13) Robert Merton, *Social Theory and Social Structure*, 3rd ed., Free Press, 1968, pp. 254~260.

하고 조직을 경직화시킨다. 병원에 들어오는 응급환자를 볼 때에 사무직원은 환자를 살려야겠다는 생각보다는 절차를 밟는 것부터 생각하고 또 후자를 고집한다. 규칙에 대한 집착이나 과잉동조현상은 조직성원에게 비겁성(timidity)·보수성(conservatism) 및 기술성(technicism)만을 내면화시킨다.[14]

⑸ 감정적 측면의 경시

인간의 비합리적이고 감정적인 측면을 무시하고 있다. 관료제는 인간의 합리적인 존재성을 전제로 하고 있다. 인간은 규칙에 따라 행동하고 직무중심으로 인간관계를 형성하면서도 감정적이고 비공식적인 욕구를 가지고 있는 것이 사실이다. 이러한 현상은 갈등과 긴장관계를 조성시키고 예기치 않았던 결과(unintended consequences)를 야기시킨다. 그러나 이러한 감정적 요소는 조직성원의 사기를 높여 주는 의사소통망을 확대시키며 인간성의 회복에도 기여한다. 다시 말해서 비인간화(dehumanization)를 예방한다는 것이다.

⑹ 불안감의 원천

계층구조의 하위층에서는 목표성취의 기준이 비교적 명확하고 객관적으로 측정이 가능하다. 그러나 이러한 실적기준의 객관성은 높이 올라갈수록 희미해져서 그 평가는 주관성을 면하기 어렵다. 이때 상위계층에 있는 사람들은 객관적인 실적기준의 결여로 불안감에 떨게 된다.[15] 이들은 무엇이 성취의 기준이며, 어떻게 해야 자기상관을 즐겁게 하는지를 모르기 때문에 불안에 떨게 된다. 또 상급자는 자기부하가 조직이 설정한 기준이나 규범에서 이탈하지나 않을까 해서 늘 노심초사하고 있다. 또 부하의 입장에서도 상관이 나를 어떻게 평가하고 있는가로 인해서 불안감을 갖게 된다.

이러한 긴장과 불안의식은 지휘명령의 계선적 권한과 전문적 지식의 막료적 권한간의 차이에서도 나온다. 이들은 서로 피해망상증에 젖어 있기 쉽고 자기들의 입장만을 고집하기 쉽다.

원인이야 어디 있든지 이렇게 나타난 불안의식은 통제의 필요성을 더욱 강화시킨다. 상위계층의 사람들은 불안하면 불안할수록 형식적인 법규체계에 매달리고, 비인간적인 측면을 더욱 강조하고 철저한 감독을 주장하게 된다. 이때 분명히

14) *Ibid.*, p. 255.

15) Victor A. Thompson, "Bureaucracy and Bureaupathology," in David R. Hampton *et al.*, *Organizational Behavior and Management Practices*, Scott, Foresman and Company, 1968, p. 232.

상위계층의 사람들은 하위계층의 반발의식을 느낀다. 이 경우 상위계층의 사람들은 이전보다 더 냉담성·초월성(aloofness)·형식성으로 상황에 대처하려고 한다.[16)]

(7) 갈등의 원천

관료적 조직구조는 권한의 배분, 업무의 분할, 직무명세, 정보의 흐름 등을 포함한 작업 흐름의 공식적 설계(formal design of work flow)라고 할 수 있다. 이러한 조직구조는 누가 누구를 감독하고 누가 발의를 하고 누가 반응을 하는가 등의 상호작용의 흐름을 결정한다. 이러한 조직구조는 생래적으로 갈등과 긴장을 야기시킨다. 올라갈 수 있는 높은 자리는 적은데 경쟁자가 많을 때에 이들간의 갈등은 필연적이다. 그리고 계층적 지위에 반드시 적합한 사람이 올라간다고 볼 수 없다. 이것이 바로 갈등의 씨앗을 배태하고 있다. 능력이 있는 부하는 무능한 상관에게 충심으로 복종하지 않는다. 유능한 부하는 피해의식에 젖어 있게 되고, 무능한 상관은 필요 이상으로 우월감을 갖게 된다.

그리고 조직성원은 일반적으로 조직 전체의 목표보다는 자기가 가장 가깝게 소속하고 있는 집단에 더욱 충성심을 가지고 있다. 과에 소속하고 있는 과원은 국보다 과에 충성심이 더욱 강하다. 이와 같은 조직 내에서 소집단에 대한 동일화와 충성심은 집단 내에서 갈등을 야기시킨다.

(8) 관 성 화

관성적인 현상(inertia)을 심화시켜 변화에 둔감하고 저항적이다. 조직성원들은 관료적 보금자리(bureaucratic rest)에 안주하여 규칙과 선례에만 집착하면서 살다 보니 의식과 행위는 관성화되어 정태적 역할구조(structure of static role)에 빠지게 되어 변화를 위한 이니셔티브는 좀처럼 취하지 않는다.

(9) 관료조직의 특권화

이 경우는 주로 공공조직인 행정관료제를 이야기한다. 행정관료들은 국민의 이익에 앞서 자기들의 권익을 보호하고 확장하는 데 급급하다는 것이다. 그리고 고객의 편의보다는 행정편의의 입장에서 행정을 운영하려는 성향도 가진다는 것이다. 여기서 행정관료제는 전문성과 공권력 및 규제성을 중심으로 특권집단화되는 경향을 지닌다는 것이다.

16) *Ibid.*, p. 233.

Ⅱ. 관료제의 순기능(긍정적 측면)

지금까지 우리는 관료제의 부정적이고 병리적인 측면을 살펴보았다. 그러나 이러한 관료제는 사회진화의 필연적인 산물이라는 것을 알 필요가 있다. 합리화와 전문화의 산물인 관료제가 부정적인 면도 많이 있지만, 긍정적인 면도 많다는 것을 간과할 수 없다.

(1) 객 관 화

조직사회에서 객관성과 전문성 및 몰인정성을 강조함으로써 편견이라든가 직관 같은 것에 의한 비합리적인 행위충동을 억제할 수 있다. 관료제의 최대의 장점은 인간의 감정적 행동을 최소화할 수 있다는 것이다. 즉 관료제는 감정주의·파벌주의·사인주의를 최소화할 수 있다.[17)] 그리고 관료제는 전문성을 양육시킴으로써 전문적 지식을 토대로 한 정책결정을 가능하게 하며, 전문성을 가지고 복잡한 사회를 대처할 수 있도록 하여 준다.

그리고 관료제를 통해서 예측성과 안전성을 확보할 수 있다. 관료제의 법규화는 목표전환 현상도 가져오지만 동시에 예측성, 안전성, 지속성을 제공하여 준다. 법규나 절차가 없는 조직생활은 무질서, 변칙성, 혼란성만으로 둘러싸이게 될 것이다.

(2) 능력차이의 반영

관료제는 인간능력의 차이성을 반영하는 데 안성맞춤이라는 것이다. 인간은 타고날 때부터 능력의 차이가 있다는 것이다. 이러한 차이는 사회화과정을 밟으면서 심화될 가능성이 크다. 관료제에서 계층의 필요성은 이러한 인간의 차이에서도 정당화되는 것이다.

인간의 능력과 책임의 경중에 따라 계층적으로 배열된 조직구조는 능력과 책임을 평등하게 배열해 놓은 조직구조보다 훨씬 현실적이고 생산적이라는 것이다. 다시 말해서 조직 내에서 권한의 계층화는 권한의 평등화(equalization of power)보다 더욱 효과적이고 긍정적인 면이 많다는 것이다.[18)] 권한의 평등화는 권한의 계층화보다 더 많은 비용과 부담을 가져온다는 것이다. 조직 내의 민주화나 인간

17) James A. Medeiros and David E. Schmitt, *Public Bureaucracy: Values and Perspectives*, Duxbury Press, 1977, pp. 67～72.

18) George Strauss, "Personality vs. Organization Theory," in Hampton *et al.*(eds.), *op. cit.*, pp. 267～268.

화는 조직 내의 모든 구성원이 동일하게 권한과 책임을 가져야 한다는 뜻은 아니다. 권한과 책임은 달리 주되, 그 기준이 능력과 자격 등의 보편성과 객관성을 지녀야 한다는 것이다.

⑶ 정보의 여과

조직성원간에 종적·횡적인 의사소통을 질서 있게 확보하여 준다. 조직이 계층성을 띠지 않을 때에 의사소통은 무질서해지고 난맥상을 띠기 쉽다. 즉 모든 정보를 여과시키고 불필요한 것을 제거시켜 줄 수 있는 것이 계층적 조직구조이다. 통제되지 않은 정보는 소음이나 마찬가지이다.

⑷ 조정의 역할

갈등을 조정하고 다양하게 분업화된 노력을 목표성취를 향해서 통합하는 역할을 한다. 인간사회에서 갈등은 보편적인 현상이다. 특히 조직 내에서의 갈등은 생래적이다. 이러한 갈등들은 타협이나 설득 또는 사실의 노정(confrontation)을 통해서 해결되는 것이 바람직하다. 그러나 갈등 중에는 이러한 방법들로써는 해결되기 어려운 것이 많다. 특히 가치에 대한 선호성을 중심으로 나타난 갈등은 설득이나 협상에 의해서 해결되기 어렵다. 이때 갈등을 최후적으로 질서 있게 해결해 주는 방법이 계층제이다. 뿐만 아니라 분업화로 인해서 분산된 노력을 통합시켜 주는 역할을 하는 것이 계층제이다.

⑸ 책임이행의 확보

계층적 조직구조는 조직성원 사이에 인기 없는 정책(unpopular decision)을 결정하고 집행하게 하는 능력을 제공하여 주고 있다. 조직생활을 하는 데 있어서 모든 조직성원에게 인기 있는 정책만 추진할 수는 없는 것이다. 때로는 조직성원이 싫어하는 정책도 결정하고 추진해야 할 경우가 있는데, 이러한 것을 가능케 하여 주는 메커니즘이 계층구조이다. 조직성원은 싫어하지만 조직을 위해서는 반드시 필요한 정책이 만들어질 수 있고 집행될 수 있게 하는 장치가 계층제라는 것이다. 따라서 관료적 계층제는 조직성원의 책임을 보장하게 하는 장치이기도 하다. 이러한 의미에서 관료제는 책임이 이행되지 않는 상태를 용서하지 않는다.

⑹ 성취주의

관료제는 능력·자격·성취성을 강조하는 민주적 기구장치의 성격을 띠고 있다. 우선 관료제는 충원기준으로 능력이나 자격 이외의 기준을 배격한다. 다시 말해서 귀속적인 요소를 인사의 기준에서 철저히 배제한다는 것이다. 누구든지 신분이나 종교 · 출신성분을 따지지 않고 자격이나 능력의 기준에만 맞으면 관료가 될 수 있다는 것이다. 이것은 기회균등을 고취시키고 성취주의와 합리주의 및 보편주의를 전제로 하고 있다. 관료제는 연고성, 가족관계, 정적인 유대관계 등을 중심으로 한 특수주의적 인간관계를 극도로 싫어한다. 모든 사람들에게 공직의 기회는 균등하다고 주장함으로써 민주정신을 함양시킨다. 충원이나 승진 · 전보에 있어 객관적 기준만을 적용함으로써 조직성원에게 사기를 높여 주고 피해의식에서 벗어나게 한다. 이처럼 관료제는 능력주의 · 성취주의 · 보편주의를 강조함으로써 연고주의 · 사인주의(personalism) · 귀속주의를 몰아내고 있다.

관료제는 조직 내에서만 공평성과 객관성을 강조하는 것이 아니라 대국민관계에서도 공평성과 평등성을 강조한다. 관료와 친분관계나 연고관계가 있다고 해서 특정시민이 특별대우를 받는 것을 용서하지 않는다. 시민이 관료로부터 공평한 대우를 받지 못할 때에 관료제는 성립하지 않는다. 이처럼 관료제는 비사인주의(impersonalism)를 제 1 의 생명으로 삼는다.[19)]

(7) 사고의 합리화

관료제는 사고의 합리화와 질서의식을 조장시켜 준다. 관료제 자체가 합리화의 산물이고 능률과 합리화의 논리로 엮어졌기 때문에 새로 충원되는 조직성원은 자연적으로 합리화의 사회화과정을 밟게 된다. 이러한 현상은 발전도상국이나 후진국에서 더욱 두드러지게 나타난다. 따라서 관료제는 사적 관료제이든 공적 관료제이든 인간을 교육시키고 사회화시키는 역할을 한다. 감정적(affective)이고 비합리적이고 공·사의 구별능력이 없는 사람이 관료제와 인연을 맺게 됨으로써 합리화되고 질서의식을 갖게 되며 공과 사를 구별하게 되는 능력이 커진다는 것이다.

(8) 사회 각 부문의 균형적 발전의 조장

관료제는 경쟁을 통한 사회 각 부문간의 균형적 발전을 조장시킨다. 관료적 조직 안에 존재하고 있는 모든 역할들은 외부세계와 체계적으로 연결되어 있다. 즉 조직 내의 모든 역할들은 각자가 당면하고 대처해야 할 외부세계나 외부환경이 있다. 이때 조직의 각 역할들은 당면하고 있는 환경들을 조종하려고 한다. 이

19) Gerth and Mills, *op. cit.*, pp. 197～203.

때 조종과 대처는 경쟁을 통해서 한다. 관료제가 성립할 수 있는 전제조건의 하나가 자유로이 떠돌아다니는 자원의 확보에 대한 경쟁이라는 것은 이미 말한 바 있다. 즉 어떠한 물적·인적 자원도 어느 목적이나 조직에 고정되거나 독점되지 않고 경쟁의 대상이 된다. 여기서 여러 관료조직들은 목적을 성취하고 필요한 자원을 획득하고 환경을 대처해 나가는 데에 경쟁도 하고 결속도 하고 갈등도 일으킨다. 이러한 경쟁과정은 세력의 균형화를 조장한다.

그리고 조직 내의 각 역할은 당면하고 있는 환경과의 관계에서 서로 상호작용을 행사함으로써 균형 및 발전적 조화관계를 이룬다. 조직의 역할들은 자신만의 이익을 위해서 환경을 조종하려고 할 때에 환경으로부터 반작용(counter reaction)과 반발적 압력을 받아 균형적 조화를 이루게 된다.

(9) 효율적인 집행체제

정책이 결정되면 반드시 그 집행이 요구된다. 그런데 집행에 적합한 조직구조란 평면적인 위원회제가 아니라 피라미드형의 관료제라는 것이다. 집행은 표준성과 획일성 및 신속성을 요구하고 있는데, 이것을 보장할 수 있는 조직구조가 관료제라는 것이다.

제 3 절 Weber의 관료제의 평가

Weber의 관료제는 조직현상을 설명하는 이론적인 준거기준(theoretical framework)으로서 미흡하다고 많은 학자들에 의해서 도전과 비판을 받고 있다. 다시 말해서 조직현상을 설명하는 이론적인 틀로서 부족하다는 것이다. 이들의 비판은 조직으로서의 관료제 자체의 병리적인 현상에 대한 지적(위에서 상술하였음)이 아니라 이론적인 틀로서의 약점에 대한 지적이다. 이들의 도전과 비판을 먼저 살펴보고, 다음에 Weber의 관료제를 재검토하여 보기로 한다.

Ⅰ. Weber의 관료제에 대한 도전

(1) 비공식적인 측면의 도외시

Weber는 조직의 공식적이고 합리적인 측면만을 다룸으로써 비공식적인 측면을 무시하여 버렸다는 것이다. 조직의 공식적인 측면은 조직의 일부이지 전체는 아니라는 것이다. 조직의 비공식적인 관계나 관례는 조직성원간에 반드시 생성·발전한다는 것이다. Chester I. Barnard는 비공식적인 조직은 공식적인 조직의 효과적인 작동을 위해서 반드시 필요하다고 주장하고 있다.[20] 이러한 비공식적인 유형(informal pattern)은 관료적 조직의 중요한 정규적 측면을 구성하고 있기 때문에 관료제분석에 있어서 필히 고려되어야 한다는 것이다.[21] 다시 말해서 Weber의 관료제는 조직의 하나의 측면만을 다룸으로써 조직의 전체성을 파악하는 데 부족한 점이 많다는 것이다. 조직의 비공식적인 관계에서 발전한 비공식적인 규범(informal norm)은 공식적인 규범 못지않게 조직성원의 행위를 규제하고 있다는 것을 간과하고 있다.[22]

(2) 비능률적 조직

관료제는 목표성취를 효과적으로 이룩하게 하는 합리적이고 능률적인 조직이 아니라 오히려 역기능적인 존재라는 것이다. 규칙이나 선례에 대한 집착으로 나타난 경직성이나 상사의 엄격한 지휘감독하에서 약점을 은폐하려는 태도나 불리한 정보의 차단, 그리고 조직의 비인간화에서 나오는 단체정신(exprit de corps)의 결핍은 오히려 능률적인 작동이나 관리를 저해한다는 것이다.[23] 따라서 관료제를 목표성취를 위한 효율적인 기구장치로만 볼 수는 없다는 것이다. 관료제가 효율적인 기구장치가 아니라는 사람들 중에서 특히 Talcott Parsons[24]나 Albin Gouldner[25] 같은 학자들은 관료제 내의 계층적 지위와 기술적 전문성간에는 조화될 수 없는 갈등이 존재함으로써 능률적이고 합리적인 기구가 될 수 없다는 것이다.

(3) 수동적 존재로서 인간파악

인간을 법규나 상부층의 지시에 의해서만 움직이는 수동적 존재로 파악하였다는 것이다. 다시 말해서 인간의 종속성과 피동성만을 강조한 나머지 능동성이나 개별성을 보지 못하였다. 인간은 조직의 법규에서 벗어나 자신의 심리적 욕구

---

20) C.I. Barnard, *The Function of the Executive*, Harvard University Press, 1938, p. 123.
21) Philip Selznick, "Foundation of Theory of Organization," *American Sociological Review*, XIII (1948), pp. 25～35.
22) F.J. Roethlisberger and W.J. Dickson, *Management and Worker*, Harvard University Press, 1939.
23) Robert K. Merton, *op. cit.*, pp. 73～138; Peter Blau and M.W. Meyer, *op. cit.*, p. 23.
24) His Introduction in *Weber's Theory of Social and Economic Organization*, pp. 58～60.
25) Albin Gouldner, *Patterns of Industrial Bureaucracy*, Glencoe, 1954, p. 22.

에 따라 움직이는 경우가 많아 조직이 예기치 않았던 행위를 야기시키는 경우가 많다. 관료제는 조직의 법규에 일치하지 않거나 일탈된 행위를 설명하지 못한다는 것이다.

(4) 조직의 권력현상성 무시

관료제를 가치중립적 도구로 인식하는 나머지 관료제 내외에서 일어나는 권력현상을 설명하지 못한다는 것이다. 우선 관료제 특히 정부관료제는 고객과의 관계에서 우호적인 관계를 유지하느냐, 아니면 대립적인 관계를 유지하느냐에 따라 권력현상을 야기시킨다. 관료제가 고객인 국민의 지지를 받느냐, 받지 못하느냐는 중요한 정치문제이다.

그리고 관료제 내의 계층적 지위와 전문가의 지위간에는 갈등이 발생하게 마련인데, 이러한 갈등현상은 바로 권력현상으로 탈바꿈한다는 것이다.[26] 관료제는 자신의 속성에서 필연적으로 발생하는 권력현상을 설명하지 못하고 있다는 것이다.

(5) 적응능력의 상실

오늘의 전문화되고 복잡한 상황적 요소들은 관료제의 존속 자체를 불가능하게 한다는 것이다. 이른바 탈관료화(debureaucratization)현상이다. 다른 말로 표현하면 관료제가 자기의 경직적인 속성을 수정하지 않고는 급격하고 예기치 않은 변화, 테크놀로지의 복잡성, 규모의 팽창, 고도의 다양성 및 관리행태의 변화에 대처해 나갈 수가 없다는 것이다.[27] 이러한 상황적 요인들은 엄격한 명령통일, 경직적인 절차준수, 조직의 높은 계층성, 엄격한 통제성을 완화시킴으로써 탈관료화를 촉진시킨다는 것이다. 다시 말해서 Weber의 관료제는 오늘의 상황을 대처해 나가는 데는 적합한 조직이 아니라는 것이다.

Ⅱ. 관료제의 재평가

우리는 관료제가 이론적인 틀로서 결핍이 많다고 지적한 것들을 살펴보았다. 그러나 이러한 비판적 지적들은 관료제를 보다 종합적이고 다각적인 입장에서 이해하는 데에 보완적 역할을 하였다는 데 의미가 있지, Weber의 주장에 대한 비판

26) Peter M. Blau and Marshall W. Meyer, *op. cit.*, pp. 71～75.

27) Warren G. Bennis, "Beyond Bureaucracy," W.G. Bennis and P.E. Slater(eds.), *The Temporary Society*, Harper & Row, 1968, pp. 55～60.

이라고 할 수는 없다. 이들의 도전은 주로 Weber가 일부러 자기의 일관된 논리적 설명을 위해서 피했던 점들을 노정시켰다는 데 의미가 있다.

(1) 합리화의 산물

Weber는 관료제를 사회생활의 합리화나 역사진화의 산물로 파악하였던 것이다. 그는 인간의 생활이 합리화되고 사회가 전문화되고 발전함에 따라 탄생하는 것이 관료제라고 보았다. 그는 역사발전의 수직적인 면에서 거시적으로 관료제를 파악하였기 때문에 한 순간의 조직 내에서 일어나는 여러 가지 구체적인 사항까지 설명하려고 하지 않았다. 오히려 그는 과학적인 설명을 견지하는 입장에서 서로 모순되는 구체적 사물들에 대한 하나하나씩의 설명은 의식적으로 피하였다.[28] 여기서 그는 합리화의 산물로 나타난 관료제의 대표적인 특징들을 합리화의 측면에서 살펴보았던 것이다.[29] 그는 한마디로 역사발전의 합리화과정을 관료제라는 분석적 도구(analytical tool)를 사용해서 한 눈으로 포착하고 싶었던 것이다.

(2) 거울의 역할

Weber의 관료제는 모든 조직들을 분석하고 검토하는 데 거울(mirror)의 역할을 하고 있다. 다시 말해서 조직현상을 설명하고 분석하는 데에 있어서 지침의 역할을 하고 있다는 것이다. 현대조직사회에서 아무리 탈관료화현상이 일어난다 할지라도 관료제의 기본정신인 합리화, 객관화, 공평성, 공사의 구별 및 비사인주의는 소멸될 수 없다는 것이다.

(3) 발전의 비교

관료제는 선·후진국을 막론하고 각국의 행정체제를 비교하는 데 준거기준이 될 뿐만 아니라,[30] 특히 후진국 행정체제의 발전도를 측정하는 데 지표 또는 기준의 역할을 하고 있다. 일반적으로 후진국행정 내에서는 사인주의 · 정실주의· 연고주의 · 인맥주의가 판을 치고 있는데, 관료제는 이러한 원초적(primitive)이고 감정적(affective)인 요소들을 제 1 의 적으로 알고 있다. 그 나라의 행정체제가 자

28) Talcott Parsons, *Weber's Theory of Social and Economics Organization*, pp. 8~30.

29) Nicos P. Morizelis, *Organization and Bureaucracy: An Analysis of Modern Theory*, Aldine Publishing Co., 1968, p. 43.

30) Ferrel Heady, *Public Administration: A Comparative Perspective*, 2nd ed., Marcel Dekker, 1979, pp. 49~73.

격과 능력위주의 인사제도를 채택하고 있느냐, 관료들은 시민들을 공평하게 다루고 있느냐, 조직운영에 있어서 인간보다는 법이나 제도에 의해서 지배되고 있느냐 등은 행정체제발전의 지표가 되고 있다. 여기서 관료제는 후진국행정을 설명하는 데에 있어 발전의 지표로서도 타당성을 지니고 있다.

제 4 절 관료제와 민주제

흔히 관료제와 민주제는 서로 융화될 수 없는 갈등관계로 이해되고 있다. 그러나 양자 사이에는 조화 또는 나아가서는 상호촉진관계가 있다는 것을 알아야 한다. 여기서 주로 문제가 되는 것은 관료제를 어떻게 인식하느냐이다. 관료제를 특권집단이나 병리적인 현상으로 이해할 때에는 민주제와 양립될 수 없고, 관료제를 합리화된 조직구조로 인식할 때에는 민주제와 조화되는 것이다. 따라서 관료제를 어떻게 인식하느냐에 따라 갈등관계에 있기도 하고 조화관계에 있기도 하다. 물론 합리적인 조직구조로서의 관료제의 속성 중에도 민주제와 역행적인 것이 없는 것은 아니다. 갈등관계와 조화관계를 나누어 살펴보면 다음과 같다.

Ⅰ. 갈등관계

(1) 관료제의 권력집단화

행정관료제는 권력집단화되어 자기들의 이익만을 위해서 권력을 행사하고, 자기들이 만든 원리에 따라서만 행동한다는 것이다. 특히 행정현상의 전문화로 인한 관료제의 전문화는 그만큼 권력성과 우월성을 동반시킴으로써 국민에 의한 지도보다는 국민을 지도하려고 한다는 것이다. 관료들의 권력장악과 국민에 대한 우월감은 민주제에 대해서 역행적인 현상이라고 할 수 있다. 즉 행정관료제의 권력집단화와 우월의식은 국민의 자유와 권리에 대해서 위협적인 현상이라는 것이다.

(2) 변화의 요구에 대한 둔감

관료제는 규칙과 선례에 집착하는 경직화현상으로 변화에 둔감하고 국민의 요구에 신속하게 반응할 수 없다. 뿐만 아니라 복잡한 수속·절차와 번문욕례는 국민에 대한 봉사의식을 망각하게 하기 쉽고, 목적보다는 수단 자체를 더욱 섬기는 현상으로 이끌고 가기 쉽다는 것이다. 이러한 법규와 선례에 대한 경직적인 일치의 요구는 고객의 요구에 등을 돌리게 함으로써 반민주성을 시현하게 된다는 것이다.

⑶ 명령통일의 강조

계층적인 위계질서와 명령통일의 강조는 집단토론(group discussion)을 저지하고 관료제 내의 권력을 몇 사람의 손에 집중시킴으로써 조직성원의 자유나 권리가 위축된다는 것이다.[31] 따라서 조직체 내에서 몇 사람만 엄청난 힘을 행사하게 하고, 나머지 사람들은 여기에 추종만 하도록 강요당한다는 것이다.[32] 이러한 강요적 추종과 획일적 합치성은 결국 조직성원을 무력감으로 인도하게 된다는 것이다.

Ⅱ. 조화관계

⑴ 공직취임에 있어서 기회균등

관료제는 사람을 채용하고 승진시키는 데 있어서 그 기준으로 능력과 자격만을 요하고 있다. 다시 말해서 출생·인종·피부색·종교·성별 등의 신분상의 차별을 떠나서 누구든지 능력과 자격만 있으면 공직에 취임할 수 있다는 것이다.[33] 이처럼 신분상의 특권의 철폐를 주장하는 관료제는 민주정신의 고취와 직결되고 있다.

⑵ 법 앞에서 모든 사람들의 평등

관료제는 모든 사람들이 법 앞에서 평등하게 적용되는 것을 요구하고 있다. 법적용의 평등성은 바로 민주주의라고 할 수 있다. 뿐만 아니라 관료제는 인간에 의한 지배를 싫어하고 법에 의한 지배를 강조하는데, 이러한 법치주의는 바로 민주주의의 기본내용이라고 할 수 있다.

⑶ 연고성의 배격

연고성의 배격을 비사인주의(impersonalism)라고도 한다. 관료제는 업무처리에 있어서 특정의 연고관계에 있는 사람이라고 특혜를 주는 것을 아주 싫어한다.

31) Reinhard Bendix, "Bureaucracy and the Problem of Power," *Public Administration Review*, 5, 1945, pp. 194~209.
32) Peter M. Blau and Marshall W. Meyer, *op. cit.*, pp. 164~166.
33) *Ibid.*, pp. 164~165.

혈연・지연・학연 등의 특수적 인간관계(particularistic relations)가 조직 내에 들어오는 것을 싫어하고, 이러한 관계가 고객을 다루는 데 영향을 주는 것도 싫어한다. 이와 같이 공·사를 구별하는 것을 좋아하고 특수한 연고관계를 배격하는 것은 바로 민주주의정신의 발로라고 할 수 있다.

(4) 효율적인 집행체제

사회적인 목표가 다수에 의해서 결정이 되면 이러한 결정을 효율적으로 집행하는 체제가 필요한데, 이러한 체제가 바로 관료제라는 것이다. 이러한 관료제는 바로 민주적 가치를 실현하는 수단이라는 것이다.[34] 따라서 민주적 가치를 최후적으로 구현하는 수단이 관료제라는 것이다. 이것은 민주주의의 구체적 실현은 관료제의 도움이 없이는 불가능하다는 뜻이다.

(5) 입법활동의 보완기능

사회가 전문화됨에 따라 입법부는 입법활동에 전문적이고 구체적인 지식과 정보가 필요한데, 이러한 필요한 지식과 정보의 제공자가 바로 행정관료제이다. 행정관료제의 입법활동에 대한 보완기능은 바로 민주주의에 기여하는 역할이라고 할 수 있다.

Ⅲ. 관료제에 대한 통제

우리는 앞에서 관료제가 민주제에 역행하는 점과 기여하는 점을 살펴보았다. 그러나 관료제 특히 행정관료제가 특권집단화하여 국민의 권리와 자유를 침해할 가능성도 있고, 국민에 대해서 권력기관으로 임할 가능성도 적지 않다는 것을 알아야 한다. 이때 행정관료제는 권력을 남용하지 않고 국민에 대해서 봉사기관으로 남아 있도록 통제될 필요가 있다.

행정관료제에 대한 통제수단으로 입법부에 의한 통제, 사법부에 의한 통제, 국민에 의한 통제(고발・주민참여・선거・여론・언론기관 등), 옴부즈만에 의한 통제 및 감사기관에 의한 통제 등이 있다. 이 문제는 행정통제에서 자세히 다루고 있다.

---

34) *Ibid.*, p. 157.

제 2 장　행정적 권위와 권력현상

제 1 절　행정적 권위

행정적 권위 하면 그 뜻이 애매하고 모호하여 그 정체를 확연하게 파악하기가 어렵다. 이러다 보니 유사개념인 권력이나 영향력과 구별하기도 어렵다. 거기에다 학자마다 자기 입장에서 이 개념을 다루기 때문에 그 혼란성은 더욱 심하다고 할 수 있다. 따라서 여기서는 여러 사람의 이론들을 나열식으로 다루는 것을 지양하고, H. Simon의 이론을 중심으로 다루어 보기로 한다.[1)]

Ⅰ. 행정적 권위의 개념

흔히 행정상의 권위 하면 조직계층에서 계선(line)을 타고 흘러내려오는 권한을 말한다. 그러나 이러한 계선은 권위의 일면만을 나타내고 있지 전면을 나타내고 있지는 않다. 다시 말해서 권위는 공식적인 계선(official line of hierarchy)만을 타고 하향적으로 흘러내리는 것이 아니라는 것이다. 권위는 공식적인 계선뿐만 아니라 비공식적인 계선으로도 흐르고, 수직적으로만 흐르는 것이 아니라 수평적 나아가서는 상향적으로도 흐른다.

또 흔히 권위 하면 법적 권위(legal authority)로 이해하였던 것이 사실이다. 여기서 법적 권위 하면 복종을 강요하는 권리의무관계를 말한다. 그러나 권위를 이처럼 법적 개념으로만 이해하면 역시 법적 개념 밑에 깔려 있는 사회심리적 심층현상을 파악하기가 어렵다. 여기서 우리는 권위개념을 심리적인 측면에서 이해하기로 한다.

Simon은 "권위란 다른 사람의 행위를 인도하는 결정을 내릴 수 있는 능력이

1) Herbert A. Simon, *Administrative Behavior*, 2nd ed., Ch. Ⅶ; Simon, Smithburg, Thompson, *Public Administration*, Ch. Eight 참조.

고, 또 이것은 두 사람 또는 그 이상간의 관계"라고 지적하고 있다.[2] 두 사람 이상간에 인도한다는 말은 한 사람의 의견이 다른 사람에게 필히 수락(acceptance)되어야 한다는 것이다. 만일에 수락되지 않을 때에는 아무리 높은 사람의 명령이라도 권위관계가 성립하지 않는다. 그런데 수락도 다른 사람의 의견이나 명령을 따져 보고 좋으니까 수락하는 경우는 제외되고, 따지지 않고 수락하거나 또는 따져 보고 손해가 나도 수락하는 경우만 수락으로 인정한다. Simon은 권위를 좀더 명확히 설명하기 위해서 다음과 같은 세 가지 경우를 상정하고 있다.[3]

1) 다른 사람의 의견(proposal)을 분석 · 평가하고, 그것이 좋다고 확신한 다음에 그것을 실천하기로 한다.

2) 다른 사람의 의견을 분석 · 평가하지 않고, 아무런 확신이 없이 그냥 실천하기로 한다.

3) 다른 사람의 의견을 분석 · 평가한 결과 그것이 자신의 목적이나 조직의 목적에 좋지 않다고 확신을 가질 때에도 그것을 실천하기로 한다.

위의 세 가지 경우에서 2)와 3)의 경우만이 권위개념에 해당하고, 1)의 경우는 권위개념에 해당하지 않는다는 것이다. 다시 말해서 남의 의견을 수락해도 그것이 좋다고 확신한 후에 수락하는 경우는 권위개념의 핵심적 요소인 수락의 범주에 들어가지 않는다는 것이다.

그러면 여기서 유사개념들인 명령 · 영향력 · 권력과 어떻게 다른가 간단히 구별하여 보기로 한다.

(1) 명령과의 구별

명령은 직위에 결부되어 있고 대개 공식성과 하향성만을 띠고 있지만, 권위는 그냥 받아들여지는 것이기 때문에 비공식성 · 수평성 · 하향성 · 상향성을 다같이 띠고 있다. 예컨대 장관이 비서의 말을 따지지 않고 받아들였을 경우, 비서는 장관에게 권위를 행사하여 권위는 상향적으로 흐르고 있다. 이처럼 비서는 장관에게 권위는 행사해도 명령은 발하지 못한다.

(2) 영향력과의 구별

영향력은 권위보다 더 포괄적이다. 한 사람의 의견이나 설득 또는 제안을 받아들일 때 평가를 거쳐서 수락하면, 이는 영향력의 범위에는 들어가도 권위의 범

2) H. A. Simon, *op. cit.*, p. 125.
3) Simon, Smithburg, Thompson, *op. cit.*, p. 182.

주에는 들어가지 않는다. 또 영향력은 수락치 않고 거절하거나 반대의 방향으로 행위를 인도하는 것도 포함한다. 예컨대 서울로 가라니까 부산으로 가는 행위는 권위에는 해당하지 않아도 영향력에는 들어간다.

(3) 권력과의 구별

권력 역시 타인이 행위를 인도하는 힘이라는 점에서 권위와 같다. 그러나 권위는 반드시 사회적으로 용인되고 정당성을 띤 근원에서 유래하기 때문에 받아들여지지만, 권력은 어떤 경우 정당성을 띠고 있지 않기 때문에 수락되지 않을 수도 있다. 권위는 수락되고 용인되는 수동적 자세를 취하지만, 권력은 수락되어 달라고 능동적이고 적극적인 자세를 취한다. 권력에 대해서는 다음 절에서 별도로 검토하기로 한다.

Ⅱ. 행정적 권위의 종류

권위는 보는 시각에 따라 여러 가지로 분류할 수 있다. Max Weber는 권위는 근원을 중심으로 카리스마적 권위 · 전통적 권위 · 합법적 권위로 분류하였다. 그런가 하면 Amitai Etzioni는 사용되는 방법에 따라 권위를 강제적 권위(coercive authority) · 공리적 권위(utilitarian authority) 및 규범적 권위(normative authority)로 분류하고 있다.[4)]

Simon 등은 복종의 근거로서 권위를 신뢰의 권위, 동일화의 권위, 제재의 권위 및 정통성의 권위로 분류하고 있다.[5)] Simon의 이론을 중심으로 권위의 종류를 좀더 자세하게 살펴보기로 한다.

(1) 신뢰의 권위(authority of confidence)

신뢰의 권위는 신뢰하는 사람들의 의견이나 제안을 받아들였을 때에 성립한다. 어느 조직에나 과거의 실적 또는 전문적 지식 때문에 타인의 신뢰를 받는 사람들이 있다. 이들의 의견이나 제안은 검토되지 않고 받아들여짐으로써 다른 사람들에게 영향력이나 권위를 행사하게 된다. 여기서 신뢰의 권위를 전문성의 권위라고 하기도 한다.

일반적으로 신뢰의 권위는 전문가의 영역에서 많이 일어난다. 의사의 처방이

4) Amitai Etzioni, *Modern Organization*, Prentice-Hall, 1964, pp. 58～67.
5) Simon, Smithburg, Thompson, *op. cit.*, pp. 189～201.

나 변호사의 법률문제에 대한 상담은 무조건 받아들여진다. 행정에서도 이러한 현상이 많이 일어나는데, 이러한 권위를 기능상 신뢰의 권위라고 한다.[6] 즉 다른 보통사람이 가질 수 없는 특별한 전문적 지식을 가졌기 때문에 그냥 받아들이는 경우이다. 그러나 신뢰의 권위는 전문가의 영역에서만 발생하지 않고 계층적 차이 때문에 일어나는 경우도 있다. 예컨대 하급자가 자기 상관은 자기보다 높은 지위에 있기 때문에 모든 상황을 보다 정확하게 판단할 수 있을 것이라고 믿고 그의 말을 따르는 경우이다. 이처럼 계층적 차이 때문에 일어나는 권위를 계층상의 신뢰의 권위라고 한다.[7]

(2) 동일화의 권위(authority of identification)

동일화의 권위는 집단구성원이 자기가 소속한 집단에 강력하게 동일화함으로써 그의 결정에 무조건 따르고 받아들일 때에 나타난다. 동일화는 곧 조직에 대한 충성심이라고 할 수 있다. 인간은 자기가 동일화시키는 집단의 결정에 따르려고 하는 성향이 강하다. 따라서 동일화의 현상이 강하면 강할수록 집단구성원에 대한 권위의 행사는 강하다고 할 수 있다.

위에서 이야기한 대로 인간은 특정의 집단에 자기를 일치시키고 동일화시킬 때에 그 집단의 결정에 본능적으로 따르려고 한다. 이때 그 집단은 그 개인에게 동일화의 권위를 행사한다. 동일한 의견이나 결정이라 할지라도 외부인(outsider)이 제안할 때보다 동일화시키는 집단이 제안할 때에 더 적극적으로 따르고 본능적으로 받아들인다는 것이다. 따라서 동일화의 권위는 보다 엄밀히 말해서 개인에 의한 권위의 행사가 아니라 동일화집단(identification group)에 의한 권위의 행사라고 할 수 있다.

(3) 제재의 권위(authority of sanction)

제재의 권위는 특정의 인간이 다른 특정의 인간에게 유리 또는 불리한 결과를 가져올 수 있는 결정을 내릴 수 있다고 생각되어 거기에 복종함으로써 나타나는 권위이다. 일반적으로 상급자가 갖는 가장 보편적인 권위가 바로 제재의 권위이지만, 이것은 상급자에 의해서만 독점되는 것은 아니다. 이러한 제재의 권위는 하급자에 의해서도 곧잘 행사되는 경우가 있다. 하급자에 의한 제재의 권위를 비계층적 제재의 권위라고 하는데, 그 대표적인 예가 동맹파업(strike)이다.

---

6) *Ibid.*, pp. 190~191.
7) *Ibid.*, pp. 191~192.

그러나 일반적으로 제재의 권위는 상층부에 많이 놓여 있는데, 계층적 권위는 바로 이 제재의 권위 때문에 강화되는 것이다. 제재의 권위는 단순히 존재하는 것만으로 조직구성원의 동조성(compliance)과 복종성을 확보하게 된다.

그런데 제재의 권위 중 처벌과 같은 불이익을 주는 행위를 소극적 제재라 하고, 보상 · 승진과 같은 유리한 이익을 주는 행위를 적극적 제재라고 한다. 소극적 제재는 조직구성원의 사기를 떨어뜨리고 행위를 위축시키며, 저항심을 불러일으킴으로써 바람직하지 못한 결과를 야기시킬 가능성이 높다.

(4) 정통성의 권위(authority of legitimacy)

정통성의 권위는 복종해야 한다고 생각하는 당위성(ought to) 때문에 일어나는 권위를 말한다. 예컨대 규칙(rule of the game)을 지켜야 한다고 생각하기 때문에 규칙의 처방을 준수하고, 상사에게 복종해야 한다고 생각하기 때문에 상관의 명령이나 의견을 받아들이는 경우이다.

일반적으로 인간은 사회화과정을 밟으면서 '해야 할 일'과 '해서는 안 되는 일'을 배우게 된다. 조직생활을 하면서 이러한 당위의식은 더욱 내면화된다. 조직 내의 모든 행위규범이나 절차는 인간이 어떻게 행동해야 할 것인가를 가르쳐 주고, 이러한 학습과정을 통해서 당위의식은 내면화되고 체질화된다. 상관의 명령에 복종하기 전에 복종해야 한다는 것을 배우게 된다. 이처럼 당위의식 때문에 일어나는 권위를 정통성의 권위라고 한다.

Ⅲ. 행정적 권위의 기능

Herbert Simon에 의하면 권위는 책임이행의 확보, 정책결정에 있어서 전문성의 확보 및 활동간의 조정의 확보와 같은 세 가지 기능을 수행한다.[8] 하나씩 나누어서 설명하면 다음과 같다.

(1) 책임이행의 확보

조직구성원은 누구나 맡은 바 책임이 있는데, 이것을 이행시키는 최후수단이 권위라는 것이다. 즉 권위를 통해서 인간은 조직이 설정한 규범에 일체화된다. 책임이 이행되지 않을 때에 구체적인 제재의 권위가 발동된다. 모든 조직의 핵심은 권위와 책임으로 엮어지고 있는데, 바로 권위는 이러한 책임의 이행을 위해서 존

8) H. A. Simon, *op. cit.*, pp. 134~140.

재한다. 인간이 자발적으로 책임을 이행하든, 마지못해 이행하든 그 근원은 권위의 인식에 있다.

⑵ 정책결정에 있어서 전문성의 확보

권위의 중대한 기능의 하나가 정책결정에 있어서 전문성과 합리성을 확보하는 것이다. 다시 말해서 합리성과 전문성을 갖춘 질이 높은 정책결정을 확보한다는 것이다.

기본적으로 정책결정의 전문화는 분업화와 전문가의 채용을 통해서 일어난다. 다시 말해서 작업과정을 분업화시키고 전문적 지식과 기술을 소유한 전문가를 채용함으로써 나타난다. 그러나 분업화와 전문가의 채용이 반드시 정책결정의 전문성을 보장한다고 볼 수는 없다. 분업화와 전문가의 활동을 그대로 방치해 두면 의견백출을 조장함으로써 오히려 조잡하고 비현실적인 정책결정을 탄생시킬 가능성이 높다. 여기서 분업화와 전문가의 자유분방한 활동에 대한 제동장치가 필요한데, 이것이 바로 권위라는 것이다. 권위는 정책결정과정이 신중한 가운데서 진행되도록 압력을 가하고, 전문가의 자유분방한 의견제시에 제동을 걸고 자중을 요구함으로써 정책결정의 질을 높인다. 다시 말해서 정책결정은 권위의 존재 및 행사를 통해서 그 질이 높아진다는 것이다.

⑶ 조정의 확보

권위의 세 번째 기능은 조정의 확보이다. 여기서 조정이란 모든 집단구성원이 특정의 정책을 따르도록 유도하는 역할이다. 아무리 좋은 의견일지라도 그것이 통일되지 않고 난립되어 서로 대립하고 있으면 시시한 의견 하나 있는 것만 못하다. 여기서 의견의 조정이 필히 요구되는데, 이것을 가능하게 하여 주는 것이 권위이다.

조정은 다양한 의견들의 단순한 통합만을 의미하기 때문에 가치개념의 도입을 원하지 않는다. 이러한 면에서 위에서 이야기한 전문성의 확보와 다르다. 전문성의 확보는 '좋은 정책'(good policy) 아니면 '질이 높은 정책' 등의 가치성의 개념을 전제로 하는데, 조정은 이러한 가치성은 고려하지 않는다. 어떤 형태로든지 그것이 좋은 정책이든, 시시한 정책이든 하나의 통일된 정책이 집단구성원들에게 받아들여졌을 때에 조정은 일어난다.

권위를 통해서 일어나는 조정에는 두 가지가 있는데 하나는 절차적 조정(procedural coordination)이고, 다른 하나는 실질적 조정(substantive coordination)이다. 절차적 조정은 권위의 계선(line of authority)이나 법규에 따라 조정을 찾으려는

것이고, 실질적 조정은 정책의 내용을 조정하는 것이다.[9)]

제 2 절 행정의 권력현상

행정의 본래적 모습은 관리현상이지만 태생부터 권력현상을 강하게 지니고 있다. 따라서 어느 나라의 행정일지라도 정도의 차이만 있지 권력성을 지니고 있다. 행정기관간 또는 부서 내에서도 많은 결정이 합리성의 논리보다 힘을 토대로 한 정치적 논리에 의해서 이루어지는 경우가 많다. 가장 합리적으로 다루어져야 할 자원배분문제나 예산결정문제도 합리적 계산체계의 논리보다는 힘을 토대로 한 정치적 논리로 풀어지고 있다는 것을 우리는 잘 알고 있다.[10)] 더욱이 사회가 이질화되고 전문화되면서 행정은 중요한 정책결정을 하는 데 항상 중심부에 자리잡으면서 권력성을 더욱 강하게 띠게 되었다.

그런데 행정의 이러한 권력성은 후진국이나 개발도상국의 경우에 더욱 두드러지게 나타나고 있다. 한국의 행정현상도 권력현상이라고 할 정도로[11)] 권력현상이 행정의 주류를 이루고 있다고 할 수 있다. 여기서 행정부서 및 행정기관간의 관계를 권력의 시각에서 분석 및 연구한 저서 및 논문들이 나오고 있다.[12)]

Ⅰ. 권력의 개념

권력에 대한 개념정의도 쉽지 않다. 그만큼 많은 사람들이 각각의 시각에서 각양각색으로 이해하고 접근하고 있기 때문이다. 우선 Max Weber의 개념정의를 보면 그는 권력이란 한 사람의 행위자가 다른 사람의 반대와 저항에도 불구하고 자기의 의지를 강요하고 관철할 수 있는 능력이라고 하였다.[13)] Dahl은 권력을 A와 B와의 관계에서 A가 가만히 있으면 B가 하지 않을 행동을 A가 B에 영향력을 행사해서 행동을 하게끔 하면 권력이 존재하게 된다고 한다.[14)] 그런데 여기서

9) *Ibid.*, p. 140.

10) Aaron Wildavsky는 예산과정을 정치과정으로 설명하고 있다. *The Politics of the Budgetary Process,* Third Edition, Little, Brown and Company, 1979.

11) 백완기, "한국적 행정이론의 성립가능성," 한국정치학회보, 21집 2호, 1987, 161～162면.

12) 예컨대 조석준, 한국행정조직론, 제 2 판, 법문사, 1997; 박재희, "부처간 갈등의 정책조정력 강화방안," 한국행정연구, 9권 4호, 2000 겨울호, 5～24면; 박천호, "한국 정책과정에서의 부처간 권력관계에 관한 실증연구," 행정논총, 43권 3호, 2005, 1～28면.

13) Talcott Parsons(trans.), *The Theory of Social and Economic Organization,* Free Press, 1957, p. 152.

14) Robert Dahl, "The Concept of Power," *Behavioral Science,* 2. 1957, pp. 201～215.

지적할 것은 행위를 하게 하는 압력도 권력행사지만 행위를 못하게 하는 압력도 권력행사라는 것이다.[15] 다시 말해서 행위를 하게 하는 것도 권력행사지만 행위를 못하게 하는 것도 권력행사라는 것이다.

권력의 구성인자로서 영향력, 설득, 권한 및 강제력을 들 수 있다.

Ⅱ. 권력의 원천

우리는 위에서 국가의 모든 중요한 정책결정 상황에서 행정이 중심부에 자리를 잡고 있으면서 권력을 행사하고 있다는 것을 밝힌 바 있다. 삼부의 권력을 다 합쳐도 관료의 권력에 미치지 못한다는 지적이 있고, 그나마 다행인 것은 관료제 내에서 견제균형이 존재하면서 작동하고 있다는 것이다.[16] 그러면 이러한 권력은 어디서 나오는가가 검토의 대상이 되지 않을 수 없다.

(1) 집행체제

행정의 권력성은 바로 행정체제가 집행체제라는 것에 연유한다. 정치권에서 이루어진 모든 결정의 결실과 성과는 집행을 통해서 이루어진다. 집행의 실효를 거두기 위해서 행정에 법적 · 공식적 권한을 부여한다. 집행을 하는 데에는 강제성을 지닌 권력이 필요한 경우가 많다.

(2) 질서 및 치안유지의 책임기관

질서나 치안의 유지는 행정을 통해서 이루어진다. 이러한 기능을 수행하는 데에는 필히 강제력을 지닌 권력이 필요하다. 다시 말해서 질서나 치안유지의 마지막 보루는 강제력을 띤 권력이다. 질서유지의 기능에는 인·허가중심의 규제기능도 포함된다.

(3) 전 문 성

사회가 복잡하고 이질화되고 공공수요가 지속적으로 증가함에 따라 국정의 주도권이 한시적이고 비전문적인 정치영역에서 항구적이고 전문적인 행정영역으로 이동하게 되었다는 것이다. 입법부를 통과한 대부분의 법률안이 행정부에서 만들어진 것이라는 것을 알 때에 행정이 집행은 말할 것도 없고 결정에서도 핵심

---

15) Peter Bachrach and Morton S. Baratz, "Two Faces of Power," *American Political Science Review,* vol. 56, 1962.

16) 정우일, 행정통제론, 신정판, 박영사, 2004, 97면.

적 위치에 있다는 것을 알 수 있다. 이러한 행정기관은 대규모의 인력과 장비를 갖추고 있고 정보처리능력도 갖추고 있어 전문성을 더욱 강화시키고 있다.

⑷ 비 밀 성

행정은 업무수행상 가지고 있는 정보와 지식 및 계획을 외부에 공개하지 않고 비밀로 간직함으로써 전문성의 우위를 유지하고 권력을 보존하려고 한다. 따라서 '공무상의 비밀'이란 관료가 권력을 보호하고 유지하려고 스스로 만들어 낸 상투적인 언어라고 한다.[17] 여기서 행정이 업무상 가지고 있는 정보와 지식과 계획 등에 관한 비밀이 바로 권력의 원천을 이루고 있다는 것이다.

⑸ 독점적 서비스 공급

행정이 공급하는 서비스는 독점적 성격을 지니고 있다. 이러한 독점적 성격은 바로 권력의 중요한 원천이 된다.

⑹ 자원배분의 기능

행정 관료들은 예산을 편성하고 집행함으로써 자원배분의 기능을 수행한다. 이러한 기능은 행정을 권력의 중심부에 위치시킨다.[18] 특히 예산문제를 다루는 기관들은 권력행사의 소용돌이 속에 갇히게 된다. 이러한 기관들은 다른 기관들의 압력의 타겟이 되며 동시에 압력을 가하거나 접근을 하는 기관들에게 위세를 부리려고 한다. 돈보다 더 큰 권력의 원천은 없다고 생각할 때에 행정의 자원배분 기능이 얼마나 큰 권력의 원천인가 알 수 있다.

⑺ 재량행위의 확장

어떠한 법이나 세세한 부분까지 규정하지는 못한다. 기본골격과 대강만 정하고 세세한 부분은 담당 관료들의 재량행위에 맡긴다. 사회가 복잡하고 전문화됨에 따라 이러한 재량행위의 영역은 더욱 넓어지게 된다. 재량행위의 영역이 커질수록 그만큼 권력도 커진다. 특히 이러한 재량행위가 대민관계에서 위압적인 모습으로 나타날 때에 국민을 괴롭히게 된다.

---

17) 김찬곤, "투명행정의 사례: 서울시의 민원처리 온라인 공개 시스템," 오철호 편, 정보통신 기술과 행정, 대영문화사, 2002, 192면.

18) Norton Long, *The Polity*, Rand McNally & Co., 1962, pp. 50～54.

(8) 행정수반의 특정업무에 대한 특별한 관심

대통령이나 내각수반의 특별한 관심의 대상이 되는 업무는 권력의 원천이 된다. 이러한 업무는 예산의 배정이나 추진과정에서 특별한 대우를 받게 되어 권력발생의 근원이 된다. 여기서 많은 행정기관들은 대통령의 관심을 끌려고 최선을 다하게 된다. 동시에 대통령의 특별한 총애를 받는 사람들도 권력의 원천이 된다. 일반대중이나 외부세력의 지지를 받는 업무나 기관도 권력의 원천이 되고 있다.

(9) 관할권의 강화 및 확장하려는 의지

공공선택론의 입장에서 보면 관료들은 자신이나 자신이 속한 기관의 관할권을 확장하고 보다 많은 예산확보를 위해서 최선의 노력을 기울인다. 글자 그대로 권한극대화의 노력이다. 이러한 확장의 노력과 의지가 바로 권력의 원천이 된다는 것이다. 이러한 의지와 노력이 밖으로 튀어 나오면 사람들간 또는 기관간 권력투쟁으로 발전하게 된다는 것이다.

(10) 의회 및 정당역할의 미숙

의회 및 정당의 역할이 활성화되고 국민의 요구와 압력단체들의 이익표출을 적절하게 수렴해서 법제정이나 정책결정에 적극적으로 반영하여 주면 행정의 역할은 자연적으로 권력적인 면보다는 관리적인 성격을 띠게 된다. 그러나 의회나 정당이 제대로의 구실과 역할을 하지 못하고, 유명무실의 상황에 빠지게 되면 국민과 압력단체들은 직접적으로 행정에 이익표출과 압력활동을 하게 되어 행정은 자연히 관리적이고 기술적인 성격보다는 권력적인 모습을 띠게 된다. 일반적으로 의회정치와 정당정치가 발달한 선진사회에서는 행정이 권력적인 면보다는 관리적이고 기술적인 성격을 띠게 되는데 이것은 의회와 정당이 행정의 권력화를 미리 차단하고 있기 때문이다.

Ⅲ. 권력의 존재 양상

(1) 정치권력과 행정과의 관계

행정이 정치권력의 시녀나 하수인의 역할을 하게 되면 행정은 국민이나 국가기관의 위치에서 정치권력의 기관으로 전락하고 동시에 행정은 권력화의 모습으로 둔갑하게 된다. 더욱이 공권력을 행사하는 검찰, 경찰 및 국세청 같은 기관들이 권력의 앞잡이 노릇을 할 때에 행정은 정치화되고 권력화된다. 이러한 현상은 독재정권에서 두드러지게 나타나고 있다.

⑵ 행정기관간의 관계

행정기관들은 자신의 위상을 높이고 관할권을 확장하고 보다 많은 예산을 확보하기 위해서 경쟁을 넘어서 갈등과 투쟁으로 치닫고 있다. 이들의 관계는 글자 그대로 자신들의 권력을 키우기 위한 파워 게임이다.[19] 대통령의 관심과 호의를 사고 외부 지지 세력의 확보를 위해서 여러 가지 방책과 수단을 강구한다. 많은 경우 힘센 기관들의 의지대로 갈등이 조정되게 마련이며, 때로는 기관간의 권력 격차는 논의의 문제를 정책문제의 본질과는 무관한 방향으로 몰고 가기도 한다.[20]

⑶ 조직 내에서의 상·하간의 관계

조직 내에서 상급자와 하급자간의 관계가 역할(role)의 차이가 아니라 신분상(status)의 차이로 엮어지면 권력관계가 형성된다. 이때 상급자와 하급자의 관계는 지휘 및 복종의 관계로 엮어지는 권력관계만이 존재한다. 이러한 관계 속에서는 토론이나 상담보다는 명령만이 존재하게 된다.

⑷ 행정과 국민간의 관계

행정이 국민에 대해서 봉사보다는 다스리고 규제하는 군림의 자세로 나오면 행정은 즉시 권력의 모습을 띠게 된다. 행정이 국민에게 권력의 모습으로 비치게 된 때에는 전통적인 관존민비사상과 관우월주의가 크게 작용하고 있다고 할 수 있다. 뿐만 아니라 행정이 국민의 편에서 문제를 풀지 않고 행정의 입장에서 풀려는 행정편의주의도 행정의 권력화를 가져오게 한 큰 요인이라고 할 수 있다. 행정이 불친절하고 지배자의 모습으로 다가올 때에 두려움의 대상이요 공포의 대상으로 인식하게 된다는 것은 논의의 여지가 없다. 다시 이야기하지만 한국사회에서 오랫동안 만연되었던 관존민비의 사상은 전형적인 행정의 권력화 현상이다.

---

19) Matthew Holden, Jr., "Imperialism in Bureaucracy," *American Political Science Review*, Dec. 1966, pp. 934~951.

20) 박천오, 前揭論文, 7면.

제 3 장 공식화(Formalization)

제 1 절 행정의 공식화이유

Ⅰ. 인간의 자의성배제

일찍이 Max Weber는 관료제의 생명을 비사인화(impersonalization)에서 구하였다. 바사인화는 조직생활에서 인간의 자의성을 배제함으로써 객관성과 보편성을 확보하는 데 그 목적을 두고 있다. 행정의 공식화도 이러한 맥락에서 이해되어야 한다. 물론 행정의 공식화이유는 인간의 자의성배제에만 국한되지 않는다. 그러나 공식화의 가장 중요한 이유가 인간의 자의성(arbitrariness)을 조직생활에서 배제하는 것이다. 공식화를 통해서 인간의 행위를 통제하지 않을 때에 조직구성원, 특히 고위층의 사람들은 자기 마음대로 조직을 운영하려고 할 것이다.

Ⅱ. 예측성의 확보

공식화는 또 미리 변칙성(variability)을 제거함으로써 행위의 예측을 가능하게 한다. 공식화가 없는 곳에 행위의 예측은 불가능하다. 어떠한 행위 뒤에 어떠한 결과가 나오게 될 것이라고 기대할 수 있는 것은 공식화를 통해서이다. 공식화는 행정에 관계되는 모든 사람들에게 예측성을 부여함으로써 안정성을 확보하여 준다.

Ⅲ. 자동적인 조정력의 확보

공식화는 업무수행에 있어서 조직단위간이나 조직구성원간의 자동적인 조정력(coordination)을 제고시켜 준다. 공식화가 이루어지지 아니하면 관리책임자가 일일이 조정하는 역할을 하여야 하지만, 공식화가 이루어지면 책임자가 일일이 간섭하지 아니해도 조정이 자동적으로 이루어진다.

Ⅳ. 공신력의 확보

공식화는 끝으로 행위에 공신력·권위력·확정력을 부여하는 역할을 한다. 어떤 기관의 행위나 성명이 공식기구를 통해서 발표될 때에 비공식적으로 발표될 때보다 훨씬 공신력과 확정력을 갖게 된다.

제 2 절 공식화의 개념

공식화는 작업이나 업무수행이 표준화(standardization)되는 정도를 말한다. 작업이나 업무수행의 방법이 고도로 공식화되면, 여기에 참여하는 조직구성원은 무엇을 하고, 언제 하고, 어떻게 할 것인가에 대해서 재량권(discretion)을 거의 갖지 않게 된다. 조직구성원은 동일한 투입량을 동일한 방법으로 처리하게 될 것이고, 여기서 나타나는 산출량이나 결과도 일관되고 동일할 것이라고 예측한다.[1] 고도의 공식화가 이루어졌을 때에 명백하게 규정된 직무명세서·규칙·작업절차가 많이 나타나게 될 것이다. 그러나 공식화의 정도가 낮게 나타나면 인간의 행위는 비정형화(nonprogrammed)되고 재량권을 행사할 수 있는 여지는 많게 될 것이다. 공식화는 여기서 바로 표준화의 정도를 이야기하게 된다. 즉 표준화가 되면 될수록 인간이 결정할 영역은 적어진다.

그런데 여기서 문제가 되는 것은 공식화는 문서화된 것만 포함하느냐, 아니면 전통이나 불문율에 의해서 창조된 비문서화된 표준적 행위도 포함할 것이냐이다. 혹자는 '공식화는 규칙·절차·지시·의사전달 등이 명문화되는 정도'라고 규정하고 있다.[2] 그런가 하면 공식화는 문서화된 규정은 물론 비문서화된 규정도 포함한다고 주장하는 사람도 있다.[3] 후자의 입장을 취하는 사람은 보편화된 인식(perception)도 문서화된 법규의 실재(reality)만큼이나 중요하다는 것이다. 조직생활에서 조직구성원은 문서화된 법규는 말할 것도 없고, 비공식적인 관행이나 절

1) Stephen P. Robbins, *Organization Theory: The Structure and Design of Organization*, Prentice-Hall, 1983, p. 61.

2) D.S. Pugh *et al.*, "Dimensions of Organization Structure," *Administrative Science Quarterly*, June 1968, p. 75.

3) Jerald Hage and M. Aiken, "Relationship of Centralization to Other Structural Properties," *Administrative Science Quarterly*, June 1967, p. 79.

차에 의해서도 규제되는 실상을 고려할 때에 공식화는 문서화된 것은 물론 비문서적인 표준화도 포함되어야 한다고 생각된다.

제 3 절 공식화의 범위

동일한 조직 내에서도 작업분야별로 공식화의 정도가 다르다. 일반적으로 단순하고 반복적인 비숙련적인 작업일수록 공식화의 정도가 높다. 그러나 전문적인 작업일수록 공식화되기는 어렵다. 예컨대 법률가·공업기술자·의사·사회사업가 등의 전문적 직업은 공식화되기가 어렵다.

공식화는 직업의 전문성에 따라 다르기도 하지만, 조직 내에서 계층수준이나 기능부서에 따라 다르게도 나타난다. 고위층의 업무일수록 비반복적인 업무이기 때문에 획일적인 해결을 요구하지 않는다. 다시 말해서 고위층의 업무일수록 재량의 여지가 많아 공식화되기가 어렵다. 공식화와 상위계층의 업무와는 역비례관계에 있다.

공식화는 작업의 종류에 따라서도 다르게 나타난다. 일반적으로 생산에 종사하는 업무는 판매나 연구의 업무보다는 보다 고도로 공식화되어 있다. 일반적으로 생산직은 반복적이고 안정적인 업무이기 때문에 공식화의 가능성이 크지만, 판매부서나 연구부서는 고객의 욕구변화에 민감하게 대응해야 하고 개혁적인 속성을 띠고 있기 때문에 공식화되기가 어렵다.[4)]

제 4 절 공식화의 기법

행위의 표준화를 확보하는 공식화에는 여러 가지 기법들이 있지만, 여기서는 가장 보편적인 것들만 골라 검토하여 보기로 한다.[5)]

Ⅰ. 선발(selection)

조직은 직원을 선발할 때에 아무렇게나 선발하지 않는다. 선발할 때에는 시

4) Henry Mintzberg, *The Structuring of Organizations*, Prentice-Hall, 1979, p. 92.
5) Stephen P. Robbins, *op. cit.*, pp. 66～70.

험 · 인터뷰 · 경력조사 등을 통해서 응모자가 앞으로 맡을 업무를 성공적으로 수행할 수 있는가를 따져서 선발한다. 이러한 선발과정은 응모자와 조직 내의 업무와의 적합성을 판정해 준다.

선발과정은 조직이 조직구성원의 재량적 행위를 통제하고 억제하는 가장 보편적인 기법의 하나로 인식되어야 한다. 다시 말해서 이미 선발을 통해서 조직구성원은 재량성을 박탈당함으로써 표준화의 범주로 들어가게 된다는 것이다.

Ⅱ. 역할요구(role requirements)

조직 내의 모든 구성원은 자기의 역할을 수행하게 되어 있다. 모든 직위는 그 담당자가 어떻게 행동해야 할 것인가에 대해 기대감을 지니고 있다. 이러한 역할기대(role expectation)는 조직구성원의 행위를 규제하고 정형화된 방향으로 인도하는 데 결정적인 역할을 한다.

역할기대는 구체적이고 명백하게 표명될 수 있다. 이 경우 고도의 표준화가 나타난다. 그러나 역할기대가 신축적이고 방향만 제시할 때에 여기에서 나타나는 표준화의 정도는 낮다. 여하튼 역할기대는 어떻게 표시되느냐에 따라 정도의 차이는 있으나 행위의 표준화를 가져오는 것이 사실이다.

Ⅲ. 규칙과 절차(rules and procedures)

규칙이란 모든 조직구성원이 준수해야 할 명정된 선언이다. 규칙의 속성은 조직구성원으로 하여금 무엇을 언제 어떻게 할 것인가에 대해서 소상하고 명백하게 일러주는 것이다. 규칙은 조직구성원으로 하여금 판단이나 재량권을 행사할 수 있는 여지를 남겨 주지 않는다. 규칙은 구체적으로 표준화된 행위유형을 확보한다.

절차는 조직구성원이 자기업무를 완성하는 데 필히 밟아야 할 일련의 시계열적 단계이다. 절차는 작업과정의 표준화를 확보하기 위해서 만들어진 것이다. 동일한 투입량은 동일한 방법으로 처리되고, 이것은 동일한 결과를 산출시킨다.

Ⅳ. 정책(policies)

정책은 조직구성원의 행위를 일정한 방향으로 인도하는 방향제시라고 할 수 있다. 정책은 규칙이나 절차보다 재량의 여지가 크다. 정책은 구체적이고 획일화된 행위를 요구하기보다는 한정된 범위 내에서 재량권을 행사하도록 행위의 폭을 넓혀 준다. 재량은 필히 주관적 판단을 수반한다.

정책은 재량적 행위를 통제하기 위해서 반드시 문서화될 필요는 없다. 불문율의 정책도 조직구성원의 행위에 제약을 가함으로써 특정의 방향에서 행위의 표준화를 확보한다.

Ⅴ. 훈련(training)

대부분의 조직은 조직구성원에게 훈련을 제공한다. 이때의 훈련은 직장 내의 훈련은 물론 직장 밖의 훈련도 포함된다. 어떤 훈련이건 조직구성원으로 하여금 조직이 필요로 하는 지식을 쌓고, 기관의 역사, 설립목표, 철학, 분위기 등을 몸에 익히게 하여 바람직한 행동을 하도록 하는 것이다.

Ⅵ. 의식(rituals)

의식의 기본적 특징은 비본능적인 예측가능한 행위(noninstinctive predictable action)로서, 이것은 합리적인 수단-목적(rational means-to-ends)의 개념으로 설명되지는 않는다고 한다.[6] 여하간 의식을 크게 해석해서 하나의 관습화된 행위규범으로 본다면, 여기에는 부정적 의식과 긍정적 의식이 있다. 부정적 의식은 금기(taboo)로 나타나고, 긍정적 의식은 모방적 의식(imitative ritual)으로 나타난다.[7] 어떠한 형태의 의식이든 조직구성원의 행위의 일치성을 확보하는 데 결정적 역할을 한다.

제 5 절 공식화의 문제점

우리는 위에서 공식화의 존재이유와 긍정적 기능을 살펴보았다. 그러나 공식화가 지나치면 역기능과 문제점이 노출된다는 것을 간과해서는 안 된다.

6) Edmund R. Leach, "Ritual," in David L. Sills(ed.), *International Encyclopedia of the Social Science*, Vol. 13, The Free Press, 1974, pp. 520～521.

7) 白完基, 韓國의 行政文化, 高大出版部, 1982, pp. 83～84.

일반적으로 공식화의 역기능은 앞서 설명한 관료제의 역기능과 상통한다고 볼 수 있다. 공식화가 지나치면 나타나게 되는 가장 중요한 문제점은 조직의 신축적인 운영을 저해하고 환경의 변화에 기민하고 적시적인 대응을 곤란하게 하는 것이다. 뿐만 아니라 공식화는 내용보다는 형식논리나 명분성을 강조하는 경향이 있어 조직의 생산성을 소홀히 할 가능성이 있다. 아울러 지나친 공식화는 조직의 진취성·혁신성·유기성(organic character)을 억누르고 파손하는 경향을 지니고 있다.

Michael Crozier는 공식화가 고도로 일어나면 상급자와 하급자간의 동적인 의존관계(relationship of dependence)가 파괴되고 조직구성원의 창의력(initiative)이 억압당하며, 정책결정도 거기에 소요되는 지식이 없는 비전문가에 의해서 대개 결정되게 마련이라고 지적하고 있다.[8)]

여하튼 공식화가 지나치게 되면 조직의 유기성을 파괴시키는데, 조직의 유기성이 파괴되면 전문적 지식이나 경험의 역할이 약화되고, 조직구성원간의 상호작용을 통한 과업의 조절과 재정의가 일어나기 어렵다고 지적되고 있다. 아울러 공식화는 수평적 커뮤니케이션보다는 수직적 커뮤니케이션을 강조하고 권한을 상부층으로 집중시키며, 사람들의 관심을 자기 역할에만 한정시킴으로써 조직 전체로서의 연대성을 파괴시키는 경향이 강하다고 지적하고 있다.[9)]

그러나 공식화의 역기능이나 부작용이 아무리 노정되더라도 우리는 행정이나 조직생활에서 공식화를 포기할 수는 없다. 공식화의 긍정적 기능은 부정적 기능을 앞지르고 있기 때문이다. 주의를 요하는 것은 공식화를 지나치게 강조함으로써 공식화의 기본정신을 깨뜨려서는 안 된다는 것이다.

8) Michael Crozier, *The Bureaucratic Phenomenon*, University of Chicago, 1964, pp. 51, 183.
9) Henry Mintzberg, *op. cit.*, p. 87.

제 4 장 비공식적 조직

제 1 절 비공식적 조직의 개념

조직은 보는 관점에 따라 여러 가지로 분류할 수 있으나, 그 성립과정이 인위적이냐 자연적이냐에 따라 공식적 조직(formal organization)과 비공식적 조직(informal organization)으로 분류할 수 있다. 비공식적 조직의 명칭은 그것이 법규나 직제와는 관계없이 조직구성원의 사회심리적 동기에 의해서 자연적이고 자발적으로 발생하였다는 의미에서 소집단(small group), 자생적 집단 또는 비공식적 집단이라고도 한다.

어떠한 조직이나 그 내부에서 비공식적 조직이 도사리고 있어 조직 전체의 활동에 여러 가지 작용을 하고 있다. 다시 말해서 공식적 조직이 다하지 못하는 역할을 비공식적 조직이 보완하여 주고 있다.

비공식적 조직의 본질적 특징이란 집단구성원의 친소관계에 의해서 엮어지는 정적 결합체라는 것이다. 조직체 내에서 취미 · 성격 · 생활감정 · 이념 등이 비슷한 사람끼리 모여서 하나의 소집단을 형성하여 기계적이고 메마른 조직생활을 보다 윤택하고 부드럽게 해 주는데, 이러한 조직이 바로 비공식적 조직이다. 이러한 조직은 감정을 토대로 해서 형성되기 때문에 언제나 유동적이고 불가시적이다. 비공식적 조직은 조직구성원의 멤버십이 개방성을 띠고 있다는 점에서 멤버십이 배타성을 띠고 있는 파벌적 집단과 다르다.

제 2 절 비공식적 조직의 발생근거

비공식적 조직이 발생되는 근거로서 다음과 같은 것을 들 수 있다.

Ⅰ. 사회적 동물

사회적 동물이라는 인간본래의 속성에서 그 근거를 찾을 수 있다. 사회적 동물로서의 인간은 합리적 측면과 비합리적 측면을 동시에 가지고 있다. 여기서 비합리적 측면이 바로 비공식적 조직을 탄생시킨다. 이러한 비합리적 측면은 주로 감정적이고 본능적인 측면을 이야기하는데, 이러한 감정적 측면은 비공식적 조직을 탄생시키는 직접적인 계기가 된다. 조직생활에는 자연스러운 감정(unplanned sentiment)이 반드시 내재하고 있는데, 이것이 비공식적 조직의 발생의 근원이 되고 있다.[1] 인간은 자기와 같이 일하는 사람을 좋아하기도 하고 싫어하기도 하는데, 이러한 감정이 있는 한 비공식적 조직은 존재한다.

Ⅱ. 유사성의 추구

인간은 선천적으로 자기와 유사한 것을 추구하는 경향이 있다. 이러한 유사성을 추구하는 심리가 바로 비공식적 조직을 탄생시킨다는 것이다. 인간은 이처럼 유사성을 중심으로 다른 것들과 어떤 면에서 구별되어지기를 좋아하고 있다. 유사성을 추구하되 구별되어지기를 좋아하는 심리가 바로 비공식적 조직이 탄생되는 중요한 근거가 된다.[2] 유사성을 추구하는 요인들로서는 성격 · 민속(ethnicity) · 종족 · 종교 · 출생지 · 취미 등을 들 수 있다.

Ⅲ. 자아발현적 욕구

자아발현적 욕구이다. 인간은 누구나 자기 모습을 드러내고 타인으로부터 인정받고 싶어하는 욕망이 있다. 이러한 욕망의 충족은 공식적인 조직생활에서는 거의 불가능하다. 특히 하위계층의 사람들은 부분적으로 정해진 일만 하기 때문에 자기시현의 기회가 거의 없는 것이다. 즉 자기인생을 노출시킴으로써 가치를 인정받을 기회가 거의 없는바, 이러한 욕구는 비공식적인 모임을 통해서 그 충족이 가능하게 된다. 다시 말해서 '남 앞에서 큰 소리 쳐보고 싶은 욕구'는 비공식적 모임을 통해서 가능하다는 것이다.

---

1) David R. Hampton, Charles E. Summer, and Ross A. Webber(ed.), *Organizational Behavior and the Practice of Management*, Scott, Foresman and Company, 1968, p. 278.

2) Fred E. Katz, "Explaining Informal Groups in Complex Organization: The Case for Autonomy in Structure," *Administrative Science Quarterly*, Vol. 10, No. 2, September 1965, pp. 209～220.

Ⅳ. 단조성으로부터 탈피

일상적인 업무의 단조성에서 벗어나고 싶은 욕망이다. 즉 업무의 단조성(monotony)은 자연히 조직구성원간의 비공식적인 행위유형을 발전시킨다.[3] 작업의 단조성에서 오는 권태와 무료를 달래는 길은 장난 · 농담 · 흉보기 · 지껄이기 등을 통해서 가능한데, 이러한 행위유형은 비공식적 조직을 발전시킨다.

제 3 절 비공식적 조직의 특징

Ⅰ. 공식적 조직 내에서 발생

비공식적 조직은 어디까지나 공식적 조직 내에서 일어나는 조직을 말한다. 다시 말해서 공식적 조직은 비공식적 조직이 탄생되는 전제조건이라는 것이다. 이것은 무슨 말이냐 하면 공식적 조직 내에서 일어나지 않는 비공식적 조직은 비공식적 조직이라고 할 수 없다는 것이다. 즉 회사 내에서의 동창회는 비공식적 조직이 되지만, 단순한 동창회는 비공식적 조직이 될 수 없다는 것이다.

이처럼 비공식적 조직은 공식적 조직 내에서 탄생되는데, 이것이 일단 탄생되면 공식적인 생활과는 다른 자기특유의 생활양식을 발전시킨다.[4] 비공식적 조직이 탄생되는 과정은 동적이고 자생적인 과정(self-generating process)이다. 이러한 조직은 구성원간에 강력한 연대의식과 일체감을 발전시킨다. 따라서 비공식적 집단은 단순한 사람의 집합 그 이상의 무엇이 된다.

Ⅱ. 집단규범의 확립

비공식적 조직은 자기특유의 생활에 적합한 행위규범과 기준을 발전시킨다. 이러한 행위규범이 발전됨에 따라 비공식적인 조직의 구성원들은 동일한 방향으로 사고하고 행동함으로써 공통의 가치의식(shared value)을 갖게 된다. 이러한 행위규범은 구성원들의 행위를 규제하는 것은 말할 것도 없고, 공식적인 조직의 규범에도 반발을 일으키는 경우가 있다.

---

3) Donald F. Roy, "Banana Time — Job Satisfaction and Informal Interaction," *Human Organization*, Vol.18, 1960, pp. 158～168.

4) L. R. Sayles and G. Strauss, *Human Behavior in Organization*, Prentice-Hall, 1966, p. 89.

비공식적 집단의 구성원이 그 행위규범이나 기준에 얼마나 복종하고 따르는가의 문제는 그 구성원이 그 집단에 얼마나 남아 있고 싶어하느냐에 달려 있다. Leon Festinger는 지적하기를 구성원이 집단에 남아 있고 싶으면 그 집단의 영향력에 쉽게 동화되고, 그 집단이 세운 규범이나 관례에 따라 행동하게 될 것이라는 것이다.[5)]

비공식적 집단은 그 구성원이 계속해서 그 집단의 규범에 복종하기를 바라는데, 그 방법으로는 그 구성원이 올바르게 행동했을 때에 지지(support)·안전(security)·격려(encouragement)·보호(protection)·정당화(rationalization) 등을 제공하는 것이다. 그러나 때로는 소극적인 방법으로서 그 구성원이 집단규범에서 이탈했을 때에 조소, 냉대, 적대감, 추방의 위협을 사용하기도 한다.[6)]

여하간 비공식적 집단은 적극적 또는 소극적인 방법을 동원해서 집단구성원을 강력하게 규제하고 통제하고 있다. 이러한 규제능력은 어떤 면에서 공식적 조직의 그것보다 더욱 강력하다고 볼 수 있다.

Ⅲ. 신분체계의 확립

비공식적 조직 내에도 신분체계(status system)와 지위체계가 존재한다.[7)] 얼핏 생각할 때에 비공식적 집단의 구성원간에는 평등관계만 있을 법한데, 이들 구성원들도 그 집단 내에서 사회적 존경·위신·신분적 차이 등을 추구함으로써 사회적 지위의 차별체계(differentiation of social position)를 발전시킨다. 이러한 신분상의 차별체계는 거의 불문율로 인정되고 있다. 이러한 신분체계는 비록 비공식적인 것이지만 대단히 엄격하고 일사불란하다. 신분체계에 영향을 주는 요인으로서는 외부적인 것과 내부적인 것이 있는데, 외부적 요인은 주로 직무 밖의 귀속적인 것들이다. 예컨대 사장이나 대주주의 아들은 비공식적 집단 내에서 남보다 큰 영향력을 행사할 수 있다. 그 밖의 외부적 요인으로서는 교육수준·연령·성 등을 들 수 있다. 내부적 요인으로서는 공식적인 직위·봉급액·업무내용 등을 들 수 있다. 예컨대 지위가 높고 봉급액이 많은 사람은 비공식적 집단 내에서도 높은 직위를 점한다는 것이다.

5) Leon Festinger and Others, *Social Pressures in Informal Groups*, Harper and Row, 1950, p. 91.
6) David R. Hampton *et al., op. cit.*, p. 283.
7) *Ibid.*, pp. 278~280 참조.

Ⅳ. 감정의 논리

비공식적 조직은 일반적으로 자연발생적 조직이기 때문에[8)]감정의 논리에 의해서 지배당한다. 이것이 공식적 조직과 구별되는 중요한 국면이다. 공식적 조직은 특정의 목적을 위해서 인위적으로 만들어졌기 때문에 능률의 논리에 의해서 지배당한다. 즉 공식적 조직이 합리적 계산체계에 의해서 만들어졌기 때문에 능률의 논리가 추구되는 것은 너무도 타당하다. 그러나 비공식적 조직은 인간의 비합리적 측면을 토대로 해서 이루어졌기 때문에 감정의 세계에서 크게 벗어나지 못한다. 이들을 지배하는 규범은 불문율이나 관례이지 공식화된 법규나 명령이 아니다. 그리고 비공식적 조직은 마음과 마음이 통하는 사람끼리 모이기 때문에 얼핏 눈에 뜨이지 않고, 또 늘 대면하는 사람들끼리 모이기 때문에 소집단성을 띠고 있다. 여기서 비공식적 조직은 부분적인 질서의 성격을 띤다.

Ⅴ. 탈퇴의 자유

비공식적 조직은 공식적 조직 내에 수없이 존재한다. 따라서 멤버십이 수없이 겹칠 수도 있다. 그러나 어디까지나 비공식성을 띠고 있기 때문에 가입과 탈퇴의 자유가 보장되어 있다. 또 비공식적 집단을 싫어하는 사람은 어느 단체에도 가입하지 않을 수 있다. 그러나 반강제로 가입하는 경우가 있는데, 예컨대 공식적 조직 내에서 출신학교별로 친목회를 만드는 경우이다.

제 4 절 비공식적 조직의 기능

비공식적 조직은 조직생활에 있어서 여러 가지 기능을 수행하고 있는데, 순기능과 역기능으로 나누어 설명하기로 한다.

---

8) 비공식적 조직은 예외적으로 조직 내의 특정인에 의해서 특정의 목적을 위해서 인위적으로 만들어지는 수도 있다.

I. 순 기 능

(1) 사회적 욕구의 충족

여러 가지 사회적 욕구를 충족시켜 준다. 인간은 사회적 동물이어서 다른 사람과 사귀고 가까워지고 싶은 욕구를 가지고 있다. 이러한 사회적 욕구는 다른 사람과의 단순한 사귐으로부터 자신의 자아적 개념에 대한 집단의 확인(group affirmation of an individual's self-conception)에 이르기까지 다양하고 복잡하다. 인간이 다른 사람과 어울리고 싶어하는 욕구는 단순한 인간의 즐김으로부터 그 사람을 통해서 자신을 확인하고 싶어하는 욕구에 이르기까지 다양하다. 여기에는 고독으로부터의 해방욕구 · 소속욕구 · 자아실현욕구 등이 포함된다. 따라서 다른 사람과 어울리고 싶어하는 욕구는 목적에 대한 수단일 수도 있고 목적 자체일 수도 있다.[9] 인간은 생래적으로 다른 사람으로부터 인정을 받고 싶고 다른 사람 앞에서 자기를 내세우고 주장하고 싶어하는 자아실현적 욕구를 가지고 있다. 동시에 불안으로부터 심리적 안정감을 되찾고 싶고 단조로움에서 인간적인 정을 찾으려고 한다. 이러한 여러 가지 사회적 욕구들은 비공식적 조직을 통해서 충족될 수 있는 것이다.

(2) 불평 · 불만의 해소

집단 내의 불평과 불만을 해소시켜 주는 역할을 한다. 인간사회에는 어디에나 불평이 있게 마련이다. 이러한 불평은 축적되는 것보다 적절히 해소되는 것이 개인이나 조직을 위해서 바람직하다. 비공식적 조직이야말로 이러한 불평을 해소시켜 주는 데 중요한 역할을 한다.

(3) 사기의 앙양

조직구성원의 사기와 생산력을 높여 준다. 비공식적 조직이 활성화되어 있는 조직일수록 그 조직구성원은 사기가 높고 작업에 대한 의욕이 강하여 생산력도 높아진다. 비공식적 조직이 활성화되어 있지 않은 조직체에서 근무하는 사람은 대개 소외감과 무력감에 빠지고 생에 대한 의욕도 약해지기 쉽다. 비공식적이고 사회적인 접촉이 잦은 사람일수록 자기업무에 만족감을 느낌으로써 생산력을 올린다는 것이다. 그러나 이러한 사회적 접촉이 차단된 사람일수록 자기직업에 불

9) David Hampton *et al.*, *op. cit.*, p. 275.

만을 가짐으로써 생산의 기준량에도 도달하지 못한다.[10] 비공식적이고 사회적 접촉이 활성화되어 있지 않은 조직체일수록 저생산 · 이직 · 결근현상을 초래시킨다.

조직 내에서 비공식적 활동이 사기에 얼마나 중요한가는 한국전쟁 당시 포로였던 사람들의 생활에서 나타난다.[11] 조직체생활에서 자기가 소속한 비공식적 집단의 지지(support)와 후원은 사기를 높여 주는 데 거의 절대적이다. 특히나 비숙련작업이나 하위계층에 있는 사람일수록 더욱 그러하다.

(4) 조직의 실상파악

조직의 진면목과 생리를 파악하는 데에 크게 도움이 된다. 공식적인 조직만으로 조직의 내용과 실상을 파악할 수 없음은 말할 것도 없다. 공식적인 조직이란 어디까지나 형식적인 직무도표에 불과하기 때문에 조직의 내용과 생리 및 실상을 파악하고 발전가능성과 건강상태를 진단하는 데는 비공식적 조직을 통해서만 가능하다. 그리고 조직 내의 권력관계, 갈등상황, 행위유형, 영향력의 행사관계, 하위문화 등은 비공식적 조직을 통해서 파헤쳐진다. 비공식적 조직은 이만큼 조직의 실상을 파악하는 데에 결정적인 역할을 한다.

(5) 공식적 조직의 보완

공식적인 조직의 기능을 보완하여 주는 역할을 한다. 즉 비공식적인 조직활동을 통해서 조직단위간이나 구성원간의 협조체제를 강조시키고 커뮤니케이션의 통로를 확장시킨다.[12] 그리고 비공식적 집단은 조직구성원이 문제를 해결하고 과오나 실수를 범하지 않도록 도와 준다. 뿐만 아니라 공식적인 조직생활에서 미처 익히지 못했거나 또는 익혔다 하더라도 잊어버렸던 사항들을 비공식적인 조직활동을 통해서 익히게 된다. 예컨대 상사의 지시나 교육내용을 잊어버렸을 때에 상사에게 가서 다시 반복하도록 요구하는 것보다 인간적으로 가까운 작업동료에게 묻는 것이 훨씬 편안하고 효과적이다. 그리고 비공식적 조직을 통한 의사전달이 공식적 채널을 통한 의사전달보다 훨씬 정확하고 내용이 풍부하다는 것은 말할

10) Elton Mayo, *The Human Problems of an Industrial Civilization*, Harvard University Press, 1946.

11) 한국전쟁 당시 미군포로들은 석방 후에 자살률이 높았고 사회에 적응하지 못한 사람이 많았는데, 그 이유는 수용소를 자주 옮김으로써 포로간의 탈출음모를 꾸밀 수 있는 비공식적 조직을 생성 · 발전시킬 수 없었기 때문이라는 것이다. E. Schein, "The Chinese Indoctrination Program for Prisoners of War," *Psychiatry*, Vol. 19, 1956, pp. 149～172.

12) 劉鍾海, 現代行政學, 博英社, 1981, 387면.

것도 없다.

(6) 사회화의 역할

사회화과정(socialization process)에 있어서 중요한 매체(agent)역할을 한다. 인간은 집단을 통해서 성장과정을 밟고 살아가는 방법을 익힌다. 특히 비공식적 집단을 통해서 더욱 그러하다. 자신의 정체가 무엇인가도 다른 사람을 통해서 확인되고 또 영향도 받는다. 그리고 다른 사람과의 인간관계에서 자기를 정의하려고 한다. 따라서 자아적 이미지(self-image)란 사회적 이미지(social image)에서 나온다고 볼 수 있다.

인간은 집단 특히 비공식적 집단을 통해서 무엇이 바람직하고 무엇이 바림직하지 않은가를 배우게 된다. 이러한 집단은 인간은 자기 쪽으로 동화시키는 역할도 하지만, 인간이 스스로 진실될 수 있도록(being true) 도와 주기도 한다.

Ⅱ. 역 기 능

(1) 분열의 조장

조직 내에 파벌집단을 조성함으로써 대립·갈등·분열을 조장시킬 가능성이 크다. 특히 후진국의 경우는 비공식적 조직과 공식적 조직간에 동질성이 유지되지 않아 조직운영에 역기능적 현상이 많이 빚어진다.[13] 비공식적 조직의 멤버십이 귀속성(ascriptive)과 배타성(exclusive)을 띨 때에 이러한 집단들은 파벌집단으로 둔갑하여 서로 반목하고 대립하게 된다. 이러한 집단들은 조직운영에 윤활유와 같은 역할을 하는 것이 아니라 오히려 조직운영을 마비시켜 버린다. 일반적으로 비공식적 집단의 구성원들은 자기집단에 대해서만 충성심을 바치고, 다른 집단에 대해서는 편견과 적대감을 지니기 때문에 조직 내에서 심한 분파작용을 일으킨다.

(2) 공식적 목표에의 도전

비공식적 조직은 처음부터 자기의 목표를 갖거나 새로 자기의 목표를 발전시키는데, 이러한 목표가 공식적인 조직의 목표에 도전하거나 대항하는 경우가 있다. 예컨대 비공식적 집단이 만들어 놓은 작업산출의 기준량이 공식적인 기준량에 미치지 못하는 경우이다. 물론 공식적인 기준량이 너무 높을 때에 이러한 반발

13) 白完基, "韓國行政過程," 金雲泰 外 共著, 韓國政治論, 1982, 409면.

행위는 일리가 있으나, 비공식적 집단의 일방적 이익만을 위해서 이러한 행위를 할 때에는 조직의 원활한 운영에 해독성을 끼치고 있다고 보아야 할 것이다. 특히 힘센 비공식적 집단은 자기목표를 공식적 조직의 목표와 대체시켜 버리거나 아니면 공식적인 목표의 이름하에 자기목표를 추구한다. 이때 공식적 조직의 목표는 퇴화하거나 유명무실하게 된다.

(3) 사적 목표에의 이용

비공식적 조직은 특정인의 개인적 목적을 위해서 동원되거나 이용되는 경우가 있다. 조직 내에서 어떤 사람은 비공식적 조직의 세력을 등에 업고 자기목표를 추구하는 경우도 있다. 특히 권력욕이 많은 구성원은 자기세력을 확장시키기 위해서 곧잘 비공식적 조직을 동원한다.

(4) 거짓 정보의 확산

근거 없는 소문이나 거짓 정보가 많이 유포된다. 비공식적 조직은 의사소통망을 확장시킴으로써 커뮤니케이션을 활성화시킨다는 것은 전술한 대로이다. 그러나 소통망을 확장시키는 것만큼 유언비어와 거짓 정보를 퍼뜨릴 가능성도 큰 것이다. 특히 비공식적 집단 내에서는 자기 말에 책임을 지지 아니하기 때문에 함부로 지껄여대는 경우가 많다. 이때 흘러나온 정보나 이야기는 사실과 다른 것이 많다. 따라서 비공식적 조직활동이 활성화되면 그만큼 거짓 정보가 유포될 가능성도 큰 것이다.

제 5 장 인간해석

조직이론에서 인간을 어떻게 보고, 어떻게 해석해야 할 것이냐의 문제는 대단히 중요하다. 왜냐하면 인간을 어떻게 이해하고, 해석하느냐에 따라 조직의 구조나 관리전략이 달라질 수 있기 때문이다.

조직이론에서 인간의 욕구문제를 다룬 사람들은 꽤 있지만, 인간의 해석 문제를 본격적으로 다룬 사람은 Douglas McGregor라고 할 수 있다.[1] McGregor는 인간에 대한 종래의 여러 가지 학설이나 해석들을 X이론과 Y이론으로 구분해서 설명하고 있다.[2] 여기서도 McGregor의 이론을 중심으로 인간의 해석문제를 다루어 보기로 한다.

제 1 절 X 이 론

X이론은 한마디로 인간은 자기중심적 존재라는 입장에서 성악설적인 인간해석에 가깝다고 할 수 있다. 또 조직이론의 계보에서는 F. Taylor의 과학적 관리법이나 L. Gulick and L. Urwick의 이론들이 X이론의 범주에 들어간다고 볼 수 있다.[3]

I. X이론의 인간해석

(1) 인간은 경제적 욕구를 가장 합리적으로 추구하는 경제적 동물이라는 것이

1) 인간의 해석문제는 인간의 욕구문제보다 더욱 포괄적이고 광범위한 문제라고 할 수 있다. 인간의 욕구문제는 단순히 여러 가지 욕구들만을 설명하고 있지만, 인간의 해석문제는 인간의 욕구들을 포함해서 선·악적 해석 등 보다 포괄적인 것들을 다루고 있다.

2) Douglas McGregor, *The Human State of Enterprise*, McGraw-Hill, 1960, pp. 33~48.

3) X이론과 전통적 이론은 인간해석에 있어서 대동소이하나, 완전히 동일하다고는 볼 수 없다. 예컨대 X이론에서는 인간은 게으르다고 하고 있지만, 전통적 이론에서는 인간은 경제적 욕구를 추구하는 데에는 부지런하다고 가정하고 있다.

다. 경제적 욕구만 충족되면 모든 욕구가 다 충족된 것으로 생각된다. 인간은 경제적 욕구를 추구하는 데에는 철저하게 타산적이고 합리적이라는 것이다.

(2) 인간은 철저하게 이기적이고 자기중심적이다. 자기이익추구에 급급하다 보니 자기규제능력이 없다. 즉 스스로 통제할 능력이 없다는 것이다. 또 철저하게 자기중심적이기 때문에 봉사정신도 없고, 이웃을 생각할 겨를도 없다. 따라서 갈등을 유발할 능력은 있지만, 스스로 이 갈등을 해결할 능력은 없다.

(3) 인간은 천성적으로 게으르고 일을 하기 싫어한다는 것이다. 위에서 이야기한 대로 자기의 경제적 욕구나 이기적 목표를 추구하는 데에는 신경을 쓰지만, 그 이외에는 나태하고 게으르다. 즉 불로소득을 좋아하고 성실한 자세로 살아가려고 하지 않는다.

(4) 자기보존이나 안전만을 원하고 변화나 개혁에 대해서 저항적이다.

(5) 인간은 사물을 판단할 능력도 없고 어리석어 누구의 꾐에도 쉽게 넘어간다.

(6) 인간은 어디까지나 피동적 존재이기 때문에 기계의 부속품처럼 다뤄질 수 있고, 외부조건에 의해서 얼마든지 조종될 수 있다.

Ⅱ. X이론하의 관리전략

X이론하의 관리전략은 한마디로 당근과 채찍(carrot and stick)의 전략이라고 할 수 있다. 구체적으로 보면 다음과 같다.

(1) 경제적 보상체계의 강화

조직구성원들은 어느 욕구보다도 경제적 욕구의 충족을 추구하기 때문에 적정한 경제적 보상체계가 확립되어야 한다. 그리고 동기유발의 강력한 유인체계(incentive system)도 경제적 유인체계라는 것을 명심해야 한다. 즉 비경제적 유인체계는 효과적인 작업활동을 유발시키는 데 강력하지 못하다는 것이다. 여기서 적절한 보수체계나 경제적 유인체계는 동기유발에 있어서 가장 유효한 관리전략의 수단으로 등장한다.

(2) 권위주의적 리더십의 확립

조직구성원들은 상황에 대한 능동적인 대처능력이 없고 사물에 대한 판단능력도 없다고 생각하기 때문에 자연히 리더십은 권위주의적 성향을 띠게 된다. 중요한 정책결정은 고위층에서 결정되고 하위층이나 중간층은 그것의 집행에만 충실하면 된다. 따라서 집단토론이나 권한의 위임을 기대하기가 어렵다. 그리고 피동적으로 움직이기 때문에 명령과 지시만 하면 되지 의견의 개진을 물을 필요가 없다. 그리고 의사전달도 하향적인 체계만 확립하면 되고 상향적인 경우에는 신고제도만 강화하면 된다.

(3) 엄격한 감독과 통제제도의 확립

조직구성원은 자기중심적이면서 책임을 지기 싫어하기 때문에 엄격한 감독과 통제가 필요하고, 나아가서는 처벌제도도 요구하고 있다. 즉 그냥 두면 조직의 목표나 집단정신에 위배되는 행위를 할 가능성이 언제나 크며, 무책임한 행위를 자행할 가능성도 크다는 것이다. 따라서 조직의 요구에 합일되는 행위를 확보하기 위해서는 강력한 통제제도와 처벌제도가 요구된다는 것이다.

(4) 상부책임제도의 강화

일반조직구성원은 책임지는 것을 싫어하기 때문에 상부책임제도가 발달함은 말할 것도 없다. 상부층의 사람들은 하위층의 행위에 대해서도 언제든지 책임을 질 각오가 되어 있어야 한다. 즉 개별적 책임제도가 발달하지 않음은 말할 것도 없다. 따라서 개인의 어떠한 행위에 대해서도 상부층은 책임을 면할 길이 없다.

(5) 조직구조의 고층성

X이론하에서는 명령하달체계가 발달하기 때문에 위원회제보다는 계층적 조직구조가 발달하고, 계층적 조직구조도 계층이 많은 고층성(tall organization)을 띠게 된다. 인간이 자발적이고 능동적으로 움직이는 경우보다 피동적으로 움직이고 외부에 의해서 규제받기를 좋아하면 할수록 조직은 필히 고층성을 띠게 된다. 여기서 고층적 조직구조는 관리전략의 수단으로 등장한다.

제 2 절 Y 이 론

Y이론은 성선설의 인간해석에 가깝다. 조직이론에서는 인간관계론, 조직발전, 자아실현의 이론 등이 Y이론의 범주에 속한다고 볼 수 있다.

Ⅰ. Y이론의 인간해석

(1) 인간의 행위는 경제적 욕구보다는 사회·심리적 욕구에 의해서 좌우되고 결정된다는 것이다. 다시 말해서 인간은 어느 욕구보다 사회·심리적 만족을 추구하는 존재라는 것이다.

(2) 인간은 자기이익만을 생각하는 이기적 존재가 아니라 다른 사람과의 공존적 번영을 생각하는 사회중심의 존재이다. 따라서 개별적이고 원자적 존재가 아니므로 집단 내의 존재라는 것이다. 고로 고독이나 분리된 상태를 싫어하는 타인과의 사회적 결합을 좋아하며, 타인과의 상호관계 속에서 자기를 확인하려고 한다. 즉 인간은 자기이익만을 위해서 사는 것이 아니라 집단이나 다른 사람의 이익을 위해서도 노력한다.

(3) 노동을 하는 것은 노는 것이나 휴식을 취하는 것처럼 자연스러운 일이다. 인간은 천성적으로 일을 싫어하지 않는다는 것이다. 노동이 처벌의 뜻으로도 표현되지만, 경우에 따라서는 행복이나 만족의 원천도 된다는 것이다.

(4) 인간은 외재적 규제(external control)나 처벌의 위협만으로 행동을 하기도 하고 안 하기도 하는 것은 아니다. 즉 인간은 이러한 외재적 규제나 처벌의 위협 때문에 조직의 목표성취를 위해서 노력하는 것은 아니다. 그는 일단 자기가 관여한 집단의 목표성취를 위해서는 얼마든지 스스로 규제도 하고 전력투구도 한다.

(5) 인간이 어떤 일의 성취에 전력투구하고자 하는 동기는 그 일의 성취에서 얻어지는 보상 때문인데, 이때 가장 값진 보상은 심리적 만족이요 자아실현욕구의 충족이다. 그런데 이러한 심리적 만족이나 자아실현욕구의 충족은 자기중심적이고 이기적인 목표성취에서보다도 조직의 목표성취에서 바로 온다는 것이다. 다시 말해서 조직의 목표성취에 전력투구할 때에 자아실현의 욕구가 충족된다.

(6) 인간은 적절한 조건만 갖추어지면 책임을 받아들일 뿐만 아니라 책임을 맡으려고 노력한다. 인간은 천성적으로 피동적이고 변화에 저항적인 자세를 취하는 것은 아니다. 그렇게 되는 것은 일반적으로 경험의 소산이지 천성적인 현상은 아니다.

(7) 보통의 사람이면 누구나 조직의 문제를 해결하는 데 있어서 상상력과 창의력을 발휘할 수 있다는 것이다. 이들은 누구의 지시에 의해서가 아니라 스스로 창의력을 발휘해서 조직의 문제를 해결해 나간다. 누구나 동기부여(motivation), 발전의 가능성, 조직의 목표성취에 대한 헌신성을 가지고 있다. 특히 인간의 발전가능성은 무한한데 현대의 조직생활에서 인간의 지적 능력은 부분적으로만 사용

되고 있다. 다시 말해서 인간의 지적 능력은 조직의 목표성취를 위해서 일부분만이 활용되고 있다는 것이다.

Ⅱ. Y이론하의 관리전략

Y이론하의 관리전략은 한마디로 조직구성원으로 하여금 조직의 목표성취에 심혈을 기울임으로써 자신을 성장시키고 자신의 목표성취를 추구하게 하는 것이다. 다시 말해서 조직의 목표와 개인의 성장목표를 통합시키는 것이다. 구체적으로 살펴보면 다음과 같다.

(1) 민주적 리더십의 확립

조직의 중요한 결정은 고위층에 의해서 일방적으로 결정되게 할 것이 아니라 집단토론이나 조직구성원의 참여 속에서 이루어지게 한다. 리더의 중요임무란 조직구성원을 명령이나 처벌의 위협으로 다스리는 것이 아니라 자발적으로 조직의 목표성취에 최선을 다하도록 유도하는 것이다. 즉 하라고 명령하는 것이 아니라 하도록 유도하는 것이다. 지도자의 역할은 명령하고 혼자 결정하는 것이 아니라 조직구성원의 의견을 규합해서 이것을 토대로 정책을 결정하는 것이다.

(2) 분권화와 권한의 위임

민주적 리더십은 자동적으로 분권화와 권한의 위임을 촉진시킨다. 소수가 권한을 독점하지 않고 여러 사람에게 분산시킴으로써 조직구성원의 자유스러운 행위의 영역을 넓혀 준다. 분권화는 스스로 알아서 판단하고 행동하게 함으로써 인간발전(human development)과 자아실현의 계기를 마련하여 주고, 나아가서는 조직을 보다 발전적이고 생산적인 방향으로 유도한다는 것이다.

그리고 엄격한 감독체계에서 벗어나 자발성과 창의성과 자기책임성을 토대로 해서 행동하게 한다. 이때 인간은 사회·심리적 만족을 얻게 된다는 것이다. 인간을 피동적인 존재로 파악할 것이 아니라 능동적인 존재로 파악하기 때문에 스스로 결정하게 하고 스스로 책임지게 한다. 인간의 능동성과 자율성이 강조될 때에 인간성장의 계기는 마련된다는 것이다.

(3) 목표에 의한 관리

목표에 의한 관리(management by objective)는 한마디로 조직구성원 전체가 조직운영에 참여하는 참여적 관리 또는 총체적 관리를 말한다. 목표의 설정에서부터 집행에 이르기까지 모든 조직구성원이 참여하고 책임의 한계를 명확히 규정하는 것이다. 즉 하나의 목표성취를 향해서 모든 조직구성원이 자발적이고 능동적인 입장에서 자기책임의 영역을 가지고 참여하자는 것이다.

(4) 직무확장(job enlargement)

조직 내에서 한 사람이 할 수 있는 일을 너무 세분화시키지 말고 포괄성을 띠게 하라는 것이다. 다시 말해서 한 사람이 한 가지 일만 하게 하지 말고 여러 가지 일을 하게 하라는 것이다. 이것이 직무확장이다. 한 사람이 세분화된 한 가지 일만 하게 되면 건조감(dry)·무력감·소외감을 느끼게 되어 결국 비인간화되어 버린다는 것이다. 그러나 여러 가지 일을 하게 되면 보다 시야가 넓어지고 포괄성을 갖게 됨으로써 심리적 성공감을 갖게 된다는 것이다.

(5) 비공식적 조직의 활용

비공식적 조직은 인간의 사회·심리적 요소를 토대로 해서 생성되었기 때문에 이 조직이 처음부터 인간의 사회·심리적 욕구를 충족시켜 주고 있음은 말할 것도 없다. 즉 공식적 조직이 인간의 사회·심리적 욕구를 충족시켜 주지 못하고 있을 때에 비공식적 조직은 이를 보완하여 준다.

(6) 자체평가제도(self-evaluation system)의 활성화

조직구성원의 업적을 상부층에서 감독자나 심판관의 입장에서 평가할 것이 아니라 구성원 스스로가 평가하게 하는 것이다. 스스로 자기 실적을 평가하게 할 때에 보다 진지해지고 자기역할의 중요성을 더욱 인식하게 된다는 것이다. 상부층의 감시자적 평가는 인간을 심리적으로 불안하게 만들고 인간성장에도 기여하지 못한다는 것이다.

(7) 조직구조의 평면성강조

조직구조의 계층을 줄임으로써 조직구조를 평면화시킨다는 것이다. 조직구조가 고층성을 띨 때에는 상급자와 하급자간의 거리가 멀어 하급자는 심리적 패배감을 맛보기 쉽고 늘 자기비하에 빠져 있기 쉽다. 그러나 조직구조가 평면성(flat)을 띨 때에는 계층수가 적어 상급자와 하급자간에 거리감이 없어지고 심리적 불행감도 적어진다.

제 3 절 Z 이 론

Z이론은 Sven Lundstedt에 의해서 제창된 이론이다.[4] Z이론에 가까운 이론으로 Warren G. Bennis의 탈관료주의(beyond bureaucracy)[5]를 들 수 있으나, 여기서는 Lundstedt의 이론을 중심으로 Z이론을 설명하기로 한다. Lundstedt의 기본입장은 McGregor의 X·Y이론은 인간해석을 2분법으로 지나치게 단순화시키고 있어 인간의 복잡한 내용을 제대로 포착하지 못하고 있다는 것이다. 여기에서 Z이론은 X·Y이론을 부정하는 것이 아니라, 그것들이 포착하지 못한 공백을 메우는 데 그 존재의의가 있다는 것을 알 수 있다.

Ⅰ. Z이론의 인간해석

(1) 인간은 조직규율의 틈바구니 속에서 사는 것을 좋아하지 않는다. 즉 아무런 구속이 없는 일종의 무정부상태에서 살기를 좋아한다. 따라서 인간은 아무런 구속을 받지 않을 때에 보다 더 생산적이고 창의력을 발휘한다는 것이다.

(2) 인간은 자기의 개성을 모든 요소에 우선시하며 과학적인 탐구정신을 가지고 있는데, 과학적 탐구정신에는 가설정신과 실험주의가 내포되어 있다.[6] 이러한 과학적 정신을 가지고 있기 때문에 매사에 의문을 던지며 신중하고 시행착오를 긍정적으로 받아들인다는 것이다.

Ⅱ. Z이론하의 관리전략

(1) 자유방임형의 리더십

지도자라고 하는 사람은 되도록이면 조직구성원의 사고나 행동에 간섭을 하지 않는다는 것이다. 지도자가 할 일은 조직구성원의 자유를 정신적인 면에서나 구체적인 면에서 최대한으로 보장하여 주는 것이다. 연구소의 경우 연구원들에게 불간섭의 원리는 생산력의 향상을 약속한다.

4) Sven Lundstedt, "Consequences of Reductionism in Organization Theory," *Public Administration Review,* Vol. XXXII, July-August 1972, pp. 328～333.

5) Warren G. Bennis, *Beyond Bureaucracy: Essays on the Development and Evolution of Human Organization,* McGraw-Hill, 1973.

6) 劉鐘海, 現代行政學, 全訂版, 1985, 363면.

(2) 비조직적인 사회활동의 유도

조직생활을 하면서도 되도록이면 휴식·낮잠·한담 등 비조직적이고 자연발생적인 활동을 허용해야 한다. 이러한 비조직적이고 자연발생적인 활동은 인간의 욕구를 최대한으로 충족시켜 줄 수 있는 기회를 제공하여 주고, 사회적 변화를 촉진하여 주는 계기를 마련하여 주기도 한다.7)

(3) 느슨한 조직구조

되도록이면 조직을 느슨하고 엉성하게(loose) 짜 조직구성원으로 하여금 조직의 구속을 느끼지 않도록 하는 것이다. 조직의 구속이나 규제를 느끼지 않을 때에 자유를 느끼고 거기서 탐구의 결실을 보게 된다는 것이다.

제 4 절 복합적 인간관

Edgar H. Schein의 이론을 중심으로 그 기본가정과 관리전략을 설명하기로 한다.8)

Ⅰ. 기본적 가정

(1) 인간은 X이론이나 Y이론에서 가정하는 것처럼 그렇게 단순한 존재가 아니라는 것이다. 인간의 욕구체계는 복잡할 뿐 아니라 고도의 변이성을 가진다는 것이다. 그리고 여러 가지 욕구는 배타적인 관계나 독립적인 관계보다는 상호보완의 관계에 있다. 예컨대 경제적인 욕구는 자아실현의 욕구와 상호보완의 관계에 있다. 돈의 소유는 자아실현의 수단이 되고 있다.

(2) 인간은 조직생활을 경험하면서 기존의 욕구를 약화시키기도 하고 새로운 욕구를 배울 수도 있다. 인간의 욕구나 성격은 선험적인 것이 아니라 사회생활을 하면서 형성되고 익혀진다.

(3) 소속해 있는 조직의 성격이나 맡은 역할에 따라 성격이나 욕구가 달라진

7) Sven Lundstedt, *op. cit.*, pp. 330～331.

8) Edgar H. Schein, *Organizational Psychology,* 2nd ed., Prentice-Hall, 1970, pp. 55～75; 吳錫泓, 組織理論, 251～253면.

다는 것이다. 사업에 종사하는 사람일수록 돈에 대한 욕구가 강하고, 예술에 종사하는 사람일수록 자아실현의 욕구가 강하다. 하부계층에서 일하는 사람일수록 복종이 관습화되어 피동적으로만 움직일 가능성이 크다.

(4) 어느 인간이나 정도의 차이만 있지 X이론 · Y이론의 양면성을 다 가지고 있다. 어느 쪽이 더 강하냐의 문제는 상황에 따라 달라질 수 있다. 또 경제적 욕구를 더 추구하느냐, 아니면 사회 · 심리적 욕구를 더 추구하느냐의 문제도 동일한 인간의 경우에도 상황의 변화에 따라 달라지는 것이지 고정되어 있는 것은 아니다.

Ⅱ. 관리전략

(1) 관리자는 그때 그때의 상황을 정확하게 진단할 수 있는 능력이 있어야 한다. 복잡한 인간을 상정할 때에 단순하고 획일적인 관리전략은 있을 수 없다. 관리자는 자기가 거느리는 사람들의 성격과 욕구는 다양하고 항시 가변적이라는 것을 알고 있어야 한다. 따라서 전략은 신축적이고 융통성이 있어야 한다. 엄격한 통제를 가하면서 감수성훈련 같은 방법도 병용해야 한다는 것이다.

(2) 개인 하나하나의 성격과 욕구를 파악하는 데 관심을 기울여야 한다. 관리자는 상대방이 누구냐에 따라 행동을 바꿀 수 있어야 한다.

(3) 극단적인 전략은 피하는 것이 좋다. 즉 보수문제만 생각하거나 인간성존중의 문제만 생각하는 전략은 실패하기 쉽다.

제 5 절 인간의 욕구와 조직의 목표

인간의 욕구 또는 목표는 조직의 목표와 어떠한 관계에 있는가는 조직이론에 있어서 중요한 문제였지만, 이것이 본격적으로 다루어진 것은 Chris Argyris에 와서였다.[9)]

조직생활에서 인간의 욕구가 조직의 목표와 조화되느냐, 아니면 갈등을 일으키느냐의 문제는 결국 위에서 설명한 인간의 해석문제와 직결된다고 할 수 있다.

9) Chris Argyris, *Personality and Organization,* Harper and Row, 1957; *Interpersonal Competence and Organizatianal Effectiveness,* Dorsey Press, 1962; *Integrating the Individual and the Organization,* John Wiley and Sons, 1964.

즉 인간의 욕구를 어떻게 이해하느냐에 따라 조직의 목표와 조화되기도 하고 상충되기도 한다는 것이다. 그러면 조화관계와 갈등관계를 이야기하기 전에 인간의 욕구관계부터 살펴보기로 한다.

Ⅰ. 인간의 욕구체계

인간의 욕구문제는 여러 가지 시각에서 여러 가지 종류로 논의될 수 있으나, 여기서는 Abrahm H. Maslow의 이론을 중심으로 설명하기로 한다. 또 인간의 욕구와 조직의 목표간의 갈등가능성은 Maslow의 이론을 중심으로 논의되고 있기 때문에 Maslow의 욕구이론은 이 문제를 다루는 데 가장 안성맞춤이라고 할 수 있겠다. Maslow는 인간의 욕구체계를 다음과 같이 다섯 단계로 나누어 설명하고 있다.[10)]

(1) 인간욕구의 5단계

1) 생리적 욕구(physiological needs) 이 욕구는 모든 욕구 중 가장 원초적인 욕구로서 욕구체계의 출발점이라고 할 수 있다. 또 원초적인 욕구이기 때문에 가장 강력한 욕구라고 할 수 있다. 식욕·수면욕·성욕 등이 여기에 해당한다. 이러한 욕구들은 인간의 생존과 직결되는 욕구들로서 이러한 욕구들의 충족 이전에는 다른 욕구가 일어나지 않는다.

2) 안전욕구(safety needs) 생리적 욕구가 충족되면 다음으로 일어나는 욕구가 안전욕구이다. 이러한 욕구는 자기의 생명과 소유물을 안전하게 보호하고 싶어하는 욕구로서 적의 공격이나 공포의 위협으로부터 벗어나는 욕구이다. 질서 있고 안정되고 예측할 수 있는 생활을 추구하는 것도 안전욕구에 해당된다.

3) 애정적 욕구(love needs) 애정욕구는 3단계의 욕구로서 사랑, 따뜻한 정, 소속감을 추구하는 욕구이다. 다시 말해서 자기 아닌 이웃과 따뜻한 인간관계를 추구하는 욕구이다. 일반적으로 인간은 애정적 욕구가 충족되지 못할 때에 주위환경에 잘 적응을 하지 못한다고 지적되고 있다.

4) 존경의 욕구(esteem needs) 존경의 욕구는 다른 사람으로부터 높이 평가받는 욕구뿐만 아니라 자존심 그리고 다른 사람을 존경하고 싶어하는 욕구도 포함한다. 즉 다른 사람들과 존경을 나누어 갖고 싶어하는 욕구이다. 성취욕구·

10) Abrahm H. Maslow, "A Theory of Human Motivation," *Psychological Review*, Vol. 50, 1943, pp. 370～396; *Motivation and Personality*, Harper & Row, 1954, Ch. 4 and 5.

안정감 · 위신 · 명예욕이 다 여기에 포함된다.

5) 자아실현의 욕구(the need for self-actualization) 욕구단계 중 최종의 욕구가 자아실현의 욕구이다. 이상의 4가지 욕구가 다 충족되어도 인간은 자기가 하고 싶은 일을 하지 못하면 불만을 느낀다는 것이다. 여기서 자아실현의 욕구는 자기의 뜻을 펴고, 하고 싶은 일을 하고, 되고 싶은 인물이 되는 것이다. 음악가가 좋은 작곡을 하고, 화가가 훌륭한 작품을 만들어 내는 것이 자아실현의 욕구이다. 권력을 잡고 이것을 마음대로 휘두르는 것만이 자아실현의 욕구라고 이해하면 잘못이다. 자아실현의 욕구는 한마디로 자기의 잠재력을 발현하고 꾸준히 성장시킴으로써 자기가 되고자 하는 인물이 되는 것이다.

(2) 욕구간의 관계

지금까지 설명한 것으로 보아 욕구간의 계층성이 엄격하다는 인상을 받기가 쉽다. 즉 밑바탕의 하위욕구가 충족되어야만 상위의 욕구가 추구된다고 함으로써 욕구간의 계층성이 엄격하다는 인상을 받기가 쉽다. 그러나 여기서 명백히 밝혀 둘 것은 여러 가지 욕구가 반드시 계층성을 밟으면서 순서적으로 나타나는 것은 아니라는 것이다. 사람에 따라서는 안전욕구보다 명예욕이 먼저 추구되는 경우도 있다. 위에서 설명한 욕구단계는 일반적인 현상이지 모든 사람들이 다 이러한 욕구단계를 가지고 있다는 뜻은 아니다.

그리고 욕구가 충족된다고 해서 그 욕구가 완전히 100% 다 충족된다는 뜻은 아니다. 분명한 것은 원초적이고 밑바탕을 이루는 하위욕구일수록 보다 많이 충족되고, 높이 올라갈수록 덜 충족된다는 것이다. 예컨대 생리적 욕구가 75% 충족되고 안전욕구가 50% 충족될 때에 자아실현의 욕구는 10%밖에 충족되지 못한다는 것이다. 밑바탕을 이루는 원초적인 욕구일수록 생존과 직결되어 있어 보다 높은 충족률은 당연한 현상이라고 할 수 있다.

Ⅱ. 조화관계

일반적으로 전통적 이론(과학적 관리법이나 원리주의)이나 인간관계론적 이론은 인간의 목표와 조직목표간의 갈등가능성에 대해서 전혀 관심을 기울이지 않았다. 이들은 다같이 인간의 경제적 욕구나 사회적 욕구를 충족시켜 주면 조직의 목표성취를 위해서 최선을 다함으로써 개인과 조직간에는 대립가능성이 전혀 존재하지 않는다고 믿었다. 그러면 조화관계를 좀더 구체적으로 살펴보기로 한다.

(1) 개인은 조직을 통해서 생활수단을 획득한다

원시시대나 농경위주의 시대에는 개인은 독자적으로 아니면 몇 사람과의 단순한 협동관계에서 생계수단을 획득하였다. 그러나 오늘의 조직화시대에 와서 개인이 독자적으로 생계수단을 획득할 수 있는 영역은 아주 적어졌다. 따라서 오늘날의 개인은 먹고 살기 위해서 조직에 몸을 담을 수밖에 없게 되었다. 다시 말해서 조직은 인간에게 생계수단을 제공하여 준다.

(2) 개인에게 안전감과 소속감을 충족시켜 준다

사회적 동물인 인간은 혼자 살지는 못한다. 무엇인가에 소속하고자 하는 욕구가 있고, 안전감 속에서 살고 싶은 욕구도 강하다. 이러한 욕구는 조직생활을 통해서 충족될 수밖에 없다.

(3) 인간을 사회화시켜 준다

인간은 태어나서 죽을 때까지 여러 기관을 거치면서 사회화과정을 밟는다. 사회화과정의 매개체 중 조직은 가장 강력한 것 중의 하나라고 할 수 있다. 여하간 조직은 학습 또는 사회화과정을 통해서 인간을 훈련시키고 행위의 준거기준을 제공하여 주기도 한다.

(4) 인간에게 권력욕을 충족시켜 준다

조직의 계층성은 바로 인간의 권력욕을 충족시켜 주는 계기가 되고 있다. 즉 한 계층씩 승진할 때마다 권력욕은 충족된다는 것이다.

Ⅲ. 갈등관계

인간의 욕구가 조직의 욕구와 갈등관계에 있다고 주장한 사람은 Chris Argyris였다. 그는 인간의 목표를 자아실현적 욕구에서 찾았다. 그에 의하면 인간의 궁극적 가치란 자아실현이다. 인간의 가장 성숙된 단계가 자아실현의 단계라는 것이다. 그런데 조직의 욕구(organizational need)는 인간의 자아실현의 욕구를 억압하고 차단하고 있다는 것이다. 여기서 인간의 욕구와 조직의 욕구간에는 영원히 메워질 수 없는 강이 흐른다. 그는 자아실현을 추구하는 심리적 힘(psychological energy)이야말로 모든 힘의 근원이라고 주장하고 있다.[11] 이러한 심리적 힘은 심리적 만족감(psychological success)을 경험하면 경험할수록 증가한다는 것이다. 그런데 인간은 기존의 계층적 조직구조에서는 너나 할 것 없이 심리적 만족감을 경험할 수 없다는 것이다. 기존의 계층적 조직구조란 작업의 전문화, 명령의 통일, 명령의 계서적 하달, 통솔의 범위 등으로 특징지어지는데, 이러한 것들은 인간발전과 자이실현의 욕구를 차단하고 있다는 것이다.

인간은 미성숙의 단계에서 성숙의 단계로 발전・지향하고 있다. 미성숙의 단계라면 의존성, 수동성, 예속성, 단기적 안목, 자아의식의 결여를 들 수 있고, 성숙의 단계라면 자주성・능동성・독립성・장기적 안목・자아의식 등을 들 수 있다. 그런데 기존의 계층적 조직은 인간을 성숙의 단계로 끌고 가는 것이 아니라 오히려 미성숙의 단계로 끌고 간다는 것이다. 그는 기존의 계층적 조직이 인간의 자아실현적 욕구나 성숙성을 어떻게 차단하고 있는가를 다음과 같이 설명하고 있다.

1) 조직구성원 특히 하위계층의 구성원은 자기표현(self-expression)이 계속 차단되므로 늘 심리적 패배감(psychological failure)에 쌓이게 된다는 것이다.

2) 이들은 조직 전체의 목표에다 자기의 역할이나 목표를 연결시키고 확인시킬 수 있는 계기나 분위기가 마련되어 있지 않아 역시 좌절감과 무력감에 빠지게 된다.

3) 이들이 하는 일이란 세부적으로 한정되어 있고, 그들의 밝고 안정된 미래가 보장되어 있지 않아 늘 불안하고, 생각하는 것이 근시안적이라는 것이다.

4) 현존의 조직구조하에서는 정상적인 인간이라면 필히 갈등을 느껴 자신감을 가질 수가 없다는 것이다.[12]

이상의 설명을 한마디로 표현하면 현존의 조직은 자아실현의 욕구를 충족시켜 주기는커녕 오히려 의존성・복종성・좌절감・근시안성을 조장시킴으로써 인간개발을 방해하고 있다는 것이다.

Ⅳ. 인간목표중심의 관리

Argyris는 인간의 목표와 조직의 욕구간의 갈등관계를 분석한 후 양자의 통합 가능성을 모색하고 있다. 통합의 기본입장은 자아실현의 욕구충족에 적합하도록 조직은 근본적으로 재편성되어야 한다는 것이다. 구체적으로 지적하면 다음과 같다.

11) Chris Argyris, *Integrating the Individual and the Organization*, pp. 22～23.

12) *Ibid.*, p. 40.

(1) 평면적 조직구조의 설계

상위계층과 하위계층간의 계층들을 줄임으로써 조직을 평면화시킨다는 것이다. 이때에는 상위층과 하위층간에는 거리감이 없고 상·하간의 물리적 접촉이 자주 일어남으로써 상호이해의 폭과 가능성이 넓어지고 커진다. 층층의 높은 사람들이 없다고 생각하기 때문에 심리적 좌절감이나 열패감이 적고 상·하의식보다는 동료의식이 싹튼다.

(2) 직무확장

한 사람이 세분화되고 기계적인 일 하나만 하게 하지 말고 여러 가지 일을 하게 하는 것이다. 이때 사람들은 단조로움과 근시적인 안목에서 벗어나서 자기 일에 주인의식을 느낄 수 있고, 자기존재의 포괄성도 느낄 수 있다는 것이더.

(3) 권한과 책임의 다원화

한 사람 또는 소수의 사람들이 모든 권한과 책임을 다 갖지 말고 모든 구성원에게 분산시키고, 특히 중요한 결정을 내릴 때에는 모든 사람들이 참여하도록 한다. 그리고 자기책임제하에서 모든 사람들이 일을 하도록 하는 것이다.

(4) 상담위주의 적극적인 통제제도의 확립

과거의 통제제도는 처벌·강제·심리적 열패감·경쟁유발·방어적 행위 등으로 특징지어지는데, 이러한 통제제도를 전부 없애 버리고 상담집단(consulting organization)을 설정하여 이들로 하여금 상담중심의 통제를 하는 것이다. 아울러 포상제도도 보다 확장하여 종래의 구체적인 행위의 결과에만 국한하지 말고 포괄적인 인간행위(broad human activities)도 포함시켜야 한다는 것이다.

(5) 새로운 평가제도의 도입

종래의 평가제도는 인간을 성장시키는 데에는 아무런 도움을 주지 못하고, 오히려 지나친 동조성을 강조함으로써 의존성과 복종성만을 조장하였다는 것이다. 여기서 평가의 새로운 기준으로 자기발전(self-development), 동료간에 용납되는 행위, 인간관계 등을 내세우고 있다.

그리고 승진이나 채용의 기준도 구체적인 기술이나 지식이 아니라 조직전반에 대한 문제를 다룰 수 있느냐의 여부가 그 기준이 되어야 한다는 것이다.

제 6 장 합 리 성

제 1 절 합리성의 개념

행정학 하면 합리성을 다루는 학문이라고 할 수 있다. 그런데 합리성(rationality)이 무엇이냐고 묻는다면 명쾌하게 대답하기란 그리 쉽지 않다. Max Weber를 위시해서 Karl Mannheim, Herbert Simon, Paul Diesing 등이 합리성을 다루고 있으나 그 내용들이 다르다. 또 한 사람에 의해서 합리성이 다루어지고 있어도 그것은 여러 가지 종류로 나누어 설명되고 있다. 합리성에 대한 여러 가지 견해나 종류는 나중에 설명하기로 하고, 우선 여기서는 가장 기본적인 개념만을 살펴보기로 한다.

합리성 하면 우선 떠오르는 것이 사색(thinking), 이성(reason) 또는 이성적 과정(reasoning process)이다. 어떠한 행위가 이성에 합치될 때에 합리적이라고 일컬어진다. 즉 행위가 지성적이고 상식적인 면에서 이해될 수 있고(sensible), 의식적(self-conscious)이며 심사숙고의 과정을 거치고(deliberate) 계산된 것이라면 합리성을 띠고 있다는 것이다.[1)] 그러나 이러한 행위일지라도 보는 이에 따라 합리적일 수도 있고 비합리적일 수도 있다. 예컨대 수류탄을 들고 적진에 뛰어들어 자기를 희생시킴으로써 부하들을 살린 장교의 행위는 사령관의 입장에서는 대단히 합리적인 행위이지만, 자기 부인의 입장에서는 대단히 비합리적인 행위이다. 여기서 모든 지성적이고 의식적인 행위가 다 모든 사람들에게 합리적이라고 생각되는 결론은 나오지 않는다. 여기서 합리성은 '합리적이라고 인정되는 정도'에 따라 보편성을 띠기도 하고 부분성을 띠기도 한다. 그러나 합리성이 보편성을 띠든 부분성을 띠든 그것의 본질은 의식적이고 체계적인 사유과정(mental process)이라는 것이다. 우리는 합리적인 행위라고 해서 반드시 옳은 정답을 구하리라고 기대하

1) S. Kenneth Howard, "Administrative Rationality," in Frank Marini(ed.), *Toward a New Public Administration: The Minnowbrook Perspective*, Chandler Publishing Co., 1971, p. 287.

지 않는다. 기상청의 일기예보는 틀릴 수 있지만, 그것은 어디까지나 합리적인 행위이다. 그러나 점쟁이의 행위는 아무리 미래를 바로 맞추어도 그것이 합리적인 행위라고 할 수는 없다.

여기서 목표성취에 관계되는 행위이든, 공식적인 법규나 가치에 관계되는 행위이든, 현실의 가치화에 관계되는 행위이든, 아니면 추상적인 사유과정에 관계되는 행위이든 모든 합리적 행위에 공통되는 본질은 현실을 의식적으로 극복하겠다는 정신과정(mental process that consciously strive to master reality)이라는 것이다.[2] 즉 어떠한 종류의 합리적 행위이든 그것의 특징은 끊임없이 밀어닥치는 사회현실을 의식적이면서도 체계적으로 대처한다는 것이다. 현실을 극복하고 지배하려고 노력하는 과정에서 합리성이 내거는 기본목표는 개별적이고 특수적인 인식을 종합적이고 의미 있는 규칙성(comprehensive and meaningful regularities)으로 전환시키는 것이다.[3] 여기서 합리성의 핵심은 현실을 의식적으로 극복하겠다는 정신작용과 구체적인 사건들 속에서 특정의 유형성을 발견하는 것이라는 잠정적인 결론이 나온다.

제 2 절 합리성에 대한 제견해

앞에서 잠깐 지적하였지만 합리성에 대한 이해는 다양하다. 합리성을 보다 종합적으로 이해한다는 의미에서 학자들을 중심으로 그들의 견해를 잠깐 살펴보기로 한다.

I. Karl Mannheim

Mannheim은 합리성을 실질적 합리성(substantial rationality)과 기능적 합리성(functional rationality)으로 나누어 설명하고 있다.

(1) 실질적 합리성(substantial rationality)

실질적 합리성이란 어떤 특정의 상황에서 여러 가지 사건이나 요소간의 상호

2) Stphen Kalberg, "Max Weber's Types of Rationality: Cornerstones for the Analysis of Rationalization Process in History," *American Journal of Sociology*, Vol. 85, No. 5, March 1980, pp. 1159～1160.
3) *Ibid.*, p. 1160.

관계(interrelation)에 대해서 지성적 통찰력(intelligent insight)을 나타낼 수 있는 사고작용이라는 것이다.[4] 따라서 지성적인 사고작용(act of thought) 자체는 실질적인 합리성을 띠게 된다. 여기서 사고작용이 아닌 충동이나 본능은 실질적인 면에서 비합리적이라고 할 수 있다.

(2) 기능적 합리성(functional rationality)

기능적 합리성이란 이미 정해진 목표의 성취에 순기능적 행위를 할 때에 나타나는 합리성을 말한다. 다시 말해서 목표성취에 기여하는 행위는 기능적인 면에서 합리성을 띠고 있다는 것이다. 조직 내에서 모든 행위가 목표성취를 위해서 체계적으로 조직화되었을 때에 기능적 합리성을 띠고 있다고 할 수 있다. 이러한 의미에서 관료제는 기능적 합리성을 띤 대표적인 조직구조라고 할 수 있다. 여기서 기능적 합리성은 목표성취와 직결되고 있다는 것을 알 수 있다. Mannheim에 의하면 사회가 산업화되고 분업화가 심화될수록 기능적 합리성은 강하게 일어난다는 것이다.[5] 인간은 자기의 재량적 판단을 하기 전에 이미 정해진 목표성취에 기여하도록 강요되기 때문에 기능적인 면에서 합리적 행위를 하게 된다는 것이다. Mannheim은 이러한 현상을 자동적 합리화(self-rationalization)의 현상이라고 부르고 있다.[6] 이러한 점에서 현대의 고도산업사회는 기능적 합리화가 충만한 사회라고 할 수 있다.

(3) 실질적 합리성과 기능적 합리성과의 관계

실질적 합리성과 기능적 합리성은 반드시 동일방향에서 조화되고 있지는 않다. Mannheim에 의하면 기능적 합리성이 반드시 실질적 합리성을 증가시키지는 않는다.[7] 그의 이론은 산업화가 되면 될수록 기능적 합리성은 증가하지만, 동일한 정도로 실질적 합리성을 증가시키지는 못한다는 것이다. 오히려 고도의 기능적 합리성은 인간의 자율적 판단력과 지성적 통찰력을 마비시킴으로써 실질적 합리성의 성장가능성을 저지시키기 쉽다는 것이다.[8]

---

4) Karl Mannheim, "The Meaning of Rationality," in Marshall W. Meyer(ed.), *Structure, Symbols, and Systems,* Little, Brown and Company, 1971, p. 54.

5) *Ibid.,* pp. 55~56.

6) *Ibid.,* p. 56.

7) *Ibid.,* p. 57.

8) *Ibid.,* p. 58.

Ⅱ. Herbert Simon

Herbert Simon은 합리성을 내용적 합리성과 절차적 합리성으로 나누어 설명하고 있다.

(1) 내용적 합리성(substantive rationality)

Simon의 내용적 합리성은 경제학적 개념으로서 목표성취에 기여하는 행위를 말한다.[9] 여기서 Simon의 내용적 합리성은 오히려 Mannheim의 기능적 합리성과 유사하다. 즉 행위의 내용적 합리성 여부는 목표성취에의 기여 여부에 달려 있다는 것이다. 그런데 이때의 목표성취는 주로 효용 또는 이윤의 극대화이다. 따라서 Simon이 이야기하는 내용적 합리성이란 효용의 극대화를 가져오는 가장 능률적인 행위를 말한다.

(2) 절차적 합리성(procedural rationality)

절차적 합리성은 심리학적 개념으로 의식적인 사유과정을 말한다.[10] 즉 어떤 행위가 의식적인 사유과정(deliberation)의 산물이거나 인지력(cognitive power)과 결부되고 있을 때에 절차적 합리성을 띠고 있다는 것이다. 여기서 절차적 합리성은 그것을 산출하는 과정에 의존하고 있다. 즉 일명 추리(reasoning)라고 일컬어지는 사고과정(thinking process)과 같다. 절차적 합리성은 어디까지나 결과보다는 과정에 관심이 있다. 그 과정도 단순한 과정이 아니라 인지적이고 지적 과정(cognitive and intellective process)이라는 것이다.

Simon에 의하면 절차적 합리성은 인간들이 당면한 문제들을 가장 바람직스런 방법으로 해결하기 위해서 여러 가지 정보를 수집하고, 여러 가지 방법으로 처리해 보는 문제상황(problem situation) 속에서 나타난다고 지적하고 있다.[11]

Ⅲ. Paul Diesing

Paul Diesing은 합리성을 기술적 합리성 · 경제적 합리성 · 사회적 합리성 ·

9) Herbert A. Simon, "From Substantive to Procedural Rationality," in S. J. Latsis(ed.), *Method and Appraisal in Economics,* Cambridge University Press, 1976, pp. 130~131.

10) *Ibid.,* pp. 131~132.

11) *Ibid.,* p. 132.

법적 합리성 · 정치적 합리성으로 나누어 설명하고 있다.[12] 그는 이러한 다섯 가지 합리성은 서로가 추구하는 차원이나 철학이 다르기 때문에 반드시 조화된다고 볼 수 없다는 것이다. 예컨대 기술적이고 경제적인 합리성이 사회적이고 법적이고 정치적인 문제를 해결하는 데 적용된다고 볼 수 없다는 것이다. 오히려 이러한 문제들은 경제적인 합리성과는 다른 차원에서 해결되어야 한다는 것이다.[13]

나누어서 살펴보면 다음과 같다.

(1) 기술적 합리성(technical rationality)

기술적 합리성이란 하나의 목표를 성취하기 위해서 여러 가지 행위가 취해질 때에 나타난다. 따라서 수단 · 목표의 계층적 구조(the means-end construct)는 기술적 합리성의 골격을 이루고 있다. 즉 목표성취에 적합한 수단들을 찾는 것이 기술적 합리성이다.

(2) 경제적 합리성(economic rationality)

경제적 합리성이란 비용 · 효과의 비교개념에서 목표를 선정하고 평가하는 과정에서 나타난다. 기술적 합리성이 이미 정해진 목표를 어떻게 하면 효과적으로 성취하는가에 관계되는 것이라면, 경제적 합리성은 비용(cost)에 비해서 효과(benefit)가 큰 목표를 선정하는 것에 관계되고 있다. 따라서 경제적 합리성은 두 개 이상의 목표들이 서로 경쟁을 벌이고 있을 때에 필히 나타나게 된다.[14] 그런데 이러한 경제적 합리성은 두 개 이상의 목표가 어떤 가치척도선상에서 그 비교가 가능할 때에 나타나게 된다. 여기서 경제적 합리성은 측정과 비교기술의 개입을 전제로 그 성립이 가능하게 되는 것이다.

(3) 사회적 합리성(social rationality)

사회적 합리성은 사회체제의 구성요소간의 조화 있는 통합성(integration)을 말한다. 사회적 합리성은 사회 내에 있는 여러 가지 힘과 세력들이 질서 있는 방향으로 처리되고, 갈등이 해결될 수 있는 장치를 가질 때에 나타난다. 구조적인 면에서 여러 역할들은 일관성을 가져야 하며, 상호갈등이 없이 조화되어야 한다.[15] 여기서 사회적 합리성이란 사회를 구성하고 있는 여러 요소들간의 상호의존성과

12) Paul Diesing, *Reason in Society*, University of Illinois Press, 1962.
13) *Ibid.*, pp. 2~3.
14) *Ibid.*, p. 43.
15) *Ibid.*, pp. 84~85.

결속성의 질서체계라고 할 수 있다. 이러한 상호의존성의 질서는 부분들간의 상호조절(mutual adjustment)을 통해서 발전하게 된다. 이러한 의미에서 사회적 합리성은 목적 · 수단의 분석개념이나 비용 · 효과의 비교개념으로는 설명이 되지 않는다.

(4) 법적 합리성(legal rationality)

법적 합리성이란 인간과 인간간에 권리 · 의무관계가 성립할 때에 나타난다. 이러한 법적 합리성은 인간생활의 규범적 측면에서 갈등을 해결할 필요성이 있을 때에 나타나게 된다.[16)] 법적 합리성은 인간행위를 예측가능하게 하고 공식적 질서를 탄생시켜 준다. 동시에 이러한 법적 합리성은 이해타산의 갈등을 해결가능하게 하고, 복잡한 것을 명확하게 하고, 보편주의정신을 조장하기도 한다. 그러나 반면에 계층적 차이를 강조하고, 획일성 · 경직성 · 불변성을 강화시키는 경향도 있다.[17)]

(5) 정치적 합리성(political rationality)

정치적 합리성은 정책결정구조(decision-making structure)의 합리성을 말한다. 다시 말해서 정책결정구조가 개선될 때에 정치적 합리성은 나타나게 된다는 것이다. 좀더 구체적으로 말하면 정책결정과정에서 여러 가지 정보가 수집되고, 그것이 사실적 의미에서나 규범적 의미에서 바르게 해석되고, 이러한 해석은 행위방향을 제시하고, 이러한 행위방향은 끊임없이 수정될 수 있고, 모든 행위가 체크되고 교정될 수 있으면 정치적 합리성이 존재하게 된다는 것이다.[18)] 다시 말해서 보다 낫고 올바른 정책을 결정할 수 있는 구조적 장치가 마련되어 있으면 정치적 합리성은 나타나게 된다는 것이다.

제 3 절 합리성의 차원

합리성은 사용되는 목적에 따라 여러 가지 차원에서 설명될 수 있다. 여기서 합리성은 다각적인 차원에서 연구될 것이 요구되고 있다.

---

16) *Ibid.*, p. 162.
17) *Loc. cit.*
18) *Ibid.*, pp. 171～179.

Ⅰ. 실천적(기술적) 차원

실천적 차원에서의 합리성은 주로 목표성취를 위한 목적·수단의 관계에서 설명된다. 실천적 차원에서 합리성은 현실을 있는 그대로 받아들인다. 다시 말해서 목표나 현실을 주어진 것으로 생각한다. 이때의 주요 관심사는 목표성취에 있어서 가장 능률적인 방법을 찾는 것이다. 실천적 차원의 합리성은 세련의 정도만 다르지 모든 일상생활에서 나타난다. 이때의 실천적 합리성은 직접적으로 인간생활을 인도하고 규제하지만 그 영역의 범위는 주로 이해타산에 한정된다. 따라서 실천적 차원에서의 합리성은 그 의식적 사고과정이 극히 한정되어 있다. 이러한 실천적 또는 기술적 차원의 합리성은 인간의 현실에의 예속화(subordination of individuals to given realities)를 조장하기 쉽고, 일상생활을 초월해서 일어나는 모든 가치정향을 부정하려는 경향이 강하다고 지적되고 있다.[19] 여기서 목적·수단의 관계로 설명되는 실천적 합리성은 비현실적 가치나 추상적 가치를 불신하려고 한다. 다시 말해서 일상생활의 이익에 직결되지 않은 합리성은 관심 밖이라는 것이다.

Ⅱ. 형식적(공식적) 차원

형식적 차원(formal dimension)의 합리성은 인간적인 요소(personal factors)가 사상되어 가는 과정에서 나타나는데, impersonalism이나 관료제는 형식적 합리성의 대표적인 경우라고 할 수 있다. 쉽게 말해서 인간의 지배가 법의 지배에 의해서 대체될 때에 형식적 합리성은 나타나게 된다. 인간의 행위가 표준화되고 보편적으로 적용되는 법규에 의해 지배될 때에 형식적 차원의 합리성은 나타난다. 따라서 형식적 합리성은 인간의 생활영역과 지배구조(structure of domination)에 직결되어 있다. 형식적 차원의 합리성은 산업화와 더불어 경제적·법적·과학적 영역에서 발달한다.

형식적 차원의 합리성도 기술적 차원의 합리성처럼 목적·수단관계의 성격을 강하게 띠고 있지만, 이때 목적·수단의 관계는 개인적인 목표성취에 관계되는 것이 아니라 보편적으로 적용되는 법규·규칙·규정에 관계되고 있다.[20]

형식적인 법규나 규칙이 발달하면 개인적 자의성(arbitrariness)은 사라지게

19) Stephen Kalberg, *op. cit.*, p. 1152.
20) *Ibid.*, p. 1158.

된다. 형식적 차원에서 강조되는 보편주의(universalism)는 개인의 주관이 지배하는 정책결정을 아주 싫어한다. 아무리 뛰어난 카리스마적 지도자라 할지라도 형식적인 합리적 절차에 복종하게 되어 있다.

Weber는 관료제를 형식적 합리성의 극치로 설명하고 있다. 왜냐하면 관료제는 보편적인 법규나 규칙에 의해서 지배·복종이 이루어지고 있고, 구체적인 문제들을 보편적이고 추상적인 법규를 통해서 해결할 수 있는 제도적 장치를 가지고 있기 때문이다.

경제적 영역에서는 시장의 법칙(law of market)이 보편화될 때에 형식적 합리성은 증가하게 된다. 왜냐하면 시장의 법칙은 개인의 무질서한 행위들을 표준화된 행위로 통합시키기 때문이다.

Ⅲ. 가치적 차원

가치적 차원의 합리성은 실천적 차원이나 형식적 차원의 합리성처럼 인간행위를 인도하는 역할을 하나, 그것은 목적·수단의 계산체계에 입각해서 하는 것이 아니라 과거·현재·미래의 가치공준(value postulate)에 입각해서 행위를 인도한다.[21] 여기서의 가치공준이란 부의 긍정적 평가와 같은 단순한 가치(single value)가 아니라 전체적인 종합성(comprehensiveness)과 내부통일성(internal consistency)을 함축하고 있는 가치집합(cluster of values)을 말한다. 다시 말해서 '돈은 좋은 것이다', '의무를 이행해서 잘했다'라는 식의 단순한 가치가 아니라 종합성과 내부통일성을 지닌 가치라는 것이다. 이러한 차원의 가치는 인간의 가치·합리적 행위(value-rational action)에 대한 내부적인 욕구추구가 발로될 때에 존재하게 된다. 민주주의·공산주의·사회주의·쾌락주의·평등주의·문예부흥 등은 가치적 차원에서의 합리성의 좋은 예라고 할 수 있다. 한마디로 가치적 차원의 합리성은 무의미한 현실이 의미 있는 가치체계로 전환되어지는 현상이라고 할 수 있다. 여기서 이러한 차원의 합리성은 현실을 거르고 판단하는 공준의 역할을 한다.

Ⅳ. 인지과정상의 차원

인지과정상의 합리성은 Simon의 절차적 합리성과 같다. 내용적 합리성이 역사의 흐름 속에서 일관된 가치체계를 찾으려는 거시적 현상이라면, 인지과정상

21) Guenther Roth and Claus Wittich(eds.), *Economy and Society*, Bedminister, pp. 85~86.

(cognitive process)의 합리성은 인간내부에서 인식상의 질서체계를 찾겠다는 미시적 현상이라고 할 수 있다. 인지과정상의 합리성의 또 하나의 특이한 것은 목표성취의 결과보다 목표성취의 과정에 관심을 기울인다는 것이다. 즉 결과의 극대화보다는 결과가 어떻게 이루어졌는가의 그 과정이 더욱 중요하다는 것이다. 질서 있는 사고과정을 통하지 않은 결과의 획득보다는 질서 있는 인지적 사고과정이 더욱 중요하다는 것이다.

인지과정상의 합리성은 문제해결로 인도되는 바람직한 행동과정을 찾는 것에 역점을 두기 때문에 사유과정상에서 시행착오와 갈등을 많이 겪게 된다.

Ⅴ. 이론적 차원

이론적인 차원(theoretical dimension)에서의 합리성은 추상적인 개념을 통한 현실의 의식적인 극복(conscious mastery of reality)이라고 할 수 있다. 다시 말해서 현실을 추상화할 수 있는 능력을 말한다는 것이다. 여기서 이론적인 차원의 합리성은 인간의 행동을 직접적으로 인도하지는 않지만 간접적으로는 영향을 주기는 한다. 이러한 차원의 합리성은 연역적인 추리, 귀납적인 사고, 상징적 의미의 형성(formation of symbolic meaning)으로 특징지어진다. 이론적인 합리성은 여러 가지 행위들에 대한 구체적인 설명보다는 유형화와 상호인과관계의 발견에 더욱 흥미를 가지고 있다. 이론적인 차원의 합리성은 추상화를 통한 현실설명에 역점을 두기 때문에 예외적인 현상을 많이 인정하고 있다.

제 4 절 합리성의 제약요인

합리성을 제약시키는 요인으로 여러 가지를 생각할 수 있다. 여기서 이야기하는 여러 가지 제약요인들이 위에서 이야기한 합리성의 모든 차원에 해당된다고 볼 수는 없다. 지금부터 설명할 제약요인들은 주로 목표성취의 극대화라는 실천적 차원의 합리성에 해당된다고 볼 수 있다.

Ⅰ. 감정적 요소(affective factor)

인간이 생래적으로 지니고 있는 감정적 요소는 합리성의 제 1 의 제약요인이라고 할 수 있다. 인간은 감정에 의해서 지배되거나 아니면 감정을 현명하게 처리하지 못하므로 실리와 배반되는 행위를 하는 경우가 많다. 정도의 차이만 있지 감정적 요소로부터 완전히 벗어날 수 있는 인간은 없다.

Ⅱ. 가치선호의 갈등

가치선호의 갈등은 사실에 대한 정확한 지식의 결핍으로부터 오는 경우가 많다. 이 말은 무슨 말이냐 하면 사실에 대한 정확한 지식이나 정보는 그만큼 가치갈등의 가능성을 해소시켜 준다는 것이다. 그러나 사실에 대한 정확한 지식은 가치선호의 갈등해결에 크게 도움은 되지만, 가치갈등의 문제를 완전히 해결하여 주지는 못한다는 것이다. 다시 말해서 사실에 대한 정확한 정보나 지식이 존재한다 할지라도 가치선호의 갈등문제는 그대로 남게 된다는 것이다. 이러한 인간간의 가치선호문제는 합리성을 제약하는 요인이 된다는 것이다.

Ⅲ. 지식 및 정보의 불완전성

일반적으로 합리성은 행위상황에 대한 지식 및 정보의 완전성(completeness of knowledge)을 전제로 한다. 합리성을 추구하는 과정에서 지식이 하는 역할이란 어떤 대안이나 행위를 취하였을 때에 그것이 어떤 결과를 가져다 줄 것인가를 파악하고 결정하는 것이다. 그러나 각 대안마다 어떤 결과를 가져다 줄 것인가를 정확하게 파악한다는 것은 불가능하다. 여기서 지식 및 정보의 불완전성은 필히 나타나게 된다는 것이다. Simon에 의하면 인간이란 자기의 행위상황에 대해서 기껏해야 단편적인 지식밖에 없고, 행위를 유도하고 결정하는 법칙성에 대한 통찰력도 주관적이고 부정확하다는 것이다.[22)]

Ⅳ. 기존의 가치체계

특정의 사회에 전반적으로 받아들여지고 있는 기존의 확립된 가치체계는 인간의 사고와 행동을 같은 방향으로만 인도함으로써 새로운 사고와 행동을 저지하게 된다. 합리성이 현실을 극복함으로써 보다 나은 결과를 추구하는 과정이라면, 기존의 가치체계는 새로운 시도를 저지함으로써 합리성의 제약요인이 된다. 특히

22) Herbert A. Simon, *Administrative Behavior*, 3rd ed., 1976, p. 81.

기존의 가치체계가 교조성을 강하게 띠고 있을 때에 그 제약성은 더욱 크다고 할 수 있다.

Ⅴ. 비용의 과중

합리성을 보다 나은 결과를 추구하는 과정이라고 생각한다면, 시간·노력·금액의 소요는 불가피하다. 이때 소요되는 비용이 너무 크면 합리성은 그만큼 제약된다고 볼 수 있다. 왜냐하면 과중한 비용을 부담하면서까지 새로운 결과를 추구하려고 하지 않기 때문이다.

Ⅵ. 습관과 기억

습관과 기억도 새로운 의식적인 사고작용(conscious thought)을 저지시킴으로써 합리성을 제약하고 있다.

습관(habit)은 행위유형의 보수성(preservation of behavior pattern)을 강화시킴으로써 합리성을 제약하게 된다.[23] 습관은 유사한 상황이나 자극에 대해서 유사한 반응으로 대처케 함으로써 의식적인 사고작용을 처음부터 막아버린다.

기억(memory) 역시 습관과 마찬가지로 행위나 사고의 보수성을 강화시킨다. 하나의 사건을 해결한 기억은 다음에 일어나는 유사한 사건들에 적용됨으로써 의식적인 새로운 시도를 막아버린다. 의식적인 사유작용을 저지한다는 점에서 기억의 제약성은 크다.

Ⅶ. 관성적인 현상

관성(inertia)은 한마디로 행위지속적(behavior-persistence) 현상이라고 할 수 있다. 모든 사물은 이러한 관성적인 성향을 지니고 있다. 인간의 경우도 한번 행위나 관심이 일어나면 상당기간 동일한 방향으로 나가려고 하고 있다. 동일한 방향으로의 지속적인 행위의 진행성은 보다 나은 가능성에 대한 관심을 차단시킴으로써 합리성을 제약하고 있는 것이다.

---

23) *Ibid.*, p. 88.

제 7 장 가 외 성

행정학에서 가외성(redundancy)[1]의 문제에 대한 본격적인 논의는 Martin Landau에서 비롯된다.[2] 본래 가외성은 정보과학·컴퓨터·사이버네틱스 등의 학문에서는 활발하게 논의되고 적용되었다. 이것이 행정학에서 크게 관심을 끌게 된 것은 Landau를 통해서이다.

가외성 하면 중첩(overlap)이나 중복(duplication) 등이 내포된 개념으로서 행정학에서는 전혀 환영받지 못한 개념이었다. 그도 그럴 것이 가외성 하면 불필요한 것으로 생각되고, 기껏해야 덤으로 생각되어 바로 비능률적인 것으로 연상되었던 것이다. 따라서 행정개혁 하면 이러한 중첩적인 것을 제거하는 것으로 생각되었던 것이다.

이처럼 행정학에서 터부시된 가외성이 왜 새삼스럽게 관심을 끌게 되고 재평가가 되고 있는지, 이에 대한 설명이 본장의 목적이다. Landau의 말을 빌어 엄밀히 따지고 보면, 정치·행정상의 모든 제도가 가외성현상의 반영에 지나지 않는다는 것이다. 즉 권력분립, 견제와 균형, 연방주의, 거부권제도, 삼심제도, 양원제, 삼독회 등이 모두가 가외성현상이라는 것이다.[3] 행정에 있어서 하나의 기안문서에 여러 사람들이 올라가면서 도장을 찍는 것도 가외성현상이다.

제 1 절 가외성의 개념

일상생활에서 가외성 하면 남는 것, 초과분(excess), 없어도 되는 것(superfluity) 등을 의미한다. 그런데 이때 초과분은 구성요소일 수도 있고, 법규도 될 수

1) redundancy를 가외성이라고 번역하게 된 것은 金榮枰 교수의 의견에 따른 것임.
2) Martin Landau, "Redundancy, Rationality, and the Problem of Duplication and Overlap," *Public Administration Review*, Vol. 29, 1969, pp. 346～358.
3) *Ibid.*, p. 351.

있고, 메시지도 될 수 있다. 여하간 가외성은 무용하고 불필요하고 기껏해야 있어도 좋고 없어도 좋은 부정적인 개념으로 이해되어 온 것이 사실이다. 어떤 체제 내에서 구성요소나 부품이 가외로 초과되어 있다면 이는 중복현상으로, 곧 낭비를 나타나게 된다. 법규나 규정이 필요 이상으로 존재하게 되면, 이것은 바로 번문욕례를 연상케 한다. 가외성이 경제적이고 능률적이라고 생각되는 경우는 거의 없다. 이 말은 바꾸어 말하면 가외성이 존재하지 않거나 zero의 상태에 도달해야만 능률과 경제는 존재하게 된다는 것이다. 이러한 의식이 강하다 보니 초기에는 정보이론에서도 가외성이 없는 정보체제(nonredundant system)를 추구하였다. 그러나 오늘날에 와서는 이러한 비가외적 체제의 추구는 의미가 없을 뿐만 아니라 오히려 바람직하지 못한 것으로 인식되고 있다. 이것은 비가외적 체제의 실현이 불가능하다는 이유에서 온 것이 아니라 오히려 이러한 체제가 실현되면 실패의 확률을 증가시킬 것이라는 이유에서 온 것이다. 다시 말해서 정보체제에서 초과분의 채널이나 코드가 없는 비가외적 체제는 오히려 거짓되고 왜곡된 정보를 전달할 가능성이 크다는 것이다. 이때 가외성의 존재가 재평가되는 것이다. 즉 가외성은 체제운영의 안전성과 신뢰성을 높여 준다는 것이다. 자동차의 브레이크는 하나일 때보다는 이중장치로 되었을 때가 보다 안전한 운행을 보장하는 것이다. 여기서 가외성은 정당화되는 것이다. 이러한 현상은 행정체제에도 동일하게 적용된다. 즉 군더더기가 없는 최소한의 구성단위로 엮어진 조직체는 중첩현상이나 중복현상이 없어 얼핏 보면 미끈하게 빠진 가장 능률적인 조직체로 생각되나, 사실은 오류의 발생률이 가장 큰 허약체제라는 것이다. 이때 가외성은 오류의 발생을 방지하므로 체제의 신뢰성(reliability)과 적응성(adaptability)을 높여 주는 필요한 중복현상으로 인식된다.

가외성에는 중첩성(overlapping) · 중복성(duplication) 및 동등잠재력(equipotentiality) 등이 내포되는데, 간단히 설명하면 다음과 같다. 중첩성은 기능이 여러 기관에 분할되어 있지 않고 혼합적으로 수행되는 상태를 말한다. 예컨대 새마을사업의 기능을 수행할 때에 하나의 부처가 독립적으로 전담하는 것도 아니고, 그렇다고 이것의 기능이 명확하게 분화되어 다른 기관들에게 독립적으로 분할되는 것도 아니다. 새마을사업이라는 기능을 명확하게 분화시키지 않고 여러 행정기관들이 중복적으로 상호의존성을 가지면서 공동관리하는 현상을 말한다. 이것은 마치 인간의 조직체 내에서 위만이 소화작용을 전담하는 것이 아니라, 다른 기관들도 여기에 참여하는 것과 비슷하다. von Neumann은 주장하기를 조직체가 이러한 중첩적인 성격을 지니고 있어야 자체 내에서 발생하는 오류를 미리 진단할 수

있고, 또 이미 발생한 오류의 효과를 최소화시킬 수 있다는 것이다.[4)]

중복성은 동일한 기능을 여러 기관들이 독자적인 상태에서 수행하는 것을 말한다. 예컨대 자동차의 이중브레이크 장치가 그 좋은 예이다. 또 하나의 예는 정보제공의 업무를 다른 기관들이 서로 간섭하지 않고 독립적인 입장에서 담당하는 경우이다. 이때 한 기관의 역할은 다른 기관의 역할과 완전히 분리 및 독립되어 있어야지 그렇지 않으면 아무런 의미가 없고 또 낭비에 지나지 않는다. 분리되어 있어야만 하나의 장치가 고장나도 다른 장치가 이를 대치할 수 있는 것이다.

동등잠재력은 기관 내에서 주된 조직단위의 기능이 작동하지 않을 때에 다른 지엽적이고 보조적 단위기관들이 주된 단위의 기능을 인수해서 수행하는 경우이다.[5)] 예컨대 주된 조명장치가 고장났을 때에 보조조명장치를 사용하는 경우이다. 이때 기관은 고도의 적응력을 발휘한다는 것이다.

제 2 절 가외성이 정당화되는 근거

가외성 하면 필요 이상의 것으로 낭비적이고 비능률적인 것으로 생각되기 쉬운데, 왜 현대의 조직사회에서 이것의 중요성이 논의되고 있는가? 가외성이론을 행정학분야에 도입시킨 Landau 역시 자동차나 컴퓨터나 비행기를 만들 때에 가외성장치를 설치하는 것은 당연하게 생각되나, 현대의 대규모의 조직사회에도 가외성의 효용이 적용되는가에 대해서 선험적(a priori)으로 답변될 수는 없다는 것이다.[6)] 그러나 오늘날 조직이론에서 체제분석·사이버네틱스·정보이론이 중요한 위치를 점하면서 가외성이론의 조직사회에의 적용가능성은 높아졌다고 볼 수 있다.

그러면 대규모의 조직사회에서 왜 가외성이 정당화되는가를 검토하여 보기로 한다.

Ⅰ. 정책결정의 불확실성상태

인간이 아무리 지식과 정보를 동원해서 정밀한 계획을 세우고 살아도 그는 언제 어디서 어떤 예기치 않았던 사건에 부딪힐지 아무도 모르는 불확실성(uncer-

4) *Ibid.*, p. 135에서 재인용

5) J. Singh, *Information Theory, Language and Cybernetics*, Dover Publications, 1966, p. 225; M. Landau, *op. cit.*, p. 351.

6) Landau, *op. cit.*, p. 349.

tainties)의 상태 속에서 산다. 이 불확실성이야말로 인간이 피할 수 없는 상태이다. 예기치 않았던 사건(unanticipated events)의 발생률이 100분의 1이라도 있으면 가외성은 정당화될 수 있다.

우리의 지식과 정보는 불완전하고 불확실하기 때문에 이것을 토대로 해서 일어나는 모든 행위는 오류를 범할 가능성이 있는 것이다. 그런데 이때의 오류에는 치료될 수 없고 복귀될 수 없는 치명적인 것도 있는 것이다. 예컨대 하나밖에 없는 자동차의 브레이크가 고장이 났다고 생각해 보라. 불확실성 속에서 이것에 대비할 수 있는 수단이 곧 가외성이다. 이처럼 우리가 가진 정보나 지식이 불완전하다는 것은 정책결정상황이 불확실하다는 것이다. 확실한 상태에서 이루어지는 정책결정을 계산형(computation)이라고 하면, 이러한 계산형은 어디에서도 좀처럼 일어나지 않는데, 공행정에서는 더욱 그러하다는 것이다. 환경은 언제나 가변적이기 때문에 정확하게 기술될 수가 없고, 선호된 가치체계나 그것을 달성하는 수단에 대해서도 정확하게 아는 바가 없고 또 좀처럼 의견이 한데 모아지지도 않는다는 것이다. 따라서 사실의 불확실성이나 가치의 갈등에 대해서 대책이 요구되는데, 이것이 가외성이라는 것이다. 다시 말해서 여러 가지 정책대안들이 필요에 따라서 시도되는데, 이것이 바로 가외성이라는 것이다.

Ⅱ. 조직의 신경구조성

모든 조직은 예외 없이 신경생리성(neural physiologies)을 지니고 있는데, 의사전달망 · 통합 · 통제가 그 좋은 예이다. 한마디로 조직은 아주 광범위하고 복잡한 통신망으로 엮어진 정보체제라는 것이다. 이때의 정보체제는 여러 사람들이 여러 가지 source에서 여러 가지 정보를 주고 받는 정보망이라는 것이다. 조직이 이러한 정보망이다 보니 시끄러운 잡음도 많이 일어난다는 것이다. 그것의 코드나 분류기준이 반드시 명확하지마는 않다는 것이다. 정보의 내부배열(internal arrangement)은 완전하지 않고 정보의 흐름 역시 항시 일정하거나 일관성을 지니고 있지 않다는 것이다. 잘못된 정보의 흐름은 정보를 수집하고 선택하는 발생점에서부터 받아들이는 최종점에 이르기까지 어디에서나 일어날 수 있는 것이다. 그리고 정보전달의 수단으로 사용되는 언어 역시 애매하고 불명확한 경우가 너무 많고 정보를 주고 받는 인간 역시 자기 업무를 미스테리로 끌고 갈 가능성도 언제나 가지고 있는 것이다.[7] 따라서 조직사회에서 어느 누구도 자기는 정확하고

7) *Ibid.*, p. 349.

왜곡되지 않은 정보를 받았다고 확신할 수 있는 사람은 없다. 이러한 정보체제의 위험성과 미비점을 보완하여 줄 수 있는 것이 가외성장치라는 것이다.

Ⅲ. 조직의 체제성

조직은 하나의 체제이지 부품은 아니라는 것이다. 즉 여러 가지 요소와 부품으로 구성되는 체제라는 것이다. 그런데 이때의 체제도 부품들의 단순한 집합이 아니라 생명을 가진 통일체(gestalt)라는 것이다. 이때 체제를 구성하는 부품들 중에서 완전성을 자랑하는 부품은 없다. 즉 어느 부품이나 완전한 것은 없다는 것이다. 또 설사 부품이 완전하다 하더라도 다른 부품들과 언제나 조화적인 작동관계를 유지하고 있다고 볼 수는 없는 것이다. 언제나 부품은 다른 부품들과의 조화적인 관계에서 이탈될 가능성을 지니고 있는 것이다. 부품의 이러한 불완전성이나 조화관계로부터의 이탈가능성은 전체로서의 조직의 운영을 원활하지 않게 하거나 불가능하게 한다. 이때 부품의 불완전성이나 이탈가능성에 대해서 보완장치가 요구되는데, 이것이 가외성장치라는 것이다.

Ⅳ. 협상의 사회

인간의 사회는 협상의 사회라고 할 수 있다. 특히 민주사회는 더욱 그러하다. 협상(compromise)이라는 말 자체가 중복성이나 가외성을 지니고 있다. 협상은 계속해서 말 · 의견 · 행동을 주고 받는다는 이야기이다.

인간은 다른 사람들과 어울려 살면서 자기의 뜻을 성취하는 데 단 한번의 의사표시로 이룩하는 경우도 있고, 같은 내용을 반복해서 이룩하는 경우도 있다. 그런데 후자의 경우가 더욱 많다. 협상은 단 한번의 의사표시로 이루어지지 않는다. 어떤 경우는 상대방의 진의를 알기 위해서 불필요한 엉뚱한 의견을 제시하여 볼 수도 있는 것이다. 또 인간은 다른 사람의 의견을 들어줄 경우에 자꾸 반복하여 말하면 들어 주는 경우가 많다. 이러한 현상은 망각벽에서 일어날 수도 있고, 귀찮아서 일어날 수도 있고, 자기의 위신을 세우기 위해서도 일어날 수 있다. 보채는 아이에게 떡 준다는 이야기는 인간사회에서 가외성현상이 얼마나 중요한가를 알려 주는 좋은 예라고 할 수 있다.

협상이 벌어지는 상태는 서로가 배타적인 가치의 명확한 표명을 피하게 한다. 이러한 경험적인 현상은 어느 분야에서나 나타나는데, 특히 노사관계에서 많이 나타난다. 가치의 명확한 표명은 오히려 갈등과 의견의 불일치를 확장시키고 심화시킨다는 것이다. 여기서 애매한 가외성이 요구된다는 것이다.

제 3 절 가외성의 효용성

Ⅰ. 조직의 신뢰성증진

조직의 신뢰성(reliability)은 조직 내에서 오류의 발생가능성을 예방함으로써 올라간다. 조직 내에서 가외성장치야말로 오류의 발생을 저지하는 데에 가장 강력한 수단이라는 것이다. 이상하게 들릴지 모르지만 가외성장치가 존재하므로 오류의 발생가능성을 미리 탐색할 수 있다는 것이다.[8)]

과거의 행정개혁(administrative reform)의 경험은 능률성을 기한다는 이유로 가외성을 제거하는 데 주력하여 왔다. 따라서 단기의 능률성만 알았지 장기의 능률성이나 오류의 발생을 제거시킴으로써 조직의 신뢰성을 높인다는 것은 알지 못하였다.

확실히 가외성과 조직의 신뢰성 또는 안전성과는 어느 수준까지는 정비례한다. 우리는 조직 내에서 어떤 기능, 특히 그것이 중요한 기능일수록 중복성을 띨 때에 심리적으로 안전감을 갖게 된다. 즉 어느 한 부분이 실수를 범해도 다른 한 부분이 대체해서 보완하여 주리라는 안전감이다.

위에서도 지적하였지만 조직을 구성하고 있는 어느 부품도 완전한 것은 없다. 설혹 완전하다 할지라도 그것은 스스로 또는 다른 것과의 관계에서 실패할 가능성은 언제나 있는 것이다. 물론 대부분의 경우는 그것의 실패나 실수는 사소하고 감당할 만한 위험이다. 그러나 때로는 하나의 부품의 실수가 전체제의 운영을 파괴시키는 치명적인 것도 있다. 따라서 어느 조직이나 불안과 위험성을 안고 있는데, von Neumann은 이러한 불안을 해소하는 유일의 장치가 가외성이라는 것이다.[9)] Landau는 가외성의 산술적 증가는 실패의 확률성을 지수적으로(exponentially) 감소시킨다고 주장하고 있다.[10)] 예컨대 사고발생률이 10분의 1인 부품을 하나 더 첨가할 때에 사고발생률은 100분의 1로 줄어든다는 것이다.

---

8) Colin Cherry, *On Human Communication*, science edition's, 1961, pp. 180～185.
9) Landau, *op. cit.*, 재인용, p. 350.
10) *Ibid.*, p. 350.

Ⅱ. 적 응 성

이때의 적응성은 위에서 이야기한 신뢰성과 직결되고 있다. 하나의 부품이 고장날 때에 다른 부품이 그 역할을 인수함으로써 위험사태에 대한 적응성은 커진다. 따라서 부품들이 중복되어 있을 때에 그만큼 적응성도 커진다고 할 수 있다.

Ⅲ. 창 조 성

조직은 최소한의 부품으로 아주 단순하게 엮어질 때보다 동질적인 부품이나 기능들이 중복적으로 엮어질 때에 그것들의 상호작용으로 인한 창조성과 개혁성이 많이 일어난다는 것이다. 이것은 민주체제가 독재체제보다 창의성의 유발에 더욱 유리하다는 이치와 비슷하다. 확실히 혼자서 하나의 일을 할 때보다 여럿이 그 일을 상의하고 토론할 때에, 또는 같은 일을 여럿이 독립해서 할 때에 보다 창의적이고 개혁적인 아이디어가 나올 수 있다. 하나의 일을 여럿이 상의하지 않고 독립적으로 해도 상이한 결과를 가져올 수 있으므로 그만큼 창의성과 다양성은 높아지는 것이다.

Ⅳ. 정보의 정확성확보

정보의 채널이 하나 있을 때보다 둘 이상 있을 때에 보다 정확한 정보가 입수된다는 것은 말할 것도 없다. Richard Neustadt는 Franklin Roosevelt 대통령의 행정부를 가외성장치가 많은 행정부라고 지적하면서 대통령은 다원적이고 경쟁적인 정보체제를 두지 않고는 대통령직을 효율적으로 수행할 수 없었다는 것이다.[11)]

필히 요구되는 정보가 중요하면 중요할수록 정확한 정보를 위해서 다원적이고 경쟁적인 정보체제가 요구된다. 왜냐하면 정보의 입수나 흐름은 고의적으로 또는 실수로 해서 왜곡되는 경우가 많이 있기 때문이다. 이때 가외성의 장치는 그만큼 잘못된 정보의 입수가능성을 줄여 준다.

11) Richard Neustadt, *Presidential Power*, John Wiley, 1960, Ch. 7.

제 4 절 가외성의 한계

가외성이 요구된다니까 무한정하게 요구되는 것은 아니다. 또 요구성이 인정되어도 그것을 충족시켜 줄 자원이 무한하지 않다. 여기서 가외성의 한계문제가 제기되는 것이다.

Ⅰ. 비용 · 효과상의 한계

가외성을 설치하지 않았을 때에 입는 효과(손해)와 그것의 설치에 소요되는 비용과의 관계에서 하나의 한계가 그어진다. 가외성을 설치하지 않았을 때에 입는 손해가 가외성을 설치함으로써 입는 비용보다 적을 때에는 가외성을 설치할 필요가 없는 것이다. 즉 설치함으로써 얻는 이익이 비용보다 커야 한다는 것이다. 일반적으로 큰 효과는 큰 비용을 요구하고 있으나 반드시 그러하지는 않다. 의외로 적은 비용으로 큰 효과를 내는 경우도 있고, 반대로 큰 비용으로 적은 효과만을 내는 경우도 있다. 물론 후자의 경우는 가외성이 한계에 부딪힌 것이다. 그런데 효과는 정신적이고 심리적인 것이 많아 비용과 대비되기가 어려운 경우가 많다.

기관이 일으키는 오류에는 그 중요성의 정도에 따라 여러 가지가 있다. 중요성이 없거나 있어도 미미한 것에 대해서는 가외성을 설치할 필요가 없는 것은 말할 것도 없다.

Ⅱ. 운영상의 한계

조직내외에서 기능의 중복현상은 항시 충돌의 가능성을 내포하고 있다. 아무리 중복현상이 요구된다 할지라도 타기관의 기본영역을 침범하면서까지 요구되는 것은 아니다.

일반적으로 기능이 선·후진성을 띨 때에는 충돌의 가능성이 거의 없다. 예컨대 하나의 브레이크가 고장났을 때에 여분의 브레이크를 쓰는 경우이다. 그런데 문제는 기능이 동시에 병발적으로 수행되는 경우이다. 병발적인 경우에도 동일한 연구과제를 여럿이 하거나, 동일한 대상에 대해서 여러 기관이 독립적으로 정보를 제공하거나 하는 경우에는 별 문제가 없다. 그러나 여러 기관이 동일한 집단에 대해서 동일한 서비스를 제공하거나 동일한 권한을 행사할 때에 문제는 심각해진다. 이러한 경우 가외성은 한계에 부딪힌다.

제 8 장 불확실성

제 1 절 행정에 있어서 불확실성의 문제

인간이 모여 보다 나은 생활을 설계하려고 할 때 필히 부딪히는 개념이 불확실성(uncertainty)이다. 오늘날 불확실성의 문제는 자연과학은 물론 모든 사회과학의 관심의 대상이 되고 있다. 특히 미래를 설계하고 적은 비용으로 큰 효과를 얻으려는 상태를 다루는 학문일수록 불확실성의 문제는 중요한 연구과제로 등장한다. 행정학이 불확실성을 중요한 문제로 다루게 되는 이유는 바로 여기에 있다. 행정학이라는 학문은 어쩌면 처음부터 끝까지 불확실성에 대처하기 위해 존재하게 된 학문이라고 할 수 있다. 기획을 수립하고 조직을 설계하고 공식화나 표준화를 구조화하고 온갖 관리기법을 만들어 내는 것은 불확실성에 대처해서 그것을 줄이기 위한 것이라고 할 수 있다.

인간이 미래를 설계하고 보다 나은 앞날을 위해서 행진한다는 것은 불확실성에의 대처과정이라고 할 수 있다. 이러한 의미에서 불확실성은 미래를 확실하게 설계하는 데 장애요인이라고 할 수 있다. 인간은 되도록이면 불확실성을 제거하면서 확실한 미래를 예측하면서 살기를 원한다. 그러나 인간은 죽는 날까지 불확실성의 굴레에서 벗어나지 못한다. 그러나 불확실성이 나쁜 것만은 아니다. 인간은 불확실성 속에서 살기 때문에 꿈을 가지고 희망 속에서 살고 있다. 인간이 자기의 앞날과 미래를 미리 다 안다고 생각하여 보라. 여기에는 희망도 꿈도 노력도 없다. 미리 알려진 성공은 김빠진 맥주격이 되기 쉽고, 동시에 미리 알려진 비극은 오늘의 기쁨을 송두리째 앗아가 버린다. 뿐만 아니라 고통이나 비용이 미리 알려지면 탐험이나 모험은 좀처럼 일어나지 않을 것이다.

그러나 행정에 있어서는 불확실성의 부정적인 측면이 긍정적인 측면보다 많다는 것을 인정하지 않을 수 없다. 부정적인 측면부터 살펴보면 다음과 같다.[1)]

1) Ruth P. Mack, *Planning on Uncertainty*, John Wiley & Sons, 1971, pp. 3～6.

Ⅰ. 불확실성의 부정적 측면

(1) 가치의 할인

현재 수중에 있는 돈이나 권리가 손 밖에 있는 것들보다 훨씬 값지다라는 단순한 진리(aphorism)이다. 즉 손 밖에 있는 것은 그만큼 불확실하기 때문에 가치가 할인되고 절하된다는 것이다. 미래의 가치는 불확실성의 정도에 따라 할인과 절하의 정도가 다르다. 불확실성이 높을수록 역으로 값은 떨어진다.

(2) 인간행동의 저질화

인간행동의 질을 떨어뜨린다는 것이다. 인간은 확실한 것이 보이지 않을 때에 당황하고 갈팡질팡하기 쉬운데, 이때 이루어지는 행동이나 결정은 질적으로 수준 이하의 것이 되기 쉽다는 것이다. 특히 어떤 문제를 해결하기 위해서 관계된 사람들이 모였을 때에 이들간에 합의를 보지 못하여 일어나는 혼란이나 갈등은 그들이 가지고 있는 문제해결능력을 떨어뜨리게 된다. 이런 경우 사람들은 이성을 잃게 되고 불확실성이 존재한다는 사실 자체마저도 인정하지 않음으로써 문제를 거칠게 처리해 버린다는 것이다.

(3) 정책결정의 저질화

불확실성은 검토해야 할 대안의 폭이나 수를 줄여 버림으로써 역시 정책결정의 질을 떨어뜨린다는 것이다. 사람들은 불확실한 대안일수록 꺼리고 회피하려고 한다. 즉 불확실성을 회피하려는 자세는 정책결정이 아주 좁고 한정된 윤곽과 범위 내에서만 일어나게 함으로써 극단의 경우는 정책결정다운 결정이 일어나지 않는다는 것이다. 불확실성이 심할수록 인간은 몸과 마음을 도사림으로써 문제에 대한 공격의욕을 상실한다는 것이다. 그래서 그런지 불확실성은 보수주의 · 선례답습 · 무사안일, 나아가서는 무작위(doing nothing)까지 조장한다는 것이다.[2)]

(4) 불확실성의 과장

불확실성은 바로 그 속성 때문에 과장되고 확대해석되기 쉽다. 따라서 불확실성이 미치는 효과는 그 실제보다 훨씬 크게 나타나는 경우가 많다.

2) *Ibid.*, p. 5.

Ⅱ. 불확실성의 긍정적 측면

불확실성은 위에서 이야기한 대로 행정에 있어서는 금기처럼 여겨지고 있지만, 다음과 같은 긍정적인 측면도 있다.

(1) 정책결정으로 유도

불확실성은 종종 보다 나은 정책의 결과를 산출시키는 데 기여한다는 것이다. 행정 내에서 이루어지는 결정은 단순히 무엇을 해야 할 것인가만을 결정하는 그런 것만이 아니다. 많은 결정이 갈등·책략·인간관계를 내포한 복잡한 과정을 통해서 이루어진다. 그런데 놀랍게도 불확실성은 갈등과 책략이 내포된 과정을 합의가 이루어질 수 있는 점으로 유도한다는 것이다. 가치와 사실적 판단을 달리하는 사람들이 미래의 결과를 정확하게 파악하게 될 때에 오히려 이들은 합의점에 도달하지 않는다는 것이다. 예컨대 5년 후에 땅값이 10배 뛰리라고 확신하는 사람은 그 때까지 땅을 팔지 않는다. 그러나 오를지 내릴지 불확실할 때 땅주인은 협상의 테이블로 나가게 된다. 여기서 모든 결정상황에 내재하고 있는 불확실성은 오히려 사실과 의견을 재조정함으로써 합의와 연합으로 가는 탈출구를 마련할 수 있다는 것이다.

(2) 대처의식의 조장

불확실성은 필히 긴장감을 동반한다. 인간은 긴장감을 가질 때 대처의식과 유비무환의 자세를 갖게 된다. 불확실성은 인간으로 하여금 준비하고 대처하는 자세를 키워준다.

Ⅲ. H. Simon과 불확실성

행정학에서 불확실성의 문제를 본격적으로 다룬 사람은 Herbert A. Simon이라고 할 수 있다. 물론 앞에서 이야기한 대로 행정학이라는 학문이 불확실성에 대처하기 위해서 나온 학문이기 때문에 행정학을 연구하는 사람이면 누구나 불확실성을 직접·간접으로 다룬 것이 사실이다. 그러나 불확실성을 철저히 인식하고 그것의 바탕 위에서 이론을 전개한 사람은 H. A. Simon이라고 할 수 있다. H. A. Simon은 인간은 지식·정보의 면에서 한계가 있고, 또 그가 가지고 있는 지식이 불완전하기 때문에 정책결정상황에서 결과의 극대화(maximization)를 기대한다는 것은 불가능하다고 주장하고 있다. 여기서 그가 제창하게 된 것이 만족이론('satisfying' theory)이다. 즉 아는 것도 부족하고 정보도 정확하지 않고 시간과 돈도 많이 드니까 적당한 수준에서 웬만큼 만족할 만하면 정책을 결정해야 한다는 것이 그의 만족이론이다. Simon의 이론은 불확실성을 전제로 해서 그것과 대결하는 이론이라고 할 수 있다.[3] Simon 이후에 James Thompson, Anthony Downs, Paul Lawrence and Jay Lorsch, Robert B. Duncan, Howard E. Aldrich 등 많은 학자들이 환경과의 관계를 중심으로 불확실성의 문제를 다루고 있다.[4]

제 2 절 불확실성의 개념

불확실성이란 미래를 예측하고 인과관계를 설명하는 데에 있어서의 지식의 부족이라고 이해하는 데에 이의를 제기하는 사람은 없다. 다시 말해서 정확한 지식의 부족이라는 데에는 의견을 같이하고 있다는 것이다. 그러나 학문적 배경이나 어디에 초점을 두느냐에 따라 그 개념은 여러 가지 모습으로 나타난다.

불확실성의 개념을 가장 좁게 이해하는 사람들은 정보이론가들인데, 이들은 불확실성이란 어떤 사태가 산출할 수 있는 모든 결과수의 로가리즘(the logarithm of the number of possible outcomes the event can have)이라고 정의하고 있다.[5]

그런가 하면 불확실성과 위험(risk)을 구별하여 위험은 사태의 발생이 확률적으로 알려져 있을 때이고, 불확실성은 사태발생의 확률이 전혀 알려지지 않은 상태라고 이해하는 사람들이 있다.[6] 그러나 이러한 개념들은 불확실성의 수학적 측면들만을 강조하고 있으므로, 조직구성원들이 구체적으로 이해하고 반응하는 개념으로 조작화하는 데에는 문제점이 있다고 지적되고 있다.[7]

3) 그의 모든 저서가 불확실성을 전제로 해서 씌어지고 있다. *Administrative Behavior,* The Free Press, 1945 ; *Organization*(With March), John Wiley & Sons, 1958 ; *The New Science of Management,* Prentice-Hall, 1977 등 참조.

4) James Thompson, *Organization in Action,* McGraw-Hill, 1967 ; Anthony Downs, *Inside Bureaucracy,* Little, Brown, 1967 ; Paul Lawrence and Jay Lorsch, *Organization and Environments,* Harvard University Press, 1967 ; Robert B. Duncan, "Characteristics of Organizational Environments and Perceived Environmental Uncertainty," *Administrative Science Quarterly,* 17, September 1972 ; Howard E. Aldrich, *Organization and Environment,* Prentice-Hall, 1979.

5) 이 방면의 대표적 학자는 William Garner인데, 그의 著 *Uncertainty and Structure as Psychological Concepts,* John Wiley, 1962 참조.

6) Robert D. Luce and Howard Raiffa, *Games and Decisions,* John Wiley, 1957.

7) Robert B. Duncan, "Characteristics of Organizational Environments and Perceived Environmental Uncertainty," *Administrative Science Quarterly,* Vol. 17, 1972, pp. 317～318.

조직과 환경과의 관계에서 불확실성을 다룬 Paul Lawrence와 Jay Lorsch에 의하면 불확실성은 세 가지 요소로 구성되는데, 그 세 가지 요소란 i) 정확한 정보의 부족, ii) 명확한 환류과정의 장기적 기간(the long time span of definitive feedback), iii) 인과관계에 대한 일반적인 불확실성이다.[8)]

Robert B. Duncan은 기존의 불확실성에 대한 개념을 정리하면서 불확실성은 다음의 세 가지 요소로 구성된다고 지적하고 있다. i) 특정의 정책결정상황에 영향을 주는 환경적 요소들에 관한 정보의 부족, ii) 특정의 정책을 채택했을 때 어떤 결과가 나올 것인가에 대한 무지, iii) 환경적 요소들이 정책의 성공적 집행 여부에 어느 정도로 영향을 줄 것인가에 대한 확률적 설명의 부재이다.[9)]

이러한 개념들은 어디까지나 환경중심의 불확실성에 대한 개념이라고 할 수 있다. 행정학이나 조직이론에서 다루는 불확실성은 주로 환경적 불확실성이기 때문에 환경적 불확실성에 대해서 좀더 자세히 검토해 보기로 한다.

제 3 절 환경적 불확실성

환경적 불확실성을 내세운 사람들은 조직생활의 불확실성은 환경의 상태에 의해서 결정된다는 가정에서 출발하고 있다.

우선 여기서 중요한 것은 환경을 어떻게 이해하느냐이다. 흔히 환경 하면 조직을 중심으로 해서 조직경계 밖의 외적 이론만을 이야기한다.[10)] 여기서는 결정행위를 중심으로 거기에 영향을 주는 물리적 · 사회적 요소들의 전체를 환경으로 파악하기로 한다.[11)] 따라서 조직 내의 것도 환경으로 파악될 수 있는데, 이러한 환경은 내적 환경(internal environments)이라고 한다. 다시 말해서 환경은 조직 속의 내적 환경과 조직 밖의 외적 환경으로 구성된다.

조직의 내적 환경을 구성하고 있는 것으로는 i) 인적 요소(조직구성원의 교육 · 기술 · 충성도 · 행동스타일 · 인력동원력 등), ii) 조직단위의 요소(조직단위의 기술적 성격, 조직단위간의 상호의존, 조직 내의 갈등, 조직간의 갈등 등), iii) 조직활동의 요소(조직의 목표, 통합장치, 산출물 등)를 들 수 있다.

8) Lawrence and Lorsch, *op. cit.*, p. 27.

9) Robert B. Duncan, *op. cit.*, p. 318.

10) William Dill, "Environment as an Influence on Managerial Autonomy," *Administrative Science Quarterly*, Vol. 2, 1958, pp. 409∼443; Lawrence and Lorsch, *op. cit.* 참조.

11) Robert B. Duncan, *op. cit.*, p. 314.

외적 환경을 구성하고 있는 것으로는 i) 고객(산출물의 배분자와 사용자), ii) 공급자(원료·장비·부품 및 노동의 제공자), iii) 경쟁자(고객 및 공급자에 대한 경쟁), iv) 사회·정치적 요소(정부규제, 상품이나 서비스에 대한 여론 등), v) 기술적 요소(새로운 기술의 도입과 신제품의 개발 등)로 구성되어 있다.

환경의 불확실성정도를 파악하기 위해서 2개의 차원이 사용되는데, 하나는 단순·복잡의 차원(simple-complex dimension)이고 다른 하나는 정적·동적 차원(static-dynamic dimension)이다.

단순·복잡의 차원은 결정행위를 할 때에 고려해야 할 요소가 적으냐 많으냐를 따지는 것으로, 적을 때에는 단순하고 많을 때에는 복잡해진다. 정적·동적 차원은 환경적 요소들이 그대로 있느냐 아니면 변하느냐의 정도를 따진다. 환경적 요소들이 변하지 않고 안정되어 있으면 정적인 상태에 있고, 변하면 동적인 상태에 있다.

두 가지 차원을 사용해서 불확실성정도를 나타내는 네 가지 경우를 상정할 수 있다.

〈표 8-1〉의 네 가지 경우 불확실성이 가장 낮은 경우는 (1)의 경우이다. 이때에는 충분한 정보가 확보되고 행위의 결과도 예측되고 있다. 따라서 결정행위를 내릴 때에 불확실성 때문에 고통을 받는 일은 없다.

불확실성 때문에 가장 고통을 받는 경우는 (4)의 경우이다. 이때에는 고려해야 할 요소들도 많고 그 요소들은 이질성을 띠고 또 계속해서 변하고 있기 때문에 불확실성이 최대로 증가하고 있다. 이 경우는 결정에 필요한 정보도 없고, 어떤 결정을 내렸을 때에 어떤 결과가 나타날 것인가에 대해서도 예측하기가 어렵다.

문제는 (2)와 (3)의 경우 어떤 것이 불확실성의 고통을 겪느냐이다. 고려해야 할 요소의 수보다 그 요소들의 가변성이 불확실성을 더욱 조성하기 때문에 (3)의

〈표 8-1〉

	단 순	복 잡
정 적	(1) ① 고려해야 할 요소가 적고 ② 요소들이 비슷하고 ③ 각 요소들은 변하지 않고 있다	(2) ① 고려해야 할 요소들이 많고 ② 각 요소들은 이질성을 띠고 있고 ③ 각 요소들은 변하지 않고 있다
동 적	(3) ① 고려해야 할 요소들이 적고 ② 요소들은 비슷하고 ③ 각 요소들은 계속 변하고 있다	(4) ① 고려해야 할 요소들이 많고 ② 각 요소들은 이질성을 띠고 있고 ③ 각 요소들은 계속 변하고 있다

경우가 더욱 불확실성의 고통을 겪고 있다고 지적되고 있다.[12] 왜냐하면 환경이 가변적인 경우 하나의 결정은 여러 가지 결과를 가져올 것이고 그만큼 예측능력은 떨어지기 때문이다.

제 4 절 불확실성의 대처방안

불확실성에서 가장 중요한 문제는 여기에 대한 대처방안이다. 그러나 어떠한 대처방안이 마련되어도 불확실성은 감소되는 것이지 제거되는 것은 아니다. 다시 말해서 어떠한 대처방안을 마련하여도 인간은 불확실성의 굴레에서 벗어날 수 없다는 것이다. 또 아이러니컬한 이야기지만 불확실성을 철저히 제거하려다 오히려 적시에 어떠한 결정에도 도달하지 못하는 완전확실성의 불합리를 낳는다는 것이다.[13] 여기서 예시적으로 제시하는 대처방안도 어디까지나 불확실성을 줄이겠다는 의지에 불과하다.

Ⅰ. 표 준 화

행정에 있어서 표준화나 공식화는 인간의 변칙적이고 자의적인 행위를 미리 예방함으로써 예측성과 정형성을 통해서 확실성을 확보하자는 것이다. 표준화의 대상은 작업과정을 위시해서 작업방법 · 서비스 · 산출물 · 기술 등이 해당된다. 그러나 표준화는 고위층의 업무일수록 그 적용의 한계가 명백하다.

Ⅱ. 지식 및 정보의 수집

불확실성에 대처하기 위해 적절한 지식과 정보를 수집한다는 것은 너무도 당연한 일이다. 지식이나 정보의 수집활동이 어느 정도의 수준에서 일어나느냐는 결정행위자의 불확실성에 대한 지각정도에 달려 있다고 생각한다. 불확실성이란 객관적으로 존재하는 것이 아니고 주체자의 인식을 통해서 존재하기 때문에 불확실성은 인식에 따라 높기도 하고 낮기도 하다. 따라서 불확실성이 높다고 생각하는 사람은 정보수집활동을 적극적으로 할 것이고, 낮다고 생각하는 사람은 소극적인 자세를 취할 것이다.

---
12) *Ibid.*, pp. 320~321.
13) 金榮枰, "政策決定過程에서의 不確實性의 解決," 韓國政治學會報, 第17輯, 1983, 387면.

Ⅲ. 가외성의 장치

가외성(redundancy)은 중첩성(overlapping)과 중복성(duplication)을 내포하는 개념으로 오류가 발생할지도 모르는 불확실성에 대비하는 제도적 장치라고 할 수 있다. 중요한 정책결정을 내리는 데 한 군데 정보에만 의존한다면 그 정책은 잘못 결정될 가능성이 많다. 여기에서 가외적으로 여러 개의 정보원을 갖게 되는 것이다(가외성에 대해서는 본편 제 7 장 참조).

Ⅳ. 불확실성의 제거

불확실성의 제거(uncertainty absorption)란 일련의 증거를 통해서 어떤 추정(inference)이 도출되었을 때에 그것이 다른 기관이나 사람들에게 불확실성이 제거된 사실(facts)로 받아들여졌을 때를 말한다.[14] 추정이 사실로서 받아들여진 만큼 불확실성은 제거된다. 예컨대 지구가 둥글다는 추정을 사실로 받아들이는 경우이다.

Ⅴ. 한정적 합리성의 확보

여러 가지 목표와 상호관계로 얽힌 복잡한 문제를 여러 개의 단순한 문제로 분할하여 거기에서 얻는 합리성을 한정적 합리성(local rationality)이라고 한다.[15] 문제가 복잡할수록 불확실성이 커지는데, 문제의 단순화를 통해서 얻어진 한정적 합리성은 불확실성을 줄이는 수단이 된다. 여러 가지 요소들을 상호보존관계 속에서 동시에 고려할 때보다 한 가지 요소만을 고려할 때 불확실성은 그만큼 줄어든다. 그러나 모든 복잡한 문제가 다 단순한 문제로 분할될 수 있는 것은 아니다.

Ⅵ. 문제의식적 탐색

문제의식적 탐색(problemistic search)은 문제를 발견하고 그것을 해결하겠다는 의지적 자세를 이야기한다. 이러한 점에서 문제의식적 탐색은 단순한 호기심

14) 上揭論文, 388면; J. March and H. Simon, *Organization,* John Wiley, 1958, pp. 164～165.

15) R. M. Cyert and J. M. March, *A Behavioral Theory of the firm,* Prentice-Hall, 1963, pp. 117～118.

이나 이해욕구와는 다르다.[16] 문제의식적 탐색은 순수과학적이라기보다는 공학적(engineering) 측면이 강하다. 문제를 풀겠다는 의지는 단순한 이해보다는 탐색과 긴장을 동반함으로써 불확실성에 대한 대처능력이 강하다고 할 수 있다.

Ⅶ. 환경에 대한 제어

환경에 대한 제어에는 환경에 대한 통제와 협상 두 가지가 있다. 환경에 대한 통제는 환경적 요소 중에서 조직에 의존적이거나 종속적인 것을 조직의 세력하에 두는 것을 이야기한다. 환경에 대한 협상은 환경과 타협이나 계약관계를 맺음으로써 조직이 바라는 일정한 상태를 유지하는 것이다.[17] 조직은 자기가 제어할 수 있는 환경을 통제나 협상을 통해서 자기주관하에 둠으로써 불확실성을 감소시킬 수 있다.

Ⅷ. 환경에 대한 조직적 대응

환경 중에는 조직이 통제할 수 있는 것도 있지만, 통제할 수 없는 것도 있다. 통제할 수 없는 환경에 대해서는 조직은 거기에 맞추어 구조적 대응책을 마련해야 한다. 우리는 앞에서 환경적 불확실성의 유형에 대해서 검토한 바가 있다. 가장 불확실성이 심한 경우는 고려해야 할 환경적 요소들의 이질성이 심하고, 또 이들이 계속해서 변할 때이다. 이러한 경우 조직은 분권화되고 권한의 위임이 활발히 일어나야 한다는 것이다.

Ⅸ. 탐　　지

탐지(heuristics)는 스스로 탐색해서 터득케 하는 것을 말한다. 탐지는 주관적인 판단을 되도록이면 객관화되도록 도와 주려는 도구라고 할 수 있다. 예컨대 '그것이 일어날 가능성은 없다', 또는 '그렇게 될 가능성은 높다'라는 주관적인 판단을 어떤 근거에서 할 수 있느냐이다. 주관적인 판단이지만 그것의 근거가 될 수 있는 것을 찾는 것이 바로 탐지이다. 비록 주관적인 판단이지만 그것을 가능하게 하는 근거를 찾음으로써 불확실성을 다소나마 줄일 수 있다는 것이다.

---

16) *Ibid.*, pp. 120～123.
17) 金榮枰, 前揭論文, 387면.

탐지에는 세 가지 종류가 있는데, 대표성(representativeness)·이용가능성(availability) 및 적응성(adjustment)이 그것이다.[18] 우선 대표성의 의미를 보면 A는 B를 대표한다는 의미에서 A와 B를 유사한 것으로 생각한다는 것이다. 즉 이것은 A가 B군에 속할 확률이 높다고 가정하는 것이다. 예컨대 각국인의 대표적 성격들을 범주화시켜 놓고 어떤 특정인의 행동을 관찰하고, 이 사람은 어느 나라 사람일 것이라고 가정하는 것이다. 또 어떤 사람의 직업을 정형화된 직업특성에 따라 짐작하는 것도 이러한 예이다. 이용가능성은 사건의 발생빈도나 발생확률을 그러한 사건을 기억함으로써 추정하는 것이다. 예컨대 심장마비의 발생은 중년층에서 많이 일어난다고 생각하는데, 그것은 자기가 경험한 사건을 통해서 그렇게 판단한다는 것이다. 또 자동차사고는 운전면허증을 따고 2~3년 후에 많이 일어난다고 생각하는 것도 이러한 예이다. 다음에 적응성은 처음에 보여 준 가치(initial value)나 출발점을 통해서 최종의 결과를 예측하는 것이다. 예컨대 어떤 사람이 주사위를 던졌더니, 처음에 나온 수가 5였다면 5가 가장 많이 나온다고 생각한다는 것이다.

이러한 탐지는 불확실성을 줄이는 데 기여하는 바도 있지만 오류로 인도할 가능성도 크다.

18) Amos Tversky and Daniel Kahneman, "Judgement Under Uncertainty: Heuristics and Biases," D. Wendt and C. Vlek(eds.), *Utility, Probability, and Human Decision Making,* D. Reidel Publishing Co., 1975, pp. 141~162.

제 9 장 행정문화

제 1 절 행정문화의 개념

행정문화란 특정국가의 행정관료들의 의식구조 · 사고방식 · 가치관 · 태도와 일반국민의 행정에 대한 가치의식의 총합을 말한다. 여기서 행정문화는 일반문화에 대한 하위문화의 성격을 띠고 있다. 행정문화는 항상 일반문화에 의존되고 있으며, 일반문화의 변화에 따라서 행정문화도 변하게 되어 있다. 따라서 일반문화는 행정문화의 내용을 결정하는 환경적 세력(environmental forces)으로 역할을 하고 있다.[1] 물론 행정문화는 일반문화와 다른 어떤 독특한 측면이 있다는 것을 부정하지 않는다. 다시 말해서 관료세계에만 한정된 문화가 있다는 것이다. 예컨대 관료들의 특권의식, 관우월의식, 행정지도의 필요성, 선례의존주의, 행정처리의 경직주의 등이다.

그러나 이러한 차이들도 하나의 국가에 한정했을 때에는 나타나지만, 행정문화를 나라별로 비교하여 볼 때에는 일반문화의 영향권에서 벗어나지 못하고 있다.

행정문화는 한 나라 행정의 독특한 실상을 포착하는 데 중요한 개념이라고 할 수 있다. 제도나 조직구조만으로는 도저히 포착되지 않는 각국 행정체제의 독특하게 유형화된 특수성(patterned particularity)을 잡을 수가 있다는 것이다. 그리고 제도와 현실간의 괴리현상도 행정문화라는 개념을 통해서 포착된다고 볼 수 있다. 그만큼 행정문화는 행정의 진실을 파악하는 데 크게 도움을 주는 개념이다.

일반적으로 구미사회에서 행정문화의 주축을 이루고 있는 것이 합리주의· impersonalism · 성취주의 · 과학주의 · 사실정향주의 · 보편주의 · 전문주의 · 중립주의 등이라고 할 때에 발전도상국의 행정문화의 주요내용은 권위주의 · 가족주의 · 의식주의 · 연고주의 · 사인주의 · 관인지배주의 · 일반주의 · 정적 인간주의 등으로 지적되고 있다.[2]

1) 白完基, 韓國의 行政文化, 高麗大學校 出版部, 1982, 197면.
2) 上揭書, 21～109, 209면; 金光雄, 行政科學敍說, 博英社, 1983, 248～261면.

제 2 절 행정문화의 주요내용

행정문화 하면 나라마다 다르고 선진국이냐 후진국이냐에 따라 다르다. 선·후진국을 분리해서 검토하여 보기로 한다.

Ⅰ. 선진국의 행정문화

(1) 합리주의

여기서 이야기하는 합리주의는 모든 객관적인 지식을 동원해서 최적규모의 정책결정을 추구하려는 태도를 말한다. 모든 의견을 자유스럽게 개진하고 발표하게 함으로써 가장 납득성과 보편성을 지닌 의견을 찾으려고 하는 것이 합리주의이다. 다시 말해서 주관의 객관화를 추구하는 것이 합리주의라고 할 수 있다. 그리고 합리주의와 결부될 수 있는 것은 인간의 이해타산이지 감정이 아니다. 따라서 합리주의가 보편화되어 있는 사회에서는 감정이나 편견이 정책결정에 끼치는 영향은 적다. 이러한 사회에서는 만인이 공유감을 가질 수 있는 정책이 추구되고 rule of game이 철저히 준수된다. 이러한 사회는 승부의 결정은 자유스러운 경쟁에 의해서 결정되어야 한다고 생각하고 있으며, 문제의 해결은 과학적인 지식이나 인간의 지혜를 통해서 이루어진다고 생각하지 초자연적인 힘이나 신비적인 힘에 의해서 이루어진다고 생각하지는 않는다.

(2) 성취주의

성취주의는 인간의 능력을 평가할 때에 출신성분이나 종교·출신지역 등의 귀속적인 요소에 의해서 평가할 것이 아니라 실적이나 자격 등 객관적인 요소로 평가하자는 것이다. 성취주의가 보편화되어 있는 사회에서는 출신상의 이유 때문에 차별대우를 받는 경우가 적기 때문에 채용·승진·전보 등의 인사행정에서 불공평이 일어나는 경우가 적다.

(3) 상대주의

어떠한 가치라도 영원성과 불변성 및 고정성을 띤 가치는 없다는 것이 상대주의이다. 어떠한 가치나 관계도 상대적이고 유동적이라는 것이다. 이러한 의미에서 상대주의는 탈교조주의라고 할 수 있다. 이러한 사회에서는 특정가치에 대한 집착현상이 없기 때문에 변화에 대한 적응력이 강하고 정책결정도 점증성을 띠게 된다.

(4) 모험주의

모험주의는 항시 보다 나은 것을 추구하기 위해서 무엇을 시도하는 것을 말한다. 따라서 모험주의는 시행착오(trial and error)를 무서워하지 않는다. 아니 시행착오를 통해서 발전이나 개선이 일어난다고 생각하기 때문에 시행착오는 생활의 일부를 이루고 있다. 이들은 착오 속에서 값진 교훈을 얻기 때문에 착오를 힘의 낭비로 생각하지 않고 동일한 과오를 여간해서는 다시 밟지 않는다.

모험주의는 항시 새로운 것을 시도하지만, 한번에 무슨 문제가 해결된다고 생각하지는 않는다. 시행착오 속에서 문제가 해결된다고 생각하기 때문에 서서히 문제가 해결된다고 생각한다. 이러한 사회에서는 항시 보다 나은 것이 추구되기 때문에 행정은 문제해결과정이라고 인식되고 있다.

(5) 사실정향주의

사실정향주의는 가치판단의 제 1 의 기준이 사실이라는 것이다. 정책결정에서 아무리 훌륭한 의견일지라도 객관적인 사실보다 우선시할 수는 없다는 것이다.

사실정향주의는 현실을 정확하게 관찰하는 것을 좋아하고 있는 그대로 파악하려고 한다. 그리고 객관적인 사실을 찾으려고 여러 가지 실험기법들을 동원한다.

사실정향주의가 보편화되어 있는 사회에서는 사람들은 사실에 의해서 설득당하지 감정이나 주관적인 편견에 의해서 설득당하는 경우는 좀처럼 없다.

(6) 중립주의

행정은 어떤 정당이나 입후보자의 편을 들어서도 안 된다는 것이 중립주의이다. 공무원이 어떤 정당이나 입후보자를 선호해도 그것은 개인적인 것이지 공적으로 연장되어서는 안 된다는 것이다.

행정은 정치과정의 최종단계이기 때문에 정치와 행정은 기능적으로는 연결되어 있지만, 운영상에 있어서 피차가 간섭해서는 안 된다는 것이다. 행정은 어디까지나 그 본래의 성격이 도구성·관리성·수단성을 강하게 띠고 있기 때문에 정치영역에 개입·간섭해서도 안 되고, 정치에 의해서 간섭당해서도 안 된다는 것이다. 즉 행정은 가치를 집행하는 기관이지 창조하는 기관은 아니라는 것이다.

Ⅱ. 발전도상국의 행정문화

여기서 이야기하는 행정문화가 모든 후진국이나 발전도상국에 적용되는 행정문화는 아니다. 일반적으로 특이한 전통을 가졌으면서도 민주역사가 짧은 동양사회에 적용되는 행정문화라고 할 수 있다. 따라서 모든 발전도상국가가 다음과 같은 모든 행정문화를 다 가지고 있다는 논리는 성립하지 않는다. 다만 분명히 이야기할 수 있는 것은 민주역사가 짧고 과학적 사고가 보편화되어 있지 않은 국가에서는 다음과 같은 행정문화를 필히 지배적으로 갖게 될 것이라는 것이다.

⑴ 권위주의

권위주의는 평등의 관계보다는 수직적인 관계에서 지배・복종의 관계를 강조하는 문화이다. 관지배주의나 관우월주의 또는 관존민비사상은 권위주의의 일 형태라고 할 수 있다.

권위주의가 보편화되어 있는 사회에서는 권한이 상층부에 집중되어 있고 관의 민에 대한 책임의식이 약하다. 그리고 정책결정과정은 흑백의 논리에 지배되기 쉬워 수정보완과정을 좋아하는 점증주의는 여간해서 일어나지 않는다.

⑵ 가족주의

가족주의는 행정의 공적 사회도 가족의 일 형태로 생각하려는 의식구조이다. 다시 말해서 행정단위를 하나의 가족단위로 생각하려는 경향이다. 이것은 마치 장관은 아버지요, 차관은 어머니요, 국장은 형과 같이 생각하는 의식이다. 이러한 사회에서는 조직구성원간에 화합과 계서적 질서가 강조되지만 공·사의 구별이 분명하지 않다.

⑶ 연고주의

연고주의는 혈연・지연・학연 등 배타적이면서도 특수한 관계를 강조하는 주의이다. 이러한 사회에는 집단 내의 갈등이 심하고, 채용・승진・전보 등의 인사문제가 공정하게 이루어질 가능성이 적다.

⑷ 의식주의(형식주의)

내용이나 실리보다는 형식・절차・선례에 집착하려는 성향이다. 이러한 사회에서는 실질적 책임보다는 법적 책임이 강조되고 선례답습주의가 성행한다. 형식과 겉치레를 강조하다 보니 성격은 이중구조로 되고, 아울러 교조성도 강하게 띠고 있다. 의식과 선례를 강조하다 보니 변화에 저항적이다. 만일에 변화가 일어나면 그것은 내부의 힘에 의해서 일어나는 것이 아니라 외부의 힘에 의해서 일어나게 된다.

⑸ 정적 인간주의(온정주의)

인간관계를 이해타산이나 직무관계로 보지 않고 정의 유대관계로 보려는 성향이다. 이러한 사회는 계약상의 권익보다는 인간간의 신의를 더욱 강조한다. 정적 인간주의가 보편화되어 있는 사회에서는 상·하간의 관계가 직무 대 직무의 관계가 아니라 인격 대 인격의 관계로 엮어지고 있다. 이러한 사회에서는 정책결정에 있어서 객관적인 사실보다는 주관적인 감정이나 편견이 더욱 많이 작용한다.

⑹ 운명주의(관운주의)

운명주의는 성공의 여부가 인간 이외의 초자연적인 힘이나 신비적인 힘에 의존하고 있다고 생각하는 것이다. 운명주의적 사고를 가진 관료는 자기가 출세를 못했을 때에 운이 없어서 성공을 못했지 능력이 없어서 성공을 못했다고 생각하지 않는다. 이러한 사람들은 노력을 하기는 하지만 운이 따라주어야 성공을 할 수 있다고 믿고 있다. 이러한 사회에서는 변명이 많고 책임전가가 많다. 아무리 노력을 해도 운이 따라주지 않아 어쩔 수 없다는 것이다. 그리고 과학적이고 합리적인 사고를 가진 지도자보다 카리스마를 가진 지도자가 더욱 환영을 받는다.

⑺ 일반주의

일반주의는 혼자 모든 것을 다 할 수 있다고 생각하는 의식구조이다. 즉 자기를 전지전능의 인간이라고 과대망상하는 생각이다. 그리고 세상 사물은 일반적인 상식적 수준에서 다 이해되고 해결될 수 있다고 생각한다. 이러한 사회에서는 직업적 전문주의(professionalism)가 좀처럼 일어나지 않는다. 그리고 혼자 다 할 수 있다고 생각하기 때문에 좀처럼 권한의 위임이 일어나지 않는다. 일반주의가 강조되는 사회에서는 행정의 전문화를 기대하기가 어렵다

⑻ 관직이권주의

관직이권주의는 관직을 직업으로 생각하지 않고 출세와 이권의 수단으로 생각하는 의식이다. 다시 말해서 관직은 다른 일자리와 달라 특권과 출세가 보장되

는 자리라고 생각하는 주의이다. 이들에게 관직은 전문적인 직업이 아니라 이권을 확장하고 일신을 영달시키는 수단으로 생각되고 있다. 이러한 사회에서는 관료들간에 보다 큰 이권이 개입되는 자리를 찾기 위해서 경쟁이 벌어진다. 관직을 특권시하는 사회에서는 자연히 민간기업이나 다른 직업을 먹이의 대상으로 생각하려는 경향이 강하다. 아울러 국민에 대한 봉사의식은 좀처럼 일어나지 않는다.

제 3 절 행정문화의 변동요인

여기서는 주로 후진국 행정문화의 변동요인을 다루고자 한다.

Ⅰ. 엘리트의 분산화

엘리트의 분산화란 한마디로 말해서 그 사회의 엘리트들이 행정 이외의 다른 분야에 진출할 기회를 확대시킴으로써 엘리트의 다원화를 추진하자는 것이다. 진출이나 취업의 기회가 행정부에 한정되어 있을 때와 사기업에 확대될 때에 행정문화는 다르다. 진출이나 취업의 기회가 행정부에 한정되어 있을 때에는 자연적으로 행정관료는 일반국민에 대해서 선민의식과 우월의식을 갖게 된다. 인간은 심리적으로 자기만이 무엇을 독점하고 있고 선택의 기회를 가졌다고 생각할 때에 우월감을 갖고 오만의 횡포에 빠지기 쉽다. 이러한 의미에서 관지배의 행정문화를 불식시키는 빠른 방법의 하나가 민간기업을 확장시키고 거기에서 고용기회를 확대시키는 것이다.

Ⅱ. 행정을 문제해결과정으로 인식

행정을 단순한 법령의 집행으로 생각할 것이 아니라 문제해결과정으로 생각한다는 것이다. 관료들이 행정을 단순히 법령의 집행으로 생각할 때에는 자연히 요식성을 따지게 되고, 자기행위의 주체성이나 능동성보다는 타율성과 피동성을 더욱 의식하게 되고 자기행위에 대해서 목적성이나 의미성을 부여하지 못한다. 그러나 행정이 문제해결이나 사업계획이라고 생각할 때에 관료들은 자기행위에 대해서 목적성과 의미성을 부여하고, 생산성과 내용성을 따지게 되며, 국민에 대해서도 보다 적극적이고 협조적인 자세를 갖게 된다.

Ⅲ. 사영역(private sector)의 확대

국가가 통제하고 간섭하는 영역이 많고 직접 운영하는 사업이 많으면 관지배의 행정문화는 계속 유지되게 마련이다. 다시 말해서 공공영역(public sector)이 많고 관주도의 발전을 추진할 때에는 행정의 우월의식은 계속되지만, 사영역이 확대되고 민간주도의 발전을 추진할 때에는 행정의 독선성이나 우월의식이 퇴화한다는 것이다.

행정의 규제영역이나 대상이 많으면 민의 행정에의 의존관계와 종속관계는 사라지지 않는다. 언제나 행정은 공포와 위협의 대상이지 호의의 대상은 아니다. 그리고 규제가 심하면 심할수록 이것은 부정부패의 온상이 된다. 즉 사람들은 규제의 영역에서 벗어나기 위해서 부정의 수단을 취한다.

Ⅳ. 절차의 간소화

절차의 간소화는 위에서 이야기한 규제의 완화와 직결된다고 볼 수 있다. 보통 절차라고 하면 두 가지의 뜻이 있는데 하나는 번문욕례(red tape)로서 하나의 결재서류에 수많은 도장이 찍히는 경우이고, 또 다른 하나는 인·허가 등의 신청에 수많은 서류를 준비하는 것이다. 어느 것이나 다 국민을 괴롭히는 것은 말할 것도 없다. 절차과정이 길거나 복잡하면 행정은 국민에게 까다롭고 힘겨운 것으로 인식된다.

또 절차의 복잡화는 국민과 행정간의 거리감을 넓혀줄 뿐만 아니라 국민의 행정에 대한 불신을 조장하고 부정이 개입할 여지도 남겨 준다. 절차가 간소화될 때에 국민은 행정에 대해서 친근감을 느끼고 협조자로 생각한다. 아울러 부정개입의 소지도 줄여 준다.

Ⅴ. 생활급의 지급

생활급은 단순한 급료가 아니라 생활을 할 수 있는 급료이다. 관료들의 의식구조를 바꾸어 놓을 수 있는 중요한 인자의 하나가 생활급의 지급이다. 관료들이 봉급으로 생활을 할 수 없을 때에 저항없이 관직을 이권시하게 되며 부정의 유혹에 더욱 쉽게 빠진다.

인간의 의식구조변화에 경제적 요소가 중요하다는 것은 말할 것도 없다. 이것은 공무원의 경우도 마찬가지이다. 생활의 위협을 느끼지 않을 때에 행동의 자유를 느낄 것이고 굴종의식에서 벗어나게 된다. 구태여 이권이 개입되는 자리를 차지하기 위해서 동료와 적대관계를 유지하면서 경쟁을 벌이려고 하지 않을 것이다. 이들은 관직을 이용해서 이권을 확장하는 것보다 일 자체에서 보람을 느낄 가능성도 큰 것이다. 생활급의 지급은 행정현상을 권력현상에서 관리현상으로 전환시키는 데 크게 기여하리라고 생각된다.

생활급의 지급과 아울러 생각해 볼 수 있는 것이 실적별 보상제의 도입이다. 이것은 공직사회의 무사안일주의를 청산하는 데 기여할 것이다.

Ⅵ. 교육 · 훈련의 강화

교육 · 훈련이 관료들의 의식구조를 변화시키리라는 것은 의심의 여지가 없다. 이때 교육 · 훈련이란 공무원이 된 후의 교육 · 훈련을 말한다. 교육의 목적이 인간의 마음을 변화시키는 것이라면, 교육의 내용은 자연히 사고를 변화시키는 것에 초점을 두어야 할 것이다. 이때 변화의 방향은 사실정향적이고 개방정향적이며 과학주의적 사고를 키우는 것이다. 의식의 변화에 치중되는 교육이기 때문에 법규해설이나 윤리의식의 강조 같은 것은 별 효과가 없으리라고 생각된다. 의식의 변화에 요구되는 것은 당위의식이나 규범의식보다 변화의식이고, 사실을 과학적으로 분석할 수 있는 능력이다. 변화정향적 교과내용으로 들 수 있는 것은 발전론 · 관리과학 · 정책학 · 사회변동론 · 과학적 사고 · 조사설계 · 통계학 · 국제관계 등이다.

앞으로 국제화시대를 당해서 공무원의 해외파견교육을 더욱 강화시켜야 한다. 현재도 행정고시 합격자 중에서 선발하여 미국 등의 선진국에서 2년간의 석사과정을 마치고 돌아오게 하는 프로그램이 있는데 이러한 프로그램을 더욱 확장해 나가야 할 것이다. 선진사회를 체험해 보아야만 변화의 필요성을 절감하게 된다.

Ⅶ. 정치권력으로부터 행정의 자율성 확보

행정을 권력현상에서 관리현상으로 전환시키기 위해서는 우선 행정을 정치권력의 시녀역할에서 벗어나게 해야 한다. 행정이 정치권력에 의해서 좌지우지될 때에 행정은 국민의 기관으로 자리잡기가 어렵다. 검찰이나 경찰이 권력자의 손아귀에서 놀아날 때 이들은 국가의 기관이나 국민의 기관이 될 수 없다.

Ⅷ. 주민의 행정평가제 도입

행정이 주민에 의해서 평가받을 때 행정의 변화를 기대할 수 있다. 주민이 행정을 평가한다니까 행정전반을 평가하고 행정의 전문영역까지 평가한다는 이야기는 아니다. 여기서의 평가는 주민의 민원업무를 주로 다루는 일선기관들을 상대로 해서 그들의 업무자세를 평가하자는 것이다. 즉 그들이 고객을 대하는 자세는 친절하고 진지하며 자기업무에 정통하고 있는가를 평가하자는 것이다.

주민의 행정평가제도는 국민에게 행정에 대해서 주인의식을 갖게 하며 행정의 탈권력화를 촉진하고 행정기관끼리 경쟁을 촉발시킬 것이다.[3)]

Ⅸ. 개별적 책임제의 채택

인간은 기관장의 책임하에서나 공동책임하에서 보다 개별적 책임하에서 더욱 열심히 일을 한다. 개별적 책임제란 각자의 맡은 일이 구분되고 거기에 대해서 책임을 지는 제도를 말한다. 이 경우 각 개인은 책임을 질 사람은 자기밖에 없기 때문에 최선을 다할 수밖에 없다. 개별적 책임제를 채택할 때 책임의식을 고취시키고 능력개발을 촉진하며 분권화를 촉발한다.[4)]

3) 백완기, 한국행정학의 기본문제들, 나남, 1996, 508면.
4) 上揭書, 510~511면.

제10장 행정신뢰

돈과 물질 및 노동이 경제적 자본이라면 신뢰는 사회적 자본(social capital)이라고 할 수 있다. 신뢰는 인간생활을 원활하게 하여 주고 성숙화된 사회로 진입시켜 품위 있는 생활을 영위할 수 있는 기틀을 제공하여 준다. 아울러 인간간의 거래비용을 감소시킴으로써 상호작용을 촉진하고 활성화시킴으로써 사회의 동력성(social dynamism)을 높이고 나아가서는 국가경쟁력을 제고시킨다. 특히 행정에서 신뢰는 그 속성상 중요하다. 우선 국민과의 관계는 물론, 조직상호간, 구성원 상호간, 중앙과 지방의 상호간 등 신뢰는 상호간의 협력과 유대를 제고하는 결정적 역할을 한다는 것이다.

제 1 절 신뢰의 개념

신뢰에 대한 정의는 여러 가지다. 여기서는 몇 개의 정의만을 살펴보기로 한다. 첫번째의 가장 단순하면서도 넓은 의미의 신뢰란 '상대방의 바람직한 행동을 획득할 가능성에 대한 기대 혹은 확신'이다.[1] 여기서의 핵심적 내용은 주관적 기대이다. 두 번째의 정의는 조금 범위를 좁힌 것으로서 '위험을 띤 교환상황 속에서 신뢰자가 상대방의 선의와 의존가능성을 받아들이는 긍정적 태도'로의 정의이다.[2] 여기서의 핵심적 내용은 상대방의 선의에 대한 긍정적 태도이다. 세 번째의 보다 세련된 좁은 의미의 신뢰란 '상대방이 자기에게 중요한 행동을 할 것이라고 예견되는 상황에서 그 상대방을 감시 또는 통제할 수 있는 가능성의 여부와 관계없이 상대방의 행동에 대한 자기의 취약성을 자발적으로 받아들이는 자세'라는

1) 이헌수, "국민의 행정신뢰에 관한 영향요인의 분석: 공무원에 대한 신뢰를 중심으로," 한국행정학보, 33권 2호, 1999 여름, 38～39면.

2) 上揭論文, 39면.

것이다.[3] 첫번째와 두 번째의 개념정의는 단순한 기대나 선의에 강조를 둠으로써 학문적 유용성이 적어 세 번째의 개념정의를 채택하기로 한다. 세 번째 정의의 핵심은 자신의 취약성을 수용한다는 것인데 자신의 취약성을 받아들인다는 것은 자신에게 닥칠 위험을 감수한다는 뜻이다.

그런데 이러한 신뢰는 고립된 개인간에만 일어나는 것이 아니라 사람과 조직간, 조직과 조직간의 관계에서도 일어남으로써 사회전체의 제도적 맥락과 관련됨으로써 사회적 실체로서 존재하게 된다는 것이다.[4] 여기서 신뢰는 개인간의 성향이나 계산에 입각한 선택의 문제로 환원할 수 없는 사회적 실체로 존재하게 된다.

여기서 문제가 되는 것은 신뢰와 불신의 관계이다. 다시 말해서 신뢰와 불신은 동일현상을 설명하는 같은 개념으로서 단순히 동일차원의 연속선상의 양극을 대변하는 개념인가 아니면 서로 설명하려는 내용이 다른 상이한 개념인가이다. 최근의 많은 연구결과들은 긍정적 기대를 토대로 한 신뢰와 부정적 기대를 토대로 한 불신은 동일차원의 개념이 아니라는 것을 밝혀 주고 있다. 이러한 이유는 사회적 관계가 복합적이고 다중적인 관계로 분화 발전함에 기인하고 있다는 것이다.[5] 신뢰는 상대방에 대한 희망, 성실, 자신감 같은 긍정적 감정이나 태도를 동반하지만, 불신은 두려움, 경계심, 회의 같은 부정적 감정 및 태도를 동반한다. 이러한 측면에서의 차이는 양자가 독립변수로 작용하여 나타나는 종속변수에 상이한 영향을 준다는 것이다. 여기서 신뢰와 불신은 공존적이며 동시에 독립적인 관계라고 할 수 있다.

신뢰는 일반적으로 세 가지 단계를 거치면서 발전한다고 지적되고 있다.[6] 첫째 단계는 '타산적 신뢰'(calculus-based trust)이고, 두 번째 단계는 '지식기반의 신뢰'(knowledge-based trust)이고, 세 번째 단계는 '동일화기반의 신뢰'(identification-based trust)이다. 첫번째 단계의 타산적 신뢰란 신뢰를 어겼을 경우의 불이익이 신뢰를 지켰을 경우의 이익보다 클 때에 신뢰를 지킨다는 것이다. 두 번째

3) R.C. Mayer *et al.*, "An Integrative Model of Organizational Trust," *Academy of Management Review*, 20, 1995, pp. 709～734: D.M. Rousseau *et al.*, "Not So Different after All: A Cross-discipline View of Trust," *Academy of Management Review* 23(3), 1998, pp. 473～490.

4) 박통희, "신뢰의 개념에 대한 비판적 검토와 재구성," 한국행정학보, 33권 2호, 1999 여름; J. Lewis and A. Weigert, "Trust as a Social Reality," *Social Forces*, 63, 1985, pp. 967～985.

5) 박통희, 前揭論文, 11면.

6) R.J. Lewicki & B.B. Bunker, "Developing and Maintaining Trust in Work Relationships" in R.M. Kramer *et al.*(eds.), *Trust in Organization: Frontiers of Theory and Research*, Sage Pbulication, 1996, pp. 119～124; 김호정, "신뢰와 조직몰입," 한국행정학보, 33권 2호, 1999 여름, 22～23면.

단계의 지식기반의 신뢰는 상호교류가 빈번하여지면서 상대방에 대한 경험과 지식을 축적함으로써 상대방을 신뢰하게 되는 경우이다. 세 번째 단계의 동일화의 신뢰는 쌍방의 목표, 가치, 규범 등이 일치하는 경우 서로 신뢰하게 되는 경우를 말한다. 이러한 세 가지 단계의 신뢰는 진화의 과정을 거치지만 항시 병존하고 있다.

제 2 절 행정신뢰의 형성에 영향을 주는 요인들

신뢰를 형성하는 데에는 피신뢰자인 행정의 차원과 신뢰자인 국민의 차원인 두 가지 차원이 있다. 두 차원이 결합될 때에 신뢰가 형성된다.

Ⅰ. 피신뢰자(행정)의 차원

(1) 능 력

여기서의 능력은 신뢰자가 원하는 요구를 충분히 충족시켜 줄 수 있는 의지와 전문적 지식 및 기술을 가지고 있는 것을 이야기한다. 쉽게 말해서 정부가 양질의 정책을 산출할 수 있고 양질의 제품과 서비스를 창출할 수 있는 역량을 이야기한다. 무능한 행정이 국민으로부터 신뢰를 받지 못한다는 것은 너무나도 당연한 이야기다. 행정에서 능력의 바탕은 전문적 지식과 기술이라고 할 수 있다. 행정의 무능력은 행정 불신의 근본이 되고 있다.

(2) 권력의 정당성

아무리 정책 산출이 훌륭해도 그 행정을 담당하고 있는 정치권력이 정당성을 결하고 있으면 신뢰가 쉽게 제고되지 않는다. 여기서의 권력의 정당성은 성립과정이 국민의 의사를 토대로 해서 합법적으로 이루어져야 한다는 것이다. 쿠데타나 비합법적인 방법으로 성립한 권력은 정당성을 결하고 있다. 일반적으로 쿠데타로 권력을 장악한 정부는 국민으로부터 신뢰를 쌓기 위해서 안보나 경제건설을 중심으로 양질의 정책을 산출하고 성과를 거두지만 의도한 신뢰를 확보하지 못하고 있다.[7)]

---

7) 예컨대 한국의 군사정권하에서 안보 및 경제 분야에서 성공적인 정책성과를 거두지만 국민으로부터 신뢰를 얻는 데에는 성공을 하지 못하고 있다. 박종민, “정책산출이 정부신뢰에 주는 영향,” 한국행정학보, 25권 1호, 1991, 297～300면 참조.

(3) 정책의 일관성

일관성은 정책이나 언행이 수시로 변하지 않고 지속성을 띠고 있는 것을 이야기한다. 정책이 조령모개 식으로 수시로 바뀌거나 상위정책과 하위정책이 개별적으로 따로 놀거나 동일한 문제를 가지고 정책끼리 충돌을 하면 국민으로부터 신뢰를 잃어버리게 된다. 그러나 일관성이라고 해서 정책이 고정적이고 불변적인 모습을 띠어야 한다는 이야기는 아니다. 여기서 정책의 일관성이란 지속성, 통합성, 조화성을 내포하고 있다.

(4) 행정의 공개성

정책결정이나 정보가 모든 사람들에게 차별 없이 노정될 때에 행정에 대한 신뢰는 제고된다. 그러나 정책결정이 폐쇄적인 성격을 띠거나 정보의 누출이 일부 특정계층의 사람들에게만 허용될 때에 행정에 대한 신뢰는 떨어지게 된다. 공개성은 개방성, 정직성, 투명성 등을 내포하고 있다. 행정은 자신이 가지고 있는 모든 정보를 모든 사람들에게 알려 주어야 할 뿐만 아니라 자신이 저지른 실수나 과오도 정직하게 밝히고 시인해야 한다. 잘못을 감추거나 호도할 때에 국민은 행정을 믿지 않는다. 그러나 잘못을 밝히고 시인할 때에 국민은 행정을 신뢰하게 된다.

(5) 행정의 공정성

행정이 고객들에게 불편부당의 자세에서 공평하게 업무를 처리하면 신뢰는 올라간다. 행정에서 공정한 대우(fair treatment)만큼 보편성을 띤 준거기준은 없다. 공정한 대우는 자연히 객관성과 불편부당성(impartiality) 및 비사인성(impersonality)을 동반시킴으로써 국민과 행정간에 신뢰를 높이는 데 결정적 역할을 한다. 행정이 고객에 따라 차별을 하고 계층에 따라 차별을 하면 신뢰는커녕 혐오의 대상이 된다.

(6) 집단적 동질성

피신뢰자로부터 고객들이 집단적 동질성을 느낄 때에 신뢰감을 갖게 된다. 예컨대 지연, 학연, 혈연 등 제일차적 동질감 및 유대감을 느낄 때에 신뢰를 느낀다는 것이다. 이러한 집단적 동질성에 입각한 신뢰성 제고는 보편성을 띤 시민문화가 형성되지 않는 사회에서 현저하다.

Ⅱ. 신뢰자(국민)의 차원

신뢰자의 차원은 주로 개인의 심리적 특성이 신뢰에 영향을 준다는 것이다. 즉 사회적 경험이나 사회화를 통해서 길러진 개인적 특성이 신뢰에 영향을 준다는 것이다. 개인적 특성으로 학력, 종교, 나이, 성별 등 사회적 변인들이 신뢰에 영향을 주는 것으로 나타나지만 상황에 따라 다르게 나타나기 때문에 이러한 변인들을 가지고 일반화하기란 어렵다.

개인의 특성을 떠나 사회적 관계에서 형성된 신뢰는 계산적 차원과 인지적 차원 및 관계적 차원에서 그 설명이 가능하다.[8)]

(1) 계산적 차원

계산적 차원은 이해타산에 초점을 맞춘 신뢰이다. 상대방이 과거에 자신에게 유리하게 행동을 해 왔거나 앞으로도 유리하게 행동할 것이라고 기대하면서 하는 신뢰이다. 상호작용 속에서 예정되는 비용과 혜택을 계산한 결과 이득이 비용을 초과할 것이라고 기대하고 손실의 개연성을 감수하는 신뢰가 바로 계산적 차원의 신뢰이다.

(2) 인지적 차원

인지적 차원은 사회적 관계에서 어떤 대상은 믿고 어떤 대상은 믿지 않은 분별적 선택과정에서 나타난 신뢰이다. 대상에 대한 친숙성은 인지적 차원의 전제조건이 된다. 신뢰의 대상에 대한 완전한 정보 상황에서나 반대로 완전한 무지의 상황에서는 신뢰가 일어나지 않는다. 인지적 차원에서의 정보의 부족은 신뢰의 필요조건이 된다.

(3) 관계적 차원

관계적 차원은 상대방에 대한 연대감 또는 동일체 의식과 관련된다. 관계적 차원은 호혜적인 속성을 내포하고 있다. 정보가 부족한 사회에서는 계산적이고 인지적인 차원의 신뢰가 형성되기 어려우므로 관계적 차원의 신뢰가 보편화되어 있다.

8) 박통희, 前揭論文, 6~8면 참조.

제 3 절 행정신뢰의 기능

행정신뢰의 긍정적 기능을 살펴보기 전에 짚고 넘어가야 할 것이 있는데 행정의 저신뢰나 불신이 반드시 나쁘지만은 않다는 것이다. 정부나 행정에 대한 어느 정도의 경계심과 회의주의는 오히려 행정의 방심과 시행착오를 줄이게 하고 민주주의를 건강하게 하는 역할을 한다는 것이다.[9] 행정신뢰는 다음의 역할을 수행한다고 할 수 있다.

Ⅰ. 협력의 활성화

신뢰가 높아지면 행정과 국민간은 물론, 기관과 기관간, 중앙과 지방간의 협력이 활성화된다. 신뢰와 협력은 같은 의미를 가진 유사개념으로 간주될 정도로 가깝다. 따라서 신뢰는 자연스럽게 협력을 불러일으킨다. 불신은 반목과 대립 및 분열을 조장하지만 신뢰는 화목과 응집과 일체감을 불러와 조직은 물론 사회전체의 기반을 견고하게 한다.

Ⅱ. 거래비용 및 기관비용의 축소

서로가 믿지 못하고 불신이 팽배하면 거래가 원활하게 이루어지지 않고, 이루어진다 하더라도 상호감시하에서 힘들게 이루어지고, 여기에 소요되는 물질적·정신적 비용이 적지 않다. 믿는다는 것은 그만큼 거래를 촉진하고 비용을 감축시킨다. 아울러 기관구성원간에도 신뢰가 쌓이면 기관비용도 줄어들고 기관의 능력도 향상된다.

Ⅲ. 거리감의 축소

거리감이란 서로가 멀게 느껴지는 감정이다. 국민과 행정이 서로 믿지 못하면 서로가 경계하고 멀게 느껴져 '선량한 이웃'으로서의 인식은 싹트지 않는다. 거리감은 긴장, 불안, 두려움 등을 동반하여 긍정적이고 활기찬 작업분위기를 조

9) Joseph S. Nye, Jr. *et al., Why People Don't Trust Government,* Harvard University Press, 1998; 박준원 역, 국민은 왜 정부를 믿지 않는가, 굳인포메이션, 2001, 27~28면.

성하지 못한다.[10)]

Ⅳ. 새로운 창의적 작업에의 몰두

불신이 팽배한 사회에서는 상대방을 경계하고 감시하는 데 에너지와 비용을 사용함으로써 그만큼 새로운 창의적 작업의 착수를 어렵게 한다. 조직 구성원간에 신뢰가 싹트이면 고위층의 사람들은 아래 사람들에 대한 감시와 통제의 부담에서 벗어나 새로운 일에 도전할 시간과 기회를 갖게 된다.

Ⅴ. 국가경쟁력의 제고

신뢰는 사회자본으로 경제를 성장시키고 국가경쟁력을 높이는 데 밑거름의 역할을 한다.[11)] 사회 전체적으로 신뢰가 쌓이면 그만큼 나라의 기반이 튼튼하여지고 견고하여진다는 것은 의심의 여지가 없다. 국민과 행정간에 신뢰가 쌓여 서로가 '선량한 이웃'으로 여기면 어떠한 난제도 풀 수 있는 저력을 갖게 된다.

---

10) 행정과 국민간의 거리감에 대해서는 이종범, 국민과 정부관료제, 고려대 출판부, 1986, 184~215면 참조.

11) F. Fukuyama, *Trust: The Social Virtues and the Creation of Prosperity*, The Free Press, 1995.

제 3 편

행정학의 구조성

제 1 장 계층적 구조
제 2 장 위원회제
제 3 장 애드호크라시
제 4 장 팀 제
제 5 장 조직의 설계

제 1 장 계층적 구조

제 1 절 계층적 구조의 형성

행정조직에서 가장 보편화된 조직이 계층적 조직구조(hierarchical structure)이다. 따라서 행정학에서 조직 하면 이러한 계층적 조직구조를 말한다. 이러한 계층적 조직구조의 예외적인 현상이 위원회제이다. 위원회제에 대해서는 별도로 설명하기로 하고, 여기서는 계층제에 대해서만 설명하기로 한다.

계층제는 조직 내의 궁극적인 권한과 책임이 최고정점 1인에게 수렴되는 체제이고, 위원회제는 여러 사람에게 분산됨으로써 공유되는 체제이다.

계층제란 인간사회생활의 출발에서부터 그 모습을 드러냈다고 지적되고 있다.[1] 계층제는 인간사회뿐만 아니라 다른 동물의 사회에서도 흔히 발견된다. 그러면 어떠한 이유로 계층제가 인간사회에서 보편화하게 되었는가를 간단히 검토하여 보기로 한다.

첫째, 질서형성상 가장 먼저 필요한 제도였다. 인간의 질서 중에서 가장 원형적인 것이 지배·복종을 중심으로 한 수직적 질서라고 할 수 있다. 다시 말해서 지배·복종의 관계는 질서형성을 위해서 필요하였던 것이다. 이러한 지배·복종의 관계는 신비적인 마력, 초인적인 우월성, 법령, 도덕, 관례 등에 의해서 뒷받침되었던 것이다.

여하간 인간생활에서 질서를 이룩하려는 첫시도가 그 바탕이 물리적 힘이든, 법령이든 또는 도덕이든 지배·복종을 중심으로 한 계층적 관계라고 할 수 있다.

둘째, 인간은 타고날 때부터 능력이나 재능면에서 우월의 차이가 있는데, 이것을 자연스럽게 반영하고 있는 것이 계층제이다. 보다 똑똑하고 유능한 자는 무능한 자를 지배하게 되어 있고, 무능한 자는 이에 복종하게 되어 있다. 또 약자는 강자의 보호를 받을 필요가 있는데, 이것을 충족시켜 주는 것이 계층제였다. 능력

1) 金雲泰, 行政學原論, 二訂版, 博英社, 1980, 274면.

면에서나 부력 또는 재능면에서 약자가 강자에게 복종하려는 현상이 계층제 발생의 원인이 되었다는 것이다.

셋째, 인간이 집단생활을 이룩하면서 살게 되면 그 집단을 대표하는 대표자가 필요하게 되고, 그 대표자를 중심으로 집단 내의 의견들을 통일시킬 필요가 있는데, 이것을 충족시켜 주는 것이 계층제이다. 의견의 통일이 계층제를 통해서만 이루어지는 것은 아니지만, 계층제는 의견통일을 확보하는 데 있어서 최후의 수단이다. 뿐만 아니라 민주화가 보편화되지 않은 사회에서는 계층적 관계가 의견통일을 확보하는 데 있어서 가장 지배적인 방법이라고 할 수 있다.

넷째, 인간은 자기에게 맡겨진 일을 혼자 할 수가 없어 다른 사람에게 위임하고 감독하는 경우가 많다. 이것은 맡은 일이 늘어나면 늘어날수록 더욱 현저하여진다. 또 맡은 일이 늘어나지 않는다 할지라도 보다 그 일을 완전하고 정확하게 수행하기 위해서 다른 사람에게 분할시킬 필요가 있다. 어느 경우나 계층관계가 성립한다. 즉 자기가 맡은 일이나 권한 또는 책임을 혼자 수행할 수 없어 이것을 주종관계를 이룩하면서 수직적으로 분할할 때에 계층제가 나타나게 된다는 것이다.

다섯째, 분업화에 대한 통합의 요구로 계층제가 나타난다. 능률성과 생산성을 높이기 위해서 수평적인 분업화가 나타난다. 이러한 분업화로 인한 구조적 이질화는 사회가 전문화됨으로써 더욱 강화된다. 그러나 분업화는 조직의 전체적인 목표성취를 위해서 통합화되어야 하는데, 그 통합화의 수단이 계층제라는 것이다. 여기서 계층제는 조직 내의 이질적인 것을 궁극적인 목표성취를 위해서 통합시켜 주는 역할을 한다.

여섯째, 행정영역에서 계층제가 보편적 조직구조로 나타나게 된 것은 행정이라는 바로 그 속성에서 온다고 볼 수 있다. 본래 행정은 결정보다는 집행의 성격을 강하게 띠고 있다. 집행에는 합의제보다는 단독제로서의 계층제가 더욱 적합하고 효과적이라는 것이다.

제 2 절 계층제의 개념

계층제가 가장 정교하게 발달된 모습이 Weber의 관료제라고 할 수 있다. 그러나 Weber의 관료제와 계층제는 동일한 개념은 아니다. 양자는 구조적인 면에서는 거의 동일하나 성립기반이나 기본정신의 면에서는 다르다. 계층제는 위에서도 설명하였듯이 인간역사의 시작에서부터 나타났지만, 관료제는 화폐경제가 성립하고 지배의 수단으로서 권위가 합법성과 합리성을 띠게 됨으로써 나타나게 되었다. 또 계층제의 기본정신은 지배 · 복종을 중심으로 지휘계통을 확립하는 것인데, 관료제는 impersonalism을 중심으로 합리화를 추구하는 것에 그의 기본정신을 두고 있다. 계층제가 지휘계통을 확립하는 수단이라면, 관료제는 합리성추구의 수단이라고 할 수 있다.

또 계층제와 관료제가 구조적인 면에서는 거의 동일하다고 하였으나, 본래 계층제는 수직적인 분화만을 강조할 때에 관료제는 수직적 분화 · 수평적 분화를 다같이 강조한다.

조직현상을 관료제현상으로 보면서 그 중에서 다시 계층제를 부각시켜 설명하는 것은 양자가 이처럼 다르기 때문이다.

계층제는 조직 내에서 한 사람이 최고정점의 자리에서 궁극적인 권한과 책임을 보유하고 있는 단임적 조직구조라고 할 수 있다. 따라서 조직구조의 정점에서부터 말단에 이르기까지 다수의 계층수준을 통하여 상·하의 계급 또는 권한관계가 규정되며, 이러한 사다리의 관계를 통해서 권한과 책임이 내려온다. 이때 정점에는 반드시 한 사람이 있고, 그가 전조직을 지휘 · 통할한다. 여기서 분명히 밝혀둘 것은 계층제는 기능이나 목적에 따라 직무를 상·하로 나누는 것이 아니라 권한과 그에 수반될 책임에 따라 직무를 상·하로 나누는 것이다. 따라서 계층제는 상·하간의 명령과 복종의 관계요 지위와 역할의 계서화된 체계라고 할 수 있다.[2)]

제 3 절 계층제의 기능

계층제의 기능은 관료제의 기능과 중복되는 것이 많다. 대충 살펴보면 다음과 같다.[3)]

Ⅰ. 명령의 통로

계층제는 명령이 하달되고 아랫사람들의 의사가 상달되는 통로를 제공하여준다. 이때 명령은 법적이고 공식적인 명령뿐만 아니라 기능적인 면에서의 명령도 포함된다.

2) 上揭書, 273면.
3) 上揭書, 277면.

Ⅱ. 통신의 통로

어느 조직이나 의사전달의 체계가 필요한데, 이것을 충족시켜 주는 것이 계층제이다. 그런데 계층제는 질서 있고 정련된 의사전달을 확보하여 준다. 다시 말해서 계층제는 무질서한 정보의 흐름을 질서 있는 흐름으로 전환시켜 준다. 정보가 무질서하고 체계적으로 정리되지 않으면 정보로서 그 역할을 다하지 못한다. 그러나 바로 정리하여 주는 역할 때문에 정보를 왜곡시킬 가능성도 있는 것이다. 여하간 계층제의 통로는 정보가 질서 있게 흘러다닐 수 있는 혈맥의 역할을 한다.

Ⅲ. 권한위임의 통로

혼자 일을 다 처리할 수 없거나 또는 일을 보다 완벽하게 처리하기 위해서 권한을 위임시킬 필요가 있다. 이때 권한은 질서 있는 통로를 따라서 위임될 필요가 있는데, 이것을 가능하게 하여 주는 것이 계층제이다. 권한이 질서 있는 통로를 따라 위임되지 않으면 권한의 남용이나 부당한 행사를 감독하고 방지할 길이 없다.

Ⅳ. 정책결정의 검토 및 행정책임의 소재규명

정책결정은 고위층에서만 일어나는 것이 아니라 중간관리층이나 하위계층에서도 일어난다. 이때 중간관리층 이하에서 일어나는 정책결정의 타당성을 검토하고 정책의 일관성을 확보하여 주는 것이 계층제이다. 아울러 계층제는 조직 내에서 특정의 행위나 활동에 대해서 누가 책임을 져야 할 것인가를 밝혀 주는 역할을 한다.

Ⅴ. 행정목표의 설정과 업무분담

행정의 목표는 포괄성이나 중요성에 따라서 여러 가지가 있다. 보다 포괄적이고 기본적인 것은 조직의 고위층에서 결정하게 하고, 하위성을 띤 목표는 그 이하의 계층에서 하게 한다. 하위목표도 기본목표의 범위 내에서 결정되기 때문에 계층구조를 통해서 설정되는 것이 적합하다. 그래야만 목표간에 일관성이 확보될 수 있다.

아울러 계층구조는 업무를 분담시키는 데 있어서 편의와 토대를 마련하여 준다. 즉 업무를 질서 있게 분담시키는 방편이 계층구조이다.

Ⅵ. 조직 내의 분쟁의 조정과 해결

어느 조직 내에서나 분쟁과 갈등은 일어나게 마련이다. 이러한 갈등을 가장 손쉽게 해결하여 주는 방법도 계층제요, 최후적으로 해결하여 주는 역할도 계층제가 한다. 물론 분쟁이나 갈등은 상관의 명령적 지시나 강제적 방법에 의해서 해결되는 것보다는 토론이나 협상 또는 상호이해 속에서 해결되는 것이 가장 바람직하다. 그러나 이러한 방법을 통해서 해결되지 않을 때에는 계층제의 강제적 방법에 의존할 수밖에 없다. 동일한 이치로 조직 내에서 질서와 통일이 확보되는 것이다.

Ⅶ. 영향력과 추종력의 행사수단

조직 내에서 영향력이나 추종력이 가장 손쉽게 행사될 수 있는 방편과 통로가 계층구조이다. 조직 내에서 어떤 사람의 영향력보다 직속상관의 영향력을 많이 받을 가능성이 크다.

제 2 장 위원회제

제 1 절 일반적 특성

Ⅰ. 의 의

위원회는 단독제에 대응되는 개념으로서 여러 사람이 정책결정에 대등한 입장에서 참여하면서 합의적으로 결정을 내리는 제도를 말한다. 다시 말해서 계층적 조직구조가 아니라 합의제적 조직구조를 말한다.

합의제의 기본특징은 1인이 결정을 내리는 것이 아니라 여러 사람이 법적으로 대등한 입장에서 토론을 거쳐 결정을 내리는 것이다. 법적으로 대등한 입장이라는 점에서 상관이 하급자에게 권한을 위임하거나 참여를 권장함으로써 이루어지는 합의적 결정과는 다르다. 단독제하에서도 얼마든지 권한의 위임이나 집단토론을 통해서 합의적 결정이 내려질 수 있는 것이다. 그러나 이러한 합의적 결정은 위원회제에 해당되지 않는다.

일반적으로 행정기관 하면 단독제를 생각하지 합의제적 성격을 띤 위원회제는 생각하지 않는다. 그러나 오늘날 행정기관은 준입법적 · 준사법적 기능까지 수행하게 되고, 업무에 따라서는 전문적 지식과 신중한 결정을 요하는 경우가 증가하므로 위원회의 설치를 요구하게 되는 것이다. 특히 준입법적 · 준사법적 업무일수록 전문적 지식과 신중성을 요하므로 위원회의 설치를 촉구하고 있는 것이다. 거기에다 정책결정의 정당성을 높여 주기 위해서 위원회가 정략적으로 설치되는 경우도 있다.

Ⅱ. 위원회의 효용

위원회의 효용을 장·단점으로 나누어 설명하면 다음과 같다.

⑴ 장 점

1) 전문가를 동원함으로써 보다 합리적이고 질이 높은 정책결정을 내릴 수 있다.

2) 정책결정에서 개인의 경솔성을 지양하고 신중성을 기할 수 있다.

3) 이해관계가 얽혀 있는 사람들을 참여시킴으로써 정책의 지지성과 공평성을 확대할 수 있다.

4) 합의제를 통한 결정이기 때문에 다른 사람에게 신뢰감을 줌으로써 수락가능성을 높여 준다.

5) 정책의 계속성과 안정성을 확보할 수 있다. 즉 위원들이 일시에 다 교체되지 않고 순번적으로 교체되기 때문에 정책은 언제나 지속성과 일관성을 지니고 있다.

6) 권위를 위원들간에 분산시킴으로써 파렴치한 권력욕구자의 출현을 제지할 수 있다.

⑵ 단 점

1) 신속하고 적시성이 있는 결정을 내리기가 어렵다. 위원들간에 의견을 일치시키는 데 시간이 오래 걸리므로 적시성이 있는 대응책을 마련하기가 어렵다.

2) 그 운영에 있어서 돈과 시간과 노력이 많이 들어 비능률적이다.

3) 여러 사람에게 책임이 분산되어 있으므로 책임전가의 현상이 일어난다. 다시 말해서 어느 누구도 단독적으로 책임을 지지 않기 때문에 무책임을 조장한다는 것이다.

4) 위원회가 독립성을 지니고 있을 때에 국정의 통합성을 저해할 가능성이 크다.

5) 강력한 지도력을 결여하므로 우유부단에 빠질 가능성이 크다.

6) 위원회는 이익대표성을 띠고 있기 때문에 압력단체들의 활동무대가 될 가능성이 크다.

7) 타협적인 결정에 내재하는 약점 때문에 소신에 찬 결정을 내리지 못할 가능성이 크다. 다시 말해서 지난번에 저쪽에서 양보했으니까 이번에는 내가 양보해야지 하는 식으로 소신 없는 결정이 내려질 가능성이 크다는 것이다.

Ⅲ. 위원회의 유형

위원회에는 자문위원회・조정위원회・특별위원회・결정작성위원회・독립규제위원회가 있다. 독립규제위원회는 원칙적으로 결정작성위원회에 속하나 성격과 기능 및 존재형태가 특이하므로 분리해서 설명하기로 한다.

⑴ 자문위원회

특정의 개인 또는 조직 전체의 자문에 응할 목적으로 설치된 막료조직이다. 이러한 조직은 자문에 응할 목적으로 설치되었기 때문에 실질적인 영향력을 제외하고는 법적 구속력이 없다.

자문위원회의 기본목적은 행정관료들에게 전문적 지식을 제공함으로써 그들의 판단력을 보충하고, 독선화되고 특권화되기 쉬운 관료제에 민주성을 주입시키는 데 있다.

그러나 많은 자문위원회는 유명무실한 존재에 불과하고, 기껏해야 기존의 정부방침이나 정책을 합리화시켜 주고 책임을 전가시키는 도구로 이용되고 있다.

⑵ 조정위원회

각 기관간 또는 개인간의 의견을 조정하기 위해서 설치된 위원회이다. 이때 결의의 효과가 건의의 효과밖에 없는 것도 있고, 법적 구속력이 있는 것도 있다. 행정각부처간의 각종 위원회는 이러한 위원회의 예이다. 그리고 차관회의나 경제장관회의도 조정위원회의 일종이라고 할 수 있다.

⑶ 특별위원회

특별위원회는 특별한 사업이나 목적이 하나의 부처에만 국한되어 있지 않고 여러 부처에 걸쳐 있을 때에 그 사업을 위해서 관계부처에서 사람을 차출하여 만든 위원회이다. 이러한 위원회는 특별한 사업이나 목적과 운명을 같이하므로 그 목적이 성취되면 자동적으로 해체된다.

⑷ 결정작성위원회

결정작성위원회는 법적으로 구속력이 있는 결정을 작성하기 위해서 만들어진 합의제의결기관이다. 관청적 성격을 띠고 있는 각종 위원회가 여기에 속한다. 감사위원회・선거관리위원회・교육위원회 등이 좋은 예이다.

⑸ 독립규제위원회

독립규제위원회는 초당적인 입장에서 주로 개인이나 사기업의 경제활동을 규제하기 위해서 만들어진 위원회라고 할 수 있다. 보다 구체적으로 설명하기 위해서 별도로 다룬다.

제 2 절 독립규제위원회

Ⅰ. 개념 및 성격

준입법적·준사법적 업무를 대통령이나 의회의 압력을 받지 않고 독립적인 입장에서 다루는 합의제의 행정기관을 말한다. 이들이 다루는 업무는 주로 규제업무이기 때문에 독립규제위원회라고 명명되고 있다. 여기서 독립규제위원회의 기본성격은 업무처리의 독자성이라고 할 수 있다. 이러한 위원회가 극성을 떨친 곳은 20세기 초엽의 미국사회였다고 볼 수 있다. 우리 나라에서도 금융통화운영위원회·노동위원회 등은 독립규제위원회의 좋은 예라고 할 수 있다.

독립규제위원회는 주로 사적 거래관계나 사적 행위 또는 시민의 재산문제를 규제하는 준입법적(quasi-legislative)·준사법적(quasi-judicial) 업무를 다루고 있기 때문에 입법부·행정부·사법부와 병립한 일종의 '제 4 부'(fourth department)로 지칭되기도 한다.

Ⅱ. 설립이유

⑴ 자유주의경제체제가 시장의 실패(market failure)로 그 작동이 원활하지 않음에 따라 정부의 규제대상이 증가하였다는 것이다.

⑵ 이러한 규제의 대상이 되는 업무를 사법부나 입법부에 떠맡기는 것이 적절하지 않고, 그렇다고 단독제인 일반행정기관에 맡기는 것도 적절하지 않다는 것이다.

⑶ 본래 규제란 개인이나 사기업 또는 단체 등이 사회·경제적인 면에서 활동할 수 있는 한계를 설정하는 행위이기 때문에 합의제의 행정기관에서 다루는 것이 바람직하다는 것이다. 이때 합의제기관이 요구되는 것은 업무를 신중하게

다루겠다는 뜻도 있지만, 외부의 정치적인 영향력에서 벗어나 업무를 공정하게 다루겠다는 뜻도 강하다.

(4) 지방정부의 수준보다 이것을 초월한 중앙정부의 수준에서 규제해야 할 경제문제가 많이 대두하였다는 것이다. 미국의 경우 주간의 통상문제는 이러한 문제이다.

(5) 미국의 경우 1887년에 설립된 주제통상위원회(Interstate Commerce Commission)가 좋은 전통을 쌓고 성과를 보여 주자, 이것이 많은 독립규제위원회의 설치를 촉진하였다는 것이다.

Ⅲ. 독 립 성

독립규제위원회의 독립성은 다음과 같은 점들에 의해 보장된다고 볼 수 있다.

(1) 위원은 대통령이 의회의 자문이나 동의(미국의 경우 상원)를 얻어 임명하지만, 일단 임명되면 임기 동안 법이 규정한 이유(예컨대 직무태만이나 위법행위)를 제외하고는 해임되지 않는다. 위원의 수와 임기는 위원회마다 다르다. 그러나 보통 위원의 수는 5～9명 정도이고, 임기는 대통령의 임기보다 길다.

(2) 업무수행중 대통령이나 행정각부 또는 국회로부터 영향력을 받지 않는다. 그리고 대통령이나 국회에 대해서 책임을 지지 않는다. 위원들은 법과 자기양심에 따라 업무에 임할 뿐 어느 누구의 영향력도 받지 않는다. 그러나 업무수행상의 독립성은 사법부의 그것만큼 강력하지는 않다. 예컨대 각 위원은 압력단체의 영향력의 대상이 곧잘 되기도 하고, 또 위원회는 국회의 감사대상이 되기도 한다.

(3) 위원의 과반수 이상이 동일정당에서 나올 수 없다. 모든 위원회가 다 이러한 원칙의 적용을 받고 있지는 않지만, 공정성을 생명으로 하는 위원회는 필히 초당성을 띠게 되어 있다. 그리고 위원의 교체도 1년에 1인씩 하게 되어 있고, 위원은 거의 해당 분야의 전문가로 임명되기 때문에 위원회의 독립성은 강화된다고 볼 수 있다.

Ⅳ. 문 제 점

독립규제위원회는 설치이유에서 살펴본 대로 많은 긍정적인 측면과 장점을 가지고 있으나, 다음과 같은 문제점들을 지니고 있다.

(1) 대통령이 위원회에 대해서 지휘·통제권을 가지고 있지 않기 때문에 정

책의 통합성이 일어나지 않기 쉽다. 다시 말해서 일관성이 결여됨으로써 정책상 혼란이 일어나기 쉽다는 것이다.

(2) 책임상 혼란이 일어나기 쉽다는 것이다. 위원회제이므로 집행상의 책임도 여러 위원에게 분산되어 효율적이고 강력한 책임을 추진하기 어렵다. 여기서 결정의 책임과 집행의 책임을 분리하여 집행의 책임을 위원장에게 일임하자는 의견이 나오게 된다.

(3) 합의제이기 때문에 사회경제상의 변동에 대한 신속한 적응이 느리고, 이익단체의 활동의 장으로 전환되어 정책의 공익성과 공정성을 망각할 가능성도 높아졌다는 것이다.

(4) 강력한 지지기반이 없기 때문에 정책을 결정하고 집행하는 데 있어서 신념을 가지고 나오지 못하고 있다. 독립규제위원회는 독립성이 있는 것만큼 지지기반은 약하다는 것을 알아야 한다. 국민이 선출한 기관도 아니고 그렇다고 대통령의 지휘감독을 받는 기관도 아니다. 대통령의 지휘감독을 받지 않는다는 것은 그만큼 지지기반이 없다는 이야기도 된다.

제 3 장 애드호크라시(Adhocracy)

제 1 절 개 념

애드호크라시(adhocracy)는 얼핏 보면 앞에서 살펴본 위원회와 동일하게 생각된다. 그러나 위원회가 단독제적 계층제에 대비되는 개념이라면, 애드호크라시는 관료제에 대비되는 개념이다. 애드호크라시는 탈관료화(debureaucratization)현상에서 나온 평면조직의 일종이라고 할 수 있다. 위원회제가 대국민과의 관계에서 민주성을 확보하기 위해서 설치된 것이라면, 애드호크라시는 조직운영상에 있어서 능률성과 신축성을 확보하기 위해서 창설된 조직이다.

애드호크라시는 탈관료화된 조직구조로서 그것의 특징을 보면 고정된 계층구조가 없고, 영구적인 부서도 없고, 공식화된 규칙도 없고, 일상적인 문제를 처리하기 위한 표준화된 절차도 없는 조직구조이다.[1] 이것은 유기체적 조직으로서 융통성 · 적응성 · 순발성 및 쇄신성으로 특징지어진다. 일반적으로 애드호크라시는 다양한 전문적 기술을 가진 이질적 전문가들로 구성된다. 조직체 안에 있는 매니저들은——프로젝트 매니저이든 기능적 매니저이든——여러 가지 연결장치(liaison devices)를 이용하면서 상호조절하여 나간다. 실제로 매니저들은 어느 일보다도 연락을 통한 상호조절업무에 시간을 많이 빼앗긴다.

애드호크라시에서 가장 중요한 구성인자는 위에서 이야기한 대로 전문적인 막료들이다. 그러나 이들은 개별적으로 독립되어 있는 것이 아니라 상호의존적으로 융합되어 있다. 이들은 조직을 운영하는 데에 있어서 막강한 권한을 행사하지만, 어느 막료도 권한을 독점하지는 않는다. 계선과 막료의 구분은 아무런 의미가 없으며 전략 센터는 중간관리층이나 일선실무진과 밀착되어 있다. 애드호크라시에서 추진되는 계획과 전략은 항시 유동성(dynamic)을 띠고 있다. 그리고 애드호

1) Stephen P. Robbins, *Organization Theory: The Structure and Design of Organization*, Prentice-Hall, 1983, p. 210.

크라시 안에서의 구성원들의 책임은 계속해서 바꾸어지며 관료제 안에서처럼 그 책임이 분명하게 구분되어 있지도 않다.

제 2 절 구조적 특징

애드호크라시는 다음과 같은 네 가지의 구조적 특징을 지니고 있다.[2)]

(1) 낮은 수준의 복잡성

여기서 이야기하는 낮은 수준의 복잡성이란 고도의 수평적 분화현상(horizontal differentiation)을 이야기한다. 이 조직은 고도의 전문적 지식과 기술을 가진 전문가들로 구성되기 때문에 수평적인 분화밖에 띨 수 없다. 수직적 분화란 거의 없고 있어도 미미하기 때문에 관료제 내의 계층은 존재하지 않는다. 이 조직이 수평적으로 될 수밖에 없는 것은 신속한 적응성과 융통성 때문에 만들어졌는데, 수직적으로 분화되면 그 적응능력을 상실하게 된다. 또 전문가들은 이미 조직이 무엇을 원하는가를 스스로 알아서 처리하기 때문에 구태여 지휘감독이 필요 없다.

(2) 낮은 수준의 공식화

애드호크라시의 구성원들은 그때 그때의 전문적 지식에 따라 자율적으로 대응하므로 구태여 표준화되거나 공식화된 규칙이 필요 없게 된다. 규칙이 있다 하더라도 느슨하거나 불문율인 경우가 많다. 융통성과 신축성은 체질적으로 공식화나 표준화를 좋아하지 않는다. 그리고 대개의 경우 애드호크라시는 새로운 방법으로 문제를 해결하려고 하기 때문에 행위의 일률성을 보장하는 공식화나 표준화는 의미가 없다는 것이다.

(3) 분권적 의사결정

신속한 반응을 확보하고 또 상급관리자는 모든 의사결정을 하는 데 필요한 전문적 지식을 가지고 있지 않기 때문에 분권적 의사결정에 의존하게 된다. 다시 말해서 의사결정은 분권화된 전문가들의 팀에 의존하게 된다. 팀에 소속되어 있는 모든 직원들은 그 팀의 중요한 의사결정에 적극적으로 참여한다. 의사결정에

2) *Ibid.*, pp. 210~214; 김종술, 行政組織論: 講義案, 全南大學校 法科大學 法律行政研究所, 1986, 193면.

어느 정도의 영향력을 행사할 수 있느냐는 전문성의 힘에 있지 지위의 권위에 있지 않다.

(4) 비정규적 기술의 사용

애드호크라시에서 사용하는 기술은 주로 비정규적(nonroutine) 기술이다. 여러 분야의 전문가들이 모여 새로운 시각에서 새로운 문제를 해결하기 때문에 이들이 사용하는 기술은 비정규성과 비정형성을 띠지 않을 수 없다. 뿐만 아니라 이러한 기술은 전문성을 토대로 하고 있기 때문에 상당히 복잡(complex)하다. 기술이 비정규성과 복잡성을 띠고 있고, 조직구성원들의 행위가 전문적 자율성을 띠고 있기 때문에 조정 및 통합장치가 동시에 요구된다. 이때 조정 및 통합은 주로 연결장치(liaison devices)를 통해서 이루어진다.

제3절 종 류

애드호크라시의 종류를 이야기하기 전에 미리 밝혀 둘 것은 순수한 애드호크라시는 존재하지 않는다는 것이다. 이것은 마치 순수한 관료제가 존재하지 않는 것과 마찬가지다. 어떠한 조직이 애드호크라시의 경향을 띠고 있다고 이야기는 할 수 있어도 이것이 글자 그대로 애드호크라시다라고 이야기할 수는 없다는 것이다. 이러한 시각에서 애드호크라시의 종류를 살펴보자. Stephen P. Robbins는 애드호크라시에는 다음의 네 가지 조직구조가 내포된다고 지적하고 있다.[3)]

Ⅰ. 행렬조직(matrix)

행렬조직은 애드호크라시의 가장 세련된 조직형태라고 할 수 있다. 행렬조직은 기존의 기능부서에다 프로젝트 조직을 결합시킨 이중지휘의 조직구조이다.

행렬조직을 그림으로 표시하면 〈그림 3-1〉과 같다. 행렬조직의 내부를 들여다보면 종적인 기능부서와 횡적인 프로젝트 부서로서 구성되어 있고, 조직구성원은 동시에 양 부서에 소속되어 이중의 지휘체계하에 있다. 기능부서의 업무가 동질성을 띠고 있을 때에 프로젝트 부서의 업무는 주로 이질성을 토대로 해서 새로운 것을 모색하는 것이다. 한마디로 표현해서 행렬조직은 전통적 조직에다 프로

3) *Ibid.*, pp. 212～224.

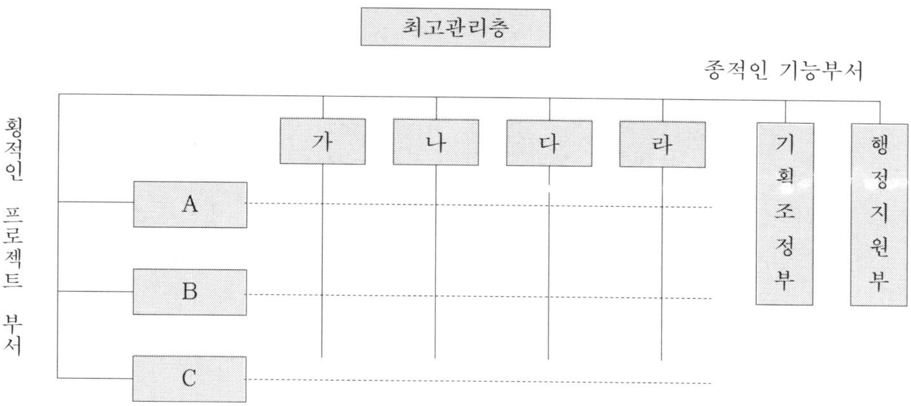

〈그림 3-1〉

젝트 조직을 접합시킨 것이다.

이러한 행정조직은 선진국 특히 미국사회에서 많이 활용되어 왔는데, 주로 이용되는 분야는 복잡한 업무의 조정이 요구되는 기술산업체였다. 최근에는 항공분야에 널리 활용되고 있고, 은행·행정부·대학 등에서도 그 적용을 도입하고 있다. 앞으로 어느 사회를 막론하고 전문화된 기술의 조정과 상호의존성이 요구되면 될수록 행렬조직의 이용은 증가하게 될 것이다.

행렬조직의 탄생조건으로 i) 두 가지 영역의 문제에 동일한 비중의 관심을 기울여야 하고, ii) 고도의 정보처리능력이 요구되고, iii) 하나의 자원을 두 가지 목적으로 이용할 필요가 있을 때를 들고 있는데, 이 세 가지 조건이 동시적으로 충족될 때에 행렬조직은 탄생된다고 지적되고 있다.[4)] 그러나 무엇보다도 중요한 조건은 새로이 요구되는 프로그램이나 기능이 기존의 조직체계 내에서 하나의 조직단위로써는 해결할 수 없는 경우이다.

Ⅱ. 과업집단(task force)

과업집단은 가장 널리 사용되는 애드호크라시의 일종이다. 과업집단은 그 존립의 이유가 되는 목표가 달성되었을 때에 해체된다는 의미에서 이는 어디까지나 임시조직(temporary organization)이다. 과업집단이 필요하게 되는 이유는 새로운

4) S. M. Davis and P. R. Lawrence, *Matrix*, Addison-Wesley Co., 1977, p. 24.

프로그램이나 사업계획이 생겼을 때에 기존조직체 내의 특정부서만으로는 그 일을 감당할 수 없어 여러 부서에서 협조가 필요할 때이다. 이때의 사업이나 프로그램은 구체적이고 구분이 분명하지만, 상당히 생소하고 복잡하여 하나의 부서만으로 감당하기 어려운 까다로운 과업이다. 다시 말해서 여러 부서간의 협동이 요구되는 상호의존적인 과업이다. 따라서 과업집단을 구성하는 사람들은 계층제 내의 여러 부서에서 파견된 사람들이다. 과업이 달성되면 여기에 참여하였던 사람들은 새로운 과업집단에 옮겨 가거나 아니면 본래 소속했던 부서에 복귀한다.

Ⅲ. 위원회구조(committee structure)

애드호크라시의 또 하나의 예가 위원회형식이다. 위원회의 설치가 요구되는 경우로서는 i) 어떤 정책결정을 수립할 때에 광범위한 경험과 배경이 요구되고, ii) 그 정책으로 인해 영향을 받는 사람들을 그 정책결정에 참여시킬 필요가 있고, iii) 작업의 부담을 분산시킬 필요가 있고, iv) 작업의 책임자가 나타나지 않아 경영이 과도기에 있을 때이다.[5] 위원회는 일시적일 수도 있고 영구적일 수도 있는데, 일시적인 위원회는 위에서 설명한 과업집단과 동일하다. 영구적 위원회가 조직의 최상층에 설치될 때에 복수의 집행부(plural executive)가 구성된다고 이야기한다. 이러한 위원회는 최상층의 정책결정에 다양한 철학과 관점을 도입시킨다. 예를 들면 미국의 대기업인 Dupont, Westinghouse 및 General Electric은 최상부층에 3인의 관리위원회를 두어 왔는데, 이것은 영구적 위원회의 좋은 예이다. 이때 각 위원은 특정영역에 고유의 관할권을 가지고 있으면서도 조직의 기본적인 문제에 대해서는 전체위원들이 하나의 위원회가 되어 처리한다.

Ⅳ. 동료조직(collegial structure)

이 조직은 대학이나 연구소 또는 고도의 기술이나 전문적 지식을 가진 사람들이 모이는 단체에서 사용되는 애드호크라시의 일종이다. 이 조직의 가장 좋은 예는 대학의 각 학과들이다. 모든 의사결정은 과 명의로 결정된다. 이 조직의 구성원들은 최소한의 지침하에서 광범위한 재량권과 자율권을 향유한다.

5) 김종술, 前揭講義案, 199면.

제 4 절 장·단점

애드호크라시의 장점과 단점을 살펴보면 다음과 같다.

Ⅰ. 장 점

(1) 급변하는 환경에 쉽게 적응할 수 있고, 문제해결에 새로운 방법을 쉽게 고안해 낼 수 있다. 특히 환경이 예측할 수 없을 정도로 유동적이고 복잡하여 기존의 조직으로는 민첩하게 적응할 수 없을 때에 애드호크라시는 안성맞춤의 조직이다.

(2) 새로운 지식과 기술을 사용하는 창의적 작업(innovative work)방법이 요구될 때에 적합한 조직이다. 창의성을 가진 전문가들은 재량성과 자율성이 보장될 때에 그들의 능력을 더욱 잘 발휘한다.

(3) 애드호크라시 자체가 창의성을 유발하는 조직이다. 이질적 배경을 가진 전문가들의 밀착된 상호작용과 접촉은 창의성의 근원이 될 수 있다. 또 새로운 방법으로 문제를 해결하려는 심리구조나 자세 자체는 창의성을 촉진시킨다.

(4) 해결해야 할 문제가 너무 복잡하고 다양한 전문성의 종합을 요구하여 특정분야의 부서만으로는 그 문제를 해결할 수 없을 때에 적절한 조직이라는 것이다. 다시 말해서 프로그램화되기 어려운 작업(nonprogrammed work)을 처리하는데 최선의 조직이라는 것이다.

(5) 조직구성원은 누구의 지시에 의해서가 아니라 스스로 알아서 행동하기 때문에 자율성을 향유하고 있고, 자기의 참여 없이는 일이 제대로 이루어지지 않는다고 생각하기 때문에 자기역할의 소중함을 확인하게 된다.

(6) 행렬조직같은 경우 시한성을 띤 사업을 처리하는 데 안성맞춤이다. 새로운 조직을 만들지 않고 기존의 조직 내의 인력을 종횡으로 활용함으로써 이러한 사업에 효율적으로 대처할 수 있다.

(7) 인적 자원의 경제적 활용이다. 행렬조직의 경우 더욱 그러하다. 새로운 사업이 생길 때마다 새로운 인원을 신규로 채용할 필요가 없고 기존의 조직구조 내에서 인력을 활용할 수 있기 때문이다.

그리고 전문적인 인력을 하나의 사업에서 다른 사업으로 이동시키면서 사용할 수 있기 때문에 상황적 요구에 효과적으로 인력을 동원할 수 있다.[6)]

6) 尹雨坤, 組織論, 法文社, 1977, 475면

(8) 정보의 흐름을 활성화시킨다. 여러 분야에서 사람들이 모이기 때문에 의견과 정보의 교환을 활성화시킨다.

Ⅱ. 단 점

(1) 조직 내에서 갈등과 긴장을 항시적으로 제도화하는 경향이 있다. 우선 과업의 애매성(task ambiguity), 권력의 전문가에의 분산, 이중적인 지휘체계는 갈등을 조장한다. 따라서 조직구성원은 항시 사회적·심리적 긴장감 속에서 살게 된다.

(2) 이질적인 배경을 가진 사람들이 모여 있기 때문에 조정과 통합에 소요되는 비용이 크고 커뮤니케이션에 소요되는 비용도 크다. 또 조직의 성격상 전문화의 이점(advantages of specialization)과 규모의 경제(economies of scale)를 살리기 어렵다. 애드호크라시는 전문적 지식을 통합시키는 역할을 하지 전문화를 촉진시키는 역할을 하지는 않는다.

(3) 조직구성원들간에 책임한계가 분명하지 않다는 것이다. 여러 사람이 모여 공동으로 일을 하기 때문에 책임소재가 분명하지 않고, 따라서 책임의식도 약하게 된다. 인간이 공동으로 책임을 질 때 책임의식이 약화된다는 것은 의심의 여지가 없다.

제 4 장 팀 제

우리는 앞에서 탈계층적이고 탈관료적 조직구조로서 위원회제와 애드호크라시에 대해서 살펴보았다. 여기서 설명하려는 팀 제도는 또 하나의 탈관료적 · 탈계층적 조직구조의 전형적인 예이다. 그 개념과 특성 및 운영상의 장·단점을 검토하여 보기로 한다.

제 1 절 개념 및 도입배경

Ⅰ. 개 념

팀(team)이란 조직의 특정업무를 공동으로 추진하기 위해서 모인 구성원들의 집합체로서 업무를 추진할 때에 서로 의존하고 협력하면서 자율적으로 업무를 완결하는 조직의 기본단위라고 할 수 있다. 여기서 팀제는 다음의 특성을 지니게 된다.

첫째, 수평적이고 평면적 조직이다. 일반적으로 계층적 구조하에서는 결재과정이 다섯 단계(예컨대 계원-계장-과장-국장-부서장)로 이루어지지만 팀제하에서는 세 단계(팀원-팀장-본부장)로 이루어져 결재과정이 단축되어 업무처리와 결정과정이 신속하게 이루어진다. 권한과 책임이 대폭적으로 팀 단위로 위임되어 실질적으로는 팀장과 팀원과의 두 단계의 계층으로 이루어지고 있다. 일반적으로 전결권의 70~80%가 팀장에게 부여되고 있다.[1] 여기서 조직은 유연성과 탄력성을 지니게 된다.

둘째, 공동의 목표성취를 위해서 팀원간의 상호의존과 연대의식이 강하다. 업무성취나 그에 대한 평가가 개인 단위보다는 팀 단위로 이루어지기 때문에 팀

1) 한국행정연구원, 정부조직의 팀 제, 2005, 9면.

원의 팀에 대한 충성심과 애착은 대단히 강하다. 이러한 목표는 위에서 내려오는 것이 아니라 팀원과 팀장의 토론과 협의 속에서 발굴되고 팀원간에 공유되고 내면화된다.

셋째, 팀 내에서 추진되는 모든 업무는 팀 내에서 완결되는 자기완결성을 지니고 있다. 다시 말해서 모든 단위업무가 팀 내에서 시작해서 팀 내에서 완결되도록 과정이 마련된다는 것이다.

넷째, 리더십은 일방적이고 하향적인 것에서 벗어나 쌍방적이고 상호 교환적이다. 의견교환, 토론, 상담, 충고 등이 리더십의 중심 내용이 된다. 따라서 팀제하에서는 통제, 지시, 상명하복 등의 수직적 지휘는 사라지게 된다.

다섯째, 성과에 대한 보상이 다르기 때문에 팀간의 경쟁은 활성화된다. 다시 말해서 조직 내에서 개인간의 경쟁보다는 팀간의 경쟁이 활성화된다는 것이다. 공정하고 정확한 성과에 대한 평가가 이루어지기 위해서는 평가기술이 발달해야 한다.

여섯째, 팀의 규모는 자기 완결적 업무처리가 가능한 단위를 설정하여 그에 따른 팀별 인원을 산정하는 것이 일반적이다. 팀의 규모는 적게는 3명에서 많게는 20명 이상까지 이르지만 평균적으로는 10명 내외에서 그 규모가 결정된다.[2] 일반적으로 팀의 규모가 작아야 팀원간에 결속력과 책임감 및 일체감이 제고된다고 지적되고 있다.[3]

Ⅱ. 도입배경

팀제는 민간기업에서 도입 발달하고 차츰 공공분야에도 침투하여 정부조직에도 전면적으로 그 도입 및 채택이 확산되고 있다.[4]

(1) 급변하는 환경의 불확실성과 복잡성

기존의 고층적 조직구조(tall organization)와 다단계의 결재절차로서는 급변하는 환경에 효과적으로 대처하기가 어렵다는 것이다. 이러한 변화에 신속하고 효율적으로 대처하기 위해서는 독자적 전결권을 가진 자율적이고 평면적인 조직

2) 김병섭 · 오시영, "정부조직의 팀 제: 신화와 현실," 행정논총, 43권 3호, 2005. 12, 422면.

3) S. G. Cohen *et al.*, "The Effectiveness of Self-managing Teams: A Quasi-experiment," *Human Relations*, 47, 1994, pp. 13~43.

4) 한국의 경우에도 행정자치부를 시발로 하여 기획예산처, 노동부, 조달청, 보건복지부, 건설교통부, 국정홍보처, 식품의약품안전청, 소방방재청, 국민고충처리위원회, 청소년위원회, 민주평화통일자문회의 등이 도입 및 채택하고 있다.

이 필요하다는 것이다.

(2) 조직의 민주화 요구

기존의 수직적인 계층적 조직구조하에서는 조직 내에서의 구성원간의 관계에서나 국민과의 관계에서도 평등한 인간관계를 기대하기 어렵다. 계층적 구조하에서는 구성원의 관계는 신분관계나 지위관계(position relationship)로 엮어지기 쉽다. 그러나 평면적 조직구조인 팀제하에서는 구성원의 관계가 역할관계(role relationship)로 변화되어 조직의 민주화를 촉진시킨다.

(3) 정보화 · 세계화의 영향

정보화 · 세계화는 국가간의 물리적이고 공간적인 경계를 무너뜨림으로써 조직의 신속한 의사결정과 외부와의 관계를 더욱 강조하게 되었다. 이러한 환경적 수요를 충족하기 위해서는 조직은 유연성과 탄력성을 지닌 모습으로 탈바꿈하지 않을 수 없게 되었다.

(4) 신공공관리론의 영향

신공공관리론의 기본 철학은 행정에서도 민간기업처럼 경쟁성, 자율성, 고객중심주의를 강조하자는 것이다. 이러한 성향은 자연히 탈계층적 조직구조를 탐색케 한다. 팀제는 이러한 성향에 맞는 조직구조라고 할 수 있다.

제 2 절 팀제의 장·단점

Ⅰ. 장 점

(1) 신속한 의사결정

결재단계가 줄어들어 그만큼 시간을 절약함으로써 신속한 의사결정을 내릴 수 있다. 조직 내에서 결재단계가 줄어든다는 것은 시간의 절약뿐만 아니라 상하간의 긴장감과 심신의 피로감을 감소시키는 데 크게 기여한다는 것은 널리 알려진 사실이다.

⑵ 자율적 책임체제의 확립

팀제는 팀워크를 중심으로 팀원간의 자유토론과 협의를 거쳐 목표를 수립하고 수행해 나가는 자기 완결적 조직체계이기 때문에 자율적 책임체제를 확립시켜준다. 따라서 구성원의 창의성과 전문성을 함양시키는 데 크게 역할을 한다.

⑶ 조직간의 유연성 확보

계층적 조직구조는 통일성, 통제성, 감독, 경직성 등을 강조하기 때문에 조직간의 자유스러운 소통, 상호 교류, 유연성이 줄어든다. 팀제는 자유스러운 소통과 상호 협력과 교류를 강조함으로써 조직의 유연성과 융통성을 가져오게 한다.

⑷ 현장중심적인 서비스 제공

팀제는 현실적 수요를 중심으로 목표를 세우고 추진하기 때문에 그 업무는 자연스럽게 고객중심적이고 현장중심으로 처리될 수밖에 없다. 따라서 현실과 동떨어진 계획이나 목표는 팀제하에서는 수립되기 어렵다.

⑸ 성과중심의 생산성 제고

팀제는 성과관리를 중심으로 보상체계를 마련하기 때문에 자연히 팀간에 경쟁과 창의적 사고를 촉발함으로써 생산성을 높인다.

Ⅱ. 단　　점

⑴ 팀간의 갈등가능성 심화

팀 중심으로 조직을 운영하다 보니 팀간의 경쟁이 치열해지고 동시에 갈등가능성이 제고된다. 이러한 갈등은 팀간에는 말할 것도 없고 전체적인 조직목표와의 관계에서도 일어날 수 있다. 경쟁은 장점만큼 단점도 동반하게 마련인데 여기서 나오는 갈등가능성으로 인해 조직의 전체적인 화합분위기는 깨지기 쉽다.

⑵ 단기적 안목 중심의 목표

조직 내의 계획이나 목표가 조직 전체의 차원보다 팀 차원에서 이루어지기 때문에 단기적이고 근시안적인 성격을 띠기 쉽다.

(3) 개별적 창의성의 약화

모든 업적이나 성과 및 책임이 개인보다는 팀 차원에서 추진되고 평가되기 때문에 개별적 차원의 창의성이나 책임이 약화되기 쉽다. 따라서 팀원 중에는 스스로 노력하지 않고 다른 팀원의 성과에 덕을 보는 무임승차를 노리는 성향을 가지는 사람들이 늘어날 수 있다.

제 5 장 조직의 설계

제 1 절 개 념

조직설계는 보는 시각에 따라 여러 가지로 그 개념이 정의될 수 있다. 여기서는 정보처리과정의 입장에서 살펴보기로 한다.

조직의 설계란 조직의 목표, 분업의 유형(pattern of division of labor), 조직단위간의 조정 및 구성원간의 동질적 조화(coherence)를 가져오게 하는 것이다. 따라서 한마디로 전략적 선택이라고 할 수 있다. 전략적 선택이란 목표의 선택, 조직화하는 방법(organizing mode)의 선택, 인간들을 조직 속으로 통합하는 과정의 선택과 끝으로 이러한 변수들이 환경의 변화에 적응하기 위해서 어떻게 변화해야 하느냐에 대한 선택을 말한다. 그러면 이러한 변수들을 나누어 하나씩 살펴보기로 한다.

Ⅰ. 목표의 선택

여기에는 활동영역의 선택과 구체적인 목표의 설정이 포함된다. 활동영역은 i) 제공하는 상품이나 용역, ii) 봉사대상의 고객, iii) 사용하는 기술, iv) 작업장소에 의해서 결정된다. 다음에 구체적인 목표란 이러한 구체적인 요소들을 어떻게 연결하느냐의 문제를 결정하는 것이다.

Ⅱ. 조직화하는 방법의 선택

여기에도 두 가지가 있는데, 하나는 과업을 하위과업(subtask)으로 분할하는 것이다. 이러한 하위과업들은 봉사대상, 지역 또는 기술중심으로 모여질 수 있다. 두 번째는 나누어진 하위과업들을 어떻게 하면 전체의 완성으로 재통합하느냐이다. 이것은 권위의 계층, 규칙 및 정보 시스템의 선택문제이다.

Ⅲ. 구성원의 통합

사람을 선발하고 훈련하고 작업을 설계하고 보상체계를 마련하는 것이 여기에 포함된다.

제 2 절 조직설계의 접근방법

여기서는 조직설계에는 어떠한 방법들이 있는가를 살펴보기로 한다.

Ⅰ. 전통적 접근방법(classical approach)

이 방법은 1900년대의 과학적 관리법과 깊은 관계를 가지고 있다. 여기서 인식하고 있는 조직설계는 분업을 토대로 하고 있다. 업무를 분할해서 개인에게 부과시키는 것이다. 분업은 생산력을 증가시키나 조정(coordination)을 요구한다. 조정의 필요에서 나온 것이 수직적 분업이다. 수직적 분업은 관리의 역할(managerial role)로서 조정의 문제를 다룬다. 수직적 분업은 두 개의 문제를 야기시킨다. 하나는 능률에 대한 동기부여적 한계이다. 두 번째는 관리업무를 몇 등급으로 나누느냐이다. 전통적 접근방법에서는 다음과 같은 요소들을 중요시한다.

(1) 권위와 동기부여

분업화가 보다 많은 산출물을 가져온다면, 그것들을 구성원들에게 어떻게 적절히 분배하느냐의 문제가 발생한다. 보다 많이 일을 한 사람에게 보다 많이 돌려주는 도급제도 분배문제를 푸는 방법이고, 또 동시에 동기부여를 일으키는 하나의 자극제이다. 동기부여에 대한 또 하나의 해결책은 권위의 적용이다. 권위는 복종을 확보하기 위해서 명령권을 발동하는 것으로 인식된다. 경영자에게 권위를 주고 그것의 사용에 대해서 책임을 지도록 한다. 경영자는 유능하고 능률적인 사람을 승진시키고 봉급을 인상시켜 주며, 비능률적인 노동자는 해고시킬 수 있는 권위를 부여받는다. 권위를 통한 상벌권의 행사는 동기부여문제를 해결하는 수단으로 인식되고 있다.

(2) 권위의 계층화(hierarchy of authority)

모든 조직은 관리업무를 어떻게 상하로 분할할 수 있느냐의 문제에 부딪힌다. F. Taylor의 기능적 감독관리도 생각할 수 있으나 여기서는 명령통일이 강조된다. 다시 말해서 계층제의 원리에 의해서 모든 역할이 조정되는 피라미드 조직이 된다. 이것은 통솔의 범위와 직결된다. 명령통일과 계층적 원리는 전통적 이론의 핵을 이루고 있다. 이러한 권위중심의 명령통일은 역할전문화의 문제를 남긴다. 이것을 해결하기 위해서 나온 것이 계선과 막료의 조직이다.

(3) 계선과 막료(line and staff organization)

전문성 · 혼합성 · 무책임성이 강조되는 측면과 일반성 · 명확성 · 책임성이 강조되는 측면이 있는데, 이것을 조화시키기 위해서 나온 것이 막료조직이다. 막료는 전문가로서 계선에 자문역할을 한다.

(4) 집권화(centralization)

막료를 꼭대기 한 군데에 모이게 하는 것이 집권화이다. 아래로 모이게 할 때에 분권화가 일어난다. 집권화의 문제는 관리업무(managerial work) 및 부서편성의 문제와 직결되고 있다.

(5) 부서화(departmentalization)

작업이 분할되면 또 작업역할을 모아서 집단(group)이나 단위부서(unit department)로 형성할 것이 요구된다. 형성의 기준에는 목적 · 과정 · 고객 및 장소가 있다.

Ⅱ. 인간관계적 접근방법

인간관계적 접근방법은 호손 연구(Hawthorne studies)에 의해서 촉발되었다. 이 접근방법은 공식적이고 기계적인 조직설계(mechanistic organization)보다 비공식적이고 인간적인 조직설계에 더욱 관심이 크다. 조직설계에 있어서 가장 결정적인 변수(critical variable)는 집단구성원간 또는 구성원과 지도자간의 관계라는 것이다. 여기서 중요한 것은 응집적 집단의 형성(the formation cohesive group)이다. 따라서 조직설계에 있어서 가장 중요한 변수는 지도자가 어떻게 행동하느냐이다. 이 방법에서 생각할 수 있는 지도자는 명령을 발하고 복종을 강요하는 지도자가 아니라 종업원중심적이고(employee-oriented) 후원적인 지도자를 이야기 한다.

그리고 이 접근방법에서는 조직의 생산력(productivity) 못지않게 중요시하는 것이 조직구성원의 직무만족(job satisfaction)이다. 따라서 전통적 접근방법에서 강조하는 수직적·수평적 직무분할보다 직무확장(job enlargement)을 강조하고 있다. 직무설계(job design)는 조직의 욕구와 개인의 욕구를 통합시키는 강력한 동인(motivator)이 되기 때문에 직무설계를 토대로 해서 조직을 설계해야 한다는 것이다.

Ⅲ. 인간중심적 접근방법(people approach)

이 접근방법에는 두 가지 입장이 있다. 하나는 적절한 자리를 찾아서 사람을 배치하는 것이고, 다른 하나는 사람 자체를 변화시키는 것이다.

첫번째의 입장에서 강조하는 것은 적절한 사람을 발견해서 적절한 자리에 배치하는 것이다. 따라서 선발(selection)이 조직설계의 기본적인 변수이다. 이 입장은 선발기준(selection criterion)에 대해서 많은 조사연구를 한 산업심리학자들에 의해서 옹호되고 보강되었다. 전반적인 경력체제(entire career system)나 인간동원체제(people movement system)가 바로 조직설계를 이루고 있다.[1] 선발·승진 및 전보를 통해서 직무와 개인간의 조화된 연결이 이루어질 수 있다는 것이다. 인간이 조직 안에서 유동성을 보이면서 자기에게 알맞은 자리를 찾을 때에 조직설계는 이루어진다는 것이다.

또 하나의 입장은 개인의 변화에 초점을 맞추고 있다. 개인의 변화는 직무배치·세뇌훈련(indoctrination course)·교육훈련 및 전보를 통해서 일어난다고 생각한다. 이러한 입장을 취하고 있는 사람들은 개인과 조직을 조화적으로 통합시키기 위해서는 경영관리층이나 종업원들이 다같이 가치관과 태도를 변화시켜야 한다는 것이다.

Ⅳ. 정보 및 결정과정 접근방법(information and decision process)

이 접근방법에도 두 가지 입장이 있다. 하나는 Barnard, Simon, March, 그리

1) Jay R. Galbraith, *Organization Design*, Addison-Wesley Publishing Company, 1977, p. 26.

고 Cyert로 이어지는 Carnegie-Mellon학파이다. 이 학파의 논점은 조직에서 일어나는 대부분의 현상이란 정책결정이요 정보처리과정이라는 것이다. 이 입장은 이론을 토대로 한 처방을 내리고 있지 않기 때문에 조직설계문제를 다루는 데에 직접적으로 기여하지는 못하고 있지만, 앞으로 설명할 정보처리모형을 구축하는 데 그 바탕을 제공하고 있다.

또 하나의 입장은 컴퓨터의 등장과 더불어 '경영결정의 신과학'(new science of management dicision)이 있을 수 있다는 것이다. 이들의 출발점은 정책결정은 OR(operation research)이나 관리과학(management science)의 사용을 통해서 얼마든지 개선될 수 있다는 것이다. 이들은 결정의 문제(decision problem)를 수학문제처럼 표준화하고 공식화함으로써 풀 수 있다고 생각하고 있다. 이들은 또 수없이 이 결정의 메커니즘(mechanism for decisions)을 수정하면서 새로운 이론과 기법들을 제공하고 있다. 이 학파의 기본논점은 수학과 컴퓨터를 결합시켜 정보처리능력을 확보하면 정책결정은 개선된다는 것이다. 따라서 이들에게 관심이 있는 것은 단순한 결정과정이 아니라 정보를 토대로 한 결정과정이다. 이들에게 가장 중요한 것은 데이터를 수집해서 이것을 표준화하는 것이다. 여기서 '데이터 베이스'의 범위는 조직설계의 중요한 변수가 된다. 그리고 데이터 수집의 빈도(frequency) 역시 중요한 조직설계의 변수가 된다.

제 3 절 조직설계의 과정: 정보처리모형을 중심으로

조직의 설계문제를 다루는 데에 있어서는 위에서 살펴본 대로 여러 가지 접근방법이 있지만, 여기서는 Jay Galbraith의 정보처리모형(information processing model)을 중심으로 살펴보기로 한다.

I. 과업의 불확실성과 조직설계

조직의 설계문제를 다루는 데에 있어서 문제를 단순화시키기 위해서 하나의 과업부터 출발하기로 한다. 기본전제는 과업의 불확실성이 크면 클수록 과업의 집행에 요구되는 정보의 양은 커진다는 것이다. 여기서 불확실성(uncertainty)은 조직설계의 기본개념(core concept)이다. 불확실성은 한마디로 미래의 결과나 상태를 예측할 수 없는 정책담당자들의 무능력(inability)을 이야기한다. 덧붙여

이야기하면 과업수행에 필요한 정보의 양과 이미 확보된 양간의 차이를 이야기 한다.[2)]

조직설계는 과업의 불확실성을 제거하기 위해서 필요로 하는 정보의 양을 획득하는 과정이라고 할 수 있다. 정보의 양이 얼마나 필요하느냐는 분업구조, 목표의 다양성 및 목표성취의 수준에 달려 있다.

불확실성과 정보가 조직구조와 어떻게 연결되고 있는가를 살펴보기 위해서 하나의 단순한 기계모형의 조직을 만들어서 살펴보기로 한다.

Ⅱ. 기계모형(mechanistic model)의 조직

지금 비행기를 만들어야 하는 과업(task)이 떨어졌다. 여기에는 지금 수천 명의 사람이 모여 있다. 이 사람들은 몇 개의 하부과업(subtask)으로 나누어진다. 예를 들어서 캡슐을 설계하는 일, 제품을 생산하는 일, 부품을 조립하는 일, 부품을 연결하는 일 및 완성을 점검하는 일 등이다. 과업이 이처럼 분할될 때에 자연스럽게 상호의존성(interdependence)이 발생한다. 상호의존적인 역할들을 조성하기 위해서 조직은 정보를 수집하고 결정하고 그 정보를 확산시키는 메커니즘을 만든다. 수천의 사람들이 모여 있을 때에 이들이 개별적으로 접촉하면서 조정한다는 것은 불가능한 일이다. 여기서 조직 내의 상호의존적인 집단들이 통합될 수 있는 장치의 설치가 요구된다. 여기서 일차적으로 필요한 것이 계서제이다.

Ⅲ. 권위의 계서화(hierarchy of authority)

모든 조직은 조정역할을 담당하는 관리자를 선발해서 계서적 형태로 배치한다. 여기서 가장 중요한 변수는 선발장치(selection mechanism)다. 계서제가 선택되는 이유는 바로 이것이 가장 효율적인 정보처리장치이기 때문이다. 이 계서제는 누가 누구에게 보고를 하고 지휘를 받는가를 명확하게 하여 줌으로써 최초의 조직설계의 구실을 한다. 그러나 이것은 한계를 지니고 있다. 정보를 전달하는 각 채널은 직속상관과 직속부하만을 상대로 해서 정보를 전달할 수 있기 때문에 한계가 있다는 것이다. 불확실성의 증가는 이러한 채널을 압도함으로써 정보전달을 늦추고 왜곡시킨다. 이러한 한계를 극복하기 위해서 조직은 새로운 메커니즘을 개발해야 한다. 새로운 메커니즘이란 규칙·프로그램 및 절차 등이다.

2) Jay Galbraith, *op. cit.*, pp. 36～37.

Ⅳ. 규칙 · 프로그램 및 절차

모든 조직은 규칙과 절차를 만든다. 해야 할 일들이 반복적일 때에 이들은 효과적으로 작동한다. 이것들은 상호의존적인 조직단위간이나 상하간의 접촉의 필요성을 제거하여 준다. 일상적인 일에 반복적인 반응을 하면 통합되고 조정된 행위유형이 조성된다. 이처럼 예정된 행위들은 아래 계층으로 내려감으로써 분권화될 수 있다. 일상적이고 반복적인 일들이 분권화됨으로써 관리층은 새롭고 도전적인 일들에 몰두할 수 있다.

여기서 주의할 것은 규칙이나 절차가 만들어졌다고 해서 계층제의 역할이 소멸되거나 감소되는 것이 아니라는 것이다. 그런데 계층제나 규칙 및 절차가 마련되었다고 해서 문제가 해결되는 것은 아니다. 하위과업들이 증가하면서 불확실성을 동반할 때에 미리 프로그램화될 수 있는 일들은 적어지고 예외적인 상황이 많이 벌어진다. 예외적인 일들은 위로 올라가기 마련인데, 이것들이 너무 많으면 역시 정보의 전달이 지체되고 왜곡되기 쉽다. 여기서 새로운 메커니즘의 창출이 요구된다. 여기서 필요한 것이 전문가중심의 재량영역의 확대이다.

Ⅴ. 전문화를 토대로 한 재량영역의 확대

불확실성이 증가함에 따라 정책결정은 자연히 고위층에서 이루어진다. 이때 계층제의 채널을 타고 올라가야 할 정보의 양은 너무 많게 된다. 이 문제를 해결하려면 결정권의 상당량을 아래로 내려보낼 수밖에 없다. 이렇게 되면 통제문제가 발생하게 된다. 즉 하위계층에서 고위층의 구미에 맞게 결정권을 행사하고 있느냐이다. 이 통제문제에 대처하기 위해서 조직은 두 가지 방법을 생각하고 있다. 하나는 하위계층에 전문가(professional)를 배치해서 그들로 하여금 결정권을 행사하게 하는 것이다. 그러나 전문화만으로 결정권을 아래로 내려보내기에는 어딘가 미흡하다. 왜냐하면 전문가의 입장에서 내려진 결정이 조직 전체의 입장에서는 마땅치 않을 수 있기 때문이다. 그리고 전문가들이 좋아하는 제품을 일반고객은 싫어할 수도 있기 때문이다. 여기서 조직은 또 하나의 방법을 강구하는데, 이것은 조직 전체를 커버할 수 있는 목표를 설정하는 것이다. 이러한 목표설정은 상호의존적인 하위부서간의 조정을 가능하게 하고, 하위계층에서의 재량권행사도 가능하게 한다. 그러나 이러한 목표 안에서의 조정가능성도 과업의 불확실성 정도에 달려 있다. 조직이 불확실한 과업에 몰두하게 되면 정보를 전달하는 계층적 채널은 역시 많아진다. 여기서 조직은 조정에 필요한 정보량을 줄이든가, 아니면 정보처리능력을 키우든가 하는 전략을 세우지 않으면 안 된다.

Ⅵ. 설계전략(design strategies)

(1) 정보의 필요량을 줄이는 방안

여기에는 세 가지 방안이 있다.

1) 환경관리(environmental management) 조직이 자신의 구조와 과정을 바꾸는 대신에 환경을 변화시키려고 하는 것이다. 조직은 여러 가지 방법으로 환경에 대응하면서 그 환경을 변화시킬 수 있다. 환경을 자기가 원하는 방향이나 또는 정확하게 파악할 수 있는 방향으로 변화시키면 불확실성을 감소시키고 불확실성이 감소되는 만큼 정보의 요구량도 감소된다.

2) 여유 있는 자원의 확보(creation of slack resources) 조직은 실적수준(level of performance)을 낮춤으로써 정보의 소요량을 줄일 수 있다. 실적수준을 낮추려면 그만큼 자원이 더 요구되는 것이다. 예컨대 1년에 완성해야 할 일을 1년 6개월로 늦추게 되면 실적수준은 낮아지고, 6개월이라는 자원은 더 요구되는 것이다. 이때 여유 있는 자원은 조직으로 볼 때에는 첨가된 비용(addition cost)이 된다. 기간이 길어지면 그만큼 목표성취는 확실해진다. 이처럼 여유 있는 자원이 만들어지면 그만큼 불확실성은 줄어들고, 거기에 비례해서 정보의 요구량도 감소한다.

3) 자족적 과업의 창조(creation of self-contained task) 자족적 과업의 창조란 조직 내에서 각 집단이 자기의 업무수행에 필요한 모든 자원을 확보하는 것이다. 자기의 업무수행에 있어서 이웃집단의 신세를 지지 않고 스스로 해결할 수 있기 때문에 그만큼 불확실성이 줄어들고, 거기에 따라서 정보의 요구량도 줄어든다. 자족적 과업은 최종산물(output)이나 지역적 범주(geographical categories)를 토대로 해서 이루어진다.

(2) 정보처리능력의 증가방안

1) 수직적인 정보체제에 대한 투자(investment in vertical information system)

조직은 정보처리능력을 증가시킬 수 있는 메커니즘에 투자함으로써 불확실성을 제거할 수 있다. 조직이 목표나 계획을 세운 다음에 그것을 수정해야 할 상황이 벌어질 수 있다. 이때 애초의 목표나 계획을 점진적으로 수정하는 것보다 새로운 목표를 다시 세우는 것이 더 나을 경우가 있다. 불확실성이 심하면 심할수록 계획을 다시 세우는 빈도는 커질 것이다. 따라서 자원도 그만큼 더 소요될 것이다. 그런데 많은 정보를 너무 자주 공급하면 정책결정가를 압도(overload)하게 될 것이다. 이때 컴퓨터나 기계장치를 설치함으로써 정책결정가의 정보처리능력을 증가시킬 수 있다. 이러한 전략의 비용은 바로 정보처리자원의 비용이다.

2) **수평적 관계의 창조(creation of lateral relations)** 이 방법은 권위의 계선(line of authority)에 구애받지 않은 수평적 결정과정을 적절히 채택하는 것이다. 이것은 정보를 위로 올리는 것보다는 정보가 존재하는 곳에서 정책결정을 하도록 하는 것이다. 이 방법은 자족적 집단(self-contained group)을 창조하지 않고 결정과정을 분권화한다. 이 안에도 여러 가지 구체적인 방안들이 있는데, 어떤 것을 채택하느냐는 불확실성의 정도에 달려 있다.

수평적 관계의 가장 단순한 형태는 문제를 공유하고 있는 두 사람간의 직접적인 접촉이다. 직접적인 접촉은 상층부에의 의존을 피할 수 있고, 위로 올라가는 정보의 양을 줄일 수 있다. 두 부서간에 접촉이 너무 자주 일어나면 그 일을 처리하기 위해서 그 사이에 연결하는 역할(laison role)을 창조할 수 있다.

정책결정이 하위계층에서 이루어짐에 따라 리더십의 문제가 발생한다. 이때 리더십의 문제란 통합하는 역할의 문제이다. 이 방법을 택하였을 때에 소요되는 비용은 연결과 통합문제를 다루는 관리적 시간(managerial time)이 많이 소요된다는 것이다.

제 4 편

행정학의 관리성

제 1 장 집권화와 분권화
제 2 장 리 더 십
제 3 장 목표관리
제 4 장 조직발전
제 5 장 조직학습
제 6 장 총체적 품질관리
제 7 장 책임운영기관제도
제 8 장 조직문화
제 9 장 행정의 갈등관리
제10장 조직의 효과성
제11장 행정에의 주민참여
제12장 행정책임과 행정통제
제13장 행정개혁

제 1 장 집권화와 분권화

제 1 절 의 의

본래 집권화 하면 두 가지의 개념이 포함되어 있다. 하나는 통치상의 집권화요, 다른 하나는 행정적 집권화이다. 통치상의 집권화는 중앙행정기관과 지방행정기관(또는 지방자치단체)간의 권한의 배분에 있어서 중앙행정기관에 집중되어 있는 경우를 말하고, 행정적 집권화란 중앙행정기관이든 지방행정기관이든 하나의 행정조직체 내에서 권한이 상위고위층에 집중되어 있는 것을 말한다.

통치상의 집권화와 행정적 집권화는 이론상으로는 반드시 일치하지 않는다. 즉 통치상의 집권화가 일어나도 행정적 분권화는 일어날 수 있으며, 반대로 행정적 집권화가 일어나는 경우에도 통치상의 분권화가 일어날 수 있다. 이와 같은 논리상으로는 양자가 분리될 수 있으나 사실상 양자는 일치하는 경향을 띠고 있다.[1] 다시 말해서 통치상의 집권화가 일어나는 사회에서는 행정상의 집권화가 일어나게 마련이라는 것이다. 여기서는 두 가지 개념을 다 포함시켜 설명하기로 한다.

여하간 집권화 하면 권한이 고위층 또는 상부조직에 집중되어 있는 경우를 말하고, 분권화 하면 권한이 하부층 또는 하부조직에 분산되어 있는 경우를 말한다.

제 2 절 집권화와 분권화의 결정요인

집권화의 요인과 분권화의 요인을 따로 분리해서 설명하지 않고 한데 묶어서 설명하기로 한다. 물론 집권화의 촉진요인이 반드시 분권화의 저해요인이 되는

1) 趙錫俊, 組織論, 法文社, 1972, 32면.

것은 아니기 때문에[2] 양자를 분리해서 설명하는 것도 일리는 있지만, 대개의 경우는 하나의 현상이 촉진요인도 되고 동시에 저해요인도 되므로 한데 묶어서 다루기로 한다.

Ⅰ. 그 나라 사회의 문화적 환경

권위주의문화가 팽배한 사회에서는 집권화가 나타나게 마련이다.[3] 즉 모든 인간간의 관계나 조직간의 관계에 있어서 상·하의 위계질서가 강조되고, 차등의 수직적 관계가 지배하는 사회에서는 집권화가 나타난다는 것이다. 고위관리층이나 상급관청은 말로만 분권화나 권한의 위임을 이야기하지만 실제로는 권한을 독점하고 있으며, 하위계층이나 지방기관의 입장에서도 권한을 위임받기를 두려워하고, 단지 고위층이나 상급기관의 지시만을 따르려고 한다. 이와 같이 지배복종의 관계가 생활화되어 있는 사회에서는 통치상의 집권화나 행정적 집권화가 나타나게 마련이다.

그러나 인간간의 관계나 조직간의 관계에 있어서 다원주의와 평등의식이 지배하고 생활화되었을 때에는 분권화를 촉진하게 마련이다.

Ⅱ. 조직의 규모성과 연대성

동일한 업무를 수행하는 조직이라도 신설성을 띠고 있고, 소규모성을 띠고 있으면 집권화의 성격을 띠기 쉽고, 역사가 오래되고 대규모성을 띠게 되면 분권화를 촉진하게 된다. 여기서 주의할 것은 모든 조직이 다 오래되고 대규모성을 띠게 되면 필히 분권화된다는 이야기는 아니다. 동일한 업무를 수행하는 조직이라면 역사가 오래되고 대규모의 조직이 신설되고 규모가 작은 조직보다 분권화의 가능성이 높다는 것이다. 오래되고 규모가 큰 조직일수록 제도적으로 움직이기 때문에 분권화의 가능성이 많고, 신설된 소규모의 조직일수록 개인적으로 움직이기 때문에 집권화의 가능성은 높은 것이다. 대규모이지만 신설된 조직은 전통과 선례를 다지고 기반을 튼튼히 한다는 점에서 집권화의 성격을 띨 가능성이 높다.

2) 예컨대 신설된 조직은 필히 집권화를 요구하고 있지만, 오래된 조직이라고 반드시 분권화를 불러일으키지는 않는다는 것이다.
3) 白完基, "韓國行政過程," 金雲泰 外 共著, 韓國政治論, 博英社, 1982, 403~404면.

Ⅲ. 하부조직의 인적·물적 자원의 구비조건

동일한 조직 내에서도 하위계층에 있는 사람들이 무능하거나 판단능력이 없을 때에는 자연적으로 집권화가 나타나고 반대로 유능하면 분권화를 촉진시킨다.

중앙조직과 지방조직간의 통치상의 분권화에 있어서도 지방조직의 유능한 인재확보와 재정자립도는 집권화·분권화의 결정적 요인이다.

지방행정조직에 유능한 인재가 모여 있고 재정상의 자립도가 높으면 분권화를 촉진시킬 것이고, 반대의 경우이면 집권화를 촉진시킬 것이다. 다시 말해서 지방행정조직이 인적·물적 조건을 갖추지 못하고 있으면 중앙집권을 피하기가 어렵다는 것이다.

Ⅳ. 과학·기술의 발달과 행정의 전문화현상

과학·기술의 발달은 그 종류에 따라 집권화를 촉진시키기도 하고 분권화를 촉진시키기도 한다. 교통·통신의 발달이나 컴퓨터의 등장은 신속한 의사소통을 가능하게 하고, 적시에 정보입수를 가능하게 함으로써 집권화를 촉진시킨다고 할 수 있다. 다시 말해서 정책결정의 고위층으로 하여금 신속하게 정확한 정보를 필요시에 입수할 수 있도록 하여 집권화를 촉진시킨다는 것이다.

이처럼 과학·기술의 발달은 정책결정에 있어서 집권화를 촉진시키기도 하지만, 그러나 대부분의 경우에 과학·기술의 발달은 분권화를 촉진시킨다고 볼 수 있다. 과학·기술의 발달은 행정의 영역을 넓히고 전문화시키는데, 전문화는 분권화를 촉진시킨다는 것이다. 전문화는 전문적 지식과 기술을 요구하고 있는데, 고위층에서는 각 영역마다 요구하고 있는 전문적 지식과 기술을 갖추고 있지 않아 분권화는 물리적인 면에서도 불가피하다. 다시 말해서 고위층의 사람들이 전문화된 분야를 간섭하고 싶어도 이 방면에 지식이 없어 간섭할 수 없기 때문에 분권화는 불가피하다는 것이다.

Ⅴ. 전쟁이나 비상사태와 같은 위기의 존재

평상시에는 분권화를 지향하던 조직도 위기가 발생하면 집권화로 전향한다. 국가행정조직의 경우는 더욱 말할 것도 없다. 국가가 위기에 처해 있다고 생각될 때에는 정치·경제·사회·문화 등의 제 분야에서 국력을 신속히 총집결할 수 있는 강력한 지도체제가 요구된다고 볼 수 있다. 여기서 이야기하는 강력한 지도체제란 정부수반을 정점으로 하는 중앙집권적 행정체제를 말한다.[4] 이러한 현상은 국가행정조직에만 해당되는 것이 아니라 일반사기업체에도 적용된다. 기업이 존폐의 위기에 처해 있거나 사운을 걸어야 할 상황에 부딪힐 때에는 중요 결정권은 위로 몰리게 마련이다.

Ⅵ. 주위환경의 불확실성(uncertainty)과 가변성

이때의 불확실성이나 가변성은 위기의식이나 위험성이 아니고 종래의 업무태도로는 예측할 수 없는 상황적 변화가능성을 말한다. 다시 말해서 일관성과 안정성을 띠고 있던 환경이 들쑥날쑥 수시로 변하고 있다는 것이다. 이러한 상황적 불확실성이나 가변성은 분권화를 촉진시킨다는 것이다. 다시 말해서 상황적 변화에 신속 · 적절하게 대처하기 위해서는 분권화가 요구되는 것이다.

Ⅶ. 행정서비스의 최저수준 확보 필요성

지역간의 행·재정력 격차는 지역주민으로 하여금 격차 있는 서비스를 받게 할 수밖에 없다. 이때 중앙정부는 전 국민의 공평한 행정서비스를 위해서 국민적 최저수준(national minimum standards)을 설정할 필요가 있다.[5] 중앙은 각 지역의 주민이 교육 · 복지 · 위생 · 교통 등에서 최저한의 서비스를 받도록 제도적 조치를 마련하지 않을 수 없다. 최저수준의 서비스확보는 집권화를 촉진시킨다.

Ⅷ. 외부효과의 영향

외부효과에는 부정적 외부효과와 긍정적 외부효과가 있다. 부정적 외부효과의 예로서 공해를 들 수 있고 긍정적 외부의 효과의 예로써 공원이나 땜의 건설을 들 수 있다. 이러한 외부효과는 부정적이든 긍정적이든 확산효과가 크기 때문에 특정 지역을 가로질러서 중앙이나 상위정부로 하여금 개입하고 관리하도록 유도한다. 따라서 외부효과의 발생은 중앙집권화를 촉진하게 된다.[6]

---

4) 미국의 경우는 전쟁이 발발하면 5인으로 구성된 안전보장회의가 대권을 장악하고, 영국의 경우는 7인의 내각위원회(seven cabinet members)가 대권을 장악한다.

5) 金學魯, 地方行政의 理論과 實際, 補訂版, 博英社, 1997, 113~114면.

6) 柳在源, "Samuel Beer 교수의 集權化理論에 비추어 본 韓國地方自治의 前途," 한국행정연구,

제 3 절 집권화와 분권화의 장·단점

집권화가 좋으냐 아니면 분권화가 좋으냐는 한마디로 딱 잘라서 이야기할 수 없다. 왜냐하면 집권화냐 분권화냐 하는 문제는 이론적인 문제라기보다는 시대사조의 흐름에 따라 지배되기 쉬운 문제일 뿐만 아니라, 그 나라의 특수사정이나 문화적 현상과 직결되고 있기 때문이다.

그러나 이론적인 면에서 집권화와 분권화는 각각 다음과 같은 장점이 있다고 지적되고 있다. 단점문제는 장점문제와 표리관계에 있기 때문에 그 설명을 생략하기로 한다. 예컨대 분권화의 장점은 곧바로 집권화의 단점이 되는 것이다.

Ⅰ. 집권화의 장점

(1) 국가가 안보상의 위기나 시련에 처해 있을 때에 전국적으로 힘을 모빌라이즈해서 신속하게 대처할 수 있다. 즉 어려운 일을 당했을 때에 일사불란한 지휘체계를 확립해서 효율적으로 대처할 수 있다는 것이다. 따라서 집권화는 국가나 집단이 위기에 처해 있을 때에 한 덩어리가 되어 대처할 수 있는 계기를 마련하여 준다.

(2) 경제부흥, 산업건설, 국민형성(nation building), 의식구조의 변화 및 사회변동 등 근대화작업을 추진하는 데 있어서 효과적이다. 그리고 전국 규모의 거시적인 사업을 추진하는 데 있어서도 효과적이다. 사회전반에 걸친 의도된 변화(planned change)나 사업을 추진하는 데 있어서는 통일성 · 기동성 · 신속성을 띤 집권화된 체제가 더욱 효과적이라고 할 수 있다. 특히나 목표성취에 필요한 인적·물적 자원을 동원시키는 데에 집권화된 체제는 효과적이라고 할 수 있다.

(3) 경제 · 교육 · 교통 · 문화 · 복지 등의 제 분야에서 행정구역간에 격차가 클 때에 이를 효과적으로 균등화시킬 수 있다. 행정구역은 산업시설의 불균등한 지배나 입지조건의 차이로 재정자립도면에서 차이가 많이 있을 수 있다. 이러한 차이는 중앙집권화를 통해서 그 형평이 가능한 것이다. 다시 말해서 적어도 제도적으로 볼 때에 지역간의 균등화는 중앙집권화를 통해서 가능하다는 것이다.

(4) 개혁이나 쇄신 또는 변화가 분권화의 경우보다 훨씬 많이 채택된다. 즉 분권화에서는 개혁이나 변화에 대한 요구나 논의가 많이 일어나나 채택의 경우는

3권 2호, 한국행정연구원, 1994, 159면.

아주 적고, 집권화하에서는 개혁에 대한 요구가 적지만 그 적은 요구가 거의 채택되어 결과적으로 집권화하에서 개혁이 더 많이 일어난다는 것이다.[7] 다시 말해서 분권화에서는 개혁이나 쇄신에 대한 논의는 분분하나 결실을 맺는 경우는 적고, 집권화에서는 오히려 개혁이 채택되는 경우가 많다는 것이다.

(5) 조직 내에서 일어나는 여러 가지 갈등을 신속하게 해결하여 준다. 조직 내의 갈등에는 개인간의 갈등, 조직단위간의 갈등 등 여러 가지 종류의 갈등이 있을 수 있다. 이러한 갈등들은 자율적으로 해결되는 것이 가장 바람직하지만 그러하지 못하는 경우가 많다. 집권적인 행정체제하에서는 이러한 갈등들은 일반적이기는 하지만 쉽게 해결된다. 집권화는 협상능력이 없는 조직단위들간의 갈등을 해결하는 데 효과적이라는 것이다.

II. 분권화의 장점

(1) 하위계층에 있는 사람들이나 지방행정기관의 사기를 높이고 창의력을 조장시킨다. 뿐만 아니라 자발적인 입장에서 문제를 해결하도록 독려받으니까 인간개발에도 크게 도움이 된다. 인간이 타인의 지시에 의해서 피동적이고 타율적인 입장에서 문제를 접근할 때에는 자기의 존재성마저 인식하지 못하게 된다. 그러나 자발적인 입장에서 문제에 접근할 때에는 주인의식을 느끼고 보람도 갖게 된다. 뿐만 아니라 자발적인 입장에서 문제를 접근하고 해결하기 때문에 책임감이 생기고 창의력이 발휘된다. 집권화에서 책임감이 생기지 않는 것은 바로 이 때문이다. 여하간 분권화는 창의력을 중심으로 자발적으로 문제를 해결할 수 있는 능력을 키워 준다.

(2) 지방실정에 맞는 융통성 있는 행정을 할 수 있고, 관계된 여러 사람을 문제해결에 참여시킴으로써 민주성을 제고시킨다. 지방행정기관은 지방주민의 다양한 요구에 신속한 정책결정을 통해서 신축성 있게 대처해 나갈 수 있다. 따라서 주민의 요구에 신속하게 반응하는 주민위주의 행정을 실시함으로써 행정과 주민간의 거리감을 좁힌다. 다시 말해서 주민이 원하는 서비스를 신속하게 전달할 수 있다는 것이다. 뿐만 아니라 관계된 주민을 행정에 참여시킴으로써 민주화를 보급시키고 활성화시킨다. 분권화를 통한 민주성의 제고는 조직 내에서도 일어난다

7) Mayer N. Zald, "Decentralization — Myth vs Reality," in R. T. Golembiewski *et al.*(eds.), *Public Administration: Readings in Institution, Process, Behavior,* Rand McNally, 1966, p. 485.

는 것은 말할 것도 없다.

(3) 분권화가 일어나면 리더십이 발달하여 조직 내에 만족감을 충만하게 한다.[8] 본래 집권적인 조직에서는 지휘명령권만 존재하므로 리더십이 발달하지 않는다. 그러나 분권화된 조직 내에서는 자발적인 협조와 추종을 강조함으로써 리더십이 발달하게 된다. 리더십의 기본목표는 생산성과 만족감을 동시에 추구하는 것이다. 여기서 분권화와 조직구성원의 만족감은 표리관계에 있다는 것을 알 수 있다.

(4) 분권화에서는 지방의 일선기관끼리 횡적 협조가 촉진된다. 중앙집권하에서는 일선기관이 재량권이 없기 때문에 상부층으로 올라가서 다시 타부서에 협조를 구하여 그 부서가 산하 일선기관에 협조지시를 내리게 된다. 이 경우 시간과 노력의 낭비는 말할 것도 없고 원활한 협력체제도 기대되지 않는다. 분권화의 체제에서는 일선기관들이 재량권을 가지고 있으므로 그때 그때 필요시마다 상호협조할 수 있다.

(5) 중앙행정과 지방행정간의 관계를 대등한 협조체제의 관계로 발전시킨다.

흔히 집권화하에서는 중앙행정기관은 명령기관으로 행세하고, 지방행정기관은 명령을 집행하는 기관으로서 역할을 한다. 따라서 중앙과 지방간의 관계는 상하질서의 관계요 명령복종의 관계로 인식된다. 이러한 상태 아래에서는 중앙공무원과 지방공무원간에도 신분상의 차등이 생겨 중앙공무원 하면 유능한 행정 엘리트로 인식되고, 지방공무원 하면 무능한 낙오자로 생각된다. 따라서 중앙집권화에서는 중앙과 지방간의 대등한 입장에서의 협조자세는 기대하기 어렵다.

그러나 분권화는 지방행정기관의 권한과 기능을 강화시키므로 중앙에의 의존성과 예속성을 지양시켜 대등한 협조체제로 유도한다.

Ⅲ. 집권화와 분권화의 상대성

우리는 이상에서 집권화와 분권화의 장점을 각각 살펴보았다. 그러나 전술한 대로 집권화나 분권화는 이론적인 이해득실에서 이루어지는 것이 아니라 역사적인 산물에 지나지 않는 것이다.

집권화와 분권화는 일반적으로 대립적인 개념이다. 즉 분권화의 희생 속에서 집권화를 추구할 수 있고, 또 집권화의 희생 속에서 분권화를 추구할 수 있는 것

8) *Ibid.*, p. 482.

이다.

그러나 행정을 계획·집행·평가의 과정으로 이해할 때에 집권화와 분권화는 반드시 대립적이고 상극적인 것만은 아니며, 하나를 희생시켜야만 다른 하나를 추구할 수 있는 것은 아니라는 것이다. 즉 행정을 계획·집행·평가의 과정으로 볼 때에 집권화와 분권화는 상대성을 띠게 되고, 나아가서는 보완성을 띠게 되어 동시추구가 가능하다는 것이다. 오히려 효율적인 집권화는 분권화를 동시에 뒤따르게 해야만 이루어질 수 있다는 것이다.[9] 중요한 기획이나 방향은 중앙에서 정하고, 집행은 지방행정기관에 맡기고, 그 집행에 대한 평가는 다시 중앙행정기관이 맡을 때에 집권화와 분권화는 보완성을 띠면서 동시에 일어난다는 것이다. 중앙에서 집행업무에 이르기까지 지휘감독하고 간섭하면 철저한 집권화만 일어나지 분권화는 일어나지 않는다. 중앙에서는 '서울에서 부산까지 간다'는 목표만 세우고 가는 방법에 대해서는 지방에 전적으로 맡겨야 한다는 것이다. 기차로 가든 비행기로 가든 고속버스로 가든 가는 방법에 대해서는 지방에 맡기고, 부산에 제대로 도착했는가의 평가는 다시 중앙에서 맡아 한다는 것이다. 이때 집권화와 분권화는 상대성을 띠게 되어 동시추구가 가능하다는 것이다.

또 중앙집권과 자치를 다루는 학자들 중에는 양자는 상호보완적이어서 집권화가 되더라도 자치능력이 약화되는 것이 아니라 오히려 향상될 수 있다는 것이다. 즉 집권화를 통해서 오히려 지방의 행정서비스의 수준을 향상시킬 수 있다는 것이다. 중앙의 보조금이나 기술적 지원을 통해서 지방은 주민에게 제공되는 서비스를 향상시킬 수 있다.[10] 자치의 기본목적의 하나가 행정서비스의 향상이라면 집권화는 자치와 상호보완적이다.

9) 白完基, "韓國行政過程," 金雲泰 外 共著, 前揭書, 412~413면.

10) 村松岐夫, 中央과 地方關係論—日本의 地方自治理論과 實際를 中心으로, 崔外出·李盛煥 共譯, 大永文化社, 1991, 159~183면; 柳在源, 前揭論文, 167~170면.

제2장 리 더 십

제1절 리더십의 개념

전쟁의 승패로부터 운동경기의 승패에 이르기까지 리더십의 중요성은 강조된다. 즉 승패의 결정요인이 리더십이라는 것이다. 그러면 리더십이란 무엇인가? 여기에 대해서는 보는 입장이나 강조하는 관점에 따라 여러 가지 정의가 성립할 수 있다. 그리고 리더십은 사회과학 전반에 걸친 문제이기 때문에 그 개념 자체가 대단히 포괄적이고 모호하다고 볼 수 있다.[1)]

이렇게 논자에 따라서 리더십은 집단과정의 초점(a focus of group process)으로, 성격과 그 영향문제(personality and its effects)로, 영향력의 행사문제(exercise of influence)로, 동조성을 유인하는 기술(the art of inducing compliance)로, 설득(persuasion)의 문제로, 권력관계(power relation)의 문제로, 목표성취의 도구(instrument of goal achievement)로, 상호작용의 효과(effect of interaction)로 이해되고 있다.[2)] 그런데 이러한 다양한 견해 중에서도 공통적인 것을 찾을 수 있으니, 그것은 목표성취를 위한 힘의 동원능력(mobilizing power)이라는 것이다. 그런데 여기서 힘의 동원이란 강제성에 의한 것이 아니라 자발적인 것으로 유도된 것이다. 여기서 리더십은 헤드십(headship)과 구별된다.[3)] 리더십의 핵심은 특정의 인간이 다른 사람들을 자기가 바라는 방향으로 유도하는 능력이라고 할 수 있다. 여기서 리더십은 끌려다니고 인도되는 것이 아니라 행동하게끔 유도하는 것이다. 리더십을 발휘한다는 것은 공동의 방향감각(shared direction)이나 목표의식을 갖게 하여 이러한 목표를 성취하는 데 집단성원이 자발적으로 노력하도록 유도하는

1) 이러한 다양하고 광범위한 문제들을 Handbook으로 엮은 것이 Bernard M. Bass의 *Stogdill's Handbook of Leadership,* The Free Press, 1981.

2) *Ibid.*, pp. 7～14.

3) 헤드십은 조직화된 체제(organized system)나 직위의 힘을 통해서 유지되고 공통의 목표의식이나 행동의식이 없으며, 우두머리와 집단성원간에는 간격이 있을 수 있다는 것이다. *Ibid.*, pp. 14～15.

행위라고 할 수 있다. 여기서 리더십은 관계된 요소간의 상호작용이라고 할 수 있다.

제 2 절 리더십의 구성요소

Cecil A. Gibb는 리더십은 다음의 다섯 가지 요소들로써 구성된다고 지적하고 있다.[4)]

Ⅰ. 지도자(the leader)

여기서 지도자란 지도역할(acts of leading)을 하는 사람을 말한다. 지도역할에는 공식적인 것과 비공식적인 것이 다같이 포함된다. 따라서 계층구조의 고위직을 점한 자만이 지도자라는 논리는 성립하지 않는다.

Ⅱ. 집단(the group)

리더십은 어디까지나 집단 내에서 일어나는 행위를 말한다. 조직이나 집단을 떠난 리더십은 생각할 수 없다. 여기서 집단이란 공동의 목표를 성취하기 위해서 서로 상호작용하는 두 사람 이상의 모임을 말한다. 따라서 리더십이란 어디까지나 집단역할(group role)을 수행하는 것을 말한다.

Ⅲ. 추종자(the followers)

추종자의 추종행위(following) 없는 리더십은 생각할 수 없다. 이때 추종행위는 자발적인 추종행위라는 것은 말할 것도 없다. 그런데 추종자라고 해서 반드시 소극적인 추종역할만 하는 것이 아니라 적극적인 역할(active role)도 한다. 추종자는 지도자를 제외한 모든 사람들의 단순한 집합체라고만 생각해서는 안 된다. 지도자는 항시 지도자이고 추종자는 항시 추종자라는 논리는 성립하지 않는다. 지도와 추종은 서로 상대방을 전제로 해서 성립하며, 양자는 동업자(collabora-

---

4) "Leadership — Psychological Aspect," in David L. Sills(ed.), *International Encyclopedia of the Social Science,* The Macmillan Company & The Free Press, 1974, pp. 91～93.

tors)의 관계이지 배타적 관계는 아니다. 추종자와 지도자는 가끔 각자의 역할을 상호교환하기 때문에 추종자들에 의해서 지도력이 발휘되는 경우가 있다는 것은 말할 것도 없다.[5)]

Ⅳ. 상황(the situation)

여기서 상황이란 개인이나 집단들이 활동과정에서 의존하고 다루어야 할 일련의 가치 및 태도체계(the set of values and attitudes)라고 할 수 있다.

상황적 요소로 들 수 있는 것은 i) 집단 내에서의 조직성원간의 관계구조(the structure of interpersonal relations), ii) 집단의 성격(the characteristics of the group), iii) 집단을 둘러싸고 있는 문화의 성격, iv) 집단의 활동을 제약하고 있는 물리적 조건(physical condition), 및 v) 상기 요소들에 대한 인식상의 개념작용(perceptual representation)이다.[6)] 상황적 요소가 변화가능성이 많고 유동적이라는 것은 말할 것도 없다.

Ⅴ. 과업(the task)

엄밀한 의미에서 과업은 위에서 이야기한 상황의 연장이라고 할 수 있다. 여기서의 과업이란 집단의 구성원들이 목표성취에 종사하는 모든 프로그램 및 활동의 총체라고 할 수 있다. 과업의 다양성이 상이한 리더십을 요구한다는 것이 밝혀짐에 따라[7)] 과업은 리더십 연구에 중요한 변수가 되었다.

제 3 절 리더십이론의 변천

리더십의 이론은 속성론에서 집단론과 상황론을 거쳐 도정-목표이론에 이르기까지 그 변화가 심하였다.

처음에는 리더는 타고나는 것으로 생각되었다. 이것이 이른바 속성론의 핵심

5) E. P. Hallander, "Emergent Leadership and Social Influences," in L. Pertrullo and B. M. Bass(ed.), *Leadership and Interpersonal Behavior,* Rinehart & Holt, 1961, pp. 30∼47.

6) Cecil A. Gibb, *op. cit.*, p. 93.

7) John K. Hemphill, "Why People Attempt to Lead," in L. Petrullo and B. M. Bass(ed.), *op. cit.*, p. 212.

이다. 속성론의 주요 관심은 지도자가 될 수 있는 조건과 요소들을 확인하는 것이다. 다음에 나타난 것이 집단이론인데, 집단이론의 핵심은 지도자의 행위가 집단 구성원에게 어떻게 영향을 주고 동시에 어떻게 영향을 받는가를 밝히는 것이다. 세 번째 나타난 것이 상황론인데, 이 이론의 핵심은 지도자란 시대와 상황의 산물이라는 것이다. 즉 상황이 요구하는 자질이나 속성을 갖춘 사람이 지도자로 탄생된다는 것이다. 끝으로 나타난 것이 동기의 기대개념(expectancy concepts)을 적용시켜 발전시킨 도정-목표이론(path-goal theory)이다. 이러한 이론들을 순서에 따라 좀더 구체적으로 살펴보자.

Ⅰ. 속성론(trait theories)

이것은 지도자 자신이 갖추어야 할 성격과 속성이 무엇이냐에 연구의 초점을 두고 있다 이 이론의 기본전제는 지도자는 태어나는 것이지 만들어지는 것이 아니라는 것이다. 쉽게 말해서 Napoléon 같은 사람은 어느 시대 어느 상황에서도 위대한 지도자가 될 수 있게끔 선천적인 지도력을 타고났다는 것이다. 이러한 소박한 속성이론은 보다 현실적인 속성이론(more realistic trait theory)으로 변화되었는데, 변화의 내용은 리더십의 속성이 완전히 태어만 나는 것이 아니라 학습과 경험을 통해서 후천적으로 획득될 수 있다는 것이다.[8] 일반적으로 지도자가 선천적이든 후천적이든 갖추어야 할 속성으로 지능·발의력·외향성·유머·자신감·열성·공평성·동정·사회적 성숙성·성취욕구·결단력 등이 지적되고 있다.

이러한 속성론의 맹점은 지도자가 갖추어야 할 공통적이고 보편적인 속성을 찾을 수가 없다는 것이다. 1930년부터 1950년에 걸쳐서 이러한 속성들을 발견하려고 수많은 조사연구가 실시되었으나, 매번 그 결과는 실망만 안겨 주었다.[9] 즉 조사 때마다 열거되는 속성이 달라 보편적인 속성을 찾기가 대단히 어려웠다는 것이다.[10] 또 보편적인 속성들이 발견되었다 하더라도 어느 요소가 어느 다른 요소보다 더 중요하다고 해답을 주지 못하고 있다. 더욱이 어려운 것은 속성들 중에는 서로 배타성을 띠고 있는 것이 많다는 것이다.[11]

8) Fred Luthans, *Organizational Behavior,* 2nd ed., McGraw-Hill, 1977, p. 439.
9) *Loc. cit.*
10) Joe Kelley에 의하면 지능정도가 비교적 일관성이 있는 속성이었고, 그 다음으로 들 수 있는 것이 발의력·외향성·유머 등이다. *Organizational Behavior,* Richard D. Irwin, Inc., 1974, p. 363.
11) 예컨대 결단력과 동정심이다.

Ⅱ. 집단론(group theories)

집단론의 기본적 입장은 리더십은 집단에 의해서 수행되는 일련의 기능으로 파악할 때에 가장 잘 이해된다.[12] 즉 집단들이 상이한 조건하에서 자기들의 목표를 성취하는 데 어떠한 행위들이 요구되는가를 중심으로 리더십을 이해하여야 한다는 것이다. 그리고 집단구성원이 집단행동에 어떻게 참여하는가를 연구하는 것이 리더십이라고 한다.[13] 따라서 리더십은 집단의 성격과 내부구조 여하에 따라 상이하다.

집단론의 주장은 집단 내의 지도자와 추종자간에 적극적인 교환관계(positive exchange)가 성립할 때에만 집단목표가 성취되고 리더십은 발휘된다고 생각한다. 여기서 리더십은 지도자와 추종자간의 교환과정(exchange process)으로 인식되고 역할기대의 개념(concept of role expectation)을 내포하게 된다.[14]

집단중심의 리더십을 다시 요약하면 다음과 같다.

첫째, 리더십은 집단의 목표성취과정으로 파악해야 한다는 것이다.

둘째, 집단의 종류와 성격 및 내부구조에 따라 여러 가지 리더십이 존재할 수 있다.

셋째, 리더십은 집단 내의 지도자와 추종자간의 적극적인 교환관계를 확보하기 위해서 존재한다.

넷째, 리더십은 전체집단구성원의 집단행위 속에 내재한다.

Ⅲ. 상황론(situation theories)

상황론의 초점은 리더십의 역할·기술 및 행태와 조직구성원의 실적과 만족에 영향을 주는 여러 가지 상황변수(situational variables)들을 찾는 데 두고 있다. 여러 가지 상황변수들이 확인되었지만, 어느 이론도 이것을 체계적으로 종합화하지는 못했다.[15]

상황이론의 대표적인 것이 Fred E. Fiedler의 상황적응모형(contingency model of leadership)이라고 할 수 있기 때문에, 여기에 좇아서 상황이론을 설명하

12) Cecil A. Gibb, *op. cit.*, p. 94.

13) Dowin Cartwright and Alvin Zander(eds.), *Group Dynamics: Research and Theory*, 2nd ed., Row, Peterson, 1960, pp. 487～510.

14) Fred Luthans, *op. cit.*, p. 441.

15) *Loc. cit.*

기로 한다.

Fiedler는 리더십의 스타일을 측정하기 위해서 구체적인 기법들을 개발하면서[16] 리더십의 스타일을 인간관계적 스타일과 과업중심적 스타일로 분류하였다. 그의 오랫동안의 연구는 집단의 실적은 리더십의 스타일과 상관관계가 깊고, 이러한 리더십의 스타일은 상황적 조건과 조화되어야 한다는 것이다. 즉, 상황적 조건과 조화된 리더십의 스타일이 집단실적(group performance)을 올린다는 것이다.

Fiedler는 자기의 경험적 연구를 통해서 가장 중요한 세 가지의 상황적 변수를 추출해 내고 있는데, 제일 중요한 변수가 지도자와 집단구성원과의 관계(the leader-member relationship)이고, 두 번째로 중요한 것이 작업구조도(the degree of task structure)이고, 세 번째로 중요한 것이 직위에 부여된 권한(position power)이다.[17] 이 세 가지의 상황변수의 강도가 높을 때에 지도자에게 유리한 상황이 전개된다는 것이다. 다시 말해서 지도자가 추종자에 의해서 우호적으로 받아들여지고, 작업이 명확하고 구체적으로 규정되고, 지도자가 지위에 상응하는 충분한 권한을 가지고 있을 때에 지도자가 리더십을 훌륭하게 발휘할 수 있는 최상의 상황조건이 이루어진다는 것이다. 그러나 지도자가 추종자에 의해서 용납되지 않고, 작업구조도 엉성하여 책임의 한계가 명확하지 않고, 지도자가 직위상의 권한을 충분히 소유하지 않고 있을 때에는 최악의 리더십 상황이 벌어진다는 것이다.

그런데 Fiedler가 발견한 재미있는 사실은 최상의 상황조건이나 최악의 상황조건에서 가장 효과적인 리더십은 강심장(hard-nosed)의 과업중심적(task-oriented) 리더십이라는 것이다. 즉 과업중심적 리더십은 최상의 상황조건에서도 좋지만, 최악의 상황조건에서도 좋다는 것이다. 그러나 최상도 최악도 아닌 중간단계에서는 나긋나긋한(soft-nosed) 인간관계적 리더십이 가장 효과적이라는 것이다.

Ⅳ. 도정-목표이론

도정-목표이론(the path-goal theory)도 지도자와 집단상황을 다같이 고려한다는 의미에서 상황론과 같다. 어떤 의미에서 상황론의 연장이라고 할 수 있다.

이 이론의 기본적인 특징은 지도자가 할 일은 집단구성원의 동기·욕구·만족을 불러일으킴으로써 목표로 가는 길을 부드럽게 마련하는 것이다. 보다 근본적으로 이 이론이 밝히려고 하는 것은 지도자의 행위가 집단구성원이나 추종자의

16) 그가 개발한 기법들은 ASO(Assumed Similarity between Opposites)와 LPC(Least Preferred Coworker)이다. *A Theory of Leadership Effectiveness*, McGraw-Hill, 1967.

17) Fred E. Fiedler, *op. cit.*, pp. 143～144.

동기 · 만족 · 실적에 어떠한 영향을 주는가이다. 이 이론은 지휘적 리더십(directive leadership) · 지지적 리더십(supportive leadership) · 참여적 리더십(participative leadership) 및 성취정향적 리더십(achievement-oriented leadership)의 네 가지 유형으로 나누어 리더십을 설명하고 있는데,[18] 이 유형들을 간단히 살펴보면 다음과 같다.

1) **지휘적 리더십** 권위주의적 리더십과 비슷한데, 부하직원들은 자기들에게 기대된 행위를 정확하게 알고 있고 구체적인 지시가 지도자에 의해 내려지고 있다. 집단참여는 존재하지 않는다.

2) **지지적 리더십** 지도자는 우호적이고 친절하기 때문에 접근가능성이 있다. 그는 부하직원에게 인간적인 관심을 보이고 있다.

3) **참여적 리더십** 지도자는 부하직원의 충고나 건의를 받아들이지만 최종적인 결정은 자기가 내린다.

4) **성취정향적 리더십** 지도자는 부하직원들에게 도전할 만한 목표를 세워주고, 이들이 이 목표를 성취할 수 있다고 이들에게 신뢰를 보여 주고 있다.

도정-목표이론의 주장은 이러한 네 가지 유형의 리더십은 한 사람의 지도자에 의해서 상이한 상황에 따라 사용될 수 있다는 것이다. 다시 말해서 지도자는 상황에 따라 상이한 리더십을 발휘할 수 있다는 것이다. 상황에 따라 리더십의 스타일을 달리함으로써 집단구성원에게 동기를 부여하여 만족과 실적으로 유도한다. 이러한 리더십은 다음과 같은 구체적인 것들을 내포하고 있다.

1) 결과에 대한 부하직원들의 욕구(subordinates' needs for outcomes)를 인정하고 고취시키는 일

2) 목표가 성취될 때 부하직원의 개인적 이득을 증가시킬 것

3) 개인적 이득을 보다 쉽게 얻을 수 있는 길을 가르쳐 줄 것

4) 부하들이 명확한 기대치를 갖도록 도와 줄 것

5) 고통스러운 장애물을 제거하여 줄 것

6) 개인적 만족을 얻을 수 있는 기회를 증가시켜 주는 일이다.[19]

V. 다중연결모형이론

다중연결모형은 Gary A. Yukl에 의해서 개발된 모델이다. Yukl은 기존의

18) Robert J. House and Terence R. Mitchell, "Path-Goal Theory of Leadership," *Journal of Contemporary Business,* Autumn 1974, pp. 81～97.

19) Fred Luthans, *op. cit.*, p. 447.

리더십에 관한 모든 이론들을 모아 섭렵하고 총 정리해서 이것들을 토대로 해서 다중연결모형(multiple linkage model)을 제창하고 있다.[20]

여기서는 리더십의 최종목표인 결과변수를 부서의 효과성으로 보고 이 부서의 효과성을 높이는 데에는 원인변수·매개변수·상황변수들이 직·간접으로 작용한다는 것이다. 우선 원인변수를 보면 이것은 리더의 행동을 이야기하고 있는데 여기에는 11가지 행동이 내포되고 있다. 11가지 행동이란 ① 관계유지(networking) ② 지원(supporting) ③ 갈등관리와 팀빌딩(managing conflict and team building) ④ 동기유발(motivating) ⑤ 인정과 보상(recognizing and rewarding) ⑥ 계획 및 조직화(planning and organizing) ⑦ 문제 해결(problem soluting) ⑧ 권한의 위임(delegating) ⑨ 감찰(monitoring) ⑩ 정보전파(informing) 및 ⑪ 명확화(clarifying) 등이다. 그런데 이 11가지의 행동은 원인변수라고는 하지만 독립변수는 아니라는 것이다.

왜냐하면 이러한 행동들은 무엇인가의 다른 변수들에 의해서 좌우되기 때문이다. 따라서 독립변수보다는 종속변수의 성격이 강하다.

다음에 매개변수를 보면 이것은 주로 조직구성원들의 행동을 이야기하는데 여기에는 6가지가 있다. ① 부하들의 능력과 역할명료성(subordinate ability and role clarity) ② 과업의 조직화(organization of the work) ③ 협동 및 응집력(cooperation and cohesiveness) ④ 자원과 지원의 제공(resources and support) ⑤ 부하들의 노력(subordinate effort) 및 ⑥ 다른 부서와의 조정(external coordination) 등이다.

다음에 상황변수를 보면 여기에는 3가지가 있다. ① 매개변수에 직접적으로 영향을 미치고 집단성과에는 간접적으로 영향을 미치는 것 ② 매개변수의 상대적 중요성을 결정하는 것 ③ 리더의 행동을 제약하는 것 등이다. 리더의 행동을 제약하는 상황변수들에는 거시변수(macro-variables)와 미시변수(micro-variables)가 있는데 거시변수에는 리더가 조직 내에서 차지하는 지위수준, 자기부서의 기능과 크기, 부서의 독립성 및 부서의 환경적 호의성 등이 있고 미시변수에는 과업의 특성과 부하들의 능력 등이 있다.

리더십의 최종목표인 부서의 효과성은 이상의 변수들간의 상호작용 속에서 이루어진다는 것이다. 그런데 여기서 중요한 것은 원인변수나 매개변수나 상황변수가 상호의존성을 띠고 있다는 것이다.

20) Gary A. Yukl, *Leadership in Organization*(2nd ed.), Prentice-Hall, 1989. 이 책은 기존의 모든 리더십이론을 총정리해서 소개하고 있고 다중연결모형 이론도 담고 있다. 다중연결모형은 주로 7장과 8장에서 다루어지고 있다.

다중연결모형에서 주장하는 것은 부서의 효과성을 높이는 데에는 단기적인 것과 장기적인 것이 있는데 단기적인 것으로는 리더가 매개변수들의 부족한 것들을 보강하는 일이고 장기적으로는 상황변수들을 유리하게 조성하는 것이라는 것이다.[21)]

제 4 절 리더십의 유형

여기서는 리더십의 유형과 그것을 결정하는 요인들을 살펴보기로 한다.

Ⅰ. 리더십의 유형

리더십의 유형은 여러 가지로 분류될 수 있으나,[22)] 여기서는 가장 고전적인 Ronald Lippitt과 Ralph K. White의 권위형 · 민주형 · 방임형을 중심으로 설명하기로 한다.[23)]

(1) 권위형(authoritarian style)

권위형은 지도자가 모든 정책을 단독적으로 결정하고, 부하직원은 그 집행의 의무만을 진다. 그는 부하직원들이 정책결정에 참여하려고 하는 것을 싫어하고 자기의사에 복종하여 주기만을 원한다. 이러한 지도자라고 해서 부하직원들에게 공격적이고 적대적인 행위를 일삼는 것은 아니다. 오히려 이러한 지도자일수록 친절한 체하고 감정을 초월한 체한다.[24)] 그러나 자기의 뜻대로 모든 일을 처리하려 하고, 자기의 뜻에 어긋나는 의견을 받아들이려고 하지 않는다. 이러한 리더십 아래에서는 집단토론이나 권한의 위임이 일어나지 않는다는 것은 말할 것도 없다.

이러한 리더십은 집단구성원간에 불신감과 적대감을 조장하여 준다. 집단구성원은 내밀한 상황에서 지도자에 접근하여 그의 신임을 얻으려고 하기 때문에 모든 집단구성원은 서로가 서로를 불신하고 적대감을 가지려고 한다. 이때 집단

21) 이창원 · 최창현, 새조직론, 대영문화사, 1996, 276～277면.

22) 尹禹坤, 組織論, 法文社, 1977, 290면 참조.

23) Ronald Lippitt and Ralph K. White, "An experimental Study of Leadership and Group Life," in E. E. Maccoby *et al.*(eds.), *Readings in Social Psychology*, 3rd ed., Holt, Rinehart & Winston, 1958.

24) Fred Luthans, *op. cit.*, p. 434.

구성원들의 행위는 공격적 아니면 무관심으로 나타난다. 즉 극과 극의 행위로 나타난다는 것이다. 이러한 공격적 아니면 무관심의 행위는 권위주의적 리더십으로 인해 나타난 좌절감에 대한 반응이라는 것이다. 그런데 이러한 무관심의 행위는 언제 어디서 공격적 행위로 돌변할지 모른다.

(2) 민주형(democratic style)

민주형은 집단토론과 집단결정을 장려한다. 그는 혼자 정책을 결정하려고 하지 않고 부하직원이나 집단구성원의 의견을 토대로 정책을 결정한다. 민주형이라고 해서 지도자가 자기의견을 내세우지 않고 부하직원이나 집단구성원의 의견에만 따른다는 이야기는 아니다. 그는 자기의견을 주장하되 설득과 토론을 통해서 하지 명령과 강제성으로 부과하지 않는다는 이야기이다. 그는 자기를 비판하거나 칭찬해도 객관성을 유지하려고 노력하고 집단의 일원으로 생각하려고 한다.

민주적 리더십 아래에서는 지도자와 부하직원간의 관계가 공개성을 띠고 있기 때문에 부하직원간에 불신과 반목은 적어진다. 다시 말해서 모든 정책결정이 공개적으로 이루어지기 때문에 불신의 여지가 없다는 것이다. 그리고 자기의 의견이 반영될 수 있다고 생각하기 때문에 지도자나 집단에 대한 무관심의 태도는 사라지고 자연히 적극적인 자세를 취하게 된다.

(3) 방임형(laissez faire style)

지도자가 집단구성원에게 완전한 자유를 주는 경우이다. 그는 전혀 리더십을 행사하지 않는다. 그는 명목적으로만 지도자의 자리를 지키고 있지 전혀 지도자의 역할을 하지 않는다. 그는 자기의 의견을 내세우려고 하지도 않고, 어떠한 영향력을 행사하려고 하지도 않는다. 따라서 집단구성원이 합의에 의해서 결정에 도달하면 별 문제가 없지만, 그렇지 못하면 무정부상태에 빠지게 된다.

Ⅱ. 리더십의 유형을 결정하는 상황적 요소

리더십의 유형은 리더의 개인적인 성격이나 의지에 의해서 결정된다기보다는 그가 부딪히고 있는 상황적 요소에 의해서 결정된다고 볼 수 있다. 즉 리더가 권위형의 리더십을 발휘하고 싶다고 해서 되는 것이 아니라, 그가 처하고 있는 상황에 의해서 권위형의 리더십을 발휘하게 된다는 것이다. 그 상황적 요소들을 들어보면 다음과 같다.

(1) 조직의 성격

조직의 목표나 기능에 따라 리더십의 유형은 달라질 수 있다. 군대조직 · 교도소 · 정신병원 같은 기관은 권위형 리더십을 요구할 때에 연구소 같은 조직은 방임형 리더십을 요구한다. 여기서 조직은 그 성격에 알맞은 리더십을 요구하게 된다.

또 동일한 성격의 조직이라 할지라도 그 직무나 작업내용이 명확하고, 구체적으로 규정되어 있느냐 없느냐에 따라 요구되는 리더십의 유형이 다르다고 할 수 있다. 작업내용이 명확하지 않을수록 권위형 리더십이 요구된다는 것이다.[25]

(2) 집단구성원의 인적 사항

집단구성원의 교육수준이나 지식수준이 높을수록 민주형의 리더십을 요구하고, 그와 반대일수록 권위형을 요구하게 된다. 또 집단구성원이 심리적 욕구충족을 추구할수록 민주형의 리더십을 요구하게 된다.[26]

(3) 테크놀로지의 발달

테크놀로지의 발달은 행정의 전문화를 가져오고, 행정의 전문화는 민주형의 리더십을 촉구하게 된다는 것이다. 고위관리층의 지도자는 부하직원의 업무내용을 간섭하고 하나하나 감독하고 싶어도 업무의 전문화에 상응하는 전문적 지식이 없이 불가능하여진다. 따라서 테크놀로지의 발달로 인한 행정의 전문화는 물리적인 면에서 민주적인 리더십을 촉구하게 된다.

(4) 환경의 상태

조직을 둘러싸고 있는 환경상태가 불확실하고 불안정하냐(uncertain and unstable), 아니면 확실하고 안정적이냐(certain and stable)에 따라 리더십의 유형은 달라진다. 환경이 수시로 변하고 불확실하고 예측이 어려울 때에 리더십은 민주성을 띠지 않을 수 없다는 것이다.[27] 급변하고 불확실한 환경에 그때 그때 신속하고 유효적절하게 대처하기 위해서는 부하들에게 권한을 위임함으로써 민주적

---

25) Alan C. Fliley, Robert J. House and Steven Kerr, *Managerial Process and Organizational Behavior*, 2nd ed., Scott, Foresman and Company, 1976, pp. 256～260.

26) Chris Argyris, *Integrating Individual and Organization*, John Wiley, 1964.

27) Paul R. Lawrence and Jay W. Lorsch, *Developing Organization: Diagnosis and Action*, Addison-Wesley Co., 1969, pp. 23～24.

리더십을 확립시켜 나가야 한다는 것이다.

그러나 조직 특히 국가나 공공단체가 전쟁이나 내란 등의 위기에 처해 있을 때에는 권위주의적 리더십을 촉구하게 된다는 것은 말할 것도 없다.

(5) 문화적 전통

여기서 문화란 그 나라의 생활양식을 말한다. 가부장적 사회로서 지배・복종의 수직적 질서가 강조되면 자연히 권위형 리더십을 탄생시킨다. 다시 말해서 권위주의문화는 권위주의 리더십을 탄생시킨다는 것이다. 권위주의문화 속에서 아무리 민주적 리더십을 강조해도 제대로 작동하지 않는 것은 바로 이러한 이유 때문이다.

제 5 절 리더십의 구체적 기능

리더십의 기능들은 수없이 많다. 여기서는 대표적인 것들만을 검토하여 보기로 한다.[28)]

Ⅰ. 응집력(coherence)의 확보

응집력의 확보란 조직구성원간에 동질성을 확보하는 것을 이야기한다. 이것은 조직구성원에게 조직의 목표를 내면화(internalize)시킴으로써 촉진된다. 다른 말로 표현하면 조직의 목표와 조직인의 개인적 목표를 화합시키는 것이다. 여기서 지도자는 1차적으로 조직의 목표의식이 강해야 한다. 지도자가 조직의 목표보다는 자신의 개인적 목표에 연연하거나 목표의 공식적 표방(official pronouncement) 속에서 다른 실질적인 목표(actual goals)를 추구하면 리더십을 발휘하기 어렵다. 조직구성원의 다양한 개인적 목표들을 조직의 목표에 수렴(converge)시킨다는 것은 대단히 어려운 일이다. 특히 이질적인 전문가들이 모인 대규모의 복잡한 조직일수록 더욱 그러하다.

28) George J. Gordon, *Public Administration in America,* 2nd ed., St. Martins Press, 1982, pp. 271～281.

Ⅱ. 동기부여

리더십의 중요한 기능의 하나가 조직구성원들에게 동기부여를 제공하는 것이다. 동기부여에 있어서 가장 흔히 쓰이는 것이 당근과 채찍이다. 이 중에서 먼저 선택해야 할 것이 당근이고, 나중에 택해야 할 것이 채찍이라는 것은 말할 것도 없다. 많은 연구조사에서 밝혀진 바에 의하면 강제적인 방법은 단기적인 면에서는 약간의 효과가 있을지 모르지만, 장기적인 면에서는 효과성이 없다는 것이다.[29] 가장 성공적인 동기부여란 조직구성원에게 유리한 '인센티브'와 작업조건을 제시하는 것이다. 구미에 당기는 보수수준, 쾌적한 작업조건, 부가급부(fringe benefit) 및 작업에 대한 흥미 등은 동기부여를 일으키는 그럴듯한 요소들이다. 그리고 동기부여를 일으키는 중요한 요소의 하나가 작업근로자와 일선감독관(first-line supervisor)간의 상호작용이다. 이들의 상호작용의 여하에 따라 작업실적 · 사기 · 직무만족 등이 달라진다. 따라서 일선감독관의 임명문제는 동기부여와 직결되고 있다.

Ⅲ. 조정 · 통합행위

조직에서 전문성이 강조되고 전문가의 역할이 강화될수록 조정 · 통합은 어려워진다. 따라서 리더십의 중요한 기능의 하나가 다양한 전문적 행위들을 최종목표를 향해서 통합시키는 것이다. 일반적으로 전문가는 터널적 시각(tunnel vision)에 사로잡혀 자기 것에만 집착하고 자기역할의 중요성만 내세우려고 한다. 이때 지도자는 각 분야의 역할은 조직의 목표성취로 가는 단계라는 것을 강조하고 보다 넓은 시각을 갖도록 유도한다. 보다 넓은 시야를 갖도록 유도하는 방안으로 '아이디어 수집장치'(idea-collecting mechanism)를 제시하는 사람도 있다.[30] '아이디어 수집장치'에는 뉴스레터, 제안제도, 문답회의(question-and-answer sessions), 정규적인 브레인스토밍 등이 포함된다.

그리고 지도자는 조직활동에 소요되는 인력 · 물자 · 재정자원 등이 적기에 조달되어 목표성취의 스케줄에 차질 없도록 힘쓸 것이 요구된다.

---

29) *Ibid.*, 재인용, p. 274.

30) Robert H. Guest, *Organizational Change: The Effects of Successful Leadership*, Dorsey and Irwin, 1962, p. 130.

Ⅳ. 촉매역할

여기서 이야기하는 촉매역할이란 점화자(spark plug)로서의 역할이다. 조직은 새로운 사업을 시도하거나 변화를 추구할 때에 분위기가 무르익지 않으면 성공하기가 어렵다. 지도자는 분위기가 무르익었을 때 시기를 놓치지 않고 민첩하게 점화자의 역할을 하여야 한다.

Ⅴ. 대변역할

리더십 발휘에 있어서 경시할 수 없는 기능의 하나가 조직의 목표 · 견해 및 이익을 대변하고 옹호하는 역할이다. 이러한 대변역할은 조직이 복잡하여지면서 더욱 중요성을 띠게 되었다. 조직이 복잡하여지면 자연히 그 안에 많은 소규모의 조직이나 하부조직이 생긴다. 이때 소규모의 조직책임자들은 자기들의 조직을 위해서 검투사(gladiator)의 역할을 하여야만 리더십을 다질 수 있다. 보다 많은 예산획득을 위한 투쟁은 좋은 예라고 할 수 있다.

Ⅵ. 위기관리의 역할

위기관리의 능력은 국가의 지도자에서부터 소규모의 조직책임자에 이르기까지 요구되는 중요한 리더십 기능이다. 위기란 천재 · 지변 · 전쟁에서부터 종업원들의 '스트라이크', 물자공급의 중단 등에 이르기까지 다양하다. 위기의 종류마다 거기에 대처하는 관리능력도 다를 것이다. 주로 조직사회에서 논의되는 위기란 예측된 정상적인 조직운영에서 크게 벗어나는 것이다. 예컨대 스트라이크, 원료공급의 갑작스러운 중단, 판로의 차단, 예상된 수입액의 격감 등은 좋은 예라고 할 수 있다. 이때 지도자는 어떤 결단 속에서 사용가능한 모든 수단을 동원해서 위기에 대처하려고 할 때에 리더십은 유지 · 강화된다. 수수방관적이고 될 대로 되라는 식의 자세는 리더십을 상실하게 만든다.

제 3 장 목표관리(MBO)

제 1 절 개 념

목표관리(management by objective)의 뜻이나 정신은 일찍이 F. Taylor의 과학적 관리법에서 발견되나,[1] 이것이 구체적인 관리기법으로 체계화된 것은 Peter F. Drucker에서였고,[2] 행정부문에서 한때나마 관리의 구세주처럼 환영되었던 것은 1970년대 초 Nixon 행정부에서였다. 목표관리가 Nixon 행정부에서 환영되었던 것은 그 당시에 행정부는 PPBS의 도입 · 채택과정(PPBS는 Johnson 대통령의 주장으로 연방정부 · 주정부 등 모든 정부부문에서 채택되었음)에서 나타난 문제점으로 골머리를 앓고 있었다. 이때 사기업에서 비교적 성공적으로 운영되고 있었던 목표관리(MBO로 약칭)는 행정부에서도 그러한 효과가 발휘되리라고 기대되었다. 이러한 환영적 채택은 PPBS에 대한 역기능에서 연유된다고 볼 수 있다.

그러면 목표관리가 무엇인가 그 개념부터 구체적으로 살펴보기로 한다.

목표관리의 개념도 논자에 따라 다소의 차이는 있으나 개념의 공통성을 찾아보면 상·하간의 참여적 관리라고 할 수 있다. 즉 조직의 목표설정에서부터 책임의 확정, 실적의 평가, 조직단위 또는 개인의 활동에 이르기까지 조직의 상부층과 하부층이 다같이 참여하여 공동으로 결정하자는 것이다.[3] 그런데 이때의 목표는 장기간의 추상적인 목표가 아니라 단기간의 결과정향적 목표(output-oriented objective)를 말한다. 그러면 목표관리의 개념을 중요 요소별로 나누어 좀더 구체적으로 살펴보기로 한다.

1) 과학적 관리법에서 제창된 기능적 관리(functional management)는 목표관리와 비슷한 성격을 띠고 있다.

2) Peter F. Drucker, *The Practice of Management,* Harper, 1954.

3) Jong S. Jun, "Management by Objectives in the Public Sector," *Public Administration Review,* Vol. 36, No.1, Jan.-Feb. 1976, pp. 1～5; 吳錫泓, 組織理論, 博英社, 1980, 171～174면.

Ⅰ. 인간의 행위는 합리적이라는 가정

목표관리는 인간관이나 인간의 해석에 있어서 Y이론의 입장을 취한다(제2편 제5장 인간해석 참조). 즉 조직구성원들은 목표성취를 위해서 자발적으로 협조하고 합리적으로 행동한다는 것이다. 따라서 자율성을 토대로 통합적 협조체제가 쉽게 이루어질 수 있다는 것이다. 아울러 모든 사람들은 정책결정에 적극적으로 참여할 것이고, 조직의 목표를 자기목표로 내면화시킬 것이라고 가정하고 있다.

Ⅱ. 참여적 관리

목표설정에서부터 환류과정에 이르기까지 모든 조직구성원이 상·하계층에 관계 없이 공동으로 참여한다는 것이다. 일반적으로 목표 하면 상부계층의 관할영역이고, 하부계층은 집행만 담당하는 것으로 생각하였다. 그러나 목표관리의 제일의 주안점은 목표설정부터 상·하의 공동적 참여하에서 이루어져야 한다는 것이다. 아랫사람도 자기들의 목표가 되려면 자기들의 참여하에서 이루어져야 한다는 것이다. 모든 사람들이 목표설정에 참여했을 때에 그 목표를 자기목표로 쉽게 받아들이고 직무만족도도 올라간다는 것이다. 다시 말해서 모든 관리가 참여과정을 통해서 이루어져야 한다는 것이다.

Ⅲ. 결과정향적 목표의 설정

이때의 목표는 추상성을 띤 목표가 아니라 미리 결과를 예정한 구체적인 목표이어야 한다는 것이다. 예컨대 막연한 전염병예방계획이 아니라 작년의 전염병 환자가 1,000명이었다면 금년은 800명으로 줄인다는 계획이다. 여기서 목표는 결과정향적이고 구체적이며 단기적이다. 그리고 반드시 그렇지는 않지만 되도록이면 측정가능성을 지녀야 한다. 목표관리가 단기적 목적에만 관심이 있다고 해서 조직의 장기적 목적과 무관하다는 것은 아니다.[4] 왜냐하면 아무리 단기적 목적이지만 조직의 장기적 목표와 완전히 분리되어 작성될 수는 없기 때문이다. 목표가 단기성을 띤다는 이야기는 개개의 조직단위나 개인이 당장 자기가 해야 할 일을 명확하게 안다는 점에서의 단기성이다.

4) 吳錫泓, 上揭書, 172~173면.

Ⅳ. 조직운영에 있어서 구성요소간의 상호의존성(interdependence)

목표관리는 하나의 목표가 성취되기 위해서는 조직의 구성요소들이 서로 독립적이고 무관한 입장에서 활동할 것이 아니라 상호의존적인 입장에서 팀워크를 이루면서 활동해야 한다는 것이다. 여기서 목표관리는 총체적 관리(total management)이지만, 그것은 단순한 총체적 관리가 아니라 구성요소간의 상호의존성을 전제로 한 통합적 관리를 말한다. 상호의존성을 전제로 한 자율적 통합성을 강조하기 때문에 예산·기획·인력·연구·평가간의 체계적인 연결(systematic linkage)을 강조한다.

Ⅴ. 최종결과를 평가하여 목표와 대비시키는 환류과정의 강조

환류과정에서 중요한 것은 결과에 대한 정확한 평가이다. 정확한 평가작업을 가능하게 하기 위해서는 정확한 측정기술이 개발되어야 한다.

목표관리에서 환류과정을 강조하게 된 것은 조직운영에 있어서 쇄신적 관리의 계속성을 확보하기 위해서이다. 환류과정이 계속됨으로써 보다 현실적이고 바람직한 목표설정이 가능하고, 조직구성원은 자기직무와 역할의 적절성·기여성·역학성을 재확인하게 된다.

제 2 절 목표관리의 장점

Ⅰ. 조직의 민주화추구

목표설정으로부터 평가과정에 이르기까지 집단구성원의 참여를 강조하기 때문에 조직운영의 민주화는 필연적으로 나타나게 되어 있다. 조직의 목표는 집단구성원의 합의 속에서 이루어지는 것이지 최고관리층에 의해서 이루어지는 것이 아니라고 생각하기 때문에 집단토론이나 민주화는 생활화된다. 다시 말해서 자기가 수행하는 목표나 과업은 자기의 뜻을 토대로 해서 이루어지는 것이지, 다른 높은 사람에 의해서 결정되어 부과되는 것이 아니다.

Ⅱ. 조직구성원의 사기와 만족감의 제고

목표관리는 조직구성원을 집행을 위한 하나의 도구로 생각하는 것이 아니라 의지와 개성을 가진 주체적 인간으로 파악하기 때문에 인간성을 파괴시키는 기법을 싫어한다. 여기서 직원의 사기와 만족감은 올라가게 된다. 스스로 참여해서 결정한 목표이기 때문에 목표성취과정에 보다 애착심을 갖게 되고 업무수행과정에서도 보다 만족감을 누리게 된다. 또 스스로 참여해서 결정한 자기책임이기 때문에 심리적 만족감과 아울러 자율적 책임을 강화시켜 준다.

Ⅲ. 조직운영에서 불분명하고 애매한 것의 제거

목표관리는 명확한 목표설정부터 강조하기 때문에 모든 관리과정이 자동적으로 명확성을 띠게 된다. 목표가 명확하기 때문에 조직간 및 개인간의 책임영역이 명확하고 작업의 성취여부를 쉽게 판별할 수 있고 작업단위의 목표성취에 대한 기여도도 쉽게 포착할 수 있다.[5] 뿐만 아니라 추구하는 목표 자체가 미리 결과를 예정하고 세웠기 때문에 평가과정에서도 오해가능성은 없어진다.

Ⅳ. 자율적 책임을 통한 팀워크의 강화

목표관리는 목표성취가 조직구성원들의 개별적인 노력에 의해서 이루어진다고 생각하지 않고, 구성원들의 유기적 활동에 의해서 이루어진다고 생각하기 때문에 무엇보다도 팀워크가 강조된다. 구성원은 자율성과 개별성을 지니고 있지만, 이것은 유기적으로 통합되어야 한다는 것이다. 즉 개별성을 띠고 있지만 필히 상호의존성(interdependence)의 관계하에 놓여 있다는 것이다. 이때 상호의존성은 공존성과 전체성으로 가는 길이다. 여기서 목표관리는 미시적 요소들을 거시적인 과정으로 통합시켜 보려고 노력한다. 다시 말해서 구성원의 자율성을 토대로 조직 전체의 유기적 통합성을 갖자는 것이다. 다른 말로 표현하면 인간적인 욕구와 조직의 목표를 조화시킨다는 것이다.

5) F. P. Sherwood and W. J. Page, "MBO and Public Management," *Public Administration Review,* Vol. 26, No. 1, Jan.-Feb. 1976, p. 11.

Ⅴ. 조직의 약점의 신속한 발견과 그 보완

관리과정이 분명하고 명확하기 때문에 목적성취가 제대로 이루어지지 않을 때에 이것이 어디에서 기인하고 있는가를 쉽게 파악할 수 있다는 것이다. 즉 어느 요소가 제대로 작동하지 않아서 목표성취가 제대로 이루어지지 않았다는 것을 쉽게 발견할 수 있다는 것이다. 약점이 쉽게 발견되면 보완도 쉽게 이루어질 수 있는 것이다. 여기서 목표관리는 조직의 효율적 운영의 계속성을 약속하고 있다.

Ⅵ. 관료제의 부정적 측면 제거[6)]

목표관리는 처음부터 참여적 관리를 강조하기 때문에 관료제의 부정적 속성들인 명령통일, 경직적 지휘체계, 집권적 구조, 무사안일성, 법규만능성, 인간의 기계화 등을 완화 및 제거시켜 준다. 목표관리는 인간 하나하나를 중요시하기 때문에 처음부터 조직의 합리적 구조만을 강조하는 관료제의 약점을 보완하여 준다.

제 3 절 목표관리의 문제점

(1) 측정가능한 목표 자체를 설정하기가 어렵다는 것이다.

이윤을 추구하는 사기업체 내에서도 측정가능한 목표를 세우기가 어려운 경우가 많은데, 하물며 공익을 추구하는 공행정부문에서는 더 말할 여지가 없다. 뿐만 아니라 모든 활동이나 결과를 수치로 측정한다는 것은 어려운 일이라는 것이다. 그리고 측정을 강조하게 되면 양적이고 눈에 나타나는 것만을 강조하게 되어 질적이고 눈에 보이지 않는 것은 등한시하게 된다.

(2) 시간과 노력이 많이 들고 과중한 서류작업(paper work)에 시달리게 된다는 것이다.

참여적 관리이기 때문에 합의에 도달할 때까지 시간과 노력이 많이 든다는 것은 말할 것도 없다. 따라서 신속한 대응을 요하는 상황이나 변화를 급하게 추진하는 상황에서 목표관리가 적절한 관리기법이라고 할 수는 없다. 그리고 모든 활

6) 吳錫泓, 前揭書, 181면.

동에 대한 성과보고는 관계자로 하여금 서류보따리에 휩싸이게 한다.

(3) 상·하계층간의 신뢰문제이다.

목표관리는 상·하계층간의 상호신뢰를 전제로 하는데, 실제 조직생활의 경험은 신뢰보다는 불신과 경계가 보다 보편화되어 있다고 가르쳐 주고 있다. 즉 상·하계층이 서로 신뢰하기보다는 불신하고 경계하려는 경향이 더욱 강하다는 것이다.[7] 따라서 참여적 관리이지만 거기에는 위선과 기만과 교활한 조종이 개입될 가능성이 크다는 것이다.

(4) 권력성과 강제성을 띤 조직에서 권력의 평준화를 기하기란 어렵다는 것이다.

참여적 관리는 정도의 차이는 있겠지만 원칙적으로 조직 내에서 구성원간의 권력의 평준화(equalization of power)를 요구하고 있다. 그러나 군대사회나 교도소처럼 강제성을 띤 조직에서 권력의 평준화를 기한다는 것은 대단히 어려운 일이다. 이러한 공적 조직에서 추구되는 목적은 단순히 이윤을 추구하는 목적이 아니기 때문에 많은 목적이 이미 높은 차원에서 결정되어 버리는 경우가 많다. 그리고 목적설정의 권한이 하나의 조직부서에 위임되어도 뿌리깊은 상·하의 계층의식은 엄밀한 의미에서의 권력의 평준화를 허용하지 않는다.

(5) 보다 본질적인 목표를 간과할 가능성이 크다.

목표관리는 가시적이고 단기적이고 성취가 용이한 목표에만 관심을 기울이기 때문에 보다 본질적인 목표를 외면할 가능성이 크다는 것이다. 그리고 측정가능한 목표의 설정에만 관심을 두기 때문에 본질적이지만 측정이 어려운 목표설정은 외면당하기 쉽다. 그리고 지나치게 성취성을 강조하기 때문에 성취하기 쉬운 목표만을 세우려고 할 뿐 본질적이지만 성취되기 어려운 목표는 외면당하기 쉽다. 따라서 가시적인 성취성강조는 비가시적인 질적 발전을 등한시할 가능성이 크다는 것이다.

제 4 절 유사개념과의 비교

목표관리(MBO)와 가장 많이 비교하는 개념으로서 PPBS와 조직발전(organizational development)을 들 수 있다. 따로따로 분리해서 살펴보기로 한다.

7) Jerry McCaffery, "MBO and the Federal Budgetary Process," *Public Administration Review,* Vol. 36, No. 1, Jan.-Feb. 1976, p. 37.

I. PPBS와의 비교

MBO는 PPBS와 비슷한 점이 있는데, 이것은 양자가 다같이 목표를 설정하고 그 목표성취를 위한 실천계획(action plans)을 마련하고, 결과에 대한 측정과 평가를 강조한다는 점에서 비슷하다고 할 수 있다.

그러나 MBO와 PPBS는 다음과 같은 점에서 상이하다.

(1) 발생의 근원이 상이한데 PPBS는 예산제도개혁의 일환으로 발달한 데 반하여, MBO는 관리기술의 일환으로 발달하였다. PPBS의 기본관심사항은 합리적인 자원배분(rational resource allocation)인데 반하여, MBO의 주요 관심사항은 효율적인 목표성취라고 할 수 있다.

(2) PPBS가 장기적인 목표정향적인 성격을 띠고 있을 때에 MBO는 결과정향적(result-oriented)인 성격을 띠고 있다. 즉 PPBS가 관심이 있는 계획은 장기적(5년 이상)이고 종합적인(comprehensive) 계획인데 반하여, MBO가 생각하는 계획은 구체적이고 단기적(1년 정도)이고 부분적이다.

(3) PPBS가 집권화된 권위구조(centralized authority structure)를 좋아할 때에 MBO는 분권화된 권위구조(decentralized authority structure)를 좋아한다. 전자의 경우 정책결정이 거의 꼭대기에서 이루어져 아래로 내려올 때에 후자의 경우는 아래에서 위로 올라간다. 다시 말해서 PPBS의 정책결정이 하향성을 띠고 있을 때에 MBO는 상향성을 띠고 있다.

(4) PPBS가 막료(staff) 중심의 정책결정을 할 때에 MBO는 계선(line) 중심의 정책결정을 한다.[8] 다시 말해서 전자의 경우는 장기적 목적을 다루기 때문에 고위층의 막료가 정책결정에 있어서 중요한 역할을 하는데, 후자의 경우는 단기적 목적을 다루기 때문에 각 기관의 계선책임자가 중요한 역할을 한다.

(5) PPBS의 요구에 동원되는 전문적 기술(expertise)이 고도의 통계기법과 비용·효과의 분석일 때에 MBO에 동원되는 기술은 산술적(arithmetical)이고 관리적인 상식이다. 다시 말해서 PPBS가 고도로 세련된 관리기술을 요구할 때에 MBO는 누구나 쉽게 이해할 수 있는 상식수준의 관리기술을 요구하고 있다.

(6) PPBS는 종합적이고 장기적 목표설정에 관심이 있기 때문에 기존의 조직환경(organizational boundary)을 초월해서 목표를 설정할 때에 MBO는 기존의 조직경계 내에서 목표를 설정한다. 다시 말해서 PPBS에서 설정한 하나의 목표는 여러 부서에 관련될 수가 있는데, MBO에서 설정한 목표는 하나의 부서에 한정되

8) *Ibid.*, p. 36.

어 있다는 것이다. 여기서 PPBS의 목표설정은 개방성을 띠고 있을 때에 목표관리의 목표성은 폐쇄성을 띠고 있다고 지적되고 있다.[9)]

Ⅱ. OD(organization development)와의 비교

OD와 MBO(목표관리)는 구별할 수 없을 정도로 같은 점이 많다고 볼 수 있다. 양자는 다같이 인간에 대한 가정에 있어서 Y이론을 택하고 있으며, 결과정향적 목표를 추구하고, 인간발전을 중시하고, 인간의 목표와 조직의 목표를 조화적으로 통합시키려고 하는 점에서 같다고 할 수 있다. 뿐만 아니라 OD나 MBO를 추진하는 데에 있어서 최고관리층의 이해와 지원이 필요하고, 조직구성원이 총동원되고, 팀워크를 강조하고, 평가와 환류과정을 중시한다는 점에서도 서로 같다고 할 수 있다.

그러나 양자는 출발동기나 개혁의 주안점이 다르기 때문에 전적으로 같다고만 볼 수는 없다. 구별되는 점을 보면 다음과 같다.

(1) OD의 목적은 조직의 전반적인 발전을 통한 실적과 효율성의 제고라고 할 수 있을 때에 MBO는 그때 그때의 목표성취에 최대의 관심을 기울이고 있다. 따라서 OD가 조직구성원의 가치관, 행태유형, 규범의식의 변화와 조직문화(organization's culture)의 변화에 역점을 둘 때에 MBO는 이러한 기본적인 문제에까지는 큰 관심을 기울이지 않는다. 다시 말해 OD가 조직의 전반적이고 기본적인 변화를 추구할 때에 MBO는 관리기법상의 변화를 추구하고 있다.

(2) OD는 고위층의 의지에 의해서 추진되고 계속해서 OD의 센터가 고위층에 설치되어 OD전반을 지휘·통괄하는 데 반해서, MBO는 참여적 관리를 제도화하자는 뜻에서 반드시 개혁의 의지가 위에서부터 내려오는 것은 아니다. 물론 MBO를 채택하는 과정에서 고위층의 이해와 지원이 필요하지만, 상부층의 의지에 의해서 추진되는 것은 아니다. 따라서 OD는 지휘본부를 가지고 있을 때에 MBO는 가지고 있지 않다.

(3) OD를 추진할 때에는 일반적으로 OD전문가가 외부에서 오는 데 반하여, MBO는 기법 자체의 채택문제이지 특별한 전문가가 요구되지 않는다. OD의 경우는 외부전문가와 대상조직이 계약을 체결하고, 진단을 받고 처방을 받는 등 체계적인 과정을 밟아 추진된다.

(4) OD는 인간의 행위변화에 관심을 기울이기 때문에 행태과학적 지식의 도

9) Frank P. Sherwood and William J. Page, *op. cit.*, pp. 9~10.

움을 많이 받는 데 대하여, MBO는 상식적인 관리기법이면 족하다. 따라서 OD의 경우는 행태과학을 중심으로 감수성훈련 · 과정상담 · 작업집단구축 · 태도조사 · grid조직 등 여러 가지 기법들이 발전하였는데, MBO는 경영상의 기법만이 논의될 뿐이다.

(5) OD가 노리는 목적이 다각적일 때에 MBO의 목적은 단순하다고 볼 수 있다. OD는 조직의 실적 · 효율성 · 건강도에도 관심이 많지만, 이보다 더 중요한 것은 급변하는 환경에의 적응능력이다. OD는 조직의 발전을 환경에의 적응능력으로 평가하려고 할 때에 MBO는 이러한 것에는 별로 관심이 없다.

제 4 장 조직발전

조직발전은 흔히 OD(organizational development)라고 한다. 조직발전이 조직이론에서 특별한 개념이나 이론으로서 성립할 만한 가치가 있는가에 대해서는 논란이 많다. 다시 말해서 조직이론에서 독립개념이나 이론으로서 존재할 만한 가치가 있는가에 대해서 논란이 많다는 것이다. 그러나 많은 학자들이 조직발전의 이론성을 인정하고 여기에 관심을 기울이고 있다.[1] 이들의 이론을 종합해서 가장 공통적이고 핵심적인 문제만을 다루어 보기로 한다.

제 1 절 개 념

조직발전의 근원은 조직이 환경의 변화에 대해서 여하히 민감하면서도 적극적으로 반응하는가의 문제를 다루는 데에서 찾는다. 따라서 조직발전에 대해서 여러 가지 개념이 성립할 수 있지만, 여기서는 Richard Beckhard의 개념을 중심으로 살펴보기로 한다. 그에 의하면 조직발전이란 조직의 실속·효과성 및 건강도를 높이기 위한 조직전반에 걸친 계획된 노력인데, 이러한 노력은 상부층의 이니셔티브에 의해서 나타나고 행태과학의 지식의 도움을 받아 추진된다.[2] 이러한 개념을 좀더 구체적으로 표현하면 다음과 같다.

1) 변화는 계획된 변화이어야 한다. 조직발전에서 변화는 과정(process)으로

1) Warren G. Bennis, *Organizational Development: Its Nature, Origin, and Prospects*, Addison-Wesley, 1969; Richard Beckhard, *Organization development: Strategies and Models, Readings*, Addison-Wesley, 1969; Chris Argyris, *Management and Organization Development*, McGraw-Hill, 1971: W. L. French and C. H. Bell, Jr., *Organization Development: Behavioral Science Intervention for Organization*, Prentice-Hall, 1973; Larry Kirkhart and Neely Gardner(eds.), "A Symposium: Organization Development," *Public Administration Review*, 34, No. 2, 1974, pp. 97～140.

2) Richard Beckhard, *op. cit.*, p. 9.

설명되지 단순한 사건(an event)으로 설명되지 않는다. 여기서 계획성은 조직발전의 중요한 구성인자가 된다.

2) 이때 변화는 조직전반에 관한 변화이지 부분에 관한 변화가 아니다. 따라서 조직의 문화(culture of an organization)까지 변화시키려고 하는데, 여기에는 조직 내의 지배적인 행태유형, 규범, 감정, 태도, 가치관, 신념체계 등이 포함된다.[3)]

3) 변화는 단순한 과정에서 이루어진 변화가 아니라 상부층에 의해서 기획된 변화이어야 한다. 조직발전은 정책의 변화, 새로운 가치의식의 도입 및 자원배분의 변화를 내포하고 있기 때문에 필히 상부층의 결단에 의해서 추진되게 된다. 따라서 조직발전을 관리하는 책임이 여러 사람들에게 분산되는 것이 아니라 특정의 사람에게 처음부터 계획적으로 맡겨진다.

4) 궁극적으로 추구하는 목표는 조직의 효과성과 건강도인데, 이것의 주요 내용은 결과정향적인(result-oriented) 목표성취이고 유기체로서의 조직의 능력을 키우는 것이다.

5) 발전이나 변화를 추구하고 문제를 해결하는 데에 있어서 실증적 연구를 통해서 얻어진 행태과학적 지식을 원용한다는 것이다.

지금까지 설명한 것을 다시 요약하면 조직발전이란 체제전반적인 발전과정인데, 이것의 목표는 조직의 문화와 구성원의 행동양식을 변화시킴으로써 조직이 하나의 유기체로서 환경변화에 적극적으로 대처해 나가는 능력을 키워 주는 것이다.

조직발전은 조직구성원의 행태변화를 통해서 조직의 생산성과 환경에의 적응능력을 향상시키자는 것이다. 또 인간의 목표와 조직의 목표를 동시에 충족시킴으로써 양자간의 조화를 꾀하자는 것이 조직발전의 목표이기도 하다.

제 2 절 가 정

조직발전은 인간의 성격과 조직의 성격에 대해서 가치함축적인 가정을 내포하고 있는데, 분리해서 설명하면 다음과 같다.

3) W. French and C. Bell, Jr., *op. cit.*, p. 9.

Ⅰ. 인간의 성격에 대한 가정

조직발전에서 인간에 대한 가정은 McGregor의 Y이론을 받아들인다. 즉 조직발전에서 생각하는 인간은 게으르고 무책임하고 피동적으로 움직이는 것이 아니라 부지런하고, 성취의욕이 강하고, 자기행위에 대해서 책임을 지려고 하며, 자율적으로 행동한다는 것이다. 한마디로 인간은 꾸준히 자기 성장을 능동적으로 추구한다는 것이다. 따라서 조직발전이란 인간의 성장을 통해서 이룩해야지 타율적인 통제를 통해서 이룩되어서는 안 된다는 것이다.

Ⅱ. 조직의 성격에 대한 가정

조직발전에서 생각하는 조직은 개방체제이다. 즉 조직은 동적인 환경 속에서 여기에 순응하면서 존재하는 유기체라는 것이다. 조직은 그 자체 생명성을 지닌 유기체라는 것이다.

그리고 조직은 인간의 집합체이지 부속품의 집합체는 아니라는 것이다.[4] 여기서 조직을 이해하기 위해서는 조직 내의 인간갈등, 소집단, 커뮤니케이션, 인간의 성장욕구 등에 관심을 기울일 필요가 있다. 뿐만 아니라 조직은 그 안에 존재하는 인간·규범·과정을 중심으로 이루어진 자기특유의 문화를 가지고 있다는 것이다.

조직 속에서 일어나는 모든 사건들은 우연한 사건이 아니라 복합적인 인과관계의 맥락 속에서 발생한다는 것이다.

제 3 절 조직발전의 과정

조직발전의 과정은 모형에 따라 여러 가지가 있지만, 일반적으로 다음과 같은 6단계의 과정으로 나누어진다.[5]

---

4) Richard Pattenaude and Roy Park, "Organization Development," in Thomas Vocino and Jack Rabin(eds.), *Contemporary Public Administration*, Harcourt Brace Jovanovich, 1981, p. 102.

5) 과정의 모델도 여러 개가 있어 3단계만 있는 단순한 것도 있고, 20단계가 있는 복잡한 모델도 있다.

(1) 제 1 단계—대상집단에의 개입(entry to organization)

이 단계에서 조직발전의 전문가(OD consultant)는 대상집단과 허심탄회한 의견을 교환함으로써 그 조직이 안고 있는 문제점이 무엇인가를 대충 파악해야 한다. 여기서 조직발전을 추진할 것인가의 여부를 명확히 결정해야 한다.

(2) 제 2 단계—대상집단과의 계약(contracting with the client)

조직발전을 추진하기로 결정하면 관계집단과 계약을 체결해야 한다. 계약의 내용에는 OD의 목적, 사용될 방법, 개입의 중심대상(focal areas), 관계자의 역할 및 추구하는 결과 등이 포함되고 있다.

(3) 제 3 단계—진단과 환류(diagnosis and feedback)

이 단계에서는 조직의 공식적 · 비공식적 측면에 관한 여러 가지 정보가 수집된다. 즉 조직은 어떻게 운영되고 있으며, 조직구성원은 어떤 사람들이며, 그들은 어떻게 생각하고 있으며, 어떤 분야가 개선되어야 할 것인가에 대한 자세한 정보가 수집되어야 한다. 이러한 정보를 수집하기 위해서 인터뷰 · 설문조사 · 관찰 · 접촉 등이 사용된다. 이렇게 해서 모여진 정보는 대상집단의 관리층에 회부된다. 즉 분석하기 전에 관계자료를 대상집단의 고위층에 보여 준다는 것이다. 진단에 있어서 가장 중요한 일이란 효과적인 정보수집이다.

(4) 제 4 단계—실천계획의 수립(strategy planning for action)

조직발전을 실천하는 동안 바람직한 결과를 얻기 위해서 무엇이 행해져야 할 것인가에 대해서 자세한 실천계획이 마련되어야 한다. 여기에는 다루어질 하위조직의 확정, 각 구체적인 목표마다 거기에 대응하는 실천행동, 요구되는 자원 등이 내포된다. 다시 말해서 구체적인 작업 스케줄이 확정된다.

(5) 제 5 단계—실천적 개입(intervention)

실천적 개입의 단계는 OD 전문가의 지도하에 구체적인 실천이 전개되는 단계이다. 이때 OD 전문가는 실천에 앞서 다음의 4가지 사항을 미리 확정시켜야 한다.

① 일련의 가치

② 인간 · 조직 및 인간관계에 대한 일련의 가정

	개인문제	집단문제
과업문제	(Ⅰ) 개인·과업영역	(Ⅱ) 집단·과업영역
과정문제	(Ⅲ) 개인·과정영역	(Ⅳ) 집단·과정영역

〈그림 4-1〉

③ 조직전문가·조직 및 조직구성원을 위한 일련의 목표

④ 이러한 가치·가정·목표들을 실천하는 일련의 수단[6)]

실천개입에는 여러 가지 종류와 기법이 있는데, 이것은 다음에 별도로 다루기로 하고 여기서는 개입의 영역분류만을 살펴보기로 한다. 우선 개인과 집단의 분류를 하나의 축으로 삼고, 과업(task)과 과정의 분류를 또 다른 하나의 축으로 삼아 모든 개입영역을 4가지의 범주(four categories)로 나눈다.[7)]

〈그림 4-1〉처럼 4개의 개입영역이 확정되는데, 각 영역마다 개입방법이나 기술이 다르다.

(6) 제 6 단계——환류와 평가(feedback and evaluation)

OD의 개입·실천활동에 대한 정보의 수집은 계속되고 현재 실시되고 있는 OD의 프로그램이 그가 노리고 있는 중심영역과 조직 전체에 어떠한 영향을 끼치고 있는가는 계속해서 점검되고 체크된다. 이때 얻어진 모든 정보들은 관계된 집단과 사람들에게 환류되어 그들의 OD에 대한 이해와 참여가 계속되도록 한다.

제 4 절 조직발전의 기법

조직발전에는 그 목적이나 노리는 중심영역(focal areas)에 따라 여러 가지 기법이 있다.

6) French and Bell, *op. cit.*, p. 99; Vocino and Rabin, *op. cit.*, p. 112.

7) French and Bell, *ibid.*, p. 106; Vocino and Rabin, *ibid.*, p. 112.

I. 감수성훈련(sensitivity training)

감수성훈련은 실험실훈련(laboratory training) 또는 T-그룹 훈련(T-group training)이라고도 한다. 어떻게 부르든 그 내용은 같다. 이 기법은 조직발전의 가장 핵심적인 기법이라고 할 수 있다. 이 훈련은 소집단을 통해서 이루어지는데, 이때 소집단은 8～15인으로 구성된다. 집단에 참여한 사람들이 전부터 잘 알고 있으면 친근자집단(family group)이 되고 잘 알지 못하였다면 생소자집단(a stranger T-group)이 된다.

감수성훈련에도 어디에 초점을 두느냐에 따라 여러 가지 종류가 있으나,[8] 이것의 공통적인 목표는 집단구성원의 행위가 다른 사람이나 집단에 어떻게 영향을 미치는가를 밝히는 데 있다. 감수성훈련도 초기의 1950년대나 1960년대에는 기술훈련(skill training)에 역점을 두었으나, 그 이후로는 인간간의 또는 인간내부의 훈련(interpersonal and intrapersonal training)에 초점을 두었다.

T-그룹의 훈련참여자들은 외부의 간섭이나 기존의 질서에서 벗어나 마음대로 자기의 의사를 표시하고 교환함으로써 성실하면서도 적극적이고 자기표현적 인간(expressive human being)이 되게 한다. 다른 사람과의 관계 속에서 있는 대로 자기를 표시함으로써 배우고 반성하게 하고, 무엇을 어떻게 배울 것인가를 익히게 된다.

(1) 감수성훈련의 의의

감수성 훈련은 인위적으로 조작된 장소에서 i) 피훈련자들이 비정형적인 상호작용을 통하여 자기 자신들을 인식하고 ii) 다른 피훈련자들의 입장이나 태도를 이해하고 iii) 집단행동과 그 과정을 통해서 자각과 감수성을 향상시키는 것이다. 그러나 피훈련자들의 이러한 인식과 자각 및 감수성의 소유만으로 조직발전이 일어나는 것은 아니다. 조직발전의 목표는 어디까지나 조직 전체의 성장과 발전이므로 피훈련자는 자기와 전체와의 역학관계가 체험적으로 통찰되고 체질화될 수 있도록 학습되어야 한다.[9]

(2) 감수성훈련의 단계

감수성훈련은 다음의 4단계를 거치면서 시행된다.

8) 예컨대 개인발전훈련·인간관계훈련·집단동태훈련 등이 있다. 吳錫泓, 組織理論, 博英社, 1990, 760면.
9) 尹在豐, 組織學原論, 博英社, 1985, 463면.

1) 피훈련자들이 공식적 논의사항이나 지도자 또는 상대방에 대한 제반사항을 알지 못하도록 한다.

2) 지도자가 알려지고 피훈련자들은 자유스럽게 자기감정을 나타낸다.

3) 새로운 형태의 상호작용을 실험하고 바람직한 인간관계를 발견하고 발전시킨다.

4) 훈련과정에서 경험하고 터득한 것들을 자기조직에 돌아와 적용하고 그 효과를 확인한다.[10)]

Ⅱ. 태도조사환류(survey research feedback)

여기서 이야기하는 태도조사환류는 조직의 모든 구성원의 태도와 감정·가치관을 철저히 조사하여 이것을 관계된 모든 사람들에게 환류시켜 그들의 태도변화를 유도하는 것이다. 이때의 태도조사는 일상생활에서 비쳐진 피상적인 태도조사가 아니라 조직의 밑바닥에 깔려 있는 거짓 없는 태도의 조사이다. 이러한 조사를 통해서 평상시에 나타나지 않는 참된 태도가 밝혀지게 된다.

OD의 기법으로 사용된 태도조사환류는 보통의 태도조사와 다음과 같은 점에서 다르다.

1) OD의 기법으로서의 태도조사는 반드시 조직구성원의 태도를 변화시키고, 조직을 개선시키는 일과 직결되어 있다. 그러나 보통의 태도조사는 조사 자체만으로 끝나는 경우도 많다. 따라서 OD의 태도조사환류는 반드시 실천의 전제로서 조사된 내용이 필히 관계자에게 환류됨으로써 실천에 옮겨져야 한다.

2) OD의 태도조사는 반드시 조직구성원 전체를 상대로 해서 하게 되어 있고, 그 조사된 내용도 모든 조직구성원에게 환류되어 여기서 자료를 해석하고 개혁방안을 논의한다. 그러나 보통의 태도조사는 하위층 사람들의 태도만을 조사하고, 이것의 환류는 고위층으로만 가며, 분석과 개혁방안도 고위층에 의해서만 논의된다.[11)]

Ⅲ. 관리망(management grid)

관리망은 Robert R. Blake와 Jane S. Mouton에 의해서 개발된 기법이다.[12)]

10) 朴璉鎬·吳世德, 現代組織管理論, 法文社, 1995, 375면

11) Vocino and Rabin, *op. cit.*, p. 106; 吳錫泓, 前揭書, 690~691면.

12) Robert Blake and Jane Mouton, *The Managerial Grid*, Gulf Publishing, 1964; *Building a*

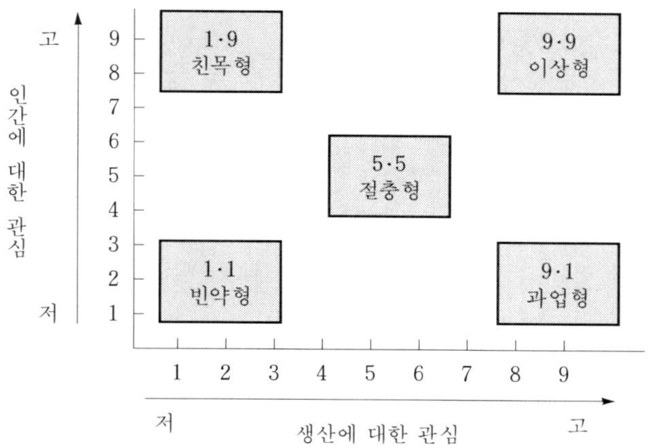

〈그림 4-2〉

이것은 개인에서 팀으로, 팀에서 조직단위간의 관계로, 조직단위간의 관계에서 조직전체의 쇄신과 개혁으로 유인되도록 장치된 종합적이고 포괄적인 기법이다.[13)]

이 기법은 인간에 대한 관심과 생산에 대한 관심의 이차원의 변수를 토대로 해서 다섯 가지 관리유형을 도출하고 있다. 다섯 가지 유형을 간단히 살펴보면 〈그림 4-2〉와 같다.[14)]

1) **빈약형**(1·1)　　인간에 대한 관심이나 생산에 대한 관심이 최저의 수준에 머물러 있다.

2) **친목형**(1·9)　　생산에 대한 관심은 최저상태이나 인간에 대한 관심은 최고상태이다. 인간의 욕구를 최대한으로 충족시켜 주어 따뜻한 조직분위기를 형성시킨다.

3) **과업형**(9·1)　　인간에 대한 생각은 최소한으로 하고 생산에 대해서만 최대한으로 생각한다.

4) **절충형**(5·5)　　인간의 욕구충족과 조직의 목표달성을 중간수준에서 조화시킨다.

5) **이상형**(9·9)　　인간의 욕구충족과 조직의 목표달성이 최대한으로 이루어지는 상태이다. 조직구성원들이 상호신뢰하고 존경하면서 조직의 목표성취에 최선을 다한다.

Dynamic Corporation through Organization Development, Addison-Wesley, 1959.

13) 尹在豊, 組織學原論, 博英社, 1985, 468면.

14) 吳錫泓, 前揭書, 578~579면 참조.

관리망기법에서 추구하는 조직발전은 인간의 욕구와 조직의 욕구가 최대한으로 충족되는 이상형이다.

관리망기법에 의한 조직발전은 계획적이고 체계적인 여섯 단계의 활동을 거쳐 진행된다. 그 중 두 단계는 관리자발전을 위한 프로그램이고, 나머지 네 단계는 조직의 발전을 위한 프로그램이다. 여섯 단계를 간단히 소개하면 다음과 같다.[15)]

제 1 단계는 실험실 세미나 훈련(laboratory semeinar training) 단계로서 참여자들에게 관리망에서 사용되는 전반적인 개념과 내용을 소개한다. 여기서는 관리망의 이상형(9·9)에 대한 학습이 중요시된다.

제 2 단계는 팀발전(team development)의 단계로서 동일부서의 성원들이 이상형에 어떻게 도달할 것인가에 대해서 계획한다. 제 1 단계에서 학습한 것을 실제의 조직상황에 적용한다.

제 3 단계는 집단간의 개선 및 발전(intergroup development) 단계로서 이상형(9·9)의 기본척도에 초점을 맞추고 집단간의 개선 및 발전이 논의된다. 제 1·제 2 단계가 관리자발전에 주안점을 두었다면, 제 3 단계는 조직전반적인 발전의 단계라고 할 수 있다. 이 단계에서 집단간의 갈등이 분석되고 확인된다. 조직단위간의 상호조정이 제고된다.

제 4 단계는 조직목표의 설정(organizational goal setting) 단계로서 여기서는 참여자들이 조직이 성취하고자 하는 목표를 설정하고, 이것을 성취하기 위해서 정신적 자세를 가다듬는다.

제 5 단계는 목표성취(goal attainment) 단계로서 4단계에서 설정한 목표를 달성하는 데 최선을 다하고 조직상의 주요한 문제들을 토의한다.

제 6 단계는 안정화(stabilization) 단계로서 프로그램을 계속적으로 평가하며 종국적인 상태를 안정화시킨다.

제 5 절 조직발전의 문제점

(1) 조직발전은 필요한 개념이라기보다는 하나의 사치적 개념이라는 것이다. 이것은 이론으로서의 독자성이나 관리기법으로서의 특유성이 미약하다는 것이다. 조직발전에서 주장하는 내용들이란 이미 다른 이론에서 주장한 것들을 한데 모아 놓은 것에 불과하다는 것이다. 즉 조직발전에서 주장하고 있는 것이란 따지고 보

15) 尹在豊, 前揭書, 469～470면.

면 하나도 새로운 것이 없다는 것이다.

(2) 조직발전에 있어서 지나치게 인간적인 요소들에 관심을 집중시킴으로써 조직의 구조적인 측면들을 등한시하고 있다. 그리고 여기에서 생각하는 인간은 전적으로 자율적이고 자아실현적 인간이기 때문에 인간의 피동성이나 타율성을 설명하지 못하고 있다.

(3) 돈・시간・노력이 너무 많이 소요되는 관리기법이라는 것이다. 소요되는 경비만큼 실효를 거둘 수 있는지 의심스럽다는 것이다.

(4) 조직발전은 일반적으로 외부전문가(external consultant)에 의해서 추진되는데, 여기에 문제점이 많다는 것이다. 즉 외부전문가에 대한 의존성의 상습화, 외부전문가의 주관적 가치의 독선가능성, 기법의 획일적 사용가능성 등이다.

(5) 조직발전은 위에서 지적한 대로 여러 가지 문제점이 있으나 인간중심적 조직개선, 조직의 인간화와 민주화, 생명을 가진 유기체로서의 조직, 조직의 개방성, 조직문화의 변화지향성, 조직의 목표와 인간의 목표의 조화 등을 강조한다는 점에서 많은 조직론자들에 의해서 높이 평가되고 있다.

제 5 장 조직학습

제 1 절 개 념

조직학습(organizational learning)이란 조직이 하나의 유기체로서 변화하고 있는 환경 속에서 생존하고 발전하기 위해서 지속적으로 익히고 배우고 탐색하고 교정해 가는 과정이라고 할 수 있다. 한마디로 조직학습은 조직과 환경간의 적합성(fit)을 찾는 것이라고 할 수 있다. 여기서 개인적 차원에서 일어나는 개인학습과 다르다. 따라서 조직학습은 전체 조직구성원 학습의 총집합과 다르다. 조직학습은 집단적 행위로서 그 행위의 주체는 어디까지나 조직이지 개인은 아니다. 물론 조직학습은 조직 내의 개인, 팀, 단위부서를 시발점으로 해서 일어날 수 있다. 여기서 일어나는 학습들이 조직 전체에 확산되고 공유됨으로써 조직학습으로까지 발전하는 것이다. 그러나 일단 조직 전체로 확산되고 공유되면 여기서부터는 조직이 개인이나 '팀'의 수준에서 벗어나 독립적인 학습행위의 주체가 된다. 여기서 개인이나 팀 또는 단위부서는 조직학습행위의 주체가 될 수 없다.

조직학습은 조직이 내외적 변화와 자극에 대해서 목적적이고 상호작용적이고 지속적인 자세에서 관찰하고 평가하고 대처함으로써 새로운 지식, 신념, 가치, 능력을 창출하고 활용하는 과정이라고 할 수 있다. 여기서 조직학습의 목적은 생존, 발전, 확장이라고 할 수 있다.[1] 조직이 생존하고 발전하고 확장하기 위해서는 항시 탐색적인 자세에서 자신의 오류를 발견해서 그것을 교정해 나가는 과정을 밟지 않을 수 없다.

조직학습은 총체적이고 지속적이라는 점에서 계획된 변화를 추구하는 조직발전과 다르다. 조직발전이 종국상태(end state)를 목표로 생각할 때에 조직학습은 종국상태를 하나의 과정으로 생각한다. 여기서 조직학습은 변화의 지속적인 과정을 의미한다. 계획된 변화가 A→B일 때에 조직학습은 A→B→C→D→의

1) 朴雨淳, 現代組織論, 法文社, 1996, 637면.

지속적인 과정의 상태로 나타난다.[2)]

조직학습과 유사한 개념으로 학습조직(learning organization)이라는 것이 있다. 학습조직은 조직학습보다 광범위한 개념이다. 다시 말해서 조직학습은 학습조직에 내포되어 있다. 학습조직에는 개인학습, '팀'학습, 조직학습이 포함되어 있다.[3)]

제 2 절 조직학습의 과정

우선 조직학습의 과정을 보기 전에 조직학습의 내용을 잠깐 살펴보면 조직학습은 인지적 학습(cognitive learning)과 행동적 학습(behavioral learning)을 다 포함하고 있다. 그런데 이 둘은 상호독립적이 아니라 인지적 학습이 먼저 오고 그 다음에 행동적 학습이 오는 것이 일반적인 현상이다.

조직학습의 과정을 살펴보면 다음과 같다.

Ⅰ. 환경인식과 지각필터

조직은 환경을 지속적으로 관찰하고 정보를 수집한다. 그런데 정보를 무질서하게 수집하는 것이 아니라 조직 안에 있는 지각필터(perceptual filters)를 통해서 선택적으로 받아들인다. 그런데 지각필터는 경계연결자의 특성뿐만 아니라 조직의 규범과 문화, 기존의 지식체계, 조직의 여유자원 등의 복합적인 요인들에 의해서 영향을 받는다.[4)] 따라서 조직은 지나치게 편향된 지각필터를 갖지 않도록 주의해야 한다.

Ⅱ. 해석과정

선택적으로 수집된 정보는 조직구성원들의 집합적인 해석과정(collective interpretation)을 거쳐서 의미 있는(meaningful) 정보로 전환된다. 그런데 해석과정에서 준거기준의 역할을 하는 것이 성과프로그램이다. 성과프로그램이나 성과지

2) 上揭書, 666면

3) 박광량, "조직학습, 학습조직, 그리고 학습인," 삼성경제연구소 편, 학습조직의 이론과 실제, 1996, 80~82면.

4) 권석균, "조직학습의 이론과 논쟁," 삼성경제연구소 편, 학습조직의 이론과 실제, 1996, 48면.

표가 얼마나 다양하냐에 따라 새로운 지식창조의 내용이 결정되게 된다.[5] 기업의 능률성만을 성과지표로 삼는 기업은 사회적 정당성까지 성과지표로 삼는 기업보다 조직학습에서 뒤떨어질 수 있다.

Ⅲ. 보존과 폐기학습

새롭게 창조된 지식과 신념체계가 기존의 그것들과 통합되고 보존되어야 한다. 새롭게 창조된 지식과 신념체계가 조직 안에서 어떻게 보존되는가에 따라 조직학습이 성공되기도 하고 실패하기도 한다. 그런데 여기서 문제가 되는 것은 새로운 지식과 기존의 지식간에 충돌이 생기는 경우이다. 이때 기존의 지식을 과감하게 떨쳐버리는 행동이 요구되는데 이것을 폐기학습(unlearning)이라고 한다.

Ⅳ. 인출행위

여기서의 인출행위란 조직의 기억체계(organizational memory system)에서 의사결정에 필요한 정보와 지식을 빼어 내는 것이다.

Ⅴ. 조직행동의 선택

조직은 필요한 환경대응운동을 선택해서 반복적으로 수행함으로써 창조적인 지식과 신념체계를 축적하고 내면화시킨다. 이때 조직은 자신의 행동을 방어적으로 조절하고 수용하는 수동적 적응뿐만 아니라, 적극적이고 공격적인 자세에서 새로운 조직환경을 창출하고 관리하여 조직과 환경 사이의 적합성을 증대하는 역할까지 한다.[6]

제 3 절 조직학습의 유형

조직학습은 학습의 수준에 따라 다음과 같이 세 가지로 나눌 수 있다.

---

5) 上揭論文, 48~49면.
6) 上揭論文, 51면.

Ⅰ. 단순순환학습(single-loop learning)

단순순환학습은 조직이 내외환경의 변화에 적응할 때에 기존의 지식체계하에서 오류를 발견하고 행동의 변화에 연결시키면서 수정해 가는 학습을 이야기한다. 단순순환학습은 조직행동의 지속적이고 점진적인 개선에 관심을 기울인다. 여기서 중요한 것은 기존의 조직전략의 유효성을 어떻게 하면 증대시킬 것인가이다. 따라서 '왜'(why)보다 '어떻게'(how)에 더 관심을 둔다. 이 수준의 학습에서는 조직의 전략, 문화, 체제 등의 차원에서는 변화가 일어나지 않는다. 그러나 규칙의 변화 같은 것은 일어날 수 있다.[7] 단순순환학습의 예로서 품질, 서비스 및 고객관계의 개선 같은 것을 들 수 있다.

Ⅱ. 이중순환학습(double-loop learning)

이중순환학습은 학습과정에서 오류의 발견과 수정이 기존의 지식체계와 가치체계만으로는 가능하지 않을 때에 나타나게 된다. 따라서 조직의 전략적 신념체계의 변화는 말할 것도 없고 조직규범과 기본가정까지 변화와 재구성을 요구한다. 여기서의 학습은 어떻게의 방법(how)보다 왜의 이유(why)에 더욱 관심을 기울인다. 이중순환학습은 높은 수준의 통찰력을 요구하고, 학습의 결과가 광범위하게 확산되며, 학습과정도 길어지는 것이 특징이다.

이중순환학습의 필요성은 일반적으로 환경의 변화로부터 초래한다. 기존의 가치체계 내에서 규칙의 수정만으로는 환경에의 적응이 불가능할 때에 이중순환학습이 요구된다. 예컨대 기업의 영업실적이 계속 하락한다거나 정부행위에 대해서 시민들의 불만이 끊임없이 계속될 경우이다. 그러나 이중순환학습은 원리의 포기를 내포하지 않는다. 현재의 원리를 유지한 채 수정과 변화를 추구하기 때문에 경신(renewal)이라고 한다.[8]

Ⅲ. 삼중순환학습(tripple-loop learning)

삼중순환학습은 기본적인 원리에 의문이 제기될 때에 시작된다. 다시 말해서 이중순환학습으로 문제가 해결되지 않을 때에 삼중순환학습이 요구된다. 아무리

7) 박우순, 前揭書, 646면.
8) 박우순, 前揭書, 646~647면.

조직을 개편하고 기존의 가치체계를 바꾸어도 문제가 풀리지 않을 때에 삼중순환학습은 나타나게 된다. 예컨대 조직의 기본목적과 정체성(identity)이 변하고 핵심적인 인물이 조직을 떠날 때에 삼중순환학습은 필요하게 된다. 삼중순환학습은 조직의 새로운 원리를 탐색하는 것이기 때문에 혁명적 발전이라고 할 수 있다.[9)]

제 4 절 조직학습의 활성화방안

조직이 성공적으로 성장 발전하기 위해서는 지속적으로 그 학습이 활성화되어야 한다. 활성화방안을 검토해 보면 다음과 같다.

Ⅰ. 지속적인 학습기회의 창출

조직은 개인 또는 집단의 학습기회를 창출하고 조직 전체적인 면에서 학습이 지속적으로 일어나도록 제도적 장치를 마련해야 한다. 조직은 비공식적 학습, 조직학습 자체에 대한 학습(learning to learn), 적시학습을 통하여 지속적인 학습을 촉진할 수 있다. 이 중에서도 중요한 것이 조직학습 자체에 대한 학습인데 이것은 조직의 학습이 제대로 이루어지고 있는가를 점검하고 성찰하는 것이다. 그리고 지속적인 학습을 촉진하기 위해서는 업무의 다양성 · 확장성 · 독립성을 권장하고, 작업팀에게 기술을 개발할 수 있는 책임을 부여하고, 환류를 활성화시키기 위해서 정보체계를 강화하며, 직원들과 고객 그리고 공급자간의 상호접촉을 촉진하는 것이다.[10)] 이 이외도 적극적인 참여의식과 벤치마킹의 생활화는 학습기회를 창출하는 데 중요한 계기가 된다.[11)]

Ⅱ. 학습을 공유할 수 있는 체제의 모색

조직학습의 성공여부는 지식이 어느 정도로 조직구성원에게 공유되어 있는가에 달려 있다고 할 수 있다. 이때 서로 다른 지식과 통찰력, 그리고 신념 등이 개방적으로 교류되어 상호학습(mutual learning)이 일어나야 한다. 이때 풍부한

9) 上揭書, 647면.
10) 上揭書, 651～652면.
11) 권석균, 前揭論文, 62～63면.

매체를 통해서 다양한 시각, 해석, 의견, 지각, 평가 등이 제시됨으로써 공유과정이 활성화되고 생활화되어야 한다.

Ⅲ. 학습담당자로서의 인식

조직구성원 특히 전략적 의사결정을 할 수 있는 위치에 있는 사람들은 스스로를 학습담당자(learning agent)로 인식해야 한다는 것이다. 조직구성원들이 스스로를 학습대리인 또는 학습담당자로 생각할 때에 변화하는 환경들에 능동적으로 대처하고 그 변화를 흡수함으로써 조직학습은 지속적으로 활기를 띠게 된다. 이러한 역할인식은 조직학습의 활성화에 필수적이다.

Ⅳ. 폐기학습(unlearning)

조직행동의 반복적 성공은 기존의 일반화된 지식을 지나치게 정당화하는 경향이 있어 새로운 지식의 창출을 억제하는 결과를 낳을 수 있다.[12] D. H. Levinthal은 정례화된 경험학습에 지나치게 의존하면 변화저항성과 관성이 증대된다고 지적하고 있다. 여기서 조직은 지나치게 정당화된 일반화지식을 과감하게 폐기하는 학습이 필요하게 된다.[13] 조직은 폐기학습을 통해서 새로운 지식과 행동을 탐색해 나가야 한다.

Ⅴ. 느슨한 조직구조

조직구조가 지나치게 경직적이고 집권화되어 있으면 조직학습이 원활하게 일어나기가 어렵다. 조직학습은 의사소통과 대화가 활발하게 일어나고 구성원들의 탐구심이 충족되어야 활발하게 일어난다. 그리고 전문성과 창조적 아이디어를 가진 사람들이 결정의 이니셔티브를 가져야 한다. 이러한 요구들을 만족시키려면 조직구조는 평면성과 완만성을 지녀야 한다.

12) 권석균, 前揭論文, 62면.
13) D. A. Levinthal, "Organizational Adaptation and Environmental Selection—Interrelated Process of Change," *Organization Science*, Vol. 2, 1991, pp. 140~145.

제 6 장 총체적 품질관리(Total Quality Management)

제 1 절 TQM의 발달과정

총체적 품질관리를 흔히 TQM이라고 한다. 최근 공공부문의 생산성 제고와 책임행정의 구현을 위해 TQM에 대한 논의가 활발히 이루어지고 있다. TQM은 일본에서 그 성과가 이미 입증된 바 있으며, 1980년대 들어 미국 연방정부는 물론 지방정부에서 TQM의 적용과 그 성공사례들이 속속 보고되고 있는 가운데 새로운 관리기법이자 관리철학이 되고 있다. 미국 연방정부는 1988년에 이미 연방정부 생산성 향상을 위해 연방정부서비스 품질대상 프로그램을 개발하였으며, 이 프로그램에 따라 '대통령품질상'(Presidential Quality Award)과 '품질개선모범상'(Quality Improvement Prototype Award)이 제정되었다. 이상은 국민이 낸 세금을 가장 효과적으로 사용하여 고품질의 서비스를 제공한 부처나 이로 인해 다른 부처에게 좋은 모범을 보인 부처에게 1989년부터 매년 수여되고 있다. TQM을 도입한 가장 대표적인 미국 연방부처는 국방성인데 무기체계의 수립 및 장비 개발 및 제작에 이르기까지 TQM의 원칙과 가치를 반영시키고 있다. 이외에 미국의 국세청(IRS)이나 환경보호청(EPA) 등에서도 1980년대 TQM을 도입하여 성공한 부처로 회자되고 있다. 아울러 노스캐롤라이나 주정부나 팜비치 군정부 등을 필두로 많은 미국 지방정부에서도 TQM이 적용되어 실제 효과를 내고 있다.[1)]

---

1) James Rhodes, "North Carolina Quality Leadership," and Jan Winter, "Palm Beach County's Approach to Cutbacks and Increased Productivity," in *Proceedings of 1st International Symposium on Productivity and Quality Improvement with a Focus on Government*, Washington, D.C., Feb. 10~12, 1992.

제 2 절 TQM의 핵심개념

TQM은 기본적으로 소비자가 만족할 수 있는 품질의 제품이나 서비스를 가장 경제적인 수준에서 생산할 수 있도록 조직 내 각 집단으로 하여금 품질개발, 품질유지, 품질개선 등 투입과 과정적 측면에 집약적으로 투자하는 체계라고 할 수 있다.[2)] 이에 따라 TQM의 핵심개념들을 각각 살펴보면 다음의 6가지로 요약된다.

Ⅰ. 소비자의 수요를 중시

제품과 서비스의 내용 및 공급수준의 결정은 조직 내 전문가의 전략적 선택에 따르기보다는 소비자의 욕구와 수요에 의하여 이루어진다. 재화와 서비스 품질의 최종적인 판단자는 소비자이기 때문에 조직의 목표는 소비자의 만족에 둔다.

Ⅱ. 사전적 품질관리 체계

제품과 서비스가 이미 제공된 후에 품질이 평가되기보다는 제품과 서비스가 제공되기 전에 미리 모든 사항들을 검토하여 품질을 관리할 수 있는 체계를 강조한다.

Ⅲ. 통계적 품질관리 체계

환경의 불확실성과 위험을 회피하거나 상징화하기보다는 선택에 있어서 과학적 절차와 통계적 증거를 중시한다.

Ⅳ. 장기적 관점

회계연도에 기초하여 제품의 생산과 서비스 공급의 계획이 이루어지는 것이 아니라 지속적 개선의 결과 또는 성과에 기초하여 장기적이고 유연한 계획을 강조한다.

---

2) Steve Cohen and Ronald Brand, *Total Quality Management in Government*, Jossey-Bass, 1993, pp. 18～40.

Ⅴ. 팀워크 중심의 조직관리

기능조직의 분산된 업무처리가 중시되는 전통적 관리와는 반대로 복합적인 기능을 가진 팀에 의해 목표가 설계되고 운영되는 참여적 관리방식이 중시된다. 따라서 계층적 명령이 정당화되기보다는 전문적 그리고 수평적 권위의 행사가 강조된다.

제 3 절 TQM의 원칙

현재까지 공공부문에서의 TQM은 주로 조직의 운영 절차에 국한되어 적용되어 왔다. 절차의 간소화나 운영규칙의 재설계 등은 TQM의 단편적인 부분만을 도입한 경우이다. 따라서 정책의 결정과 집행에 관련된 종합적인 도구로서의 TQM의 활용방안은 TQM의 기본 원칙에 근거하여 연구되어야 한다. TQM은 생산성 제고와 국민에 대한 대응적 책임성을 확보하기 위한 체계적이고 종합적인 접근방법으로서, 조직의 모든 참여자들이 장기간 동안 계속적인 개선의 노력을 통해 품질을 향상시키겠다는 전략적인 관리방식이라고 할 수 있다. 따라서 단기적인 인센티브제도를 통하여 성과의 향상을 기대하는 것이나 고객불만추적제도의 도입 등은 TQM이 추구하는 목적과 원칙에 상반된다. TQM의 네 가지 원칙을 제시하면 다음과 같다.

Ⅰ. 소비자 중심의 품질원칙

품질은 생산자보다는 소비자에 의해 정의되고 개선을 위해 측정 가능한 것이어야 한다. 공공부문 제품과 서비스의 소비자는 중첩되며 다원화되어 있다. 따라서 각각의 소비자들이 가지고 있는 품질의 정의와 가치는 서로 조정되고 타협되어야 한다. 품질은 고객만족이나 기쁨 또는 저품질의 사회적 비용 등으로 이해되고 측정된다.

Ⅱ. 명확하고 공유되는 목표원칙

목표가 명확하고 조직성원간에 공유되고 있는지의 여부는 조직과 서비스 개선의 중요한 전제조건이 된다. 조직구성원들간에 공유되는 목표는 그만큼 강력하며 조직의 발전을 위해 강력한 원천이 된다.

Ⅲ. 결과보다는 투입과 과정의 지속적인 개선원칙

소비자의 요구에 대응하기 위하여 설정된 품질 개념은 계속적으로 변화한다. 소비자의 기대수준(aspirational level)이 높아지면 그에 따라 품질 수준에 대한 기대수준도 높아져야 한다. 소비자간의 타협과 조정으로 품질 개념이 변화되면 그에 따라 생산자는 제품과 서비스의 기획, 생산, 판매방법을 달리해야 한다. 항상 새로운 개선의 방법이 연구되어야 한다. 제품과 서비스를 시장에 내놓고 평가를 기다리는 체제보다는 시장에 제품과 서비스가 나가기 전에 미리 예방적 조치들이 모두 이루어져야 한다. 투입과 과정이 중시되는 조직은 조직 내적·외적 요구와 환경변화에 민감하게 된다. 따라서 변화를 위한 새로운 학습 체계를 TQM은 요구한다. 민간부문에서는 이미 동시적 공학(concurrent engineering), 품질기능전개(quality function deployment), 횡단면적 설계팀(cross-functional teams), 매트릭스 구조(matrix structure) 등의 변화 학습 체계가 도입되어 성공을 본 바 있다.

Ⅳ. 참여적 관리원칙

제품과 서비스의 품질 개선은 지속적이고 장기적인 작업으로 가능하기 때문에 관리자와 부하는 상호긴밀한 관계를 가지고 협조하여야 한다. 부하의 성과는 단기적으로 평가되지 않으며, 평가의 기준도 품질에 대한 소비자의 욕구의 변화에 따라 바뀐다. TQM은 기능적 조직에서는 적합지 않으며, 팀형 조직, 매트릭스 조직 등 민주화된 형태의 조직 구조와 부합된다.

제 4 절 공공부문에서 TQM 적용의 한계

TQM이 공공부문에 도입됨으로써 공공서비스의 질과 대국민 책임성이 제고될 수 있는 기회를 가진다는 점에서 큰 의의를 가진다. 아울러 인본주의에 입각한 조직관리방식이 강조됨으로써 조직성원의 발전과 성장을 조장한다는 점에서

TQM은 큰 역할을 한다. 하지만 다음과 같은 몇 가지 때문에 TQM이 공공부문에 도입되는 데 걸림돌이 되고 있다.

Ⅰ. 공공부문의 불명확한 목표

공공부문의 사회적 역할은 다양하다. Rainey 등[3)]을 따르면 공공조직은 본질적으로 목표와 역할이 애매모호하고 불분명하기 때문에 각종 규칙을 생산한다고 한다. 인위적으로 만들어진 규칙과 레드테입은 조직성원의 역할과 기능을 속박하게 되고, 이들이 변화하는 환경에 탄력적으로 대응하는 데 걸림돌이 된다. TQM은 경직적이고 애매모호한 역할구조, 책임구조하에서는 잘 자라지 못한다. 목표가 명확하지 못하기 때문에 목표가 제대로 달성되었는지 측정하기도 어렵다. 소비자가 평가한다고 해도 공공부문이 생산하는 서비스의 질을 소비자들이 총체적으로 계산하여 설명하기란 어렵기 때문에 TQM의 성과를 평가하기가 쉽지 않다.

Ⅱ. 소비자의 중첩성, 갈등성

공공부문의 소비자는 중첩되어 존재하며 각각의 소비자들은 서로 갈등적 위치에 있는 경우가 많다. 따라서 공공서비스의 품질 정의와 수준의 결정이 어렵게 되면 TQM은 그 시행단계에서 실패하게 된다. 바로 이러한 점 때문에 소비자의 수요를 파악하고 분석하는 작업이 어느 것보다 중요하게 되는 것이다.

Ⅲ. 공공조직의 관료적 문화

공공조직은 본질적으로 관료들의 지식에 의한 지배가 정당하게 용인되는 곳이다. 외부적 충격과 압박보다도 바로 직속 상관의 지시나 명령이 더욱 정당화되는 곳도 공공조직이다. 사회적으로 정당한 행동이나 선택이라 할지라도 조직적으로 정당하지 못한 선택은 환영받지 못한다. 따라서 소비자의 수요에 민감한 반응이 요구되는 TQM이 관료적 공공조직 문화에서 잘 자라기는 어렵다.

---

3) Hal G. Rainey, "On the Uniqueness of Public Bureaucracies," in Larry B. Hill(ed.), *The State of Public Bureaucracy*, Armonk, N.Y.: M.E. Sharpe, 1992, pp. 111～140; Hal G. Rainey *et al.*, "Research Note: Public and Private Managers' Perceptions of Red Tape," *Public Administration Review*, Vol. 55, No. 6, 1995, pp. 568～569.

제 7 장 책임운영기관제도

제 1 절 개 념

책임운영기관제도는 영국, 캐나다, 호주, 뉴질랜드 등 영연방 국가에서 채택 발달한 제도로서 우리 나라도 1999년부터 이 제도를 도입 및 채택하고 있다. 각 나라마다 그 명칭과 내용이 다르지만[1] 그 핵심적 내용은 조직의 기본방향을 다루는 정책분야와 사업적인 서비스 전달을 담당하는 관리 및 집행 분야를 이원화시켜 사업적인 서비스전달을 담당하는 관리 및 집행 분야를 정책분야로부터 분리시켜 독자적으로 운영할 수 있는 재량권을 줌으로써 고객만족의 서비스를 제공하자는 것이다. 다시 말해서 사업적인 서비스 전달을 주로 담당하는 집행기관으로 하여금 자율적으로 경영하되 그 성과에 대한 책임을 동시에 지라는 것이다. 여기서 책임운영기관제도의 핵심적 내용은 자율성과 책임성이라고 할 수 있다. 자율성은 주로 인사와 재정운영상의 자율성을 말하고 책임성은 성과달성에 대한 책임성을 이야기한다.

제 2 절 책임운영기관의 공식적 구성요소

Ⅰ. 기관헌장

기관헌장은 기본문서라고 하는데 이것은 중앙관리기관, 주무부처 및 책임운영기관의 협의하에서 만들어진 기본골격을 담은 문서라고 할 수 있다. 기관헌장이 담고 있는 주요내용을 보면 다음과 같다.[2]

1) 여기에 대해서는 김근세, 책임운영기관 제도에 관한 비교분석, 집문당, 2000, 47~61면 참조.
2) 上揭書, 80면.

첫째, 기관의 필수이행사항, 기본의무, 전략적 목표, 운영원칙
둘째, 기관이 수행해야 할 서비스와 그 고객
셋째, 책임성과 성과를 점검하는 방식, 보고대상, 성과의 측정방식
넷째, 조직적 틀
다섯째, 재정이나 인력자원 및 관리 분야에서 가질 수 있는 자율권

Ⅱ. 사업계획서

사업계획서는 주무부처와 책임운영기관 관리자간의 합의의 산물로서 그 주기는 3∼5년이다. 사업계획서의 기본 핵심은 장기적인 전략적 방향과 매년 수행해야 할 세부사업이다. 여기서 담고 있는 주요 내용은 첫째, 관리의 개선의지, 둘째, 연도의 운영목표 및 재정목표, 셋째, 자원, 권한 등에 있어서 주무부처에 요구할 수 있는 사항, 넷째, 목표를 달성하겠다는 성과계약 등이다.

Ⅲ. 성과계약보고서

성과계약보고서는 책임이행의 정도 즉 사업계획의 성취도를 보고하는 문서이다. 성과의 틀에는 세 가지 유형이 내포되는데 첫째가 운영성과, 둘째가 서비스성과, 셋째가 비용성과이다. 성과를 측정한다는 것은 대단히 어려운 일이다. 양적으로만 측정한다 하더라도 어려운데 질적 측정까지 하려면 그 작업은 고도의 전문적 기술을 요구한다.

제 3 절 한국의 책임운영기관제도

위에서 이야기한 대로 한국은 1999년부터 책임운영기관제도를 채택하고 17개 부처의 28개 기관을 책임운영기관 후보로 선정한 바 있다.[3)]

3) 공무원 교육훈련기관, 국군홍보관리소, 조달청, 중앙보급창, 통계청, 국립과학관, 기상청, 특허청, 우정사업, 전파관리소, 지방국토관리청, 지방해양수산청, 국립수산진흥원, 정비창, 국립수의과학검역원, 국립식물검역소, 임업연구원, 국제교육진흥원, 국립중앙도서관, 국립중앙극장, 한국예술종합학교, 국립국어연구원, 국립결핵병원, 국립정신병원, 국립의료원이 후보로 지정된 바 있다.

Ⅰ. 책임운영기관의 대상업무

책임운영기관 법률 4조에 의하면 행정자치부장관은 기획예산처 및 해당 주무부처장관과 협의하여 대통령령으로 다음의 사무를 관장하는 기관을 책임운영기관으로 설치할 수 있다.

(1) 사업적 · 집행적 성질의 행정서비스

(2) 성과측정이 가능한 사무

(3) 자체적으로 재정수입을 확보할 수 있는 사무

Ⅱ. 책임운영기관의 운영상의 기본내용

(1) 책임운영기관의 장은 공개모집절차에 의해서 행정이나 경영에 전문적 지식을 가진 자 중에서 3년 이내의 기간을 정하여 계약직 공무원으로 채용한다.

(2) 중앙행정기관의 장은 책임운영기관의 재정의 경제성 제고, 서비스 수준의 향상, 경영합리화 등에 관하여 사업목표를 기관장에게 부여하고, 책임운영기관장은 사업목표를 달성하기 위하여 사업운영계획을 수립하여 중앙행정기관의 장의 승인을 얻어야 한다.

(3) 책임운영기관의 사업성과의 평가 등 주요업무를 심의하기 위하여 중앙행정기관의 장 소속하에 운영심의회를 둔다. 동 운영심의회의 평가결과에 대한 객관성과 공정성을 확보하기 위해서 행정자치부장관 소속하에 책임운영기관 평가위원회를 둔다.

(4) 책임운영기관의 자율적 인력관리를 확보하기 위해서 책임운영기관의 장은 소속 공무원에 대한 임용권을 가지며, 성과평가의 결과에 따라 조직단위별로 또는 개인별로 상여금을 차등지급할 수 있다.

(5) 책임운영기관의 예산편성 및 집행상의 자율권을 확보하기 위해서 특별회계를 두며, 예산의 이용 · 전용 · 이월 등을 허용한다.[4)]

Ⅲ. 우리 나라 책임운영기관제도의 특징

(1) 중앙행정기관의 집권적 의지로 설치

책임운영기관의 설치가 책임운영기관과 주무 부처와의 분권적이며 자발적인

4) 김근세, 前揭書, 220~221면.

의사보다는 행정자치부나 기획예산처 등 중앙행정기관의 집권적 의지로 이루어지고 있다는 것이다.

(2) 사업성을 띤 소속기관에 한정

지정된 책임운영기관이 대개가 본부의 기관보다는 소속휘하의 사업성을 띤 기관에 한정되고 있다는 것이다.

(3) 책임행정기관의 자율성 희박

중앙행정기관, 주무부처 및 책임행정기관간의 관계가 대등한 관계라기보다는 지휘감독적인 계서적 성격이 강하여 책임행정기관의 인사, 예산, 조직 등에 있어서 자율성이 유명무실하다는 것이다. 거의 모든 문제에 걸쳐 책임운영기관의 장은 중앙행정기관이나 주무부처와 사전에 협의하거나 승인을 받아야 한다.

제 8 장 조직문화

제 1 절 개 념

조직문화란 조직구성원들에 공유된 신념, 가치관, 관행, 생활양식 등의 총체적 집합이라고 할 수 있다. 다시 말해서 조직의 밑바닥에 흐르고 있는 정신적 바탕이라고 할 수 있다. 조직구성원들은 당연한 자세로 조직문화를 받아들이고 자기들의 행동지침으로 삼는다. 따라서 어느 조직이나 조직 특유의 조직문화를 가지고 있다.

앞에서 살펴본 행정문화가 특정국가의 행정전반에 흐르는 거시적 개념이라고 할 수 있다면 조직문화는 행정 안에 있는 조직부서의 미시적 개념이라고 할 수 있다. 따라서 행정문화가 사회문화의 하위적 개념이라고 할 수 있다면 조직문화는 행정문화의 하위적 개념이라고 할 수 있다. 그리고 조직문화도 그 규모와 적용범위에 있어서 분할성을 지니고 있다. 예컨대 재정경제원이라는 부서조직에 공유된 조직문화가 있다면 그 범위 안에서 국별로의 특유의 문화가 얼마든지 존재할 수 있다는 것이다.

그런데 여기서 주의할 것은 조직문화가 공적 조직인 행정에서보다 사적 조직인 경영분야에서 더 발달하였다. 따라서 조직문화 하면 기업의 문화를 이야기하기 쉽다는 것이다. 이러한 이유로 경영학에서 조직문화 하면 사회문화의 하위개념이지 행정문화의 하위개념은 아니다. 경영학에서 조직문화는 사회 전체에 흐르는 거시적 문화를 미시적인 조직수준에 적용하는 개념이라고 한다.[1)]

E. H. Schein은 조직문화는 두 가지 과정을 거치면서 발견되고 공유되는 것인데 하나는 외적 환경에의 적응과정이요 두 번째는 내적 통합과정이라는 것이다. 이러한 과정 속에서 발견되고 학습되고 내면화된 관행과 생활양식들은 조직 전체에 공유됨으로써 구성원 누구나가 의심 없이 받아들이고 또 새로 들어 온 사

1) 金仁秀, 巨視組織理論, 貿易經營社, 1996, 580면.

람들은 여기에 순응해서 행동하려는 것이 바로 조직문화의 형성과정이라고 한다.[2)]

이러한 조직문화를 구성하는 요인들로서는 의식(rituals or ceremonies), 상징(symbols), 신화(myth), 은유, 놀이, 유모어 등을 들 수 있다.[3)]

제 2 절 조직문화의 형성요인

조직문화를 형성시키는 요인들로서 다음과 같은 것들을 들 수 있다.

Ⅰ. 외부환경적응과 내부통합

조직은 생존하고 발전하기 위해서 외부환경의 변화에 적응해야 하고 내부통합을 유지한다. 이러한 과정 속에서 지식과 믿음이 생성되고 조직구성원에게 점차적으로 공유되어 간다.

Ⅱ. 사회문화

사회 전체에 흐르는 문화는 조직문화의 형성에 결정적으로 영향을 준다는 것은 말할 것도 없다. 사회 전체에 권위주의가 흐르고 있을 때에 조직에도 권위주의는 흐르게 마련이다. 물론 사회문화와 다른 조직문화가 존재할 수 있는 것은 사실이다. 그러나 조직문화가 사회문화의 하위개념이라고 생각할 때에 조직문화는 사회문화의 범주에서 벗어나기가 어렵다.

Ⅲ. 창업자의 신념과 철학

창업자와 그 동료들이 그 조직을 어떠한 철학과 신조를 가지고 운영해 왔는가는 조직문화의 형성에 직접적으로 영향을 준다. 예컨대 창업자가 품질의 제일주의를 내세웠다든가 아니면 모험주의를 내세웠다든가는 그 조직의 문화형성에 결정적으로 영향을 준다.

---

2) E. H. Schein, *Organizational Culture and Leadership: A Dynamic View*, Jorsey Bass, 1985, pp. 6~9.

3) 朴雨淳, 現代組織論, 法文社, 1996, 578~582면 참조.

제 3 절 조직문화의 계층

조직문화는 가장 기본적인 것에서부터 지엽적인 것에 이르기까지 여러 가지 계층이 있을 수 있다. 기본적인 조직문화는 지엽적인 것에 비하여 변화가능성이 적다.

Ⅰ. 기본적인 믿음

여기서의 기본적인 믿음이란 조직구성원간에 의심의 여지가 없이 당연히 받아들여지는 뿌리 깊은 관행이나 사고방식을 말한다. 따라서 이러한 믿음에는 논쟁이나 충돌이 일어날 가능성이 적다. 이러한 믿음은 조직구성원들에게 무의식적으로 몸에 배어 있어 조직문화의 근본을 이루고 있다.

Ⅱ. 가 치 관

가치관은 규범성과 당위성을 띠고 있는 가치체계라고 이야기할 수 있다. 이러한 이유로 가치관을 이념적 가치(espoused values)라고 이야기하기도 한다.[4] 여기서 가치관은 조직구성원들에게 합의를 도출해 내는 길잡이의 역할을 하고 행동을 평가하는 기준의 역할을 한다. 이 수준의 조직문화는 이성, 이념, 도덕, 철학, 윤리적 강령 등을 내포하고 있어 주로 행동을 정당화하는 데 사용되고 있다.[5] 그리고 조직의 목표와 이상을 나타내고 무엇이 옳고 그른가를 판별시키는 역할을 하고 나아가서는 문제해결에 있어서 선호하는 수단을 선택하는 데에도 역할을 한다.[6]

Ⅲ. 인공적인 창조물

이것은 조직문화 중에서 가변성이 가장 강한 것으로서 관찰가능한 영역이다. 눈에 보이는 행동양식, 의식, 사무실의 배치구조, 구두어법, 조직구조 등이 이에 포함된다. 이러한 것들은 위의 기본적 믿음이나 가치관에서 도출된 것들이다. 조직은 이러한 것들을 통해서 자기의 인상과 이미지를 외부에 전달한다.

4) 上揭書, 583면.
5) 上揭書, 582면.
6) 김인수, 前揭書, 583면.

제 4 절 조직문화의 기능

조직문화는 다음과 같은 기능을 수행한다.

Ⅰ. 행동의 결정요인

조직문화는 사고와 행동에 방향을 제시하여 준다. 인간의 사고와 행동은 문화의 산물이라고 할 때에 조직구성원의 사고와 행동도 조직문화의 산물이라고 할 수 있다. 조직문화는 그만큼 행동결정력이 강하다. 조직구성원이 현존의 조직문화에서 일탈된 행위를 할 때에 불안과 소외감에 휩싸이게 되는데 이것은 조직문화의 무형적 구속력이 그만큼 강하기 때문이다.

조직문화는 행동의 결정요인역할을 하기 때문에 행위의 예측도 가능하게 한다. 예컨대 어떤 조직의 사람들은 이렇게 또는 저렇게 행동할 것이라고 예측할 수 있는 것은 사람들에게 그 조직의 문화가 알려져 있기 때문이다. 조직문화는 행동뿐만 아니라 조직구조까지도 예측할 수 있게 한다. 예컨대 권위주의문화는 필히 고층조직과 고위층비대의 조직을 탄생시킨다.

Ⅱ. 응집의 역할

조직문화는 조직구성원을 동일한 방향으로 응집하고 결속시키는 역할을 한다. 문화의 지배성 정도에 따라 결속력과 응집력의 정도도 결정된다. 조직문화가 깊고 넓게 내면화되고 보편화되면 될수록 조직구성원의 응집력과 결속력도 강하여진다.

Ⅲ. 집단역학의 정확한 진단

조직마다 집단역학(group dynamics)을 가지고 있는데 이러한 집단역학을 정확하게 진단하고 파악할 수 있는 것이 조직문화이다. 우리는 조직의 구조나 제도를 통해서 또는 단순한 조직구성원들을 통해서 조직의 실상과 생동력을 파악하기는 어렵다. 조직이 어떻게 움직이고, 결정을 내릴 때에 누가 유력한 역할을 하고, 구성원들의 조직에 대한 충성도는 어느 정도이고, 구성원들간의 화목정도는 어떠하며, 권력구조는 어떻게 짜여 있으며, 혁신의 가능성은 어느 정도인가를 진단하려면 조직문화를 통할 수밖에 없다.

Ⅳ. 의사소통의 원활화

문화의 요소인 의식이나 상징은 신속하고 정확한 의사전달력을 가지고 있다. 예컨대 문화를 통해서 자리배치를 보고 누가 상관인가를 즉각적으로 알 수 있다. 다시 말해서 말을 빌리지 않고도 누가 상관인가를 자리배치를 통해서 알 수 있다는 것이다. 조직구성원이 문화를 공유하고 있으면 그만큼 구성원간에 의사소통이 빨라진다. 속된 말로 '척하면 삼천리'라고 상대방의 눈짓이나 동작 하나로 금방 상대방이 무엇을 원하고 있는가를 알아차릴 수가 있다는 것이다. 문화를 공유하는 사람들은 어떠한 사건이나 사물을 볼 때에 동일하게 인식하고 해석하는 경향이 있다. 그러나 동일한 조직이라도 문화적 특성이 다른 사람들끼리 모여 있으면 사건에 대한 해석이 다르기 때문에 효율적인 의사소통이 어려워진다.[7)]

Ⅴ. 개혁의 성공여부 결정

조직의 개혁이나 개선을 추구할 때에 조직문화를 고려하고 추구해야 한다는 것이다. 문화에 적합하지 않은 개선이나 개혁은 성공하기 어렵다. 이러한 점에서 조직문화는 개혁의 한계선역할을 한다. 개혁이나 개선은 문화의 범위 내에서 추구할 때에 무리없이 추진될 수 있다. 조직문화와 배치되는 과격한 변화를 추구할 때에는 조직문화의 변화와 개조부터 생각하는 것이 순서이다.

---

7) 김인수, 前揭書, 586면.

제 9 장 행정의 갈등관리

제 1 절 보편적 현상으로서의 갈등

인간이 모여 사는 곳에 갈등은 필연적인 현상이요 보편화된 현상이다. 특히 수많은 개인들이나 소집단들이 복합적인 단위(complex units)로서 공식적인 대규모조직에서 서로 모이게 될 때에 이들간의 갈등과 긴장은 불가피하다. 개인 대 개인으로서, 개인 대 조직으로서, 조직 대 조직으로서, 계선 대 막료로서 수많은 갈등이 계속해서 일어나고 있으며, 이러한 갈등은 계속해서 그 해결이 추구되고 있다. 갈등은 부정적인 면에서 조직을 해치는 행위로 인식되는가 하면 조직발전에 필요한 행위로 긍정적인 면에서 인식되기도 한다. 그러나 어떠한 종류의 갈등이든 그 해결의 추구는 숙명적이다. 그런데 갈등은 필히 인식(perception)의 대상이 되어야 한다. 인식되지 않은 갈등은 갈등이라고 할 수 없다.

조직의 속성이 상호의존이나 상호작용으로 특징지어진다면, 이들은 반드시 갈등과 긴장을 수반하게 되어 있다.

갈등은 한마디로 양립할 수 없는 목표의 추구라고 할 수 있는데, 하나의 목표성취는 다른 하나의 목표의 희생을 전제로 하고 있다. 이러한 갈등은 조직이 있고 인간이 존재하는 곳에는 어디에서나 발견되게 되어 있다.[1)]

여기서는 편의상 조직 내적 갈등과 조직 외적 갈등으로 나누어 설명하기로 한다.

---

1) B. Berelson and G. A. Steiner, *Human Behavior: An Inventory of Scientific Findings*, Harcourt, Brace & World, 1964, p. 588.

제 2 절 조직 내적 갈등

Ⅰ. 갈등의 원천

갈등이 일어날 수 있는 소지는 수없이 많으며, 그 원인도 심리적인 것일 수도 있고 구조적인 것일 수도 있다. 여기서는 중요한 것만 다루어 보기로 한다.

(1) 선호하는 목적의 차이

하나의 인간내부에서도 추구하는 목적이 시시각각으로 변할 수 있는데, 여러 사람들이 공존하는 조직 내에서 선호하는 목적들이 다를 것이라는 것은 너무도 당연하다. 이러한 목적의 차이가 조직 내에서 갈등을 야기시킨다는 것은 두말 할 것도 없다.

이러한 목적의 차이는 국장과 과장간의 수직선상에서보다 과장과 과장 또는 과원과 과원간의 수평선상에서 잘 일어난다. 즉 선호하는 목적의 차이로 일어나는 갈등은 수평선상에서 더욱 잘 일어난다는 것이다.

(2) 인식의 차이

인식의 차이는 지각의 차이라고도 하는데,[2] 이러한 인식의 차이는 주로 생활경험 · 사회화과정 · 교육수준 · 이해관계 · 역할 · 지위 등에서 연유된다고 볼 수 있다. 이러한 인식의 차이가 갈등을 야기시킨다는 것은 말할 것도 없다. 조직은 여러 가지 상이한 배경을 가진 사람들이 모이는 장소라고 할 수 있기 때문에 인식상의 차이로 인한 갈등은 언제나 기대된다고 볼 수 있다.

(3) 자원의 한정성

자원의 한정성(limitation of resources)이란 조직체 내에서 사용할 수 있는 자원이 한정되어 있다는 것을 말한다. 즉 조직체 내에서 여러 가지 부서단위(all subunits)의 총수요는 총공급을 앞지른다는 것이다.[3] 조직체 내에서 공급이 수요를 따라가지 못할 때에 한정된 자원에 대한 부서간의 경쟁이 나타나게 마련이다. 자원확보를 위한 경쟁은 필히 갈등을 탄생시키게 된다. 자원확보의 경쟁에서 이

2) 吳錫泓, 組織理論, 博英社, 1980, 600면.

3) Louis C. Gawthrop, *Bureaucratic Behavior in the Executive Branch*, The Free Press, 1969, p. 27.

기게 되면 그만큼 당해 부서의 위신 · 지위 · 인식(recognition)이 올라가게 되고, 지게 되면 그만큼 위신과 지위가 떨어진다고 생각되어[4] 경쟁은 치열해지고 치열해지는 만큼 갈등은 심화된다.

⑷ 전 문 화

인간의 전문화나 작업의 전문화는 그만큼 갈등의 가능성을 높여 준다. 우선 전문가(specialist)들은 일반직(generalist)의 상식적이고 평범한 판단을 받아들이지 않으려고 하고, 일반직은 전문가의 의견을 근시안적이고 부분적인 것이라고 일축하여 버리려고 한다. 일반직과 전문직은 서로 불신함으로써 갈등은 심화된다.

전문화로 인한 갈등가능성은 전문가와 전문가간에도 나타난다. 일반적으로 전문가는 자신의 중요성(self-importance)을 지나치게 강조하고 과신하는 나머지 다른 분야의 전문가의 의견이나 판단에 귀를 기울이지 않는다.[5] 이들은 자신의 판단은 이론적으로 모순이 없고 객관적으로도 타당하다고 믿기 때문에 어느 누구의 의견이나 판단에도 양보하려 하지 않는다. 이러한 전문성에 대한 과신과 집착은 갈등을 조장시킨다. 뿐만 아니라 전문화 그 자체가 여러 사람들이 쉽게 이해할 수 있는 폭을 줄임으로써 갈등의 가능성을 그만큼 더 높여 준다.

⑸ 계선과 막료

위에서 이야기한 일반직과 전문직간의 관계는 계선과 막료간의 관계와 일치하지는 않는다. 일반적으로 계선기관이 일반직에 의해서 점유되고 막료가 전문직에 의해서 점유되고 있는 것이 사실이지만 동일개념이라고 할 수 없다. 왜냐하면 비서인 개인막료는 전문성과는 거리가 멀기 때문이다.

조직 내에서 계선과 막료간의 갈등도 경시할 수 없는 갈등현상이라고 할 수 있다. 막료와 그가 직접 받드는 직속상관인 계선과는 갈등이 없다. 예컨대 대통령과 그를 받드는 막료간에는 갈등이 없다. 그러나 동일한 수준에서 계선과 막료간에 갈등은 수없이 일어날 수 있다. 예컨대 대통령의 막료와 장관간의 갈등은 비일비재하다는 것이다.

일반적으로 막료는 자기들의 교육배경이나 전문적 지식에 프라이드를 가진 나머지 계선기관을 깔보려고 하고, 계선은 오랜 경험을 통해서 막료의 의견이나 건의가 지나치게 이상적이라고 반격을 가한다. 계선과 막료간의 갈등은 주로 영

4) *Loc. cit.*
5) *Ibid.*, pp. 24～25.

향력행사를 중심으로 일어난다고 볼 수 있다.

⑹ 지위의 부조화

지위의 부조화란 조직체 내에서 상·하의 자리가 능력 · 자격 · 경험 · 연한 등의 객관적인 기준에 의해서 채워지지 않는 것을 말한다.[6] 능력이나 자격의 면에서 열등한 자가 높은 자리를 차지하고 있을 때에 상·하간의 갈등은 야기되게 마련이다. 더구나 아무런 경험도 자격도 없는 연소한 젊은이가 정실인사에 의해서 높은 자리를 차지하게 될 때에 조직 내의 화합은 기대하기 어려울 것이다. 명령·복종이 정당하다고 생각할 때에 갈등요인은 감소되고, 명령 · 복종이 부당하다고 생각할 때에 갈등요인은 증가되는 것이다.

여기서 능력과 자격을 무시한 불공정한 인사행정이 갈등을 발생시키는 중요한 원인이라는 것을 알 수 있다.

⑺ 비공식적 조직의 온존

취미 · 사상 · 출신배경 등을 중심으로 만들어진 비공식적 조직이나 소집단은 조직 내에서 갈등의 원천이 된다. 특히 이러한 집단들이 지연 · 학연 · 종교 · 종족 등의 배타적인 멤버십을 중심으로 이루어졌을 때에 갈등은 심화된다.

⑻ 과업의 상호의존성

과업의 상호의존성(mutual task dependence)이란 목표성취를 위한 조직단위간의 상호작용이라고 할 수 있다. 과업의 상호의존성이 필히 갈등을 동반한다고 볼 수는 없다. 이것은 오히려 우호적이고 협조적인 관계를 야기시킬 수도 있다. 그러나 상호의존성은 최소한 갈등의 가능성을 내포하고 있다. 상호의존성은 필히 기대와 요구를 동반하고 있는데, 이것은 갈등의 씨앗이라고 할 수 있다.

⑼ 평가기준의 차이

일반적으로 조직 내의 독립단위는 자기중심적으로 조직 내의 활동을 평가하려고 한다. 생산직에 종사하는 사람은 저렴한 생산활동을 통해서 비용을 줄이려고 하는데, 후생직에 종사하는 사람은 근로자의 후생확장을 위해서 비용을 늘이려고 한다. 지출의 절감이 전자에게는 미덕이 되지만 후자에게는 악이 된다. 이러한 현상은 최고책임자가 독립부서의 분리된 업적을 강조할 때에 더욱 심화된다고

6) 吳錫泓, 前揭書, 599~600면.

할 수 있다.[7)]

Ⅱ. 갈등의 해결방안

갈등의 해결방안으로서는 갈등이 어떤 것이냐에 따라서 여러 가지가 있을 수 있다.

(1) 계층제(공식적 권위에 의존)

갈등을 해결하는 가장 원시적이면서도 최후적인 수단이 계층제이다. 수평적인 수준에서 갈등이 일어나 이것이 쉽게 해결되지 않을 때 즉각적으로 사용하는 방안이 계층제이다. 다시 말해서 상위계층의 명령이나 지시에 의해서 해결하는 방안이라는 것이다. 그러면서도 다른 방법으로 해결되지 않을 때에 최후적으로 호소하는 방안이 계층제이다. 과장간의 갈등이 좀처럼 해결되지 않을 때에 최후적으로 해결하여 주는 사람은 국장이다. 계층제는 갈등해결의 수단으로서 명령성과 강제성을 띠고 있어 가장 세련되지 않았으며 바람직하지 않은 방법이라고 할 수 있다.

(2) 사실의 노정

인간생활에서의 갈등은 가치관의 차이보다 사실에 대한 오해에서 일어나는 경우가 더욱 많다. 다시 말해서 사물을 있는 그대로 파악하지 못하고 서로 오해하는 데서 갈등이 야기되는 경우가 많다. 여기서 갈등의 해결수단으로서 사실의 노정(confrontation)이 강조되는 것이다. 사실의 노정은 관계된 사람들이나 조직단위들이 상대방을 향해서 자기가 가지고 있는 지식이나 정보 또는 의견을 털어놓음으로써 오해의 가능성을 없애자는 것이다.[8)] 사실을 노정시킴으로써 오해와 편견을 제거하면 그만큼 갈등가능성은 해소되는 것이다. 사실의 노정은 갈등가능성을 해소시킬 뿐만 아니라 서로가 상대방을 이해하고 존중하여 주는 경우로까지 인도하여 준다.

그리고 가치관의 갈등도 사실에 대한 오해에서 나오는 경우가 많다. 예컨대 아프리카를 싫어하는 사람은 질병이 많아 싫어하는 경우가 있는데, 이제는 질병

7) Stephen P. Robbins, *Organization Theory: The Structure and Design of Organizations*, Prentice-Hall, 1983, pp. 296∼297.

8) Paul R. Lawrence and Jay W. Lorsch, *Developing Organization: Diagnosis and Action*, Addison-Wesley Publishing Co., 1969, p. 44.

이 없어졌다는 사실을 알게 되면 아프리카를 좋아하게 될 것이다.

(3) 문제해결

문제해결(problem solving)은 최후의 해결책이 관계된 모든 사람들에게 만족스러운 결과를 가져오는 경우를 말한다. 따라서 관계된 모든 사람들에게 만족스러운 결과를 가져올 것이라는 전제조건을 받아들일 때만 문제해결은 가능하다.[9] 따라서 상대방의 희생하에서 갈등이 해결될 때, 이것은 문제해결이 아니다.

문제해결에 있어 공통의 목표가 존재하거나 또는 특정의 목표에 집단구성원이 공감을 가질 때에 효과적인 해결수단이라고 할 수 있다. 문제해결은 위에서 이야기한 객관적인 사실을 발견함으로써 이루어지는 경우가 많다.

문제해결의 특징은 관계된 사람들의 공동의 노력(concerted search effort)을 요하고 최선의 해결책은 하나밖에 없다는 것이다.[10]

(4) 완　　화

완화(soothing)는 갈등당사자간의 차이점은 되도록이면 숨기거나 호도하고 공통의 이익만 내세움으로써 우선 갈등의 심각성을 줄이자는 것이다. 완화는 갈등을 완전히 해결하는 방안은 아니나 갈등해결의 중요한 과정이라고 할 수 있다.

(5) 설　　득

설득은 두 가지 이상의 대안 중 어느 한 가지가 좋다고 확신시키는 것이다. 즉 상대방을 믿도록 유도하고 권고하는 행위라고 할 수 있다. 객관적인 사실을 제시하지 못한 채 권고하고 확신시킨다는 의미에서 사실의 노정이나 문제해결과 다르다.

설득에는 순수한 설득(pure persusaion)과 조작된 설득(manipulated persuasion)이 있다.[11] 순수한 설득은 하나의 대안이 다른 대안들보다 논리적인 면에서 우수하다(logically preferable)고 설명하고 권고하는 것이다.[12] 조작된 설득은 자기의 입장을 강화시킴으로써 상대방이 설득당하도록 유도하는 것이다. 조작된 설

9) Herbert A. Shepard, "Responses to Competition and Conflict," in R. L. Kahn and E. Boulding(eds.), *Power and Conflict in Organization*, Basic Books, 1964, p. 134.

10) Gawthrop, *op. cit.*, p. 34.

11) *Ibid.*, pp. 34~37.

12) *Ibid.*, pp. 35.

득은 형식적으로는 객관적이고 합리적인 토론과정을 거치지만, 실질적으로는 강제성의 교묘한 변형이라고 할 수 있다.[13)]

(6) 협 상

협상(bargaining)은 관계된 사람들이나 기관들이 조금씩 양보함으로써 합의점에 도달하는 것을 말한다. 조금은 잃되 전부는 잃지 않겠다는 것이 협상의 기본정신이라고 할 수 있다. 즉 부분적인 양보를 통해서 차이를 메우는 것이 협상이라고 할 수 있다.

본래 협상이란 관계된 사람들이나 기관간의 힘의 균형(balance of power)을 전제로 한다.[14)] 다시 말해서 힘이 있는 자와 없는 자간에 협상이란 있을 수 없다는 것이다. 그러나 힘의 균형이라고 해서 완전한 힘의 균형을 의미하는 것은 아니다. 여기서 상급자와 하급자간에 협상이 일어날 수 있는 것이다.

본래 협상력(bargaining power)이란 상대방이 제시한 조건에 동의함으로써 얻는 유인(inducement)이라고 할 수 있다. 다른 말로 표현하면 상대방이 제시한 조건에 동의하지 않음으로써 얻는 손해라고 할 수 있다.[15)]

협상은 명시적으로 일어날 수도 있고 묵시적으로 일어날 수도 있다. 명시적인 경우는 피차가 다 서로 상대방이 자기에게 영향력을 끼치려고 하고 있다는 것을 안다. 이때 협상의 성공은 각자가 가지고 있는 힘과 협상기술의 함수라고 할 수 있다.[16)]

협상이 묵시적인 경우는 최소한 쌍방 중 일방이 협상상황이 벌어지고 있다는 것을 모르는 경우이다. 즉 상대방이 모르게 자기의 요구를 수락하도록 영향력을 행사하는 경우이다. 이것을 일명 조작적인 협상과정(manipulative process)이라고도 한다.[17)]

(7) 조직전반적인 평가기준의 개발

조직 내의 부서별 평가기준보다 조직 전체의 성공과 업적을 평가하는 기준을 개발하면 갈등의 소지를 그만큼 줄일 수 있을 것이다. 예컨대 품질통제기관이나

13) *Ibid.*, pp. 36～37.
14) *Ibid.*, pp. 40.
15) Neil A. Chamberlain, *A General Theory of Economic Process*, Harper & Row, 1955, p. 227.
16) David R. Hampton, C. E. Summer and R. A. Webber(eds.), *Organizational Behavior and the Practice of Management*, Scott, Foresman and Co., 1968, p. 357.
17) Harold Leavitt, *Managerial Psychology*, 2nd ed., University of Chicago Press, 1964.

검사기관 또는 기타의 감사기관으로 하여금 잘못을 많이 고발하게 함으로써 능력을 평가받는 것이 아니라 잘못이 일어나지 않도록 예방조치에 주력하도록 하는 조직전반적인 평가기준을 통해서 부서간의 갈등을 줄일 수 있다는 것이다.

제 3 절 조직 외적 갈등

조직 외적 갈등에는 두 가지 종류가 있는데, 하나는 행정부와 국민간의 갈등이고, 다른 하나는 행정부 밖의 집단과 집단간의 갈등이다. 여기서는 행정부 밖에서 집단과 집단간에 갈등이 벌어졌을 때에 행정의 대응자세를 중심으로 검토하기로 한다.

I. 행정중재

갈등은 당사자끼리 해결하는 것이 가장 바람직하다. 그러나 당사자들끼리 갈등을 원만히 해결할 수 없을 때에 행정은 제3자로서 중재에 나설 수 있다.

(1) 개 념

행정중재는 집단간에 갈등이 벌어졌을 때에 행정이 제3자로서 조정하는 역할을 하는 것을 말한다. 중재는 다섯 가지 요소로 구성되는데, 그것은 i) 중재되어지고 있는 내용, ii) 갈등당사자들, iii) 중재자, iv) 중재가 요청되어지는 상황, v) 갈등을 해소시키겠다는 의지이다. 중재(mediation)에 대해서는 여러 가지 개념정의들이 있으나,[18] 그것의 공통요소는 제3자가 갈등당사자들의 갈등해소에 기여하려는 의지를 가지고 갈등과정에 개입하는 것이다. 여기서의 중재개념에는 갈등당사자들간의 직접적인 협상을 용이하게 해 주는 촉매적 역할뿐만 아니라 갈등당사자들로 하여금 특정한 결과와 해결책을 받아들이도록 하는 행위까지 포함된다. 이러한 중재는 i) 갈등당사자들간의 의사소통의 장애를 줄이며, ii) 대안의 탐색을 극대화시키며, iii) 갈등에 관련된 모든 사람들의 요구사항을 전달하며, iv) 갈등해소를 위한 최종대안을 마련하는 것이다.

---

18) Jay Folberg and Alison Taylor, *Mediation: A Comprehensive Guide to Resolving Conflicts Without Litigation*, Jossey-Bass Publishers, 1986, p. 7; Jacob Bercovitch, *Social Conflicts and Third Parties: Strategies of Conflict Resolution*, Westview Press, 1984, pp. 5~14; Harbottle, "The Strategy of Third Party Intervention in Conflict Resolution," *International Journal*,

노사간의 갈등에 대한 행정중재의 경우를 보면 행정이 갈등해결과정에 개입하여 노사간의 협상과정을 돕거나 과정상에 나타난 극단적인 대립상황을 감소 또는 제거시킴으로써 노사갈등이 궁극적으로는 생산적이고 쌍방에 유리하게 전개되도록 조건이나 구조를 마련하는 것이다.[19)]

(2) 중재의 성공적 조건

1) 중재자의 공정성　우선 중재자로서 나선 행정은 갈등당사자들에게 공정한 자세를 지녀야 한다. 공정한 자세는 중재의 제1의 조건이다. 행정이 내심으로 어떤 편에 기울어진 자세로서 중재에 나서면 이미 중재의 역할에서 벗어나게 된다. 행정은 갈등당사자들을 대등하게 다룸으로써 평등관계를 유지하도록 해야 한다. 이것을 절차적 공정성이라고도 한다. 규칙을 평등하게 적용해야 한다는 것이다. 예컨대 자신의 입장을 해명할 기회를 줄 때에는 당사자 모두에게 동일한 시간을 주어야 한다.

2) 중재자의 적격성　중재자는 자율성·독립성·중립성 등의 특성을 지녀야 한다.[20)] 이 이외에도 중재자는 인내성과 설득력을 지닐 것이 요구된다. 그리고 직접 중재자로서 나서는 공무원은 직위도 높고 영향력도 클 것이 요구된다. 직위가 낮은 공무원이 중재자로 나서면 호소력이 없고, 갈등당사자들에게 신뢰감도 주지 못한다.[21)]

3) 시기적절성　시기적절성의 문제는 중재를 어느 때부터 시작하는 것이 좋으냐이다. 여기에는 여러 가지 의견들이 있다. 되도록 빨리해서 사전예방적 개입을 하자는 의견이 있고, 반대로 갈등의 전개과정을 살펴보면서 되도록 늦게 하자는 의견도 있다. 그런가 하면 갈등의 경우마다 시기가 다르다는 의견도 있다.[22)]

중재는 당사자들끼리 자율적으로 해결할 수 없을 때에 요구되기 때문에 너무 일찍 개입하는 것이 문제해결에 도움이 되지 못한다. 그러나 파업과 더불어 갈등이 악화된 상태에서 하게 되면 중재의 효과가 줄어들기 쉽다. 따라서 중재는 파업 직전에 시작하는 것이 적절하다.[23)]

Vol. 35, No. I, 1979～1980, p. 120 등.

19) 安光一, "政府仲裁에 의한 勞使葛藤管理에 관한 硏究," 高麗大學校 大學院 博士學位論文, 1989, 50면.

20) Jacob Bercovitch, *op. cit.*, p. 81.

21) 安光一, 前揭論文, 62면.

22) 上揭論文, 59～61면.

23) F. A. Perez, "Evaluation of Mediation Techniques," *Labor Law Journal*, Vol. 10, No. 10, 1959, p. 717.

(3) 구체적인 중재활동[24)]

1) **갈등의 이유를 정확하게 파악하는 것** 갈등의 실상과 그 이유를 정확하게 파악한다는 것은 대단히 어려운 일이다. 왜냐하면 갈등의 이유는 분명하게 나타나지 않고 종종 숨겨져 있기 때문이다. 예컨대 노사간의 대립이 표면상으로는 이해관계의 대립같으나 따지고 보니 이데올로기상의 대립으로 나타난 경우이다.

2) **대표자와 구성원간의 관계규명** 우선 중재자는 대표자가 구성원들의 진정한 대표인가, 아니면 상징적이고 형식적인 대표인가를 파악해야 한다. 형식적이고 상징적인 대표자는 집단구성원들의 지지를 받지 못한다. 이러한 대표자들과 아무리 중재를 벌여보았자 그 결과는 수포로 돌아갈 가능성이 크다. 권한이나 자격면에서 그 구성원들을 대표하는 사람들과 중재를 벌여야 그 중재가 실효를 거둘 수 있다.

3) **상황에 대한 관리** 중재자는 회의를 소집하고 주재하고 연기하고 필요에 따라서는 당사자들을 분리시킴으로써 갈등해소에 유리한 분위기를 창출해야 한다. 이러한 분위기를 만들어 내는 행위를 상황에 대한 관리라고 한다. 중재자의 의사일정의 규제도 상황관리의 하나이다. 의사일정의 규제는 얼마나 많은 문제들을 다룰 것인가, 어떤 순서로 토의할 것인가, 어떤 방식으로 문제들을 분류할 것인가를 내포하고 있다.

4) **협상과정상의 비밀유지** 중재자는 협상과정에서 갈등당사자들의 언행이나 취한 태도를 일반공중에게 노출시켜서는 안 된다. 성공적인 중재를 위해서는 협상과정에서 일어나는 비밀은 최대한으로 보장되어야 한다.

5) **협상가능영역을 발견하고 이에 따르도록 하는 것** 중재자는 당사자들의 주장을 토대로 해서 협상가능영역(zone of agreement)을 발견하고, 이들이 여기에 따르도록 권고하는 것이다. 협상가능영역은 갈등당사자들보다 제 3 자인 행정의 눈에 더 잘 보일 수 있다.

6) **특정결과에 동의하도록 설득** 여기서 이야기하는 특정결과란 중재자가 생각하는 최적점을 이야기한다. 이러한 결과를 받아들이지 않을 때에 당사자들이 겪게 될 고통과 대가를 제시하면서 설득하는 것이다. 특정의 제안이나 결과를 받아들이도록 하는 설득작업은 사적 모임(private meeting)이나 개별적 접촉을 통해서 하는 것이 보다 효과적이다. 비공식적인 접촉을 통해서 이루어지는 설득작업은 상대방의 자존심을 살려 주면서 추진될 수 있다.

---

24) 安光一, 前揭論文, 62~76면.

7) **공익이나 사회적 규범에 호소** 중재자는 당사자들의 행위가 공익이나 사회적 규범에 위배된다고 상기시켜 주면서 해소에 접근하도록 유도하는 것이다. 이것은 중재자가 사용할 수 있는 효과적인 무기가 될 수 있다. 왜냐하면 이들은 여론이나 공적 이미지(public image)의 형성에 민감하기 때문이다.

Ⅱ. 공권력의 사용

공권력의 사용은 국가와 집단간의 갈등은 물론 국가 이외의 집단들간의 갈등에도 가능하다. 어느 경우에나 신중을 기하고 최후의 수단으로 사용되어야 한다. 여기서 이야기하는 공권력이란 질서유지를 위해서 국가가 동원할 수 있는 물리적 힘을 이야기한다. 따라서 세금이나 벌과금 같은 것을 부과하는 행위는 여기에 포함되지 않는다.

국가가 질서를 파괴하고 체제를 전복하려고 하는 세력을 공권력을 동원해서 진압하려고 하는 것은 당연하다. 그러나 국가 아닌 제 3 자끼리의 싸움에 국가가 공권력을 동원해서 개입한다는 것에는 논란의 여지가 많다. 예컨대 노사간의 갈등에 대해서 국가가 공권력을 동원할 수 있느냐이다. 우리는 앞에서 갈등의 해결수단으로서 중재를 다룰 때에도 되도록이면 갈등은 당사자들끼리 해결하는 것이 바람직하다고 지적하였다. 하물며 공권력의 사용에는 논의의 여지가 많다는 것이다. 그러나 아무리 국가 이외의 제 3 자들끼리의 갈등이라 하더라도 그것이 공공질서와 공익을 파괴할 때에는 공권력을 사용할 수 있다. 공권력은 다음과 같은 경우에 발동될 수 있다.

첫째, 갈등당사자간에 모든 방법을 다 동원해도 해결의 실마리가 보이지 않아야 한다. '모든 방법'이란 말에 대해서는 여러 가지 해석이 있을 수 있으므로 당사자들로부터 유보 없는 반응을 얻어야 한다.

둘째, 갈등으로 인해서 공공질서가 파괴되고 혼란한 상태가 견디기 어려워야 한다. 분규나 갈등이 공권력을 불러들이려면 그것이 시민생활에 위협이 되어야 한다.

셋째, 행정은 공권력을 사용하기 전에 사회분위기나 여론을 정확하게 읽고 파악해야 한다. 어느 것이 발동할 수 있는 분위기인가를 명확하게 판가름하기란 어렵다. 그러나 어느 한쪽이 최선을 다했는데도 다른 한쪽이 방화나 시설파괴 등의 방법으로 극렬성을 보일 때이다. 다시 말해서 민심이 공권력의 사용을 기대하는가를 파악해야 한다.

넷째, 행정은 공권력을 발동하기 전에 상대방에게 어느 기간까지 해결이 되지 않으면 공권력을 발동하겠다고 알려 주어야 한다. 아무리 질서파괴적인 분규라 할지라도 사전에 경고조치를 취해야 한다.

제10장 조직의 효과성

제 1 절 개념의 모색

조직의 효과성은 여러 사람들이 여러 가지 시각에서 접근하고 있기 때문에 그 개념이 다양하고, 그 구성요소도 다채로울 수밖에 없다.[1] 1950년도만 하더라도 조직의 효과성 하면 목표의 성취도로 어렵지 않게 이해되었다. 그런데 여기에는 문제점이 있었던 것이다. 즉 목표 하면 어떤 종류의 목표이냐이다. 장기목표이냐 단기목표이냐, 조직의 공식적이고 표면적인 목표이냐 아니면 실질적인 목표이냐, 고위관리층의 목표이냐 아니면 일반종업원의 목표이냐이다. 조직의 효과를 목표성취라고 정의해도 어떤 목표이냐에 효과성의 개념은 여러 가지로 정의된다.

조직의 효과성을 생존(survival)이라고 정의하는 사람도 있다. 그러나 생존하고 있으면서도 비효과적인 조직이 얼마든지 있을 수 있다. 이런 식으로 효과성의 개념을 모색할 때에 어떠한 개념이나 한계성에 부딪힌다.

1960년대에서 1980년대에 걸치면서 조직의 효과성에 대한 연구는 헤아릴 수 없을 정도로 많이 실시되었다. 위에서 이야기한 대로 효과성의 구성요소가 30여 개나 된다는 것은 이것을 입증하고 있다. 이렇게 효과성의 구성요소가 많다는 것은 효과성의 개념이 사람마다 다르다는 것을 의미한다. 그런데 여기서 분명한 것은 효과성의 그 많은 구성요소가 모든 조직에 다 타당하다는 이야기는 아니다. 여기서 잠정적으로 결론을 내릴 수 있는 것은 모든 조직에 공통되는 조직의 효과성에 대한 조작적 정의를 내리기란 거의 불가능하다는 것이다. 따라서 조직의 효과성이란 경우에 따라서 그 개념이 다르다는 것이다. 그리고 조직의 효과성이란 여러 가지 요소와 지표로 구성되어 있다는 것이다. 즉 조직의 효과성은 수단(과정)과 목표(산출)를 다 고려해야 한다는 것이다. 조직은 여러 가지 일을 수행하기

1) Stephen P. Robbins는 조직효과성의 구성요소로서 목표성취, 생산성, 능률성, 성장, 구성원의 만족도 등 30여 개나 나열하고 있다. *Organization Theory: The Structure and Design of Organizations,* Prentice-Hall, 1983, pp. 21～23 참조.

때문에 효과성의 개념도 이러한 복합성을 반영해야 한다는 것이다.

그러면 조직의 효과성에 대한 여러 가지 접근방법을 다음 절에서 검토하여 보기로 한다.

제 2 절 접근방법

Ⅰ. 목표성취의 접근방법

(1) 기본내용

이 접근방법의 기본입장은 어떠한 조직이나 하나 또는 그 이상의 목표들을 성취하기 위해서 존재한다는 것이다. 목표성취가 효과성의 가장 보편적인 기준이라는 것에 대해서는 의심의 여지가 없다. 여기서 조직의 효과성은 수단(means)보다는 최종목표(ends)의 성취라는 면에서 이해되어야 한다는 것이다. 따라서 흔히 이야기하는 목표성취란 이윤의 극대화, 경기의 승리, 전쟁의 승리, 건강의 회복 등의 최종의 목표를 이야기한다.

(2) 기본가정

1) 조직은 궁극의 목표들을 소유하고 있어야 한다.

2) 이 목표들은 누구나 쉽게 이해할 수 있을 정도로 명확하게 정의되어야 한다.

3) 목표의 수는 너무 많으면 안 되고, 관리할 수 있을 정도로 그 수가 적어야 한다.

4) 목표에 대한 동의가 일어나야 한다.

5) 목표의 성취도가 측정될 수 있어야 한다.

(3) 목표의 조작화

목표의 조작화는 목표의 성취여부를 측정할 수 있는 방안을 마련하는 것이다. 목표성취접근방법은 목표관리(MBO)에서 가장 명확하게 나타나고 있다. 목표관리는 조직과 그 구성원들이 세운 목표들을 여하히 성취하였느냐를 평가하는 가장 잘 알려진 관리철학이다. 여기서 눈에 보이고, 입증할 수 있고, 측정할 수 있는 목표들이 마련되어야 한다. 각 목표의 성취정도도 구체적으로 표시되어야 한다.

각 목표가 만족되는 정도도 표시되어야 한다. 나타난 실적(actual performance)을 정확히 측정해서 목표와 비교하여야 한다.

⑷ 문 제 점

위에서도 잠깐 언급하였지만, 이 접근방법은 많은 문제점을 내포하고 있다. 우선 목표를 일반적으로 이야기하기는 쉽지만 조작적으로 정의를 내릴 때에 어려움을 많이 겪는다. 우선 누구의 목표이냐이다. 예컨대 최고관리층의 목표라고 할 때에 어디까지 여기에 포함시키느냐이다. 그리고 흔히 조직이 공식적으로 표방하는 목표가 실질의 목표(actual goal)를 반영하지 않은 경우가 많다는 것이다. 일반적으로 공식적 목표는 사회에서 기대하는 바람직성을 반영하게 마련이다. 그러나 이들이 하는 일이란 이러한 목표와 동떨어진 경우가 많다. 장기목표와 단기목표는 질적으로 다른 경우가 있다.

그리고 조직은 다수의 목표를 가질 수 있는데, 이때 목표들은 서로 경쟁하고 심지어 대립하는 경우도 있다. 이러한 대립을 미리 피하기 위해서 목표는 두리뭉실하게 막연히 표명되기도 한다.

끝으로 목표는 대개 미래의 이정표가 아니라 과거에 이미 일어난 행위를 정당화하기 위해서 수립되는 경우가 있는데, 이때의 목표는 조직의 효과성을 따지는 역할을 못한다는 것이다.[2)]

⑸ 효 용 성

목표성취접근방법은 위에서 살펴본 대로 여러 가지 문제점이 있지만, 다음과 같은 효용성도 지니고 있다.

첫째, 어떠한 조직도 목표성취를 위해서 존재한다는 것이다. 위에서 이야기한 문제점들도 어디까지나 목표를 확인하고 측정하는 데에서 나온 문제들이지 목표 자체를 부정하려는 문제점들은 아니다.

둘째, 조직의 모든 투입을 목표성취중심으로 받아들여 특정의 방향으로 동원화시킨다.

셋째, 조직이 실질적으로 추구하는 목표도 이 접근방법을 통해서 밝혀진다.

넷째, 조직의 목표를 고정된 것으로 생각하지 않고 시대에 따라 변하는 역동적 실체로 파악하여 조직을 늘 새롭게 이끌고 갈 수 있게 한다는 것이다.

---

2) *Ibid.*, p. 26.

Ⅱ. 체제접근방법

⑴ 기본내용

체제접근방법(systems approach)은 조직은 투입량을 획득해서 전환과정을 통해 산출물을 생산한다는 것이다. 목표성취접근방법이 산출물에만 초점을 맞출 때에 체제접근방법은 투입량을 획득해서 이것을 전환시켜 산출물로 내보내고, 안정과 균형을 유지할 수 있는 조직 전체의 능력을 조직의 효과성으로 인식해야 한다는 것이다. 체제접근방법은 최종목표보다는 그 목표를 달성하는 데 소요되는 수단들에 역점을 둔다. 체제접근방법도 목표성취를 조직의 효과성을 따지는 데 배제하지 않는다. 단지 목표성취는 조직의 효과성의 일부이지 전부는 아니라는 것이다. 체제접근방법은 조직의 생존능력과 그 밖의 많은 요소들을 검토하고 고려해야 하기 때문에 장기의 시간을 요구하고 있다.

⑵ 기본가정

1) 조직은 서로 상관관계가 있는 하위요소들로 구성되어 있다. 이 중에 한 요소가 제대로 작동을 하지 않으면 다른 부문에 영향을 준다.

2) 조직은 자기에게 영향을 주는 주위환경과 원활한 관계를 유지하고 있다.

3) 조직은 생존에 필요한 자원을 계속해서 공급받고 있다.

⑶ 체제의 조작화

체제의 구성요소가 되는 것은 투입량의 계속적인 확보를 위한 환경과의 관계, 환경의 산출물에 대한 호의적인 수용, 환경의 변화에 대한 신축적인 대응, 투입의 산출로의 신속한 전환, 의사소통의 명확성, 갈등의 수준, 조직구성원의 직무만족도 등이다.

⑷ 문 제 점

이 접근방법의 가장 기본적인 문제점은 '환경적 변화에 대한 신축적 반응'이니 '커뮤니케이션의 명확성'이니 하는 과정변수(process variables)를 측정하는 일이다. 이러한 변수들의 양적 측면·질적 측면·농도 등을 정확하게 다룰 수 있는 타당하고 신뢰할 수 있는 측정수단을 찾아낸다는 것은 거의 불가능한 일이다. 어떠한 측정방법을 사용하여도 타당성과 신뢰성의 면에서 비판을 면할 길이 없다.

(5) 효 용 성

이 접근방법은 즉각적인 결과만을 노리는 정책결정을 하지 않는다는 것이다. 즉 조직의 장기적인 건강이나 존속을 희생해서 눈앞에 보이는 단기적인 결과만을 노리는 그런 결정을 내리지 않는다는 것이다. 뿐만 아니라 이 접근방법은 조직활동들의 상호의존성이 중요하다는 것을 고위관리층에게 강하게 심어 준다.

체제접근방법의 또 하나의 장점은 최종목표가 애매하거나 측정하기 어려운 경우에 신축적으로 사용하기 좋다는 것이다.

Ⅲ. 전략-환경적 접근방법

(1) 기본내용

이것은 일명 권력적 접근방법(power approach)이라고도 한다. 조직의 효과성은 조직의 주위환경 내에 있으면서 조직의 생존에 결정적으로 영향력을 주는 주변적 요소(constituencies)들의 요구를 만족시켜 주는 데에서 찾아야 한다는 것이다.[3] 전략-환경적 접근(strategic-constituencies approach)은 상호의존성을 중요시한다는 점에서 체제적 접근과 유사하나 어디에 역점을 두느냐에 따라 다르다. 전략-환경적 접근은 주위환경의 모든 요소에 관심을 두지 않고, 오직 조직의 생존에 위협과 영향을 주는 요소들과의 원활하고 우호적인 관계를 유지하는 데에만 신경을 쓴다. 조직의 효과성에서 가장 중요한 것은 조직의 생존인데, 조직의 생존은 주위세력의 지지 여하에 달려 있다는 것이다. 다시 말해서 생존에 영향을 주는 주위요소들의 지지를 획득함으로써 생존 속에서 조직의 효과성을 찾는다는 것이다. 같은 대학이지만 국립대학이냐 사립대학이냐에 따라 그 생존에 영향을 주는 요소들이 다르기 때문에 환경에 대한 대처전략의 대상이 다르다.

(2) 기본가정

1) 조직은 주위의 여러 가지 압력단체들로부터 경합적인 요구에 직면하고 있다.

2) 모든 압력단체들의 중요성은 다르다.

3) 조직은 여러 가지 목표를 추구하는데, 이러한 목표들은 압력단체들의 요구를 충족시켜 주는 것이다.

3) J. Pfeffer and G. Salancik, *The External Control of Organizations*, Harper & Row, 1978.

(3) 전략적 환경의 조작화

전략적 환경을 탐색하고 찾아내는 데에는 다음과 같은 네 단계를 거치게 된다.

첫단계는 조직구성원으로 하여금 조직의 생존에 결정적으로 관계가 있는 환경적 요소들을 열거하라고 요구하는 것이다. 이러한 과정을 통해서 가장 전략적인 환경요소들이 추출된다.

두 번째 단계는 각 요소의 상대적 영향력을 결정하는 것이다. 다시 말해서 조직이 각 요소에 어느 정도로 의존하고 있느냐를 따지는 것이다. 그들은 조직의 생존에 어느 정도로 영향력을 행사하는가? 각 요소가 공급되지 않을 때에는 다른 대안은 없는가? 각 요소들이 조직에 미치는 영향력을 어떻게 비교할 것인가 등이 검토될 것이다.

세 번째 단계는 이러한 환경적 요소들이 조직에 바라는 기대를 확인하는 것이다. 즉 이들이 조직에 바라는 것이 무엇인가를 확인하는 것이다.

네 번째 단계는 조직에서 바라는 여러 가지 기대를 비교함으로써 공통의 기대(common expectation)를 발견하고, 아울러 양립하기 어려운 기대들도 확인한다. 계속해서 각 요소의 요구에 상대적 비중(relative weight)을 매기고 우선순위(preference order)를 결정한다. 결국 조직의 효과성이란 이러한 요소들을 만족시켜 줄 수 있는 능력으로 인식된다.

(4) 문 제 점

가장 어려운 점의 하나는 전략적 환경요소를 전체환경으로부터 구분하는 것이 용이한 일이 아니라는 것이다. 왜냐하면 환경은 급속히 변하는 것이므로 어제 조직에 유관했던 변수가 오늘은 무관한 것으로 나타날 수 있기 때문이다.

그리고 '전략적'이라는 말은 각 구성원의 주관적 인식에서 벗어나지 못한다. 주관적 인식을 벗어나지 못하기 때문에 환경이 조직에 요구하는 우선순위의 결정도 다분히 주관적이라는 것이다.

(5) 효 용 성

만일에 조직의 생존이 중요한 것이라면, 그 생존이 누구에 의존하고 있는가를 인식하는 것은 대단히 중요한 일이라는 것이다. 조직은 자기의 생존을 위해서 환경의 변화와 더불어 요구의 우선순위를 수정할 수 있는 것이다.

Ⅳ. 경합적 가치의 접근방법[4)]

(1) 기본내용

경합적 가치들(competitive values)을 공통의 주제(common themes)별로 유형화한다. 공통의 주제를 세 가지로 나누어 설명하면 다음과 같다.

첫째의 주제는 조직의 구조(organizational structure)인데, 여기에는 신축성(flexibility)을 강조하는 측면과 통제(control)를 강조하는 측면으로 나누어진다. 신축성과 통제의 양측면은 조직생활의 갈등상을 반영하고 있다. 신축성이 개혁·적응·변화를 강조할 때에 통제는 권위·질서·안정을 강조한다.

두 번째 주제는 조직의 초점(organizational focus)에 관한 것인데, 여기에는 인간의 발전을 강조하는 측면과 조직 자체의 발전을 강조하는 측면으로 나누어진다. 여기에서도 조직생활의 갈등현상이 빚어지는데, 한쪽은 인간의 욕구충족을 강조하고 다른 한쪽은 생산성과 과업성취를 강조한다.

세 번째 주제는 조직의 수단과 목표(organizational means and ends)에 관한 것인데, 여기에는 과정(process)에 관한 강조와 최종목표(final outcome)에 관한 강조로 나누어진다. 즉 조직이 단기적 기준(수단)에 의해서 그 효과성이 평가되어야 하느냐, 아니면 장기적 기준(목표)에 의해서 평가되어야 하느냐이다.

위에서 이야기한 세 가지 주제적 차원에서 8개의 가치적 요소를 끌어낼 수 있는데, 이것은 i) 생산성과 능률성, ii) 계획과 목표수립, iii) 자원획득, iv) 신축성과 대응성, v) 안정과 통제, vi) 정보관리와 커뮤니케이션, vii) 인적 자원의 개발, viii) 응결성과 사기이다. 이 8개의 요소들을 다시 조합해서 4개의 효과성 모형을 만들어 낼 수 있는데, 그것은 인간관계모형·개방체제모형·합리적 목표모형 및 내적 과정모형이다.[5)] 각 모형을 간단히 설명하면 다음과 같다.

인간관계모형은 인간과 신축성을 강조하고 응결성과 사기(수단으로서) 및 인적 자원의 개발(목적으로서)을 효과성의 기준으로 삼는다.

개방체제모형은 조직과 신축성을 강조하는데, 효과성의 기준으로서 신축성, 대응성(수단으로서), 성장, 자원획득 및 외부환경의 지지(목적으로서)를 내세운다.

합리적 목표모형은 조직과 통제를 강조하는데, 효과성의 기준으로서 계획과 목표수립(수단으로서), 생산성과 능률성(목표로서)을 내세운다.

---

4) 이 접근법은 Robert E. Quinn and John Rohrbaugh에 의해서 개발되었다. "A Competitive Values Approach to Organizational Effectiveness," *Working Paper,* SUNY, 1979.

5) Stephen P. Robbins, *op. cit.,* pp. 35～36.

내적 과정모형은 인간과 통제를 강조하고, 효과성의 기준으로 정보관리와 커뮤니케이션(수단으로서)·안정성 및 통제성(목적으로서)을 내세운다.[6]

그런데 문제는 여기서 끝나지 않는다. 즉 어느 때 어느 모형이 선호되느냐이다. 여기에 대한 답은 잠정적일 수밖에 없는데, 그것은 조직이 그의 생활주기(life cycle)의 어느 단계에 처해 있느냐에 달려 있다는 것이다.[7] 조직은 생활주기에 4단계를 갖게 되는데, 첫단계가 탄생 또는 창업의 단계(entrepreneurial stage)이다. 이 단계의 특징은 개혁, 창조, 자원의 동원이다. 두 번째 단계가 집단공동체의 단계(collectivity stage)인데, 이 단계의 특징은 비공식적인 커뮤니케이션과 구조가 활성화되고 집단구성원간에 가족의식과 협동의식이 일어난다. 세 번째의 단계는 공식화의 단계(formalization stage)인데, 이 단계의 특징은 안정성, 효율적 운영, 규칙과 절차 및 보수적 경향이라고 할 수 있다. 네 번째 단계는 성숙화의 단계(elaboration stage)라고 할 수 있는데, 이 단계의 특징은 조직 스스로 성장하고 새로와질 수 있도록 외부환경을 관리하는 것이다. 창업부터 성숙화의 단계에 이르기까지 단계는 급속하게 일어날 수도 있고 서서히 진전될 수도 있다.

조직이 어떤 단계에 처해 있느냐에 따라 강조되는 조직의 효과성은 다르다. 창업의 단계에서는 개방체제모형의 효과성인 신축성, 대응성, 자원획득, 성장, 외부환경의 지지가 강조될 것이다. 집단공동체의 단계에서는 인간관계모형의 효과성인 신축성, 응결성, 사기, 인적 자원의 개발이 강조될 것이다. 공식화의 단계에서는 합리적 목표모형과 내적 과정의 모형의 효과성이 강조되는데, 여기에 해당하는 것으로 계획·목표수립·생산성·능률성·정보관리·안정성·통제성 등을 들 수 있다. 성숙화 단계에서는 다시 개방체제모형의 효과성인 신축성, 대응성, 외부환경의 관리가 강조될 것이다.

⑵ 기본가정

1) 서로 경합하는 가치가 있어 이것은 상충하는 목표를 탄생시킨다.

2) 목표가 확인될 수 있지만, 여기에 대한 완전한 합의(concensus)란 존재하지 않는다.

3) 상이한 목표의 근원은 관계자들의 가치와 이익이다.

4) 조직은 창업기부터 성숙기에 이르기까지 생활주기를 가지고 있다.

---

6) Robert E. Quinn and John Rohrbaugh, *op. cit.*, p. 16.

7) Robert E. Quinn and Kim Cameron, "Organizational Life Cycles and Criteria of Effectiveness," Working Paper, SUNY-Albany, 1979.

(3) 경합적 가치의 조작화

1) 조직의 신축성과 통제성을 구체적으로 파악한다.
2) 인간의 발전과 조직의 발전을 구체적으로 정의한다.
3) 장기적 기준과 단기적 기준을 구체적으로 표시한다.
4) 집단구성원의 협동심과 응결성을 구체적으로 표시한다.

(4) 문 제 점

조직이 생활주기(life cycle)에서 어느 단계에 처해 있는지를 명확하게 알 길이 없다는 것이다. 그리고 조직의 현위치를 하나의 단계로만 설명하기에는 무리가 있다는 것이다. 예컨대 창업기에 있지만 결속기의 모습도 동시에 지닐 수 있다. 따라서 경합적 가치모형은 조직효과성의 일면만을 포착하지 전면성을 포착하지는 못한다.

(5) 효 용 성

조직의 효과성을 이해하는 데 여러 가지 요소와 기준이 있다는 것을 제시하여 주고, 동시에 상황에 따라서 강조되는 효과성이 다르다는 것을 일러 준다.

V. 사회적 정의의 접근방법

(1) 기본내용

사회적 정의의 접근방법(social justice perspective)은 John Rawls의 정의론에 입각하고 있다.[8] Rawls에 의하면 정의로운 사회란 모든 사회적 가치들——자유·기회·소득·부·존경 등——이 골고루 배분되어 있는 사회라는 것이다. 여기서 이야기하는 조직의 효과성이란 조직참여자들(system participants)의 이익을 공평하고 고르게 확보하는 것이다. 따라서 조직의 효과성이란 누가 무엇을 원하고 그 요구의 충족이 조직 전체면에서 어떤 중요성을 가지며, 한 집단의 요구충족이 다른 집단의 요구충족에 어떤 의미를 가지느냐의 사회·정치적 문제(sociopolitical question)라는 것이다. 이 이론의 출발점은 지금까지의 효과성이론들이 조직참여

8) 이 방법을 택하고 있는 M. Keely나 E. R. House는 Rawls의 정의론에서 출발하고 있으나 Rawls의 이론을 조직의 효과성측정에 구체적으로 적용하기에는 한계가 있다고 지적하고 있다. M. Keely, "A Social Justice Approach to Organizational Evaluation," *Administrative Science Quarterly*, 22, 1978, pp. 272～292; E. R. House, *Evaluating with Validity*, Sage, 1980.

자들의 이익을 공평하게 주장하는 데 실패하였다는 것이다. 이 접근방법의 핵을 이루고 있는 것은 공평성(impartiality)이다. 공평성의 중심개념은 인간을 조직을 위한 수단으로 볼 것이 아니라 그 자체를 목적으로(ends in themselves) 본다는 것이다.[9] 인간은 그 내부적 가치(inherent worth)를 가진 인격체라는 것이다. 여기서 모든 인간은 인간으로서 동등하게 고려되어야 한다. 동등하게 고려되어야 한다니까 모든 사람들이 동일하게(in the samy way) 취급되어야 한다는 이야기는 아니다. 여기서의 동등성(equals)은 인간의 목적성과 인격적 독자성을 유지하고자 하는 기본적 욕구체계가 차별받지 않고 실현되어야 한다는 것이다.

조직의 효과성은 모든 조직참여자의 기본적 욕구와 안녕(well-being)이 동등하게 고려되고 실현되었을 때에 나타난다. 동등하게 고려한다는 것은 모든 인간은 그 자체 독자적 인격체로서 어느 정도의 무조건적 권리(some unconditional rights)를 지닌다는 것이다.[10]

그리고 이 접근방법에서 강조하는 것은 조직에 참여하는 사람들 중에는 여러 종류의 사람들이 있는데, 가장 힘 없는 사람들(the least advantaged participants)의 기대와 욕구를 최대한으로 만족시켜 주어야 한다는 것이다.

(2) 기본가정

1) 인간은 그 자체가 목적적 존재로서 독자적 인격체이다.

2) 조직참여자들은 인격체로서 그들의 기본적 욕구가 공평하게 고려되기를 원한다.

3) 조직은 자유 · 기회 · 부 등을 조직참여자에게 공평하게 배분하기 위해서 존재한다.

4) 조직에 참여하는 사람들은 권력 · 지위 · 부 · 욕구 등에서 각양각색이다.

(3) 사회적 정의의 조작화

사회적 정의의 조작화를 위해서 다음과 같은 단계가 요구된다.

첫째, 조직참여자들의 개개인의 욕구체계를 파악한다.

둘째, 조직참여자들을 소득 · 지위 · 교육 등의 배경변수들을 중심으로 분류한다.

셋째, 조직참여자들의 다양한 욕구체계를 유형화시켜서 정책결정에 반영한

9) M. Keely, "Impartiality and Participant Interest Theories of Organizational Effectiveness," *Administrative Science Quarterly*, 29, 1984, p. 9.

10) *Ibid.*, p. 30.

다. 반영의 여부는 정책결정자의 일방적 판단으로 내릴 것이 아니라 참여자 전원의 의견을 수렴해서 내리거나 아니면 집단토론을 통해서 결정해야 한다.

넷째, 조직활동의 결과나 출산물이 조직참여자들에게 어느 정도 만족을 주었는지 확인하여야 한다. 특히 소득·지위 등 낮은 계층의 사람들의 욕구충족이 어느 정도 달성되었는지 확인하여야 한다.

다섯째, 조직참여자들의 불평의 최소화(minimization of regret)가 효과성의 구체적 모습이다.

⑷ 문 제 점

우선 사회적 정의라는 개념이 너무 광범위하다. 모든 개개인의 다양한 욕구를 고르게 충족시켜 주는 것이 사회적 정의라고 정의하고 있는데, 이러한 논의와 주장은 이론적으로는 가능할지 모르지만 현실적으로 불가능하다. 이러한 주장은 자원의 무한정성을 전제로 하고 있다. 자원의 한정성 속에서 조직참여인의 욕구를 고르게 반영한다는 것은 불가능에 가까운 이야기다. 그리고 참여인 개개인의 욕구체계를 지나치게 강조함으로써 조직설립의 기본취지를 망각하기 쉽다.

⑸ 효 용 성

조직의 효과성을 조직참여자들의 이익을 골고루 반영하고 추구하는 것에 둔다는 것은 조직활동의 방향을 제시한다는 점에서 의미가 크다. 특히 소득·지위 등의 사회·경제적 가치가 낮은 사람들의 이익을 최대화시키고, 참여자들의 불평을 최소화시키는 데 역점을 둔다는 것은 시사하는 바가 크다.

제11장 행정에의 주민참여

제 1 절 의　　의

주민참여는 특정지역의 주민들이 자기들에게 영향을 준다고 생각되는 정책결정에 참여하는 행위를 말한다. 즉 행정과정에서 참여적 민주주의를 실천하자는 것이 주민참여이다. 행정에의 주민참여는 민주정치의 당연한 논리적 귀결이라고 할 수 있다.

주민참여는 참여의 형태·권한 및 역할에 따라 자문위원회·행정위원회·이웃정부·개별적 청원 및 고발 등 여러 가지 종류가 있고, 참여의 수준에 따라 행정의 고위층에서부터 하위계층에 이르기까지 일어날 수 있다.

이러한 주민참여는 본래적으로는 시민을 위한 행정을 하겠다는 의도에서 출발하였지만, 나중에는 행정 자신의 이익을 위해서도 나타나게 되었다. 여기서 행정은 주민참여를 전략적 목적으로까지 이용하게 되었다.

이러한 주민참여는 민주의식이 보편화되고, 분권화와 권한의 위임이 확대되고, 도시화와 전문화가 확장됨에 따라 활발해지고, 그 요구도 강화된다고 볼 수 있다. 최근에는 NGO(Non-governmental Organization) 등 시민단체의 역할이 활발하여짐으로써 주민들의 행정참여는 더욱 활발하여지고 있다.

제 2 절 주민참여의 근거

주민참여가 요구되는 근거와 순기능적인 측면은 다음과 같다.

(1) 선거의 미비점 보완

선거의 미비점을 보완하여 준다. 국민이 국정에 대해서 자기의견을 표현할 수 있는 길은 선거 때의 투표행위밖에 없다. 선거의 기간은 너무 길며 또 투표로 표시된 행위는 대표자의 선정에 불과하지 구체적인 의사표시의 행위는 아니다. 또 내가 표를 던진 사람이 꼭 대표자로 선정될 가능성이 있는 것도 아니며, 또 선출된다 할지라도 자기의사를 대표하여 준다고 보장할 수도 없는 것이다. 이러한 선거의 미비점을 보완하여 주는 것이 주민참여이다.

⑵ 아이디어의 개발

아이디어를 탐색하고 찾는 것이다. 평범한 시민은 자기 일과 자기욕구에 대해서는 제 3 자인 전문가보다 훨씬 잘 알고 판단을 더욱 잘한다는 것이다. 뿐만 아니라 고객으로서의 시민은 행정 엘리트보다 공적인 욕구(public needs)에 더욱 민감할 수가 있다는 것이다.[1] 이때 시민들의 의사나 주장은 아이디어의 개발에 참여하고, 최소한 정책결정에 중요한 자료가 되고, 정책결정상황의 문제점들을 명확하게 확인하고 파악하는 데 크게 도움이 된다.

⑶ 시민교육

민주시민으로서 교육시키는 계기를 마련하여 준다. 시민은 행정에 참여함으로써 공적인 여러 가지 문제를 익히게 되고, 성숙한 시민으로서 성장하게 된다. 동시에 행정에 대해서 더욱 관용적이고 이해적인 태도를 갖게 되며, 자기의 중요성도 갖게 된다는 것이다.

⑷ 행정과 시민간의 거리감 제거

정책과 시민간의 거리감을 좁히는 데 크게 기여하고 있다. 선·후진국을 막론하고 행정이나 관료제는 시민의 불신과 비판의 대상이 되기 쉽다.

특히 후진국이나 발전도상국의 행정체제는 지배성 · 규제성 · 강제성으로 특징지어져 행정 하면 일반국민에게는 공포와 위협의 대상이 되고 있다. 따라서 행정 하면 일반시민으로서는 피하고 싶은 존재이지 가까이하고 싶은 존재는 아니다. 시민참여는 이러한 거리감을 좁혀 주는 역할을 한다. 그리고 시민참여를 통해서 양자는 서로의 어려움을 알게 되어 많은 오해가 풀릴 수 있다는 것이다.

⑸ 갈등의 해소

시민참여는 이해관계자들의 이해갈등을 완화 및 해소시켜 주는 역할을 한다.

1) William L. Morrow, *Public Administration: Politics, and The Political System*, Random House, 1975, p. 270.

우선 시민참여는 행정과 시민간의 갈등을 해소시켜 주는 역할을 한다. 그러나 더욱 중요한 것은 관계된 시민간의 이해갈등을 완화시켜 주는 역할을 한다는 것이다. 어떤 정책이나 프로그램도 모든 사람들에게 다 좋을 수는 없다. 이익을 보는 사람들이 있는가 하면 손해를 보는 사람들도 있다. 이러한 이해중심의 갈등들이 시민참여를 통해서 조정될 가능성이 많다는 것이다. 불이익을 받는 입장에서도 그 상황에 참여함으로써 불이익의 불가피성을 이해함으로써 피해의식을 줄일 수 있다는 것이다.

(6) 집행의 효율성제고

시민참여는 집행의 효율성을 높인다. 누구나 일방적인 지시에 의해서 집행을 할 때보다 자기가 참여한 정책이나 프로그램을 집행할 때에 더욱 열을 올리게 된다. 시민참여를 통해서 이루어진 정책이나 프로그램은 그렇지 않을 때보다 그만큼 효율성을 올릴 수 있다.

(7) 분권화촉진

행정의 분권화와 일선기관의 강화를 촉진시킨다. 시민참여는 주로 지역사회에서 일어나는데, 그 지역주민의 취향에 맞는 행정을 하려면 그만큼 일선기관은 중앙으로부터 독립성을 확보하고 권한과 책임을 보유하여야만 한다.[2)]

제 3 절 주민참여의 문제점

주민참여는 다음과 같은 부정적인 측면도 있다는 것을 알 필요가 있다.

(1) 전문화에 역행

행정의 전문화에 역행적인 현상이라는 것이다. 주민참여에 동원되는 사람들은 대개가 비전문가들로서 눈 앞에 닥치는 자기의 이익은 분별할 줄 알아도 장기적인 안목에서 먼 앞날의 이익은 분별할 줄 모른다는 것이다. 그리고 이러한 비전문가들은 복잡하고 전문적인 문제들을 다룰 수 없다는 것이다. 따라서 주민참여는 행정의 전문화를 저해하게 된다.

---

2) Adam W. Herbert, "Management under Conditions to: Decentralization and Citizen Participation," *Public Administration Review*, Vol. XXXII, October 1972, p. 622.

(2) 문제해결의 지연

문제해결을 지연시키고 시간과 자원을 낭비시킬 가능성이 크다는 것이다. 이것은 민주과정의 생래적인 약점이라고 할 수 있다. 특히나 민주적 훈련이 부족한 사람들이 참여할 때에는 그 폐해가 더욱 심하다고 볼 수 있다. 여기서 주민참여는 문제를 더욱 악화시킬 가능성이 크다고 지적되고 있다. 특히 각계각층의 시민들이 한데 모이면 자기입장만 내세움으로써 갈등을 심화시키고, 자기의 주장이 반영되지 않으면 파괴적으로 행동할 가능성도 큰 것이다.

(3) 대표성의 문제

참여자들의 대표성이 문제될 수 있다는 것이다. 참여자들은 그 지역의 전체 주민들보다 특수계층이나 특정분야만을 대표할 가능성이 많다는 것이다. 대표성이 없는 참여자는 오히려 없는 것만 못하다. 왜냐하면 그 참여자들은 자기계층의 이익들만 주장하려고 하기 때문에 정책결정의 내용이 편파성과 부분성을 띠기 쉽기 때문이다. 따라서 대표성이 없는 참여자는 행정관의 객관적인 위치마저 침해할 가능성이 크다는 것이다.

(4) 전체적인 이익의 희생

지역적이고 부분적인 이익 때문에 전국적이고 전반적인 이익이 희생될 가능성이 큰 것이다. 시민참여는 주로 지역사회에서 일어나는데, 참여자들은 우선 자기지역의 발전과 이익에만 매달리기 때문에 거시적인 안목에서 국가 전체의 이익을 도외시할 가능성이 큰 것이다.

(5) 주민들의 무마에 이용

행정부가 만든 정책이나 프로그램에 반발하는 주민들을 무마시키기 위해서 전략적으로 이용될 수 있다는 것이다. 즉 주민의 반발을 무마시키기 위해서 주민참여를 역으로 이용한다는 것이다. 뿐만 아니라 정책을 정당화시키기 위해서 시민참여를 이용한다는 것이다.[3] 그리고 시민참여는 행정의 책임을 국민에게 전가시키는 수단으로도 이용될 수 있다는 것이다. 해결하기 어려운 책임을 국민에게 떼어넘김으로써 책임을 면하자는 것이다.[4] 이러한 시민참여는 없는 것만 못하고

---

3) William L. Morrow, *op. cit.*, pp. 278~279.

4) *Ibid.*, p. 275.

오히려 해독작용만 한다고 볼 수 있다.

제 4 절 주민참여의 활성화방안

우리는 앞에서 주민참여의 긍정적인 측면과 부정적인 측면을 다같이 살펴보았다. 그러나 부정적인 문제점들이 있다고 해서 주민참여를 포기할 수는 없는 것이다. 이러한 문제점들을 극복하면서 참여적 민주주의를 실천한다는 의미에서도 주민참여를 활성화시키는 것이 요구된다. 활성화의 방안으로서 다음과 같은 것들이 제시될 수 있다.

(1) 접근가능성의 확보

주민으로 하여금 행정에의 접근가능성을 용이하도록 하여야 한다. 이러한 가능성의 제고는 행정에 달려 있다고 볼 수 있다. 행정이 시민에 대해서 지배자나 우월자로 군림하거나 배타성과 폐쇄성을 띨 때에는 시민참여가 일어날 수 없다. 행정이나 시민은 서로가 친절한 이웃으로 생각할 때에 생산적인 시민참여를 기대할 수 있다. 이러한 접근가능성은 제도적으로도 보장되어야 하겠지만 정신적으로 강하게 느껴져야 한다. 우선 제도적으로 생각할 수 있는 것은 행정기관에 설치된 민원상담실이다. 민원상담실은 형식적인 행정기관이 되어서는 안 되고, 실제로 지역주민의 의사가 여과・소화・반영되는 기관이 되어야 한다. 접근가능성은 누구에게나 개방되어야지 특정인에게만 전유되어서는 안 된다.

(2) 지방분권화

지방분권화이다. 중앙에서 모든 권력을 독점하고 있으면 시민참여는 일어날 수가 없다. 특히 사업성을 띤 업무는 대폭적으로 지방에 위임되어야 한다. 시민참여의 본래의 목적이 그 지역주민의 의사가 행정에 반영되도록 하는 것이라면 지방분권화는 시민참여의 전제조건이 되는 것이다. 모든 권한이 중앙에 집중되어 있으면 그 지역주민의 요구에 민첩하게 반응하는 행정을 실시할 수도 없고 주민의 구미에 맞는 서비스도 제공할 수 없다. 지방행정기관이 자율권과 재량권을 가지고 있지 않으면 중앙기관의 요구와 주민의 요구 사이에서 샌드위치가 된다. 우리나라의 경우 1995년 단체장이 직선됨으로써 지방자치가 본격적으로 실시되고 있지만 아직도 지방자치단체는 조직권・인사권・재정권에서 충분한 권한을 보유하고 있지 않아 명실상부한 지방분권화가 일어나고 있지 않다. 이러한 상황에서는 주민참여는 유명무실하여지기 쉽다.

(3) 업무의 확정

시민참여의 대상이 될 수 있는 업무를 확정하는 것이다. 모든 행정업무가 시민참여의 대상이 될 수 있는 것은 아니다. 특히 일상적인 업무나 의무성을 띤 업무는 일반적으로 시민참여의 대상이 되지 않는다. 주로 시민참여의 대상이 되는 업무는 프로그램의 성격을 띤 업무인데, 이러한 업무는 그 지역주민의 이익에 직결되고, 아울러 지방행정이 자율적으로 운영할 수 있는 성격을 띠고 있어야 한다.

(4) 기법들의 개발

시민참여에 요구되는 기법들을 광범위하게 개발하여야 한다. 주민이 원하는 것이 무엇인가를 정확하게 파악하는 것도 중요한데, 이것을 위한 '샘플서베이' 같은 것은 좋은 예라고 할 수 있다. 그런가 하면 그 지역의 유지나 분야별 전문가들을 미리 파악하여 두는 것도 기법의 하나라고 할 수 있다. 만일에 특정지역이 특정산업이나 기능 또는 업종으로 특징지어진다면, 미리 이 방면에 자문위원회를 구성해 놓는 것도 좋은 기법이라고 할 수 있다.

그런데 기법들 중에도 가장 중요한 것은 주민의 대표자를 선정하는 절차에 관한 것이다. 즉 언제 선정할 것인가의 시간, 대표자들의 토론방법, 주민들에 대한 보고·소환 등은 중요한 절차들이라고 할 수 있다.

(5) 평가에 주민참여유도

주민참여는 정책이나 프로그램의 결정과정에도 요구되지만 집행 후 평가과정에도 요구된다. 시민을 위한 프로그램이 성공적으로 수행되었는가를 평가하기 위해서는 시민이 참여해야 한다는 것이다. 평가과정에 주민을 참여시키는 방법으로는 대표자로 위원회를 구성해서 평가하도록 하는 방법도 있지만, 그보다 바람직한 방법은 샘플 기법을 써서 전체주민의 평가를 파악하는 것이다.

(6) 정보의 공개와 전파

정보의 공개와 전파는 주민들로 하여금 지역문제에 대해서 관심을 갖도록 유도함으로써 주민참여를 활성화시킨다.[5] 행정은 체질적으로 정보공개를 꺼리고

5) 김병준, 한국지방자치론, 법문사, 1995, 460~461면.

있는데 이는 주민참여를 달가와 하지 않는 자세와 직결되고 있다. 행정은 중앙·지방을 막론하고 정보공개의 제도를 마련해야 한다. 청주시가 1992년에 우리나라에서는 최초로 정보공개조례를 제정한 바 있는데 이는 전국적인 확산이 요구되고 있다.

(7) 협상능력이 있는 행정관의 배치

관계된 행정관은 갈등상황을 효과적으로 해결할 수 있는 능력을 가지고 있어야 한다. 이때의 갈등은 시민과 행정간의 갈등은 물론이고, 주민간의 갈등, 대표자간의 갈등도 포함된다. 이때의 해결능력은 협상에 의한 해결능력을 말한다. 여기서 행정관은 협상기술을 익힐 뿐만 아니라 그 지역사회 내의 집단의 동적인 상황에도 정통하고 있어야 한다.[6)]

주민이 원하는 것이 무엇인가, 소수자를 이루고 있는 사람들은 어떤 사람들인가, 특별한 보호를 해야 할 사람들은 누구인가, 이해의 대립을 가져올 수 있는 산업 및 직업분포는 어떻게 되어 있는가 등이다. 이때 행정관이 특별히 관심을 가져야 할 대상은 사회적 약자들이다. 왜냐하면 주민참여의 대상이 되고 있는 많은 프로그램은 사회적 약자들을 대상으로 하고 있기 때문이다.

(8) 민간단체와의 유대강화

지방행정기관은 그 지역의 자발적인 민간단체나 산업단체 또는 종교단체들과 수평적인 관계에서 상호보완적인 유대관계를 강화시켜 나가야 할 것이다. 왜냐하면 이러한 단체들은 시민참여를 활성화시키는 데 산파역할을 하고 있기 때문이다. 단지 행정이 경계해야 할 것은 이러한 단체들이 특수이익을 위해서 편파적으로 행동하는 것이다.

현재 우리나라에서는 중앙으로부터 각 지역에 이르기까지 경실련, YMCA, YWCA 등의 민간단체들이 활발히 움직이고 있는데 이러한 단체들은 주민참여를 활성화시키는 데 결정적인 역할을 하고 있다.[7)]

---

6) Adam W. Herbert, *op. cit.*, pp. 630~631.
7) 김병준, 前揭書, 462~463면.

제12장 행정책임과 행정통제

제 1 절 행정책임의 의의

행정책임이란 행정인 또는 행정조직이 윤리적 · 기술적 또는 법규적 기준에 따라 행동해야 하는 의무라고 할 수 있다.[1] 따라서 특정의 직무나 의무 또는 작업은 책임의 전제가 된다. 그런데 이러한 직무나 작업은 성실하게 이행되지 않았을 때에 비판의 대상이 될 수 있어야 한다. 행위의 결과가 비판의 대상이 될 수 없을 때에는 책임의 대상이 되지 않는다. 따라서 행정책임의 대상이 되는 직무나 행위는 다른 사람에게 영향을 주는 외연성을 지녀야 한다.

그리고 행정책임은 자기주관하의 생활영역에서 일어나는 모든 사태에 대하여 책임을 지기 때문에 책임은 행위의 주체자에게 한정되지 않는다. 상관이 하급자의 행위에 대하여 책임을 지는 것은 이러한 경우이다.

제 2 절 행정책임의 종류

행정책임은 다음의 세 가지 종류로 나누어 설명할 수 있다.

Ⅰ. 도의적 책임(응답적 책임)

영어의 responsibility가 바로 도의적 책임을 말한다. 도의적 책임은 개인적이고 도덕적 의미(personal and moral connotation)를 내포하고 있기 때문에 반드시 공식적 역할이나 지위(formal role and status)에 관계될 필요는 없다.[2] 그리고 도

1) Robert Presthus, *Public Administration*, 6th ed., Ronald Press, 1975, p. 411.
2) *Ibid.*, p. 411.

의적 책임이기 때문에 타인이나 부하의 행위에 대해서도 책임을 지며, 법적 요구도(legal requirement)에 충족되어도 책임을 지는 경우가 있을 수 있다. 즉 행정관은 자기행위가 법적으로는 책임추궁의 대상이 되지 않아도 그 행위에 대해서 도의적으로 책임을 지는 경우가 있을 수 있다는 것이다. 여기서 도의적 책임은 공유(shared)되는 성격을 띠고 있다. 즉 도의적 책임은 조직 내에서 상·하로 확산된다.

도의적 책임의 기준은 주로 국민의 여망이나 여론이기 때문에 국민의 요구에 대한 감응성(responsiveness)이 그 핵심을 이루고 있다.[3)]

Ⅱ. 법적 책임

영어의 accountability가 법적 책임이다. 법적 책임은 법적 추궁의 대상이 되는 책임을 말한다. 책임을 성실하게 이행하지 않을 때에 일반적인 비판의 대상이 될 뿐만 아니라 처벌의 대상까지 되는 책임이다. 법적 책임은 행위의 결과가 법적 요구도에 부합되어야 하는 책임이다. 따라서 법적 책임은 공식성(formality)을 강조하는 책임이다.

이러한 법적 책임은 일반적으로 명령계통을 따르는 계층적 질서를 통해서 확보된다. 이러한 공식적 관계(formal relationships)를 강조하는 법적 책임은 공유될 수가 없는 것이다.[4)] 즉 타인이 대신해서 져줄 수가 없는 책임이다.

법적 책임은 행위자가 그 행위로 인해서 추궁되었을 때에 적어도 그 행위의 외면적 결과가 미리 제시된 기준에 부합되어야 한다는 점에서 도의적 책임과 다르다. 도의적 책임은 목표의 최대한도의 성취를 위해서 최선을 다한다는 의미에서 외면적인 요구조건뿐만 아니라 내면적인 조건도 중요시한다.[5)] 법적 책임은 자기의 행위가 문책되었을 때에 반드시 답변하고 변명하게 되어 있다. 이때 행위자는 자기행위의 결과로 어떤 대가를 받을 것이라고 미리 알 수도 있고 모를 수도 있는데, Herbert J. Spiro는 전자를 명시적인 법적 책임이라고 하고 후자를 묵시적인 법적 책임이라고 한다.[6)]

---

3) 劉鍾海, 現代行政學, 博英社, 167면.
4) Robert Presthus, *op. cit.*, p. 411.
5) 劉鍾海, 前揭書, 167면.
6) Herbert J. Spiro, *Responsibility in Government: Theory and Practice*, Van Nostrand, 1969, p. 15.

Ⅲ. 직무적 책임

영어로 obligation을 직무적 책임이라고 한다. 일반적으로 도의적 책임이나 법적 책임이 행위의 결과로 제 3 자에 대해서 지는 책임인데 반하여, 직무적 책임은 맡은 바 업무나 작업을 수행해야 한다는 의미에서 직무에 대한 책임이다. 즉 자기가 맡은 일을 성실하게 수행해야 할 의무를 직무적 책임이라고 한다는 것이다. 공무를 성실히 집행하고 상급기관의 지시를 준수하는 것은 직무적 책임의 대표적인 예라고 할 수 있다.[7] 따라서 행정관은 직무적 책임을 수행하기 위해서 자기의 능력 · 지식 · 기술 · 자원 등을 최대한으로 활용할 것이 요구된다.

여기서 한 가지 주의할 것은 직무적 책임이라고 해서 작업과 그것에 대한 의무감만으로 구성되는 것이 아니라는 것이다. 여기에는 행정관의 가치판단도 중요한 요소가 된다는 것이다.[8] 따라서 직무적 책임은 행정관의 가치판단에 따라 달라질 수 있다.

제 3 절 행정책임의 기준

행정책임의 기준이란 행정책임을 추궁할 수 있는 근거를 말한다. 행정책임의 기준으로서 다음과 같은 것들을 생각할 수 있다.

Ⅰ. 명문화된 기준

행정책임을 1차적으로 물을 수 있는 기준은 법규나 프로그램에서 명시적으로 표현하고 있는 절차 · 수속 · 직무내용 및 목표액이다. 행정관은 자기의 책임을 다하기 위해서 우선 명문화된 기준에 합치될 것이 요구된다. 여기서 주의를 요하는 것은 명문화된 기준을 형식적으로 해석할 것이 아니라 법의 정신을 토대로 해서 실질적으로 해석해야 한다는 것이다.

7) *Ibid.*, p. 18.
8) *Ibid.*, p. 19.

Ⅱ. 행정의 준거기준

행정책임을 물을 수 있는 기준이 명확하게 설정되지 않았을 때에 여기에 제일 먼저 대치할 수 있는 것이 민주성·효과성·능률성·중립성 등의 행정의 준거기준이다. 행정의 준거기준 중에서도 무엇을 먼저 내세워야 할 것이냐는 그 시대의 요구도에 따를 수밖에 없다. 일반적으로 서구사회에서는 민주성이 다른 준거기준들보다 우선시되고 있다.

Ⅲ. 공 익

행정책임의 세 번째 기준으로 들 수 있는 것이 공익이다. 공익의 개념은 모호하기 때문에(제6편 제3장 참조) 이것이 공익이다 하고 딱 정해서 이야기하기는 어렵다. 그러나 한 가지 분명한 사실은 특수계층의 이익이나 소수자의 이익이 아닌 불특정다수의 이익이 공익에 가깝다는 것이다. 공익은 그 개념이 모호하기 때문에 악용될 가능성도 많다는 것을 잊어서는 안 된다.

Ⅳ. 고객의 요구

행정업무가 특정의 고객에 대한 봉사를 목표로 하고 있을 때, 이러한 고객의 요구나 희망은 행정책임의 기준이 된다. 다만 특정고객들의 요구는 불특정다수의 고객의 요구와 조화되거나 최소한 중립성을 띠고 있어야지 갈등을 일으켜서는 안 된다. 많은 행정업무는 특정의 고객을 갖게 마련인데, 이때 고객의 요구는 행정책임의 기준이 된다는 이야기이다.

제 4 절　행정통제(행정책임의 보장)

행정통제는 그 방법에 있어서 행정 밖의 기관들이 행정을 통제하느냐 아니면 행정 스스로 통제하느냐에 따라 외부통제와 내부통제로 나누어진다.

본래 통제의 기본목적은 크게는 국민이 원하는 행정을 실시하고, 작게는 불법적이고 부당하고 비능률적인 행정행위를 사전·사후에 방지하는 데 있다. 오늘의 행정은 많은 재량행위와 가치배분의 기능까지 담당하고, 방대한 예산을 집행하고 관리하기 때문에 과오와 실수를 저지를 가능성이 많아졌다. 여기서 행정통제의 필요성은 필히 나타나게 되는 것이다.

Ⅰ. 외부통제

외부통제는 주로 행정의 민주성을 확보하는 데에 그 목적이 있다.

외부통제도 어느 기관이 통제하느냐에 따라 민중통제 · 입법통제 · 사법통제 · 옴부즈만제도 등이 있다.

(1) 민중통제

민중통제는 국민이 직접 행정을 통제하는 것으로 다음과 같은 것들이 있다.

1) 선거 국민은 선거를 통해서 자기들이 원하는 대통령이나 자치단체의 장을 선출할 수 있고, 원하지 않는 사람들을 경질할 수 있다. 이러한 의미에서 선거는 행정통제의 수단이 된다. 국민발안 · 국민소환 · 국민투표도 국민에 의한 행정통제라는 것은 말할 것도 없다.

2) 여론 여론은 정당 · 매스컴 · 언론기관 · 지식인 등에 의해서 형성되는데, 이러한 여론은 정책의 수립과 수정에 영향력을 행사한다. 전국민의 관심을 끄는 문제는 자연히 여론을 유발함으로써 그 영향을 받게 된다. 아무리 훌륭한 정책이나 프로그램이라도 여론을 등지고는 성공할 수가 없다. 매스컴이나 언론기관의 고발은 강력한 행정통제의 역할을 하고 있다.

3) 주민참여 주민참여는 주민이 자기들의 의사를 행정에 반영시키기 위해서 행정에 참여하는 것을 말한다. 주민참여는 주로 지역사회수준에서 일어나는데, 지역주민의 이익과 결부되는 프로그램을 설정하는 데에 강력한 영향력을 행사한다. 주민참여는 주민의 욕구를 행정에 반영하기 위해서 나타나지만, 주민의 불평을 무마하기 위해서 악용될 수도 있다는 것을 알아야 한다. 주민참여에 대해서는 이미 앞 장에서 자세하게 살펴본 바 있다.

4) 정당과 압력단체 행정부의 정책에 대해서 여당이나 야당은 다같이 통제기능을 수행한다. 예산안을 작성하거나 중요한 정책을 수립할 때에는 정부 · 여당연석회의를 거치는 경우가 많다. 야당은 당의 입장에서 현 정책을 비판하고 대안을 제시하기도 한다.

압력단체는 주로 전문적인 입장에서 행정부에 영향력을 행사함으로써 통제기능을 수행하는데, 이들은 자기들의 이익만을 추구함으로써 전체이익에 역행하는 통제기능을 행사할 수도 있다.

(2) 입법통제

입법부는 행정의 기본목표를 설정하고 예산을 심의·결정하여 줌으로써 행정에 대한 제 1 의 통제자라고 할 수 있다. 뿐만 아니라 입법부는 행정조직의 골격을 정하고, 때로는 구체적인 운영문제까지 규제한다. 의회의 행정통제권을 좀 더 구체적으로 살펴보면 다음과 같다.

1) **법률제정권** 의회는 행정이 의존해야 할 법률을 제정함으로써 행정활동의 한계를 정하여 준다. 의회의 의사를 초월한 행정이란 있을 수 없다는 것이다. 법치행정이란 법 밖의 행정이란 있을 수 없다는 것을 뜻하고 있다.

2) **예산의 심의·결정권** 의회는 행정부가 편성·제출한 예산안을 삭감, 증액 또는 신비목을 설치함으로써 행정에 대한 강력한 통제권을 행사한다. 의회는 예산심의권 이외에도 기채동의권·예비비지출승인권·긴급재정처분에 대한 승인권을 가지고 있다.

3) **조사·질문권** 의회는 행정부에 비행·부정·과오가 있다고 생각할 때에 조사위원회를 구성해서 조사활동을 할 수 있고 관계관을 불러 질의할 수 있다. 이 밖에 인사에 관한 권한으로서 임명에 대한 동의권·해임건의권 및 탄핵권 등을 들 수 있다.

의회의 행정에 대한 통제는 구체적인 문제보다는 국정전반에 관한 것인데, 이러한 통제는 근래에 와서는 상당히 약화된 것이 사실이다. 즉 사회가 전문화됨으로써 실질적인 입법기능도 행정부가 많이 담당하고 있으며, 예산심의에 있어서도 정부편성안의 몇 % 이상을 수정할 수 없게 함으로써 의회의 행정통제권은 많이 약화되었다.

(3) 사법통제

사법통제에는 두 가지가 있는데, 하나는 행정업무의 수행상 시민의 권익이 침해되었을 때에 법원에 소송을 제기함으로써 권익을 구제하는 경우이고, 다른 하나는 행정부가 발한 명령의 위헌 또는 위법여부를 심사함으로써 나타나는 행정통제이다. 다시 말해서 사법부의 법령해석권과 권리구제행위는 행정부에 대한 사법부의 2 대 통제행위라고 할 수 있다.

그러나 사법통제는 다음과 같은 약점을 지니고 있다.

1) 권익의 침해를 전제로 함으로써 사후적 통제에 지나지 않는다는 것이다.

2) 소송절차가 복잡하고 경비와 시간이 많이 소요된다.

3) 행위만을 전제로 하기 때문에 부작위에 대한 통제가 어렵다.

4) 위법한 행위에 대한 사후적 통제이기 때문에 어디까지나 소극적인 통제를 벗어나지 못하고 있다.

(4) 옴부즈만(ombudsman)제도

본래 옴부즈만제도는 스웨덴에서 발생하여 노르웨이 · 덴마크를 거쳐 이제는 많은 나라에서 채택, 실시되고 있다. 나라마다 옴부즈만제도를 채택할 때에 스웨덴의 제도를 그대로 이식하는 것이 아니라 그 나라의 사정 여하에 따라 변형시키면서 채택하고 있기 때문에 옴부즈만도 다양한 형태를 지니고 있다.[9] 즉 옴부즈만의 소속문제 · 권한 · 고정처리절차 · 조직구조 등에 있어서 나라마다 다르다는 것이다. 그러나 옴부즈만의 기본목적은 어느 나라나 다 같다고 볼 수 있는데, 그것은 행정권의 남용이나 부당행위로 국민의 권리나 이익이 침해되었을 때에 그것을 신속하게 구제하자는 것이다. 나라마다 제도상의 차이가 있다면, 그것은 침해된 권리를 구제하자는 방법상의 차이이지 목적상에는 차이가 없다.

오늘날 세계각국에서 옴부즈만제도가 행정통제의 수단으로 논의되고 있는 것은 행정의 재량영역(discretionary areas)이 넓어짐으로써 국민의 권리침해가능성이 커진 데에 있다.[10] 특히 옴부즈만제도가 행정통제의 수단으로 환영받고 있는 것은 기존의 여러 가지 통제수단이 국민의 고충처리를 빠르고 속시원히 처리하는 데에 불충분하고 비능률적이었기 때문이다.[11]

행정통제수단으로서 옴부즈만제도는 다음과 같은 특징을 지니고 있다.

1) 의회의 기관이지 행정부의 기관은 아니다. 스웨덴에서 처음 발생할 때는 국왕의 기관이었지만, 의회의 권한이 강화되면서부터는 의회기관이 되었다.[12] 여기서 의회기관이라고 해서 의회가 옴부즈만의 활동을 지휘 · 감독할 수 있다는 뜻은 아니다. 의회기관이라고 하는 것은 의회가 옴부즈만을 임명할 권한만 가지고 있다는 뜻이다. 옴부즈만은 정치적으로 독립된 기관이며, 동시에 불편부당의 기관이다.

---

9) 金浩鎭, "各國 옴부즈만制度의 比較研究," 韓國行政學報, 제13호, 1979, 147~172면.

10) Donald Rowat, "The Parliamentary Ombudsman: Should the Scandinavian Scheme Be Transplanted?" in Nimroad Raphaeli(ed.), *Readings in Comparative Public Administration*, Allyn and Bacon, 1967, p. 141.

11) 白完基, "韓國行政에 있어서 옴부즈만制度의 定着化可能性," 韓國行政學報, 제13호, 1979, 205~208면.

12) Donald Rowat, *op. cit.*, pp. 135~136.

2) 옴부즈만에게 고발할 수 있는 행위는 명백한 불법행위로부터 부당행위, 비능률, 부정행위, 태만, 과실, 결정의 편파성, 신청에 대한 불응답 등에 이르기까지 다양하다. 따라서 고발의 대상이 되는 행위는 불법행위뿐만 아나리 공직의 요구에서 이탈된 모든 행위라고 할 수 있다.

3) 옴부즈만은 기존의 행정결정이나 행정행위를 무효화시키거나 취소할 수는 없다. 즉 아무리 불법성을 띤 행위라 할지라도 옴부즈만이 그것을 직접 취소시키거나 무효화시킬 수는 없다는 것이다. 물론 예외적인 경우가 있기는 하나,[13] 일반적으로 옴부즈만이 할 수 있는 것은 불평과 고발의 대상이 되는 행위를 조사해서 이유 있다고 생각할 때에는 시정조치를 담당기관에 건의할 수 있을 뿐이다. 그러나 시정조치의 건의는 판단의 객관성, 능력, 탁월한 지식 및 그들의 사회적 위신에 기초하고 있기 때문에 행정에 미치는 영향력은 대단하다.[14]

4) 옴부즈만은 시민의 고발에 의해서 활동을 개시하는 것이 일반적이나 때로는 신문보도나 여론을 토대로 해서 자기직권으로 조사활동을 하기도 한다.

5) 불평의 처리과정은 직접적이고 신속하다. 조사상 필요하면 행정기관으로 하여금 문서를 제출케 하고 설명을 하게도 한다. 모든 판단의 결과는 반드시 시민에게 직접 알려 주게 되어 있다. 시민의 불평이 이유 없다고 판단될 때에도 그 이유를 알려 주게 되어 있다. 불평이 이유 있다고 판단될 때에는 행정기관의 사과로부터 결정의 철회·취소 및 보상의 반대급부까지 이른다. 물론 위에서 설명한 대로 행정기관으로 하여금 자기의 건의를 받아들이라고 명령하거나 강요할 수는 없지만 설득할 수는 있다.

Ⅱ. 내부통제

내부통제의 주목적은 행정의 능률성을 확보하는 데 있다.

내부통제는 행정부 스스로에 의한 통제인데, 이것도 통제의 주체나 방법에 따라 다음과 같은 여러 가지 종류가 있다.

(1) 행정수반 및 상급기관의 지휘·감독

일반적으로 행정수반은 국민에 의해서 직접 선출되고, 상급기관인 각 부의 책임자는 행정수반에 의해서 정치적으로 임명된 자들이다. 민선된 행정수반과 그

13) 스웨덴과 핀란드에서는 옴부즈만이 불법행위를 한 공무원을 직접 처벌하기도 한다.
14) Donald C. Rowat, "The Spread of the Ombudsman Idea," in S.V. Anderson(ed.), *Ombudsman for American Government*, Prentice-Hall, 1968, p. 10.

에 의해서 임명된 상급기관이 행정을 지휘・감독한다는 것은 민주행정을 확보한다는 의미에서 논리적으로 당연하다.[15)]

행정수반은 지휘・감독권을 효율적으로 수행하기 위해서 산하에 사정담당기관・민정비서실 등의 보좌기관을 거느리고 있다. 이들 보좌기관들이 주로 하는 일이란 관료들의 불법・부정・부당행위를 색출・방지하는 행위이다.

행정수반과 상급기관의 지휘・감독권에는 관료들의 임면권을 위시해서 상・하간의 정책수행의 일관성 확보, 비능률과 부정의 제거, 갈등의 조정 및 책임의 추궁 등이다.

⑵ 기관평가

기관평가는 1998년에 도입된 제도로서 종전에 국무총리실에서 시행하던 심사분석업무를 확장해서 실시하는 평가제이다. 심사분석업무는 각 부처의 프로그램이나 개별사업을 중심으로 분석을 하였는데 기관평가는 개별정책이나 프로그램의 분석평가는 말할 것도 없고 기관의 관리능력과 주민의 만족도까지 포함시켜 평가하는 제도이다. 여기서 기관평가는 개별정책이나 프로그램에 초점을 맞춘 정책평가나 심사분석보다 확장된 평가제도라고 할 수 있다.

⑶ 감사원의 감사제도

감사원의 기능에는 여러 가지가 있으나,[16)] 이 중에서도 가장 중요한 것은 회계검사와 직무감찰이다. 회계검사와 직무감찰은 행정의 내부적 통제의 핵심을 이루고 있다고 할 수 있다.

1) 회계검사 회계검사는 한마디로 예산집행상의 합법성 여부를 검사하는 행위로서 검사의 대상은 회계기록이다. 즉 공금이 법률이 정하는 목적에 따라 지출되었으며, 지출과정이 법적 절차에 부합되고 있는가를 따지는 행위라고 할 수 있다. 여기서 회계검사는 지출의 합법성을 최고로 중요시한다.[17)]

회계검사기관은 영국이나 미국에서는 의회에 소속되고 있어 행정에 대한 외재적 통제로 사용되고 있으나, 우리 나라에서는 행정부에 소속되고 있어 내재적 통제로 사용되고 있다.

검사사항은 필요적 검사사항과 선택적 검사사항으로 구분되고, 검사의 판결

15) Robert Presthus, *op. cit.*, pp. 353～354.

16) 회계검사와 직무감찰 이외에도 결산의 확인, 심사청구, 의견진술 등이 있다. 尹在豊, "韓國의 옴부즈만類似制度의 實態와 性格," 韓國行政學會, 제13호, 1979, 178～179면.

17) 兪焄, 財務行政論, 法文社, 1973, 246면

로서는 변상판정, 징계 및 문책처분의 요구, 시정의 요구, 개선의 요구 및 고발 등이 있다.[18)]

2) **직무감찰** 직무감찰이란 공무원의 비위로부터 행정운영의 비능률과 비합리성을 제거함으로써 행정운영의 개선을 가져오려는 통제행위라고 할 수 있다.[19)] 따라서 직무감찰은 합법성보다는 합목적성과 능률성을 더욱 강조한다.

(4) 직업윤리

직업윤리란 법규나 상부의 지시 또는 명령에 의해서 이루어진 규범이 아니고 공무원들이 직무상 스스로 발전시켜 온 윤리적 기준이라고 할 수 있다. 따라서 직업적 윤리는 자발적이고 자율적인 행동기준이라고 할 수 있다.[20)] 그러나 윤리라는 의미에서 단순한 관례나 선례와는 다르다. 윤리는 보다 바람직한 방향으로 나가는 규범성을 띠고 있고, 또 바로 이러한 성격 때문에 행정통제의 수단으로 논의되는 것이다.

Ⅲ. 통제과정

행정통제는 어떤 방법에 의한 것이든 정도의 차이만 있지 다음과 같은 과정을 밟는다고 할 수 있다.

(1) 기준의 설정

기준에는 위에서 설명한 행정책임의 막연하고 추상적인 기준에서부터 그때그때의 상황에 따른 구체적인 기준이 있을 수 있다. 흔히 통제 하면 목표나 계획에 실적을 일치시키는 과정이기 때문에 조직의 목표가 통제의 기준으로 가장 많이 사용되고 있다.

(2) 전략적 지점(strategic points)의 선정

조직의 운영과정을 전부 통제한다는 것은 능력이나 시간적으로 사실상 불가능하고 또 그럴 필요성도 없다. 여기서 전반적인 운영상황을 개괄적으로 파악할 수 있는 전략적 지점을 선정하는 것이다.[21)]

18) 尹在豊, 前揭論文, 178면.
19) 兪焄, 前揭書, 270면.
20) 朴東緖, 韓國行政論, 法文社, 1981, 500면.
21) W. H. Newman, *Administrative Action*, Prentice-Hall, 1958, p. 409; 金雲泰, 組織管理論, 博

일반적으로 세부사항까지 통제하게 되면 조직구성원에게 심리적인 좌절감과 불쾌감을 일으켜 역효과를 일으키기 쉽다. 여기서 전략적 지점의 선정이 요구되는 것이다. 어느 점이 전략적 지점인가의 문제는 상황에 따라 또는 조직의 목표에 따라 결정되어야 하기 때문에 획일적으로 답변할 수는 없다. 그러나 전략적 지점을 선정하는 데는 다음 4가지 요소, 즉 적시성·경제성·포괄성·균형성이 고려되어야 한다고 지적되고 있다.[22)]

(3) 업무진행 및 결과의 해석·평가

통제과정의 세 번째 단계는 업무진행과 실적을 이미 설정된 기준과 비교하여 그 차이 여부를 확인하고, 그 차이의 발생원인을 분석하는 것이다. 이 단계는 정책평가에 해당하므로 정책평가에서 자세하게 다루기로 한다.

Ⅳ. 시정조치

업무진행과정 중 잘못이 발견되거나 또는 실적이 기준에 미달될 때에 시정조치를 취하게 된다. 시정조치로서 다음과 같은 것들을 생각할 수 있다.

(1) 물리적 또는 외적 상황을 조절하는 것이다. 목표와 실적간의 차이가 작업조건의 변화나 예기치 않았던 장애에 의해서 나타날 때에 이러한 작업환경을 개선하는 것이다.

(2) 부하에 대한 명령과 그들의 훈련도 및 선임문제를 재검토한다. 실적이 기준에 미달하는 경우, 흔히 하부직원의 자격결핍을 위시해서 적절치 못한 명령 또는 부하직원의 업무에 대한 훈련 및 경험의 부족에서 연유되는 경우가 허다하다는 것이다. 이 경우 명령내용을 수정 또는 취소시키고, 기술이 부족한 직원은 훈련을 통해서 기술을 습득시키고, 부적격한 사람은 적격자로 대치시켜야 한다.

(3) 계획 자체를 수정하는 것이다. 이미 세워진 계획이 외부환경의 변화로 그 실현이 불가능하거나 또는 계획 자체의 기준이 너무 높아 실현성이 희박할 때에 계획 자체를 수정하는 것이다. 다시 말해서 외부조건의 변화에 따라서 계획도 수정해 나간다는 것이다. 그리고 외부조건의 변화가 없이도 계획이 처음부터 잘못 세워진 경우가 있는데, 이 경우도 계획을 수정해 나가야 한다는 것은 말할 것도 없다.

英社, 1966, 242면.

22) W. H. Newman, *op. cit.*, pp. 414∼417.

(4) 동기부여를 강화시키는 것이다. 실적이 기준에 미달하는 경우는 조직구성원이 최선을 다하지 않음으로써 나타나는 수도 있다. 이때 최고관리층은 경제적 또는 심리적 유인체계(incentive system)를 세워 강력한 동기를 유발시키는 것이다. 다시 말해서 모든 조직구성원이 조직의 목표성취에 전력을 동원하도록 동기부여를 제공하는 것이다.

제13장 행정개혁

제 1 절 행정개혁의 개념 및 발생계기

I. 행정개혁의 개념

행정개혁이 무엇이냐고 물을 때에 그 답은 그리 간단하지가 않다. 왜냐하면 행정개혁 역시 개혁조직체의 변화현상으로서 어느 것 하나 행정조직체의 변화현상과 관련되지 않은 것이 없고, 또 행정개혁과 구별하기 힘든 비슷한 개념이 너무 많기 때문이다. 예컨대 이 책에서 다룬 조직발전・목표관리・기획예산제도 등은 쉽게 행정개혁과 구별되지 않을 뿐 아니라, 어떤 것은 행정개혁의 일부를 구성하고 있기도 하기 때문이다. 그러나 행정개혁은 이러한 개념들과 중복되는 면은 있지만 동일한 개념은 아니다. 조직발전이나 목표관리가 조직 내에서 일어나는 미시적이고 관리적이고 부분적인 현상일 때에, 행정개혁은 조직 내외에서 일어나는 거시적이고 정치적이고 전면적인 현상으로서 행정고위층의 정치적 결단을 내포하고 있는 개념이라고 할 수 있다. 거시적 개념이라고 하니까 미시적이고 부분적인 것을 내포하지 않는다는 이야기는 아니다. 여기서의 '거시적'이라는 말은 행정 내에서만 이루어지는 것이 아니라 행정 밖의 정치세력들과 상호연결되어 있다는 뜻이다. 따라서 행정개혁은 그 규모가 크건 작건 간에 정치지도자의 정치적 결단과 밀착되어 있다는 것이다. 여기서 행정개혁은 행정내부의 관리개선이나 절차나 기법들의 변화와 구별된다.

여기서 우리는 행정개혁을 Frederick C. Mosher의 의견에 따라 변화되는 주위환경에 효율적으로 적응하고 대처하기 위해서 행정부가 '의식적으로 추구하는 기획된 변화'로 이해하기로 한다.[1)]

1) Frederick C. Mosher(ed.), *Governmental Reorganization: Cases and Commentary*, Bobbs-Merrill, Co., 1967, p. 494.

Ⅱ. 행정개혁의 발생계기

어느 조직체나 자연적·사회적·문화적 환경 속에서 생성·발전·소멸하는 생태적 실체로서 운명을 지니고 있다. 행정체제도 예외는 아니다. 행정체제가 내외의 환경적 변화에 조화되지 못할 때에 기능상의 역기능, 구조상의 모순, 조직과 개인과의 모순, 조직과 환경과의 모순 등을 노정시킨다. 이러한 모순관계를 야기시키는 요인들이 행정개혁의 계기가 된다. 발생의 계기를 구체적으로 설명하면 다음과 같다.

⑴ 새로운 철학의 추구

국가나 정부가 새로운 철학을 추구할 때에 이것을 뒷받침하기 위한 수단으로 행정개혁은 필히 나타나게 된다. 이때 기존의 행정구조를 재편할 수도 있고, 새로운 행정기관을 창설할 수도 있다.

정책의 변화나 새로운 정책 또는 개발사업의 추구로 새로운 기능이 요구될 때에도 같은 맥락에서 행정개혁은 발생하게 된다.

⑵ 새로운 과학·기술의 등장

새로운 과학·기술이 행정운영에 도입·원용될 때에 이것은 행정개혁의 씨앗이 된다. 행정개혁은 단순한 조직구조의 변화만을 뜻하는 것이 아니고 작업운영의 변화와 행동양식의 변화까지 포함하고 있기 때문에 과학·기술의 변화는 행정개혁의 직접적인 원인이 된다. 컴퓨터의 등장이 행정운영 및 조직의 변화에 얼마나 많은 영향을 끼쳤는가를 보면 가히 짐작할 수 있다.

⑶ 불필요한 기능의 중복

대부분의 행정개혁은 불필요한 기능중복으로 인한 비능률의 제거에 주목적이 있었다. 영국의 Northcote and Trevelyan위원회나 Haldane위원회가 그러했고, 미국의 Hoover위원회가 그러했다. 기능의 중복은 비용의 증가로 인한 비능률을 야기시킬 뿐만 아니라 조직간의 권한쟁의로 인한 대립·갈등·혼란을 야기시킨다. 이러한 점에서 불필요한 기능의 중복은 행정개혁의 충분한 이유가 된다.

⑷ 전쟁이나 혁명 등의 정치적 사태

전쟁이 발생되었을 때에 효과적인 전쟁수행을 위한 일사불란한 동원체제가 요구될 수 있다. 이때 행정은 운동체제 중심의 체제로 변화될 수 있다.

또 혁명은 정치질서의 자동성이 파괴되는 것을 의미하기 때문에 그것은 스스로 행정체제의 변화를 요구하고 있다. 기존의 행정체제는 혁명적 이념에 의해서 부정되기도 하고, 부정되지 않을 경우에도 중요한 변화를 요구받고 있다. 어느 경우나 행정개혁의 원인이 된다.

(5) 인구 및 고객구조의 변화[2)]

단순한 인구의 증가도 행정개혁의 원인이 되지만, 인구구조의 변화뱌는 행정개혁의 직접적인 원인이 된다. 사회에 진출하는 여성이 많아졌거나, 노인층의 인구가 갑작스럽게 증가하였거나, 청소년의 비행·범죄가 증가하였을 때에 행정개혁은 나타나게 된다. 그렇지 않으면 특별히 보호하여야 할 소수민족이나 고객이 나타날 경우에도 행정개혁은 요구되는 것이다.

(6) 공공영역의 축소에 대한 요망

정부의 규제나 간섭의 범위가 줄어들 때에 공공영역은 축소된다.[3)] 정부의 규제나 간섭의 범위를 줄여달라는 요구는 압력단체·여론 등을 통해서 일어날 수 있다. 규제 및 간섭의 감소는 그만큼 기구를 줄임으로써 행정조직변화의 원인이 된다. 규제 및 간섭의 범위가 확대될 때에도 행정개혁의 원인이 된다는 것은 말할 것도 없다.

제 2 절 행정개혁의 접근방법

개혁의 접근방법은 어디에 초점을 두느냐에 따라 여러 가지로 설명할 수 있다.

2) Herbert Kaufman, "Changing Government Organization: The Concept of 'Trade Offs' in Reorganization," in Richard J. Stillman II (ed.), *Public Administration: Concepts and Cases*, 2nd ed., Houghton Mifflin, 1980, p. 299.

3) Marshall E. Dimock, "The Objectives of Governmental Reorganization," *Public Administration Review*, Autumn 1951, p. 233.

I. 구조적 접근방법

구조적 접근방법(structural approach)은 조직의 구조적 설계(structural design)를 재조정함으로써 행정개혁의 목적을 달성하려는 접근방법이다.[4] 구조적 접근방법에서 노리는 것은 집권화와 분권화의 확대, 또는 전통적 원리에 따라서 행정조직을 재편성하는 것이었다. 전통적 원리란 명령통일의 원리, 통솔의 범위, 부서편성의 원리 등이다.

구조적 접근방법 중에서도 전통적 원리를 강조하는 입장은 기능중복의 제거, 책임의 재규정, 통솔의 범위의 축소, 통제절차의 개선, 절차의 간소화 등에 주안점을 두었다.[5] 이러한 입장은 조직의 내부구조에만 관심을 기울이다 보니 조직 내의 인간적인 문제나 조직과 환경과의 문제를 등한시하였다.

구조론자들은 이상적인 조직구조를 설계하는 데 유일한 개선의 길이 있다고 믿었다. 따라서 이상적인 조직구조에 맞추어 처방적인 입장에서 행정개혁을 다루었다. 대부분의 행정개혁들이 이러한 입장을 취한 것이 사실이다. 1차・2차 Hoover위원회의 행정개혁도 이러한 입장을 택하였다고 지적되고 있다.[6]

시간이 흐름에 따라 이들은 조직 내의 인간적인 문제와 행태적인 문제에도 관심을 기울이게 되고, 조직의 비공식적 측면도 중요시하게 되었다. 그러나 이들의 주관심은 어디까지나 행정의 구조면에 있었다는 것은 말할 것도 없다.

II. 과정적 접근방법

과정적 접근방법(process approach)은 조직 내의 운영과정 또는 일의 흐름을 개선하려는 방법이다.[7] 과정론자들이 주로 생각하는 방법은 OR(operational research)이나 EDPS(electronic data processing system) 등이다.

OR은 수학적 개념과 계량성을 행정과정에 적용하여 행정현상을 개혁하려는 방법으로서 먼저 정보・작업・물자의 흐름을 분석하고, 이것을 모형정립에 적합하도록 재구성한다. OR이 주로 적용되는 분야로서는 재고관리・자원배분・대기

4) 吳錫泓, 組織理論, 博英社, 1980, 673면.
5) 兪焄, 行政學原論, 四訂版, 法文社, 1981, 307면.
6) Mosha Weiss, "Towards a Comprehensive Approach to Government Reorganization," *Philippine Journal of Public Administration*, January, 1967, pp. 58～59; 兪焄, 上揭書, 307면에서 再引用.
7) 吳錫泓, 組織理論, 674면.

결정 · 우선순위결정 · 대체결정 등이다.[8)]

EDPS는 정보의 흐름을 신속하게 함으로써 정보를 제시간에 제공하여 상부층이 정책결정을 하는 데 있어서 여러 가지 불편을 덜어 준다. 정보관리체제는 많은 일상적인 일들을 프로그램화시켜 중간관리층의 업무를 없애거나 대폭적으로 줄임으로써 행정구조의 변화에도 크게 영향을 끼치고 있다(여기에 대해서는 제 1 편 제 5 장 제 3 절 과학기술과 행정 참조).

Ⅲ. 행태적(인간관계적) 접근방법

행태적 접근방법은 개혁의 초점을 인간에게 둔다. 즉 인간의 능력을 개발함으로써 행정개혁의 실효를 거두려는 입장이다. 행태론자들이 주로 사용하는 기법은 사회심리학이나 행태과학에서 개발한 실험실적 훈련, 팀개발, 과정상담 등이다. 행정개혁에서 행태론적 접근방법을 택한 사람들은 제 4 편 제 4 장 · 제 5 장에서 설명한 목표관리나 조직발전을 행정개혁의 주요 내용으로 생각한다. 이들의 주요 논점은 참여적 관리를 통해서 인간개발과 조직의 민주화를 기하자는 것이다. 인간의 태도와 가치관을 변화시키고, 인간의 능력을 개발시킬 때에 행정개혁이 이루어진다는 것이다.

행태적 접근방법이라고 해서 조직문제를 다루지 않는 것은 아니다. 이들은 조직은 어디까지나 종속변수이기 때문에 인간개발중심으로 재구성되어야 한다는 것이다. 분권화 · 수평조직(flat organization) · 직무확장 등은 이들이 원하는 조직형태이다.

Ⅳ. 접근방법들의 종합화

이상에서 설명한 접근방법들은 행정의 일면만을 강조한 접근방법들이다. 이것은 행정개혁의 부분은 될 수 있어도 전부는 될 수 없다. 이들의 접근방법들은 상호보완관계에 있지 배타적인 관계에 있지 않다. 물론 구조론적 입장과 행태론적 입장은 상호대립의 여지가 없지 않지만, '인간 없는 조직'이나 '조직 없는 인간'을 생각할 수 없기 때문에 양자의 조화가능성은 있는 것이다.

행정개혁은 행정의 총괄적 변혁이기 때문에 구조 · 과정 · 인간을 다같이 개혁의 대상으로 생각해야 한다.

---

8) 上揭書, 675면.

제 3 절 행정개혁의 과정

Ⅰ. 행정개혁의 성공적 조건

행정개혁이 성공하기 위해서는 다음과 같은 요소들을 신중히 고려해야 한다.

(1) 사회 · 문화적 세력의 반영으로 행정개혁이 시도되어야 한다

Alexander Leighton은 조직의 사회 · 문화적 관련성을 강조하면서 "행정조직이나 기타의 조직은 전문화적 환경의 반영으로서 그 효용성은 전사회적 성과에 의해서 판단되어야 한다"고 지적하고 있다.[9] 사회 · 문화적 상황을 고려하지 않고 단기간의 능률이나 경제성만을 강조하는 행정개혁은 소기의 성과를 거두기가 어렵다. 이러한 개혁일수록 무분별하고 고식적인 기구개편의 성격을 띠고 있어 이미 확립된 제관계와 방법들을 혼란의 도가니로 몰고 간다는 것이다. 따라서 행정개혁을 생각할 때에는 사회전반적인 문제를 다각적인 면에서 고려할 것이 요구된다. 사회상황에 대한 정확한 진단이나 분석이 없이 경솔하게 추진되는 행정개혁은 얻는 것보다 잃는 것이 훨씬 많다.

(2) 단순한 외국제도나 기술의 모방이어서는 안 된다

발전도상국의 대부분의 행정개혁은 그 자극이 외부 특히 외국고문관들로부터 오는 경우가 많았고, 또 행정개혁도 외국제도의 무분별한 모방의 성격을 다분히 띠고 있었다. 그러나 이러한 행정개혁일수록 성공의 뿌리를 내리기 어렵다. 개혁이 성공의 뿌리를 내리려면 그 자극이 외부에서 오는 것이 아니라 자국의 사회·문화적 토양 속에서 내부적으로 나타나야 한다는 것이다.[10] 단순한 외부의 자극에 의해서 추진되는 개혁일수록 뿌리내릴 가능성이나 지속성이 없다는 것을 명심할 필요가 있다.

(3) 가외성(redundancy)에 대한 고려이다

제 2 편 제 7 장에서 설명한 대로 가외성은 조직의 중복성을 이야기한다. 그런데 흔히 행정개혁 하면 무조건 조직의 중복성을 제거함으로써 능률을 향상시키는

---

9) Alexander leighton, *The Governing of Men*, Princeton University Press, 1945, p. 343; 金雲泰, 組織管理論, 337면에서 再引用.

10) 李漢彬, 國家發展의 理論과 戰略, 博英社, 1980, 78면.

것으로 생각하고 있다. 다시 말해서 조직 내에 있어서 중복성은 불필요하고 혼란을 야기하고 낭비적인 것으로만 생각하기 쉽다는 것이다. 그러나 위에서 설명한 대로 적절한 중복성은 조직의 신뢰성 · 안전성 · 적응성 · 창조성을 높인다는 것을 명심하여야 한다. 행정개혁을 한답시고 조직의 중복성을 무조건 제거하려고 하면, 이는 눈 앞에 보이는 단기적인 비능률은 제거할지 모르지만 조직의 신뢰성과 안전성을 해치게 됨으로써 장기적인 능률면에서는 오히려 해악이 된다는 것을 명심해야 한다.

(4) 저항세력에 대한 정확한 진단이다

행정개혁은 고위층이나 소수 엘리트의 의지만으로 성공하기는 어렵다. 즉 조직 내의 다수의 지지를 받지 못하면 성공하기 어렵다는 것이다. 물론 어떠한 행정개혁이나 조직구성원들의 기존의 이익들과 관계가 있기 때문에 정도의 차이만 있지 저항의 세력에 부딪히게 마련이다. 그러나 저항세력이 지지세력을 압도할 때에는 행정개혁의 추진을 삼가야 한다. 물론 이때에도 강제세력에 의해서 반발세력을 억압하면서 개혁을 추진할 수 있으나, 이러한 개혁은 결국 실패로 돌아가게 마련이다.

Ⅱ. 행정개혁의 추진과정

행정개혁의 추진과정에 대해서는 여러 사람들이 여러 가지 단계로 나누어 설명하고 있으나,[11)] 여기서는 주로 Gerald E. Caiden의 입장에 의존하면서 설명하기로 한다.[12)]

(1) 개혁의 필요성의 인식

행정개혁이 요구되는 경우에 대해서는 위에서 상세히 설명하였다. 이러한 요구가 발생해도 바로 개혁의 필요성이 인식되고 확정되는 것은 아니다. 여러 가지 상황과 장애요인들을 진단하고 이러한 것들을 극복하면서까지 개혁이 필요한가에 대해서 의견을 종합하여야 한다. 흔히 개혁의 필요성 여부는 외부전문가에 의뢰할 수 있는데, 이는 개혁의 필요에 대한 객관성을 확보하기 위해서이다.

11) 예컨대 Jerald Hage and Michael Aiken, *Social Change in Complex Organizations*, Random House, 1970; W. H. Goodenough, *Cooperation in Change*, Russell Sage Foundation, 1963; F. C. Mosher(ed.), *Governmental Reorganizations: Cases and Commentary*, Bobbs Merrill Co., 1967.

12) Gerald E. Caiden, *Administrative Reform*, Adline Publishing Co., 1979, pp. 127～164.

⑵ 저항세력의 약화

위에서도 잠깐 언급하였지만 어떠한 행정개혁이나 정도의 차이만 있지 저항세력에 부딪히게 마련이다. 저항세력이 전면적으로 나타날 때에는 행정개혁을 추진할 수 없지만, 부분적일 때에는 그 세력을 무마 또는 약화시켜야 한다.

약화의 방법으로는 강제적인 방법에서부터 참여를 통한 토론이나 설득의 방법에 이르기까지 여러 가지 방법이 있을 수 있다. 그러나 가급적이면 후자의 방법들이 요구된다. 저항의 농도가 강할수록 참여를 통해서 설득시켜야 한다.

주로 저항은 기존의 이익이 침해된다고 생각하거나 개혁의 내용을 잘 모르거나 개혁에 대해서 불안감을 갖는 계층으로부터 오기 때문에 무엇보다도 개혁에 대해서 모든 사실을 정확하게 전달함으로써 오해를 감소시켜야 한다.

⑶ 개혁안의 작성

개혁안 작성에서 신중하게 고려해야 할 사항은 다음과 같은 것들이다.

첫째, 실현가능성(feasibility)이 있어야 한다. 개혁안이 현실과 동떨어짐으로써 지나치게 이상적인 성격을 띠게 되면 곤란하다. 이때의 실현가능성은 물리적인 것뿐만 아니라 일반상식적인 것도 포함한다. 물리적으로 불가능한 것은 말할 것도 없지만, 상식적으로 무리한 것도 실현가능성이 없는 것으로 보아야 한다는 것이다.

둘째, 개혁안에서 고려할 수 있는 모든 의견들을 취합하여 체계적으로 정리한다. 이때의 의견은 조직 내의 것은 말할 것도 없고 조직 밖의 제 3 자인 전문가의 것도 포함된다. 누가 주도권을 잡든 일장일단이 있기 때문에 상대방의 의견을 고려하여야 한다. 비판적인 의견일수록 도움이 된다는 것을 명심할 필요가 있다.

셋째, 기대효과와 여기에 소요되는 비용의 분석이다. 이것이 개혁안작성의 핵심을 이루고 있다. 이때 기대효과로 생각할 수 있는 것은 생산능률의 향상, 과정의 개선, 서비스의 신속한 전달, 국민과의 거리감 축소, 이미지 개선, 구조적 배열의 개선, 협조관계의 원활화 등이다.

넷째, 개혁안은 둘 이상의 대안을 만들어 놓아야 한다. 하나의 목적을 성취하는 데는 여러 가지 길이 있기 때문에 어느 길이 가장 바람직한가를 탐색·결정하기 위해서는 다른 길도 동시적으로 마련해 놓아야 한다.

또한 여러 가지 대안의 작성은 최종결정자에게 여러 가지 안을 검토하여 하나의 안을 선정하게 하는 기회를 준다는 의미에서도 중요하다.

(4) 시 행

개혁안을 실천에 옮기는 것이다. 실천단계에서 구체적으로 일어나는 일은 행동주체의 선정과 조직 및 필요한 지지와 인적·물적 자원의 동원이다. 행정개혁이 과정에 역점을 둘 때에는 새로운 기술을 익히는 것도 중요한 실천의 한 면이다.

시행과정은 융통성이 있고 신축성이 있어야 한다. 왜냐하면 입안단계에서 예측할 수 없는 사태가 벌어질 수도 있고, 또 예측된 사태가 변화될 수도 있기 때문이다.

시행 역시 아무렇게나 추진되는 것이 아니라 실천계획이나 작업 스케줄에 따라 진행과정이 체크되면서 추진된다.

(5) 평 가

평가는 시행개혁이 본래의 의도대로 실천되었으며 기대한 효과를 성취하였는가를 판단·확인하는 과정이다. 평가는 보통 시행 후에 나타나지만, 시행과정 중에서도 나타난다. 평가를 통해서 새로운 의견이 유입되기 때문에 행정개혁은 순환과정을 밟게 된다.

평가의 주업무는 성과가 의도한 대로 나타나지 않을 때에 그 원인을 분석·규명하는 것이다. 단순한 작업성취의 평가는 평가의 일부는 될 수 있어도 핵심부분은 될 수 없다. 의도한 대로 인사원이 설치되었으며, 통계국이 행정자치부에서 재정경제부로 이전되었는가는 단순한 작업성취의 평가이다. 인사원이 설치됨으로써 의도한 인사행정상의 변화가 일어났는가를 측정·판단하는 것이 성과에 대한 평가이다. 여기서 평가는 적당한 시간의 간격을 요하는 작업이라는 것을 알 수 있다.

Ⅲ. 행정개혁에 대한 저항

행정개혁은 추진과정에 있어서 다음과 같은 이유로 저항을 받게 된다.

(1) 기득권의 수호

어떠한 개혁이나 모든 사람들에게 이익을 가져다 주지는 않는다. 행정개혁도 마찬가지다. 행정개혁으로 인해서 불이익을 받는다고 생각하는 사람들은 개혁에 저항적이다. 특히나 자기의 지위나 맡은 일이 없어진다고 생각하는 사람들은 저항에 필사적이다.

⑵ 관성적 성향

모든 조직체는 하던 일을 계속하고 싶어하는 관성적 성향을 지니고 있다. 이러한 성향은 새로운 것을 추구하는 개혁에 저항적이다. 역사와 전통이 다져진 조직일수록 이러한 관성적 성향이 강하다.

⑶ 비용의 과중

어떤 개혁이나 장기적인 면에서는 비용절감을 위해서 추진된다. 그러나 단기적인 면에서는 적지 않은 비용이 소요되는 경우도 적지 않다. 여기서 이야기하는 비용에는 경제적 비용은 물론 사회적 비용(social cost)도 포함된다. 사회적 비용은 새로운 제도에 적응할 때 당하는 고통이다.

⑷ 법개정의 난이성

법개정이 쉬우냐 어려우냐에 따라 행정개혁이 쉬워지기도 하고, 어려워지기도 한다. 법개정의 절차가 복잡하고 까다로우면 그만큼 행정개혁도 어려워진다.

⑸ 관련고객집단의 저항

모든 행정부서는 자기가 봉사하고 다루는 고객이 있다. 예컨대 산업자원부의 고객은 상공인이요, 농림부의 고객은 농민이다. 모든 고객은 자기들을 봉사해 주는 부서나 행정기관이 소멸되거나 축소되면 개혁에 반대한다. 이러한 반대세력은 개혁에 대한 저항요소로 작용한다.

⑹ 개혁내용의 모호성

개혁의 내용이 명확하지 않으면 조직구성원은 불안감을 갖게 되고, 불안하면 개혁에 저항적인 자세를 취하고 기껏해야 소극적인 태도를 취한다.

⑺ 조직구성원의 능력부족

개혁의 추진과정과 효과성발휘여부는 조직구성원들이 개혁을 감당할 수 있는 전문적 지식이나 기술을 가지고 있느냐에 달려 있다. 개혁을 감당할 수 있는 지식이나 기술의 결핍은 개혁에 저항적 요소로 작용한다.

제 5 편

행정학의 정책과정성

제 1 장 정책결정과 기획
제 2 장 정책결정의 모형
제 3 장 정책집행
제 4 장 정책평가

제 1 장 정책결정과 기획

제 1 절 양자의 관계

흔히 정책결정과 기획을 분리해서 설명하고 있지만, 다같이 문제해결과정에 대한 체계적인 분석이라는 점에서 다를 바가 없다. 물론 강조하는 점, 존재양식, 이념과의 관계면에서 차이가 없는 것은 아니다. 기획은 정책결정에 비해서 미래에 대한 의지와 목표성취의 욕구가 더욱 강하다고 볼 수 있다. 따라서 기획은 정책결정보다 미래지향성이 더욱 강하다고 볼 수 있다. 그리고 기획은 연도별 사업완성이다, 5개년계획이다 하여 특정의 기관과 연결시키는 것을 좋아하지만, 정책결정은 기간정향적인 개념은 아니다. 즉 정책결정은 기간과 관계 없이 늘 일어나는 일상적인 현상이라는 것이다. 그래서 그런지 H. Simon 같은 사람은 행정현상을 정책결정과정(decision making process)으로 보고 있다.[1] 또 기획은 이념성이 강한 데 비해서, 정책결정은 이념과는 무관하다는 것이다. 기획은 출발시부터 기획경제 · 사회주의경제니 하여 이념적인 냄새를 강하게 풍겼던 것이 사실이다. 이것 때문에 기획은 초기에는 서구사회에서 저항을 많이 받았던 것이다. 끝으로 기획은 공식성을 강조하는 경향이 강한 데 비해서, 정책결정은 공식성 못지않게 비공식성도 강조한다. 이처럼 기획과 정책결정간에는 차이가 있지만, 이러한 차이점은 문제해결과정에서 강·약의 차이이지 본질적인 차이는 아니다. 특히 전문서적도 아닌 교과서수준에서 양자를 구별해서 다루게 되면 잘못하면 형식논리에 빠지기 쉽다. 기획이나 정책결정은 다같이 문제해결과정에 역점을 둔다는 점에서 동일한 현상이라고 할 수 있다. 동일한 현상을 분리해서 다룰 때에 오히려 무리가 일어난다고 볼 수 있다. 따라서 본서에서는 기획현상을 정책결정현상과 동일한 것으로 파악하였다. 예컨대 기획과정 하면 정책결정과정과 같다는 것이다.

---

1) Herbert A. Simon, *Administrative Behavior: A Study of Decision-Making Processes in Administrative Organization*, 2nd ed., The Free Press, 1957.

다음에는 정책결정을 의사결정과 구별하고자 하는 입장도 있으나, 이러한 구별도 무리라고 할 수 있다. 즉 공공기관에서 일어나는 것이 정책결정이고 사기업에서 일어나는 것이 의사결정이며, 정책결정은 주로 공익을 추구하고 의사결정은 사익을 추구한다는 입장이다. 그러나 또다시 본질론적으로 이야기할 때에 사기업의 의사결정이나 공공기관의 정책결정이 서로 같다는 것이다. 단지 차이가 있다면 문제해결과정에서 고려하는 요소에 강·약이 있을 수 있다는 것뿐이다.

제 2 절 정책결정의 과정

여기서는 정책결정의 제단계, 정책결정에 미치는 제요소 및 정책결정과 합리성의 문제를 다루어보기로 한다.

Ⅰ. 정책결정의 제단계

(1) 정책결정을 요구하는 압력의 존재

정책결정이 일어나게 되는 제 1 의 동기는 현상에 대한 불만이다. 다시 말해서 현상에 대한 불만이나 불편을 느끼지 않을 때에는 의지성이나 변화성을 내포하는 정책결정이 탄생되지 않는다는 것이다. 정책결정에 대한 압력은 정책결정가 자신에서도 올 수 있고, 조직내외의 여러 사람들의 요구에서도 올 수 있다. 이처럼 무엇인가 고치고 개선하겠다는 의지는 문제에 대한 관심을 환기시킬 뿐만 아니라 경우에 따라서는 해결의 전략까지도 제시하여 준다. 이러한 압력의 강약은 문제해결을 원하는 사람들의 영향력, 집단 내의 의견의 일치성, 제안의 명확성에 의존하고 있다.[2)]

이러한 압력은 때로는 너무나 절박한 나머지 급한 해결책을 구함으로써 문제에 대한 신중한 분석을 간과시켜 버리게 한다. 압력의 절박성은 문제해결에 있어서 필요한 단계를 생략시키지만, 여기에서 나오는 후유증이나 부작용의 효과를 받아들일 자세도 되어 있어야 한다.

2) Daniel Katz and Robert L. Kahn, *The Social Psychology of Organizations*, John Wiley & Sons, 1966, p. 275.

(2) 문제의 확인 및 분석

압력 다음에 필히 일어나는 단계이다. 왜냐하면 압력이 있다고 해서 당장에 정책결정이 이루어지는 것은 아니기 때문이다. 여기서 문제의 확인 및 분석은 애초 압력이 요구한 해결책과는 다른 해결책을 요구하게 될지도 모른다.

문제의 확인 및 분석에서 주로 다루어지는 일은 압력의 실현가능성(feasibility) 여부이다. 압력이나 요구사항은 물리적인 면에서 불가능할 수도 있지만, 물리적으로 가능하다 할지라도 상식적이고 도덕적인 면에서 불가능할 수도 있다. 그리고 재원·경비·인력·시간·환경 등의 제요소에서 무리하다고 생각할 때에도 불가능하다고 할 수 있는 것이다. 그리고 문제의 확인 및 분석의 결과 그것이 정책결정가에게 불리하다고 판명되었을 때에도 실현가능성이 적다고 보아야 할 것이다.[3] 물론 불리의 정도가 어느 정도이냐에 따라 실현성의 정도도 달라지겠지만, 정책결정가의 존재를 부정할 정도로 치명적이면 실현성이 없다고 보아야 할 것이다.

문제의 확인 및 분석과정에서 나타나는 중요한 사항은 문제와 딜레마의 구별이다. 문제는 과거의 선례나 기존정책의 활용으로 풀어질 수 있는 것이다. 그러나 딜레마는 과거의 선례나 기존정책의 활용으로 풀어질 수 없는 것이다. 이것은 기본적인 개혁(reformulation)을 요구하고 있다.[4] 다시 말해서 딜레마는 문제해결에 있어서 관습적인 태도를 버리게 하는 것이다. 그런데 조직생활의 현실은 흔히 딜레마의 존재를 거부하려고 한다. 이러한 거부현상은 조직구조의 관성적인 현상에서 많이 오는 것이다.

(3) 해결책의 모색

정책결정상황이 문제(problem)에 부딪히고 있느냐, 아니면 딜레마에 부딪히고 있느냐에 따라 모색하는 해결책은 다르다. 만일에 딜레마에 부딪히고 있다면 기존의 정책맥락에서 벗어나 창의력과 상상력(imagination)을 동원한 방법에 의존하게 될 것이다. 그러나 부딪히고 있는 문제가 딜레마가 아니라면 그것에 대한 해결책은 선례의 범위 내에서 모색될 것이다.

일반적으로 해결의 모색은 과거선례의 구체적인 수준에서 시작되고 거기에서 만족할 만한 답을 구하면 해결을 위한 모색은 더 이상 진행되지 않는다. 만일

3) 安海均, 現代行政學: 行政의 基本理念과 原理, 茶山出版社, 1982, 237면.
4) Katz and Kahn, *op. cit.*, p. 276.

에 여기서 답을 구하지 못하면 기존의 정책은 물론 조직의 기본목표까지 재고하게 될 것이다. 그런데 기존의 정책이나 기본목표를 재고한다니까 바로 이것을 새로운 정책이나 목표로 대체하여 버린다는 것은 아니다. 우선 생각할 수 있는 것은 기존의 정책들을 재정의하고 구체적으로 다듬는 것이다.

그리고 또 여기서 주의할 것은 해결책을 모색한다니까 최종적인 정답을 구한다는 것은 아니다. 바람직한 해결책을 모색하여야 하겠지만 그 모색과정은 신속성과 현실성을 띠어야 한다는 것이다. 특히 결정에 대한 압력이 절박하다면 적당한 수준의 답을 구하도록 하여야지 최종적이고 이상적인 정답을 구하려고 해서는 안 된다는 것이다.

(4) 여러 가지 대안의 결과에 대한 검토(대안간의 비교)

여기서의 단계는 문제해결을 위한 가능한 대안들에 대해서 비용·효과면에서 따져 보는 것이다. 이때의 효과나 결과(consequence)는 어디까지나 예측된 것이기 때문에 불확실하고 확률적인 것이다. 그러나 예측된 결과이지만 대안을 비교·검토하는 데 기준의 역할을 한다. 대안들을 비교·검토하는 데 있어서는 되도록이면 많은 대안들이 나열되고 완전한 지식과 정보가 동원되기를 바라고 있지만 현실적으로는 불가능하다. 모든 대안들을 다 검토하는 데는 시간이나 비용면에서 한계가 있고, 또 인간은 능력과 지식의 면에서 한계가 있기 때문에 미래의 결과를 정확하게 예측할 수도 없다. 여기서 대안들의 비교는 가장 현실성이 있는 대안들의 비교로 축소된다. 대안비교에 있어서 인간능력의 한계성을 보완하는 기법들이 많이 발달하고 있는데, Simulation, Operational Research, PERT, EDPS, Game Theory 등은 그 좋은 예이다.

(5) 대안의 선정

대안의 선정은 가장 바람직하다고 생각되는 대안을 최종적으로 선택하는 행위이다. 그런데 가장 바람직한 대안을 선택하였다고 해서 가장 만족할 만한 결과를 가져올 것이라는 보장은 없다. 예측한 결과에 미치지 못하는 경우는 말할 것도 없고, 상상 밖의 엉뚱한 결과를 가져올지도 모른다는 경우도 각오하고 있어야 한다.

그런데 여기서 중요한 것은 최종의 대안을 선정할 때에 반드시 비용·효과의 객관적인 기준만이 작용한다고 볼 수 없다는 것이다. 특정의 대안이 조직의 이익에는 좋지만 정책결정가의 개인적 이익에는 불리할 때에 그 대안은 최종의 대안으로 선정되지 못할 가능성이 크다. 정책결정가도 인간이기 때문에 자기의 개인적 이익과 조직의 이익을 완전히 분리시키기란 대단히 어렵다는 것이다.[5] 즉 인간이기 때문에 개인의 이익과 조직의 이익을 같은 것으로 생각하기 쉽고, 그렇기 때문에 개인에 유리한 결정이 조직에도 유리한 결정으로 판단되기 쉽다. 쉽게 말해서 아무리 조직에 유리한 대안이라 할지라도 정책결정가에게 불리한 대안은 최종의 대안으로 선정되기가 어렵다는 것이다.

Ⅱ. 정책결정에 영향을 미치는 제요소

정책결정에 영향을 미치는 요소들은 수없이 많다.[6] 그러나 여기서는 그 수많은 요소들을 다 고려할 수는 없고, 중요하다고 생각되는 요소들인 비용·효과의 비교, 정치문화, 정책결정가의 성격, 정책결정자간의 지위 및 권력관계, 사회·경제적 상태, 이데올로기 등을 검토하여 보기로 한다.

(1) 비용·효과의 비교

흔히 정책결정 하면 극대화과정(maximization process)으로 경제·논리적 성격(econo-logical character)만을 띤 것으로 생각한다. 여기서의 경제·논리적 성격이란 비용·효과의 비교개념을 이야기한다. 합리주의자들이 주장하는 것처럼 비용·효과의 비교만이 정책결정에 영향을 끼치는 것은 아니지만, 가장 중요한 요소인 것만은 틀림이 없다. 다시 말해서 예외적인 경우를 제외하고는 비용이 효과보다 더 큰 정책결정은 할 수 없기 때문에 가장 강력한 요소로 작용하고 있다는 것이다. 이것은 어느 요소보다 객관성을 띠고 있기 때문에 그만큼 설득력이 크다.

(2) 정치문화

정치문화란 간단히 말해서 정부가 무엇을 해야 하고, 어떻게 하며, 정부와 시민과의 관계는 어떤 것인가에 대한 국민의 가치 및 신념체계의 총화라고 할 수 있다. 이러한 정치문화는 나라마다 다르고, 나라 안에서도 지역마다 다르고, 집단마다 다를 수 있다. 일반적으로 미국사회의 정치문화는 개인의 자유·평등·진보·능률·실용성 등이 주류를 이루고 있다고 지적되고 있다.[7] 이러한 사회에서

5) *Ibid.*, p. 281.
6) 예컨대 자원, 기후, 지세, 인구의 연령분포, 정치문화, 사회구조, 이데올로기 등 수많은 요소들을 들 수 있다.
7) R. M. Williams, Jr., *American Society*, 2nd ed., Knopf, 1960, Ch. 11.

개인의 자유스러운 활동을 억압하는 정책결정은 상상할 수도 없다. 특히 실용성(practicality)을 강조하는 사회에서는 장기적 계획이나 이념적 일관성(ideological consistency)보다는 그때 그때의 현실적인 문제해결에 치중한다.[8] 같은 서구사회이지만 유럽에서는 사회보장제도와 정부소유(government ownership)가 발달하였는데, 미국에서는 그러하지 못하였다. 이것은 전적으로 정치문화의 소산이라고 할 수 있다. 즉 유럽에서는 가난(poverty)은 사회구조적 책임이라고 생각할 때에 미국에서는 개인의 책임이라고 생각하였다. 미국이 유럽보다 100년 후인 1935년에 와서야 사회보장제도를 채택하게 된 것은 이러한 정치문화의 맥락에서 설명될 수 있다.

시관(time orientation)이 과거지향적이냐, 현재지향적이냐, 아니면 미래지향적이냐는 정책결정에 결정적인 영향을 준다. 과거지향적인 사람들이 보존이나 현상유지에 역점을 둘 때에 미래지향적인 사람들은 개혁과 변화에 역점을 둔다.[9]

(3) 사회 · 경제적 상태

사회의 경제발전의 수준은 정부가 국민을 위해서 제공하고 생산하는 용역과 공공재에 한계점을 부과하고 있다. 즉 경제발전의 수준이 교육 · 복지 · 고속도로 · 공공규제 등의 정책내용을 결정한다는 것이다.[10] 특히 후진사회에서 자원의 동원가능성은 정책의 내용결정에 결정적인 영향을 끼친다.

(4) 형평의 요구성

정부차원의 정책결정은 사익보다는 공익을 더욱 추구한다. 따라서 정부는 손해나는 일도 하고, 형평상 덜 경제적인 대안을 선정하기도 한다. 지역간의 균등한 개발이라는 입장에서 불리한 지역에도 투자를 할 수 있는 것이다. 흑인의 민권투쟁이나 여권신장운동은 형평이라는 입장에서 정책결정에 많은 영향을 끼친 것이 사실이다.

(5) 이데올로기

자유민주주의 · 공산주의 · 자본주의 등은 정책결정에 한계선을 그어 놓고 있다. 이러한 이데올로기는 정책의 내용뿐만 아니라 정책결정의 스타일까지도 결정

8) James E. Anderson, *Public Policymaking*, Praeger Publishers, 1975, p. 31.
9) Karl Deutsch, *Politics and Government*, Houghton Mifflin, 1970, p. 207.
10) Thomas R. Dye, *Politics, Economics, and the Public: Policy Outcomes in the American States*, Rand-McNally, 1966.

하여 버린다. 이러한 이념적인 요소는 국가차원의 정책결정에만 영향을 주는 것이 아니라 개인 또는 집단의 차원에도 크게 영향을 준다.

(6) 정책결정가의 성격

정책결정은 정책결정가의 산물이다. 따라서 정책결정가의 성격은 정책결정에 크게 영향을 끼친다. 정책결정가의 성격이 이상주의적이냐 현실주의적이냐, 이념적이냐 권력정향적이냐, 직관적이냐 분석적이냐, 보수적이냐 진취적이냐에 따라 정책결정의 내용은 크게 영향을 받는다. 지도자가 어떠한 성격을 가지고 있는가를 파악함으로써 우리는 쉽사리 정책의 내용을 예측할 수 있다.

(7) 지위 및 권력관계

정책결정에 참여하는 사람들 중에서 지위가 높고 권력이 많은 사람들은 아무래도 지위가 낮은 사람들보다 정책결정에 더욱 많은 영향력을 행사하는 것이 사실이다. 이러한 현상은 후진사회일수록 더욱 두드러진다.

Ⅲ. 정책결정과 합리성

정책결정에서 다루는 합리성은 주로 능률중심의 합리성이라고 할 수 있다. 어떠한 정책결정의 이론도 합리성과 무관한 것은 없다. 합리화를 모색할 때에 어떤 이론은 합리성을 완전히 확보할 수 있다고 주장하는가 하면, 다른 이론은 합리성을 완전히 확보할 수 없다고 이야기하는 차이뿐이다.

우리는 앞에서 정책결정에 영향을 미치는 요소들을 다룰 때에 이미 정책결정이 합리적인 과정만은 아니라는 것을 알게 되었다.

우선 Simon과 March는 인간이 복잡하게 얽킨 문제들을 완전하게 다루는 데에는 능력상의 한계가 있다는 것이다. 여기서 복잡한 현실에 대한 단순화과정이 불가피하게 일어나는데,[11] 이러한 과정은 필히 합리성을 격감시키게 되는 것이다. 이들의 이야기는 인간이 정책결정을 다루는 데에 있어서 아무리 합리화를 추구해도 능력과 지식의 면에서 한계가 있다는 것이다.

그런데 합리성을 제약하는 요인으로 능력상의 한계만 있는 것이 아니다. 가용자원의 한계성(비용의 다과), 조직의 관성적인 성향, 권력과 지위의 작용, 가치선호의 차이 등은 합리성을 제약하는 중요한 요인들이다. 이러한 요인들은 앞에

11) J. G. March and H. A. Simon, *Organization,* Wiley, 1958, p. 130.

서 합리성을 별도로 다룰 때에 구체적으로 검토하였다(제 2 편 제 6 장 참조).

여하간 정책결정에 있어서 합리성은 인간적인 요인과 인간 외적인 요인들로 인해서 제대로 확보되기가 어렵다는 것이다.

제 2 장 정책결정의 모형

정책결정의 모형은 보는 관점에 따라 수없이 많이 존재할 수 있으나, 여기서는 합리모형 · 점증모형 · 혼합관조모형 · 최적모형 및 쓰레기통모형만을 다루기로 한다.

제 1 절 합리모형

정책결정에서 가장 합리성을 강조하는 모형으로서 이상적 모형 또는 규범적 모형이라고도 한다. 경제학 또는 경영학에서 주로 주장되는 모형으로서 Linear Programming, Operational Research, Game Theory, Cost-Benefit Analysis 등이 이 모형에 속한다.

합리모형의 기본적 전제는 인간은 전지전능하고 정책결정에 필요한 모든 지식과 정보를 동원할 수 있다는 것이다.

합리모형의 특성을 살펴보면 다음과 같다.

첫째, 정책결정에 있어서 문제의 발견, 진단, 대안의 비교, 대안의 선택 등 일련의 행위가 순서 있게 진행된다. 즉 한 단계의 완료는 다음 단계의 선행조건이 된다는 것이다.

둘째, 목표와 수단은 선·후개념으로 반드시 구별된다. 하나의 목표가 설정되면 그것은 수단의 선정을 조건화시킴으로써 목표와 수단은 계층적으로 엮어진다. 다시 말해서 목표와 수단은 상하의 개념이기 때문에 동일의 수준에 있을 수 없다는 것이다.

셋째, 목표는 단일의 목표이고 또 불변의 목표이어야 한다. 즉 목표가 복수성을 띠거나 가변성을 띠어서는 안 된다는 것이다.

넷째, 목표를 성취할 수 있는 모든 대안들이 탐색되고 비교된다. 이때 비교는 비용·효과의 면에서 비교한다는 것이다. 그리고 분석과정이 모든 요소들을 고려하고 있기 때문에 종합성을 띠고 있다.

다섯째, 분석방법은 주로 계량적 방법이나 수학적 지식에 의존하고 있고 모든 가치를 수량적으로 표현한다.

여섯째, 분석의 최종단계는 목표성취의 극대화를 가져올 수 있는 최선의 방안을 선정하는 것이다.

합리모형은 다음과 같은 점에서 비판을 받고 있다.

첫째, 정책결정에 있어서 활용될 수 있는 단순한 기법들만 생각하지 인간의 심리나 인간사회의 동태적 요소들을 고려하지 않고 있다. 인간은 불확실한 현상속에서 복잡한 모든 요소들을 고려할 수 있을 정도로 전지전능하지도 않고, 또한 모든 사람들이 동일한 가치선호를 가지고 있지도 않은 것이다.

둘째, 현실사례를 중심으로 해서 정책결정상황을 귀납적으로 설명하는 것이 아니라 단순한 전제하에서 연역적으로 이론의 전개에만 힘쓰기 때문에 현실에 대한 설명보다는 논리적인 당위성만을 강조하고 있다.

셋째, 정책결정에 있어서 모든 요소들을 다 고려한다는 것은 지능적인 면에서는 물론 물리적인 면에서도 불가능하고, 설혹 가능하다 하더라도 그것이 반드시 합리적이라고 할 수 없는 것이다. 그리고 각 대안마다 그것이 가져올 결과를 예측한다는 것은 현실적으로 불가능한 것이다.

이처럼 약점이 많은 모형이지만 실제 정책결정상황이 벌어지면 제일 먼저 시도되는 것이 합리모형이라고 할 수 있다.

제 2 절 점증모형

점증모형은 Charles E. Lindblom의 '간신히 헤쳐나가는 모형'(the science of muddling through)과 H. A. Simon의 '만족모형'을 합친 것이다. 기존의 한국교과서는 거의 예외 없이 Simon의 만족모형을 따로 분리해서 설명하고 있으나, Simon의 이론이나 Lindblom의 이론이 내용상으로 차이가 없기 때문에 점증모형으로 한데 묶어서 설명하는 것이 옳다고 생각된다. Simon은 개인의 인지과정(cognitive process)의 한계에 초점을 맞추고 정책결정상황을 설명하고 있지만 Lindblom은 Simon의 이론을 전제로 해서 좀더 거시적이고 포괄적인 측면에서 정책결정을 설명하고 있다. 그러나 따지고 보면 양자를 분리해서 설명할 정도로의 차이는 없다. 그러면 Simon의 이론[1)]과 Lindblom의 이론[2)]을 통합해서 점증모형을 살펴보기로 한다.

첫째, 목적과 수단은 구별되는 것이 아니고 상호전환될 수 있기 때문에 처음부터 목적·수단의 계층적 개념은 정책결정을 설명하는 데에 적절한 개념이 아니라는 것이다. 그리고 목적과 수단은 분리되어 있지 않기 때문에 여기에 대한 분석도 분리되어 있는 것이 아니라 밀착되어 있다는 것이다. 경우에 따라서 목적이 수단이 될 수 있고, 수단이 목적도 될 수 있다는 것이다. 여기서 정책결정은 논리적인 계층구조의 성격을 띠고 나타나는 것이 아니라는 것이다.[3)] 즉 목적이나 가치를 세우고 그것의 성취를 위한 수단이나 방법의 선택은 순차적으로 일어나는 것이 아니라 동시적으로 일어난다는 것이다.

둘째, 좋은 정책이냐 나쁜 정책이냐의 판가름 여부는 정책분석가들의 동의여하에 달려 있지 객관적인 기준은 없다는 것이다. 다시 말해서 목표성취에 대한 최적의 방법이라고 입증할 수 있는 길이 없기 때문에 판단의 기준은 주관적인 합의에 의존할 수밖에 없다는 것이다. 좋다는 합의가 이루어지면 그것이 좋은 정책이지 별다른 기준은 없다는 것이다.

셋째, 정책결정상황에 대한 분석은 어디까지나 한정적이라는 것이다. 합리모형에서는 모든 요소들을 다 고려하는 종합적 분석을 요구할 때에 점증모형은 한정적 분석을 받아들이고 있다. 한정적 분석의 특징을 이루고 있는 것은 정책결정에 있어서 중대한 결과, 중대한 대안, 중대한 가치 등이 고려되지 않는다는 것이다.[4)] 그리고 분석은 정교한 이론에 의존하지 않는다는 것이다.

이러한 분석의 한계성을 인정하지 않을 수 없는 것은 인간의 지능에는 한계가 있고, 가용할 수 있는 지식과 정보에도 한계가 있기 때문이다. 여기서 복잡한 현상을 단순화시키는 용단이 필요하다.[5)] 이러한 단순화과정은 두 가지 방법에서 이루어지는데, 하나는 수많은 대안 중에서 그럴 듯한 대안 두세 개만 골라 비교하는 것이다. 이때 선택된 대안도 현재 사용하고 있는 대안과 크게 차이가 없는 것이다. 두 번째는 여러 가지 정책대안을 선택하였을 때에 나타날지도 모르는 중요한 결과나 거기에 부착된 가치를 과감히 무시하여 버리는 것이다.

넷째, 정책결정이란 계속적으로 일어나는 한정된 비교(limited comparision)요

1) Herbert A. Simon, *Administrative Behavior*, 2nd ed., The Free Press, 1965.
2) Charles E. Lindblom, "The Science of Muddling Through," *Public Administration Review*, Vol. 19, Spring 1959, pp. 79～88.
3) H. A. Simon, *op. cit.*, pp. 62～66; Charles E. Lindblom, *op. cit.*, pp. 81～84.
4) Lindblom, *op. cit.*, p. 81.
5) Simon, *op. cit.*, Ch. Ⅳ; Lindblom, *op. cit.*, pp. 84～85.

부분적인 상호조절현상(partisan mutual adjustment)이라는 것이다. 여기서 정책결정은 현상의 상황에서 조금씩 변하면서 나타나는 것이지 공이 튀듯 비약적으로 나타나는 것은 아니라는 것이다.

정책의 비교는 한두 번에 끝나는 것이 아니라 계속적인 시리즈(chronological series)를 통해서 끊임없이 일어난다는 것이다. 여기서 정책의 변화과정은 한계성과 부분성을 띠면서 나타나게 된다. 정책은 결코 한번에 전체성을 띠면서 나타나지 않는다. 끊임없이 수정되면서 만들어지는 과정을 밟는다.

다섯째, 정책결정은 아무리 노력을 하여도 바람직한 목적에 대한 근사치(approximation)이지 완전한 달성은 아니다. 여기에서 정책결정은 논리정연한 계산과정이 아니라 거칠고 조잡스러운 과정(rough process)이라는 말이 나오게 된다.[6] 현명한 정책결정가는 자기의 정책이 일부분밖에 이루어지지 않는다는 것을 알고 있고, 또 예기치 않은 결과도 일어난다는 것을 알고 있다.

이러한 점증모형은 다음과 같은 점에서 비판을 받고 있다.

첫째, 정책결정의 의지성이 결핍되어 있다. 이 모형은 환경적 요소에 대한 통제능력이 없다고 생각하기 때문에 처음부터 정책의 이니셔티브한 성격을 내세우지 않고 있다. 다시 말해서 정책은 의지성 · 개혁성 · 계획성 등으로 환경에 대한 조종과 통제성을 강하게 내포하고 있는데, 이러한 것이 점증모형에서는 결핍되고 있다.

둘째, 현실의 정책을 기준으로 해서 그것의 변화 및 수정과정을 정책결정으로 설명하기 때문에 보수성을 면하지 못하고 있다. 여기서 점증모형은 선전포고나 근대화의 추진 같은 기본적이고 광범위한 결정을 등한시하고 있다. 이러한 이유로 점증모형은 후진국의 기본적인 개혁문제를 다루는 데 있어서 미약하다고 지적되고 있다. 다시 말해서 술주정뱅이의 비틀걸음 같은 점증모형은 미래의 개혁문제를 다루는 데 있어서 부적절하다는 것이다.

셋째, 사회를 규제하고 인도하는 의미로 정책을 이해하지 않고 부분간의 상호조절과정으로 이해하기 때문에, 정책을 사회적 약자의 요구를 반영하는 것으로 이해하는 것이 아니라 강자들의 이익조절과정으로 이해하고 있다는 점이다.

제 3 절 혼합관조모형

혼합관조모형(mixed scanning)은 Amitai Etzioni의 제 3 의 모델(the third ap-

6) Simon, *op. cit.*, p. 69; Lindblom, *op. cit.*, p. 87.

proach)을 말한다. Etzioni는 합리모형은 지나치게 이상적이기 때문에 비현실적이고, 점증모형은 지나치게 점진적인 것만을 다루어 보수적이라고 공격하면서 자기의 혼합모형을 제시하고 있다.7)

혼합관조모형은 한마디로 말해서 합리형과 점증형의 중간단계에 있는 모형이라고 말할 수 있다. 특성을 살펴보면 다음과 같다.

첫째, 혼합관조모형은 얼핏 보면 합리형과 점증형의 혼합이라고 생각할 수 있으나 엄밀히 따지고 보면 점증형에 가까운 모델이다. Etzioni 자신이 자기 모델은 합리형과 점증형을 다같이 내포하고 있다고 하지만, 자세히 검토하여 보면 합리형의 요소는 포함되어 있지 않다. 단지 정책결정의 기본적인 문제를 다룰 때에 합리적인 접근이 요구된다고 함으로써 '합리적'(rationalistic)이라는 용어를 썼을 뿐 그 내용은 합리형의 내용이 아니다. 고차원의 기본적 문제를 다룰 때에는 정책결정가가 기본방향을 설정하고 여기에 따라 행동해야 하기 때문에 환경에 대한 통제의식이 필요하다는 것이다. 이때의 통제의식은 어디까지나 방향의식이지 합리형에서 생각하는 그러한 철저한 통제의식이 아니다. Etzioni는 점증형을 신랄하게 비판하고 있지만, 여기에서 크게 벗어나지 못하고 있다.

둘째, 정책결정에 있어서 가장 중요한 전략의 하나는 시간 · 돈 · 자본 등의 자원을 어떻게 배분하느냐이다. 자원의 배분결정은 투자하지 않음으로써 정보를 얻지 못하여 입는 손해의 양에 달려 있다고 할 수 있다. 투자될 수 있는 자원의 양은 동원될 수 있는 자원의 총량의 한계 내에 있기 때문에 자원을 얼마만큼 어느 영역에 할당할 것이냐의 문제는 대단히 중요하다는 것이다. 우선 명백한 것은 본질적이고 기본적인 영역은 지엽적인 영역보다 훨씬 많은 양을 할당받게 될 것이다.

셋째, 정책결정가는 합리모형에서 생각한 것처럼 전지전능하지는 않지만, 그렇다고 점증모형에서 생각한 것처럼 무력한 존재는 아니라는 것이다. 그는 정책결정전략을 평가할 수 있고, 어느 전략이 보다 효과적인가를 판별할 수 있다는 것이다. 그리고 정책결정가는 추구하는 가치들에 대해서 어떤 가치가 더 중요한가를 결정할 수 있는 능력이 있다는 것이다. 가치에 대한 등급화가 점증주의자들이 생각한 것처럼 그렇게 어려운 것은 아니라는 것이다. 따라서 정책결정가는 자기의 의지대로 어느 정도는 정책결정을 이끌고 갈 수 있다는 것이다.

넷째, 정책결정에서 기본적 결정(fundamental decisions)과 점증적 결정을 필

7) Amitai Etzioni, "Mixed-Scanning: A Third Approach to Decision-making," *Public Administration Review*, Vol. 27, Dec. 1967, pp. 385～392.

히 구별해야 한다. 정책결정자는 자기가 추구하는 목적과 거기에 알맞은 주요 대안을 고려하면서 기본적 결정을 찾는다. 그런데 기본적 결정과정은 합리주의자들이 주장하는 것처럼 모든 요소들이 철저하게 고려되는 그러한 종합적인 과정이 아니라 개괄적인 검토가 용인되는 과정이라는 것이다. 점증적 결정은 기본적 결정의 범위 내에서 이루어진다는 것이다. 기본적 결정과 점증적 결정은 배타적인 관계에 있는 것이 아니라 상대방의 결함을 감소시켜 줌으로써 상호보완적인 관계에 있다는 것이다. 즉 점증적 결정은 기본적 결정에게 모든 요소들을 다 고려할 필요가 없다고 가르쳐 줌으로써 합리형의 비현실적 측면을 감소시키는 데 기여하고 있고, 반대로 기본적 결정은 점증적 결정이 보다 장기적 대안(longer-run alternatives)을 탐색함으로써 보수주의적 성격을 탈피하도록 도와 준다는 것이다. 다시 말해서 정책결정상황에 합리형과 점증형이 공존하면서 서로가 상대방의 약점을 극복하는 데에 도와 주고 있다는 것이다.

다섯째, 정책결정에 있어서 전략이나 대안의 선정은 반드시 가치의 우선순위나 정보에 의해서 이루어지는 것이 아니라 정책결정자들의 지위(position)나 권력관계(power relations)에 의해서 이루어지는 경우가 많다는 것이다. 높은 사람들은 대안선정에 있어서 낮은 사람보다 훨씬 더 큰 영향력을 행사하고, 또 구체적이고 자상한 분석보다는 대충 골격과 방향만을 제시하는 분석을 더 좋아하는 성향이 있다. 물론 전문가나 낮은 지위의 사람들은 반대의 성향을 띠고 있다.

여섯째, 정책결정에 있어서 환경적인 요소를 고려하지 않을 수 없다는 것이다. 일반적으로 환경이 안정된 사회에서는 점증형이 적합하지만, 환경이 급변하는 사회에서는 적합하지 않다는 것이다.

Etzioni의 혼합관조형은 다음과 같은 점에서 비판을 면할 수가 없을 것이다.

첫째, 이 모형에서는 특별히 주장하는 것이 별로 없다. 합리형이나 점증형을 명쾌하게 비판은 하고 있지만, 여기에 대한 대안이 뚜렷하지 않다. 이 모형은 점증형을 특히 공격하고 있지만, 정책결정가의 기본방향에 대한 통제의식을 제외하면 점증형과 크게 다를 것이 없다. 다시 말해서 이 모형은 얼핏 보면 주장하는 것이 있어 보이지만, 자세히 살펴보면 별로 새로운 것이 없다.

둘째, 정책결정에 영향을 주는 중요한 요소로서 지위·권력관계 및 환경적 요소들을 들고 있다. 다시 말해서 가치의 우선순위나 정보가 대안의 선정에 영향을 주는 것이 아니라 지위, 권력의 유무, 환경 등이 더욱 영향을 준다는 것이다. 만일에 그렇다면 합리형이니 점증형이니 따질 필요도 없고, 혼합형이라고 내세울 필요도 없는 것이다.

제 4 절 최적모형

최적모형은 Yehezkel Dror의 모델을 말한다. Dror 역시 Etzioni처럼 합리모형과 점증모형을 비판하면서 최적모형을 제시하고 있다.[8] Dror는 합리모형은 눈에 보이고 계량화될 수 있고, 합리적인 행위만을 다루기 때문에 정책결정의 전체적인 실상은 포착하지 못하고 있다는 것이다. 그런가 하면 점증모형은 현실을 기준으로 해서 문제를 다루기 때문에 관성적 성향이 강하고 선례답습적이며 반쇄신적이라는 것이다. 그가 제시하고 있는 최적모형(optimal model)의 특성을 보면 다음과 같다.[9]

첫째, 우선 제일 먼저 밝혀야 할 특성의 하나는 '최적'(optimal)이라는 개념이다. 여기서 이야기하는 '최적'은 양적인 개념이 아니라 질적인 개념이다. 흔히 '최적'하면 양적인 개념을 나타내기 쉬우나, 여기서는 질적인 것을 나타낸다. 최적모델이 질적인 것을 나타낸다니까 양적인 것을 완전히 무시하여 버린다는 뜻은 아니다. 양적인 개념을 나타낼 때에는 구체적인 숫자를 드는 것이 아니라 '되도록이면 많이' 또는 '되도록이면 적게' 등의 막연한 개념으로 나타낸다는 것이다.

둘째, 정책결정은 합리적 요소와 합리적 밖의 요소들(extrarational component)로 구성된다는 것이다. 흔히 정책결정 하면 합리적인 요소들만 고려하는 것으로 생각하기 쉬우나, 실제 정책결정에서는 합리적 밖의 요소들이 대단히 중요하고 의미 있는 역할을 한다는 것이다. 그런데 여기서 주의할 것은 합리적 밖의 요소들이 역할을 할 때에 이것은 어디까지나 합리적인 요소들을 보완한다는 의미에서이지 합리적인 요소들을 대체하여 버린다는 뜻은 아니다. 여기서 최적모형은 합리적 요소와 합리적 밖의 요소들을 다같이 내포하게 된다. 여기서 이야기하는 '합리적 밖의 요소들'에는 직관, 주관적인 판단, 추측 등이 포함된다.

셋째, 정책결정이 존재하게 되는 기본적인 이유(basic rationale)는 어디까지나 경제적으로 합리적인 것을 추구하는 것이다. 정책결정에 동원되는 고급인력·시간 · 돈 · 지식 · 직감 · 시설 등은 모두가 다 희소성을 띠고 있는데, 이러한 희소성을 띤 자원을 어떻게 하면 여러 가지 일에 효과적으로 할당할 것인가는 정책결정의 핵심을 이루고 있다는 것이다. 다시 말해서 희소성을 띤 자원을 경제적으로 이용해서 보다 바람직한 결과를 얻겠다는 의지가 있어야 한다는 것이다. 여기

8) Yehezkel Dror, *Public Policymaking Reexamined*, Chandler Publishing Co., 1968, Part Ⅳ.
9) *Ibid.*, pp. 154～162.

서 경제적으로 합리적인 것을 추구한다는 이야기는 합리적인 방법에 의존한다는 이야기가 아니라 보다 나은 결과를 위해서 최선을 다하여야 한다는 뜻이다.

넷째, 정책결정은 세 가지의 기본적인 단계로 구성되는데, 하나는 상위정책결정과정(metapolicymaking)이고, 둘째는 보통 생각하는 정책결정으로서 실질적인 문제해결에 관여하는 과정이고, 세 번째는 정책결정 이후의 과정(repolicymaking)으로서 집행의 결과를 검토한 끝에 정책을 수정하는 과정이다. 그런데 이 세 가지의 기본단계는 작동면에서 밀착되어 있고, 그 구분이라는 것도 상대적이라는 것이다.

제 1 단계인 상위결정과정은 정책을 어떻게 만들 것인가(how to make policy)에 대한 결정으로서, 여기에는 i) 가치처리(processing values), ii) 현실처리(processing reality), iii) 문제처리(processing problems), iv) 자원에 대한 조사 · 처리 · 개발(surveying, processing, and developing resources), v) 정책결정체제에 대한 설계 · 평가 · 재설계(designing, evaluating, and redesigning the policymaking system), vi) 문제 · 가치 · 자원의 배분(allocating problems, values, and resources), 및 vii) 정책결정전략에 대한 결정(determining policymaking)의 7가지 과정이 포함된다.

제 2 단계인 정책결정과정은 실질적인 문제를 다루는 과정으로 i) 하위단계에서의 자원배분(suballocating resources), ii) 우선순위에 따른 구체적인 목표들의 수립, iii) 우선순위에 따른 중요 가치군의 설정, iv) 좋은 대안을 포함한 여러 가지 주요대안의 준비, v) 각 대안이 가져올 비용과 효과에 대한 추계, vi) 각 대안의 비교와 최선 안의 선정, 및 vii) 최선안(best alternative)의 평가 등 역시 7가지 과정이 포함된다.

제 3 단계인 정책결정 이후의 과정(repolicymaking 또는 post-policymaking)은 정책이 결정된 후 수정과정이 일어나는 과정으로, 여기에는 i) 정책집행에 대한 동기부여(motivating the executing of the policy), ii) 정책의 집행, iii) 정책집행 이후의 정책에 대한 평가 등 3가지 과정이 포함된다.

Dror의 최적모형은 다음과 같은 두 가지 점에서 비판을 면할 수 없을 것 같다.

첫째, 정책결정에 있어서 합리적 밖(extrarational)의 요소들을 고려하여야 한다는 점을 제외하고는 합리적 모형과 거의 차이점이 없다. 다시 말해서 합리적 모형의 테두리에서 크게 벗어나지 못하고 있다.

둘째, 양적인 것보다 질적인 것을 따진다고 강조하여 놓고, 그의 이론 전개는 비용 · 효과 등의 양적인 개념에 치중되고 있다. 여기서 Dror의 모형은 합리모형의 수정된 형태라고 할 수 있다.

제 5 절 쓰레기통모형

이 모델은 M. Cohen, J. March, J. Olsen의 3인 공동에 의해서 제기된 모델이다.[10] 이름 그대로 정책결정상황도 쓰레기들이 쓰레기통에 모이는 것과 비슷한 어지럽고 혼란스러운 상황이라는 것이다. 이러한 상태를 조직화된 무정부상태(organized anarchies)라고 이야기한다.[11] 그러면 이 이 쓰레기통 모형(garbage can model)의 특징들을 살펴보기로 한다.

첫째, 조직화된 무정부상태는 정책결정의 여건적 상황인데 이는 3가지 전제조건들로 구성된다. 3가지 전제조건이란 i) 문제성 있는 선호(problematic preference) ii) 불명확한 기술(unclear technology) iii) 유동적 참여자(fluid participant)를 이야기한다. ① 문제성 있는 선호란 정책결정참여자간에 무엇이 바람직한 것인가에 대해서 합의된 바가 없고 개인의 차원에서도 무엇이 좋은 것인가를 모르면서 정책결정에 참여한다는 것이다. ② 불명확한 기술이란 목표와 수단간의 인과관계가 명확하지 않다는 이야기다. ③ 유동적 참여자란 정책결정에 참여하는 사람들이 고정되어 있지 않다는 것이다. 문제의 성질에 따라 참여자가 다를 수 있고 또 동일한 문제라도 특정인이 계속 참여할 수도 있고 참여 안할 수도 있다는 것이다.

조직화된 무정부상태를 한마디로 표현하면 정책결정의 참여자가 무엇이 좋은 것인지 알지도 못하고 설사 좋은 것에 합의했다 하더라도 어떤 것이 좋은 수단인지도 모르고 거기에다 결정에 참여하는 사람들도 유동적이라는 것이다.

둘째, 정책결정은 4가지 요소로 구성되는데, 4가지 구성요소란 ① 해결해야 할 문제(problem) ② 해결책(solution) ③ 참여자(participant) ④ 의사결정의 기회(choice opportunity)이다.[12] 그런데 여기서 재미있는 것은 이 4가지 요소가 독자적으로 움직인다는 것이다. 따라서 문제가 해결책을 찾는 것이 상식적인 순서이지만 미리 만들어진 해결책이 문제를 찾기도 한다는 것이다. 이 4가지 요소들은 네 줄기의 강물이 따로 따로 흐르듯이 네 가지의 독자적인 흐름을 지니고 있다.[13]

셋째, 정책결정이 이루어지려면 위에서 본 4가지의 흐름이 합쳐져야 한다.

---

10) M. Cohen, J. March and J. Olsen, "A Garbage Can Model of Organizational Choice," *Administrative Science Quarterly*, Vol. XVII, No. 1, March 1972, pp. 1~25.

11) *Ibid.*, p. 1

12) *Ibid.*, p. 3.

13) 鄭正佶, 政策決定論, 大明出版社, 1988, 712면.

그런데 합쳐지는 것은 인간의 의지에 의해서라기보다는 우연에 의해서 이루어진다는 것이다. 그런데 이러한 흐름들의 만남은 우연이라고 하지만 학습의 함수(function of learning)에 의해서 이루어진다.[14] 이때 학습이란 과거의 행동이나 사건을 통해서 익혀진다.

넷째, 정책결정에 있어서 조직구조(organizational structure)는 중요한 역할을 한다. 예컨대 조직구조의 여하에 따라 결정의 요소들의 도착시간의 유형(time pattern of arrival)이 달라지고 참여자들의 에너지의 분배가 달라지며 여러 가지 흐름들간의 연결이 달라진다는 것이다.[15]

다섯째, 이 모형에서의 결정스타일은 세 가지인데 하나는 문제해결(resolution)의 스타일이고 두 번째는 이탈(flight)의 스타일이고 세 번째는 날치기(oversight) 스타일이다.[16] 문제해결의 스타일은 보통의 정책결정과정에서 통상적으로 일어나는 스타일이다. 이탈의 스타일은 관계된 문제들이 다른 결정(other choice)을 찾아갈 때 결정을 내리는 것이다. 날치기 스타일은 관련된 문제들이 제기되기 전에 재빨리 결정을 내리는 것이다.[17]

쓰레기통 모형은 다음과 같은 점에서 비판을 면할 수 없다.

첫째, 정책결정상황을 우연으로만 설명하려는 경향이 강하여 결정자의 의지성을 설명하지 못하고 있다.

둘째, 가치나 신념을 달리한 이질적인 사람들이 모인 정책결정상황에서는 설명력이 강하나 동질성을 띤 집단의 정책결정상황에는 설명력이 없다. 사회 내에는 동질성을 띤 집단으로 단순하면서도 명료한 선호를 추구하는 집단들이 많다.

---

14) 安海均, 政策學原論〔第2版〕, 茶山出版社, 1990, 278면.
15) Cohen, March and Olsen, *op. cit.*, p. 4.
16) *Ibid.*, p. 8.
17) 鄭正佶, 前揭書, 715면.

제 3 장 정책집행

제 1 절 집행의 중요성과 개념

정책이 결정되었다고 해서 그것이 저절로 집행되는 것은 아니다. 종래에는 정책이 결정되면 그것은 저절로 집행되리라고 생각되어 집행과정에 별로 관심을 기울이지 않았던 것이 사실이다. 그러나 정책과정에서 가장 중요한 과정이 집행과정이라고 할 수 있다. 왜냐하면 정책은 집행과정을 통해서 결과를 얻기 때문이다. 여기서 집행은 정책의 구체화과정이라는 개념이 정립된다. 정책의 구체화과정이기 때문에 정책과 집행은 어디까지나 상대적 개념이다. 하위정책은 상위정책의 집행을 위한 수단으로 역할을 하기 때문에 어디까지나 연속선상의 상대적인 구별에 지나지 않는다. 여기서 James E. Anderson 같은 사람은 정책은 집행되면서 형성되고, 또 형성되면서 집행되기 때문에 정책형성과 정책집행을 확연하게 구별한다는 것은 거의 불가능하다고 지적하고 있다.[1) 또 실제 정책의 결정이 바로 집행으로 나타나는 경우도 있는데, 정부승인 같은 것이 그러한 예이다.

이처럼 정책의 결정과 집행은 구별되기 어려우면서도 집행은 정책을 구체화시키는 과정이라는 점에서 또한 구별되는 것이 사실이다.

집행과정은 결정과정보다 훨씬 어렵고 복잡하고 힘겨운 과정이라고 할 수 있다. 이것은 말보다 실천이 더 어렵다는 것을 생각하면 쉽게 이해할 수 있다. 효율적인 집행과정은 수많은 변수간의 조화적인 상호작용을 요구하고 있다. 그리고 집행과정에는 예기치 않았던 사건들이 나타나게 되는데, 이들에 대한 대처능력은 필수적이라고 할 수 있다.

생산적이고 동적인 집행과정(dynamic execution process)이 되기 위해서는 여러 가지 요소들이 동원되어야 한다. 즉 리더십을 중심으로 한 조정통합력, 조직성원의 자격·능력 및 가치관, 적절한 분업체제, 관리정향적인 철학, 목적의 정확한

1) James E. Anderson, *Public Policy-making*, Praeger Publishers, 1975, p. 98.

해석과 세분화과정, 업무 스케줄의 작성, 조직목표의 내면화, 조직성원의 사기진작, 원활한 커뮤니케이션의 확보 등 많은 요소들이 제대로 작동할 때에 효율적인 집행과정이 나타난다.

그러면 정책집행의 개념에 대해서 살펴보기로 한다. 정책집행의 개념에 대해서 여러 학자들이 여러 가지로 정의하고 있으나,[2] 여기서는 Jeffrey L. Pressman과 Aaron Wildavsky의 견해에 따라 정책집행의 개념을 살펴보기로 한다. 이들은 집행은 수행하고(carry out), 달성하고(accomplish), 완성하고(fulfill), 생산하고(produce), 완료(complete)하는 것이라고 정의하고 있다.[3] 집행은 예측된 결과를 성취할 수 있는 능력을 내포하고 있다. 이들은 계속해서 정책집행은 바라는 결과를 성취하게끔 인과연쇄 속에서 앞뒤의 행위를 순차적으로 연결시키는 능력이라고 정의하고 있다.[4] 이들은 정책집행을 정책결정에서 분리해서 설명하지 않고 양자를 상호작용의 과정으로 이해하고 있다. 즉 집행과 결정은 상호의존적이라는 것이다. 상호의존적이기 때문에 정책결정이 집행에 영향을 주는 것은 말할 것도 없지만, 역으로 집행이 정책결정의 내용변화에 영향을 주기도 한다는 것이다.[5] 따라서 정책과 집행은 위에서 아래로 질서 있게 흐르는 일관된 논리의 관계는 아니라는 것이다. 여기서 집행과정은 미리 짜여진 스케줄대로 움직이는 일관된 과정이 아니라 진화적 과정(evolutionary process)으로 이해된다. 집행의 결과는 예측할 수 있는 것이 아니라 상황에 따라 얼마든지 달리 나타날 수 있는 것이다. 정책의 내용은 집행과정을 밟으면서 계속해서 변형될 수 있는 것이다. 정책의 실현가능성이나 제약요인들(constraints)은 집행과정을 밟으면서 밝혀지기 때문에 집행은 필히 정책결정의 수정을 가져오게 한다. 물론 정책은 과정을 설정하고, 집행자들의 역할을 확인하고, 사용가능한 도구와 기법 및 자원의 동원성을 제시함으로써 집행에 결정적으로 영향을 준다.

---

2) 정책집행의 개념에 대해서는 D. S. Van Meter and C. E. Van Horn, "The Policy Implementation Process: A Conceptual Framework," *Administration and Society*, February 1975, p. 447; Eugene Bardach, *The Implementation Game*, MIT Press, 1977, p. 36; Charles O. Jones, *An Introduction to the Study of Public Policy*, 2nd ed., Duxbury Press, 1977, pp. 139~140; Robert T. Nakamura and Frank Smallwood, *The Politics of Policy Implementation*, St. Martin's Press, 1980, p. 1; Martin Rein and F. F. Robinovitz, "Implementation: A Theoritical Perspective," in W. D. Burnahm and M. W. Weinberg(eds.), *American Politics and Public Policy*, MIT Press, 1978, p. 332; Robert L. Leineberry, *American Public Policy*, Harper and Row, 1978, p. 70.

3) Jeffrey L. Pressman & Aaron Wildavsky, *Implementation*, 2nd ed., University of California Press, 1979, p. xix.

4) *Ibid.*, p. xxi

5) *Ibid.*, pp. 181~189.

제 2 절 집행과정의 정신적 측면

(1) 조직성원의 관리정향적(management-oriented)인 사고방식이다. 집행은 절차에 입각해서 법규나 상사의 지시만을 실천함으로써 나타나는 것이 아니라 목표성취를 목적으로 하는 관리정향적 행동이라는 것이다.

관리지향적 집행과정에서 가장 문제가 되는 것은 생산성·효과성·능률성이지 적법성이나 절차성은 아니니다. 다시 강조하건대 조직구성원들은 집행과정을 단순한 법규의 집행으로 인식할 것이 아니라 생산을 목적으로 한 관리과정으로 인식해야 한다는 것이다.

(2) 성취지향적인 적극적인 사고방식이다. 집행과정에서 예기치 않았던 사건들이나 어려움이 나타난다는 것은 말할 것도 없다. 집행과정은 어려움을 극복하고 해결하는 과정이라고 할 수 있다. 따라서 무엇보다도 요구되는 것이 끈질긴 공격정신(attacking power)이라고 할 수 있다. 어떠한 정책의 집행도 지구력이 있는 문제해결능력을 요하는데, 이러한 문제해결능력은 끈질긴 공격정신에서 키워질 수 있는 것이다. 이러한 공격정신은 모험을 무릅쓰고 무엇을 자꾸 시도해 보려는 정신이기도 하다. 동시에 의도하는 일을 쉽사리 포기하거나 단념하지 않는 정신이기도 하다.

본래 집행과정이란 수립된 계획을 짜여진 순서나 절차에 따라 집행만 하는 순조로운 과정은 아니다. 이는 무수한 시행착오(trial and error)의 연속과정이라고 할 수 있다. 만일에 집행과정을 시행착오의 과정이라고 이해한다면 무엇을 끈질긴 자세로 해결하겠다는 적극적이고도 지구력이 있는 공격정신이 필요하다는 것이다.

(3) 정책의 목표를 조직구성원 자신의 목표로 내면화(internalization)시켜야 한다. 집단의 목표가 조직구성원의 목표로 내면화될 때에 목표의 성취의욕은 강해진다고 볼 수 있다. 이러한 내면화의식은 조직의 목표를 성취하는 데에 자기의 맡은 역할이 어떻게 연결되고 기여되는가를 인식함으로써 강해진다. 다시 말해서 자기의 맡은 일이 목표성취과정에서 얼마나 중요한가를 인식함으로써 강해진다는 것이다.

조직구성원이 아무런 목표의식이 없이 맡겨진 일을 기계적으로 처리할 때보다는 자기의 일에 목적성을 부여할 때에 보람과 의미성을 갖게 되어 그만큼 집행능력은 올라간다고 할 수 있다.

(4) 정책의 목표는 집행과정을 통하면서 수정·보완될 수 있다는 융통적인 사고이다. 정책의 목표는 본래의 의도대로 집행되는 것이 가장 바람직한 상태이

다. 그러나 애초의 의도대로 집행될 수 없는 경우도 있다는 것을 알 필요가 있다. 정책의 목표는 어디까지나 예측을 통해서 이루어졌기 때문에 예측이 잘못될 수도 있고, 잘 되었어도 상황이 나중에 변할 수도 있는 것이다. 여기서 정책의 목표는 집행과정을 통하면서 다시 만들어지기도 하고 수정되기도 한다는 것이다.

그리고 정책의 목표가 구체성을 띨 때에는 별 문제가 없지만, 추상성이나 방향성만을 띨 때에는 정책의 목표는 집행과정을 통해서 명확성을 띠게 된다는 것이다. 정책은 집행과정을 통하여 다시 형성된다는 것은 이를 두고 하는 말이다. 특히 정책의 집행과정에서 집행층에 자유재량의 영역이 많이 인정될 때에는 정책의 목표는 항시 수정될 수 있다.[6)]

여기서 중요한 것은 정책의 목표는 신성불가침한 것이나 주어진 것으로 생각할 것이 아니라 집행과정을 통하면서 보다 바람직한 방향으로 변화될 수 있다고 생각하는 것이다.

제 3 절 집행과정의 기술적 측면

(1) 기술적 측면의 제 1 단계는 목표의 구체화작업이다. 이것은 추상성을 띤 목적이나 계획의 구체적인 해결과정이기도 하다. 일반적으로 단기성을 띤 정책의 목표는 구체화작업이 어렵지 않지만, 중기나 장기성을 띤 목표는 구체화과정이나 해석과정이 요구된다. 특히 장기성을 띤 정책은 국가의 기본방향을 띤 정책으로서 애매성·추상성·포괄성을 띠게 마련이다. 이러한 정책을 해석하고 구체화하는 데에 있어서는 전문화된 막료의 힘을 빌어 정책목표의 핵심을 중심으로 일어나야 한다. 이때의 구체화과정이나 해석과정에서 가장 중요한 것은 논리적 일관성이다. 즉 추상성을 띤 목적을 운영계획(operational plan), 구체적인 프로그램, 사업계획(project) 및 활동(activities) 등으로 구체화하는 데에 있어서 통일성이 요구된다는 것이다.

목표를 해석하는 데에 있어서 여러 가지 의견이 나올 수 있다. 또 목적 자체의 추상성으로 보아 다원적인 하부목적들이 파생될 수도 있다. 이러한 경우에 해석의 기준이 되는 것은 무엇이 목표의 본질적인 의도인가이다. 따라서 이러한 본질적 의도를 중심으로 구체화과정이 일어나게 되는데, 이때 지엽적인 문제를 잘라버릴 수 있어야 한다.

---

6) 金光雄, 行政科學敍說, 博英社, 1983, 394~396면.

⑵ 집행상의 우선순위를 결정하는 것이다. 목표성취를 위해서는 여러 가지 작업과정이 나타나는데, 무슨 일을 먼저 하는 것이 합리적인가를 결정하는 것이다. 집행과정에서 일의 우선순위의 결정문제는 매우 중요하다. 적절한 우선순위의 배열과정은 시간·노력·경비를 절약시킬 뿐만 아니라 집행과정의 흐름을 유연하고 질서 있게 한다. 작업순위의 배열과정은 형편에 따라 얼마든지 바꾸어질 수가 있는 것이다.

작업의 우선순위가 결정되면 이에 따라 작업진행스케줄을 짜야 한다. 작업진행스케줄은 작업의 소요시간에 따라 장기·중기·단기일정 등으로 나누어진다. 작업진행표는 작업의 진척도를 표시하여 줄 뿐 아니라 담당직원들의 적극적인 업무태도를 촉구하여 주기도 한다.

⑶ 적절한 관리기법들을 동원·활용하는 것이다. 집행과정은 주로 관리과정이기 때문에 PERT·OR·MIS 등의 관리기법들과 이를 다룰 수 있는 전문가들을 동원하고 활용하는 것이다. 따라서 어떤 면에서는 집행과정을 관리기법의 동원과정이라고 할 수 있다.

⑷ 개별적 책임제를 채택하는 것이다. 본래 인간은 단체책임보다 개별적 책임을 더 무서워하는 경향이 있다. 따라서 업무를 단체에 할당하지 말고 개별적으로 할당하여 각 개인으로 하여금 책임을 지게 하는 것이다. 인간은 자기의 역할과 공헌도가 뚜렷이 나타날 때에 최선을 다하게 된다.[7)] 아무리 집단구성원간에 공동으로 나타난 목적이라 할지라도 개인의 공헌도가 나타나지 않으면 목표성취에 최선을 다하지 않고 다른 사람에게 미루려는 성향이 있다는 것이다. 여기서 조직구성원 하나하나에게 업무량을 할당하고 할당된 업무에 대해서는 책임을 지게 하는 것이다. 즉 인간은 단체책임이 아니라 자기책임이라고 할 때에 최선을 다한다는 것이다.

⑸ 작업단위간이나 구성원간에 커뮤니케이션을 최대로 원활하게 하는 것이다. 작업진행상 각 작업단위가 다른 작업단위와 보조를 맞추기 위해서는 활발한 커뮤니케이션이 요구된다는 것이다. 작업단위간 보조가 제대로 맞추어지지 않을 때에 혼란과 시간의 낭비가 일어나게 되는 것이다. 그리고 커뮤니케이션이 제대로 이루어져야만 어디에서 집행상의 문제가 생겼는가를 쉽게 파악할 수 있고, 상황변화에도 쉽게 대처할 수 있는 것이다. 특히 집행상에 있어서 상향적 커뮤니케이션과 수평적 커뮤니케이션은 중요하다. 상향적 커뮤니케이션은 고위층으로 하여금 신속하게 상황변화에 대처하도록 하고, 수평적 커뮤니케이션은 원활한 작업

7) N. Olson, *The Logic of Collective Action*, Schocken Books, 1969, p. 21.

진행을 촉진시킨다.

(6) 신속한 자원의 동원이다. 자원에는 물적·인적 자원이 다 포함된다. 적절한 자원이 적시에 동원되어야만 집행과정이 원활하다는 것은 말할 것도 없다. 자원동원의 계획은 작업스케줄에 따라 결정되어야 한다. 일시에 모든 자원을 다 동원한다는 것은 오히려 비경제적이고 혼란을 야기하는 경우가 많다. 따라서 그때그때 필요시마다 자원의 차질 없는 동원이 얼마나 중요한가를 알 수 있다.

집행과정에 동원되는 인적 자원은 주로 고급인력이 아니라 기술자·숙련공 및 노동자이다.

제 4 절 정책집행의 유형

정책집행의 유형을 분류하는 데에도 여러 가지 기준이 있을 수 있으나,[8] 여기서는 정책결정가와 집행자간의 관계를 중심으로 정책집행의 유형을 살펴보기로 한다. 이러한 기준에도 여러 가지 유형이 있으나,[9] 여기서는 R. T. Nakamura and F. Smallwood의 유형을 중심으로 살펴보기로 한다. 이들은 집행의 유형을 고전적 기술관료형·지시적 위임형·협상형·재량적 실험형 및 관료적 기업가형의 다섯 가지 유형으로 나누고 있는데,[10] 나누어 설명하면 다음과 같다.

Ⅰ. 고전적 기술관료형(classical technocrats)

이 모형의 기본특징은 다음과 같다.

1) 정책결정가는 명백한 목표들을 설정하고, 집행자들은 이 목표들을 지지한다.

2) 정책결정가는 계층적인 지휘체계를 확립하고, 집행자들에게 이 목표들을 수행할 수 있게끔 기술적 권위(technical authority)를 위임한다.

3) 집행자들은 이러한 목표들을 성취할 수 있는 기술적 능력을 소유하고 있다.

이 모형의 기본특징을 한마디로 요약하면 정책결정가가 집행과정을 통제한다는 것이다. 집행가는 기술적 재량권을 지니고 있지만, 이것은 어디까지나 기술

8) 安海均, 政策學原論, 茶山出版社, 1984, 430～449면.

9) 上揭書, 434～436면 참조.

10) Robert T. Nakamura & Frank Smallwood, *The Politics of Policy Implementation*, St. Martin's Press, 1980, pp. 111～142.

상의 문제에 대해서 한정되어 있다. 이 모형은 정책결정가가 정책과정을 통제하고, 집행가는 기술지명인(technical designee)으로 역할한다는 의미에서 계층모형이라고 일컬어지기도 한다. 집행과정에서 문제가 생긴다면, 이는 어디까지나 집행자의 기술적 지식의 결핍에서 생기지 다른 이유에서 생기지 않는다.

Ⅱ. 지시적 위임형(instructed delegates)

이 모형에서 집행가는 상당한 수준의 재량권을 행사하는데, 그것은 정책결정가가 집행인에게 정책수행에 필요한 여러 가지 규정과 규칙을 제정할 수 있는 권한을 주기 때문이다. 그러나 이 모형에서도 고전적 기술관료형에서처럼 정책결정가는 명백한 목표를 설정하고, 집행인은 이러한 목표를 지지한다. 이 모형의 특징들을 살펴보면 다음과 같다.

1) 정책결정가는 명백한 목표를 설정하고, 집행가는 이러한 목표의 바람직성에 동의한다.

2) 정책결정가는 집행집단에게 목표를 성취하도록 지시하고, 이들에게 재량적 행정권(discretionary administrative authority)을 위임한다.

3) 집행가들은 이러한 목표들을 성취하는 데 필요한 기술적 · 행정적 · 협상적 능력을 소유하고 있다.

이 모형에서 정책결정가는 정책형성에 대해서 통제권을 행사하고 있으나, 목표성취에 대한 수단의 결정권에 대해서는 집행가들이 더욱 권한을 가지고 있다. 따라서 집행과정에서 여러 가지 형태의 차질(breakdowns)이 일어날 수 있다. 첫째로 집행가들이 전문적 기술을 결여하고 있을 때에 일어날 수 있다. 둘째로 여러 집단들이 집행에 참여할 때에 수단들의 채택에 합의를 보지 못할 수 있다. 수단의 채택에 협상이 이루어지지 않을 때에 이것은 집행과정에서 정치적 차질을 불러일으킨다. 마지막으로 정책결정가의 지시가 애매하거나 명료하지 않을 때에 집행가들 사이에 정책결정가가 원하는 것이 무엇이며, 목표성취를 위해서 어떤 수단들을 채택할 것인가에 대해서 정치적 분쟁이 벌어질 수 있다.

Ⅲ. 협상형(bargainers)

이 모형의 특징은 다음과 같다.

1) 공식적인 정책결정가(formal policy maker)는 정책의 목표를 설정한다.

2) 정책결정가와 집행가는 정책목표의 바람직성에 대해서 반드시 의견을 같이하지 않는다.

3) 집행가는 목표와 수단에 대해서 정책결정가와 협상을 벌인다.

이 모형에서 집행가의 권력적 지위(power position)는 극적으로 강화될 수 있는데, 그것은 불복종이나 비집행(noncompliance and nonimplementation)의 위협수단을 통해서 권력을 행사할 수 있기 때문이다.

이 모형에서도 집행상 여러 가지 차질이 빚어질 수 있다. 첫째는 다른 모형에서와 마찬가지로 수단에 대한 기술적 지식의 결여로 차질이 일어날 수 있다. 두 번째는 협상의 실패로 일어나는데, 이때의 차질은 정체와 비집행의 상태로 몰고 간다. 끝으로 집행가는 정책목표에 대해서 필히 정책결정가의 의견에 따를 필요가 없기 때문에 정책을 전환시키고 자원을 자기들의 목표를 위해서 사용할 수 있다. 바꾸어 말해서 정책집행가는 입으로는 정책목표를 내세우지만, 실질적으로는 자기들의 목표를 위해서 온갖 자원을 다 사용할 수 있다는 것이다.

이 모형에서 결정가와 집행자간의 최종적 결과는 누가 상대적으로 권력자원(power resources)을 많이 가지고 있느냐에 따라 결정된다. 만일에 정책결정가가 권력자원을 독점하고 있다면, 이들은 집행가들이 정책을 싫어하더라도 집행을 강요할 수 있다. 만일에 권력자원이 양편에 고르게 나누어져 있다면 집행은 협상과정 속에서 일어난다. 그러나 집행자가 자원을 독점하고 있고, 또 협상도 하지 않으려고 하면 정책은 집행되지 않게 될 것이다.

Ⅳ. 재량적 실험형(discretionary experimenters)

이 모형은 정책결정가가 정책형성에 정통하고 있지 않아 많은 재량권을 집행가에게 주는 형이다. 이 모형의 특징들을 들면 다음과 같다.

1) 공식적 정책결정가는 일반적이고 추상적인 목표의식은 가지고 있지만, 지식의 부족이나 불확실성으로 인해서 명확하게 표명하지를 못한다.

2) 정책결정가는 집행가에게 광범위한 재량권을 주어, 그들로 하여금 목표를 명확하게 하고 성취수단을 개발하게 한다.

3) 집행가는 자발적이고 성실한 자세로 이러한 과업을 수행한다.

이 모형의 특징은 권한의 대폭적인 위임이다. 이러한 위임은 대개는 불확실한 상태의 결과로 나타난다. 정책결정가는 일반적으로 여러 분야에서 분주하게 활동하는 사람들이지만, 어느 분야에도 전문가의 소양은 가지고 있지 않다. 이러한 사람들이 만든 정책은 풀어야 할 문제나 수단에 대해서 애매성을 지니지 않을 수 없다. 이러한 애매성으로 인해서 정책의 구체화의 책임은 정책결정가에서 집행자로 옮겨지게 된다.

V. 관료적 기업가형(bureaucratic entrepreneurs)

이 모형에서 집행가는 정책결정가로부터 권력을 빼앗아 정책과정을 통제하게 된다. 이 모형의 기본특징은 다음과 같다.

1) 정책집행가는 자신들의 정책목표를 설정하고, 정책결정가로 하여금 이들의 목표를 채택하도록 모든 힘을 동원해서 설득한다.

2) 정책집행가는 자신들의 목표성취에 필요한 수단들을 정책결정가와 협상을 통해서 확보한다.

3) 정책집행가는 자신들의 정책목표들을 성실하게 성취하려고 한다.

이 모형은 정책결정가에서 집행자에로의 권력이전으로 특징지어지는데, 이러한 현상은 여러 가지 이유에서 나타난다. 첫째, 정책집행자는 정책결정에 필요한 정보를 산출하고 통제함으로써 정책과정을 지배한다. 둘째, 행정관료제의 안정성과 계속성은 집행자들로 하여금 정책결정가를 앞지르게 한다. 끝으로 개별적 집행가들은 기업가적이고 정치적인 재능(political skills)을 발휘해서 처음부터 정책형성을 관장한다. 이러한 기업가적 능력은 여러 가지 재능을 토대로 해서 구축되는데, 이러한 재능을 구비한 집행가들이 많이 있다는 것이다.

제 4 장 정책평가

제 1 절 평가의 의의와 중요성

흔히 계획이 수립되고 그것이 집행되면 소기의 성과가 저절로 나타나는 것이라고 생각된다. 그러나 대부분의 경우 계획이 노렸던 효과가 100% 달성되는 경우란 드물다. 평가란 목표나 계획이 애초에 의도한 효과를 어느 정도 달성하였는가를 분석하는 것을 말한다. 이러한 의미에서 평가는 주로 사후평가를 의미하는 것이다. 물론 정책수립과정에서 정책이나 계획 자체를 평가하는 사전평가나 계획의 진행과정을 평가하는 도중평가나 진도파악 등도 평가의 일종이라고 할 수 있으나, 엄밀한 의미에서 평가하면 집행의 결과나 효과만을 따지는 사후평가를 말하는 것이다.

행정과정에서 평가문제가 중요하게 된 것은 계획과 실적간의 괴리현상에 대한 분석의 필요성에도 있지만, 그보다 중요한 것은 국민의 요구에 순응하는 행정을 하고 있느냐를 따지자는 데 있다. 다시 말해서 단순한 목표성취도에서 출발하여 국민의 요구를 충족시켜 주는 행정을 확인·판단하기 위해서 평가가 필요한 것이다.

특히 앞으로의 행정은 약자(the underprivileged)를 위한 사회개발 및 복지분야에 그 수요가 증가되리라고 생각되는데, 이때의 사업성과에 대한 평가란 대단히 중요한 것이다.

행정에 있어서 평가과정이 중요시되는 또 하나의 이유로서는 보다 나은 정책결정을 수립하는 데 기본자료를 얻자는 것이다. 정책결정의 개선이나 발전은 이전의 정책집행의 결과를 평가함으로써 환류과정을 통해서 나타날 수 있는 것이다.

제 2 절 평가의 논리

평가의 논리란 X라는 사업 또는 프로그램을 실시해서 Y라는 결과를 얻으려고 할 때 X와 Y간의 인과관계를 따지는 것을 이야기한다. 정책의 평가를 다룰 때에 평가의 논리는 기본전제가 되는 문제이다.

그런데 사회현상에서 독립변수(프로그램)와 종속변수(결과)간의 인과관계를 정확하게 밝혀 낸다는 것은 대단히 어려운 일이다. 왜냐하면 대개의 정책조사연구들은 여러 가지 변수들이 통제된 폐쇄체제하에서 실시되는 것이 아니라 변수들이 통제되지 않은 개방체제하에서 실시되기 때문이다. 개방체제하에서는 독립변수와 종속변수를 통제할 수 없기 때문에 종속변수를 일으키는 원인이 독립변수가 아닌 다른 변수이거나, 아니면 독립변수와 다른 변수의 교호작용이 될 수도 있는 것이다. 어떤 결과를 일으키는 데 원인이라고 생각되었던 변수가 따지고 보니 아무런 관계가 없다고 판명되었을 때에 이를 허위변수라고 한다. 그런데 독립변수 이외의 제3의 변수가 독립변수에도 영향을 주고 종속변수에도 부분적으로 영향을 줄 때에 이를 혼란변수라 한다.[1] 예컨대 어느 대학에서 국가고시 응시자들을 모아놓고 특강계획을 마련하였다고 하자. 특강계획의 실시결과 합격자의 수가 10명에서 15명으로 증가하였다고 하자. 그런데 합격자수 증가의 원인을 따져 보았더니 특강계획이 아니라 국가고시 위주의 교과과정의 개편이었다. 이때 독립변수라고 가정되었던 특강계획은 허위변수로 판명된다. 그러나 만일에 교과과정의 개편이 고시특강에도 영향을 주고, 종속변수인 합격자수의 증가에도 영향을 주었다면 이는 혼란변수가 된다.

정책이나 프로그램을 평가할 때에는 인과관계를 정확하게 추적할 수 있게끔 평가설계를 마련해야 한다. 인과관계를 정확하게 추적하는 데에는 실험설계가 가장 이상적이나 전술한 대로 사회현상을 다루는 경우에 실험설계의 효용성은 대단히 한정되어 있다. 그러나 준실험의 방법을 쓰든, 비실험의 방법을 쓰든 인과관계의 논리는 평가작업에 있어서 제 1 의 명제라는 것을 명심할 필요가 있다.

1) 盧化俊, 政策評價論, 全訂版, 法文社, 1986, 20～207면 참조.

제 3 절 평가의 모델

평가의 모델은 학자마다 다르다.[2] 여기서는 집행의 결과를 중심으로 평가 모델을 살펴보기로 한다.

Ⅰ. 작업성취도만을 측정하는 모델

이것은 궁극적인 목표달성을 위한 구체적인 작업들이 어느 정도 성취되었느냐를 따지는 모델이다. 예컨대 교통사고를 예방하는 사업계획을 세웠을 때에 구체적인 작업계획(activities plan)인 신호등설치 · 육교설치 · 횡단로설치 등이 어느 정도 완성되었느냐만을 따지지 실제 교통사고가 얼마나 줄었느냐는 따지지 않는다. 또 하나의 비슷한 예로서 보건위생계획(health program)에서 치료받은 환자수(number of clients)만을 따지지 실제 환자들이 얼마나 치료되었는가는 따지지 않는다.

이러한 모델은 작업성취도만을 따지지 사업에 나타나 효과성이나 실제 국민이 받는 real service는 평가하지 않는다.

이 모델은 평가의 초보적인 단계에 머무르고 있는 모델이지만, 오늘날 평가제도를 실시하고 있는 나라들이 이 모델의 범위에서 크게 벗어나지 못하고 있다. 미국의 경우만 보더라도 1976년에 연방정부 53개의 행정기관에서 1,320개의 성과지표(output indicator)를 만들어 냈는데,[3] 이때의 성과지표란 작업성취 위주의 지표라고 할 수 있다.[4]

Ⅱ. 목표의 성취도를 측정하는 모델(효과측정의 모형)

이 모델은 계획이나 정책수립시에 의도했던 목표가 어느 정도 성취되었느냐만을 따진다. 따라서 목표성취에 얼마만큼 경비가 소요되었느냐의 문제는 따지지

2) 上揭書, 58～73면; 金明守, 公共政策評價論, 博英社, 1987, 97～118면; E. A. Suchman, *Evaluative Research: Principle and Practice in Public Service and Social Action Program*, Russell Sage Foundation, 1967, pp. 61～71; David Nachmias, *Public Policy Evaluation: Approach and Methods*, St. Martin's Press, 1979, pp. 5～6.

3) P. Hatry, "The Status of Productivity Measurement in the Public Sector," *Public Administration Review*, No. 1, 1978, p. 29.

4) 예컨대 민원업무의 성과지표는 처리건수이고, 의료업무는 환자의 방문수(outpatients visits)이며, 교육 및 훈련은 훈련된 학생수 및 연수이고, 규제 및 인·허가업무는 승인된 건수이다.

않는다. 또 사업계획이 집행된 후에 예기치 않게 나타났던 효과(unexpected effect)는 사회 전체에 파급되는 간접효과(indirect effect)도 따지지 않는다.

이 모델의 평가대상이 되고 있는 것은 왜 이 사업을 추진했는가의 직접적 목표의 성취 및 효과이다. 그러나 직접적 성취나 효과라고 해서 측정이나 평가가 용이한 것은 아니다. 물론 어떤 목표는 처음부터 계량적으로 표시되어 그 성취 여부를 쉽게 측정·평가할 수 있는 경우도 많다. 예컨대 수출 100억 달러 달성의 목표나 세금징수 500억 원 달성의 목표 등이다. 그러나 부정부패를 없앤다든가, 사회정의를 구현한다든가, 교육의 질을 높인다든가, 공무원의 사기를 높인다든가 하는 목표들은 수량적으로 쉽사리 표시할 수 없다.

이 모델의 구체적인 단계들을 표시하면 다음과 같다.

(1) 목적을 조작적으로 정의하여 수량적으로 나타날 수 있도록 하여야 한다. 수량화될 수 없는 목적이란 평가의 대상이 되기 어렵다. 그러나 정치성이나 심리성을 띤 목표들을 구체적인 측정가능한 개념으로 표시하기란 대단히 어렵다. 이러한 경우는 간접적(indirect)이고 상징적(symbolic)인 측정방법이 모색되어야 한다. Bertram M. Gross는 지적하기를 직접적으로 측정하기 어려운 현상이 많은데, 이 경우는 대용물(surrogates)을 사용해야 한다는 것이다. 이때의 대용물이란 측정하고자 하는 현상에 대한 계량적 대체물(quantitative substitute)로서의 간접지표를 말한다.[5)]

(2) 목표성취의 구성요소(component)가 된 지표를 작성하는 것이다. 이러한 지표들은 직접적이든, 간접적이든 또는 상징적이든 목표의 내용을 정확하게 반영하고 있어야 한다.

목적성취도를 측정하는 데 있어서 하나의 지표만으로는 부족한 경우가 많다. 대부분의 행정목적은 그것이 제대로 평가되기 위해서는 여러 개의 지표가 요구된다. 예컨대 공무원의 사기를 측정하고자 할 때에 하나의 지표만으로는 정확하게 측정할 수 없다. 다시 말해서 지표의 수가 너무 적으면 측정하고자 하는 효과의 내용을 제대로 다 커버하지 못한다는 것이다. 그러나 지표의 수가 너무 많아도 혼란과 시간의 낭비를 가져온다. 따라서 지표의 수는 목적의 종류와 성격에 따라서 시간의 낭비를 가져온다. 따라서 지표의 수는 목적의 종류와 성격에 따라서 적당한 수준에서 잡아야 한다.

여기서 주의할 것은 하나의 목표성취를 측정하기 위해서 만들어진 지표들간

5) Bertram M. Gross, "The State of Nation: Social Systems Accounting," in R. A. Baue(ed.), *Social Indicators*, MIT Press, 1966, pp. 260~262.

에는 대립 또는 충돌이 있어서는 안 된다는 것이다. 이러한 지표들은 동일방향의 차원(unidirectional dimension)에 있을 것이 요구된다.

(3) 성취실적을 측정할 수 있는 도구를 결정해야 한다. 이때 도구는 지표와 겹칠 수도 있지만 반드시 동일한 것은 아니다. 측정도구는 신뢰도(reliability)와 타당도(validity)를 가지고 있어야 한다. 여기서의 신뢰도란 동일한 측정도구를 계속해서 사용할 때에 동일한 결과를 얻을 수 있는 가능도를 말한다. 또는 두 사람이나 그 이상의 사람들이 독립적인 입장에서 동일한 도구를 동일한 대상에게 사용했을 때에 그들이 동일한 결과를 얻을 가능도를 말한다.

타당도란 측정도구가 측정하고자 하는 내용을 측정할 수 있는 성공도를 말한다. 다시 말해서 측정도구는 측정하고자 하는 내용을 반영하고 있어야 한다. 예컨대 어떤 사람의 사회적응도(social adjustability)를 측정하는 데에 있어서 그 사람이 다른 사람들과 잘 지내고 있는가의 질문은 타당성이 있는 도구라고 할 수 있다. 측정도구의 신뢰도와 타당도문제는 다음에 보다 구체적으로 설명하기도 한다.

(4) 마지막의 단계로서 시간의 기간을 적절히 잡아야 한다. 기획에 따라서는 집행이 완료됨과 동시에 그 효과가 전면적으로 나타나는 것도 있으나, 그렇지 않은 것도 많다. 즉 1년 또는 2년의 기간이 지난 후 나타나는 것도 있고, 경우에 따라서는 수년의 기간이 흐름으로써 나타나는 것도 있다.

Ⅲ. 능률성을 측정하는 모델

이 모형은 비용과 효과간의 비율(the ratio between cost and benefit)을 측정하는 모델이다. 이 모델의 주안점은 애초에 정책결정시나 기획수립시에 산정했던 효과나 비용이 집행 후에 제대로 나타났는가의 여부를 따지는 데에 있다. 따라서 최소의 비용으로 최대의 효과를 노리는 대안의 선정문제 같은 것은 따지지 않는다. 이러한 대안선정(choice of alternatives) 문제는 이미 결정된 것으로 전제하고, 여기서는 마지막으로 선정된 대안이 본래의 의도대로 비용·효과의 비율이 나타났는가만을 따진다. 다시 말해서 예기된 비용과 효과(anticipated cost and benefit)를 실제 나타난 비용과 효과(actual cost and benefit)에 대비하는 것이다.[6] 물론 이때의 효과측정은 '목표의 성취도를 측정하는 모델'에서 설명하였던 단계를 밟아 측정한다. 그리고 효과성의 측정문제는 다음에 다시 상세히 검토하기로 한다.

6) 효과를 내적 효과(產出物)와 외적 효과(종합적인 效果)로 나누어 능률성을 내적 능률성과 외적 능률성으로 나누어 설명하는 사람도 있다. 金明守, 前揭書, 103～104면 참조. 盧化俊 교수는 외적 효과에 대한 평가를 적합성평가라고 한다. 前揭書, 72～73면.

예기된 비용이나 효과가 실제 나타난 비용과 효과에 일치하는 경우란 거의 없는데, 이때의 차이를 분석 · 평가하는 것이 본 모델의 목적이다.

제 4 절 평가의 절차[7)]

Ⅰ. 목표의 식별

목표의 식별이란 평가의 준거기준이 되는 목표를 명확하게 드러내는 것이다. 정책결정에서 목표를 세우지만, 그 목표가 추상적이고 애매성을 띠어 무엇이 우리가 진정으로 추구하는 목표인가를 파악할 수 없는 경우가 있다. 정책목표의 내용을 파악함에 있어 중요시되는 사항들로서는 i) 정책대상의 집단, ii) 실현의 시기, iii) 목표의 단일성과 복합성, iv) 목표가 기초하고 있는 가치 등이다. 이러한 사항들은 목표를 식별하는 데 도움을 준다.

Ⅱ. 성과의 평가기준과 유의미성의 판정기준

(1) 성과의 평가기준

정책이나 프로그램이 사회의 복지향상에 얼마나 기여하였느냐를 판단하는 기준이 성과의 평가기준이다. 성과의 평가기준으로 들 수 있는 것은 효과성 · 능률성 · 적절성 · 적합성 · 감응성 등이다.

효과성은 의도한 목표가 어느 정도 성취되었느냐를 따진 것이다.

능률성은 프로그램이 산출한 결과와 산출에 소요되는 비용간의 비율을 따진 것이다. 비용이 고정되었을 때에는 산출물이 많을수록 능률적이고, 산출물이 고정되었을 때에는 비용이 적을수록 능률적이다.

적절성(adequacy)은 프로그램 목표달성이 제기된 문제를 해결한 정도를 나타낸다. 어떤 프로그램이 추진되고 집행되었으나 거기에 투자된 자금의 수준이 너무 낮아 문제해결에 도움을 주지 못할 때, 그 프로그램은 부적절하다고 할 수 있다. 적절성은 프로그램 효과의 규모가 프로그램 수요에 비추어 볼 때에 알맞은 것이냐를 판단하는 기준이다.

---

7) 여기서 다룬 절차는 盧化俊, 前揭書, 73～94면; 安海均, 政策學原論, 茶山出版社, 1984, 516～522면을 요약한 것임.

적합성(appropriateness)은 프로그램이 추구하는 효과가 사회정책적 입장에서 볼 때 바람직한 것인가를 검토하는 기준이다.

감응성(responsiveness)의 기준은 프로그램의 대상이 되는 고객들의 요구를 구체적으로 충족시켜 주느냐를 따진다.

(2) 유의미성의 판정기준

여기에는 통계적 유의미성과 정책적 유의미성의 두 가지 기준이 있다. 통계적 유의미성은 어떤 변화가 통계적으로 유의미한지를 판단하는 기준이다. 이것은 제1종오류(type I error)를 범할 확률을 기준으로 한다. 예컨대 유의수준(level of significance) 0.01 또는 0.05는 이에 속한다.

정책적 유의미성은 정책결정자가 이 정도의 변화는 이루어져야 한다고 사전에 정한 기준으로서 정책의 성과가 이것보다 높을 때에는 정책적 유의미성이 높다고 하고, 그 이하가 되면 낮다고 한다.

통계적 유의미성과 정책적 유의미성의 기준은 다르기 때문에 어떤 정책의 변화가 왔을 때에 통계적 유의미성은 높으나 정책적 유의미성은 낮을 수 있고, 또 반대의 경우도 성립할 수 있다.

Ⅲ. 영향모형의 설정

평가에 사용되는 모형을 작성할 때에는 다음의 세 단계를 거치게 된다. 첫째는 평가하고 있는 문제에 적합한 변수에 대한 묘사, 둘째는 변수들간의 유의미한 관계의 설정, 셋째는 이들 관계들의 성질에 대한 명제의 형성이다.

영향모형은 정책이나 프로그램이 대상집단에 대해서 어떠한 과정을 거쳐서 어떠한 변화나 효과를 가져오는가를 나타내는 인과적 가설이다. 하나의 영향모형은 투입(정책 또는 프로그램)에 대한 기술, 대상집단에 대한 기술, 투입이 대상집단에 가져오리라고 기대되는 변화 및 이러한 변화가 행태나 조건의 개선에 영향을 주리라고 생각되는 관계의 추적인데, 이것을 결과선(outcome line)이라고 부르기도 한다. 변수들간의 관계는 직접적일 수도 있고, 간접적일 수도 있다.

Ⅳ. 연구설계의 설정

모형이 설정되고 나면 필요한 자료를 수집·측정·분석·해석하는 일련의 과정에 대한 체계적인 계획을 수립해야 한다. 이것이 바로 연구설계이다. 여기에는 어떤 방법을 쓰느냐에 따라 진실험설계 · 준실험설계 · 비실험설계가 있다.

Ⅴ. 측 정

정책의 목적이 되었던 결과를 정확하게 측정한다는 것은 대단히 어려운 일이다. 어떤 결과는 수량적으로 쉽게 측정할 수 있는 것도 있지만, 어떤 결과는 비가시적인 것으로 쉽게 측정하기가 어려운 것도 있다. 이때 비가시적인 목표는 간접적이고 상징적인 지표를 만들어 측정한다. 여기서 측정수단은 타당도와 신뢰도를 지니고 있어야 한다.

Ⅵ. 자료의 수집과 분석

정책평가에 필요한 자료들은 여러 가지 방법에 의해서 수집된다. 어떤 방법을 쓸 것이냐는 프로그램이나 정책의 성격 및 영향모형에 포함될 변수의 종류에 달려 있다.

수집된 자료를 어떻게 분석하느냐 역시 평가문제에 달려 있다. 일반적으로 정책평가에서 사용되는 기법에는 정규분포, t-분포를 이용한 검증, 변량분석, 상관관계분석, 회귀분석 등이 있다.

제 5 절 효과성의 측정문제

평가에 있어서 가장 중요하고 어려운 문제가 효과성의 측정문제이다. 우선 측정의 대상이 되는 효과성의 범위 또는 종류를 확정짓는 것도 중요한 일이다. 왜냐하면 어떠한 프로그램이나 애초에 의도한 긍정적 효과도 가져오지만, 동시에 부정적 효과(negative effect)나 바람직하지 않은 효과(undesirable effect)도 흔히 가져오기 때문이다. 그리고 같은 긍정적 효과라도 예기치 않았던 효과도 있고 또 파급효과도 있다.

이렇게 하여 측정의 대상이 되는 효과영역이 확정되었다 하더라도, 어떻게 하면 정확하게 측정할 수 있는가를 중심으로 여러 가지 문제가 제기된다.

Ⅰ. 효과의 종류

효과의 종류도 기준에 따라 여러 가지로 분류될 수 있으나, 여기서는 기본효과(primary impact)·파급효과(extended effect) 및 부정적 효과(negative impact)만을 보기로 한다.

(1) 기본효과

프로그램의 존립목적이 되는 기본적이고 직접적인 효과를 말한다. 이러한 효과는 프로그램 집행 후에 바로 목표의 대상이 되고 있는 인구(target pupulation)에 의해서 느껴진다. 즉 이들의 생활·환경·행태에 변화를 가져온다. 일반적으로 측정의 대상이 되는 효과는 이러한 기본효과를 말한다.

(2) 파급효과

파급효과는 파급의 농도에 따라 제 2 차적 효과(secondary impact)와 전체적 효과(systemic impact)로 나눌 수 있다. 제 2 차적 효과란 정부의 사업이나 프로그램이 외연적 효과(spillover effect or externality)를 갖게 되는 데서 불가피하게 일어나는 효과이다.[8)] 예컨대 교육사업에 투자해서 좋은 인재를 길러 내면 국민의 교육수준을 높이고 개인의 지능을 개발하는 기본효과도 있으나, 이들이 나중에 기업에 고용되어 생산력을 올릴 때에는 경제발전에 공헌하는 제 2 차적 효과를 가져온다. 또 빈민구제를 위한 복지사업을 실시했을 때 이들이 자주적으로 갱생될 수 있는 효과가 발생하면 이것은 기본효과요, 나아가서 범죄발생률을 감소시키면, 이는 제 2 차적 효과이다. 이러한 제 2 차적 효과는 미치는 범위가 넓고 크기 때문에 측정하기가 대단히 어렵다.

다음에 전체적 효과는 제 2 차적 효과보다 미치는 효과가 더 크고 넓어 측정하기가 더욱 어렵다. 이것은 프로그램의 효과가 사회 전체에 어떻게 파급되고 있는가를 추적할 때에 나타나는 효과이다. 예컨대 사회복지정책이 경제문제인 인플레이션·실업·소득배분에 어떠한 영향을 주고 있는가를 따지는 경우이다.

(3) 부정적 효과

어떤 프로그램이나 정의 긍정적 효과만 가져오는 것이 아니다. 흔히 부의 효

8) John G. Grumm, "The Analysis of Policy Impact," in F. I. Greenstein and N. W. Polsby (eds.), *Policies and Policy-making*, Addison-Wesley Publishing Company, 1975, pp. 544~545.

과도 가져온다. 이 부의 효과가 부정적 효과이다. 예컨대 어느 지역을 공장입지로 지적했을 때에 긍정적 효과로서는 소득증대 · 산업화 · 도시화 · 고용증대 등을 들 수 있으나, 공장에서 발생하는 소음 · 오수 · 배기 가스 등의 공해발생과 토지의 투기화는 부정적 효과라고 할 수 있다.

지금까지 부정적 효과는 관심의 대상이 되어 오지 않았고, 또 평가자들도 부정적 효과는 감추고 긍정적 효과만을 나타내려고 하였다.[9)] 그러나 부의 효과측정은 프로그램을 개선하고 재검토하는 데 꼭 필요한 사항이라 할 수 있다.

Ⅱ. 측정수단의 신뢰도와 타당도

프로그램의 효과나 영향을 측정할 때에 가장 문제되는 것이 측정수단이나 효과의 신뢰도와 타당도이다.

일반적으로 신뢰도와 타당도의 양개념에 대해서는 연구된 것이 많으나, 평가문제와 연결시켜 볼 때에 아직도 많은 오해가 일어나고 있다. 즉 공공봉사라는 문제를 평가하는 데 필요한 도구의 타당도와 신뢰도에 대해서는 별반 연구가 없었다. 신뢰도와 타당도를 분리해서 검토하여 보면 다음과 같다.

(1) 신 뢰 도

효과의 기준이 되는 지표를 신빙성 있게 측정한다는 것은 대단히 중요하면서도 어려운 일이다. 신뢰도란 간단히 말해서 동일한 측정대상에 대해서 동일한 측정도구를 반복해서 사용할 때에 일관성이 있는 결과(consistent result)를 얻을 수 있는 신뢰도(degree of dependability)를 말한다.

신뢰도의 문제를 다루는 데 있어서 가장 복잡하고 어려운 문제가 실제의 변화문제(the problem of actual change)이다. 예를 들어서 측정도구를 반복해서 사용할 때마다 상이한 결과를 얻었을 때에는 실제 변화가 일어나서 상이한 결과가 얻어지는 것이지, 측정의 신뢰도가 낮기 때문에 상이한 결과가 나타나는 것은 아니라는 것이다(예컨대 혈압이나 인간의 기분은 수시로 가변적이다).

평가에 있어서 신뢰도는 측정도구의 우연적 오차(chance errors)에 의해서 영향을 받을 뿐만 아니라 대상의 실질적 변동(actual fluctuation)에 의해서도 영향을 받는다. 이러한 의미에서 측정하고자 하는 '참된' 가치(true value)는 가변적이고

---

9) Peter Rossi, *op. cit.*, p. 22.

또 믿을 수 있는 측정도구일수록 가변성을 정확하게 측정한다는 것이다.[10] 여기에 일관성이 있는 결과를 얻는 것이 신뢰도라고 하기에는 문제점이 있다는 것이다.

(2) 타 당 도

타당도란 측정에 있어서 측정하고자 하는 것을 어느 정도 측정했는가의 성공도를 말한다. 따라서 타당도란 측정의 결과가 측정하고자 하는 내용을 얼마만큼 반영하고 있는가를 따지는 문제라고 할 수 있다. 따라서 타당도는 측정도구를 평가하는 데 있어서 가장 중요한 기준이라고 할 수 있다. 여기서 Elizabeth Herzog는 측정에 있어서 타당도의 문제란 평가과정의 전 국면에 관계되는 것이라고 지적하고 있다.[11]

타당도와 신뢰도는 서로 밀착되어 있다. 즉 신뢰도가 없는 타당도란 있을 수 없다. 그러나 타당도는 없지만 신뢰도가 높은 측정도구는 있을 수 있다. 일반적으로 타당도는 신뢰도보다 광범위한 의미를 내포하고 있다. 즉 타당도는 구체적인 측정에 관계될 뿐만 아니라 목표선정으로부터 자료수집, 결과의 해석에 이르기까지 평가과정 전국면에 관계되고 있다.

제 6 절 평가작업의 관리문제

지금까지 평가의 기본문제들을 원리적 입장에서 다루어 보았다. 그러나 실제 평가작업을 실천에 옮겼을 때에 야기되는 문제들이란 적지 않다. 다시 말해서 평가작업과정에서 평가의 순수성을 해치는 요소들이 수없이 많다는 것이다.

평가작업을 추진하는 데에 있어서 이론적인 면에서나 기술적인 면에서 어려운 점이 많다는 것은 논의의 여지가 없다. 즉 지표의 설정문제, 정확한 정보나 데이터의 수집 및 분석문제, 평가자의 자질문제, 평가자간의 가치의 차이문제, 평가의 불순한 동기,[12] 행정가의 평가반대 또는 비협조 등은 평가의 객관성과 공정성

10) Edward A. Suchman, *Evaluative Research*, Russell Sage Foundation, 1967, p. 118.

11) Elizabeth Herzog, *Some Guidelines for Evaluative Research*, U.S. Department of Health, Education, and Welfare, 1959, p. 41.

12) Carol Weiss는 불순한 동기로서 다음과 같은 것을 들고 있다. 정책결정을 지연시킨다든가, 기존의 정책결정을 정당화시킨다든가, 논쟁을 회피한다든가, 책임을 전가시킨다든가, 주민이나 국민 앞에서 프로그램의 정당함을 입증시킨다든가, 또는 평가의 겉치레적 의식을 통하여 정부가 자기만족을 향유한다든가이다. *Evaluating Action Programs: Readings in Social Action and Education*, Allyn and Bacon, 1972, p. 14.

을 격감시키는 요인들이다.

여기서는 평가작업을 추진하는 데에 나타나는 행정적 문제들을 검토하여 보기로 한다.

(1) 국민의 협조문제

평가작업과 국민과의 관계에서 문제되는 것은 평가작업이 주민의 자발적 협조에 의존하고 있다는 것이다. 즉 주민은 평가작업에 참여하라고 강요받을 수 없다는 것이다. 이러한 경우 평가작업은 자발적 참여자에게 국한되는데, 이때 선정되는 샘플은 편향성을 띠기 쉽다. 다시 말해서 샘플은 모집단의 대표성을 결여하고 있기 때문에 전체주민의 반응을 정확하게 파악하기가 어렵다는 것이다.

(2) 평가작업에 있어서 자원문제

평가작업에는 돈·시간·시설 등의 많은 자원이 요구되는데, 이 중에서도 가장 중요한 것은 훈련된 인적 자원(trained personnel)이다. 평가업무는 전문적인 지식과 기술을 요한다. 이러한 전문적 지식이나 기술을 갖추지 못한 사람들이 평가작업을 수행할 때에 그 평가작업이 제대로 되리라고 생각할 수 없다.

(3) 역할관계와 가치갈등

평가과정에서 프로그램 실시자와 평가자간의 역할관계 및 갈등문제는 심각하다. 일반적으로 프로그램 실천의 책임을 지고 있는 행정가가 동시에 평가자가 될 수는 없다. 행정인이 평가자까지 겸하는 경우에는 공정하고 신빙성이 있는 평가를 기대하기 어렵다.

본래 평가자의 기본사명이란 프로그램이 본래의 의도한 목표를 성취하였느냐를 판단하는 일이기 때문에 행정인에게는 하나의 위협수단이 되고 있다. 여기서 행정인은 평가자가 알고자 하는 정보를 제대로 제공하지도 않고 부정적 평가(negative findings)에 대해서 저항감을 갖기도 한다.[13)]

관료들이 평가의 결과에 대해서 공포의식을 가지고 있을 때에 평가자에게 비협조적이고 때로는 적개심을 갖기도 한다. 이러한 양자간의 비협조나 갈등은 평가작업을 성공적으로 이끌고 가지 못하게 한다.

---

13) Charles R. Wright and Herbert H. Hyman, "The Evaluators," in Philip E. Hammond(ed.), *Sociologists at Work*, Basic Books, 1964, p. 123.

(4) 목표의 확정문제

평가과정에서 목표가 쉽게 확정될 수 없는 어려움의 하나는 평가자와 행정가가 상이한 가치관을 가지고 있다는 데서 나온다. 일반적으로 평가자는 성취여부를 측정하려고 할 때에 프로그램 실천가는 노력과 테크닉을 강조하려고 한다.[14] 그리고 평가자는 보다 높은 차원의 궁극적인 목표에 관심이 있는가 하면, 행정가는 낮은 수준의 즉각적인 목표에 더욱 관심이 있다. 또 평가자에게 성공의 기준이란 서비스수혜자가 얼마나 향상되었는가일 때에 행정가에게 성공의 기준이란 서비스 자체의 원활성과 능률성이다.

(5) 결과의 사용

평가에 있어서 논쟁점의 하나는 평가자가 최종의 건의서를 작성하는 데 있어서 어느 정도의 재량적 판단과 해석을 할 수 있느냐이다. 다시 말해서 그의 건의서와 판단은 에누리 없이 그가 찾아낸 데이터와 사실(findings)에만 의존해야 할 것인가, 아니면 이러한 데이터나 사실의 범위를 넘어서 재량적 판단과 해석을 할 수 있느냐이다. 후자의 경우 평가자의 역할은 과학성 · 객관성을 해친다고 지적되기도 한다. 그러나 다른 한편에서는 평가자야말로 사실과 데이터를 의미 있게 해석할 수 있는 최선의 위치에 있고, 또 평가자는 단순한 사실적 결과의 전달자이기보다는 정책의 건의자로 역할하기 때문에 데이터와 사실의 범위를 넘어서 판단을 할 수 있다는 것이다.[15] 즉 평가의 결과가 의미성을 갖자면 단순한 결과의 제시보다는 프로그램의 성패여부에 대한 판단의 성격을 띠어야 한다는 것이다. 그러나 이처럼 프로그램의 성공여부에 대한 재량적 판단이 요구될 때에 평가의 객관성은 훼손되기 쉽다.

---

14) Edward Suchman, *op. cit.*, p. 158.

15) Claire Selltiz and Others, *Research Method in Social Relations*, Holt, Reinhart and Winston, 1965, pp. 466～477.

제 6 편

행정학의 규범성

제 1 장 행정의 윤리
제 2 장 행정부패
제 3 장 공　　익
제 4 장 사회적 형평
제 5 장 사회개발과 사회지표
제 6 장 행정규제

제 1 장 행정의 윤리

일반사행정에 비해 공행정에서는 유난히 윤리성이 강조된다. 그것은 공행정은 공익을 추구하고, 국민 전체에 대한 봉사자이며, 국민의 세금으로 운영되고, 국민 전체에 영향을 주는 정책을 결정하기 때문이다. 거기다 공행정은 공권력을 토대로 가치배분의 기능까지 수행하기 때문에 윤리성은 더욱 강조된다.

행정에 있어서 윤리성은 시공을 초월해서 행정이 성립하면서부터 존재하였다고 볼 수 있다. 따라서 윤리성은 능률성이나 민주성보다 어느 의미에서는 더욱 역사가 길고 광범위한 개념이라고 할 수 있다.[1] 행정의 윤리성은 군주주의시대나 민주주의시대나 시대를 초월해서 강조되었으나, 능률성이나 민주성은 시대의 제약 속에서 강조되었던 것이다.

제 1 절 행정윤리의 개념

행정의 성립과 더불어 존재하여 온 행정윤리이지만, 막상 행정윤리가 무엇이냐고 묻는다면 그 개념을 정의하기가 대단히 어렵다. 막연히 바르고 깨끗하고 책임감이 있는 행정이라고 한다면, 행정의 내용치고 행정의 윤리와 직접·간접으로 관계되지 않는 것이 없다. 이 중에서도 행정책임과 통제, 능력주의, 민주성, 중립성 등은 행정의 윤리와 직결되고 있다.

그러면 윤리라는 개념부터 살펴보기로 한다. 우선 Richard Means는 윤리란 그 사회의 철학적이고 종교적인 전통에서 안출된 행위에 관한 규범적 기준(normative standard)이라고 정의하고 있다.[2] Gibson Winter는 지적하기를 윤리는 이 세계를 형성하고 있는 모든 가치의 논리와 적합성(logic and adequacy of the value)

1) 申宗淳, 行政의 倫理, 博英社, 1971.
2) Richard Means, *The Ethical Imperative*, Doubleday, 1970.

을 규명하려고 하기 때문에 이것은 '인간의지의 과학'(a science of human intentionality)이라는 것이다. 따라서 윤리를 실천하라는 이야기는 우리가 어떤 선택행위를 할 때에 여기에 내재된 가치에 대해서 체계적으로 사고하라는 뜻이라는 것이다.[3] Henry D. Aiken은 윤리는 '착하다', '옳다', '해야 한다'와 같은 선악과 규범을 가지는 개념으로서 가르는 수준도 상황에 따라 달리 나타난다고 지적하고 있다. 그 수준은 '좋구나' 하는 단순한 감정의 표현에서부터 정밀한 분석의 수준에 이르기까지 여러 가지가 있다는 것이다.[4]

이상의 학자들은 윤리의 개념정의에 대해서 표현만 달리하고 있지 특정의 올바른 방향으로 행위를 인도하는 규범적 가치라는 데에는 의견을 같이하고 있다.

행정윤리 역시 그 개념정의가 일정하지는 않다. 행정윤리를 아주 좁게 이해하는 사람들은 부정부패가 존재하지 않는 상태를 행정윤리라고 이야기하고 있다. 그런가 하면 행정윤리를 아주 광범위하게 이해하고 있는 Abraham Kaplan 같은 사람은 정치나 행정의 윤리는 뇌물을 주고받고 사기를 하고 횡령을 하는 그러한 단순한 부정행위의 문제만이 아니라 인간의 가치(man's worth)를 향상시키는 모든 행위가 여기에 포함된다고 지적하고 있다.[5] Dwight Waldo 역시 행정윤리를 광범하게 이해하고 있는데, 그는 행정윤리는 자기자신·자기가족·자기집단만의 이익이 아니라 포괄적인 국민대중의 이익을 위해서 봉사하는 행위라고 규정하고, 행정윤리는 절차적인 문제가 될 수도 있고, 실질적 문제가 될 수도 있다고 지적하고 있다.[6] 그러나 이러한 개념들은 너무 광범위하기 때문에 행정윤리의 정체(identity)를 파악하기가 어렵다. 여기서 우리는 중간정도의 수준에서 행정윤리를 다음과 같이 정의하기로 한다. 행정윤리란 행정의 모든 역할들을 보다 바람직하고 공정한 방향으로 인도하는 규범적 기준으로서 그것은 내재적이고 비공식적이고 상황적이라는 것이다. 이러한 행정윤리의 작용적 효과는 특정의 개인이나 집단에만 미칠 수도 있고 사회 전체에 미칠 수도 있다. 전자를 미시적 차원의 윤리(micro-ethic)라고 한다면, 후자를 거시적 차원의 윤리(macro-ethic)라고 할 수 있다.

그러면 위의 개념을 좀더 구체적으로 살펴보기로 한다.

첫째, 행정윤리는 가치함축적인 규범적 개념이라는 것이다. 사실의 설명이나 진단은 윤리를 불러일으키는 기초는 될 수 있지만 윤리 자체는 될 수 없다. 그러

3) Gibson Winter, *Elements for a Social Ethics*, Macmillan, 1966.

4) Henry Aiken, *Reason and Conduct*, Alfred A. Knopf, 1962; Terry L. Cooper, *The Responsible Administrator*, Kennikat Press, 1982, pp. 13~20.

5) Abraham Kaplan, *American Ethics and Public Policy*, Oxford University Press, 1963, p. 6.

6) Dwight Waldo, "Reflection on Public Morality," *Administration and Society*, 6, No. 3, November 1974, pp. 269~270.

나 윤리는 사실을 토대로 해서 작동하기 때문에 현실적으로 사실과 괴리될 수 없다. 한 가지 명백한 것은 윤리는 '좋다', '해야 한다', '해서는 안 된다' 등의 가치함축적 판단과 당위성을 가져야 한다는 것이다.

둘째, '내재적'이라는 말은 행정관료들의 의식세계에 잠재해 있는 가치체계라는 점에서 이야기한 말이다. 인간의 행위를 규제하는 법규나 폭력은 눈에 보이지만, 윤리는 인간의 의식 속에 잠겨 있기 때문에 표면적으로 보이지 않는다. 그러나 내재적이라고 하니까 밖으로 나타나지도 않고 발동하지도 않는다는 이야기는 아니다. 윤리는 인간내면의 가치적 의식세계이기 때문에 그것을 자극하는 상황이 벌어지기 전에는 잠재상태에 있게 된다. 바람직하지 못한 행위를 비난하거나 옳다고 생각하는 신념을 굽히지 않는 행위는 윤리의 발동이라고 할 수 있다.

셋째, '비공식적'이라는 말은 법령처럼 공식화되어 있지 않다는 것이다. 윤리는 내면의 의식세계이기 때문에 공식화된 형체일 수가 없다. 또 비공식적이기 때문에 비윤리적 행위를 해도 비난의 대상은 되어도 처벌의 대상은 되지 않는다. 여기서 윤리는 도덕적 책임과 비슷하다고 할 수 있다.

넷째, '상황적'(contextual)이라는 말은 윤리가 가치함축적 개념이지만 절대적인 윤리는 없다는 이야기이다. 윤리는 계속 존재하지만 그 내용은 상황에 따라 시대에 따라 다를 수 있다는 것이다. 여기서 윤리간의 갈등가능성이 존재하게 된다. 그러나 아무리 상황적이지만 윤리는 그 시대정신을 반영하는 일관되고 안정된 가치체계라고 할 수 있다.

제 2 절 행정윤리가 확보되기 어려운 이유

행정윤리가 확보되기 어려운 이유는 세 가지로 나누어지는데, 첫번째는 모든 인간과 모든 정책의 도덕적 양면성에 대한 인식이고, 두 번째는 도덕적 우선순위를 변화시키는 상황적 세력에 대한 인식이고, 세 번째는 절차의 역설적 성격에 대한 인식이다.[7] 나누어 설명하면 다음과 같다.

(1) 인간과 정책의 도덕적 양면성에 대한 인식

먼저 인간의 도덕적 양면성에 대해서 보면 인간은 생래적으로 정의를 추구하

7) Stephen K. Bailey, "Ethics and the Public Service," in Richard J. Stillman(ed.), *Public Administration: Concepts and Cases*, 2nd ed., Houghton Mifflin Co., 1980, pp. 444~445.

는 능력이 있으면서도 동시에 불의(injustice)에 대한 성향도 강하다는 것이다. 일찍이 Reinhold Niebuhr는 "정의를 추구하는 인간의 능력은 민주주의의 성립을 가능하게 한다. 그러나 동시에 불의에 대한 인간의 성향은 민주주의를 필요한 것으로 만들게 한다"라고 이야기하였다.[8)]

이러한 양면적 성향 때문에 정부 이름으로 결정된 모든 정책들이 개인의 사적 목적을 다분히 내포하고 있다는 것이다. 이러한 현상은 인간이 장관 · 국회의원 · 행정관 · 외교관이 되어 공적인 정책결정을 하더라도 인간으로서 남아 있기 때문에 불가피하다는 것이다. 따라서 공직인으로서 그들의 정책결정에는 개인적 요소인 사적 이익 · 종족 · 편향성 · 편견 등이 내포되기 마련이라는 것이다. 특정의 자연인이 공직인이 되었다고 해서 완전히 사적인 것을 떠나서 공적으로만 행동하리라고 추정한다면 이는 잘못이라는 것이다. '나는 이것을 옳은 일이라고 생각하기 때문에 한다'와 '나는 이것이 나의 이익이 되기 때문에 한다'와는 전혀 다른 문제이다. 그러나 대부분의 사람들은 이것을 구별하지 않고 동일화시켜 버린다는 것이다. 즉 나의 이익이 되는 것은 옳은 일이라고 생각하기 십상이라는 것이다.

다음에 정책에 대해서 보면 어떠한 정책도 Zero-sum의 결과로 나타나는 것은 없다는 것이다. 즉 흑백의 논리로 완전히 옳고 완전히 그른 정책은 없다는 것이다. 어떤 정책이나 긍정적 측면이 있으면 부정적 측면도 있다는 것이다. 복지정책이 빈곤의 문제를 어느 정도는 해결하지만 기생충적 의뢰심을 조장한다는 것은 말할 것도 없다.

(2) 상황적 세력에 대한 인식

가치의 우선순위(value priority)는 상황에 따라 변할 수 있고, 윤리 자체의 내용도 상황에 따라 변할 수 있다는 것이다. 여기서 윤리의 상대성(ethical relativity)이 발견된다. 어떠한 비도덕적인 악도 상황에 따라 도덕적인 선으로 탈바꿈할 수 있으며, 마찬가지로 도덕적인 악으로 전환될 수 없는 도덕적인 선도 없는 것이다. 이러한 이유로 현명한 정책결정가는 끊임없이 변하는 상황적 세력에 주의를 기울이게 된다. 윤리의 상대성 때문에 도덕적인 정책결정가가 비도덕적인 결정을 내려 버린 것처럼 되는 경우도 있다.

---

8) Reinhold Niebuhr, *The Children of Light and the Children of Darkness*, Scribneis, 1944, p. xi of Foreword; Bailey의 上揭論文, p. 441에서 再引用.

(3) 절차의 역설성에 대한 인식

절차의 역설성(paradoxes of procedures) 역시 절차의 양면성을 가리키고 있다. 규제 · 기준 · 절차 등은 분명히 공공사무를 처리하는 데 있어서 공정성, 공개성, 철저한 분석 및 책임감을 앙양시키기 위해서 존재한다. 절차를 무시하는 행위는 법의 지배를 깨뜨리게 되고 문명화된 사회질서의 적이 된다. 절차가 신중과 질서의 친구라면, 이것은 동시에 진보와 속결의 적이 된다.[9] 뿐만 아니라 이것은 신속한 반응성도 둔화시켜 버린다. 여기서 흔히 이야기하는 '목표에 대한 절차의 승리'가 나타난다. 절차의 이러한 이중성을 모르는 행정관은 필히 절차의 덫에 걸리게 된다. 절차를 자주 무시하는 사람은 필히 파괴적인 행위를 일삼기 쉬우며, 절차를 한번도 어겨본 일이 없는 사람은 융통성이 없는 외골수로서 방향감각을 잃어버리기 쉽다.

제 3 절 행정윤리의 제차원

Ⅰ. 개인적 차원

개인적 차원의 윤리는 공무원 개개인에게 요구되는 윤리이다.

첫번째로 문제가 되는 것은 인간이 생래적으로 윤리적 존재이냐이다. 위에서도 잠깐 언급한 바 있지만 인간은 의를 사랑하면서도 동시에 불의와 사적 이익의 추구에 휘말릴 가능성도 크다. 행정윤리를 확보하는 데에 있어서는 인간을 윤리적 존재로 인식하는 것은 별로 도움이 되지 않는다. 행정윤리를 제도적 차원에서 확보하려면 인간을 불의의 유혹에 빠지기 쉬운 존재로 파악하는 것이 보다 현실적이다.

두 번째로 문제가 되는 것은 공직인의 청렴성에 대한 가혹한 요구이다. 즉 공무원은 박봉으로 생존권에 위협을 받아도 부정을 취하지 않고 청렴해야 한다는 것이다. 공무원에 대한 이러한 가혹한 기대는 우선 인간에 대한 학대행위요, 결과적으로는 기만을 조장하여 공직인의 행위의 이중성과 부패행위를 촉성하게 된다. 공직에 종사하기 때문에 국가의 녹으로 잘 살아야 한다고 생각할 때에 행정의 부조리가 사라지게 되는 것이다. 공직에 종사하는 사람들은 명예가 있기 때문에 가난하게 살아도 된다는 의식구조는 공직의 윤리를 확보하는 데 도움이 되지 못

9) Bailey, *op. cit.*, p. 444.

한다.

세번째로 문제가 되는 것은 개인의 양심과 지위상의 요구가 충돌하는 경우이다. 공직인은 직책상의 요구 때문에 자신의 개인적 윤리감각에 벗어난 행위를 하지 않을 수 없는 경우가 있다. 예컨대 공직인은 직책상 일부러 사실을 숨기거나 거짓말을 의도적으로 해야 하는 경우도 있다. 뿐만 아니라 경우에 따라서는 상급자의 비윤리적 행위강요에 부딪히는 경우도 있다.

네번째의 경우는 지위나 직책은 윤리적 행위를 요구함에도 불구하고 개인이 사적 이익을 위해서 비윤리적 행위를 취하는 경우이다. 개인적 차원의 부조리는 대개 이 경우를 이야기한다. 이러한 경우에도 개인의 심성이나 양심에 호소하는 것보다 직업윤리나 제도적 장치를 개발해서 해결하도록 해야 할 것이다. 공무원에게 무한정의 충성의무를 강조할 것이 아니라 직업인으로서의 역할을 강조해야 할 것이다. 무한정의 충성의무는 오히려 관료집단을 우월집단이나 특권집단으로 유도하기 쉽다.

Ⅱ. 구조적 차원

공직윤리의 구조의 차원은 절차, 결정방식, 관례화된 제도, 규칙기준 등을 포함한다.

복잡한 절차는 여러 가지면에서 행정의 윤리성을 파괴한다. 지나친 권력집중현상은 개인의 사기를 저하시키고 창의력을 저하시킨다. 지나친 공식화와 표준화의 요구는 신축적인 대응능력을 약화시키므로 조직구성원의 창의력과 순발성을 억압한다. 절차나 규칙에의 지나친 준수요구는 조직설립의 근거가 되는 목표를 상실하게 한다.

한국사회에서 심각하게 문제가 되는 구조적 차원의 윤리는 조직이나 절차 또는 제도 자체에서 나오는 것들이 아니라 오랜 세월을 거치면서 조직 내에서 구조화된 비윤리적 행위들이다. 구조화되어 있기 때문에 개인의 개별적 행위는 나타나지 않고 결국 침잠되어 버린다. 예컨대 인·허가사무 한건에 얼마의 돈이 따라온다는 것이 관례화되어 있을 때에 어느 개인이 자기의 의지로 그것을 없애 버리기는 어렵다. 물론 그 자리를 뜨면 그러한 행위에서 벗어날 수 있지만, 그 자리에 있는 한 그 비리에서 벗어나기 어렵다. 한국사회에는 이러한 구조화된 비리행위가 확산되어 있다. 이때 개인은 양심의 가책을 덜 느끼면서 비리행위에 깊이 빠져든다. 즉 “누가 와도 별 수 없고 직장에 붙어 있으려면 별 수 없다”는 것이다. 구조화된 비리 중에는 정치권력과 결탁된 것도 있는데, 이러한 비리는 규모가 크다. 예컨대 공사입찰시 일정비율의 커미션은 이러한 경우이다.

Ⅲ. 정책적 차원

정책차원의 윤리는 모든 집단에 가치를 적절히 배분하는 공익의 문제와 직결되고 있다. 그리고 정책적 차원의 윤리문제는 정책의 전과정을 검토해야 한다. 즉 결정과정에서 집행·평가에 이르기까지 검토해야 한다는 것이다. 그러나 가장 중요한 것은 결정과정이다. 정책결정은 특수이익을 대변하는 부분성과 편파성을 벗어나서 불특정다수의 이익을 대표하는 전체성을 지녀야만 윤리성을 띠게 된다. 다시 말해서 정당성·공정성 및 대표성을 지녀야만 윤리성을 지니게 된다. 정치권력과 유착된 재벌 그룹이나 특수이익집단들이 정책결정에 일방적으로 영향력을 행사하면 그 결정은 윤리성을 결하고 있다. 이러한 특수이익집단들은 행정의 공정성이나 전체성보다는 자기이익추구의 입장에서 정책결정을 조작·유도함으로써 정책의 윤리성을 파괴한다. 이들은 사적이고 개별적인 이익의 쟁취가 목적이기 때문에 그 접근방법이 어디까지나 내밀하고 비공식적이다. 이처럼 정보의 왜곡과 더불어 밀폐된 장소에서 사적 거래형식으로 나타난 정책결정은 전체성·공정성 및 공익성을 잃게 된다.

Ⅳ. 문화적 차원

특정국가의 문화적 전통이 인간관계에서 보편성보다 특수성을 강조할 때에 이것은 행정윤리를 파괴하기 쉽다. 예컨대 가족주의와 연고주의로 특정지어지는 한국의 행정문화는 행정의 보편성과 객관성을 해치기 쉽다. 행정이 보편성과 객관성을 잃을 때에 윤리성도 잃는다는 것은 의심의 여지가 없다.

제 4 절 행정윤리의 확립방안

Ⅰ. 용 기

공직자는 객관성을 유지하겠다는 용기와 결의를 지니고 있어야 한다. 이러한 용기를 지녀야만 사인주의와 연고주의를 막을 수 있다. 객관적 기준과 객관적 질서를 지키겠다는 용기가 없을 때에 인정으로 얽힌 무분별하고 변칙적인 행위가 행정을 지배하게 될 것이다. Paul Appleby는 행정관료의 중요한 용기의 하나로 몰사인주의(impersonalism)를 들고 있다. 그에 의하면 관료사회에서 권위의 고독성은 사적인 개인관계를 고려하지 않은 비인간적 관계와 밀착되어 있다는 것이다.[10] 물론 그는 이러한 비인간적 행위는 오만의 위험이 따른다는 것을 알고 있다. 그러나 이것은 복잡한 조직사회에서 상대하는 대중에게는 해보다는 이익이 더욱 크다는 것이다. 왜냐하면 이것은 공정한 서비스를 체계화시킴으로써 차별대우나 특혜를 제거할 수 있기 때문이다.

Ⅱ. 공 평 성

공직사회에서 가장 중요한 윤리가 공평성이라고 할 수 있다. 위에서 이야기한 비인간적 행위도 보다 넓은 사랑과 공평성을 깔고 있지 않으면 윤리에 배반되는 행위이다. 자유민주주의사회에서 정부는 가치의 배분자이다. 그런데 이때 배분의 기준은 공평성이다. 정부행위가 공평성을 잃으면 사회를 분열시키고 국민통합과 국민형성을 어렵게 한다. 행정이 가치배분을 할 때에 공평성을 잃으면 차별대우를 받는 사람은 물론 특혜를 받는 사람에게도 결과적으로는 불행을 가져오게 한다. 공평성에 대한 의식은 행정관료는 물론 일반국민도 강력하게 지니고 있어야 한다. 모두가 이러한 의식을 가져야만 권력을 가진 자들이 공평성을 깨뜨릴 때에 견제할 수 있기 때문이다.

여기서 주의할 것은 공평성과 평등성은 다르다는 것이다. 공평하니까 누구나 똑같이 나누어 갖자는 이야기는 아니다. 여기서의 공평은 자기능력만큼 자기의 몫을 찾자는 것이다. 행정윤리로서의 공평성은 아무리 주장하여도 지나칠 것이 없다.

Ⅲ. 인간다운 생활보장

행정윤리는 개인적 차원에서부터 확립되고 정착되어야 하는데, 이것의 첩경은 공무원에게 인간다운 생활을 보장할 수 있는 보수체제를 확립하는 것이다. 공

10) Paul Appleby, *Morality and Administration in Democratic Government*, Louisiana State University Press, 1952, p. 221.

무원의 급여수준이 생존수준에 머무를 때에 이들에게 깨끗한 공직생활을 기대하기 어렵다.

Ⅳ. 절차의 간소화

절차의 복잡화는 필히 부패와 비리를 가져오게 한다. 절차는 공공질서를 지키는 최소한에 그쳐야 한다. 절차의 간소화는 행정과 국민간의 거리감을 좁힐 뿐만 아니라 봉사행정으로 가는 첩경이요, 나아가서는 행정부조리를 제거하는 데 크게 기여하리라고 기대된다. 절차가 복잡할 때에 고객들은 그것을 뛰어넘기 위해서 부정의 수단을 취하게 된다.

Ⅴ. 행정의 탈권력화

행정이 정치권력의 시녀역할을 할 때에 행정의 윤리성은 확보되기 어렵다. 행정이 정치권력에 예속될 때에 그것의 고유영역인 능률성이나 중립성이 확보되기 어렵다. 행정은 기능적인 면에서 정치와의 연속과정과 통합과정을 이루기 때문에 정치의 울타리에서 벗어날 수 없다. 따라서 상위개념인 정치의 지휘 · 감독을 받게 된다. 그러나 행정은 자기의 고유영역에서 자율성을 가져야 하고, 또 그래야만 국민 전체에 대한 봉사자로서 역할을 할 수 있다. 행정의 탈권력화는 정치의 민주화로 인한 평화적인 권력교체에서만 가능하다. 장기집권의 독재체제에서는 항시 행정은 권력에 예속되어 행정의 탈권력화는 사실상 불가능하다.

Ⅵ. 대표관료제의 확립

대표관료제란 관료의 충원과정에서 종족 · 성 · 종교 · 지역 및 학교 등에서 대표성을 확보하자는 것이다. 미국 같은 경우는 잡다한 인종으로 구성되어 여러 종족들이 관료충원에서 대표되기를 바란다. 특히 흑인과 여성은 필히 관료제에 대표되어야 한다고 주장하고 있다. 한국사회는 미국처럼 인종문제는 없지만, 지연 · 학연 등의 1차집단적 할거현상이 강하여 이들이 고급관료의 충원과정에서 대변되기를 바라고 있다.

Ⅶ. 인간지배에서 벗어나는 행정

인간지배가 보편화된 행정에서는 비공식적이고 사적인 것이 공식적이고 공공적인 것을 압도한다. 모든 일에 있어서 납득할 만한 이유 없이 순서가 뒤바뀌는 것이 보통이고, 객관성이 주관성에 의해서 침해되기 일쑤이다. 중요한 결정이나 거래는 지하문화 속에서 이루어지는 것이 보통이다. 행정은 실력자에 의해서 움직이기 때문에 항시 가변적이고 예측하기 어렵다. 인간지배의 행정은 객관적인 질서보다 주관적인 감정에 의해서 움직이기 때문에 공·사의 구별을 어렵게 하고 무질서와 혼란을 내포하고 있다.

Ⅷ. 직업윤리의 확립

공직도 하나의 직업이라고 생각하고, 여기에 합당한 윤리를 구축하는 것이다. 공무원에게 무한정의 의무나 남다른 애국심을 호소하면 이는 오히려 건전한 직업윤리의 확립에 방해가 된다. 공직인도 하나의 평범한 인간이라는 전제하에서 직업윤리를 확립해야 한다. 직업윤리의 제 1 차적 역할은 외부의 부당한 압력이나 개입에 저항할 수 있고, 상급자의 자의적인 행위에 견제작용을 하는 것이다. 다시 말해서 직업윤리는 선량한 공직인을 보호하는 데 중요한 역할을 한다. 그러나 직업윤리는 잘못하면 동업자의 이익만을 생각하는 관례로 발달하기 쉽다.

Ⅸ. 공공조직의 파벌성지양

공공조직이 귀속적 요소를 중심으로 파벌성을 지니고 있으면 일반성 · 전체성 · 공익성을 띠기 어렵다. 이러한 조직인은 부분성 · 특수성 · 편파성을 띠기 마련이다. 그리고 이러한 조직 속에서는 능력주의와 성취주의를 기대하기 어렵다.

제 2 장 행정부패

우리는 앞에서 행정윤리를 다룬 바 있다. 행정윤리와 행정부패는 직결되어 있지만 같은 개념은 아니다. 윤리에 반한다고 해서 반드시 부패행위라고 할 수 없고 또 윤리적으로는 가합하지만 부패행위가 될 수도 있기 때문이다. 공직에 있는 사람이 공직을 이용해서 천족이나 친구를 도와 주는 행위는 윤리적으로는 가합할지 모르지만 분명히 공무원의 행동규범면에서 볼 때에 부패행위로 간주되기 때문이다.

인간이 모여 사는 곳에 부정과 부패가 있기 마련이다. 선진사회라고 해서 부패가 없는 것이 아니다. 문제가 되는 것은 정도의 문제이다.

제 1 절 부패의 개념

부패의 개념은 시대와 공간에 따라 다르다. 관직의 매매도 시대에 따라 부패가 되기도 하고 되지 않기도 하였다. 17세기 영국사회에서의 관직의 매매는 불법적 행위도 아니었고 부패행위도 아니었다.[1] 그러나 요즈음에 와서 불법행위요 부패행위이다.

부패의 의미가 무엇이냐에 대해서도 견해가 수없이 많다.[2] 일찍이 Arnold J. Heidenheimer는 부패에 관한 여러 가지 견해를 크게 세 가지로 분류한 바 있는데 하나는 공직중심의 개념, 두 번째는 시장중심의 개념, 세 번째는 공익중심의 개념이다.[3] 여기서는 공직중심으로 부패의 개념을 이해하기로 한다. 공직중심의 대표적인 개념으로 J. S. Nye의 것을 들 수 있는데 그는 부패란 사적 이익(private-regarding)을 위해서 공직의 규범적 의무에서 일탈된 행위를 이야기하는 것인데

1) James C. Scott, *Comparative Political Corruption,* Prentice-Hall, 1972, p. 13.
2) 여기에 대해서는 전수일, 관료부패론, 선학사, 1996, 14～27면 참조.
3) Arnold J. Heidenheimer, *Political Corruption: Readings in Comparative Analysis,* Reinhart and Winston, 1989, pp. 4～6.

여기서 이야기하는 사적인 것에는 자기자신은 물론 가족, 친지, 사적 도당까지 포함된다. 그리고 이익에는 금전적 이익은 물론 비금전적인 신분상승도 포함된다.[4)]

부패란 공직을 이용해서 사적 이익을 추구하는 행위라고 할 수 있다. 즉 공직자가 공권력을 남용하거나 또는 공직에 있음을 기화로 해서 사익을 추구 및 확장하는 행위라고 할 수 있다. 좀더 구체적으로 설명하면 다음과 같다.

첫째, 직무를 중심으로 또는 공직에 있는 것을 기화로 일어나야 한다. 직무와 관계없이 단순한 우정의 표시로 일어나는 행위는 부패의 개념에 포함되지 않는다. 그러나 당연히 해야 할 일을 해 주고 사례를 받는 것은 부패행위가 된다.

둘째, 취득되는 사익은 공무원개인의 이익만이 아니라 가족, 친지, 나아가서는 당해 공무원과 특별관계에 있는 집단의 이익도 포함된다. 따라서 자신을 위한 가치의 수령행위는 말할 것도 없고 자신과 연고관계나 특별관계에 있는 집단을 위해서 특혜를 베풀거나 부당한 가치배분의 행위를 할 때에도 부패행위에 포함된다.

셋째, 직무와 관련해서 이익을 취득하고 있다는 것을 의식하고 있어야 한다. 다시 말해서 무의식상태에서의 행위는 부패행위에 포함되지 않는다는 것이다.

제 2 절 부패의 유형

Ⅰ. 권력형 부패

권력형 부패란 정치권력과 결탁된 부패를 이야기한다. 정·경유착이나 재벌기업들이 자기들의 이익을 위해서 권력의 고위층이나 의회에게 압력을 가하는 행위는 대표적인 것이다. 정치권력을 중심으로 일어나는 부패는 모두 권력형 부패라고 이야기할 수 있다.

Ⅱ. 뇌물수수행위(bribery)

부패행위의 가장 흔한 것이 뇌물을 주고 받는 행위라고 할 수 있다. 뇌물의 수수행위란 공직자가 특정의 행위를 고객에게 하여 주고 그것의 대가로 금전이나 물건 또는 특별한 서비스를 제공받는 것을 말한다. 뇌물은 필요한 행위 이전이나 이후에 제공할 수 있고, 일부는 사전에 나머지는 사후에 공여되기도 한다.

4) 전수일, 前揭書에서 재인용, 23면.

공직자가 금품이나 기타의 서비스를 요구하는 것은 강탈(extortion)이지 뇌물의 수수행위는 아니다. 대개 강탈에는 권력이 위협수단으로 사용된다. 강탈과 비슷한 개념으로 독직(graft)이라는 것이 있는데, 이것은 당연히 해 주어야 할 일을 해 주고 획일적으로 얼마씩 받는 것이다.[5)]

Ⅲ. 공금횡령행위(misappropriation)

이것은 개인 또는 당파적 이익을 위해서 공금을 착복함으로써 국고에 손실을 끼치는 행위를 이야기한다. 그런데 여기서 문제가 되는 것은 수익자가 개인이 아니고 개인에 속한 단체인 경우이다. 예컨대 출장비를 유용해서 기관의 회식비나 야유회비를 마련하는 경우이다. 이러한 행위는 횡령으로 볼 수 없다는 견해도 있으나[6)] 공금의 횡령이다.

Ⅳ. 정실주의적 특혜행위(favoritism)

이러한 행위는 공무원이 사익을 취득하는 행위는 아니다. 단지 공무원 자신과 특별한 연고관계에 있는 사람들이나 집단 또는 지역에 특혜를 주는 행위이다. 비록 자기가 직접 사익을 챙기는 행위는 아니지만 다른 사람들과 차별하면서 특혜를 주는 행위이기 때문에 부패행위이다. 공적 자원이나 공금을 불공정하게 배분하는 행위는 분명히 부패행위이다.

Ⅴ. 후원자 · 고객간의 관계(patron-client relationship)

후원자 · 고객간의 관계는 도구적 우정관계(instrumental friendship)를 중심으로 엮어지는 두 사람간의 결연관계라고 할 수 있다.[7)] 여기서의 후원자는 사회경제적 지위가 높은 사람으로 사회경제적 지위가 낮은 사람을 보호하기 위해서 자신의 영향력을 행사하려는 사람이다. 고객은 사회경제적 지위가 낮은 사람으로 자기를 보호해 주고 지원해 주는 높은 사람에게 봉사와 충성을 제공해 주는 사람이다. James Scott에 의하면 후원자와 고객간의 관계는 세 가지 관계로 특징지어

5) 전수일, 前揭書, pp. 51~52면.
6) 김해동, "官僚腐敗에 관한 硏究(Ⅰ)," 行政論叢, 10권 1호, 1979, 175~176면 참조.
7) James Scott, "Patron-Client Politics and Political Change in Southeast Asia," *American Political Science Review,* Vol. 66, Spring 1972, pp. 103~107.

지고 있는데 하나는 호혜성(reciprocity)이고 둘은 근접성(proximity)이고 셋은 불평등한 신분(unequal status)이다.[8)]

후원자 · 고객간의 관계는 공직의 내에서 상사와 부하간의 관계에서도 일어날 수 있고 행정인과 국민간의 관계에서도 일어날 수 있다. 이러한 후원자 · 고객간의 관계는 언제나 개인적이고 사적인 관계가 공적인 관계를 파괴시킬 가능성이 크므로 부패행위가 된다.

제 3 절 부패의 소지

부패를 어떻게 이해하느냐에 따라 그 원인도 다양하다. 여기서는 종합적인 수준에서 검토하여 보기로 한다.

Ⅰ. 낮은 급여

공무원에게 낮은 급여를 제공할 때에 이는 필히 부패의 원인이 된다. 특히 급여수준이 생계비에도 미치지 못할 때에 더욱 그러하다. 생계의 위협을 받는 공무원에게 청렴을 기대하기란 어렵다. 여기서 주의할 것은 급여의 인상이 부패의 완전한 해결책은 아니라는 것이다. 급여가 높은 사람도 부패에 휘말리는 경우가 많기 때문이다. 특히 한국사회에 더욱 그러하다.

Ⅱ. 신분과 미래에 대한 불안

자기신분이나 미래에 대해서 불안의식을 가질 때에 부정과 부패의 유혹에 빠지기 쉽다. 자기가 언제 그만두게 될지 모르고 또 그만둔 다음에 뚜렷한 생활대책이 서 있지 않을 때에 부정의 유혹에서 헤어나기 어렵다. 한국사회에서의 많은 부패가 미래에 대한 불안의식과 직결되어 있다고 볼 수 있다.

Ⅲ. 절차의 복잡성

절차가 복잡하고 수속이 까다로우면 고객의 입장에서는 그것을 생략하거나

8) *Ibid.*, p. 107.

회피하는 수단으로 뇌물을 공여하게 된다. 따라서 규제행정이 발달하면 할수록 부패의 소지가 많아진다고 할 수 있다.

Ⅳ. 법적 기준의 모호성과 비현실성

법적 기준이 명확하지 않거나 모호할 때에 부패의 소지가 된다. 다시 말해서 귀에 걸면 귀거리 코에 걸면 코거리식으로 되면 부패가 발생하게 된다. 담당 관료들은 자의적 판단이나 재량적 판단을 통해서 자신들의 이익을 취하려는 유혹을 받게 된다.

그리고 법적 기준이 기대 이상으로 높아 도저히 준수할 수 없을 때에 부패가 일어난다. 따라서 현실성이 없는 법적 장치나 기준은 항시 부패를 불러일으킨다. 예컨대 법의 요구대로 세금을 다 내면 도저히 장사를 할 수 없을 때에 장사하는 사람은 세무공무원과 결탁하게 된다.

Ⅴ. 통제장치의 불비

행정에 대한 통제수단으로 내재적인 것과 외재적인 것이 있다. 이러한 통제수단이 제대로 마련되어 있지 않거나 또는 마련되어 있다 할지라도 제대로 작동을 하지 않으면 부패가 일어나기 마련이다.

Ⅵ. 정부주도의 경제개발

정부주도의 경제개발은 필히 권력과 기업간의 유착을 유도한다. 권력은 기업에 대해서 혜택과 편익을 제공하고 기업은 권력에 대해서 반대급부를 제공함으로써 부패는 발생하게 된다. 근대화과정에서 부패는 필히 일어나는 산물이라고 주장하는 사람들은 바로 정부가 경제개발을 주도할 때에 착안해서 이러한 주장을 하게 된다.

Ⅶ. 사회문화적 요인

한 나라의 사회문화적 양상에 따라 부패가 조장되기도 하고 줄어들기도 한다. 다시 말해서 사람들의 가치관이나 생활양식에 따라 부패가 조장되기도 하고 줄어들기도 한다는 것이다. 한국사회처럼 관존민비의 사상, 가족주의, 정중심의 인간관계, 연고관계를 중시하는 문화는 부패가 잘 자랄 수 있는 온상의 역할을 한다.[9] 실제 한국관료들은 경제적 이익보다 특수한 인간관계 때문에 부패행위에 빠지는 경우가 적지 않다.[10]

제 4 절 부패의 기능

부패는 긍정적 기능과 부정적 기능을 다 가지고 있다. 그런데 긍정적 기능과 부정적 가능이 완전히 분리되어 있지 않다는 것이다. 즉 긍정적 기능이 바로 부정적 기능이 될 수 있다는 것이다. 따라서 동전의 양면과 같은 기능을 한 경우가 적지 않다.[11] 예컨대 행정부패는 행정의 능률을 올리기도 하지만 동시에 떨어뜨리기도 한다는 것이다. 그리고 행정 내에서 갈등을 완화시켜 주는 역할도 하지만 동시에 갈등을 조장하는 역할도 한다.

Ⅰ. 긍정적 기능

⑴ 소득재분배의 효과

일반적으로 공직자는 민간기업에 종사하는 사람들보다 급여수준이 낮다. 뇌물수수행위는 이러한 임금격차를 해소시켜 줌으로써 소득의 재분배효과를 가져온다는 것이다.

⑵ 행정능률의 증진

공직자가 뇌물을 받게 되면 받지 않을 때보다 고객에 대해서 더욱 봉사정신을 발휘하게 된다. 뇌물의 수수는 공직자로 하여금 무사안일주의나 소극적인 봉사자세에서 동적이고 적극적인 봉사자세로 전환시킴으로써 관료사회를 활기와 행동력이 넘치는 동적인 사회로 만든다는 것이다. 부패가 근대화에 촉진적 역할을 한다는 것은 관료들의 행동화에 초점을 두고 하는 이야기다. 부패는 경직적인

---

9) 여기에 대해서는 백완기, 한국의 행정문화, 1982, 고려대 출판부; 백완기, 한국행정학의 기본문제들, 1996, 516~535면 참조.

10) 여기에 대해서는 전수일, 前揭書, 174~176면 참조.

11) David H. Bayley, "The Effects of Corruption in a Developing Nation," *Western Political Quarterly,* Vol. XIX, December 1966, pp. 719~732.

것을 원활하게 하는 윤활유의 역할을 하게 된다.

(3) 자본형성의 원천

공직자가 뇌물을 받게 되면 과소비를 촉진할 위험도 있지만 동시에 소비가 아닌 투자기회도 확대시킨다는 것이다. 여기서 주고받는 뇌물은 자본형성의 기능을 한다는 것이다. 공직자는 뇌물제공자보다 풍부한 정보 속에서 보다 현명한 투자기회를 가질 수 있다.

(4) 유능한 엘리트의 유인

행정부패는 유능한 엘리트들을 공직으로 유인하는 역할을 하게 된다는 것이다. 행정은 유능한 엘리트를 요구하는데 급여수준이 낮거나 경제적 인센티브가 없으면 유능한 엘리트를 끌어들이기가 어렵다. 행정부패는 경제적 인센티브의 역할을 한다.[12)]

(5) 권력행사자간의 갈등해소

부패는 갈등을 협상으로 유도하는 역할을 한다. 권력과 권력이 힘을 겨루면서 문제해결에 접근하지 못하고 있을 때에 경제적 대가는 권력의 첨예성을 완화시켜 주는 역할을 하게 된다. 여기서 부패는 경제적 가치를 매개시킴으로써 갈등을 협상으로 유도하게 된다.

Ⅱ. 부정적 기능

(1) 국가존립의 위기

행정부패가 만연되면 사회기강이 문란해지고 행정에 대한 불신이 보편화되어 정부 및 국가에 대해서까지 존립의 위협을 주게 된다. 행정의 부패로 나라가 망한 예가 적지 않다.[13)] 정부는 국민으로부터 신뢰를 상실하기 때문에 위신을 잃게 되고 국민을 리드할 능력도 상실하게 된다. 사회의 각계각층에는 '될 대로 되라'는 자포자기의 사고가 만연하게 되어 결국 나라는 가라앉게 된다. 결국 부패는 가진 자와 못 가진 자의 위화감을 조장하고 분열시킴으로써 국가를 파멸의 길로 이끌고 간다.

---

12) 전수일, 前揭書, 71면.
13) 장개석 정부의 중국본토상실이나 월남의 패망은 행정부패와 직결되어 있다.

(2) 행정비의 인상과 국고의 손실

정부공사를 따 내기 위해서 민간업자들은 금품을 제공한다. 그러나 금품을 제공한 액수 이상으로 공사비를 줄이기 때문에 부실공사가 나타나게 된다. 부실공사는 그만큼 수리하고 보수하는 데 비용을 요구하므로 행정비를 인상시키고 국고를 손실시킨다. 부실공사는 여기서 끝나지 않고 인간의 생명까지 위협한다.

(3) 가진 자 위주의 봉사

행정과 국민간의 관계는 협잡의 관계로 이루어지고 이해의 교환으로 이루어지기 때문에 공평한 봉사를 기대하기 어렵다. 즉 바칠 것이 있는 국민은 등가 이상의 봉사를 제공받지만 받칠 것이 없는 국민은 등가 이하의 봉사를 제공받는다. 따라서 행정부패가 만연하게 되면 가진 자 위주의 편향된 봉사만이 나타나게 된다.

(4) 자리쟁탈의 보편화

행정부패가 만연되면 행정부 안에 있는 자리는 이권의 개입정도에 따라 등급화된다. 공무원들은 보다 높은 이권개입의 자리로 가기 위해서 서로 암투와 경쟁을 벌인다. 이러한 과정 속에서 공무원사회는 암투와 모략으로 가득찬 살벌한 사회가 된다.

(5) 인플레이션의 조장

부패는 위에서 이야기한 대로 자본형성의 기회도 만들지만 사치풍조와 인플레이션을 조장한다. 쉽게 번 돈은 쉽게 쓰기 때문에 그만큼 소비풍조를 조장한다. 허다히 부패가 심한 나라일수록 사치풍조가 심하게 되는데 이는 당연한 귀결이다.

(6) 행정의 비능률 조장

우리는 앞에서 부패는 행정의 능률을 조장하는 역할을 한다고 밝힌 바 있다. 그러나 부패는 비능률도 동시에 조장한다. 고객으로부터 경제적 대가를 받지 않으면 담당관료들이 서비스를 제대로 제공하지 않아 행정의 비능률은 엄청나게 늘어난다. 다시 말해서 기름을 치고 급행료를 돌려야만 행정이 제대로 돌아가는데 그렇지 않을 때에는 행정은 무작위의 상태로 빠지게 된다.

제 5 절 부패에 대한 대책

Ⅰ. 생활급의 지급

우선 공무원이 생계의 위협을 받지 않음은 물론 문화인으로 생활할 수 있는 급여를 지급해야 한다. 생활급을 지급한다고 해서 부패가 없어진다는 보장은 없다. 그러나 생활급의 지급은 부패를 막는 충분조건은 될 수 없을지 모르지만 필요조건은 된다. 먹고살 수 없는 봉급을 주면서 부정을 저지르지 말라고 하는 것은 무리한 요구라고 할 수 있다. 여기서 생활급의 지급은 부패를 막는 데 최소한의 필요조건은 된다.

Ⅱ. 행정의 탈규제화 및 절차의 간소화

행정규제가 엄격하고 절차가 까다롭고 복잡하면 부패의 소지가 된다는 것은 위에서 밝힌 대로이다. 규제를 완화하고 절차를 간소화하면 부패가 방지될 가능성이 그만큼 커진다. 고객은 하나의 규제와 절차에 그만큼의 고통과 시간낭비를 겪어야 하기 때문에 그것들을 급행료를 지불하면서까지 피하거나 뛰어넘으려고 한다. 여기서 주장하는 규제의 완화나 절차의 간소화는 최소한의 필요수준으로 완화시키거나 간소화하자는 것이지 규제나 절차를 없애자는 이야기는 아니다.

Ⅲ. 연고주의의 불식

모든 인사문제가 성취주의나 보편주의를 토대로 해서 이루어지지 않고 혈연, 학연, 지연 등의 일차적이고 원초적인 관계를 중심으로 이루어지면, 이것은 필히 부패의 온상이 된다. 행정이 연고주의를 중심으로 이루어지고 처리되면 구조적이고 대규모적인 부패가 사회 전체에 만연하게 된다. 공정한 가치배분이나 인사는 그만큼 부패의 소지를 없앤다. 연고주의의 불식은 고위층에서부터 솔선수범할 때에 이루어진다.

Ⅳ. 법이나 제도의 현실화

법이나 제도가 모호하게 제정되거나 실현가능성이 기대수준 이상으로 제정되었을 때에 이는 필히 부패의 소지가 된다. 이러한 현실성을 무시한 법이나 제도는 그 운영면에서 필히 부패를 불러일으킨다. 여기서 부패방지의 대책으로 모든 법이나 제도는 현실성을 중심으로 개정되고 개선되어야 한다.

Ⅴ. 법의 공평한 적용

공무원의 부패행위를 다스리고 예방하는 제도나 법을 마련하고, 이것을 적용할 때에 지위고하를 막론하고 엄하고 공정하게 적용하는 것이다. 높은 사람이나 권력이 있는 사람은 법망을 뚫고 나가고, 힘없이 약한 사람만 법망에 걸리게 되면 그 제도는 오히려 불신과 혐오의 대상밖에 되지 않는다. 법의 공정한 적용은 부패의 제거에 적지 않은 효과를 발휘하리라고 생각된다.

Ⅵ. 관주도발전의 지양

관이 경제성장을 위시해서 모든 발전이나 개발을 주도·관리할 때에 부패의 발생가능성은 높아진다. 따라서 공공영역의 축소는 그만큼 부패의 발생가능성을 줄이는 것이다.

Ⅶ. 시민단체감시운동의 활성화

시민단체나 언론기관들이 행정의 부패행위를 감시하고 고발하는 역할을 지속적이면서도 적극적으로 하게 되면 부패행위는 그만큼 줄어들게 될 것이다. 특히 시민단체는 부패감시 센터를 설치하고 당해 분야의 전문가를 활용함으로써 부패감소에 적지 않은 역할을 하고 있다. 현재 감사원에 설치된 시민감사청구제도 이러한 시민감시운동의 일환이라고 할 수 있다.

Ⅷ. 내부고발의 활성화

내부고발(whistle blow)은 조직 내에 있는 자가 자기조직 안에서 벌어지고 있는 비리나 부패행위를 외부에 폭로하는 행위이다. 이러한 행위는 조직의 배반자라고 낙인찍히는 것을 각오하고 행한 도덕적이면서도 용기 있는 행위이다. 따라서 내부고발자는 조직 안에서 불이익을 받지 않도록 제도적으로 보호받는 장치가 마련되어야 한다. 한국의 경우도 통합부패방지법이 통과되면서 내부고발자보호제도가 마련되었다.

제 3 장 공　　익

제 1 절 서　　론

공익은 Plato 이후 오늘에 이르기까지 수많은 사람들에 의해서 연구되어 왔으나 아직도 이렇다 할 개념이 정립된 바 없고, 그 내용도 구구하기만 하다. 개념과 내용이 모호하기 때문에 또한 악용될 가능성이 많은 것도 사실이다.

공익에 대한 중요성의 인식은 시대와 장소에 따라 다르다고 할 수 있다. 개인의 자유스러운 활동의 영역을 확장하면 할수록 사회 전체의 이익도 확대된다고 생각하는 사회에서는 공익에 대한 중요성의 인식이 절박하지 않을 것이다. 그러나 개인의 이익추구만으로는 사회 전체의 이익이 보장되지 않는다고 생각하는 사회에서는 공익의 문제가 중요성을 띠게 될 것이다. 즉 사익의 추구만으로는 사회 전체가 행복할 수 없다고 생각할 때에는 공익을 생각하지 않을 수 없다는 것이다.

그러나 막상 공익이 무엇이냐 하고 물으면 그 내용이 명확하게 잡히지 않는 것이 공익이다. 이렇게 내용이 모호하고 애매하기 때문에 여기에는 학설도 의견도 많게 마련이다.

제 2 절 공익에 관한 제학설

공익에 관한 여러 가지 학설들을 간단히 살펴보면 다음과 같다.[1)]

1) 공익에 대한 여러 가지 학설을 자상하게 알려면 白完基, "公益에 관한 諸學說의 檢討," 法律行政論集, 第19輯, 高麗大學校 法科大學, 1981, 243~269면.

Ⅰ. 규 범 설

이 학설의 기본적 입장은 공익은 정치생활에 적용될 수 있는 최고의 윤리기준(the highest ethical standard)이라는 것이다. 따라서 공익은 정책결정에 있어서 모든 행위를 인도하고 규제하는 규범적 개념이라는 것이다. 이때의 공익은 공공선(common good)과 같다는 것이다. 이 입장은 C. W. Cassineli, Herbert W. Schneider 및 Walter Lippmann 등에 의해서 대표되고 있다.[2] 이들의 기본적 주장은 사회에는 공공선이 있는데, 이것은 모든 정책을 평가하는 기준이 되어야 한다는 것이다. 이때의 공공선으로서의 공익은 공동체에 내재하고 있는 특유한 것으로 단순한 개인적 이익의 집적과는 질적으로 다르다는 것이다. 규범설은 사람들은 단순히 자기의 개인적 이익만을 위해서 결사를 만드는 것이 아니라 보다 나은 공동생활을 위해서 결사를 만드는 사회적 존재라는 것이다.

윤리적 기준으로서의 공익은 어느 특정인에게 부착되어 있는 것이 아니고, 모든 사람에게 동일하게 느껴지는 단일의 목표로 해석되고 있다. 단일의 목표에는 유기체적(organismic)인 것과 공동체적(communalistic)인 것이 있는데, 유기체적인 것은 공동체의 생존권 같은 것이고, 공동체적인 것은 구성원들에 의해서 공유되는 것이다.[3]

그러면 여기서 이야기하는 윤리적 기준으로서의 공익은 어떠한 과정을 통해서 이루어지는가? Walter Lippmann은 공익은 인간이 바르게 보고 합리적으로 사고하고 공평하고 자비롭게 행동할 때에 나타난다고 이야기하고 있다.[4]

Ⅱ. 과 정 설

과정설의 기본입장은 공익이 선험적인 개념이 아니라 집단과정의 결과적 산물이라는 것이다. 이 입장은 정치현상을 집단현상으로 파악하고 집단간의 경쟁과 대립 속에서 정책이 이루어지고 그 산물로 공익이 나타난다는 것이다. 개인이나 집단들은 자기들의 이익과 선호를 증진시키기 위해서 정치의 광장 속에서 상호관

---

2) C. W. Cassinelli, "The Public Interest in Political Ethics," in Carl Friedlich(ed.), *Nomos V: The Public Interest*, Atherton Press, 1962; H. W. Schneider, *Three Dimension of Public Morality*, Indiana University Press, 1956; Walter Lippmann, *Essays on the Public Philosophy*, Little Brown & Co., 1955.

3) Edward C. Banfield, "Notes on Conceptual Scheme," in E. C. Banfield and Martin Meyerson, *Politics, Planning and the Public Interest*, Free Press, 1955, pp. 322~324.

4) Walter Lippmann, *op. cit.*, p. 42.

계하고 있는데, 이러한 이익들이 정치과정 속에서 공익으로 전환된다는 것이다.

이들의 입장은 어떻게 보면 공익이 없다는 입장과 같다고 볼 수 있다. 이들은 사회란 개인이나 특수한 이익집단들의 집합에 불과하지 선험적인 공공선을 지닌 공동체는 아니라는 것이다.

이러한 입장은 정치현상을 다원적인 집단현상으로 파악하는 Arthur F. Bentley, David Truman 및 Howard R. Smith에 의해서 옹호되고 있다. Arthur Bentley에 의하면 전체사회로서의 공익은 없고, 우리가 발견하는 것은 집단의 이익이나 활동뿐이라는 것이다. 그에 의하면 사회는 집단의 복합체 그 이상이 될 수 없다는 것이다.[5] David Truman에 의하면 공익이란 여러 가지 집단이익들이 정책결정의 센터에 접근함으로써 이루어지는 결과라는 것이다.[6] Bentley나 Truman에게는 공동체란 존재하지 않는다. 정책결정이란 전체사회의 이익을 반영할 수도 없고, 또 반영할 필요도 없다는 것이다. 공익이란 여러 집단들이 자기들의 이익을 추구하는 과정에서 자연적으로 나타내는 것이지 별다른 것이 아니라는 것이다. 만일에 공익에 의미가 있다면 집단상호작용에서 나오는 협상을 상징화시키는 슬로건으로서의 공익이 있을 뿐이라는 것이다. Howard R. Smith는 주장하기를 공익의 어떠한 규범적 개념도 반드시 권위주의로 인도하며, 공익을 어떻게 정의할 것인가는 정책결정과정과 사익에 달려 있다는 것이다.[7]

Ⅲ. 합 의 설

이들의 입장은 공익은 특수한 개별집단의 이익보다 광범위하다는 것이다. 쉽게 말해서 다수의 이익이 공익이라는 것이다. 다수의 이익을 내세우기 때문에 소수의 이익은 아무리 강도가 높다 할지라도 희생될 수밖에 없다는 것이 이 학설의 입장이다. 공익의 광범위성을 내세우다 보니 어떤 사람은 '다수자 또는 소비자이익'을 공익이라고 하는 사람도 있다.[8]

이 학설이 기본적으로 노리는 것은 공익은 성질상 보다 광범위하고 포괄적이기 때문에 정책결정에 있어서 심벌로 생각하자는 것이다. 그래서 J. Ronald Pennock 같은 사람은 공익은 아직 태어나지 않은 사람의 이익도 포함하여야 하며, 개인의

5) Arthur F. Bentley, *The Process of Government*, Harvard University Press, 1967, p. 222.

6) David Truman, *The Governmental Process*, Alfred K. Knopf, 1951, p. 506.

7) Howard R. Smith, *Democracy and the Public Interest*, University of Georgia Press, 1960, pp. 57~59.

8) John M. Pfiffner and Robert Presthus, *Public Administration*, 5th ed., The Ronald Press Co., 1967, p. 525.

이익은 성질상 아무리 합쳐도 공익이 될 수 없다는 것이다.[9)]

Ⅳ. 공동체의 이익설

이 학설은 '공익은 사익의 단순한 집합에 불과하다'는 설에 정면으로 반대되는 현상이다. 사회나 국가는 개인으로 구성되어 있지만, 단체로서 사회나 국가는 단순한 개인의 집합체와는 다른 성격을 가지고 있다는 것이다. 다시 말해서 국가나 사회는 개인의 단순한 집합체 이상의 그 무엇으로서 자신의 인격과 권익을 가지고 있는데, 이것이 바로 공익의 원천이라는 것이다. 즉 사회 전체로서의 권익과 인격을 추구하고 실현하는 것이 공익이라는 것이다. 이러한 단체로서의 인격과 권익은 개인의 그것과는 별개의 것으로 독립되어 있다. 이때 사회는 자신의 가치체계(value ordering)를 갖는 독립된 통일체(independent entity)로서 인식되고 있다. 이러한 가치체계와 권익은 개인의 그것들보다 훨씬 중요한 것으로 실제 존재하고 있다고 주장되고 있다.[10)]

Ⅴ. 공공재설

이 입장은 재화의 성격에서 공익을 찾아야 한다는 것이다. 재화에는 공공재와 사용재가 있는데, 구분기준은 비배제성(nonexclusion)과 비경합적 소비성(non-rival consumption)이다. 공공재는 비배제성과 비경합성을 가지고 있는데, 이것의 성격은 사용이나 소비에 있어서 생산에의 기여 여부에 관계 없이 분할할 수도 배제할 수도 없는 성격을 말한다. 예를 들어서 도로건설에 참여하지 않았다고 해서 그 도로사용에서 배제될 수는 없는 것이다. 공익의 공공재설은 이러한 비배제성과 집합적 소비성을 가진 재화를 생산하는 것이 공익이라는 것이다.

제 3 절 공익의 구성요소

지금까지 우리는 공익의 개념이 모호하고 애매하다는 것을 밝혔다. 즉 잡힐 듯하면서도 잡히지 않는 것이 공익개념이라는 것이다. 위에서 설명한 학설들도

9) J. Ronald Pennock, "The One and the Many: A Note on the Concept," in Friedlich(ed.), *Nomos V*, pp. 180~182.

10) Jerome Rothenberg, *The Measurement of Social Welfare*, Prentice-Hall, 1961.

공익의 부분성만을 나타내고 있지 전체성은 나타내고 있지 않다.

공익을 이해하는 데 있어서는 공익의 요소들을 한데 모아 조립식으로 엮어 보는 것이 보다 종합적이고 바람직할지 모른다. 공익의 구성요소들을 보면 다음과 같다.

Ⅰ. 보편화된 가치

사회생활을 해 나가는 데에 있어서 누구에게나 보편적으로 납득될 만한 가치규범이 있다. 이러한 가치규범은 오랜 생활경험을 통해서 의식적·무의식적으로 구축된다. 이러한 가치규범은 인간사회이면 어디에서나 준수·적용되는 거의 불변성을 띤 것에서부터 어느 특정사회에서만 적용되는 좁은 것에 이르기까지 그 종류가 많다고 할 수 있다. '살인을 해서는 안 된다'는 가치규범은 전자의 예이고, '나이 많은 사람을 섬겨야 한다'는 것은 후자의 예라고 할 수 있다. 이러한 가치규범은 법 이전에 사람들이 서로의 생활을 위해서 지키기로 약속한 규범들이기 때문에 공동생활을 이끄는 안내자의 역할을 한다. 사회가 발전함에 따라 보편화된 민주적 가치는 공익의 내용을 찾는 데 크게 기여하고 있는 것이 사실이다.

Ⅱ. 공동체 자체의 권익

국가라는 공동체는 개인에게 생활의 근거를 제공하고 개인의 권익과 안전을 보호하는 역할을 하는데, 이러한 역할을 하기 위해서는 먼저 스스로의 권익을 보장해야 한다. 국가의 생존권 같은 것은 그 중요한 예이다. 국가는 하나의 유기체로서 생존권을 위시해서 여러 가지 권익을 보호하고 있는데, 이러한 권익들이 충실히 보장되어야만 개인들의 권익도 보장될 수 있는 것이다. 여기서 공동체는 자기생존권을 위해서 개인의 권익을 제한하기도 하는 것이다. 여기서 국가의 생존권, 대외위신도, 이미지, 전통, 부강 등은 공익의 내용이 되는 것이다. 그런데 여기서 주의할 것은 공동체의 이익을 내세운다고 해서 개인의 이익을 무시하거나 등한시한다는 이야기는 아니다.

Ⅲ. 재화나 용역의 외부경제성

같은 재화나 용역이지만 외부경제성(external economy)이 큰 것을 생산하는 것이 공익성을 띤다는 것이다. 여기서 이야기하는 외부경제성이란 효용가치가 분할될 수 없고 공동의 사용에서 배제될 수 없는 재화의 성격을 말한다. 일반적으로 외부경제성이 큰 재화나 용역으로서는 국방 · 공공질서 · 도로 · 공중위생 · 공원·교육 · 환경정화 등을 들 수 있다. 일반적으로 이러한 재화들은 공공단체들에 의해서 생산되나 사기업에 의해서 생산되는 경우도 있다. 교육은 그 좋은 예이다.

그런데 여기서 주의할 것은 외부경제성이 높은 재화나 용역을 많이 생산한다고 해서 공익에 부합된다는 것은 아니다. 현실생활에서 교육 · 국방 · 도로 등의 외부경제성이 높은 재화만 있다고 해서 공익이 많이 보장된 사회라고 할 수 있는가?

Ⅳ. 미래의 이익이나 효용성

여기서 이야기하는 미래의 이익이나 효용성은 단순한 상품적 가치나 이윤이 아니라 사회 전체의 생존이나 발전에 요구되는 사회적 효용이라고 할 수 있다. 장래의 이윤을 위해서 부동산을 사두는 행위는 여기서 이야기하는 장래의 효용개념에 들어가지 않는다. 그러나 현재 인기 없는 기초과학을 육성시키는 행위나 전통적 음악인 국악을 보존하려는 행위는 공익성을 띠고 있다고 볼 수 있다.

Ⅴ. 다수의 이익

흔히들 공익은 불특정다수의 이익이라고 한다. 다수결의 원리는 인간생활에 있어서 불가피한 갈등의 문제를 해결하는 데 있어서 편리한 제도라고 할 수 있다. 다수결의 원리가 받아들여지는 근거는 다수의 의사가 소수의 의사보다 옳을 것이라는 가능성에 두고 있다. 다수의 이익이 공익으로 간주되는 근거는 그 이익이 보다 정당성을 띨 가능성이 있고, 또 그 이익이 보다 많은 사람들에 의해서 공유되고 있다는 것을 전제로 하고 있다.

그런데 다수의 이익을 조건 없이 공익으로만 받아들이는 데는 문제점이 있다. 예컨대 사회적 강자가 다수를 이루고 있고, 사회적 약자가 소수를 이루고 있을 때에 다수의 이익이 공익이라고 할 수는 없는 것이다. 다수의 이익이 공익이 될 수 있는 조건은 집단구성원간의 게임이 Non zero-sum 상태이고 자유스러운 토론이 보장되고, 이익 자체가 상대성을 띠고 있어야 한다는 것이다.

Ⅵ. 사회적 약자의 이익

본래 공익은 그 속성으로서 형평성(equity)을 지니고 있기 때문에 사회적 약자의 이익(the interest of the underprivileged)을 흡수하려는 경향이 있다. 이때 사회적 약자는 반드시 다수일 필요가 없다. 오히려 소수의 약자의 이익을 보호하려는 것이 공익의 참된 모습이다. 여하튼 다수이든 소수이든 사회적 약자의 이익은 공익의 중요한 내용을 이룬다. 사회복지니, 사회보장이니, 소득재분배니 하는 것들이 공익으로 간주되는 이유가 바로 여기에 있다. 심신노약자·심신장애자·고아·소수민족·부녀자·노동자들의 이익은 사회정책적인 면에서 공익과 같은 개념으로 인식되고 있다.

사회적 약자의 이익이 공익으로 간주되는 것은 사회적 약자의 인간다운 생활을 보장하고 그들의 인격을 발전시키는 데 도움이 되겠다는 윤리적 차원도 있지만, 이들의 생활을 향상시킴으로써 구매력을 증가시키고 생산활동을 자극하여 경제를 활성화시키고 사회를 전반적으로 안정시키겠다는 경제적 차원도 크다. 부가 편중된 사회는 경제적으로 침체되기 쉽고, 사회적으로 불안에 휩싸이기 쉽다. 가진 자나 사회적 강자의 이익을 보호하기 위해서도 사회적 약자의 이익에 관심을 기울여야 한다는 것이다.

사회적 약자의 이익이 공익으로 등장하게 된 이유는 빈곤이 더 이상 개인의 무능이나 실패로 간주되어서는 안 된다는 논리에서이다. 이러한 빈곤은 개인적 요소보다 사회구조적 모순에서 나타날 가능성이 더욱 크다는 논리이다.

제 4 절 공익의 기능

(1) 평가기준의 역할

공익은 정책이나 프로그램을 평가하여 주는 역할을 한다. 공익의 신화로서의 의미성은 정책결정가들이 정책결정을 할 때에 평가기준으로서 일단은 공익을 생각한다는 것이다.

확실히 평가기준으로서의 공익의 역할은 대단하다고 볼 수 있다. 예컨대 국가생존권으로서의 공익이나, 사회적 약자의 이익으로서의 공익이나 또는 재화의 외부경제성으로서의 공익은 정책결정에 있어서 길잡이로서의 역할을 한다. 이때 공익은 정책결정가로 하여금 도덕심을 갖게 하고, 어떤 기준으로부터 이탈치 않게 하며 이성을 갖게 한다는 것이다.

Pendleton Herring 같은 사람은 어떠한 이익집단의 접근이나 압력도 공익이라는 기준에 의해서 조정되고 다듬어져야 한다고 주장하고 있다. 그는 계속해서 이야기하기를 공익은 행정가를 인도하는 기준으로서 통일과 질서와 객관성을 행정에 도입시키는 상징이라는 것이다. 적법절차가 사법관에게 생명인 것처럼 공익은 행정관에게 생명이라는 것이다. 공익의 의미는 추상적이고 모호하지만, 이것의 기준으로서의 효과는 대단하다는 것이다.[11]

⑵ 주관적 가치의 객관적 가치로의 전환

주관적이고 편협한 가치를 객관적인 가치로 전환시켜 주는 역할을 한다. 공익은 정책결정가들로 하여금 개인이나 집단의 특수이익 밖의 영역이 있다는 것을 알려 주는 역할을 한다. 자기이익 밖의 보다 광범한 이익이 있다는 것을 상기시켜 줌으로써 주관적이고 편협한 이익을 객관적이고 포괄적인 이익으로 대체시켜 나간다는 것이다. 이로써 공익은 양심과 숙고에 대해 박차를 가하고 정책결정가로 하여금 자기의 편협한 이익으로부터 해방시켜 준다는 것이다.[12]

⑶ 비조직화된 이익의 고려

공익의 역할은 집단이익의 조절과정 속에서 조직화되지 않는 이익(unorganized interest)이나 잠재적 이익(latent interest), 나아가서 아직 태어나지 않은 사람들의 이익까지도 고려하게 한다는 것이다. 여기서 공익은 정책결정과정에서 망각되기 쉽거나 간과되기 쉬운 이익들을 확인시켜 주는 역할을 한다. 흔히 집단론자들은 정책결정이란 조직화된 집단과정이라고 이야기하는데, 공익은 이러한 주장에 제동을 걸면서 정책결정과정은 조직화된 집단이익뿐만 아니라 비조직화된 이익들도 고려해야 하는 과정이라고 상기시켜 준다.

⑷ 공존체제의 구축

공존체제를 구축하는 역할을 한다. 즉 공익은 모든 세력들과 이익들이 공존할 수 있는 계기를 마련하여 준다는 것이다. 현대사회는 서로 경쟁·대립하는 다원적 세력들로 구성되어 있는데, 이들이 조정될 수 있고 상호공존할 수 있는 공통기반을 마련하여 주는 것이 공익이라는 것이다. 공익이라는 요소가 없으면 각자

---

11) Pendleton Herring, *Public Administration and the Public Interest*, McGraw-Hill, 1936, p. 54.
12) J. Ronald Pennock, *op. cit.*, p. 182.

의 세력들은 자기들의 입장과 이익만을 내세움으로써 대립·투쟁의 상태만 야기시킬 가능성이 큰 것이다. 그러나 공익은 각자의 세력들로 하여금 상대방에게 조금씩 양보함으로써 상호공존하는 것이 보다 바람직하다는 것을 가르쳐 준다.

(5) 국가행위의 정당화

공익은 국가가 개인에게 요구하는 행위를 정당화시켜 주는 역할을 한다. 국가는 자기의 생존권이나 다른 권익을 위해서 개인에게 특정의 행위를 요구할 수 있고 나아가서는 희생까지 요구할 수 있는데, 이러한 요구를 정당화시켜 주는 근거는 공익밖에 없다. 공익이라는 관점에서 국가는 필요한 경우 개인의 자유와 권리를 제한할 수 있는 것이다. 국가가 권력을 발동할 때에 그것을 정당화시켜 주는 근거가 공익이다.

제5절 공익과 사익과의 관계

공익과 사익과의 관계를 다루는 데 있어서 여러 가지 문제가 제기될 수 있다. 양자의 관계는 상호갈등관계인가, 중립적인 관계인가, 아니면 상호보완관계인가, 또 갈등하는 경우 어떻게 해결해야 하는가 등의 문제는 중요한 문제들이라고 할 수 있다.

공익과 사익과의 관계는 공산주의국가에서는 별로 문제가 되지 않는다. 왜냐하면 국가가 추구하는 행위는 모두가 공익적 성격을 띠고 있으며, 이 안에서 모든 인간은 사익을 향유하고 있는 것이기 때문이다. 공익과 사익의 관계가 문제시될 수 있는 것은 자본주의체제 내에서이다. 본래 자본주의체제 내에서는 사익추구를 근본으로 하고 있다. 사익추구를 하다 보니 이것만으로 해결될 수 없는 일들이 발생하고, 또 이것 자체가 공익발생을 유도하게 된다. 사익을 추구하는 사람들은 외부경제성이 강한 도로나 질서유지의 생산에 참여하려고 하지 않는다. 사익추구를 위한 경쟁은 결국 빈자계급을 탄생시키고, 이들의 보호책은 또다시 공익의 개념을 불러일으킨다. 따라서 공익은 사익추구의 원리가 자기의 역할을 다하지 못하거나, 또는 문제해결에 있어서 결함을 드러낼 때에 그것을 보완하는 의미로 나타나게 되는 것이다. 사익의 한계성은 바로 여기에 있다고 할 수 있다. 처음부터 사익추구의 원리를 부정하는 공익이란 있을 수 없다. 공·사익간의 갈등가능성이 일어날 때에도 사익이라는 이유로 그것을 희생시키는 논리는 성립하지 않는다. 이처럼 공익은 사익과의 관계에서 상호보완적 공존관계에 있는 것이지 배타적 관계에 있는 것은 아니다.[13] 특히 양자의 관계를 관찰할 때에 공익은 직접적으로 사익을 촉진·강화시켜 주는 경우가 많다. 고속도로를 건설했을 때에 사기업의 수송비를 절감시켜 주고, 교육을 실시하여 인력을 공장에 보급하고 환경오염을 정화시킴으로써 기업의 생산비를 절감시켜 준다. 이처럼 공익과 사익은 상호보완관계에 있고, 또 그렇게 되어야만 자본주의체제가 원활하게 작동한다고 할 수 있다.

제 6 절 공익의 산출과정

공익의 산출문제는 어떠한 사회가 공익을 활발하게 산출할 수 있는가, 공익산출자는 누구인가, 공익이 구체적으로 산출되는 과정은 무엇인가 등의 여러 가지 문제가 논의될 수 있다.

I. 공익산출이 활발한 사회

공익산출이 활발한 사회는 권력이 단원화된 전제사회보다는 권력이 다원화된 민주사회라고 할 수 있다. 그리고 생활양식이 혈연과 정 중심의 전통사회보다는 이익중심의 합리화된 근대사회가 공익산출에 보다 기여한다고 할 수 있다. 다시 말해서 사회가 전문화되고, 과학화되고, 합리화되고, 민주화될수록 공익산출이 용이하다는 것이다.

공익은 인간의 의사와 동떨어진 선험적 존재도 아니고, 또 사익보호를 대전제로 하기 때문에 의사교환과 사익표명이 활발한 사회에서 가장 활발하게 산출될 수 있는 것이다. 여기서 다원적인 민주사회가 공익산출에 가장 이상적인 사회라는 결론이 나온다. 그리고 생성과정이 일방적이 아니고 쌍방적이기 때문에 그 존립이 더욱 안정성을 띠고 있다.

뿐만 아니라 단원적인 전제사회에서는 국가의 생존권이나 지배계급의 이익에 합치되는 범위내에서만 공익이 논의되기 때문에 그 종류나 범위가 아주 적고 좁지만, 다원적이고 합리화된 사회에서는 공익생성의 원천도 그만큼 다원성을 띠고 있어 공익의 종류도 많다고 할 수 있다.

13) 朴東緖, 韓國行政論, 法文社, 1978, 144～146면.

Ⅱ. 공익의 산출자

공익은 선험적인 것이 아니고 생성되는 것이라면, 누가 이것을 만들어 내는가가 문제가 된다.

우선 공익은 소수의 몇 사람에 의해서 결정된다는 입장부터 밝혀 보기로 한다. 이 입장은 공익은 평범한 사람들의 요구 등에서 나오는 것이 아니라 몇 사람의 천재에게서 나온다는 것이다. 이 입장의 전제조건은 보통사람들은 자기들의 최선의 이익이 무엇인지 모르며, 사회전반의 공익도 모른다는 것이다.[14)]

이러한 입장은 완전히 반민주적인 견해라고 할 수 있다. 이것은 과거에 철인군주나 귀족정치를 찬양하는 사람들이 내세웠던 견해로서 오늘날까지 이러한 입장을 순수하게 내세우는 사람들은 없지만, 다음에 설명할 민주적 엘리티즘과 어딘가 일맥상통하는 점이 없지 않다. 사회는 통치형태를 막론하고 엘리트가 지배한다는 주장을 음미해 보면, 소수의 공익창조설이 다분히 내포되어 있다.

다음에 다수의 사람들이 공익을 만들어 낸다는 입장을 보면, 여기에는 다수가 직접 공익을 만들어 낸다는 입장과 다수가 공익산출에 직접 참여하지 않고 자기들의 대표자를 통해서 만들어 낸다는 두 가지 입장이 있다. 첫번째의 입장은 민주성이라는 면에서 가장 이상적이라고 할 수 있으나 현실적으로 제약이 너무 많다.[15)] 두 번째의 입장은 대표자가 정책결정에 참여하여 공익을 산출하는데, 이것을 민주적 엘리티즘이라고 칭한다. 이들의 주장은 다수가 직접 정치에 참여하는 것보다는 이들의 대표인 엘리트들이 정치에 참여하는 것이 민주체제의 옹호 및 발전에 더욱 좋고, 정치를 보다 합리적인 방향으로 이끌 수 있으며, 공익이 보다 많이 확보된 정책을 수립 · 결정한다는 것이다.[16)]

공익산출에 있어서 민주적 엘리티즘은 규범적인 면에서도 정당화될 수 있고, 현실적인 면에서도 가장 무리가 없는 입장이라고 할 수 있다. 즉 공익산출에 있어서 규범과 현실을 가장 잘 조화시킬 수 있는 것이 민주적 엘리티즘이라고 할 수 있다.

---

14) Charles E. Jacob, *Policy and Bureaucracy*, D. Van Nastrand, 1966, p. 195.

15) 인구나 영토면에서 웅대한 규모를 갖추고 있는 현대국가에서는 물리적으로 불가능하다. 그리고 William Kornhauser 같은 이는 다수가 직접 정치에 참여하는 사회를 mess society라고 하고, 오히려 이러한 사회야말로 민주체제가 쉽게 무너질 수 있는 불안한 사회라고 하고 있다. *The Politics of Mass Society*, New York, 1959.

16) 백완기 저, "제14장 민주적 엘리티즘," 민주주의 문화론: 생활양식으로서의 민주주의, 나남, 1994, 247~271면.

제4장 사회적 형평(배분적 정의)

제1절 행정에 있어서 사회적 형평의 문제

오늘날 사회적 형평의 문제는 행정에 있어서 가장 중요한 문제의 하나로 등장하고 있다. 특히 신행정학에서 더욱 그러하다. 신행정학에서 사회적 형평은 능률 이상으로 중요하다. 즉 아무리 행정이 능률성을 확보한다 할지라도 그것이 국민 전체를 위해서 나타나지 않고 소수의 특수계층만을 위해서 나타난다면, 그러한 능률은 별 의미가 없다는 것이다.

사회적 형평의 문제는 사회적 불평등이나 배분의 불공평성을 전제로 하고 있다. 옛날의 신분상의 차별제도는 없어졌다고 하지만 아직도 사회적·경제적 불평등은 만연되어 있고, 오늘의 정부는 이것을 없애려고 노력하는 것이 아니라 조장하고 있다는 것이다. 즉 기존의 이익과 고객을 지나치게 위하는 나머지 사회적 약자와 소수자를 경시하고 차별하게 된다는 것이다.[1] 따라서 사회적·경제적 불평등은 감소되는 것이 아니라 뿌리가 깊어지고 영속화됨으로써 기존의 정치체제의 존재마저 위협하고 있다는 것이다. 풍요 속에서의 착취(deprivation amid plenty)는 절망과 분노, 심지어 적개심마저 불러일으킨다는 것이다.

특히 빈곤이 개인의 책임이 아니라 경제체제나 사회구조의 책임이라고 생각될 때에 사회적 형평은 심각한 문제로 대두되는 것이다. 만일에 빈곤이나 경제적 불평등이 사회구조상의 책임이라고 생각한다면, 국가는 이것을 해결해야 할 의무와 책임이 있는 것이다. 설혹 빈곤이나 경제적 불평등이 개인적 책임이라고 하더라도 국가는 이것을 좌시만 할 수는 없는 것이다. 여기서 행정과 사회적 형평간의 문제는 정면으로 대결해야 할 절박한 문제로 대두되는 것이다.

재화·권력·위신·기회 등이 적절한 기준에 따라서 평등하게 배분되어 있

1) H. George Frederickson, *New Public Administration*, The University of Alabama Press, 1980, p. 37.

으면 별 문제가 없겠지만, 불행히도 이러한 경우란 드물다. 대부분의 경우란 불평등한 배분(unequal distribution)이 일어나고 있다는 것이다. 불평등한 배분은 특정의 사람들이 특혜를 받고 있을 때에 다른 사람들은 차별을 받고 있다는 것을 의미하고 있다. 불평등한 배분의 극단적인 예가 한 사람이 모든 가치를 독점하고 다른 사람들은 아무것도 갖지 않을 때이다.

제 2 절 사회적 형평의 개념

사회적 형평(social equity)이 무엇이냐고 묻는다면, 그것에 대한 답은 간단하지가 않다. 우선 학자마다 주장하는 내용이 다르기 때문에 개념상의 혼란이 온다. 또 용어상의 혼란도 적지 않다. 우선 정의(justice)라는 개념과 구별하기 어렵다. 여기서 적지 않은 사람들이 특히 행정학분야에서 사회적 형평과 사회적 정의는 같은 것으로 쓰고 있다. 다음에 평등(equality)이라는 개념과 구별되기도 어렵다. 그런가 하면 공평성(fairness), 정당한 절차(due process), 불편부당(impartiality)과도 구별되기 어렵다. 그래서 그런지 형평성의 개념은 위에서 이야기한 여러 유사한 개념들과 구별되지 않고 사용되고 있는 것이 사실이다. 우선 *Black's Law Dictionary*만 보아도 그렇다. 여기서는 형평성을 다음과 같이 정의하고 있다.

> '형평성'은 공평성(fairness), 정당성(justness) 및 인간관계의 올바른 처리의 정신과 습관을 내포하고 있다. 즉 남이 나에게 해 주기를 바라는 것처럼 나도 남에게 해 주는 규범이다. Justinian에 의하면 정직하게 살고 남에게 해를 끼치지 않고 각자에게 자기 몫을 돌려 주는 것이라는 것이다. … 여기서 형평은 자연권(natural right)이나 정의(justice)와 같은 개념이다. 그러나 바로 이 점에서 형평은 법률상(jural)의 성격보다는 윤리적인 성격을 띠고 있고, 그것의 주내용은 도덕의 영역에 속한다는 것이다. 형평은 어디까지나 양심의 인식을 토대로 해서 성립하지 실정법의 제재를 기초로 해서 성립하는 것은 아니다.[2)]

여기서는 사회적 형평을 배분적 의미에서 설명하기로 한다. 형평이나 정의는 여러 가지 차원이나 측면에서 설명될 수 있겠지만, 그래도 가장 핵심적인 내용은 배분에 관계되는 것이라고 할 수 있다. John Rawls 역시 정의를 설명할 때에 자유의 중요성을 내세우면서도 배분적 문제에 더욱 관심을 기울이고 있다. Rawls는 이야기하기를 정의의 주제란 사회의 기본적 구조에 관계되는 것인데, 보다 정

2) Henry C. Black, *Black's Law Dictionary*, 4th ed., West, 1957, p. 64.

확하게 이야기한다면 중요한 사회기관들이 기본적 권리와 의무를 배분하고 사회적 협조체제간에 이익분할(division of advantages)을 결정하는 것이라는 것이다.[3)]

형평을 배분적 의미로 이해할 때에도 여러 가지 입장이 있다. 보수주의자들은 재화나 특권의 계층적 배분(hierarchical distribution)을 정의로 보았을 때에 자유주의자들(liberalists)은 기회균등을 전제로 해서 능력(merit)에 따른 배분을 정의로 보았다. 그런가 하면 사회주의자들은 욕구(need)와 평등을 바탕으로 한 배분을 정의로 보았다. 이처럼 정의나 형평을 배분적 의미로 이해해도 여러 가지 입장이 있다.

제 3 절 사회적 형평의 근거

사회적 형평이 요구되고 있는 근거로서는 세 가지를 들 수 있는데, 그것은 평등(equality)・실적(merit) 및 욕구(need)이다.[4)] 하나하나씩 분리해서 설명하기로 한다.

I. 평 등

모든 인간은 특별히 달리 대우를 받아야 할 경우(예컨대 범법행위를 저지른 경우)를 제외하고는 평등하게 대우를 받아야 한다는 것이다. 18세기 이후 적어도 인간의 평등사상과 기본권사상이 정치사상의 근간을 이루면서부터는 평등은 정의나 사회형평의 이론에 있어서 기본적 전제가 되어 왔다. 이때의 평등은 단순히 법 앞에서의 평등만이 아니라 인간의 존엄성(dignity)과 가치(value)가 다 동일하다는 것이다. 이때 재화나 가치는 모든 인간에게 동일하게 배분되어야 한다는 것이다. 왜냐하면 인간으로서의 가치(human worth)는 동일하기 때문이다. 여기에 깔려 있는 밑바탕의 사상은 인간의 존엄성은 신분이나 계층에 따라 다를 수 없고, 인간은 그 자체가 목적으로 다루어져야지 수단으로서 다루어질 수 없다는 것이다.[5)] 여기서 인간의 능력에 따른 차별적 배분이란 있을 수 없다고 생각한다.

이러한 평등이론은 나중에 이야기하겠지만 Aristotle에 의해서 정면으로 반

3) John Rawls, *A Theory of Justice*, Harvard University Press, 1971, p. 7.

4) 鄭用德, "韓國에서의 配分的 正義와 公共政策," 韓國政治學會報, 第16輯, 1982, 289~309면; Barbara Goodwin, *Using Political Ideas*, John Wiley & Sons, 1982, Chapter 12.

5) 鄭用德, 上揭論文, 294면.

박된다. 그는 주장하기를 불평등한 자들을 평등하게 다루는 것은 평등한 자들을 불평등하게 다루는 것처럼 공정하지 못하다는 것이다.[6] 인간에게는 연령별로, 성별로, 지능별로, 능력별로, 교육별로 차이가 있다는 것이다. 선천적으로나 후천적으로 존재하는 이러한 차이를 무시하고 재화나 가치를 고르게 배분한다는 것은 불합리하다는 것이다. 평등은 정치적·법적·사회적 의미에 있어서는 강력한 명령성(imperative)을 가지고 있지만, 경제적 의미에 있어서는 한정된 의미밖에 없다는 것이다. 특히 평등에 입각한 배분적 정의는 저축과 투자의욕을 줄이고 새로운 기술을 개발하겠다는 의욕마저 줄여 경제능률이나 경제성장을 저해한다는 것이다. 여기서 평등과 능률간에는 직접적인 역관계 또는 상충관계가 존재하게 된다는 것이다.[7] 평등이론에 대한 비판은 이 밖에도 여러 가지 입장에서 제기되고 있다. 즉 평등보다 불평등이 오히려 재능·기술·창의성을 산출케 하며, 사회적 열등자의 약점을 보완케 하려는 정책은 오히려 사회 전체의 짜임새 있는 움직임을 약화시키며, 진보란 불평등을 통해서 일어나지 평등을 통해서 일어나는 것은 아니라는 것이다.[8] 여기서 평등은 사회적 형평을 주장하는 근거로서 환상적 개념은 될 수 있지만, 작동가능한 개념은 될 수 없다는 것이다.

우리는 평등이론의 근거와 여기에 대한 비판을 간단히 살펴보았다. 그러나 평등이론 자체의 결함보다는 왜 이러한 이론이 나오게 되었는가의 경위를 따져보는 것이 더욱 중요할 것 같다. 이유야 어떻든 특권계급들이 사회의 부를 필요이상으로 또는 비도덕적·비인간적으로 독점하고 있을 때에 여기에 대한 강력한 반작용으로 나온 것이 평등이론이라고 한다면, 비록 환상적 개념이라고 할지라도 공공정책을 위해서 시사하는 바가 적지 않다고 볼 수 있다. 최저생계비의 지급, 최저임금제, 사회보장제, 최고이익배당금의 설정제, 의무교육제, 누진세제 등은 평등이론을 토대로 해서 이룩된 정책이라고 할 수 있다.[9]

Ⅱ. 실 적

실적이론은 평등이론에 정면으로 대립되는 입장을 취하고 있지는 않으나 상당히 상이한 입장을 취하고 있다. 사회형평이나 배분적 정의는 인간이 사회에 공헌한 만큼 반대급부를 받을 때에 나타난다는 것이다. 실적이론은 위에서도 이야

6) Aristotle, *The Politics*, Trans. T. A. Sinclair, Penguin, 1962, pp. 73～77, 236～240.
7) A. Okun, *Equality and Efficiency: The Big Trade-off*, The Brooking Institution, 1975.
8) Barbara Goodwin, *op. cit.*, pp. 285～286.
9) 鄭用德, 前揭論文, 296면.

기하였지만, Aristotle을 위시해서 많은 사람들에 의해서 지지를 받고 있다. 인간의 능력이나 실적의 차이를 무시한 평등이란 사회적 형평이 될 수 없다는 것이다.

실적이론은 인간의 차이를 인정하고, 여기에 다른 차별적 대우를 정당화하고 있다. 자유주의자들은 대부분 이러한 입장을 취하고 있다.

실적이론의 기본전제가 되는 것은 기회균등(equality of opportunity)이다. 즉 모든 사람들에게 기회는 균등하게 주어지고, 그 다음에 능력의 차이에 따른 상이한 배분을 따져야 한다는 것이다. 기회균등이 존재하지 않는 곳에 능력의 차이를 따진다는 것은 공정(fair)하지 않다는 것이다.

그러나 실적이론에도 문제점이 없는 것은 아니다. 개인의 사회에 대한 공헌과 그가 받는 대가는 일치해야 한다는 것이 능력이론의 주장인데, 이러한 주장은 철학적인 면에서나 실천적인 면에서 문제점이 많다는 것이다. 우선 철학적인 면에서 일어나는 문제는 사회에 끼친 공헌과 받아야 할 재화의 양 사이에는 선험적 연결기준이 없다는 것이다. 다시 말해서 양자는 비교될 수가 없다는 것이다. 사회에 끼친 실적이나 공헌만큼 대우를 받아야 한다는 점에서는 이론이 있을 수 없지만, 이것을 연결시킬 수 있는 기준이 없다는 것이다. 실제 적용상의 면에서도 문제점이 일어나는데, 나의 반대급부(reward)는 상황에 따라 늘 수정되어야 한다는 것이다. 다른 사람이 사회에 기여한 만큼 대가를 받지 못한다면, 나도 기여한 만큼 대가를 요구할 수 없다는 것이다. 오늘날의 임금제도가 능력이론을 바탕으로 해서 운영되고 있지만, 엄밀한 의미에서 무엇이 사회에 대한 공헌인가를 결정한다는 것은 대단히 어렵다는 것이다. 부의 생산이나 창조는 자기의 노력에 의해서만 얻어지는 것이 아니라 종업원의 노력, 기존의 테크놀로지와 사회적 상태 및 시장의 신축적인 상호작용을 통해서 얻어지기 때문에 개인의 공헌은 다른 요소들에 비해서 보잘것 없는 경우가 많다는 것이다.[10] 그리고 실제 자기가 기여한 만큼 대가를 받지 못한다는 주장이 많이 나오는데, 노동자가 자본가계급에 비해서 공헌한 만큼 대우를 받지 못한다는 것은 이를 두고 하는 말이다. 따라서 실적이론의 가장 심각한 문제점은 현실적으로 사회구성원이 자기가 기여한 만큼 반대급부를 받지 못하고 있고, 능력을 발휘할 수 있는 기회가 골고루 주어지지 못하고 있다는 것이다. 현실적으로 기회균등이 보장되어 있지 않고, 어떤 사람들은 실적 이상으로 대가를 받고 다른 사람들은 실적 이하로 대가를 받고 있다는 것이다.

실적이론은 이 밖에도 사회적 무능력자나 심신장애자 또는 노약자를 어떻게 대우하고 다룰 것인가에 대해서 전혀 관심을 기울이지 않고 있다. 그러나 실적이

10) Barbara Goodwin, *op. cit.*, p. 268.

론은 자유주의자들의 지지를 받으면서 오늘의 경제발전에 주도적 역할을 한 것이 사실이다.

실적이론에서 추구되어야 할 공공정책은 자유경쟁과 기회균등이 확보되도록 하는 것이다. 기회균등이 보장되지 않은 사회에서 실적중심의 사회형평을 주장하게 되면, 이는 기존의 불평등을 강화하는 결과만 초래시킬 것이다.[11] 정부의 시장개입정책(government intervention)이나 경제규제정책(economic regulation)은 이러한 차원에서 추구되는 정책이라고 할 수 있다. 여하간 실적주의에서 추구하는 공공정책은 기회균등이 보장되는 가운데에서 능력과 실적에 입각한 가치의 배분이 이루어지도록 하는 것이다.

Ⅲ. 욕　　구

욕구이론의 기본입장은 부나 가치가 인간의 욕구에 따라 배분될 때에 사회의 형평이 이루어진다는 것이다. 욕구이론은 주로 사회주의자들(socialists)에 의해서 지지를 받고 있다. 욕구이론의 전제가 되는 것은 인간은 자기의 능력이나 실적과 관계없이 그의 욕구가 충족되어야 할 권리가 있다는 것이다. 인간은 누구나 존경·위엄·자유에 대한 권리가 있는데, 이러한 권리들은 기본적 욕구가 충족되지 않으면 향유될 수 없다는 것이다. 여기서 인간의 욕구는 물적 재화를 배분하는 데 있어서 가장 지배적인 기준이 되어야 한다는 것이다.

욕구이론 역시 문제점이 적지 않다. 우선 이 이론은 재화나 가치는 한정되어 있는데, 욕구는 무한하다는 것을 간과하고 있다. 다음으로 욕구라는 개념 자체를 정의하기가 어렵다. 욕구를 기본적 욕구(basic needs)로 해석하기도 하는데, 무엇이 기본적 욕구이냐에 대해서는 논란이 많다. 흔히들 '인간다운 생활'을 할 수 있는 욕구를 기본적 욕구라고 하는데, 무엇이 '인간다운 생활'이냐는 쉽사리 정의하기 어렵다. '인간다운 생활'은 나라별·시대별로 그 개념이 다르다. 미국에서 요구되는 인간다운 생활은 한국에서는 중류 이상의 생활이 될 수 있는 것이다. 설혹 나라별 기본적 욕구에 대한 기준설정이 가능하다 할지라도 문제는 계속된다. 능률적인 노동자는 부양가족이 많은 무능한 노동자보다 훨씬 임금을 적게 받는 경우가 많을 것이다. 예컨대 미혼의 유능한 노동자는 5인의 부양가족을 가진 무능한 노동자가 받는 임금의 몇 분의 일밖에 받지 못할 수도 있을 것이다. 물론 이때 기본적 욕구가 충족된 다음에는 능력에 따라 보상을 해야 한다는 이론도 나올

11) *Ibid.*, pp. 270～271.

수 있지만, 이때에도 모든 사람들의 기본적 욕구충족 이상의 자원의 존재를 전제로 한다.

그러나 욕구이론에서 내세운 기본욕구개념은 위에서 설명한 평등이론이나 실적이론에서 다같이 그 실현의 전초전으로 사용할 수 있다는 것이다.[12] 우선 평등이론에서 볼 때 기본욕구충족이 만족스러운 상태는 아니나 궁극적인 상태인 완전평등으로 가는 데에 첫 단계는 될 수 있다는 것이다. 즉 기본욕구충족은 최저의 평등은 확보하고 있다는 것이다. 다음으로 실적이론에서 볼 때에 모든 인간에게 최저이나마 기본적 욕구를 충족시켜 줄 때에 자유경쟁과 기회균등을 보다 활성화시킨다는 것이다. 욕구이론 역시 철학적인 면에서나 실제 적용상의 면에서 문제점이 많으나, 그의 중심개념인 기본욕구개념은 최저의 인간생활은 보장되어야 한다는 사상에 기여한 바가 크다.

욕구이론에서 추구하는 공공정책은 연금제도, 보험제도, 최저임금제, 실직수당, 절대빈곤자에 대한 공적 부조 등이다.

제 4 절 사회적 형평을 확보하기 위한 행정의 역할

우리는 앞에서 형평의 근거를 다룰 때에 각 근거에 일치하는 형평의 내용을 간단히 살펴보았다. 여기서는 종합적인 관점에서 사회적 형평을 확보하기 위해서 행정이 어떠한 역할을 해야 하는가를 다루어 보기로 한다. 구태여 신행정학의 이론을 빌리지 않더라도 사회적 형평의 문제와 공공행정은 직결되어 있다는 것을 쉽게 이해할 수 있다. 공공행정은 사회적 형평의 문제를 해결하기 위해서 존재한다고 해도 과언이 아니기 때문이다.

Ⅰ. 공정한 기관으로서의 위상정립

행정이 사회적 형평문제를 효과적으로 다루려면 우선 편파성과 부분성에서 벗어나야 한다. 다시 말해서 행정은 전체의 대표성으로 표상되어야 한다. 사회는 각계각층으로 구성되는데, 행정이 어느 특정계층을 비호하고 편을 들게 되면 형평성을 파괴하는 역할을 하게 된다. 행정은 주위에 여러 가지 압력단체들로 둘러싸여 있는데, 그 중의 몇 개의 압력단체들에 의해서 조종되고 좌지우지되면 사회

12) 鄭用德, 前揭論文, 305～306면.

적 형평은 유지되기 어렵다. 아울러 행정의 존재의의도 잃게 되고, 나아가서는 국가의 도덕성도 상실하게 된다. 행정은 아무리 노력을 해도 편파적이라는 비판을 벗어나기가 어려운데, 처음부터 목적의식을 가지고 특정집단의 이익을 도모하려고 하면 행정은 이미 공정성과 도덕성을 잃게 된다. 자원은 한정되어 있고 각계각층의 요구는 많아 행정이 최선을 다해도 적정의 형평성을 유지하기가 어려운데, 하물며 처음부터 행정이 편파의식과 특혜의식을 가지고 나오면 행정은 존재의의를 잃게 된다.

행정은 편파의식에서 벗어날 수 있는 용기를 지녀야 한다. 그리고 객관적 기준과 질서를 지키겠다는 용기도 지녀야 한다. Paul Appleby는 공정성을 유지하려면 냉혹한 비사인주의(impersonalism)로 무장되어야 한다는 것이다. 그는 주장하기를 이러한 비사인주의는 오만의 위험이 따르나 복잡한 조직사회에서 상대하는 대중에게 해보다는 이익이 훨씬 더 크다는 것이다. 왜냐하면 이것은 공정한 서비스체계를 확립함으로써 차별대우나 특혜를 제거할 수 있기 때문이라는 것이다.[13)]

여기서 주의할 것은 행정이 공정성을 지키라니까 주위의 압력단체들의 이익을 고려하지 말라는 이야기는 아니다. 고려하되 균형 있게 골고루 고려하라는 것이다.

Ⅱ. 가치의 공정한 배분

공정한 기관으로서의 위상정립이 소극적 개념이라면, 가치의 공정한 배분은 적극적 개념이다. 여기서 이야기하는 가치에는 경제적 가치는 물론 정치적 가치인 권력도 포함된다.

자원의 한정성이 존재하는 한 자원의 공정한 배분은 사회적 형평성을 제고시킨다. 여기서 이야기하는 공정한 배분이란 능력이나 기여도를 따지지 않고 무조건 똑같이 나누어 갖자는 이야기는 아니다. 무조건 똑같이 나누어 갖자는 이야기는 과격한 개념으로 사회적 형평을 이룩하는 데 별로 도움이 되지 못한다. 공정한 배분이란 균등성보다 형평성을 더욱 강조한다. 배분에 있어서 공정성은 균등성보다 형평성을 더욱 강조하기 때문에 더욱 어려운 개념이다. 무엇을 똑같이 나누어 갖는다는 것은 그렇게 어려운 일이 아니다. 그러나 무엇을 공평하게 나누어 갖는다는 것은 대단히 어려운 일이다. 공평하다는 이야기는 억울함이나 상대적 박탈

13) Paul H. Appleby, *Morality and Administration in Democratic Government*, Lousiana State University Press, 1952, p. 221.

감을 느끼지 않는 상태를 이야기하기 때문에 그것을 확보하기가 어렵다. 공평이란 주관적 개념이기 때문에 보편성을 띠면서 나타나기란 어렵다. 따라서 공평이란 산술적 개념으로 추구할 것이 아니라, 사회통념상 '이만하면 족하다'라는 사회심리적 개념으로 추구되어야 한다.

인간은 공평하게 대우를 받지 못했다고 생각할 때에 가장 큰 분노를 느낀다. 절대적 빈곤 속에서보다 상대적 빈곤 속에서 갈등이 더욱 심화된다는 것은 이를 두고 하는 말이다.

경제적 가치인 부나 자원의 편재가 갈등의 원인이 된다는 것은 말할 것도 없다. 특히 그 편재가 부당하고 차별적인 요인에 의해서 이루어졌다고 생각하면 갈등의 양상은 더욱 심각하여진다.

Ⅲ. 사회적 약자의 이익보호

여기서 이야기하는 사회적 약자란 단순히 빈민계급만을 이야기하지는 않는다. 상호관계에 있어서 힘의 열세에 있는 자를 이야기한다. 예컨대 노사간의 관계에 있어서 일반적으로 노동자는 사회적 약자이다. 대기업과 중소기업간의 관계, 다수자와 소수자간의 관계, 도시와 농촌간의 관계, 중앙과 지방간의 관계는 힘의 우열관계가 내포됨으로써 사회적 약자가 드러나는 관계이다.

사회적 약자의 이익을 보호하라니까 무조건 보호하라는 이야기는 아니다. 동일한 조건이라면 정책결정자는 사회적 약자의 편에 서서 결정을 내려야 한다는 것이다.

Ⅳ. 대표관료제의 채택

대표관료제(representative bureaucracy)란 한마디로 행정에 각계각층의 사람들이 인구비례로 참여하는 관료제를 이야기한다. 이러한 의미에서 참여적 관료제라고도 한다.

대표관료제가 주장되는 근거로서는 여러 가지가 있으나,[14] 가장 중요한 것은 관료들의 권한과 기능이 강화되고 그들이 가치배분의 기능까지 하고 특정종족이나 집단들이 관료제에 과대 아니면 과소대표되고 있다는 것이다. 20세기 초부터 행정국가가 등장하면서 행정부의 기능과 권한은 막강하여졌다. 단순한 야경의 역

14) 여기에 대해서는 曺善一, "韓國代表官僚制의 分析," 建國大 博士學位論文, 1995, 25～32면 참조.

할만이 아니라 중요한 정책결정을 통해서 가치배분의 기능까지 담당하게 되었다는 것이다. 이처럼 가치배분의 기능까지 담당하는 관료들, 특히 고위관료들은 각계각층의 대표성을 지녀야 한다는 것이다. 행정관료가 단순한 집행기능만 수행할 때에는 대표성이 크게 문제가 되지 않는다. 그러나 중요한 정책결정을 수행하는 기능까지 담당하게 되면, 그 구성에 있어서 의회처럼 대표성이 요구된다.

다음에 관료제에 특정집단이나 계층이 지나치게 과다대표되거나(overrepresent) 과소대표되면(underrepresent) 관료제가 국민의 대표성을 상실하게 된다는 것이다. 과다 또는 과소대표문제는 여러 종족들로 구성되는 국가에서 심각한 문제로 대두된다. 미국 같은 나라가 좋은 예이다.

대표관료제는 지역간 · 대학간 · 종족간 · 성별간에 형평성을 유지하는 데 크게 기여하리라고 생각된다.

V. 빈곤에 대한 대책

일반적으로 빈곤정책은 생활이 궁핍한 사람들에 대한 공적인 경제보호를 주 내용으로 하는 공적 부조의 차원에서 이루어진다.

생활보호제도는 경제적 궁핍상태에 놓여 있는 사람들에 대해 국가부조에 의해 최저생활을 보장해 주고자 하는 취지를 가지고 있으며, 빈민이나 사회적 약자에 대한 국가 또는 사회적 책임을 전제로 한다.

빈곤대책은 몇 가지 기본원리에 입각해서 실시되고 있다. 그 첫째는 국가책임의 원리로서 생활보호사업의 실시에 있어 국가는 행정 및 재정상의 책임을 져야 한다는 것이다. 둘째는 무차별평등의 원리로서 생활이 궁핍한 모든 국민은 신분 · 인종 · 성별 등에 구애 없이 평등하게 국가에 대해 보호를 요구할 수 있는 권리를 가지고 있다는 것이다. 또한 최저생활보호의 원리가 지적될 수 있는데, 이는 건강하고 문화적인 생활을 보장받을 수 있는 것을 이야기한다. 마지막으로 자립성장의 원리로서 생활보호대상자의 잠재능력을 발견 · 개발하고 육성하여 독자적으로 사회생활에 적응케 하는 것이다.

제 5 장 사회개발과 사회지표

물량적인 절대치팽창 위주의 성장에서 모든 국민이 인간다운 생활을 확보할 수 있고, 생활의 질(quality of life)을 높일 수 있도록 배분적 차원에서 발전문제를 다루는 것이 사회개발이다. 따라서 여기서 이야기하는 사회개발은 사회의 구조적 변화를 이야기하는 사회발전과는 그 차원을 달리한다.[1)] 사회개발은 분배적인 측면에서 사회형평을 주요 내용으로 하는 정책적 의지가 담겨져 있는 개념이다. 여기서 이야기하는 사회지표는 사회개발과 발맞추어 나타난 개념이기 때문에 양자는 밀착되어 있다. 다시 말해서 사회개발의 정도를 측정하기 위한 도구로서 출현한 것이 사회지표라는 것이다.

제 1 절 사회개발의 개념

위에서도 언급하였지만 사회개발은 사회학자들이 이야기하는 일반이론으로서의 사회발전과는 다르다. 여기서 이야기하는 사회개발은 공평한 배분과 인간다운 삶을 보장하는 사회정책적인 개념을 뜻한다고 볼 수 있다. 따라서 사회개발 하면 주로 교육의 기회균등, 취업의 기회와 근로조건, 의료서비스, 보험제도, 공적부조제도, 주택문제, 빈곤문제, 소득의 재분배문제 등을 다룬다.[2)]

일반적으로 사회개발 하면 경제개발 후에 논의되는 문제이다. 분배에 앞서 절대치를 키워 놓아야 한다는 논리적 명제도 있지만, 경제성장 뒤에 나타나는 여러 가지 부작용을 해결해야 한다는 정책적인 입장에서 사회개발이 논의되었기 때문에 사회개발 하면 경제개발의 후발적인 현상이라고 할 수 있다. 이러한 이유에서인지 사회개발은 선진국에서도 1960년대에 와서야 본격적으로 논의되었고, 다

1) 社會發展은 주로 사회의 구조적 변화를 다루고 있는데, 그 주요 내용이란 分業化現象, 價値觀의 변화, 社會移動性의 증가, 2차집단의 보편화, 산업화, 도시화 등이다.

2) 金信福, 發展企劃論, 博英社, 1983, 477~482면.

른 중진국 또는 개발도상국에서는 1970년대에 들어와서야 논의되기 시작했던 것이다. 따라서 사회개발은 생산적인 개념보다는 분배적인 개념이라고 할 수 있다. 사회개발은 다음과 같은 요소들을 포함한다고 할 수 있다.

첫째, '인간다운 생활'을 확보하는 것이다. 바꾸어 말하면 '삶의 질'을 높인다는 것이다. 무엇이 '인간다운 생활'이냐는 나라마다 사회마다 다른 상대적인 개념이라고 할 수 있으나, 이것의 요체는 문화시민으로서의 긍지와 인간의 존엄성을 유지할 수 있는 생활을 말한다.

둘째, 사회통합(social integration)을 이룩하는 것이다. 경제개발은 거의 틀림없이 빈부의 격차를 벌려 놓음으로써 사회분열과 대립을 조장하게 할 가능성이 크다. 이러한 분열과 대립을 통합시키고자 하는 것이 사회개발이다. 다시 말해서 사회개발은 빈부의 격차에서 오는 상대적 박탈감과 피해의식을 줄임으로써 자주성과 참여의식을 통한 사회통합을 확보하려는 것이다.

셋째, 공평한 배분을 통한 사회적 형평을 이룩하는 것이다.[3] 여기서의 사회적 형평은 모든 사람들이 획일적으로 동일한 몫을 갖는 기계적 평등이 아니라 능력과 공헌에 따라 공정하게 나누어 갖는 상대적 평등을 말한다. 다시 말해서 사회개발은 인간이 자기능력만큼 찾아 먹지 못하는 것을 반대하지만, 능력 이상으로 찾아 먹는 것도 좋아하지 않는다. 이때의 사회적 형평이란 인간이 자기능력만큼 대우를 받고 있다는 의식을 자발적으로 갖는 것을 말한다.

넷째, 사회개발은 경제개발에 대립되는 개념이 아니라 어디까지나 보완적인 개념이라는 것이다. 사회개발은 빈곤 속에서의 공평한 배분이 아니라 풍요 속에서의 공평한 배분이기 때문에 경제개발을 전제로 한다. 따라서 사회개발은 필히 경제개발 후에 논의되는 개념이지, 그 전에 논의될 수 없는 개념이다. 사회개발은 어디까지나 경제개발을 보완하고 지속적으로 유지하기 위해서 존재하는 것이지 경제개발을 부정하기 위해서 존재하는 것은 아니다. 경제개발과 사회개발은 중복되는 영역이 많은데, 이것은 양자가 대립되는 것이 아니라 상호보완적이라는 것을 뜻한다.

다섯째, 사회개발은 어디까지나 스스로 자립적인 입장에서 자활할 수 있도록 도와 주는 것이지, 다른 사람이나 다른 기관에 의존하면서 살도록 인도하는 것이 아니다. 사회개발은 경제무능력자에게 현금으로 도와 주는 것은 최소한으로 그치게 하고, 직업을 알선하거나 자활할 수 있는 길을 마련하여 주는 것을 본래의 목적으로 삼는다.

3) 上揭書, 344~346면 참조.

제 2 절 사회지표의 대두

흔히 지표 하면 경제지표를 생각하는 것이 통상적이었다. 그러나 경제적인 문제 못지않게 사회개발이나 사회문제가 중요시됨에 따라 사회지표가 전면에 부각되기 시작하였다. 이러한 흐름 속에서 선·후진국을 막론하고 1960년대 이후부터 사회지표운동이 대대적으로 벌어졌던 것이다.[4] 각국에서 추구하는 정책들이 '얼마나 많이'(how much)와 '상품과 달러의 양'에서 벗어나 '얼마나 좋게'(how good)와 '삶의 질'의 문제에 관심을 기울이게 됨으로써 사회지표는 행정가나 정책가는 물론 많은 사람들의 관심을 끌게 되었다. 어디를 가나 성장과 물량적인 변화는 보이지만 인간이 가야 할 곳은 어디이며, 인간의 행복을 찾는 길은 무엇인가를 알 수 없었다는 것이다. Kenneth E. Boulding은 지적하기를 가치를 수량적으로 표시할 때에 보다 본질적인 가치, 구체적으로 말해서 도덕, 충성, 정통성, 인간관계의 친밀성과 미묘성 등을 등한시하기 쉽다는 것이다.[5] 여기서 보다 본질적이고 보다 광범위한 문제에 대한 정보가 요구되는데, 이 요구에 대한 대응수단의 하나가 사회지표(social indicator)라는 것이다. 경제정보나 경제지표만으로는 국가의 전반적인 상태를 진단할 수 없고, 프로그램의 전반적인 효과를 평가할 수도 없다는 것이다. Bertram M. Gross는 지적하기를 수치적 통계나 경제적 정보만을 내세울 때, 이것은 국가의 상태를 판단하는 데 있어서 편협적이고 불균형적인 판단으로 몰고 간다는 것이다. 이때 질적인 정보를 확보하여 주고 보다 광범위한 정보를 얻도록 하여 주는 것이 사회회계체제(system of social accounting)라는 것이다.[6] 이와 같이 사회지표는 경제지표의 약점을 보완하기 위해서 나타난 것이다.

사회지표는 사회회계 또는 사회보고(social reporting)라고 일컬어지기도 하는데, 이것의 기본목적은 사회적 측면의 질적 · 복지적 수준의 변화를 측정하기 위해서 마련된 도구라고 할 수 있다.[7] 사회지표가 무엇이냐에 대해서도 여러 가지 접근방법이나 개념이 있을 수 있지만, 여기서는 사회전반적인 변화나 추세를 진

4) 上揭書, 345면.

5) Kenneth E. Boulding, "The Ethics of Rational Decision," *Management Science*, 12, February 1966, pp. 161~169.

6) Bertram M. Gross, "The State of the Nation: Social Systems Accounting," in Raymond A. Bauer(ed.), *Social Indicators*, The MIT Press, 1966, pp. 154~155.

7) 金信福, "社會開發의 企劃 및 指標의 活用," 金雲泰 外 共著, 韓國政治行政의 體系, 1982, 341면.

단할 수 있고 여러 가지 사업계획의 효과를 측정·평가할 수 있게 하는 정보·통계 및 증거라고 이해하기로 한다.

제 3 절 사회지표의 효용성

첫째, 사회지표는 경제지표의 편협성과 한정성을 극복함으로써 사회현상을 이해하고 관찰하는 데 있어서 시야를 넓혀 준다. 경제지표는 양적이고 경제적인 측면만을 강조함으로써 사회전반적인 문제를 파악하는 데 있어서 한계점을 지니고 있었다. 사회지표는 경제지표의 약점을 보완함으로써 사회전반적인 국면을 파악하는 데 시야를 확대시켜 주고 있다.

둘째, 사회지표는 정책수립, 특히 사회개발정책이나 사회적 약자를 위한 정책을 수립하는 데 있어서 체계화된 지식과 상호비교성을 제공함으로써 정책수립과정을 원활하게 할 뿐 아니라 어디로 가야 할 것인가에 대해서 방향까지 제시하여 준다. 사회지표는 과거 우리가 어디에 있었으며 현재 우리가 어디에 위치하고 있는가에 대해서만 정보를 제공하는 것이 아니라, 그 자체 규범적 방향성을 지니고 있어 우리가 앞으로 어디로 가야 할 것인가에 대해서도 방향을 제시하여 주고 있다.[8] 뿐만 아니라 사회지표는 전반적인 정책과정이 잘 되어 가고 있는지, 아니면 잘못되어 가고 있는지를 지적하여 주는 역할까지 한다.

셋째, 프로그램의 효과를 측정하는 수단으로 역할을 한다. 프로그램의 효과를 측정하는 데는 직접지표도 있고, 간접지표(indirect indicator)도 있다. 직접지표는 대상 자체를 직접적으로 측정할 수 있는 지표이고, 간접지표는 간접적으로 측정하는 수단이다. 간접지표는 측정대상이 무형적이거나 심리적인 것으로서 직접적으로 측정하기가 어려울 때에 사용된다. 사회지표에는 직접지표 못지않게 간접지표가 중요하다. 왜냐하면 사회현상에는 직접적으로 측정할 수 없는 무형적이고 질적인 영역이 너무 많기 때문이다.

넷째, 지표 자체가 변화나 발전의 측정수단이기 때문에 시간적으로 공간적으로 변화나 발전의 진보상태를 비교할 수 있게 한다. 사회지표를 통해서 한 나라가 역사적으로 어떻게 변화·발전되어 왔는가를 측정할 수 있게 하며, 현시점에서 나라와 나라 사이에 발전이나 변화상의 차이가 어떻게 일어나고 있는가를 측정가

8) Raymond A. Bauer, “Detection and Anticipation of Impact: The Nature of the Task,” in Bauer(ed.), *Social Indicators*, 1966, MIT Press, pp. 18～19.

능케 한다.

그러나 사회지표는 다음과 같은 약점도 지니고 있다고 지적되고 있다.

첫째, 사회지표는 통계적인 측정기술과 보조를 맞추면서 발달하지 못하기 때문에 측정상의 한계점을 드러낸다는 것이다.

둘째, 새로운 정보에 대한 요구성을 충족시키기 위해서 그 때마다 사회지표가 출현될 수는 없다는 것이다.

셋째, 사회지표는 사회현상의 변화가 나타나는 양식대로 변화하지는 않는다는 것이다. 따라서 사회지표와 사회현상의 변화간에는 늘 간격이 있다는 것이다.[9)]

넷째, 모든 지표가 그러하지만 사회지표 역시 대상현상을 지나치게 단순화시키거나 요약해서 표현하기 때문에 내부의 복잡한 현상을 정확하게 설명하지 못하거나, 경우에 따라서는 엉뚱하게 설명하는 경우도 있다는 것이다. 예컨대 투표의 참여율이 높다고 해서 그 나라의 국민이 정치에 관심이 깊다고 이야기할 수는 없다는 것이다.

---

9) Albert D. Biderman, "Social Indicators and Goals," in Bauer(ed.), *Social Indicators*, pp. 106～107.

제 6 장 행정규제

제 1 절 규제의 일반이론

Ⅰ. 규제의 개념

일반적으로 규제는 행위를 강요하기도 하고 금지하기도 하기 때문에 인간의 자유를 구속하는 행위라고 할 수 있다. 따라서 자유민주주의사회에서 규제는 신중을 요하는 대상이다. 규제는 자유를 구속하는 행위라고 하지만, 오히려 자유경쟁을 확보하기 위해서 규제가 요구되는 경우도 있다.

규제에는 전통적인 것과 현대적인 것의 두 가지가 있는데, 전통적인 규제는 주로 산업 또는 경제분야를 규제하는 것으로서 경제적 규제라고 하기도 한다. 현대적인 규제는 주로 공공복지분야를 규제하는 것으로 일명 사회적 규제라고 하기도 한다. 예컨대 노동자나 소비자의 건강과 안전을 보호하려는 것은 여기에 해당된다.

규제는 여러 가지 형태로 나타나는데, 예를 들면 요금결정, 인·허가 상품이나 안전의 기준설정 등이다. 또 규제에 접근하는 방법에는 여러 가지가 있는데, 첫째는 바로 목표성취로 인도하는 실적기준(performance standard)을 설정하는 것이다. 둘째는 목표성취의 방법을 제시하는 것으로 구체적인 기준들을 설정하는 것이다. 셋째는 상품의 생산을 전적으로 금지하는 것이 아니라 그것을 생산하였을 때에 발생할지도 모르는 모든 위험과 문제점을 밝히도록 하는 것이다. 넷째는 물적인 제재로서 개인이나 기업이 기준에 일탈하였을 때에 세금이나 벌과금을 부과하는 것이다.

규제행위는 위에서 이야기한 대로 개인 · 집단 · 산업체의 자유를 억압하기도 하지만, 보조금, 허가, 지나친 경쟁에 대한 통제를 통해서 이들의 권익을 증진시키는 역할도 한다.

Ⅱ. 규제의 발생근거

(1) 시장의 실패

앞에서 지적하였지만 시장이 본래의 역할을 원활히 수행하여 최적의 경제적 성과를 올리기 위해서는 몇 가지 조건이 충족되어야 한다. 그런데 이러한 조건이 충족되기란 거의 불가능하므로, 이로 인하여 시장의 실패가 발생하게 된다. 시장 실패의 원인도 세 가지로 나누어 설명할 수 있는데, 하나는 외부효과의 문제이고, 두 번째는 수익증가의 문제이고, 세 번째는 시장의 불완전성이다.[1] 각각 나누어 설명하면 다음과 같다.

1) 외부효과와 공공재 외부효과(externalities)가 있다는 것은 어떤 소비자나 생산자가 다른 경제주체의 활동에 의하여 시장의 매개를 통하지 않고 무상으로 어떤 영향을 받는 것을 말한다. 외부효과는 시장을 통하여 일어나는 효과가 아니므로 시장을 통하여 이루어지는 자원의 배분에는 고려되지 않는다. 따라서 외부효과가 존재하면 시장은 자원을 효율적으로 배분하는 역할을 다하지 못한다.

외부효과가 사회에 미치는 영향은 긍정적인 것과 부정적인 것이 있다. 긍정적인 영향을 주는 경우를 소위 외부경제(external economy)라 하고, 부정적인 영향을 주는 경우를 외부비경제(external diseconomy)라고 한다.

외부경제의 경우는 어떤 재화를 생산함으로써 사회 전체가 얻는 이익이 그 재화의 생산자가 얻는 개인적 이익보다 큰 경우 또는 그 재화를 생산함으로써 사회 전체가 부담하는 비용이 개인이 부담하는 비용보다 적은 경우를 말한다. 좋은 예로서 교육을 들 수 있다.

반대로 외부비경제의 경우는 어떤 재화를 생산함으로써 사회 전체가 얻는 이익이 그것의 생산자가 얻는 개인적 이익보다 적을 경우, 또는 그 재화를 생산함으로써 사회 전체가 부담하는 비용이 개인이 부담하는 비용보다 큰 경우를 말한다. 공해로 인한 환경의 파괴가 좋은 예이다.

외부효과에서 나타나는 이익이나 비용은 생산결정시에 고려되지 않는다. 외부효과가 이익일 때(긍정적일 때)에 시장경제에서는 사회적으로 바람직하다고 생각되는 수준 이하에서 재화가 생산될 것이다. 그러나 외부효과가 비용일 때(부정적일 때)에 재화는 바람직한 수준보다 높은 수준에서 생산될 것이다.

이와 같이 외부경제 또는 외부비경제가 존재할 때에 이의 시정을 위하여 정

1) Francis M. Bator, "The Anatomy of Market Failure," *Journal of Economics*, August 1958, pp. 351～379.

부의 개입이나 규제는 정당화되는 것이다. 전자의 예로서 교육을 들 수 있는데, 시장에서의 불충분한 부분을 보충하기 위해서 정부가 보조금을 지급한다든가, 아니면 직접적으로 교육을 제공할 수도 있다. 후자의 경우는 환경파괴를 치료하기 위해서 세금을 부과하거나 직접적인 규제를 통해서 초과생산을 억제할 수 있다.

또 배타성(exclusiveness)이 적용되지 않는 공공재의 존재도 시장의 효율적 작동을 불가능하게 한다. 사유재는 가격이 있고 또 요금을 지불한 사람만이 그것을 사용 또는 소비할 수 있다. 이것이 배타성이다. 그러나 공공재는 그렇지 않다. 가격도 없고 요금을 지불하지 않았다고 해서 그 사용이나 소비로부터 배제되지 않는다. 도로나 치안을 생각하면 된다. 다시 말해서 공공재는 수익자부담의 원칙이 적용되지 않는다. 따라서 수익자인 국민 개개인은 공공재의 생산에 있어서 되도록이면 그의 비용부담을 타인에게 미루고 자신은 거기에서 벗어나려고 한다. 이러한 이유로 공공재는 시장의 작동만을 통해서 그의 충분한 공급이 이루어지지 않는다. 여기에 대한 보완책으로 정부의 개입이 요구되는 것이다.

2) 수익의 증가 생산활동에 있어서 대부분의 경우는 수확체감의 법칙이 작용한다. 그러나 어떤 경우는 생산규모가 확장됨에 따라 평균비용이 감소하고 수익이 증가하는 소위 '비용감소' 또는 '수익증가'의 현상이 나타난다.

생산규모가 커짐에 따라 평균비용이 감소한다는 것은 기업이 소위 규모의 경제(economies of scale)를 가지게 된다는 말이다. 비용이 감소되는 규모의 경제에 있어서 가장 값싼 생산방법은 단일의 생산자에 의해서 생산이 독점되는 경우이다. 그러나 독점생산하에서는 생산의 자체 감축으로 공급량이 수요량 이하로 감소된다든가, 아니면 혁신을 위한 자극이 감소되므로 시장작동의 효율성이 깨뜨려진다는 것이다. 여기서 비용감소 또는 수익증가는 시장의 효율성과 양립할 수 없게 된다. 따라서 생산량을 늘리고 값을 낮출 수 있게끔 정부의 규제활동이 요구되는 것이다.

3) 시장의 불완전성(market imperfection) 시장의 원리에만 맡겨 놓으면 서비스의 공급을 받지 못할 지역이나 사람들이 생긴다. 예컨대 시장의 원리에만 따를 때에 구석진 장소에 기차나 버스는 가려고 하지 않을 것이다. 이러한 장소에 대한 서비스의 제공을 확보하기 위해서 정부의 규제가 요구되는 것이다. 그리고 시장에서 생산되는 상품이 너무 복잡하여 소비자로서 현명한 판단을 내리기가 어려운 경우가 많다. 예컨대 약이나 보험 같은 상품은 그러한 상품이다. 그리고 직업안전(occupational safety)이나 건강의 영역도 정확한 정보의 결핍으로 시장이 불완전하게 작동할 수밖에 없는 영역이다. 노동자들은 자기들이 작업시에 부딪히

게 될 위험이나 건강피해에 대해서 잘 알지 못한다. 이처럼 시장의 불완전성은 주로 정보의 부족으로부터 오는데, 여기에 대한 보완책으로 정부의 규제가 요구되는 것이다.

(2) 배분적 형평의 문제

지금까지는 시장의 실패를 초래시키는 몇 가지 요인들을 살펴보았다. 그런데 이러한 시장의 실패는 효율성이라는 가치기준의 시각에서만 살펴본 것이다. 아무리 시장의 실패 없이 최적의 효율에 도달하였다 할지라도 그것만으로 한 사회가 바람직한 후생의 상태에 도달하였다고 볼 수는 없다.[2] 즉 사회적 후생을 증진시키기 위해서는 경제적 효율성 이외에도 분배적 형평(distributional equity)이라는 또 다른 변수가 고려되어야 하는데, 시장의 원리에 의한 자원배분의 결과는 형평의 입장에서 볼 때에 바람직하지 못한 경우가 있을 수 있다는 것이다. 시장에서 가장 효율적인 자원의 배분이 이루어진 상태를 이른바 '파레토 최적'(Pareto optimum)상태라고 하는데, 이것은 '어떤 다른 사람에게 손해를 끼치지 않고는 한 사람의 경제적 후생을 증가시킬 수 없는 상태'를 말한다.

효율적인 면에서 최적의 소득분배가 이루어졌다 하더라도 소득의 계층별 분배의 정도는 여러 가지 형태로 존재할 수 있는 것이다. 즉 효율적인 소득분배와 계층별 소득분배의 불균형은 서로 공존할 수 있다는 것이다. 따라서 보는 입장에 따라서는 자유경쟁시장하에서 이루어지는 소득의 분배는 공정하지 못하다고 주장될 수 있는데, 이의 시정을 위해서 정부의 역할과 규제가 요구되는 것이다.

Ⅲ. 규제의 목표

규제의 목표는 규제의 발생근거와 직결되고 있다. 규제의 목표도 경제적 규제냐 아니면 사회적 규제냐에 따라 다르다. 여기서는 규제의 일반적인 목표만을 다루고 경제적 규제의 목표와 사회적 규제의 목표는 각각의 규제를 다룰 때에 다시 다루기로 한다.

(1) 경쟁의 증진

규제는 독·과점이나 불공정한 거래를 방지함으로써 유효적절한 경쟁상태를 조성하는 것을 목표로 삼는다. 다시 말해서 경쟁에 관한 규칙과 조건을 설정하고

2) Arthur H. Okun, *Equality and Efficiency: The Big Trade-off,* Brookings, 1975.

시장경제가 이에 맞춰 굴러가도록 하는 것이다.[3)] 경쟁을 원리로 하는 시장경제체제는 정부의 체제를 통해서만 그 유지가 가능한 것이다. 규제를 받지 않은 경쟁은 그 자체를 파괴시켜 버린다.

(2) 공정성의 확보

규제의 역사를 더듬어 볼 때에 이것은 공정성(fairness) 확보를 위한 역사라고 할 수 있다. 공정성확보는 소비자・공급자 다같이 해당된다. 불공정거래행위에 대한 규제는 공급자・소비자 모두에게 공정성을 확보하기 위한 것이다. 자연독점을 통해서 부당이득이나 폭리를 추구하려고 할 때 최고가격의 설정을 통한 규제는 소비자에 대한 공정성의 확보를 목표로 하고 있다. 과당경쟁을 막기 위한 최저가격의 설정은 공급자에 대한 공정성의 확보이다.

(3) 외부효과의 해소

외부효과에는 교육과 같은 긍정적인 것이 있는가 하면 공해와 같은 부정적인 것이 있다. 다같이 규제의 대상이 된다. 긍정적인 경우에는 보조금을 지불할 수 있고, 부정적인 경우는 그 행위를 금지시키거나 아니면 벌과금을 부과할 수 있다. 이처럼 규제를 통해서만 외부효과, 특히 부정적 효과를 해소할 수 있다.

(4) 소득분배의 시정

위에서도 지적한 바 있지만 자유경쟁시장하에서 이루어지는 소득분배는 공정하지 못할 수가 있다. 불공정한 소득분배를 규제하기 위해서 최저임금제 같은 것을 제정할 수 있다.

(5) 안정성의 확보

일반소비자・작업장근로자 등을 보호하기 위해서 미리 기준을 설정하여 놓고 이것을 준수하도록 하는 것이다. 물품의 제조과정에서 함입량의 기준을 설정하여 놓거나 작업장에서 산업재해를 막기 위해서 특정의 기준을 마련하여 놓으면 그만큼 안정성이 확보된다. 이러한 기준설정을 통해서 정보부족이 해소되고 불확실성이 감소된다.

---

3) 金燦東・兪焄・鄭正佶 共著, 政府企業關係論, 韓國放送通信大學, 1991, 18면.

Ⅳ. 규제의 방법

(1) 시장기능의 효율성 제고

정부가 무엇인가 역할을 함으로써 시장경제에 보다 나은 효과를 가져올 수 있다고 판단될 때에 제일 먼저 생각할 수 있는 방안이 시장이 보다 효율적으로 운영되도록 도와 주는 것이다. 예를 들면 상품등급을 설정한다든가, 전문직종의 전문가들에게 허가증을 발급해 준다든가, 위생 및 안전기준을 설정한다든가, 정보의 흐름을 도움으로써 시장기능을 향상시킨다든가 등이다.

(2) 직접규제

시장기능의 효율성을 올리는 데에 정보의 질이나 흐름을 도와 주고 경쟁을 유도하는 방안만으로 문제를 해결할 수 없는 경우가 있다. 예컨대 어떤 공익사업이 체감하는 한계비용의 성격을 갖고 그 때문에 경제집중력을 갖게 된다고 하면, 이때 아무리 다른 동종업체들을 많이 만들어 낸다고 하더라도 시장의 효율성증진에는 별로 도움을 주지 못한다. 이와 같이 생산과정의 성격상 여러 개의 회사가 경쟁적으로 생산에 참여하는 것보다 한두 개의 회사가 생산을 전담하는 것이 자연적으로 바람직하게 생각되는 경우가 있다. 이 경우를 자연독점(natural monopoly)이라고 한다. 이때에는 정부가 차라리 보다 직접적인 규제를 취하는 것이 보다 효과적일 것이다. 이를테면 가격을 규제한다든가 아니면 품질 자체를 규제함으로써 독점생산자로 하여금 적정한 이득률을 얻게 하고 일반소비자에게는 경제적 착취를 당하지 않도록 조치하는 것이다. 이 밖에도 정부는 생산과정에서 일어날지도 모르는 불행한 사태를 미리 방지하기 위해서 작업장의 안전과 위생시설의 기준을 설정한다든가, 공해방지를 위한 시설의 설치를 요구할 수 있다.

(3) 간접규제

직접 어떤 행위를 요구하는 직접규제는 개인이나 민간기업의 자유를 제한하는 경우가 많다. 이러한 바람직하지 못한 측면을 줄이기 위해서 정부는 직접적인 세세한 지시나 규제보다는 어떤 인센티브를 제공함으로써 민간부문의 의사결정이나 행동에 간접적으로 영향을 주려고 한다. 예를 들어 외부효과가 존재하는 경우 긍정적인 경우에는 정부가 보상을 해 주고 부정적인 경우에는 벌금이나 세금을 부과함으로써 영향을 주는 것이다. 이와 같이 외부효과에 보상금이나 벌과금을 부과하게 되면 생산자는 전통적인 생산요소들 이외에 벌과금이나 보상금도 생산비의 한 요소로 고려하게 되어 생산과정에서 보다 합리적인 방향을 택하게 된다.

(4) 직접 재화를 제공하는 방안

지금까지 논의된 방안들은 정부가 어떻게 하면 시장의 운영이 원활히 이루어질 수 있도록 도와 줄 수 있는가에 초점을 맞춘 것이다. 그러나 경우에 따라서는 정부가 직접 경제활동에 하나의 주체로서 참여하여야 할 때가 있다. 공공재의 생산은 여기에 해당한다. 공공재의 경우(예를 들면 국방)는 그의 바람직한 수준까지의 획득을 위해서는 성질상 집단적인 활동이 필요하며, 대부분의 경우 가장 확실하게 그것들을 제공할 수 있는 논리적인 집단단위가 바로 정부인 것이다.

그리고 투자의 규모나 지나친 위험부담 또는 특별한 봉사(예컨대 구석진 곳에 기차운행) 때문에 정부가 직접 재화의 생산에 참여하는 경우도 있다.

제 2 절 경제적 규제

경제적 규제에는 독과점규제와 특정산업에 대한 규제가 포함된다. 경제적 규제에 독과점규제를 포함시킬 것이냐 아니면 제 3 의 규제로 분리시킬 것이냐에 대해서는 논란이 많다.[4] 논란의 근거는 독과점규제는 시장경쟁을 신장하고 창달하려고 하는데 일반적인 경제규제는 시장경쟁을 제약하려고 한다는 것이다. 그러나 이러한 차이도 상대적인 것에 지나지 않고[5] 규제하는 수단도 같아 독과점규제도 경제적 규제에 포함시키는 것이 가하다고 생각된다. 단지 독과점규제는 특수성을 지니고 있어 분리해서 다루기로 한다.

Ⅰ. 독과점규제

(1) 개　　념

독과점규제는 기업의 독점적 행위나 불공정한 거래행위를 방지하여 시장경제의 경쟁상태를 유지케 하는 것이다. 경쟁상태를 유지하기 위해서는 게임에 관한 규칙과 조건을 설정해야 한다. 규제의 대상은 특정산업에 한정되는 것이 아니라 전산업에 걸친다. 다시 말해서 어떠한 사업이라도 독점성을 띠면 규제의 대상

4) 여기에 대해서는 崔炳善, 政府規制論, 法文社, 1997, 29~32면 참조.

5) 上揭書, 30~32면 참조.

이 된다는 것이다.

(2) 목 적

독과점은 총생산량을 감소시키고, 물가를 등귀시키고, 경제발전을 저해한다. 이러한 폐해를 제거하기 위한 독과점규제의 목표는 다음과 같다.

1) **경쟁의 유지촉진** 시장경제의 제 1 의 조건이 경쟁체제이다. 독과점규제는 시장경제의 핵인 경쟁을 유지하고 활성화시키기 위해서 요구된다.

2) **공정한 거래행위의 확보** 자본주의경제는 그대로 방치하면 이윤추구를 중심으로 여러 가지 불공정한 거래가 나타날 가능성이 크다. 자본주의경제체제를 유지하기 위해서도 공정거래의 확보가 요구된다.

3) **바람직한 경제체제의 유지** 독과점규제는 부당한 가격인상과 과도한 이윤추구를 억제하고 기술개발의 부진 등을 예방함으로써 바람직한 경제체제를 유지하는 데 기여하게 된다.[6)]

Ⅱ. 특정산업에 대한 규제

(1) 개 념

이것은 가격 · 이윤율 · 진입 및 퇴거 등에 대한 정부규제를 일컫는다. 이러한 요소들을 중심으로 규제를 실시하기 때문에 특정산업에 한정될 수밖에 없다. 이러한 규제는 기업의 내부운영에 개입하기 때문에 재량성을 지니고 있다.

(2) 목 적[7)]

1) **자연독점의 폐해방지** 자연독점으로부터 여러 가지 폐해가 예상된다. 예컨대 가격의 인상, 서비스질의 저하, 과소지역에 대한 서비스의 제공거부 등이다. 여기에 최고가격의 설정, 서비스질의 기준설정 및 퇴거의 방지 등을 마련해서 자연독점의 폐해를 방지하자는 것이다.

2) **폭리 · 부당이득의 방지** 돌발적인 사태로 가격이 폭등하여 특정산업이 폭리나 부당이득을 취하려고 할 때 이를 규제하는 것이다. 석유파동으로 에너지 가격의 폭등에 대한 규제는 좋은 예이다.

3) **과당경쟁의 방지** 동일업종에 종사하는 기업끼리 과당경쟁을 벌이면,

6) 김찬동 · 유훈 · 정정길, 前揭書, 35～36면.
7) 上揭書, 53～55면.

그 기업들은 공멸의 위기에 놓인다. 이때 최저가격을 설정하거나 진입을 규제할 수 있다.

4) **특정산업의 보호** 특정산업, 특히 유치한 단계에 있는 산업을 어느 단계까지 성장시킬 필요가 있을 때에 내리는 규제이다.

5) **교환보조의 필요성** 특정산업이 동일한 업종에 종사할 때에 어떤 지역에서는 흑자를 내지만, 다른 지역에서는 적자를 내는 경우가 있다. 이때 규제를 통해서 흑자를 가지고 적자를 보전하도록 하는 것이다. 예컨대 운수사업에 종사하는 기업이 인구과밀지역에서는 흑자를 많이 내지만, 인구과소지역에서는 적자를 내게 된다. 이때 인구과밀지역의 흑자로 인구과소지역의 적자를 보전하도록 하는 것이다.

Ⅲ. 구체적인 수단들[8)]

(1) 진입규제

이것은 새로운 사업자의 기업창설행위나 기존기업에 참여하는 것을 방지하는 것이다. 진입규제는 서비스의 수준을 올림으로써 소비자의 이익을 보호하고, 과당경쟁을 방지하며, 교차보조의 필요성도 충족하여 준다. 그러나 이것은 기득권을 보호하고 경쟁을 막고 피규제산업의 기술개발을 저해한다는 비판도 받고 있다.

(2) 퇴거규제

이것은 특정지역이나 특정계층의 소비자를 보호하기 위해서 마련해 놓은 것이다. 예컨대 과소지역이나 오지에 사는 사람들이 계속 교통편의를 제공받기 위해서 운수사업가들에게 서비스 제공을 중단하지 못하도록 하는 것이다.

(3) 가격규제

시장기구에 의한 가격결정이 불가능할 때에 가격규제는 불가피하다. 가격규제에는 최고가격규제 · 최저가격규제 · 가격구조규제가 포함된다. 가격구조규제란 가격이란 결정원칙, 수요자의 종류, 소비량, 사용시점에 따라 달라야 한다는 것이다. 예컨대 전기료는 사용자가 일반가정이냐 생산업자이냐에 따라, 소비량에 따라, 언제 사용하였느냐에 따라 달라야 한다는 것이다.

8) 上揭書, 56～64면.

(4) 서비스 규제

서비스의 최저수준을 유지하기 위해서 가하는 규제이다. 최저가격제는 서비스의 질을 떨어뜨릴 위험성이 높다. 서비스 규제는 전력·전화·가스 등 주로 독점사업에서 나오는 서비스의 질적 수준을 유지하기 위해서 마련된 것이다.

제 3 절 사회적 규제

사회적 규제는 1960년대와 1970년대를 거치면서 대대적으로 발생하게 되었다. 발생의 중요한 계기는 삶의 질(quality of life)의 문제가 전면적으로 대두됨에 따라 일반소비자들이 삶에 위협을 주는 위해요소들을 더 이상 받아들이지 않으려는 자세를 취하였고, 동시에 이러한 위해요소를 제거하는 책임이 개인에서 사회로 옮겨져야 한다는 것이었다.[9)]

이러한 사회적 규제의 개념과 몇 가지 중요한 종류를 살펴보기로 한다.

I. 개 념

사회적 규제는 환경의 보호, 근로자의 보건과 안전의 유지, 상품의 질과 안전의 보장, 고용에 있어서 기회균등의 보장 등 일련의 활동을 통해서 삶의 질을 향상시키는 것에 그 목적을 둔다.

사회적 규제는 경제적 규제와 동전의 양면을 이루고 있지 않다. 경제적 규제가 완화될 때에 사회적 규제는 강화될 수도 있기 때문이다. 사회적 규제는 다음과 같은 점에서 경제적 규제와 다르다. 첫째, 경제적 규제가 시장의 실패와 불완전성에 초점을 맞출 때에 사회적 규제는 삶의 질의 향상에 초점을 둔다. 둘째, 경제적 규제가 특정의 산업에 한정될 때에 사회적 규제는 전산업에 걸쳐 일어난다. 셋째, 경제적 규제는 진입·퇴거·가격·서비스 등을 규제함으로써 기업의 운영에 개입하는 데 반하여, 사회적 규제는 기준을 설정하고 그것을 준수할 것을 요구하는 것이다. 여기서 경제적 규제는 재량적 성격을 띠고 있을 때에 사회적 규제는 비재량적 성격을 띠고 있다.

9) E. Bardach & R. A. Kagan, *Going by the Book*, Temple University Press, 1982.

Ⅱ. 사회적 규제의 목적[10)]

⑴ 삶의 질 확보

사회적 규제는 소득수준의 향상·산업사회의 진화·생활수준의 향상과 직결되고 있다. 대량생산-대량소비의 단계에 이르면 소비자는 정보의 부족 등으로 생산자의 횡포에 휘말리게 된다. 생산자의 횡포를 막고 소비자의 삶의 질을 높이기 위해서 사회적 규제는 요구되는 것이다. 즉 국민들의 건강과 안전 그리고 쾌적한 생활환경을 확보하기 위해서 사회적 규제는 지속적으로 요구된다.

⑵ 사회적으로 바람직한 가치의 확보

사회적 규제는 사회적으로 바람직하다고 생각되는 가치를 확보하기 위해서 마련된다고 할 수 있다. 사회적으로 바람직한 가치란 인간의 존엄성, 기회균등, 부당한 차별을 받지 아니할 권리 등이다.

⑶ 경제적 약자의 보호

기업의 횡포로부터 일반소비자와 근로자의 권익을 보호하기 위해서 정부는 기업으로 하여금 사회적 책임을 다 하도록 간섭을 펼치게 된다. 정부의 개입으로 생산자와 소비자간 또는 생산자와 근로자간의 관계가 불균등한 관계에서 형평한 관계로 전환될 수 있다. 다시 말해서 양자간의 불공정하고 불균등한 관계가 사회적 규제를 통해서 균등하고, 공정한 관계로 교정될 수 있다는 것이다.

Ⅲ. 사회적 규제의 종류

⑴ 소비자 보호

우리나라에서 소비자보호제도의 모법이라고 할 수 있는 '소비자보호법'이 제정된 것은 1980년이다. 이 법은 1970년대에 소비자단체들의 끈질긴 요구에 의해서 제정되게 되었다. 이 법을 근거로 해서 1987년에 한국소비자보호원이 설치되었고 소비자보호업무를 담당하게 되었다.

소비자보건과 안전에 관계된 개별 소비자 보호법으로서 여러 가지가 있는데 예를 든다면 '식품위생법', '약사법', '공중위생법', '축산물위생처리법', '농산물검사법', '수산물 검사법' 등이다.

10) 최병선, 前揭書, 40~43면.

⑵ 작업장의 안전과 보건

산업안전과 보건에 관한 기준을 설정하여 산업재해를 예방하고 쾌적한 작업환경을 조성하여 근로자의 안전과 건강을 유지함을 목적으로 한다.

우리나라에서 근로자의 안전과 보건을 다룬 '산업안전보건법'이 제정된 것은 1981년에 이르러서이다. 근로자의 안전과 보건문제는 근로자들의 인식부족과 기업가들의 무관심으로 그 동안 사각지대에 머물고 있었다.[11]

산업의 안전 및 보건을 확보하기 위해서는 세부적이고 기술적인 법규의 제정과 적용을 요구하고 있다. 예컨대 '산업안전보건법' 시행규칙은 480개의 기준을 정하고 기업주로 하여금 이들의 준수를 의무화하고 있다.[12]

⑶ 환경보전과 공해규제

급속한 산업화는 환경과 생태계의 파괴를 동반하였다. 뿐만 아니라 온갖 공해도 몰고 왔다. 행정은 환경파괴를 막기 위해서 대기·소음 및 수질 등에 관해서 환경기준을 설정하고, 관계자들로 하여금 준수하도록 하고 있다.

우리나라는 경제개발추진과 더불어 환경오염문제에 부딪히게 되었다. 따라서 1963년에 '공해방지법'이 제정되었다. 그러나 이 법은 계속해서 유명무실하다가 1977년에 와서야 전면적으로 개편되어 '환경보전법'으로 바뀌었다. 1980년대 이후 민주화분위기 속에서 환경운동은 급속도로 확대되었다. 여기에 발맞추어 1990년에는 환경청이 환경처로 승격되었고 1991년에는 환경보전법이 환경정책기본법으로 대치되고 환경관련법률도 6개법으로 세분화되고 있다.[13] 여기에다 기존의 폐기물관리법, 해양오염방지법, 합성수지폐기물처리사업법, 환경관리공단법 등을 포함하면 환경관련법률은 10여 개에 이른다.[14]

⑷ 사회적 차별에 대한 규제

사회적 차별에서 가장 문제가 되는 것은 고용과 임금면에서의 성별·인종별·종교별·지역별 등의 차별이다. 정부는 이러한 차별이 일어나지 않도록 법적·제도적 조치를 취할 것이 요구된다.

우리나라에서는 1987년에 고용에 있어서 성별 차별을 없애기 위해서 '남녀고

11) 上揭書, 442면.
12) 上揭書, 443면.
13) 上揭書, 441면.
14) 환경처, 환경백서, 1990, 61~76면.

용평등법'을 제정한 바 있다. 이 법은 모집과 채용에 있어서는 물론 정년 · 퇴직· 해고에 있어서도 차별을 금지하고 있다. 따라서 차별을 당한 여성근로자는 사업주를 상대로 법적 관리를 주장할 수 있게 되었다.

1990년에는 '장애인고용촉진등에관한법률'이 제정됨으로써 신체장애자의 우선적 고용을 강제할 수 있는 법적 근거가 마련되었다. 따라서 1991년부터 일정규모 이상의 사업주에 전체근로자의 일정비율을 신체장애자의 몫으로 정하고 국가나 지방자치단체의 경우 공개채용인원의 2% 이상을 장애자로 충당하도록 하였다.

제 4 절 규제의 개혁 및 완화문제

Ⅰ. 규제개혁의 의미

규제개혁(regulatory reform)은 시대에 따라 그 의미가 달랐다. 1960년대부터 1970년대 초반에 논의되고 주장되어 오던 규제개혁은 1970년대 후반부터 1980년대에 논의되던 규제개혁과는 그 의미가 다르다. 전자의 경우는 사회적으로 해악을 유발하는 행위를 보다 효과적으로 규제하는 데 역점을 두었다. 예컨대 공해를 유발하는 행위나 작업안전을 해치는 행위를 보다 엄격하게 규제하는 것이었다. 다시 말해서 규제개혁이란 규제를 보다 강화(tougher)시키는 것이었다. 법적으로 요구하는 기준치(legal standard)는 더욱 올라가고 강화되었으며, 강제력은 심화되었다. 후자의 경우는 지나친 규제(overregulation)를 완화하는 것(moderating)으로 이해되었다. 이처럼 규제개혁은 상반된 의미를 보여 주었다. 규제개혁이 완화쪽으로 방향을 돌린 것은 레이건 행정부시대부터였다.

Ⅱ. 규제의 완화문제

규제의 완화문제는 탈규제화(deregulation)이론과 직결된다. 흔히 규제의 완화 하면 경제적 규제에 한정해서 이야기한다. 사회적 규제의 완화문제가 직접적으로 제기된 기본적인 이유는 규제의 경제적 비용(economic cost)이 너무 크다는 것이었다.[15)]

15) E. Bardach and R. A. Kagan(eds.), *Social Regulation: Strategies for Reform,* Institute for Contemporary Studies, 1982, p. 5.

(1) 경제적 규제의 완화

경제적 규제의 완화는 시장경제의 자율성을 제고하고 경제민주화를 다지는 데 그 목적이 있다.

완화형태에는 진입규제완화 · 퇴거규제완화 · 가격규제완화 및 서비스 규제완화가 있으나,[16] 이 중에서도 중요한 것은 진입규제완화와 가격규제완화이다.

(2) 사회적 규제의 완화

사회적 규제는 일반적으로 노동자 등의 사회적 약자의 권익과 자연 및 환경의 보호를 위해서 마련되었기 때문에 오히려 그 규제는 강화되어야 한다는 입장이었다. 그러나 전술한 대로 규제의 비용이 너무 커 완화문제가 제기되었다. 다시 말해서 비용이 혜택에 비해서 너무 크다는 것이다. 예컨대 미국의 경우 1985년에 수질오염통제에 소요되는 경비는 180～190억 불이었는데, 그 이득은 123억 불에 불과하였다는 것이다. 뿐만 아니라 작업장안전을 위해서 엄청난 돈이 투하되었지만, 그 효과는 현장사고율을 방지하는 데 미미하였다는 것이다.[17]

사회적 규제는 경제적 비용(economic cost)뿐만 아니라 사회심리적 비용(social and psychological cost)도 적지않게 동반한다는 것이다. 감독기관의 기업에 대한 준수사항의 지시, 각종 보고 및 서류작업은 기업활동을 몹시 위축시키고 기업인을 불쾌하게 만든다는 것이다. 이러한 계기들은 정도에 넘치는 사회적 규제를 완화하도록 분위기를 조성하여 온 것이 사실이다. 그러나 무엇이 정도에 맞는 납득할 만한 사회적 규제의 수준인가는 결정하기가 대단히 어렵다.

16) 金燦東 外, 政府企業關係論, 65～68면.
17) E. Bardach and R. A. Kagan(eds.), *op. cit.*, p. 6.

제 7 편

예 산 관 리

제 1 장　예산의 일반이론
제 2 장　공공영역에서의 자원배분문제
제 3 장　예산과정
제 4 장　예산제도의 발달과정
제 5 장　정부구매
제 6 장　공공재무관리

제 1 장　예산의 일반이론

제 1 절　예산의 개념과 기능

Ⅰ. 예산의 개념

어떠한 기관이나 그의 활동에는 경비가 필요한데, 이러한 경비를 예정된 수입과 지출로 표현한 것을 예산이라고 한다. 여기서 사용하는 주체가 공적 기관이냐 아니면 사적 기관이냐에 따라 공예산과 사예산으로 나누어진다. 공예산이 국가의 목적과 국민 전체의 공공복리(public welfare)를 위해서 사용된다면, 사예산은 주로 사적 목적인 이윤추구를 위해서 사용된다. 여기서는 공예산만을 다루기 때문에 예산 하면 공예산을 말한다.

예산은 그 제도의 발달과정을 밟으면서 그 개념도 변화되었고, 또 어느 측면을 강조하느냐에 따라 달라질 수 있다.[1] 여기서는 예산개념에 대한 구구한 설명이나 자상한 소개는 피하기로 하고, 다음과 같이 정의하기로 한다. '예산은 1 년간 국민의 정책적 의지를 화폐로 표현한 것'을 말한다.

Ⅱ. 예산의 기능

예산의 기능도 학자에 따라 여러 가지로 설명된다. 예컨대 Allen Schick 같은 학자는 통제(control) · 관리(management) 및 계획(planning)으로 분류해서 설명하고 있다. 그는 예산제도가 통제 · 관리 · 계획의 단계를 밟아 발달하여 왔지만, 어느 예산이나 즉 품목별예산(line-item budget)이나 기획예산(program budget)이나 정도의 차이만 있지 위에서 든 세 가지 기능을 다 수행한다는 것이다.[2] 즉 품

1) 예산제도는 통제 · 관리 · 계획의 단계를 밟으면서 발달되어 왔고, 어떠한 기능을 중요시하느냐에 따라 정치과정의 결정체로도 이해되고 경제정책의 수단으로도 이해된다.

2) Allen Schick, "The Road to PPB: The Stages of Budget Reform," *Pubic Administration Re-*

목별예산도 기획기능을 수행했고, 기획예산도 통제기능을 수행한다는 것이다. 이와 비슷한 입장을 Charles Schultze도 예산의 기능을 재정적 통제·관리적 통제 및 전략적 기획으로 나누어 설명하고 있다.[3)]

그런가 하면 유훈 교수는 예산의 기능을 좀더 포괄적인 입장에서 정치·경제·법률·관리 등의 측면에서 나누어 설명하고 있다.[4)] 여기서는 유 교수의 입장에 따라 설명하기로 한다.

(1) 정치적 기능

예산의 정치적 기능은 두 가지로 나누어 설명할 수 있다. 하나는 의회가 행정부를 통제하는 수단으로서이고, 다른 하나는 정치적 단체들간의 이익과 주장을 통합·조절하는 기능으로서이다.

본래 의회는 국왕의 시민에 대한 과세권을 제약 및 동의하여 주는 기관으로 출발하였다. 즉 입법기관으로서보다는 재정통제기관으로서 의회가 성립·발달하였다는 것이다. 여기서 예산은 의회가 행정부를 통제하는 수단으로서 역할할 수 있도록 하였다. 예산심의결정권·결산권·기채동의권 등은 의회가 행정부를 정치적으로 통제하는 중요한 수단이다. 물론 예산제도가 통제·관리·기획의 단계를 밟아 발달함에 따라 재정통제수단으로서 그 기능이 약화된 것은 사실이나 아직도 중요한 기능임에는 틀림이 없다.[5)]

정치적 기능의 또 하나는 예산은 정치과정의 최종의 산물이요 결정체라는 것이다. 모든 정치단체들, 즉 정당·의회·압력단체·대통령·행정기관·선거민들은 자기들의 의사를 예산에 더욱 많이 반영하려고 노력한다. 이러한 상호작용의 과정 속에서 각 정치단체들의 주장과 이익이 조절된다. 즉 예산은 각 정치단체들로 하여금 서로 협상하고 조절하는 계기를 마련하여 준다는 것이다. 다시 말해 정치단체들은 예산을 통해 조절·통합된다.

(2) 법적 기능

여기서 이야기하는 법적 기능은 주로 세출예산에 관계되는 기능으로서 지출의 구속성을 의미한다. 정부는 예산을 집행할 때에 원칙적으로 이미 정해진 항·목에 따라 집행하고, 예외적인 경우에는 법의 절차에 따르도록 되어 있다. 따라서

---

view, 26, December 1966, pp. 243～258.

3) Charles Schultze, *The Politics and Economics of Public Spending,* Brookings Institution, 1968.

4) 兪焄, 財務行政論, 改訂版, 法文社, 1983, 82～89면.

5) 上揭書, 83면.

원칙적으로 예산에 정해진 액수 이상으로 지출할 수 없고, 항목간에 유용이 안 되며, 회계연도를 경과해서 지출할 수도 없다.

(3) 관리적 기능

중앙예산기관이나 대통령은 예산편성의 과정을 거치면서 각 부처에서 돈을 얼마 들여서 무엇을 하려고 하는가를 검토하게 된다. 따라서 각 부처의 모든 사업계획과 행정활동 및 관리방법이 중앙예산기관의 사정을 받게 된다. 중앙예산기관은 이러한 사정과정을 통해서 각 부처의 사업계획을 승인하기도 하고, 삭감하기도 하고, 부인하기도 한다. 그리고 승인하는 경우에도 최소의 경비로 최대의 효과를 올리도록 요구한다.

예산의 이러한 관리적 기능을 통해서 각 부처의 모든 사업의 우선순위가 결정되고, 최선의 대안이 선정되는 것이다.

(4) 경제적 기능

예산의 기능 중 가장 중요한 기능이라고 할 수 있다. 예산이 경제정책의 도구로 사용되면서 이러한 기능은 강화되어 왔다. 경제적 기능은 경제안정기능 · 경제성장기능 · 소득재분배기능 및 자원배분기능으로 나누어진다. 각각 분설하면 다음과 같다.

1) **경제안정기능** 국민경제의 균형인자로서의 기능을 말한다. 국민경제는 호황 · 불황 등의 경기의 변동을 겪는다. 국민경제가 불황에 처하면 경제활동이 침체되고 실업자가 늘어난다. 이때 예산은 그의 지출규모를 확대시킨다든가, 아니면 공공부문의 주요사업을 앞당겨 집행함으로써 유효수요를 증가시켜 경기회복에 자극을 준다. 그런가 하면 호황기에는 지출을 억제 또는 순연시킴으로써 경기의 과열을 미리 막는다.[6)]

예산의 경제안정기능은 자원 및 생산시설을 유휴상태에 두지 않고, 그 사용을 고도의 수준에서 유지하여 물가의 안정을 도모하는 것이라고 할 수 있다.[7)] 예산의 경제안정기능이 각광을 받게 된 것은 1930년대의 세계공황과 불경기를 극복하겠다는 의지에서 발단하였다.

경제안정을 위하여 예산은 다음과 같은 역할을 한다. 첫째, 불경기로 실업이 증가하는 경우 완전고용상태의 산출량(value of output at full employment)의 수준

---

6) 李鍾益, 財務行政論, 博英社, 1981, 38면.
7) 金完淳, 財政學, 法文社, 1975, 31면.

까지 총지출을 증가시킨다. 둘째, 인플레이션이 진행하는 상태 아래에서는 불변 가격으로 표시된 산출량의 가치와 일치할 때까지 총지출을 절감시킨다. 셋째, 완전고용과 물가안정이 병행하고 있을 때에는 총지출이 산출량에 부합하도록 한다.[8)]

2) 경제성장기능 여기서 이야기하는 경제성장기능은 주로 개발도상국의 경제성장을 위한 예산의 자본형성기능을 말한다. 민간부문의 경제력이 약하기 때문에 정부는 공채나 외국차관 또는 국유재산의 매각으로 자본형성에 앞장서지 않을 수 없다. 뿐만 아니라 정부는 사회간접자본을 육성하고, 교육과 과학・기술의 개발에 투자함으로써 경제성장의 터전을 닦을 수 있다.

3) 소득재분배기능 시장경제에 의해서 결정된 분배상태나 상속법에 의해서 결정된 분배상태가 바람직하지 못할 때에 이의 시정을 위해서 재분배정책이 고려된다. 조세-이전지출정책이 그 대표적인 예이다. 조세면에서는 소득세나 주민세에 누진율을 적용시킴으로써 고소득자에게는 세금을 무겁게 부과하고 저소득자에게는 가볍게 부과한다.

지출면에서는 생활무능력자에게 보조금을 지불하는데, 이것이 이전지출이다. 뿐만 아니라 정부는 의무교육비・사회복지비 등을 책정하여 경제적 약자에게 그들이 부담한 세금 이상으로 혜택이 돌아가게 한다. 이러한 재분배정책은 사회형평을 달성하는 데에도 기여하고, 저소득층의 소비를 확대시킴으로써 유효수요를 증가시켜 경제를 활성화시키기도 한다.

4) 자원배분기능 시장경제는 자원의 적정한 배분에 실패하는 경우가 많다. 시장경제가 실패하는 원인으로는 독점산업・외부경제・외부비경제(external diseconomy) 등을 들 수 있다. 이와 같은 시장의 실패로 국민이 필요로 하는 도로・공원・국방・질서유지 등의 재화나 용역이 생산되지 않을 수도 있다. 시장경제를 통해서는 생산되지 않을 이러한 재화나 용역의 생산을 위해서 정부는 예산을 통해서 자원을 할당한다.

뿐만 아니라 자본의 규모성이나 위험부담으로 민간기업이 투자를 꺼리는 경우가 있는데, 이 경우에도 정부는 자원을 배분해서 사업을 추진한다. 철도사업, 원자력발전소의 건설, 우주산업 등이 그 좋은 예이다.

8) 上揭書, 31~32면.

제 2 절 예산의 원칙

Ⅰ. 예산원칙의 개념

예산은 국민의 세금으로 이루어지기 때문에 그 사용에 있어서 엄격한 원칙의 적용이 강요되고 있다. 따라서 여기서 이야기하는 원칙들이란 예산과정, 특히 집행과정에서 지켜야 할 준칙들이라고 할 수 있다.[9)]

그러나 이러한 원칙들은 적용상의 한계에 부딪혀 예외적인 경우가 적지 않다는 것을 인정해야 한다.

Ⅱ. 예산원칙과 적용상의 한계

(1) 예산공개의 원칙

국가의 예산은 편성부터 회계검사에 이르기까지 국민에게 공개되어야 한다는 것이다. 국민의 세금으로 이루어진 예산이기 때문에 너무도 당연한 원칙이다. 우리 나라 예산회계법은 제109조에서 예산공개를 다음과 같이 규정하고 있다.

1) 정부는 예산이 성립되면 지체없이 예산, 전년도결산, 국채, 차입금, 국유재산의 현재액 및 기타 재정에 관한 일반사항을 인쇄물 기타 적당한 방법으로 국민에게 보고하여야 한다.

2) 전항의 규정 외에 정부는 매년 2 회 이상 예산사용의 상황, 국고상황, 기타 재정상황에 대하여 국회와 국민에게 보고하여야 한다.

그러나 국가예산 중에는 국방비 · 외교활동비 · 정보비 등 구체적으로 그 내용을 밝힐 수 없는 예산이 있다. 다시 말해서 국가기밀상 그 내용을 국민에 밝힐 수 없는 예산이 있다는 것이다.

(2) 예산명료의 원칙

이것은 예산이 모든 국민이 알기 쉽게 분류 · 정리되어야 한다는 것이다. 수입의 근거가 분명하고 용도가 명확하게 표시되어야 한다는 것이다. 예산이 지나치게 세분화되어 있으면 복잡해서 알기 어렵고, 또 지나치게 개괄적으로 표시되

9) 朴英熙, 財務行政論, 茶山出版社, 1983, 101면; Jesse Burkhead, *Government Budgeting*, John Wiley and Sons, 1956, p. 107.

어 있으면 내용을 파악하기가 어렵다.

(3) 사전의결의 원칙

예산은 집행되기 전에 반드시 국회에서 심의·확정되어야 한다는 것이다. 대부분의 민주국가들이 이것을 헌법에 규정하고 있는데, 한국도 예외는 아니다. 우리 나라 헌법에 정부는 예산안을 만들어 회계연도개시 90일 전에 국회에 제출하면 국회는 회계연도개시 30일 전까지 의결하게 되어 있다.

그러나 대부분의 국가들이 사전의결의 원칙에 예외를 인정하고 있는데, 여기에는 두 가지가 있다. 하나는 예산이 소정기일 내에 의결될 수 없을 때에 특정기간 동안 전년도예산에 준해서 집행하는 것이다. 준예산·가예산·잠정예산 등은 이러한 예이다.

준예산은 우리 나라와 독일에서 사용하고 있는 제도로서 i) 공무원의 보수와 기본경비, ii) 헌법이나 법률에 의해서 설치된 기관이나 시설의 유지비와 법률상 지출의 의무가 있는 경비, iii) 이미 승인된 계속비는 전년도예산에 준해서 집행하게 되어 있다.

잠정예산은 주로 영국·일본·캐나다 등지에서 사용되고 있는 제도로서 일정의 금액을 국회의 의결을 거쳐서 지출할 수 있는 제도이다.

가예산은 과거 우리 나라(1948∼1960)와 프랑스에서 사용되고 있는 제도로서 1개월 이내의 가예산을 의결하게 되어 있다.

사전의결의 또 하나의 예외는 대통령의 긴급재정처분권이다. 천재·지변 등의 사태로 국회의 승인을 미리 얻을 수 없을 때에 대통령은 국회의 의결을 거치지 않고 재정상 긴급조치를 취할 수 있다.

(4) 예산엄밀의 원칙

이것은 예산과 결산은 거의 일치되어야 한다는 원칙이다.

(5) 예산한정성의 원칙

한정성의 원칙은 정해진 목표를 위해서 정해진 금액을 정해진 기간 내에 사용해야 한다는 것이다. 이 원칙은 다음의 세 가지를 포함한다. i) 예산은 정해진 목적 이외에 사용될 수 없다. ii) 계상된 금액 이상을 지출할 수 없다. iii) 회계연도를 경과할 수 없다.

그러나 예산한정성의 원칙에는 집행상에 있어서 신축성이 요구되므로 예외가 많다. 예산의 목적 외 사용금지에 관한 예외로서 이용과 전용이 있으며, 회계연도경과금지에 관한 예외로서 예산의 이월과 계속비가 있다. 여기에 대한 설명은 예산의 집행시에 자세히 설명하기로 한다.

(6) 예산단일의 원칙

국가의 예산은 하나로 존재해야 한다는 원칙이다. 국가예산이 여러 개의 형태로 나누어져 존재하게 되면 전체와의 관련이 불명료하고, 금액이 이중 · 삼중으로 계산되어 예산의 순계를 파악하기가 어렵다는 것이다. 뿐만 아니라 독립된 복수의 예산은 의회의 예산심의와 재정통제를 힘들게 한다는 것이다.

그러나 예산단일의 원칙을 그대로 준수하기에는 어려운 점이 너무 많아 예외가 인정되지 않을 수 없다. 특별회계제도와 추가경정예산은 예산단일의 원칙의 중요한 예외이다.

(7) 예산통일의 원칙

예산통일(non-affectinn)의 원칙은 모든 수입은 한데 합쳐져서 지출되어야 한다는 원칙이다. 다시 말해서 특정의 세입이 특정의 세출로 바로 연결되어서는 안된다는 것이다. 농지세가 농지개량에만 사용되고 자동차세가 도로건설이나 보수에만 사용될 수 없는 것이 바로 이 원칙이다.

특정의 수입으로 특정의 지출에만 충당하게 되면, 전반적인 국가재정계획을 수립할 수 없을 뿐만 아니라 목적간에 균형 있는 지출을 확보할 수 없다. 따라서 모든 수입은 국고로 납입되고, 여기에서 별도의 독립된 지출체계가 요구된다.

그러나 특정의 수입으로 특정의 목적에만 지출되는 목적세가 있는데, 목적세는 예산통일의 원칙에 대한 중요한 예외이다. 우리 나라의 방위세나 교육세는 목적세의 좋은 예이다.

(8) 예산완전성의 원칙

모든 수입과 지출은 예산에 계상되어야 한다는 원칙이다. 조세수입을 예산에 계상하는 경우, 징세비를 제외하고 순수입만 계상해서는 안 된다는 것이다. 국가의 모든 수입 · 지출을 예산에 계상함으로써 예산 전체를 명료하게 할 뿐만 아니라 예산에 대한 국민과 국회의 감독을 용이하게 하자는 것이다.

제 3 절 예산의 종류

예산의 종류는 보는 시각에 따라 여러 가지 종류로 나누어 설명할 수 있다. 여기서는 일반회계와 특별회계, 본예산, 수정예산, 추가경정예산 및 통합예산만을 검토하기로 한다. 품목별예산 · 실적주의예산 · 계획예산 · 영기준예산도 예산의 종류에 들어가나, 이것은 예산제도의 발달과정에서 설명하기로 한다.

Ⅰ. 일반회계예산 · 특별회계예산 및 기금

(1) 일반회계예산

일반회계예산(general account budget)은 국가재정의 중심적인 예산으로 조세수입을 주재원으로 하여 일반적인 국가활동에 사용되는 예산을 말한다.[10] 흔히 예산 하면 일반회계의 예산을 말한다.

정부가 기업을 운영하거나 특별기금을 보유하고 운영할 때에 자동적으로 일반회계예산이 기업운영의 예산이나 기금과는 별도로 성립하게 된다.

위에서 이야기한 대로 일반회계예산의 주된 수입원은 조세수입이다. 조세수입에는 내국세 · 관세 · 방위세 · 교육세 · 전매수입 등이 포함된다. 1997년의 통계에 의하면, 우리나라 세입총계에서 조세수입이 차지하는 비율이 94.8%이다.[11]

다음에 세출구조를 기능별로 보면 일반행정비 · 방위비 · 교육비 · 사회개발비 · 경제개발비 · 지방재정교부금, 채무상환비 등으로 나누어진다. 1997년도 통계를 보면 세출총계 중 경제개발비가 25.4%로 제일 높고, 그 다음이 방위비로서 21.2%이다.

(2) 특별회계예산

위에서 이야기한 대로 예산단일의 원칙에 어긋나는 것이 특별회계예산이다. 예산회계법은 다음과 같은 경우에 특별회계를 설치할 수 있다고 규정하고 있다.

i) 정부가 철도사업이나 전매사업과 같이 특정사업을 운영할 때에, ii) 양곡관리특별회계와 같이 특정한 자금을 보유하여 운영할 때에, iii) 문화재관리사업처럼 특정의 수입으로 특정한 지출에 충당할 때이다.

특별회계예산은 우선 설치요건에 따라 분류하여 보면 i) 5개의 기업특별회

---

10) 上揭書, 131면.

11) 예산결산특별위원회, 1997년도 예산수정안, 13면.

계(양곡관리 · 전매사업 · 철도사업 · 통신사업 · 조달), ii) 특정한 자금을 보유하여 운영관리하는 자금관리특별회계, iii) 특정한 세입으로 특정한 세출에 충당한 11개의 특별회계가 있다.

다음에 일반회계와는 자금의 전출입관계에 따라서는 i) 독립형, ii) 기여형, iii) 의존형으로 나눌 수 있다. 독립형은 국유임야특별회계와 같이 일반회계와 완전히 독립되어 있는 것이다. 기여형은 전매사업특별회계와 같이 이익금의 일부를 일반회계에 전출시키는 경우이다. 의존형은 국민복지연금특별회계와 같이 자체수입이 하나도 없어 완전히 일반회계로부터의 전입금에 의존하는 경우와 철도사업특별회계와 같이 세입의 부족분만을 일반회계에 의존하는 경우가 있다.[12)]

(3) 기　　금

국가는 특별한 사업을 위하여 법률로써 기금을 설치할 수 있게 되어 있다. 기금 중에는 양곡관리기금이나 조달, 군인연금과 같이 특별회계예산과 중복되는 것도 있고 독립되어 있는 것도 있다.

기금은 일반회계나 특별회계와는 달리 세입 · 세출예산에 의하지 아니하고 예산 외로 운용될 수 있다. 따라서 국회의 직접적인 통제를 받지 아니한다.

기금의 재원조달은 자체수입 · 차입 · 일반회계예산지원 등을 통해서 이루어지고 있다.

기금은 기능별과 운용주체별로 분류할 수 있는데, 우선 기능별로 분류하면 정부사업기금(국민투자기금) · 후생기금(원호기금) 및 연구기금(한국개발연구원기금)으로 분류할 수 있다. 다음에 운용주체별로 보면 정부운용기금(양곡관리기금과 공무원연금기금) · 정부출연기관운용기금(한국교육개발원기금) 및 법인운용기금(중소기업진흥기금)이 있다.[13)]

Ⅱ. 본예산 · 수정예산 및 추가경정예산

(1) 본 예 산

본예산이란 행정부에 의해서 편성되어 회계연도개시 90일 전에 의회에 제출되어 회계연도개시 30일 전에 의회에서 의결된 예산으로 당초예산이라고 하기도 한다.

---

12) 朴英熙, 前揭書, 146면.
13) 上揭書, 149면.

(2) 수정예산

행정부에 의해서 편성된 예산안이 의회에 제출되면 의회는 60일 동안 예산안을 심의·결정하게 되어 있다. 그런데 국회에서 심의하는 동안 국내외 정세의 심한 변동으로 당해 예산안을 수정할 필요가 생긴다. 심의중인 예산안을 정부가 수정하는 것을 수정예산이라고 한다.

정부는 국무회의의 의결을 거쳐 대통령의 승인을 얻어 수정예산안을 국회에 제출할 수 있다.

(3) 추가경정예산

국회의 의결을 거침으로써 예산이 성립된 후에 다시 이를 변경할 필요가 있을 때에 변경시키는 예산을 추가경정예산이라고 한다.

본예산과 추가경정예산은 각각 별개로 성립하여 집행되나 본래 추가경정예산은 본예산을 추가하거나 삭감하는 것이므로 통산하여 집행한다. 따라서 특정연도의 예산총액을 알려면 본예산과 추가경정예산을 합쳐야 한다.

Ⅲ. 통합예산

(1) 통합예산의 개념

예산단일의 원칙에 의해서 국가의 모든 예산을 한데 모아 놓아야 하나, 위에서 이야기한 대로 별도로 특정사업을 운영하거나 별도의 기금을 보유할 필요가 있을 때에 여러 개의 예산을 갖게 된다. 예산이 이렇게 여러 개의 형태로 분리되어서 존재하게 되면 국가의 재정활동을 종합적으로 파악하기가 어렵고, 또 전체 예산이 국민경제에 미치는 효과도 체계적으로 파악하기가 어렵다. 여기서 국가재정에 포함되는 모든 예산을 한데 묶어 놓을 필요가 있는데, 이러한 예산을 통합예산(unified budget)이라고 한다. 이러한 통합예산의 개념은 1970년대에 와서 거의 모든 나라에서 보편화되었고, 한국도 1979년부터 통합예산개념을 사용하기 시작하였다.[14] 다시 말해서 국가재정과 지방재정의 전모가 파악되는 예산을 통합예산이라고 한다.

통합예산의 개념을 사용하면 국가재산의 전체적인 규모와 재정이 국민경제

14) 金泰昇, "統合豫算의 構造와 經濟效果分析," 國家豫算과 政策目標, 韓國開發硏究院, 1982, 489면.

에 미치는 효과를 체계적으로 파악할 수 있다.

위에서 지적한 대로 정부활동을 대행하는 각종 기금이 증가되어 왔고, 현행 법정예산의 체제는 세입과 세출이 경상계정과 자본계정으로 구분되지 않음으로써 소비・저축・투자 등의 국민소득계정과 연결이 되어 있지 않은데, 이러한 것들을 종합적으로 포괄하고 연결시키기 위해서 시도된 것이 통합예산이라고 할 수 있다. 따라서 통합예산에는 일반회계와 특별회계의 예산은 물론 각종 기금이 포함되어 있다.

현행법정예산제도를 유지하면서 통합예산제도를 병행해서 사용하면 국가의 재정활동을 종합적으로 파악하고, 재정과 국민소득계정, 통화 및 국제수지와 연결시킴으로써 재정의 국민경제에 대한 효과를 분석할 수 있다.

(2) 통합예산의 포괄범위

통합예산에는 우선 국가재정과 지방재정이 포함되고, 국가재정을 다시 분류하면 일반회계・특별회계・기금이 있다. 지방재정에는 서울특별시·광역시·도·시·군의 일반회계와 교육비특별회계가 포함되고 있다. 그런데 여기서 명기할 것은 특별회계와 기금의 수는 수시로 증감하여 거의 매년 다르다는 것이다. 또 특별회계에 들어가는 공기업예산 중에는 통합예산에 들어가는 것도 있고, 들어가지 않는 것도 있다. 예컨대 국가가 소유하거나 통제하는 법인체형 공기업의 예산(산업은행이나 한국전력)은 통합예산에서 제외된다. 그리고 기금 중에서 금융활동을 수행하는 것(외국환평형기금이나 근로자재형저축기금)은 역시 통합예산에서 제외된다.

통합예산은 수많은 별개의 예산으로 구성되는데, 이것을 우선 세 가지로 크게 분류하면 중앙정부・지방정부 및 비금융공기업으로 나누어진다.

1) 중앙정부예산은 다시 i) 일반회계, ii) 기타특별회계, iii) 일반기금으로 나누어진다.

2) 지방정부예산은 서울특별시·광역시·도·시·군의 i) 일반회계와 ii) 교육비특별회계로 나누어진다.

3) 비금융공기업예산은 i) 기업특별회계,[15] ii) 양곡기금, iii) 조달기금으로 나누어진다.

통합예산 중에서도 일반회계가 차지하는 비율이 제일 높은데, 1997년도의 통계를 보아도 일반회계가 61%(67조 5786억), 특별회계가 28%(30조 7513억), 그

15) 여기에는 양곡관리・전매사업・철도사업・통신사업・조달이 포함된다.

리고 기금이 11%(12조 111억)를 차지하고 있다.[16)]

(3) 통합예산의 유용성

통합예산은 다음과 같은 유용성을 지니고 있다.

1) 예산정보들을 창출하게 하여 중앙과 지방을 합친 전체의 예산, 예산적자의 규모, 1인당 국가예산액, 예산의 GNP에 대한 비율 등 예산에 관한 귀중한 정보를 얻게 한다.

2) 통합예산의 수지산출은 재정운영의 실적을 알려 줌으로써 국가예산의 건전성을 파악하게 한다.

3) 통합예산은 일반회계·특별회계·기금·세입세출외를 총괄하는 예산규모의 파악과 회계간의 내부거래를 차감함으로써 국가예산의 순규모파악을 가능하도록 한다.

4) 통합예산은 금융거래를 금융기관 기타 민간 해외 등 경제부문별로 구분하여 파악함으로써 국가예산이 통화부문에 미치는 효과를 분석할 수 있게 한다.

5) 기업특별회계는 순수한 재정활동이라기보다는 일종의 기업활동의 회계이다. 정부기업회계는 일반재정분석과는 달리 별도의 분석을 요구하는데 통합예산은 이것을 가능하게 한다.

6) IMF회원국은 동일한 기준에 의해 통합예산 수지를 작성하고 있는데 이것은 국가간의 예산활동비교를 가능하게 한다.

Ⅳ. 자본예산

(1) 자본예산의 의의

자본예산은 경상적 지출과 자본적 지출로 나누고, 경상적 지출은 경상적 수입에 의해서 충당되고, 자본적 지출은 자본적 수입이나 공채에 의해서 충당된다.

자본예산이 발생하게 된 기본적인 동기는 다같은 예산의 지출이지만, 공무원에 주는 봉급과 다리를 놓는 데 쓰는 돈은 다르다는 것이다. 전자가 소비성을 띤 지출이라면, 후자는 투자성을 띤 지출이다. 따라서 이처럼 다리를 놓는 일은 투자의 성격을 띠고 있기 때문에[17)] 일반의 경상적 지출과 달라야 한다는 것이다. 자

16) 한국은행, 조사통계월보, 1997. 1, 26면; 대한민국정부, 1997년도 정부기금운용계획서, 8면 참조. 특별회계와 기금은 순계만 산출한 것임.

17) Richard A. Musgrave, "Should We have a Capital Budget?" *Review of Economics and Statistics*, 45, 1963, pp. 134~137.

본적 지출은 자산의 증가를 가져오기 때문에 공채에 의해서 충당되어도 상관 없다는 것이다. 자본예산은 주로 내구성이 있는 자산취득에 사용되기 때문에 반드시 1년 중심으로 균형성을 유지할 필요가 없다고 주장된다. 여기서 자본예산은 매년 균형될 필요가 없고, 한 경기변동기를 중심으로 균형을 이루면 된다는 순환적 균형예산제(cyclically balanced budget)를 채택하게 된다.

본래 자본예산은 1930년대의 스웨덴과 제 2 차대전 후의 미국 도시정부에서 발생하였는데, 발생의 배경은 다르나 다같이 부족한 자금을 충당하기 위해서였다.[18]

(2) 자본예산제도의 장점

1) 국가의 자산상태를 명확하게 파악할 수 있게 한다. 즉 순자산상태의 변동과 사회자본(social capital)의 축적 · 보존 등을 명확하게 표시하는 데 사용된다.

2) 자본적 지출에 대한 특별한 사정과 분석을 가능하게 한다. 자본적 지출은 경상적 지출과는 달라 전문가의 분석이 요구되는데, 자본예산제도는 이러한 분석을 가능하게 한다.

3) 건전재정의 전통이 강한 나라에서 국민경제가 불경기에 처해 있을 때에 공채에 의한 자본예산을 활용함으로써 고용을 증대하고 경기회복의 정책을 시도할 수 있다.[19] 다시 말해서 정부는 자본예산제도를 통해서 필요한 예산을 조달하여 유효수요를 증가시킴으로써 경기회복의 정책을 추진할 수 있다.

4) 정부도 사기업처럼 투자비용(investment cost)과 경상비용(current cost)을 분리시켜 놓으면 국민경제에서 차지하는 정부의 생산활동을 쉽게 파악할 수 있다.

5) 수익자의 부담을 균등화시킬 수 있다는 것이다. 현재 정부가 투자해서 건립하고 있는 공공시설이나 교량은 현세대뿐만 아니라 미래의 세대도 사용한다. 여기에 소요되는 비용을 공채로 충당하면 미래세대도 부담하게 된다.

(3) 자본예산제도의 문제점

1) 경상비의 적자를 은폐하기 위한 수단이나 무리한 지출을 정당화하기 위한 수단으로 악용될 가능성이 많다. 여기서 자본예산제도는 어떠한 경우라도 국민의 이익보다는 정치적 목적을 위해서 사용될 가능성이 크다고 지적되고 있다.[20]

---

18) 스웨덴의 자본예산과 자본예산제도에 대해서는 兪焄, 財務行政論, 法文社, 344~348면 참조.
19) 兪焄, 前揭書, 343~344면.
20) Robert D. Lee, Jr. and Ronald W. Johnson, *Public Budgeting System*, University Park Press,

2) 건전재정이나 균형예산의 전통이 약한 나라에서 자본예산제도는 인플레이션을 가속화시키고 경제안정을 해치기 쉽다.

3) 정부의 경비를 경상비와 자본적 경비로 명확하게 구분한다는 것은 대단히 어려운 일이라는 것이다. 이러한 구분은 사기업에서도 어려운데, 정부부문에서는 더 말할 것도 없다.[21)]

4) 인플레이션기에는 자산의 재평가와 감가상각비의 재조정이 계속 요구되는데, 이러한 작업은 쉽게 이루어질 수 있는 것이 아니다.[22)]

제 4 절 예산의 분류

Ⅰ. 예산분류의 의의

예산분류란 예산의 편성·심의·집행·회계검사를 용이하게 하기 위해서 항목화하는 것이다. 따라서 구체적인 목적에 따라서 여러 가지로 분류할 수 있으나, 여기에서는 중요하다고 생각되는 몇 가지만을 살펴보기로 한다.

Ⅱ. 품목별 분류

품목별 분류(classification by objects of expenditure)는 급여·여비·시설비 등 지출의 대상을 중심으로 분류하는 방법으로 가장 오래되고 보편화된 방법이다. 어떠한 예산제도를 채택해도 품목별 분류를 병용하지 않을 수 없다. 왜냐하면 어떠한 예산이나 지출될 때에는 구체적인 품목별로 이루어지기 때문이다. 품목별 예산은 나중에 다시 설명하겠지만, 예산사용을 통제하고 회계책임을 명확하게 하는 데 이점이 있다.

Ⅲ. 기능별 분류

기능별 분류(functional classification)는 국가의 주요 기능에 따라 세출예산을 분류하는 방법으로 행정수반의 정책수립과 국회의 예산심의를 용이하게 한다. 뿐

1973, p. 250.

21) 金東建, 現代財政學, 博英社, 1984, 138면.

22) 李鍾益, 財務行政論, 博英社, 1981, 161면.

만 아니라 기능별 분류는 정부가 하는 일을 개괄적으로 이해하기 쉽게 국민에게 알리고 있기 때문에 '시민을 위한 분류'(citizen's classification)라고도 한다. 미국에서 매년 발행되는 '예산개요'(the Budget in Brief)는 기능별 분류의 대표적인 예이다.

기능별 분류는 국가의 기능을 대항목(major title)으로 분류한 것이기 때문에 한 부처의 예산 이상을 포함한다. 예컨대 일반행정비 하면 행정자치부 · 외교통상부 등 각부의 일반행정비를 포함한다. 아울러 하나의 사업이나 활동에 여러 개의 기능이 포함될 수도 있다. 예컨대 해외에 주둔하고 있는 군인의 자녀교육비는 방위비에 포함될 수도 있고, 교육비에 포함될 수도 있다.

Ⅳ. 사업계획 및 활동별 분류

위에서 이야기한 기능별 분류를 세분하면 사업계획별 분류(program classification)가 되고, 사업계획별 분류를 다시 세분하면 활동별 분류(activity calssification)가 된다.

사업계획별 분류는 각 부처의 예산요구서작성에 기틀을 제공할 뿐만 아니라 이를 성취하는 데 필요한 재정소요와 사업진도를 분석하는 데 도움을 준다.[23)]

보통 한 부처의 업무는 몇 개의 사업계획으로 나누어지는데, 이것이 이루어지면 예산에 대한 책임을 명확히하기 위해서 정부조직과 연결시켜야 한다. 그러나 하나의 사업계획이 두 개 이상의 부처에 걸쳐 있을 수도 있다.

활동별 분류는 상술한 대로 사업계획별 분류를 다시 세분한 것인데, 이것은 예산편성이나 회계책임을 더욱 용이하고 명확하게 하여 준다. 그러나 지나치게 세분하면 편성이나 심의 및 분석을 오히려 복잡하게 한다.

Ⅴ. 경제성질별 분류

우리는 앞에서 예산의 경제적 기능을 설명할 때에 예산이 국민경제의 내용과 규모를 결정하는 데 중요한 역할을 한다고 지적한 바 있다. 따라서 예산의 편성에 있어서 국민경제의 기본적 구성요인인 소득 · 소비 · 투자 · 저축에 있어서 예산의 역할을 이해하게 하고, 경제성장과 안정에 기여하도록 예산을 분류 · 편성하는 것이 경제성질별 분류(economic character classification)이다. 다시 말해서 예산이 소

23) 兪焄, 前揭書, 131면.

비적 목적보다는 투자적 목적에 얼마나 쓰이는가를 알고자 하는 것이 경제성질별 분류라고 할 수 있다. 여기서 경제성질별 분류는 필히 세입 · 세출의 모두가 경상계정과 자본계정으로 나누어진다.

경제성질별 분류는 Jesse Burkhead가 지적한 대로 정부가 국민경제의 내용과 수준에 영향을 미치고자 할 때 거기에 필요한 자료이지 경제정책 자세는 아니다.[24)]

경제성질별 분류와 필히 관련되는 것이 국민경제예산이다. 이는 한 나라의 경제성장 또는 안정을 어떠한 방향으로 이끌고 갈 것인가를 국민소득 · 소비 · 저축 · 투자의 경제제량을 사회회계(social accounting)의 형식으로 표시한 것이다.

경제성질별 분류의 특징을 요약하면 다음과 같다.

첫째, 경제성질별 분류는 예산이 국민소득 · 자본형성 · 인플레이션 등에 미치는 효과의 일부를 근사치로만 측정할 수 있지 전체를 다 측정할 수는 없다.

둘째, 경제성질별 분류는 그 자체만으로 소득의 분배나 산업간 자원배분에 정부가 어떠한 영향을 끼쳤는가를 측정하지 못한다.

셋째, 경제성질별 분류는 정책수립을 담당하는 고위층에게는 필요하나, 예산실무자들에게는 크게 유용하지 않다.

넷째, 경제성질별 분류는 다른 방법과 분리되어서 사용할 수 없기 때문에 항상 다른 분류방법과 병행해서 사용되어야 한다.[25)]

---

24) Jesse Burkhead, *Government Budgeting*, John Wiley and Sons, 1956, p. 212.

25) *Ibid.*, pp. 212～215; 兪焄, 前揭書, 139～140면.

제 2 장 공공영역에서의 자원배분문제

일찍이 V. O. Key, Jr.는 자원배분(resource allocation)에 있어서 왜 X dollar를 A사업 대신에 B사업에 쓰느냐에 대해서 정치학자나 경제학자는 깊은 관심을 기울이지 않았다고 지적하고 있다.[1] 물론 여기에서의 자원배분문제는 공공영역(public sector)에서의 것을 말한다. 사경제영역(private economy sector)에서의 자원배분이론은 소비자선호의 이론(theory of consumer's preference)을 위시해서 200년이나 된다고 한다.[2] 공공영역에서 정부가 산출하는 재화(goods)나 용역(services)의 수준(level)이나 구성(composition)의 결정에 대해서는 별다른 이론이나 설명이 체계적으로 발전하지 못했다는 것이다.

지금까지 정부영역에서 나타난 자원배분의 이론을 추적하여 보면 세 가지로 나눌 수 있는데, 하나는 소비자선호의 접근방법이고, 두 번째는 정치적 접근방법이고, 세 번째는 경제적 접근방법이다. 우선 이 세 가지의 접근방법을 간단히 이야기하면 소비자선호의 접근방법은 자원은 전적으로 소비자의 선호에 따라 배분되어야 한다는 것이고, 정치적 접근방법은 예산이란 어디까지나 정치과정의 일환이기 때문에 관계된 집단간의 협상에 지나지 않는다는 것이다. 경제적 접근방법은 자원이란 희소성을 가지고 있기 때문에 이것의 배분이란 어디까지나 경제적 논리나 합리성에 의해서 지배되어야 한다는 것이다. 하나하나씩 나누어서 설명하여 보기로 한다.

---

1) V. O. Key, Jr., "The Lack of a Budgetary Theory," *American Political Science Review*, 34, December 1940, pp. 1137～1144.

2) Jesse Burkhead, "The Budget and Democratic Government," in F. J. Lyden and E. G. Miller (eds.), *Planning Programming Budgeting*, 2nd ed., Markham, 1972, pp. 64～65.

제 1 절 소비자선호의 접근방법

I. 내 용

이 모형의 대표적 이론가는 R. A. Musgrave이다. 이 이론의 골자는 사경제에 있어서나 공경제에 있어서나 소비자는 왕이라는 것이다. 공공분야에 있어서도 어떤 재화나 용역을 얼마만큼 생산할 것이냐는 소비자(납세자)의 선호에 따라야 한다는 것이다. 국방에 얼마를 쓰고 교육에 얼마를 써야 하느냐는 소비자의 요구나 선호에 따라야 한다는 것이다. 따라서 자원의 배분문제는 정책가나 행정가가 결정할 문제가 아니라 일반국민인 소비자가 결정할 문제라는 것이다. 정책가나 행정가는 소비자가 무엇을 선호하고 원하는가를 정확하게 파악해서 이것을 토대로 해서 자원을 배분하면 되는 것이지 그 이상의 할 일은 없다는 것이다. 즉 자기의 의사나 의지를 토대로 해서 정책결정을 해서는 안 된다는 것이다. 소비자의 선호를 기준으로 해서 자원을 배분하기 때문에 자원배분에서 규범성 · 관성성(inertia) · 선례성 · 자의성 · 점증성 · 하향성 등이 인정되지 않는다. 예산에 있어서 자원배분이란 어디까지나 시민의 선호유형을 반영하는 것에 불과하다. 아무리 훌륭한 정책가의 의견일지라도 소비자의 의사에 우선할 수 없다는 것이다. 이러한 의미에서 Musgrave는 자원배분에 있어서 어떠한 사회적 결정(social determination)도 권위주의적이고 비민주적이라는 것이다.[3]

소비자선호의 모형이라고 해서 소비자선호 이외의 다른 요인에 의해서 전혀 제약을 받지 않는다는 이야기는 아니다. 법적 제약이나 구속성은 그 좋은 예이다. 즉 법으로 정해 놓은 지출사항을 소비자가 반대한다고 해서 예산계정에서 배제할 수는 없는 것이다. 그리고 법에 규정되지 않는다고 해서 상식에 벗어난 소비자의 선호가 그대로 용인된다는 뜻은 아니다. 예컨대 전쟁중에 국민이 국방비를 격감시키라고 해서 여기에 그대로 따를 수는 없다는 것이다. 그리고 소비자선호형이라고 해서 자원배분에 있어서 all or nothing의 입장을 취하지는 않는다. 예컨대 소비자가 사회복지만 주장하고 국방을 원하지 않는다고 해서 국방예산이 zero가 될 수는 없는 것이다. 이러한 의미에서 소비자의 선호도 어디까지나 상대적이라고 할 수 있다.

3) Richard A. Musgrave, *The Theory of Public Finance*, McGraw-Hill, 1959, Ch. I. 2.

Ⅱ. 문 제 점

소비자선호의 모형은 기본적으로 자원배분에 있어서 가장 민주적이요 개방적이라고 할 수 있다. 세금을 직접 부담하는 납세자의 선호에 따라 자원을 배분해야 한다는 데에는 그 이상의 주장이 있을 수 없다. 그러나 이 모형은 철학은 좋으나 실천에 옮기는 데에 있어서 기술적인 제약이나 한계점이 너무 많다. 구체적으로 검토하면 다음과 같다.

(1) 공공재의 외부경제성문제

대부분의 공공재는 외부경제성(external economy)을 가지고 있다는 것이다. 재화의 외부경제성이란 재화가 분할될 수 없는 성격을 말한다. 즉 특정의 재화나 용역을 싫어한다고 해서 그것의 사용혜택으로부터 배제될 수 없는 것을 말한다. 예컨대 도로설치를 반대했다고 해서 도로사용의 혜택에서 배제될 수 없다는 것이다. 또 외부경제성을 확산효과(spillovers) 또는 제 3 의 효과(the third party effect)라고도 하는데, 모든 공공재는 정도의 차이만 있지 다 이러한 성격을 가지고 있다.

일반적으로 소비자선호의 이론은 재화간의 배타성을 전제로 한다. 그러나 재화가 외부경제성을 가지면 소비자선호의 이론을 적용시키기가 어렵다. 즉 재화의 용도가 특정의 목적에 국한되지 않고 여러 목적에 확대되면 특정류의 소비자선호를 가려 내기가 어렵다. 예를 들어 고속도로의 즉각적인 목적은 교통의 편리에 있을지 모르나, 여기에 끝나지 않고 산업을 촉진시키고 지역간의 생활감정을 통일시키며 군사상의 효과도 대단히 크다. 이와 같이 재화의 용도가 특정의 목적에 국한되지 않고 여러 가지 목적에 확산될 때에 그리고 재화의 용도가 분할성이 없을 때에 소비자선호의 이론을 자원배분에 적용시키기는 어렵다. 물론 사경제에서도 재화의 외부경제성이 없는 것은 아니다. 그러나 사경제에서는 재화의 외부적 효과가 내부적 효과에 비해서 그 비중이 작고 또 외부적 효과가 있다 할지라도 특정재화나 상품의 선호에 크게 영향을 주지 않는다. 그런데 공공영역에서는 그 상황이 반대이다. 재화의 외부효과의 비중이 내부효과의 그것보다 훨씬 크다는 것이다. 이러한 경우는 특정상품의 선호에 대해서 크게 영향을 준다는 것이다. 다시 말해서 특정재화가 다목적성을 가지거나 미분할성을 가질 때에는 소비자선호의 이론이 자원배분에 적용되기가 어렵다는 것이다.

⑵ 소비자선호의 타당성문제

정부의 프로그램이 반드시 소비자의 선호에 따라 작성되지도 않고, 또 그럴 수 없는 경우도 많다는 것이다. 실제에 있어서 국민은 특정의 공공재에 대해서 선호를 나타내기도 어렵고, 매년 정부의 입장에서도 모든 소비자의 선호를 정확히 조사해서 그대로 예산에 반영하기도 어렵다는 것이다. 그리고 정부의 입장에서 소비자의 선호를 정확히 파악했다 할지라도 그대로 따를 수 없는 경우가 많은 것이다. 예를 들어서 모든 소비자가 국방이나 과학진흥보다 사회복지만을 원한다고 해서 복지치중의 예산만을 짤 수는 없는 것이다. 일반적으로 소비자는 먼 장래보다는 가까운 것을 생각하고, 장기적 효과나 이익보다는 즉각적인 효과나 이익을 생각한다. 이러한 사람들의 선호는 단기적이고 근시안적일 가능성이 높다. 이러한 입장에서 소비자선호의 모형도 결국은 정부의 조정작용을 기다리게 된다.

⑶ 예산의 정책적 기능

현대의 예산은 경제의 안정이나 소득의 재분배기능까지 담당함으로써 고도의 전문성을 띠고 있다. 오늘날의 예산이란 과거처럼 단순한 정부활동의 화폐적 표현만은 아니다. 이제는 예산이란 사경제에서 할 수 없는 일까지 담당해 주어야 한다. 여기서 예산의 기능이나 역할은 대단히 크고 중요하게 된다. 그런데 소비자선호의 모형은 이러한 전문성을 띤 예산의 요구도를 충족시켜 줄 수 없는 것이다. 소비자들이 요구하는 선호유형은 이러한 요구도와는 거리가 멀 가능성이 크다. 예산이 가치정향성을 띠게 되면 될수록 소비자의 선호유형과 거리가 멀 가능성도 커진다.

제2절 정치적 접근방법

Ⅰ. 내 용

이 입장의 기본적 내용은 예산결정이란 전략(strategy)과 협상(bargaining)에 의해서 결정되는 정치과정이라는 것이다. 즉 예산과정은 어디까지나 정치적인 문제이지 경제적인 문제가 아니라는 것이다. 그러나 이러한 입장이라고 해서 조잡한 가치판단에 의한 주먹구구식 자원배분이 예산과정이라고 생각하지는 않는다.

이들도 되도록이면 소비·효과에 대한 측정기술이 발전되어야 한다고 생각한다. 이 접근방법이 강조하는 것은 자원배분에 있어서 가장 본질적인 합리성이란 여러 가지 압력단체·정치인·국회의원·행정가들이 상반되는 가치나 주장을 내세우고, 이러한 가치들이 협상과정이나 타협과정을 통해서 나타난 정치적 합리성(political rationality)이라는 것이다.[4] 따라서 자원배분의 합리성은 어디까지나 상이한 가치간의 협상과정에서 확보되는 것이지, 합리적인 계산과정이나 비용·효과의 측정과정에서 확보되는 것이 아니라는 것이다.

일반적으로 이러한 입장을 취하는 사람들은 비계량주의자들(nonquantifiers)인데, 이들은 기본적으로 정부산출물의 비용·효과의 측정에 대해서 의심을 품는다. 다시 이야기하지만 이들은 자원배분이란 협상이나 타협을 통해서 이루어지는 것이지, 계산작업을 통해서 이루어지는 것은 아니라는 것이다.

이들이 가지고 있는 기본적 전제조건은 과정이 무난하게 이루어지면 결과도 좋으리라는 것이다. 따라서 최종산물이나 결과에 대해서 철저한 분석이 필요없다는 것이다.[5] 실적과 결과의 바람직성을 판가름하기 위해서는 과정(process) 자체만 평가하면 된다는 것이다.

또한 이들은 예산의 선례성과 점증성을 강조한다. 자원배분에서 가장 먼저 고려해야 할 것은 전년도의 예산(last year's budget)으로 이것을 기준으로 점증한다는 것이다. 따라서 이들은 자원배분을 다룰 때에 회고적 편견(retrospective bias)을 가지고 출발한다. 이 점이 미래적 편견(prospective bias)을 가지고 출발하는 경제적 접근방법과 기본적으로 다른 점이다. 이 모델이 내세우는 기본적 입장은 오늘 만들어진 정책결정은 어디까지나 잠정적(provision)이기 때문에 내일 수정될 수 있다는 것이다. 예산결정을 다루는 데에 있어서 미리부터 최적결과(optimal outcome)를 탐색할 필요도 없고, 또 모든 요소들을 결정 전에 다 고려할 필요도 없다는 것이다.

정치적 접근방법은 예산과정이란 아래에서 위로 올라가는 상향적 과정이라고 생각하기 때문에 자연히 예산의 최고책임자나 고위층보다는 압력단체나 하위기관과 같은 부분적 기관들을 좋아한다. 또 공익이나 공적 목표는 여러 집단들의 부분적이고 한정된 이익들의 조절·통합과정에서 이룩되는 것이지 경험 이전의 것이 아니라는 것이다.

4) Jesse Burkhead, *op. cit.*, p. 70.

5) Allen Schick, "System Politics and System Budgeting," *Public Administration Review*, 29, No. 2, March-April 1969, p. 137.

정치적 접근방법의 대표적 학자라고 할 수 있는 Aaron Wildavsky에 의하면 예산과정이란 점증적(incremental)이고, 분산적(fragmented)이고, 비계획적(nonprogrammatic)이고, 시계열적(sequential)이라는 것이다.[6] 그는 예산이란 하나의 기대요, 회원이요, 전략이요, 선례이지, 전체적인 검토(total review)나 미리 정해진 정답이 아니라는 것이다.[7] 그리고 예산결정과정은 언제나 침략과 관계자간의 갈등에 의해서 지배된다. 이때의 관계자란 고객집단 · 압력단체 · 행정기관 · 부처 · 예산국 · 대통령 · 국회의원 등을 말한다. 여러 가지 관계집단 또는 기관간의 갈등은 여러 가지 전략을 야기시키는데, 이러한 전략들이란 예를 들면 적극적인 고객들의 개발, 정부관료들의 신뢰획득, 예산관료들과의 적극적인 교섭, 대통령에의 접근 또는 국회의원의 조종 등이다.

예산과정이란 여러 집단 또는 기관들이 참여함으로써 복잡하고 조정하기 어려운 과정처럼 보이나 예산국 · 관계부처 · 대통령 등의 주된 기관들의 적극적인 역할은 예산과정을 조종가능한 과정(manageable process)으로 만든다는 것이다. 즉 예산과정이 정치과정이기는 하지만, 거기에는 내재적인 고도의 조정도(high degree of coordination)가 있다는 것이다. 예산과정에서 통합적인 예산결정(comprehensive budgeting)이나 완전한 예산계산(complete budget calculation) 또는 한 사람이나 한 기관에 의한 전체적인 조정은 불가능하기도 하고 바람직하지도 않다는 것이다.

자원배분에 있어서 정치적인 접근방법의 또 하나의 대표자는 Charles E. Lindblom이다. 그는 경제학자이면서 정치적인 접근방법을 취하고 있다. Lindblom의 명제는 자원배분이나 예산결정에서 합리적인 목표 · 수단의 계산(rational means-ends calculus)이란 불가능하고 비현실적이라는 것이다. 정책결정에서 경제적 능률(economic efficiency)의 합리성이란 불가능하고 공공정책에 대한 결정은 언제나 한계점(margin)에서 이루어지기 때문에 종합적인 예산결정이란 나타날 수가 없다는 것이다. 따라서 서로 연결되지 않은 점증주의(disjointed incrementalism)가 예산결정의 본질을 이루고 있다는 것이다.[8]

6) Aaron Wildavsky, *The Politics of Budgetary Process*, Little, Brown and Company, 1964, p. 136.

7) *Ibid.*, pp. 3～4.

8) Lindblom의 이러한 사상은 다음의 논문이나 저서에서 잘 나타나 있다. "The Science of Muddling through," *Public Administration Review*, 19, No. 2, Spring 1959; "Decision-making in Taxation and Expenditures in National Bureau of Economic Research," *Public Fimance: Needs, Sources, and Utilization*, Princeton University Press, 1961, pp. 295～329; with David Braybrooke, *A Strategy of Decision*, Free Press of Glencoe, 1963.

자원배분에 있어서 정치적 접근방법은 Paul Appleby에 의해서도 대변되고 있다. Appleby에 의하면 예산은 기술적 과정에 의해서 이루어지지 않는다는 것이다. 이것은 어디까지나 힘센 사람들이 모여서 싸우는 전투장에서 만들어진다는 것이다. 즉 공중이 보는 공개장에서 만들어지지 않는다는 것이다. 그러나 공중은 썩 잘 대변되고 있는데, 이것이 정치현상 중 가장 신비한 장면의 하나라는 것이다.[9)]

Ⅱ. 문 제 점

예산은 전년도의 예산을 기준으로 관계집단간의 상호협상을 통해서 이루어져야 한다는 정치적 접근방법은 다음과 같은 문제점을 지니고 있다.

(1) 자원의 낭비

기존 프로그램의 효용도를 따져 볼 기회를 주지 않는다. 정치적 접근방법에서는 예산의 선례성과 점증성을 강조하고 있는데, 이때의 기준은 어디까지나 전년도의 예산이다. 예산의 선례성과 점증성을 강조한다는 것은 기존의 프로그램을 존중한다는 것이다. 이처럼 기존의 프로그램을 무조건 존중하는 사회에서는 희소성을 띤 자원이 낭비될 가능성이 크다. 왜냐하면 기존의 프로그램이라고 다 효용도가 있고 가치성이 높은 것은 아니기 때문이다. 어느 프로그램이나 전년도에 얼마를 썼으니까 금년에는 몇 %를 인상시켜야 한다는 논리는 성립하지 않는다. 물론 인상시켜야 할 경우가 많겠으나 인하시켜야 할 경우도 적지 않을 것이고, 때로는 폐기시켜야 할 경우도 있을 것이다. 이처럼 프로그램의 효용도와 가치성은 항시성을 띤 것이 아니다. 더욱이 기존의 프로그램보다 새로운 프로그램을 시도하는 것이 훨씬 유가치한 경우가 많다. 이러한 입장에서 볼 때에 기존의 프로그램의 유용성은 매년 따져 보아야 하는 것이다. 따져 보고 유용성이 없거나 적어지면 예산할당을 중지하거나 삭감해야 한다. 그러나 정치적 접근방법은 기존의 프로그램의 계속성을 용인하기 때문에 프로그램에 대한 재평가가 여간해서는 일어나지 않는다. 그럴 수밖에 없는 것이 여기서는 예산과정이 상향적인 데다가 관계기관의 권한도 강하며, 기존의 프로그램으로부터 이익을 받는 사람들이 그것의 존속을 위해서 최대한으로 투쟁할 것이기 때문이다. 이러한 풍토하에서는 기존의 프로그

9) Paul Appleby, "The Influence of the Political Order," *American Political Science Review*, 42, No. 2, April 1948, p. 281.

램이 새로운 프로그램에 의해서 대체될 가능성이 적다. 이때 예산사용은 비효율성을 띠게 마련이다.

⑵ 고위층의사의 비반영

대통령을 위시한 고위층의 의지를 예산에 반영시킬 기회가 적다. 전통적인 정치적 접근방법에서는 예산결정상 많은 권한이 하위계층(lower echelons)에 놓여 있기 때문에 위로 올라갈수록 확인하는 권한밖에 없다. 따라서 정치적 접근방법은 적극적인 역할을 추구하는 대통령에게는 부합하지 않는다. 특히 대통령이 사회개혁의 대의지를 소유하고 있을 때에 이것을 예산에 반영할 기회가 적은 것이다. 대통령의 의지가 반영되는 예산제도가 반드시 좋은 것인지 우리는 잘 모른다. 그러나 대통령은 정치의 최고책임자이고, 예산은 정치의 계수화된 표현이라고 할 때에 대통령의 의지와 예산의 내용은 논리상 연결될 수밖에 없을 것이다. 특히 국가가 위대한 사회를 꿈꾸거나 대대적인 사회개혁을 시도할 때에 정치적인 접근방법은 이것의 실현을 위해서 크게 기여하지 못하고 있다.

⑶ 비조직화된 이익의 비반영

정치적 접근방법은 일반국민의 조직화되지 않은 이익이나 잠재적 이익(latent interest)을 예산에 연결시키는 방법을 고려하지 않는다. 이 접근방법은 예산과정이란 조직화된 여러 이익집단이나 관계기관간의 자원활동을 위한 협상과정이라고 한다. 따라서 조직화된 단체를 전제로 한다. 물론 많은 사람들의 이익이나 의사가 조직화된 단체를 통해서 대변된다고 볼 수 있다. 그러나 조직화되지 않은 이익도 이에 못지않게 많다. 특히 산업화되지 않은 사회에서 이러한 경향은 더욱 강하다. 예산과정이 조직화된 이익집단의 협상·조절과정이라고 한다면, 조직화되지 않은 이익은 어떻게 처리되어야 할 것인가에 대해서 답변을 주지 못하고 있다. 더군다나 약자(the underprivileged)의 이익일수록 조직화되지 못하는 경우가 많은데, 집단론자들이 내세우는 예산은 강자들의 이익만을 반영하는 예산이 되기 쉽다. 따라서 이러한 예산은 사회공평성과 균형성을 결하기 쉽다.

⑷ 시장경제의 한계성

이 접근방법은 그 기본원리를 시장경제의 경쟁성에서 따오고 있다. 따라서 이 모델은 처음부터 경쟁성을 전제로 하기 때문에 정부의 규제능력 같은 것은 생각하지 않고 있다. 그러나 자원을 효율적이고 공평하게 배분하리라고 믿었던 시장의 기능과 능력이 이제는 의심을 받게 되었다. 다시 말해서 시장기능의 한계성이 인식되었다는 것이다. 예컨대 외부비용과 이익(external cost and benefit)의 문제, 수요공급의 조작 또는 가격의 통제 등이다. 이처럼 시장경제의 경쟁원리가 무너짐에 따라 그 원리를 원용한 정치적 접근방법도 그 한계성을 인식하지 않을 수 없게 되었다. 예산을 정치과정으로 인식한 사람들은 처음부터 정부의 규제능력이나 소득배분의 사회정책적 기능을 달가워하지 않는다. 그러나 오늘날의 정부는 규제적 기능이나 사회정책적 기능을 수행하지 않을 수 없는데, 정치적 접근방법은 이러한 기능수행을 도와 주지 못하고 있다.

제 3 절 경제적 접근방법

Ⅰ. 내 용

경제적 접근방법의 기본내용은 비용과 결과의 한계적 비교(marginal comparison of costs and outcomes)를 통해서 효용의 극대화를 가져올 수 있는 자원배분을 하자는 것이다. 경제적 접근방법에서 가장 중시하는 점은 결과이지 과정이나 행동 자체는 아니다. 이 점이 정치적 접근방법과 기본적으로 다른 점의 하나이다. 이들이 따지는 것은 행동이나 과정에서 무슨 결과가 나왔느냐이지 과정 자체는 아니다. 즉 자원배분은 바라는 결과나 목표와 직결되어 있어야 한다는 것이다. 결과나 목표는 과정을 통해서 자동적으로 나오는 것이 아니라 과정 전에 이루어져 있어야 한다는 것이다. 이때 바람직한 결과를 성취하는 데 가장 싼 방법이 무엇이냐를 분석하는 것이 이 방법의 주요내용이 된다. 그리고 목표나 결과를 선정할 때에도 이것을 선정함으로써 다른 것을 선정할 수 없는 것을(희소성의 원리에 의해서) 비교해서 결정해야 한다는 것이다. 따라서 경제적 접근방법의 핵심을 이루고 있는 것은 여러 가지 기회(alternative opportunities)의 분석이다.

경제적 접근방법은 예산이란 미래가치(future value)를 획득하기 위한 자원의 배분이라고 생각하기 때문에 처음부터 미래적 편견을 지니고 있다. 이와 같이 미래지향적 성격이 강하기 때문에 매년 예산의 변화가 크게 일어날 가능성이 크다. 그렇다고 해서 예산이 매년 이리 비틀 저리 비틀하면서 나간다는 뜻은 아니다. 그리고 경제적 접근방법이 기존의 프로그램 효용도의 재평가를 강조한다고 해서 각 프로그램간에 영기준결정(zero-based determination)을 강요하지는 않는다.[10] 다시 말해서 자원배분에서 all or nothing의 논리를 강요하지 않는다. 따라서 대안의 선정이란 어디까지나 한계점에서 이루어진다. 즉 배분의 결정은 한계단위의 점증수준(increments at the marginal point)에서 결정된다. 그러나 정치적 접근방법도 점증분의 첨가수준에서 결정되는 것은 마찬가지이다. 그런데 이때의 증가분(increments)이란 결과를 무시한 협상에서 이루어진다. 이에 반하여 경제적 접근방법에서의 한계적 증가분은 결과의 분석을 통해서 이루어진다.

정치적 접근방법이 프로그램이나 기획목표에 대해서 부분적 견해(partial view)를 갖는 데 반하여, 경제적 접근방법은 전체적 견해(holistic view)를 갖는다. 따라서 정치적 접근방법에서는 각 프로그램이나 목표가 고립적으로 분리되어 있는 데 반해서, 경제적 접근방법에서는 전체와 연결되어 있다. 이러한 현상은 정치적 접근방법이 이익집단, 관계 하부기관 등의 부분적 기관들을 더 좋아하게 하는 데 반하여, 경제적 접근방법은 대통령이나 예산청과 같은 중앙기관들을 더 좋아하게 한다.

경제적 접근방법은 다음의 세 가지 조건을 전제로 하고 있다.

첫째, 자원이란 수요에 비해서 한정되어 있기 때문에 지출로부터 얻는 이윤이 적어도 비용의 가치만큼은 되어야 한다. 따라서 예산이란 본질적으로 자금의 여러 가지 사용방법의 상대적 효과성의 비교라는 것이다.

둘째, 효용점감 현상 때문에 한계적 분석(marginal analysis)이 필요하다.

셋째, 상대적 효과성의 비교는 어디까지나 공동목표를 성취하는 데 직결되어 있느냐 아니냐의 입장에서만 평가해야 한다는 것이다.[11]

Ⅱ. 문 제 점

경제적 접근방법은 다음과 같은 점에서 비판을 면하지 못하고 있다.

(1) 적용상의 비현실성

V. O. Key, Jr.가 지적한 대로 시장경제의 분석에서 정립된 한계효용의 이론은 공공지출에 적용할 때 현실성이 없다는 것이다. 예산에 있어서 자원배분문제

10) Allen Schick, "System Politics and System Budgeting," *Public Administration Review*, 29, No. 2, March-April 1969, p. 137.

11) V. B. Lewis, "Toward a Theory of Budgeting," in Lyden and Miller(eds.), *Planning Programming Budgeting,* Markham, 1972, pp. 223~245.

는 공통분모가 없는 여러 목적들간의 가치선호(value preference)의 문제라는 것이다. 따라서 자원배분에 있어서 가장 기본적인 것은 정치철학의 문제라는 것이다.[12] 경제적 접근방법은 인간의 기본적 욕구 같은 궁극적인 가치를 중심으로 공통분모를 개발해서 이것을 중심으로 자원배분에 있어서 우선순위를 결정할 수 있다는 것이다. 물론 상황에 따라서 우선순위를 쉽게 결정할 수 있거나 또는 목적이 구체성을 띨 때에 하위목표간의 우열을 쉽게 판별할 수 있는 경우가 많다. 예컨대 전후에는 재해복구비가 사회개발비보다는 우선성을 띠고 있다. 그러나 공공영역에서는 각 목적간에 우선순위를 결정할 수 없는 경우가 많다. 고속도로를 놓아야 할 것이냐, 아니면 구빈사업을 해야 할 것이냐는 쉽게 우열을 결정하기가 어렵다. 경제적 접근방법에서는 인간의 기본적 욕구라는 공통분모를 내세우고 있지만, 둘 다 인간의 욕구와 직결되어 있다.

여기서 L. V. Mises 같은 학자는 가치의 경제적 계산방법은 정부분야에서는 적용될 수가 없다고 주장하고 있다. 왜냐하면 정부의 활동이나 용역은 시장가격이 없게 때문에 이들의 효용도를 계산하는 방법이 없다는 것이다.[13] 경제적 접근방법의 옹호자인 V. B. Lewis도 이 경우를 구체적인 숫자(firm number)가 없는 상태라고 한다.[14] 뿐만 아니라 정부의 목표나 결과는 많은 경우에 계량화하기가 어려운데, 이 경우 가격을 부착시키기가 어렵다는 것이다.

(2) 정부역할에서 경제논리의 한계성

목표나 결과가 숫자로 표시되고 가격을 부착시킬 수 있다 할지라도 정부의 경우는 경제의 논리에 의해서만 자원을 배분할 수 없는 경우가 많다. 다시 말해서 정부는 이윤이 적거나 우선 당장은 손해나는 일도 해야 하는 경우가 많다. 특히 정부투자는 장기성을 띠거나 위험부담이 많다. 손해의 위험부담이 많다고 투자를 아니 할 수 없는 것이다. 특정의 지역에 투자를 하는 것이 경제성은 높을지 모르지만, 공평성이나 사회균형성을 생각해서 비경제적인 지역에 투자할 수 있는 것이 정부이다.

(3) 비용의 과다

경제적 접근방법은 시간·노력·돈·기술의 요구면에서 비용이 너무 많이 든다는 것이다. 모든 프로그램에 대한 계산작업이 가능하다고 할지라도 경제적

12) V. O. Key, Jr., *op. cit.*, p. 1143.
13) L. V. Mises, *Bureaucracy*, Yale University Press, 1944, p. 27.
14) V. B. Lewis, *op. cit.*, p. 231.

접근방법을 쓰게 되면 너무 많은 시간 · 노력 · 돈이 소요되고, 또 서류의 폭주 속에서 헤어나기가 어렵다는 것이다. 이러한 현상을 Bertram Gross는 '분석에 의한 마비'(paralysis by analysis)라고 표현하고 한다.[15] 보다 나은 대안을 선택하고자 여러 가지 요소들을 분석 · 검토하는 것은 좋을지 모르지만, 이것은 오히려 혼란·마비 · 현기증만을 불러일으킬지 모른다는 것이다.

제 4 절 각 접근방법의 보완성

우리는 지금까지 자원배분에 있어서 소비자선호의 접근방법, 정치적 접근방법 및 경제적 접근방법의 그 내용과 한계점을 검토하였다. 어떠한 접근방법이나 완전한 것도 없고, 그렇다고 무의미한 것도 없다는 것을 알았다.

여기서 Burkhead 같은 사람은 여러 가지 접근방법이 종합되어야 한다고 주장하고 있다. 어떤 프로그램에는 정치적 접근방법이 적합한가 하면, 다른 프로그램에는 경제적 접근방법이 더 적합하다는 것이다. 여기서 자원배분에는 접근방법의 다원성(multiplicity of approaches)이 가능하게 된다.[16] 경제적 접근방법을 옹호하고 있는 Allen Schick 같은 학자도 경제적 접근방법이 나오게 된 동기는 정치적 접근방법의 부족한 점을 보완하기 위해서 나온 것이지, 그것을 완전히 없애기 위해서 나온 것은 아니라고 말하고 있다.[17]

따라서 어떠한 접근방법이나 프로그램의 종류나 성격에 따라서 용도가 있고, 정책결정가의 예산결정에 도움을 준다.

우선 소비자선호의 이론을 볼 때에 이것을 공공영역의 자원배분에 그대로 적용시킨다는 것은 거의 불가능한 이야기이다. 그러나 예산이라는 것도 국민이 원하는 방향으로 사용되어야 한다는 대명제가 흔들리지 않는 한 소비자선호의 이론은 정책결정가, 특히 고위층에 시사하는 바가 크다. 일반국민은 예산문제에 그들의 구체적인 선호도를 표시할 수는 없지만, 그들이 기본적으로 무엇을 강하게 원하는가를 순서적으로 표시할 수는 있다. 특히 요즈음은 조사기법이 발달해서 국민들이 무엇을 원하는가를 쉽게 파악할 수 있다. 따라서 소비자선호의 이론은 정책결정가로 하여금 국민이 원하는 예산을 만드는 데 크게 도움을 주고 있다.

15) Bertram Gross, "The New System Budgeting," *Public Administration Review,* March 1969, p. 130.

16) J. Burkhead, *op. cit.,* p. 74.

17) Allen Schick, *op. cit.,* p. 146.

다음에 정치적 접근방법이 크게 사용되는 경우는 합리적인 계산체계로 가치의 우선순위를 결정할 수 없는 경우이다. 사회복지에 역점을 두어야 할 것이냐, 아니면 경제성장에 역점을 두어야 하느냐는 합리적인 계산체계나 수치로 간단히 판가름할 수 없다. 이러한 경우는 협상이나 타협 또는 설득으로 해결할 수밖에 없다. 또 프로그램이 필요도에 있어서 크게 변하지 않고 항시성을 띠고 있을 때에는 선례와 점증성을 존중하는 정치적 접근방법이 보다 적합하다고 할 수 있다. 다시 말해서 재정수요의 탄력성(elasticity of fiscal demand)이 적은 프로그램이나 사업에는 정치적 접근방법을 적용하는 것이 바람직하다.

끝으로 경제적 접근방법의 용도는 목표가 수치로 표시될 수 있을 때이다. 예컨대 경제성장을 목표로 하고 있을 때에는 자원을 농업에 할당하는 것이 이로운가, 아니면 공업에 사용하는 것이 이로운가를 비교적 쉽게 결정할 수 있다. 또 공업에 투자하기로 결정되었다고 하더라도 어느 지역에 투자하고, 어떤 원료와 시설을 사용하는 것이 이로운가를 쉽게 산정할 수 있다. 따라서 수치로 표시될 수 있는 목표가 설정되면 경제적 접근방법을 용이하게 적용할 수 있다. 또 경제적 접근방법은 목표가 정해졌을 때에 가장 비용이 적게 드는 대안을 탐색케 하는 데 크게 도움을 준다.

경제적 접근방법은 위에서 이야기한 대로 공공영역에서의 구체적인 수치의 부재로 실제적인 적용에서는 한계점이 많으나, 한계효용의 점감의 원리나 비용·효과의 비교기법은 자원의 합리적 사용을 추구하는 데 크게 기여하고 있다. 아무리 공공영역이지만 비용보다 적은 결과를 위해서 투자할 수 없다느니, 아무리 좋은 사업이지만 효용점감의 현상 때문에 너무 많이 투자하면 자원의 낭비를 가져온다는 정신은 그만큼 자원배분의 합리화와 효율화를 고취시켜 준다.

따라서 자원배분에 있어서 여러 가지 접근방법들은 상황에 따라서 선택적으로 사용될 수도 있고, 동시적으로 사용될 수도 있다.

제 3 장 예산과정

예산과정(budget process)은 예산안이 준비되어 의결과 집행을 거쳐 회계검사를 마칠 때까지의 전 과정을 말한다. 즉 예산안이 편성되어 그 집행에 대해서 책임이 해제될 때까지의 전 과정을 말한다.

예산과정은 사람에 따라서 예산절차(budget procedures) 또는 예산순환(budget cycle)이라고 불려지기도 한다. 흔히 예산 하면 1회계연도를 중심으로 1년주의를 생각하나, 예산과정은 예산안의 준비기간부터 회계검사와 결산기간까지 포함하고 있기 때문에 보통 3년이 걸린다고 지적되고 있다.[1)]

그러면 예산과정을 편성 · 집행 · 회계검사의 단계로 나누어 설명하기로 한다.

제 1 절 예산의 편성

예산편성은 정부가 국회에서 심의 및 확정되기 전의 1년 동안 국가 활동에 소요되는 경비를 추계하는 것이다. 편성과정이 아래에서 위로 올라가는 상향적(bottom-up) 편성이냐 아니면 위에서 아래로 내려가는 하향적(top-down) 편성이냐에 따라 상향적 편성과 하향적 편성으로 나누어진다.

Ⅰ. 상향적 편성

(1) 사업계획서의 제출

각 부처는 새로운 회계연도를 위해서 신규사업 및 기존의 주요사업을 중심으로 사업계획서를 작성해서 중앙예산기관에 제출한다. 중앙예산기관은 이를 예산편성기간 전에 검토한다. 이와 같이 사전에 검토하는 것은 주요사업의 예산조정

1) 沈定根, 現代財務行政論, 進明文化社, 1979, 203면.

을 미리 하고, 예산편성의 방향을 설정하며, 법정예산편성기간에 집중되는 업무량을 연간 평준화함으로써 예산편성업무를 효율화하자는 것이다. 사업계획서의 제출은 법정예산편성과정에는 포함되지 않으나, 실질적으로 예산편성에 많은 영향을 줌으로써 예산편성절차에 포함시킬 수 있다.

(2) 예산편성지침의 작성 및 시달

중앙예산기관은 예산편성지침을 만들어 국무회의심의를 거쳐 대통령의 승인을 얻어 중앙관서의 장에게 시달한다. 중앙예산기관은 예산편성지침을 만들 때에 단독으로 만들지 않고 관계되는 여러 기관들과 협의를 거쳐 만든다.

예산편성지침에 담겨진 내용들을 보면 국가예산운용의 기본방향, 예산편성의 기본방향, 경제성장의 예측, 물가상승률, 예산요구서작성요령, 세입세출예산과목, 단위원가, 참고 표 및 예산편성상의 기술적인 문제 등이다.

(3) 예산요구서작성과 표준예산제도

1) 예산요구서작성 각 부처는 편성지침에 따라 요구서를 작성한다. 각 부처의 요구액은 장·차관, 기획관리실장, 예산담당관, 각 국장들의 회의를 거쳐 확정된다.

그런데 문제가 되는 것은 관계부처가 예산요구액을 작성할 때에 중앙예산기관이 크게 삭감할 것이라고 미리 생각하고 필요한 액수보다 훨씬 많은 액수의 예산을 요구한다는 것이다. 물론 예산편성지침서는 예산요구의 한도액(ceiling)을 내려 보내지만 이것을 지키는 부서는 거의 없다. 이러한 예산의 과다 요구현상은 부처와 중앙예산기관에서만 일어나는 것이 아니라, 부처 내에서도 일어난다.

2) 표준예산제도 표준예산제도는 매년 경상적으로 지출되는 경상사무비는 특별한 사유가 없는 한 큰 변동이 없기 때문에 이러한 경비에 대해서는 예산요구서제출 전에 그에 대한 표준예산액을 시달함으로써 예산요구서작성과 사정에 시간과 노력을 절약하자는 것이다. 경상적인 경비에 신경을 쓰지 말고, 대규모의 투융자 사업의 심사에 많은 시간과 노력을 할당하라는 것이다. 이 제도는 경비의 기준단가화를 통해서 예산편성의 객관화를 기하자는 목적도 있다.

(4) 사정과 예산안 작성

사정은 각 부처에서 제출한 예산요구서를 중앙예산기관이 분석하고 소요액을 결정하는 행위이다. 사정의 원칙으로 들 수 있는 것은 다음과 같다.

첫째, 객관성과 공정성의 원칙으로 예산사정은 어느 한쪽에 치우치지 않고 공정하고 객관적으로 해야 한다는 것이다.

둘째, 정보화와 균형화의 원칙으로 사정기관이 예산신청기관이 제공하는 정보에만 의존하지 말고, 스스로 다각적으로 정보를 수집·확보해야 한다는 것이다.

셋째, 민주성의 원칙으로 사정은 공개적이고 대화와 타협으로 이루어져야 한다.

넷째, 집중검토항목 선정의 원칙으로 시간과 노력을 절약하기 위해서 예산항목 중에서 집중검토항목을 선정해야 한다.

다섯째, 부정적 영향의 고려 원칙으로 긍정적 효과뿐만 아니라 부정적 효과도 고려해야 한다는 것이다.[2)]

사정은 각 부처가 요구하는 예산액을 삭감하는 일인데, 한국의 경우는 예산요구서를 작성할 때부터 삭감당할 것을 각오하고 필요 이상의 요구액을 신청하기 때문에 사정과정에서 대폭적인 삭감이 일어난다.

사정이 끝나면 예산안 시안이 작성된다. 한국의 경우 예산안시안은 기획예산처장관, 재정경제부장관, 국무총리, 당정협의회를 거치면서 조정되고, 국무회의의 심의를 거쳐 대통령의 승인을 받아 정부의 예산안으로 확정된다.

한국의 경우 2004년까지는 상향적 예산편성제도를 채택하였다.

Ⅱ. 하향적 편성(총액배분 편성)

하향적 편성을 일명 총액배분 편성이라고도 한다. 한국은 2004년부터 재정개혁에 착수하여 2005년부터 본격적으로 하향적 편성제도를 도입 및 채택하고 있다. 위에서 설명한 상향적 편성방식은 각 부처가 개별사업을 중앙예산기관에 제출하고 이를 근거로 중앙예산기관이 조정하는 방식인데 반해, 하향적 편성은 국가 전체적으로 거시적인 예산배분의 우선순위를 정하고 이를 토대로 개별 부처에서 구체적인 사업을 결정하는 방식이다.

(1) 국가재정운용계획

국가재정운용계획은 한마디로 국가전체의 자원배분전략을 수립하기 위한 장기적인 정책방향을 정리한 계획이라 할 수 있다. 중앙예산기관이 단독으로 만드는 것이 아니라 관계부처, 민간전문가, 지방자치단체 등의 광범위한 참여와 토론

2) 이문영·윤성식, 재무행정론, 학현사, 1995, 93~99면 참조.

을 거쳐 국가적 공감대를 형성시키면서 최종적으로는 국무회의 토론을 거쳐 결정된다.

한국의 경우 1 월에서 3 월까지 재정운용계획이 작성되는데 이는 다음에 설명할 부처별 예산의 한도액(ceiling)을 경정하는 근거와 토대가 된다.

(2) 분야별 및 부처별 한도액 설정

중앙예산기관은 위에서 본 국가재정운용계획의 토대 위에서 여러 관계된 기관들과 협의하에 우선 분야별로 한도액을 정하고, 다음에 부처별로 한도액을 결정한다. 이러한 한도액 설정은 하향적 편성의 핵심을 이룬다. 각 부처는 자기에게 할당된 한도액 내에서 개별사업별로 예산요구액을 작성한다.

(3) 부처별 예산요구액 작성

중앙예산기관으로부터 예산한도액이 내려오면, 부처 내에서는 실, 국, 과별로 토론과 협의를 거쳐 사업별 예산요구액을 작성한다. 예산요구서를 작성할 시 과거와는 달리 많은 변화가 일어난다. 첫째, 하향적 편성방법에서는 장관이 자원배분의 출발점이 된다. 과거에는 실무자가 자원배분의 출발점이었다. 둘째, 예산요구액을 정할 때에 뻥튀기식 과다요구현상이 일어나지 않는다. 한도액이 정해져 있기 때문에 과다요구현상은 일어나기가 어렵다. 셋째, 실, 국, 과별로 서로 상대방의 사업에 관심을 가지며 경쟁관계가 벌어진다. 상향적 편성에서는 이웃의 부서단위가 얼마를 요구하든 별로 관심을 갖지 않았지만 하향적 편성에서는 미리 부처별로 한도액이 정해져 있기 때문에 상황이 다르다. 다시 말해서 이웃의 요구액이 커지면 내 것이 적어지기 때문에 관심과 경쟁이 벌어지지 않을 수 없다.

(4) 하향적 편성의 장·단점

1) 장 점 첫째, 무리한 과다요구 현상이 일어나지 않는다.

둘째, 중·장기적 계획과 예산 할당이 자연스럽게 연계된다.

셋째, 부처별로 주인의식을 가지고 사업계획을 수립할 수 있게 하여 자율성을 강화시켜 준다.

넷째, 보다 현실적이고 내실 있는 현장성을 반영한 사업계획을 수립할 수 있다. 부처가 담당하고 있는 사업계획은 해당 부처의 실무자들보다 더 잘 아는 사람은 없다. 여기서 보다 전문적이고 생산적인 사업계획이 수립될 수 있다는 것이다. 과거에는 중앙예산기관의 소수의 사정담당관들이 각 부처의 수많은 사업계획들을 검토하였기 때문에 전문성이나 현장성을 확보하기가 어려웠다.

다섯째, 예산에 대한 인식을 금액중심에서 정책이나 사업중심의 사고로 전환시킬 수 있다는 것이다.

2) 단 점 첫째, 부처별로 한도액이 정해져 자원배분시 제로 섬의 갈등관계가 치열해진다는 것이다.

둘째, 국가적 차원에서 꼭 해야 할 일인데 민원이 많거나 골치 아프고 하기 힘든 일에 대해서 예산을 줄이거나 회피해 버릴 가능성이 높다는 것이다.

제 2 절 예산의 심의

Ⅰ. 예산심의의 의의

행정부에 의해서 편성된 예산안은 국회의 심의를 거쳐 확정된다. 국민의 대표기관인 국회가 예산심의권을 가진다는 것은 국민주권의 원리면에서 당연하고, 행정부의 기능에 대해서 국회가 통제한다는 견제·균형의 원리면에서도 당연하다.

예산심의는 국회가 예산안을 심사·확정하는 행위이지만 나라마다 다르다. 예컨대 영국 같은 나라는 의회가 삭제·삭감권만 가지고 있지, 증액권은 가지고 있지 않다. 그런가 하면 미국은 삭제·삭감권은 물론 비목신설권과 증액권도 가지고 있다. 한국은 영국의 예를 따르고 있다.

또 의회의 예산심의권은 정치체제에 따라 다르다. 즉 정치체제가 대통령중심제냐, 아니면 내각책임제냐에 따라 다르다는 것이다. 대통령중심제국가에서는 예산심의가 항목별로 세밀하게 이루어지고 삭감·증액 등의 수정이 이루어지나, 내각책임제국가에서는 정책중심으로 예산심의가 이루어지고 예산안이 수정되는 일이 거의 없다.[3)]

그리고 의회가 단원제로 구성되어 있느냐, 아니면 양원제로 구성되어 있느냐에 따라 예산심의도 다르다. 단원제의 경우는 별 문제가 없으나, 양원제의 경우는 상·하양원이 동등한 권한을 가지고 있느냐, 아니면 하원이 우월한 권한을 가지고 있느냐에 따라 다르다. 미국의 경우는 상·하양원이 동등한 권한을 가진다. 일본의 경우는 하원이 약간 우월한 권한을 가지고 있다. 하원이 선의권을 가지고 있고 양원의 의결에 차이가 있을 때에는 양원합동회의에서 의결을 하는데, 이때 최종적

3) 朴英熙, 前揭書, 194면.

인 결정을 보지 못하면 하원의 의결을 의회의 의결로 본다. 또 상원이 예산안을 접수한 날부터 30일 이내에 의결을 하지 않으면 하원의 의결을 의회의 의결로 간주한다.

영국의 경우는 하원이 절대우월권을 가지고 있다. 상원은 30일간의 지연권만 가지고 있다.

한 가지 명기하여 둘 것은 의회가 예산심의권을 가지고 있다 할지라도 예산안을 전면적으로 수정하거나 개편할 수는 없다는 것이다. 미국 같이 비교적 엄격한 심의권을 가지고 있는 나라도 예산총액의 5% 이상을 수정할 수 없다. 우리 나라의 경우는 3% 이상을 수정할 수 없다.

예산이 기일 내에 의회에서 심의·통과되지 않을 때에 미국은 전년도예산을 답습하고, 일본은 잠정예산제를 사용하고, 우리 나라는 준예산제도를 채택하고 있다.

Ⅱ. 예산심의과정

우리 나라의 경우 예산심의과정은 정부수립 이후 오늘에 이르기까지 세 차례나 바뀌었다.[4] 여기서는 1983년 11월에 개정된 국회법에 따라 예산심의과정을 살펴보기로 한다. 그런데 동 개정된 국회법에 의해서 폐지되었던 상임위원회의 예산심사가 다시 부활됨으로써[5] 종래의 심의과정을 다시 찾게 되었다.

⑴ 대통령의 시정연설

예산안이 국회에 제출되면 대통령은 예산안의 기본골격, 당해 연도의 기본방향과 철학에 대해서 설명하고, 외교·국방·경제·사회 등 제 분야의 주요 정책에 대해서 언급한다.

⑵ 상임위원회의 예비심사

각 상임위원회는 소관별로 예산안을 심사한다. 예비심사는 부처의 장으로부터 예산의 제안설명을 듣는 것으로부터 시작된다. 상임위원회는 소속전문위원으로부터 예산안에 대한 검토를 보고받고 정책질의를 준비한다.

정책질의가 끝나면 부별심의에 들어간다. 부별심의나 계수조정을 위해서 상임위원회산하에 소위원회를 둘 수 있다.

---

4) 예산심의의 변천과정에 대해서는 上揭書, 196~211면 참조.

5) 1981년 1월 국회법의 개정으로 상임위원회의 예비심사가 폐지되었다가, 1983년 11월 국회법이 다시 개정됨으로써 동 위원회의 예비심사가 부활되었다.

(3) 예결특별위원회의 종합심사

예결특별위원회는 상임위원회에서 예비심사된 예산안을 상정하여 종합심사한다. 예결특별위원회는 상임위원회가 아니기 때문에 위원의 임기는 1년으로 끝난다. 동 위원회는 예산안이 제출된 직후 구성된다. 그 구성방법은 각 교섭단체 소속의원수의 비례에 따라 국회의장이 선임하되 각 상임위원회에서 3명씩 뽑도록 되어 있다.

예결특별위원회의 종합심사는 상임위원회의 예비심사를 토대로 진행된다. 국무총리의 의례적인 인사에 뒤이어 기획예산처장관은 정부의 역점사업을 중심으로 예산제안의 설명을 하게 된다. 이어서 예산안에 대해서 종합적인 질의가 벌어지고 이것이 끝나면 부별심사에 들어간다. 부별심사에서는 부처별로 질의・답변이 벌어진다. 부별심사가 끝나면 계수조정을 위해서 소위원회가 구성된다. 계수조정이 끝나면 예결위원회 전체회의를 열어 전체에 대한 찬반토론을 거쳐 채택여부를 결정한다. 대개의 경우는 소위원회의 안이 그대로 채택된다.

(4) 본회의의 의결・확정

예결특별위원회의 종합심사가 끝나면 예산안은 본회의에 상정된다. 예결위원장의 보고를 받고 찬반토론을 거쳐 예산안이 의결・확정된다. 예결위안이 본회의에서 수정되는 일은 거의 없다.

Ⅲ. 예산심의의 행태

예산심의에 참여하는 사람들은 자기들의 입장에 따라 행태가 달라진다. 이러한 행태유형을 설명하기 전에 미리 밝혀 둘 것은 일반적으로 의회는 예산결정과정에서 자기들의 권한이 계속 약화되어 왔다고 불평하고 있다. 특히 내각책임제의 경우는 더욱 그러하다. 의회의 권한이 약화됨에 따라 국고에 대한 감시자의 역할을 제대로 하지 못하고 있다고 스스로 한탄하고 있다.[6] 또 이들은 예산안을 면밀히 검토할 인적 자원도 없고, 시간도 없다는 것이다. 따라서 독자적인 판단이나 심사를 한다기보다는 정부예산안을 그대로 승인・통과시켜 버리는 역할밖에 하지 못하고 있다는 것이다. 품목별 예산이든 '덩어리째의 예산'(lump-sum appropriation)이든 어느 것도 의회에 만족스러운 예산통제권(budget control)을 주지 못하

6) Allen Schick, *op. cit.*, p. 167.

고 있다는 것이다. 다시 말해서 의회는 행정부의 예산집행권을 승인하여 주는 역할밖에는 하지 못한다는 것이다.[7] 이러한 제약된 범위 내에서 관계자들의 역할행태를 간단히 살펴보면 다음과 같다.

(1) 행 정 부

행정부는 예산심의에 공식적으로 참여하지는 못하지만 대통령의 시정연설, 국무총리의 인사, 기획예산처장관의 역점사업설명, 각 부처장관의 사업설명을 통해서 예산심의에 무시할 수 없는 영향력을 행사한다. 다시 말해서 본래 행정부의 예산안대로 의회에서 통과되도록 눈에 보이게 안 보이게 최선을 다한다.

(2) 여 당

여당은 행정부의 원안대로 통과시키려고 노력한다. 우리 나라의 경우는 전통적으로 행정부우월국가로서 이러한 경향이 유독 심하였다고 할 수 있다. 따라서 여당은 예산심의에 들어가기 전에 대통령에게 회계연도개시 전에 통과시키겠다고 미리 약속을 하고, 예산심의에 임하는 인상을 주어 왔다고 지적되고 있다.[8] 이러한 현상은 과거 수 차례에 걸친 변칙통과(야당의 방해를 피하기 위해서 장소를 옮겨 야밤에 통과시키는 행위 등)에서도 짐작할 수 있다.

(3) 야 당

야당은 예산심의가 대여투쟁이나 대정부투쟁을 벌이는 데에 유일한 기회라고 생각하고, 예산심의에 적극적이고 비판적인 입장을 가지고 임한다. 한국의 야당들은 예산을 정권의 연장수단으로 생각하고 예산심의에 임하였다고 지적되고 있다.[9] 다시 말해서 예산과 정권연장을 연결시키면서 예산투쟁을 벌였다는 것이다.

그리고 야당의원은 예산심의시에 예산안에만 한정되지 않고, 일반적인 정책문제를 들고 나와 정부를 공격하기도 한다.[10] 뿐만 아니라 야당의원은 이 기회를 이용해서 개인의 선전효과도 노린다.

야당은 예산안의 내용을 수정하려는 전략도 세우지만, 기한 내에 예산을 통과시키지 못하게 함으로써 협상의 이득을 취하려고 한다.[11]

7) 한국의 경우도 1965년 · 1972년 · 1974년만 제외하고는 1965년부터 1981년까지 행정부예산안에 대한 국회의 수정률은 1% 이내이다. 趙錫俊, 韓國行政學, 399면 참조.

8) 上揭書, 417면.

9) 姜信澤, "韓國國會의 豫算審議過程," 行政論叢, 第 12 卷 1號, 서울대행정대학원, 1974, 180면.

10) 朴英熙, 前揭書, 212면.

11) 趙錫俊, 前揭書, 419면.

그런데 예산심의과정에서 야당의원들은 당의 방침으로부터 일탈된 행위를 할 수도 있다는 것이다. 이러한 행위는 흔히 비공개의 막후교섭에서 일어나는데, 정치적 신념보다는 개인이나 선거구의 이익을 위해서 일어나게 된다.[12)]

(4) 상임위원회

상임위원회는 소관부처의 예산안에 대해서 호의적인 나머지 원안대로 통과시키려고 하거나, 경우에 따라서는 원안보다 증액해서 통과시키려고까지 한다. 이들은 상호간에 연대의식이 있어 상임위원회의 당해 소관부처의 대변인 노릇을 하려는 인상까지 주고 있다. 그러나 상임위원회의 소속위원들은 소관부처의 예산액을 삭감하려고 하지는 않지만, 선거구나 다른 요인을 의식해서 예산액의 내용을 재조정하려고 하는 경향은 있다.

상임위원회는 소관부처의 세출예산에 대해서는 호의적이지만, 세입예산에 대해서는 국민의 부담을 덜어 준다는 의미에서 오히려 삭감하려고 한다.[13)]

(5) 예산결산특별위원회

상임위원회가 세출예산심의에 있어서 증액지향적인데 반해, 예산위원회는 삭감지향적이다. 상임위원회가 소관부처와 연대의식을 가짐으로써 예산심의시 다분히 주관성을 가질 때에, 예결위원회는 어느 부처와도 연대의식을 가지고 있지 않기 때문에 예산심의시 객관적이고 중립적인 입장을 취한다.

예결위원회는 국민의 대표기관으로서 국민의 부담을 덜어 주어야 한다는 의식 속에서 행정부예산안에 대해서 삭감지향적이고, 또 지금까지 조금이나마 삭감해 온 것이 사실이다.

Ⅳ. 일괄총액예산

일괄총액예산(lump-sum budget)은 일명 총액승인예산이라고도 한다. 일괄총액예산은 한마디로 국회가 행정부로부터 제출받은 예산안에 대해서 총액만 의결하여 주고 총액의 범위 내에서 행정부가 자유롭게 사용하도록 하는 예산이다. 이러한 점에서 종전의 항목별 승인예산제도와 다르다. 행정부에서 국회에 예산안을 제출할 때에 그냥 총액만 제출하는 것이 아니고 품목별로 세부항목에 대한 정보

12) 朴英熙, 前揭書, 212면.
13) 趙錫俊, 前揭書, 422면.

를 같이 보내고, 또 국회에서 심의할 때에도 세부항목까지 검토 및 분석한다. 그러나 예산안을 의결할 때에는 세부항목까지는 의결하지 않고 총액만 의결한다. 그러나 아무리 자유롭게 사용되더라도 총액에 관련되는 용도에만 사용할 수 있지 다른 성격의 용도에는 지출할 수 없는 것이다.[14] 예컨대 부서운영비에 대해서 총액이 결정되면 그 안에서 자유로운 지출이 결정될 수 있지만 여기에 속한 돈을 다른 용도에 지출할 수는 없는 것이다.

일괄총액예산제도의 목적은 예산을 집행할 때에 통제위주에서 벗어나서 현실 상황의 변화에 절박한 수요변화에 민첩하게 대응하면서 효과성위주로 신축적 집행을 하자는 것이다. 그런데 여기에는 두 가지 문제점이 도사리고 있다. 첫째는 아무리 일괄총액예산이 결정되어도 중앙예산기관이 집행기관의 자유재량을 허용하지 않고 세부항목까지 통제하면 아무런 의미가 없는 것이다. 둘째는 집행기관의 방만한 지출이 일어날 가능성이 높다는 것이다. 물론 여기에는 성과측정제도 같은 제도를 도입하여 방만한 지출을 억제할 길은 있지만 그 위험성은 남아 있게 된다.

제 3 절 예산의 집행

Ⅰ. 예산집행의 의의

예산의 집행이란 국가의 수입·지출을 실행·관리하는 모든 행위를 말한다. 예산과정에서 제일 중요한 단계라고 할 수 있다. 집행은 단순한 수입·지출의 실행만이 아니다. 이는 예산과 결부된 국가의 목표와 사업계획을 성취하는 과정이라고 할 수 있다.

우리는 앞에서 예산의 기능을 설명할 때 이는 경제를 성장시키고 안정시키며 자원을 효율적으로 배분하고 빈부의 격차를 좁히는 형평성을 확보하는 역할을 한다는 것을 살펴보았다. 이러한 기능들은 편성에서부터 심의를 거쳐 집행에 이르기까지 고려된다. 다시 말해서 편성할 때나 심의할 때나 집행할 때 이러한 기능들을 고려하면서 한다는 것이다. 그러나 이러한 기능들의 달성도는 집행방법의 여하에 따라 크게 좌우된다는 것이다. 예산편성은 "어디에 얼마를 쓰라"는 것만 정하지 "누구에게 어떻게 쓰라"는 것은 집행과정에 맡긴다.[15] 여기서 집행과정이

14) 이문영·윤성식, 재무행정원론, 학현사, 1995, 113면.
15) 배득종, 新재무행정, 박영사, 1996, 375면 참조.

얼마나 중요한가를 알 수 있다.

그런데 예산집행에서 가장 문제가 되는 것은 서로 상반되는 두 가지 기준이 그의 준수를 요구하고 있다는 것이다. 하나는 입법부의 의도대로 재정통제를 하자는 것이고, 다른 하나는 예산성립 후에 여건이나 정세의 변화가 일어났을 때에 예산사용의 효율성을 올리기 위해서 집행상의 신축성을 갖자는 것이다. 전자는 행정부의 예산집행상의 행위를 통제하자는 것이고, 후자는 예산집행에 있어서 재량을 주자는 것이다. 양자는 상호배타적인 관계에 있어서 동시에 적용하는 것이 대단히 어려워 보이기도 하나 예산집행의 속성이 양자의 기준을 동시에 요구하고 있다. 행정부가 국회의 의도를 무시하고 마음대로 집행할 수도 없으며, 그렇다고 사정변경을 고려하지 않고 사전에 정해진 대로만 집행할 수도 없는 것이다.

Ⅱ. 집행상의 재정통제

⑴ 예산의 배정

예산의 배정은 자금을 특정기간(예컨대 분기별)으로 분할해서 할당·사용한다는 뜻이다. 따라서 자금할당, 자금계획 또는 예산집행의 실행계획이라고 하기도 한다.

배정은 다음의 절차에 의해서 이루어진다.

1) 중앙관서의 장은 사업운영계획에 맞추어 예산배정요구서를 작성하여 기획예산처장관에게 제출한다. 그리고 세입예산월별징수계획서와 세출예산월별지출계획서도 작성해서 기획예산처장관에게 제출한다.

2) 기획예산처장관은 각 중앙관서의 장으로부터 들어온 월별징수계획서와 월별지출계획서를 종합하여 전체 월별자금계획서를 작성한다.

3) 기획예산처장관은 각 중앙관서의 장으로부터 들어온 예산배정요구서와 자체에서 만든 월별자금계획서를 바탕으로 하여 분기별로 예산배정계획을 작성하고, 이를 국무회의의 심의를 거쳐 대통령의 승인을 얻는다.

4) 대통령의 승인이 나면 기획예산처장관은 분기별 배정을 각 중앙관서에 통지하고, 감사원장에게도 통지해야 한다. 아울러 기획예산처장관은 각 중앙관서의 장에게 월별지출한도액을 통지하고 한국은행에도 통지한다.

예산을 분기별로 배정하는 것은 자금이 일시에 집중적으로 지출되는 것을 막기 위해서이다. 그러나 그보다 중요한 것은 지출계획을 징수가능한 수입액과 균

형을 맞추기 위해서이다.[16)]

월별자금과 월별세입예산징수액과의 사이에 적자가 생기면 재정증권을 발행하거나 한국은행으로부터 단기차입하여 사용할 수 있고, 당해 연도 세입으로 이를 상환하여야 한다.

그런데 여기서 주의할 것은 예산배정은 집행상의 통제수단이며 동시에 신축성을 발휘하는 역할도 한다는 것이다. 의회에서 확정된 예산을 분기별로 할당하고 수입과 지출을 점검하며 지출한도액을 설정하여 초과지출이나 예산의 미집행을 방지한다는 의미에서 통제성을 지니고 있다. 그러나 상황의 변화에 따라 예산배정을 통해서 예산을 삭감할 수도 있고 증액할 수도 있다. 다시 말해서 계획의 달성이 불가능하다고 생각할 때에는 예산배정을 통해서 예산을 삭감할 수 있다. 그런가 하면 예산집행과정에서 특정사업의 예산이 증액될 필요가 있다고 생각하면 예산배정을 통해서 예산을 증액할 수가 있다. 이러한 경우 예산배정은 집행상에 있어서 신축성을 발휘하게 한다.

뿐만 아니라 사업의 우선순위가 뒤바뀌어 지출순위의 변화가 요구될 때에 예산배정을 통해서 사업수행의 완급을 조절할 수 있다.[17)] 이때에도 예산배정은 신축성을 발휘한다.

뿐만 아니라 위에서 설명한 정기배정 이외에도 긴급배정, 조기배정, 당겨배정, 수시배정, 감액배정, 배정유보 등이 있는데 이러한 것들은 집행의 통제보다는 신축성을 확보하기 위해서 마련된 것들이다.

⑵ 예산의 재배정

예산의 재배정은 배정된 범위 내에서 중앙관서의 장이 예하 각 기관에 다시 월별 · 분기별로 배정하여 주는 것을 말한다.

재배정제도의 목적은 중앙관서의 장으로 하여금 각 기관의 예산집행상황을 감독 · 통제하고, 재정적 한도를 엄수케 하려는 것이다. 자금사용을 보다 효율적으로 하기 위하여 중앙관서의 장은 배정된 자금을 전부 다 재배정하지 않고 일부를 유보할 수 있는데, 이는 거의 관례화되어 있다.[18)]

16) 李鍾益, 前揭書, 254면.
17) 이문영 · 윤성식, 前揭書, 149면.
18) 이종익, 前揭書, 255면.

(3) 보고 및 내부통제

각 중앙관서의 장은 지출원인행위보고서 기타 회계에 관한 보고서 등을 월별로 기획예산처장관에게 통보한다. 또 중앙관서의 장은 분기마다 사업집행보고서 및 기타 예산에 관한 보고서를 기획예산처장관에게 제출한다.

한편 중앙관서의 장은 각 예하기관에서 예산의 집행을 효율적이면서도 적법적으로 하고 있는가에 대해서 자체적으로 내부통제를 실시할 수 있다.

(4) 회계감사

예산의 집행에 대해서 사후통제이지만 가장 강력하고 본격적인 통제가 회계감사이다. 이는 다음 절에서 상세히 검토하겠다.

이 밖에도 사전감사(pre-audit)나 세출감시기구와 같은 통제수단이 있으나, 여기서는 그 설명을 생략하기로 한다.[19)]

Ⅲ. 집행상의 신축성

(1) 신축성의 필요성

예산은 국회에서 심의 · 결정된 대로 집행하는 것이 가장 바람직하나, 예산이 결정된 후에 제반사정의 변화로 집행상의 신축성이 불가피하게 요구된다. 특히 오늘날의 예산은 소극적인 기능뿐만 아니라 경제를 성장 안정시키고 소득을 재분배하는 적극적인 기능까지 수행하므로, 집행상의 신축성은 더욱 요구되는 것이다. 지출항목의 중요성이 바뀔 수도 있고, 인플레이션을 조장시킬 항목에 대해서 지출을 정지할 수도 있는 것이다.

신축성의 방안들을 보면 다음과 같다.

(2) 이 용

이용은 기관간 또는 장·관·항의 입법과목간의 예산의 유용을 말한다. 입법과목간의 유용이기 때문에 행정부의 재량으로는 할 수 없고 국회의 승인을 얻어야 한다. 국회의 사전승인을 얻어야 하기 때문에 이용실적은 미미하다고 볼 수 있다.

이용제도도 나라마다 다르다. 미국의 경우는 기관간의 이용은 허용되지 않으나, 기관 내의 항간의 이용은 한정된 범위 내에서 대통령의 승인을 얻어 허용된

19) 여기에 대한 설명으로는 上揭書, 256～259면 등을 참조할 것.

다. 그러나 영국의 경우는 민정비의 경우는 이용이 허용되지 않으나, 육·해·공군의 예산의 경우에는 대장성의 승인을 받아 이용이 가능하다.[20] 미국이나 영국의 경우는 이용이 부분적으로 허용되나, 그 대신 의회의 승인을 받을 필요가 없다.

우리 나라의 경우는 반드시 의회의 승인을 사전에 얻어야 하는데, 그 절차를 보면 다음과 같다.

예산의 이용이 필요한 중앙관서의 장은 이용을 필요로 하는 과목과 이유 및 금액을 명백히 기술한 서류를 기획예산처장관에게 제출하여야 한다. 기획예산처장관은 타당하다고 생각할 때에 국회의 승인절차를 밟는다. 국회의 의결을 받으면 당해 중앙관서의 장과 감사원장에게 통지하여야 한다.

(3) 전 용

전용은 행정과목인 세항, 세세항, 목간의 유용을 말한다. 행정과목간의 유용이기 때문에 행정부의 재량에 맡겨져 있다. 행정부의 재량에 속하지만 나라마다 다르다. 미국의 경우는 기관장의 자유재량에 속하나, 영국은 대장성의 승인을 받게 되어 있다.

우리 나라의 경우는 기획예산처장관의 승인을 얻도록 되어 있다. 그러나 행정과목이지만 봉급과 공공요금은 전용할 수 없게 되어 있다.[21]

중앙관서의 장은 전용이 필요한 경우 전용을 필요로 하는 과목, 금액, 그 이유를 기재해서 기획예산처장관에게 제출하여야 한다. 기획예산처장관이 승인을 할 때에는 전용명세서를 당해 중앙관서의 장과 감사원장에게 송부하여야 한다.

(4) 예산의 이체

이체란 정부조직법의 개정으로 직무와 권한의 소속에 변동이 생겼을 때에 해당 예산을 이에 따라 변동시키는 것을 말한다.

예산의 이체를 하고자 할 때에는 이체받을 중앙관서의 장과 이체하여야 할 중앙관서의 장이 협의하여 그 과목과 금액을 명백히 한 서류를 기획예산처장관에게 제출하여 그 승인을 받는다. 기획예산처장관은 승인사항을 해당 중앙관서의 장과 감사원장에게 통지한다.

---

20) 兪焄, 前揭書, 208~211면.
21) 豫算會計法施行令 제22조.

(5) 예산의 이월

예산의 이월은 다음 회계연도에 넘겨서 다음 연도의 예산으로 사용하는 것을 말한다. 한 회계연도의 예산은 회계연도독립의 원칙에 의하여 다음 연도에 넘겨서 사용할 수 없다. 따라서 예산의 이월은 '예산은 1년에 한한다'는 회계연도독립의 원칙에 대한 예외가 된다.

이월에는 명시이월과 사고이월의 두 가지 종류가 있다. 명시이월은 세출예산 중 연도 내에 그 지출을 필하지 못할 것이 예측될 때에 미리 국회의 승인을 얻어 다음 연도에 이월하여 사용할 수 있게 하는 것이다.[22)]

사고이월은 연도 내에 지출원인행위를 하고 불가피한 사유로 인하여 연도 내에 지출하지 못한 경비와 지출원인행위를 하지 아니한 부대경비의 금액에 한하여 인정하고 있다. 부대경비란 본사업의 완수에 부수적으로 들어가는 경비를 말한다. 사고이월은 당해 연도에 사업을 완료하려고 하였으나 불가피한 사고로 인하여 다음 연도에 넘겨 지출하는 것이니, 재차이월은 허용되지 않는다.[23)]

중앙관서의 장은 이월이 필요하다고 생각할 때에는 사항마다 그 사유와 금액을 기록한 이월명세서를 작성하여 다음해 1월 31일까지 기획예산처장관과 감사원장에게 송부하여야 한다.

(6) 계 속 비

계속비란 완성에 수년이 소요되는 공사나 제조 및 연구사업의 경우, 경비의 총액과 연부액을 정하여 미리 국회의 의결을 얻어 계속해서 지출할 수 있는 경비를 말한다. 따라서 계속비 역시 회계연도독립의 원칙에 예외적이다. 계속비는 당해 연도로부터 5년까지 계속된다. 그러나 당해 연도부터 매년의 연부액은 국회의 의결을 얻어야 지출할 수 있다.

계속비제도를 둠으로써 막대한 자금이 소요되는 대규모사업을 수년에 걸쳐서 추진 · 완성할 수 있게 되었다. 미국과 같이 다년도세출예산(multipleyear appropriation)이나 사업완료시까지 지출이 가능한 무기한세출예산(no-year appropriation)이 인정되는 나라에서는 계속비제도가 구태여 필요 없다.[24)]

수년이 소요되는 사업을 추진하려고 할 때에 해당 관서의 장은 이를 예산요구서에 계속비로 계상해야 한다. 계속비는 먼저 사업내용 · 소요기간(5년 이내)·

22) 예산회계법 제38조 제1항.

23) 朴英熙, 前揭書, 257면.

24) 上揭書, 259면.

소요금액을 산출한 다음 연도별로 사업량과 소요금액을 정하여 국회의 의결을 받는다.

⑺ 예 비 비

예비비는 예측할 수 없는 예산 외의 지출이나 예산초과지출에 충당하기 위해서 계상된 금액을 말한다.

예비비는 설치목적이나 그 특성으로 보아 다음과 같은 경우에는 그 사용이 허용되지 않는다고 생각한다.

1) 의회에서 부결된 용도이다.

2) 예산이 성립되기 전에 발생한 사태이다.

현재 예비비는 기획예산처장관이 관리한다. 예비비를 사용하고자 하는 중앙관서의 장은 그 이유·금액과 추산의 기초를 명백히한 예비비사용요구서를 작성하여 기획예산처장관에게 제출한다. 기획예산처장관은 이를 심사·조정하여 예비비사용명세서를 작성하여 국무회의의 심의를 거쳐 대통령의 승인을 얻는다.

예비비는 의회에서 총액으로 의결하여 주었기 때문에 사용한 다음에는 일반예산의 지출과는 별도로 국회의 승인을 받아야 한다.

예비비의 비율이 높을수록 예산집행의 신축성은 높아지나 의회의 재정통제권은 약화된다. 양자의 조화를 위해서 예비비는 세출예산의 2%를 넘지 않는 것이 좋다고 지적되고 있다.[25)]

⑻ 국고채무부담행위

국고채무부담행위는 법률에 의한 것과 세출예산금액 또는 계속비의 총액의 범위 내의 것 이외에 국가가 책임을 부담하는 행위를 말한다. 국가가 국고채무부담행위를 할 때에는 미리 예산으로써 국회의 의결을 얻어 놓아야 한다. 예컨대 2년 이상 대지나 건물을 임차계약하거나 외국인과의 고용계약을 체결할 때에 미리 국회의 의결을 얻어두어야 한다는 것이다.

국고채무부담행위는 회계연도 이후의 채무이므로 당해 연도의 예산과는 관계가 없다. 국고채무부담행위는 채무를 부담할 수 있는 권한만 부여받은 것이므로, 실제 다음 연도 이후의 지출에 대해서는 국회의 의결을 받아야 한다.

한국의 예산형식은 예산총칙, 세입·세출예산, 계속비, 명시이월비와 국고채무부담행위로 구성되어 있다. 따라서 국고채무부담행위를 하고자 하는 중앙관서

25) 上揭書, 263면.

의 장은 그 사항·금액 및 사유를 명백히한 국고채무부담행위요구서를 작성하여 예산요구서와 함께 기획예산처장관에게 제출해야 한다. 기획예산처장관은 타당성이 있다고 생각하면 당해 연도 예산안에 반영한다.

(9) 추가경정예산

예산의 집행시에 예상하지 못한 사태가 발생하여 앞에서 설명한 이용이나 전용으로 해결할 수 없을 때에 추가경정예산을 편성한다. 이때 추가경정예산은 집행상에 있어서 신축성을 유지하는 수단으로 역할을 한다.

Ⅳ. 집행상의 문제점

(1) 재정통제 위주의 예산집행

예산이 그 기능에 있어서 적극적 역할을 다하려면 그의 집행에 있어서 행정부에 보다 많은 재량권을 줄 것이 요구된다. 여기에서 의회가 예산의 액수만 정해주고, 집행은 행정부의 재량에 맡기는 총괄예산 같은 것이 논의된다.

그리고 다음으로 생각할 수 있는 것이 예산비목의 축소이다. 예산비목이 너무 세분화되어 있으면 집행상의 자율성이 그만큼 제약된다. 우리 정부는 1994년에 113개의 예산비목을 46개로 통·폐합하였다. 이로써 비목간 유용할 때마다 기획예산처와 협의해야 할 부담이 줄어들었다. 그만큼 집행부서의 자율성이 신장되었다.[26)]

우리 나라의 예산집행은 통제위주의 집행이라고 할 수 있다. 신축성을 위한 제도가 마련되고 있으나 거의 실효성이 없는 제도이다. 이용은 의회의 의결을 얻어야 하기 때문에 엄밀한 의미에서 행정부에 재량권이 부여된 신축적인 제도라고 할 수 없다. 이체 역시 권한과 직무에 따라 예산이 변동하는 것으로 당연한 현상으로써 특별히 신축성이 있는 제도라고 하기 어렵다. 그리고 다른 제도들도 그 운영의 절차가 너무 까다로워 실효성이 적다.

(2) 집행의 집중현상

'주어진 예산은 다 써야 한다'는 생각이 행정각부에 팽배하여 집행하지 않았던 예산도 연도 말에 가서 다 집행하려고 하여 예산집행의 편중현상이 일어난다.[27)]

---

26) 배득종, 前揭書, 512면

27) 趙錫俊, 前揭書, 435면.

당해 부서는 예산을 집행하지 않고 반납하거나 차기연도로 이월시키면, 다음 연도에 예산이 그만큼 삭감되리라고 생각하여 집행하지 않아도 될 예산을 연도 말에 가서 무리하게 집행함으로써 예산의 낭비를 초래하게 한다. 여기서 단년회계주의가 아닌 다년회계주의가 논의되게 된다.

(3) 자금공급의 적시성문제

배정된 자금을 그때 그때 집행하려면 공급이 적시에 확보되어야 한다. 자금공급이 적기에 일어나지 않으면 사업계획의 집행이 지연되는 경우가 발생한다.[28] 여기에 대비해 재정증권발행제도가 실시되고 있으나, 이것 역시 그만큼 이자를 부담하기 때문에 문제점이 있다. 여기서 각 회계의 세입을 통합·운영하는 방안이 검토될 수 있다.

(4) 집행상의 변칙지출

변칙지출이란 애초에 정해진 항목에 지출되기는 하나 사실은 그 돈이 다른 목적으로 사용되고 있는 경우이다. 예컨대 여비로 계상된 예산이 당해 항목으로 지출은 되지만, 사실은 공무원의 생활비보조로 쓰여지는 경우이다.[29]

제 4 절 결 산

I. 결산의 의의

결산은 일회계연도 내에 있어서 세입예산의 모든 수입과 세출예산의 모든 지출을 계수로 표시하는 것이다. 결산은 행정부가 입법부의 의도대로 예산을 집행하였는가를 사후적으로 감독하는 것이기 때문에 이것은 행정부의 책임을 해제시켜 주는 역할을 할 뿐만 아니라 감사원의 감사권을 발동시켜 주는 역할을 한다.[30]

결산은 어디까지나 사후감독이기 때문에 위법적 지출이나 부당한 지출이라고 해서 무효로 하거나 취소할 수 없다. 따라서 법률적 의의보다는 역사적이요 정치적 의의가 더 크다고 할 수 있다. 그래서 그런지 결산은 의례적이요 형식적인 성격을 다분히 띠고 있다.

---

28) 李鍾益, 前揭書, 264면.
29) 朴英熙, 前揭書, 280면.
30) 兪焄, 前揭書, 237면.

결산은 예산집행의 실적이기 때문에 예산과 일치하지 않는 것이 보통이다.

Ⅱ. 세입 · 세출결산서의 작성

예산의 집행이 끝나면 각 중앙관서의 장은 그 소관에 속하는 세입 · 세출의 결산보고서, 계속비결산보고서 및 국가의 채무에 관한 계산서를 작성하여 기획예산처장관에게 제출한다.[31)]

세입결산보고서는 i) 세입예산액, ii) 징수결정액, iii) 수납액, iv) 불납결손액, v) 미수납액을 포함한다.

세출결산보고서는 장·관·항·세항·목별로 i) 세출예산액, ii) 전년도이월액, iii) 예비비사용액, iv) 전용 등 증감액, v) 수입대체경비의 초과지출액, vi) 예산현액, vii) 지출액, viii) 익년도이월액, ix) 불용액을 포함한다.

기획예산처장관은 각 중앙관서의 장이 제출한 보고서를 종합하여 세입 · 세출 전체의 결산서를 작성하여 국무회의의 심의를 거쳐 대통령의 승인을 받는다. 이어서 정부는 총결산과 필요서류를 익년도 6월 10일까지 감사원에 송부하여야 한다.[32)]

Ⅲ. 결산의 확인

결산의 확인은 감사원이 한다. 감사원은 예산의 집행을 중심으로 결산의 합법성과 적확성을 검사하고 확인한다. 절차상 감사원의 검사가 국회의 결산심사에 선행한다. 그러나 위에서도 이야기하였지만 과거의 수입과 지출을 대상으로 하는 까닭에 결산이 비합법적이고 부적확하다 하더라도 무효로 하거나 취소할 수는 없다.

Ⅳ. 결산의 심사

감사원은 결산의 검사가 끝나면 기획예산처장관에게 송부하여야 하고, 정부는 당해 세입세출결산서를 익년도 정기국회 초에 제출해야 한다. 결산의 심사도 예산심의와 같이 소관 상임위원회에서 먼저 하고, 다음에 예산결산특별위원회의 종합심사를 거쳐 본회의에 상정된다.

31) 豫算會計法 제42조.
32) 예산회계법 제44조 제 1 항.

V. 결산의 문제점

위에서도 이야기하였지만 결산은 사후감독이라는 점에서 다분히 형식적이고 정치적이다. 그래서 그런지 미국 같은 나라는 결산제도를 채택하고 있지 않다.

내실성이 없는 결산제도는 아예 없애거나, 아니면 결산위원회를 독립시켜서 철저히 결산을 심사하거나 하여야 할 것이다. 현재 결산과정에 대하여 국회의원들은 아무런 흥미와 관심을 보이지 않고 있다.[33]

제 5 절 회계검사

I. 회계검사의 의의

회계검사란 행정부가 예산을 합법적으로 집행하였는가를 확인·검증하는 행위를 말한다. 따라서 회계검사는 결산과 더불어 예산과정의 최종과정이다.

회계검사도 예산기능변화에 따라 변화되어 왔다. 예산이 통제정향성을 띠고 있었을 때에 회계검사는 지출의 적법성에 검사의 초점을 두었지만, 관리 또는 기획정향성을 띠게 되었을 때에는 지출의 효과성에 검사의 초점을 두었다.

Thomas D. Lynch는 현대적 의미의 회계검사란 지출의 적법성, 관리의 효율성, 그리고 프로그램의 효과성까지 확인하는 행위라고 설명하고 있다.[34]

흔히 회계검사는 다음과 같은 특징을 가지고 있다고 지적되고 있다.

첫째, 회계검사의 대상은 회계기록이다. 여기서의 회계기록이란 회계장부만 이야기하는 것이 아니라 회계와 관계 있는 모든 기록을 의미한다.

둘째, 이러한 회계기록은 타인이 작성한 것이어야 한다. 회계검사는 기장자 이외의 제 3 자에 의해 행하여진다.

셋째, 회계기록이 각 거래를 적절하게 해석하고, 그 경제적·법률적 사실을 진실하게 표시하고 있는가를 검증한다.

넷째, 회계검사는 회계기록의 적부에 관한 비판적 검증이다. 기록의 정부를 결정하거나 불명확한 사실을 명백히하는 것이 회계검사가 아니며, 회계검사에 있어서는 검증결과에 대한 검사인의 의견이 표시되어야 한다.

---

33) 兪焄, 前揭書, 245면.

34) Thomas D. Lynch, *Public Budgeting in America*, Prentice-Hall, 1979, p. 181.

이러한 특질을 가진 회계검사는 지출의 합법성만을 강조하는 소극적인 회계검사라고 지적되기도 한다.

Ⅱ. 회계검사의 종류

⑴ 서면검사와 실지검사

서면검사란 각 기관에서 제출된 서류를 통하여 검사기관이 회계를 검사하는 것을 말한다. 한국의 경우 감사원규칙에 따라 감사원의 요구가 있으면 피검사기관은 계산서·증거서류·조사 등의 서류를 제출해야 한다.

실지검사는 검사기관이 직원을 현지에 파견하여 검사하는 것을 말한다. 검사원의 회계검사는 서면검사가 주이고 실지검사는 보충적이다.

⑵ 사후검사와 사전검사

사후검사는 지출이 행하여진 후에 그 지출의 위법 및 부당사항을 검사하는 것으로 대부분의 국가는 사후검사만 하고 있다. 우리 나라도 마찬가지이다.

사전검사는 지출이 있기 전에 법령의 규정에 의하여 미리 지출의 합법성을 승인하는 것으로, 이 승인이 지출의 요건이 되게 한다. 미국·대만 등은 사전검사제를 채택하고 있다.

⑶ 일반적 검사·상업식 검사·종합적 검사

일반적 검사(general audit)는 공기업을 제외한 정부기관의 공금관리를 맡고 있는 공무원의 개인적 책임을 기초로 하여 행하여진다. 일반적 검사는 회계직공무원의 수입과 지출의 타당성을 결정하는 것이다. 불법·부당한 수입과 지출이 있을 때에는 개인적 책임을 추궁하여 부당지출액을 반환시킨다.

상업식 검사(commercial-type audit)는 민간기업에 공인회계사를 초청하여 행하는 검사와 마찬가지로 공기업에 적용되는 검사이다. 재정기록의 정확성과 타당성을 확인하고 대차대조표상의 손익을 확인한다.

종합적 검사(comprehensive audit)는 각 기관의 프로그램·절차·기법 등을 검토하여 과연 각 기관이 자원을 합법적이면서도 능률적으로 운영하고 있느냐를 검사하는 것이다.

(4) 정밀검사와 발취검사

정밀검사(detailed audit)는 일명 전면검사라고도 하는데, 모든 수입과 지출을 상세하게 검사하는 것이다. 정부의 기능이 확대되고 업무량이 증가함에 따라 정밀검사는 사실상 어렵게 되었다.

발취검사(test audit)는 모든 수입과 지출을 일일이 검사하는 것이 아니고 표본을 추출하여 선택적으로 검사하는 것을 말한다.

Ⅲ. 검사결과의 처리

(1) 변상판정

검사의 결과 회계관계직원이 국가의 재산을 망실·훼손하였을 때에는 변상책임의 유무를 심리·판정한다. 변상의 책임이 있다고 생각할 때에는 변상책임자·변상액 및 변상의 이유를 명백히한 변상판정서를 작성하여 이를 해당기관의 장에게 송부한다.

(2) 징계 및 문책처분의 요구

징계의 사유에 해당하면 당해 공무원에 대한 징계처분을 징계권자에게 요구할 수 있다. 징계규정의 적용을 받지 않는 자로서 문책사유에 해당하면 감독기관의 장에게 문책처분을 요구할 수 있다.

(3) 시정 등의 요구

검사의 결과 위법 또는 부당하다고 인정되는 사유가 있을 때에는 소속장관 또는 감독기관의 장에게 시정을 요구할 수 있다.

(4) 개선요구

검사의 결과 법령·제도 및 행정에 관하여 개선을 요한다고 인정할 때에는 국무총리·소속장관 및 감독기관의 장에게 그 개선을 요구할 수 있다.

(5) 고 발

검사결과 범죄혐의가 있다고 인정할 때에는 이를 수사기관에 고발할 수 있다.

Ⅳ. 회계검사의 문제점

(1) 회계검사는 지출의 합법성에 역점을 두기 때문에 예산의 적극적인 역할을 저해하고 있다는 것이다. 다시 말해서 예산사용의 요식성과 적법성만을 따지기 때문에 예산사용의 효율성과 정면으로 모순된다는 것이다. 회계검사는 예산이 정해진 절차와 형식을 갖추면서 지출되었는가만을 따지지, 그 예산이 사용됨으로써 어떠한 효과를 가져왔는가에 대해서는 별로 관심이 없다. 이러한 회계검사는 행정의 역할을 위축시키고 소극적인 방향으로 몰고 간다.

(2) 아무리 철저하게 적법성의 입장에서 회계검사를 하더라도 부당한 지출이나 낭비를 막을 수는 없다는 것이다.[35] 즉 회계공무원이 마음만 먹으면 얼마든지 지출의 합법성이나 형식적 요건을 갖추어 놓고 예산을 부당하게 사용할 수 있다는 것이다.

(3) 예산사용의 신축성을 막고 있다. 사회・경제적 사정의 변화는 예산사용의 변화도 요구하고 있다. 예산사용을 미리 세밀하게 규정해 놓고 여기에 따른 지출만 고집한다면, 오히려 예산의 낭비를 초래시킨다. 따라서 회계검사에서 지나치게 형식이론에 입각한 합법성의 강조는 예산의 효율적 사용을 억압하고 있다.

(4) 합법성위주의 회계검사는 예산사용으로 국민이 어떠한 혜택을 입게 되었는가를 측정하거나 파악하지 못하게 한다. 다시 말해서 예산사용에 대한 비용・효과의 분석을 불가능하게 한다.

제6절 직무감찰

엄격히 말해서 직무감찰은 예산과정에 포함되지 않는다고 할 수 있다. 그러나 우리 나라 감사원은 회계검사뿐만이 아니라 직무감찰도 담당하고 있고, 최근에 와서는 회계검사와 직무감찰이 접근하는 경향도[36] 있어 본장에서 다루기로 한다.

Ⅰ. 직무감찰의 의의

직무감찰은 공무원의 비위를 시정・방지하고 행정운영의 개선에 기여하는

35) 兪焄, 前揭書, 247면.
36) 上揭書, 270면.

행정의 내부통제라고 할 수 있다. 따라서 직무감찰의 목적은 행정운영의 개선이라고 할 수 있다.

직무감찰은 의회에 소속되어 있는 경우도 있고 행정부에 소속될 수도 있다. 행정부에 소속되어 있는 경우도 우리 나라나 대만 같이 회계검사와 직무감찰이 하나의 기관에 통합되어 있을 수도 있고, 일본처럼 회계검사기관과 분리되어 행정관리청에 소속되어 있는 경우도 있다.

Ⅱ. 회계검사와 직무감찰의 차이[37)]

(1) 목적면에서 다르다. 회계검사는 의회의 재정통제권의 일환으로 출발하였으나, 직무감찰은 관리들의 비위를 규찰하는 데 근원적인 목적이 있었다.

(2) 지위면에서 다르다. 대부분의 경우 회계검사기관은 헌법기관인데 반해서, 직무감찰기관은 헌법기관이 아니다.

(3) 독립성의 면에서 차이가 있다. 회계검사기관은 영미형(의회소속형)이든 대륙형(행정부소속형)이든 인사규칙, 회계면에서 독립성이 강하나 직무감찰은 이에 비해서 독립성이 약하다. 직무감찰기관은 다른 정부기관과 동일한 지위를 누리는 경우가 많다.

(4) 대상기관이 다르다. 회계검사는 국가예산을 사용하는 모든 기관을 대상으로 하기 때문에 행정부·입법부·사법부와 예산지원을 얻어 운영되는 모든 공기업과 공공단체를 포함한다. 그러나 직무감찰은 행정의 내부통제의 수단이므로 입법부와 사법부를 제외하는 것이 상례이다. 공기업이나 국가에 의해서 임원이 임명되는 단체는 직무감찰의 대상이 된다.

(5) 감사내용이 다르다. 회계검사는 합법성을 강조하고, 회계책임과 관련이 없는 것은 추궁할 수 없고, 적극적인 행위를 요구할 수 없다. 그러나 직무감찰은 시정방지에 그치지 않고 새로운 행정조치와 행정운영의 개선을 요구할 수 있다.

Ⅲ. 회계검사와 직무감찰의 균형적 접근

근년에 와서는 미국이나 독일에서도 양자를 접근·조화시키는 데에 노력을 기울이고 있다. 미국의 경우는 전통적인 합법성위주의 검사를 지양하고 종합검사

37) 上揭書, 272~276면.

를 강조함으로써 예산의 효율적 사용에 검사의 초점을 맞추고 있다. 독일은 회계검사원장이 행정능률위원회 위원장을 겸임케 하여 양자의 조화를 모색하여 왔다.

우리 나라의 경우는 감사원의 기능이 회계검사에 편중되어 온 것이 사실이다. 앞으로는 직무감찰을 강화시킴으로써 양자의 균형적 발전을 꾀할 것이 요구된다. 직무감찰을 강화 · 발전시키는 방안으로 평가제도의 개발을 들 수 있다.

제 7 절 정책감사

Ⅰ. 정책감사의 의의

정책감사는 글자 그대로 피감사기관의 정책을 감사하는 것이다. 정책의 잘잘못을 사후적으로 따져 보고, 그것의 시정을 촉구 · 유인 · 강제하는 활동이라고 할 수 있다. 즉 정책감사(policy audit)는 정책평가를 감사원이 감사적 차원에서 실시하는 것을 이야기한다.[38] 우리는 앞에서 정책평가를 다룰 때에(제 5 편 제 4 장) 정책평가는 여러 기관에 의해서 다루어질 수 있다는 것을 시사한 바 있다. 정책평가는 정책을 결정하고 집행한 당해 행정기관에 의해서 실시될 수도 있고, 국민의 여론을 통해서 실시될 수도 있고, 공기업의 실적평가처럼 전문가로 구성된 위원회에서 실시될 수도 있다. 이러한 정책평가를 감사원에서 실시할 때에 이를 정책감사라 한다.

위에서 설명한 회계검사는 정해진 예산이 소정의 절차를 밟아서 법규대로 집행되었는가를 확인하는 것에 초점을 두기 때문에 소극적인 성격을 벗어나지 못하고 있다. 직무감찰의 경우에도 대부분이 비위사실의 적출에 치중하다 보니 역시 소극적인 성격에서 벗어나지 못하고 있다. 이러한 적법성과 요식성 위주의 감사는 행정운영의 경직성을 최촉한 것이 사실이다. 회계검사나 직무감찰은 행위의 적법성과 요식성만을 따지기 때문에 특정의 정책이나 사실이 국민에 대해서 어떠한 영향을 끼쳤는가에 대해서 별로 관심이 없다. 여기에서 감사기능의 폭이 넓혀질 것이 요구된다. 감사는 회계기록이나 지출의 적법성 또는 비위사실의 적발뿐만 아니라 정책전반에 대한 평가작업도 수행해야 한다는 것이다. 다시 말해서 지출은 경제적으로 사용되었으며, 정책이나 사업의 집행으로 국민이 어떠한 혜택을 보았느냐도 따져야만 행정의 목표인 공익과 사회후생을 확보할 수 있다는 것이

38) 鄭正佶, "政策監査의 槪念," 監査, 監査院相助會, 1986. 3, 봄호, 34면.

다.[39] 특히 오늘날의 국가는 여러 가지 사업과 프로그램을 통해서 국민 전체에게 혜택을 주는 복지국가를 표방하고 있다. 국가가 추진하는 사업이나 프로그램이 국민에게 어떠한 영향을 주고 있느냐를 감사의 차원에서 평가하겠다는 것은 복지국가의 내실을 다지겠다는 뜻으로 해석된다.

Ⅱ. 정책감사의 범위

정책의 감사의 대상이 될 때 어디에서 어디까지가 감사의 대상이 될 수 있느냐가 정책감사의 범위문제이다. 정책 전체가 감사의 대상이 될 수 있다는 입장이 있는가 하면,[40] 감사의 범위를 좁혀 정책효과의 과정적 요소만을 감사의 대상으로 삼자는 의견도 있다.[41] 본서는 절충적 입장을 취하기로 한다. 정책의 방향을 제시하는 가치전제(value premise)나 정책평가업무는 감사의 범위에서 제외하는 것이 옳다고 생각한다. 감사의 대상이 되는 정책의 측면을 살펴보면 다음과 같다.

(1) 정책의 목표

정책의 목표는 달성하고자 하는 바람직한 상태이다. 정책의 목표는 가치성을 내포하고 있기 때문에 감사의 차원에서 평가하기는 어렵다. 그러나 이것의 적절성(appropriateness)·충분성(adequacy)·실현가능성(feasibility)은 감사의 대상이 될 수 있다.[42] 적절성은 문제해결을 정책목표로 삼았을 때에 그 목표가 문제해결에 적합하냐를 따지는 것이다. 예컨대 실업문제를 해결하기 위해서 세운 로봇 제조산업은 결과적으로 실업문제해결에 도움이 되지 않을 수 있다. 충분성은 문제의 해결을 어느 정도로 할 것이냐로서 증산의 목표를 전년의 1%상승으로 잡았다면 충분성의 기준에 미흡하다고 할 수 있다. 실현가능성은 목표의 성취가능성을 이야기하는 것인데, 이것은 물리적으로 불가능한 것뿐만 아니라 상식적인 면에서 불가능한 것도 포함된다. 완전고용목표는 물리적으로도 불가능하지만 또 고용증대를 핑계로 적자운영의 공장을 세우려고 하면 상식적인 면에서도 불가하다.

---

39) 鄭用德, "政策監査," 監査, 監査院相助會, 1985. 3, 창간호, 41면.
40) 鄭正佶 교수나 鄭用德 교수는 감사의 범위를 크게 잡아 정책전반이 감사의 대상이 되어야 한다고 생각한다. 兩教授의 前揭論文 참조.
41) 金明守, "政策監査制度의 발전방향," 監査, 監査院相助會, 1986. 9, 가을호, 27면.
42) 鄭正佶, 前揭論文, 38~39면.

(2) 정책의 효과성과 능률성

정책의 효과성을 정책의 집행으로 의도했던 혜택이 대상집단에서 얼마나 일어났느냐를 따지는 것이다. 그런데 효과성을 따질 때에는 기본효과·파급효과는 물론 예기치 않았던 역효과도 따져야 한다.

능률성은 목표성취를 위한 집행과정에서 경제적인 방법을 동원하였느냐를 따지는 것도 포함되지만, 결과적으로 나타난 편익과 비용의 비교가 대종을 이루고 있다.

(3) 정책절차에 대한 감사

여기서는 주로 정책결정이 민주적인 절차를 밟아 수립되었느냐를 따지는 것이다. 따라서 정책결정과정이 민주적 절차를 밟았느냐의 여부는 감사의 대상이 된다. 특별정책에 이해관계가 걸려 있는 사람들에게 참여의 기회를 주어 그들의 의견을 개진할 기회를 주었느냐의 여부는 감사의 대상이 된다.

(4) 공평성에 대한 감사

어떤 정책이 결정에서 집행에 이르기까지 특정사람들에게 편파적으로 혜택을 주거나 또는 반대로 손실을 준다면, 이는 감사의 대상이 된다. 정책의 혜택이 불공평하게 특정의 계층이나 지역에 편중되거나 혜택을 받아야 할 사람들이 소외되었다면 감사의 대상이 된다.

(5) 일관성에 대한 감사

정책은 큰 정책(big policy)에서부터 작은 정책(small policy)에 이르기까지 여러 가지가 있다. 국정이념이나 통치이념은 큰 정책에 속하고, 각종의 프로그램은 작은 정책에 속한다 그런데 큰 정책과 작은 정책은 일관성을 유지하고 있어야지 모순성을 지니고 있으면 안 된다. 농민의 소득증대를 표방하면서 저렴한 농산물을 수입하는 정책을 세우면, 이는 앞뒤가 맞지 않는 정책으로 감사의 대상이 된다.

(6) 정책의 집행과정에 대한 감사

여기서는 집행이 설계된 대로 이루어졌느냐에 대한 감사이다. 계획된 대로 인력과 자금이 동원·투입되었는지, 작업의 우선순위가 지켜졌는지, 작업이 스케줄대로 집행되었는지에 대한 감사이다.

Ⅲ. 정책감사결과의 처리

회계검사나 직무감찰의 결과에 대한 처리는 비교적 용이하다. 왜냐하면 판정에 있어서 객관성을 유지하기가 쉽기 때문이다. 그러나 정책감사에 있어서는 판정에 있어서 객관성을 유지하기가 어렵기 때문에 그만큼 결과처리도 어렵다. 따라서 회계검사나 직무감찰의 경우보다 정책감사는 그 결과처리를 신중하게 하여야 한다. 회계검사나 직무감찰의 결과가 법적 수준에서 처리될 때 정책감사의 결과는 정치적 수준에서 처리되어야 한다. 감사의 결과를 사회에 공개하거나 행정수반에게 보고하면 정치적 처리의 좋은 예가 될 것이다.[43]

---

43) 鄭用德, 前揭論文, 44면.

제 4 장　예산제도의 발달과정

역사적으로 볼 때에 예산제도는 품목별예산 · 성과주의예산 · 계획예산 · 영기준예산의 순서를 밟으면서 발달하여 왔다. 발달의 순서를 밟아 각 예산제도를 검토하여 보기로 한다.

제 1 절　품목별예산

I. 품목별예산의 내용

품목별예산(itemized budget)은 지출의 대상(objects of expenditure)인 급여 · 여비 · 수당 · 시설비 등으로 표시한 예산을 말한다.

행정부의 역할을 통제하고 행정부가 의회의 의도대로 예산을 지출하였는가를 감독하는 데에 안성맞춤의 제도라고 할 수 있다. 품목별예산제는 1930년대까지 그 위력을 떨쳤는데, 어느 나라나 이 무렵의 관심은 예산과정에서 부정의 지출, 낭비의 지출 및 목적 외의 지출을 막는 것이었다. 이러한 지출을 방지하기 위해서는 지출의 대상인 품목을 명확하게 세분화하는 수밖에 없다고 생각하였다.

한마디로 품목별예산제는 정부가 구입하는 물품이나 서비스에 치중하는 예산으로서 그 주된 요소는 i) 기관별예산, ii) 기관의 운영과 행정작용에 소요되는 품목의 나열, iii) 소요경비와 그 품목별 내용의 금전적 표시라고 할 수 있다.[1)]

II. 품목별예산의 효용성

(1) 품목별예산의 가장 두드러진 장점은 회계책임을 명확히하고 회계검사를

1) Burkhead, *Government Budgeting*, John Wiley and Sons, 1956, p. 125.

용이하게 한다는 것이다. 즉 지출대상별로 책정된 금액을 집행하였는가를 쉽게 검사할 수 있다.

(2) 어떠한 예산제를 채택하나 품목별예산제는 필수적으로 병용되어야 한다. 왜냐하면 예산의 최종적인 지출은 인건비·물건비 등으로 이루어지기 때문이다. 이러한 이유로 어느 나라에서나 현재까지 품목별예산제를 버리지 못하고 있다.

Ⅲ. 품목별예산의 문제점

(1) 예산의 적극적 역할을 이해하는 데에 도움을 주지 못한다. 예산의 기능을 설명할 때에 이야기한 대로 현대의 예산은 소극적인 역할뿐만 아니라, 국민경제에 영향을 주는 전략적 수단으로도 사용되고 있다. 품목별예산은 이러한 기능을 이해하는 데에 전혀 도움을 주지 못한다.

(2) 품목별예산제는 어느 품목에 얼마나 쓰여지는가는 명확히 밝혀 주어도 누구를 위해서 무엇 때문에 쓰여지는가에 대해서는 전혀 가르쳐 주는 바가 없다. 다시 말해서 정부가 어떤 사업을 추진하고 있고, 그 사업을 통해서 국민이 어떤 혜택을 받게 될 것인가에 대해서 아무런 정보도 주지 못한다.

(3) 예산집행에 있어서 신축성을 용인하지 않으려고 한다. 품목별예산은 회계책임의 명확성을 강조하는데, 이것은 그만큼 집행상의 신축성을 저해하고 있다. 예산집행상의 신축성은 필히 요구되는데, 품목별예산은 이것을 가로막고 있다.

제 2 절 성과주의예산

Ⅰ. 성과주의예산의 발생동기

품목별예산이 통제정향적(control oriented) 예산이라면 성과주의예산은 관리정향적(management oriented) 예산이다. 성과주의예산(performance budget)은 일명 실적예산이라고 일컬어지기도 한다.

Allen Schick는 성과주의예산제가 미국에서 대두된 동기는 정부의 역할을 보다 광범위한 입장에서 보아야겠다는 New Deal정책시대부터라고 지적하고 있다.[2)]

2) Allen Schick, "The Road to PPB: The Stages of Budget Reform," in F. J. Lyden and E. G. Miller(ed.), *Planning Programming Budgeting: A Systems Approach to Management*, 2nd

이 무렵에 정부당국은 물론 많은 학자들이 정부의 기능적 회계(functional accounting)나 역할 및 실적을 강조하기 시작하였다. 정부활동과 지출이 급격하게 팽창함에 따라 예산관리들은 수천 수만의 지출대상들을 추적한다는 것이 대단히 어렵고, 또 그렇게 하려면 비용이 대단히 많이 든다고 생각하였다. 또 설사 수많은 지출대상이 추적되어 여기에 맞추어 예산을 편성하더라도 정부가 국민을 위해 무엇을 하는가를 전혀 알 수 없다고 생각하였다. 여기서 정부활동의 통합의 중요성이 인식되게 되었다. 즉 행정단위들의 산발적이고 개별적인 역할에 대한 집권적 관리(central management)의 중요성이 인식되게 되었다. 정부의 역할이 필요한 악으로 인정될 때에는 공공지출의 사회적 가치성이 인정되지 않았다. 이때에는 정부가 만들어 놓은 산출물(output)이란 아무런 가치성이나 효과성이 없었고, 기껏해야 한정된 의미밖에 없다고 생각하였다. 이러한 상황 속에서 자연히 강조되는 것은 투입(input)에 대한 통제였다. 즉 되도록이면 정부가 쓰는 돈을 적게 하려고 하였고, 쓰는 내용도 철저하게 통제하려고 하였다.

그러나 1930년대의 공황을 겪으면서 정부의 활동은 사회 전체를 위해서 이익을 가져온다고 생각하였다. 정부의 역할에 대한 인식이 달라짐에 따라 예산에 대한 개념도 달라져 예산이란 국민의 이익쟁취를 위한 재정적 자원의 효율적 동원이라고 인식하게 되었다. 여기서 정부가 하는 일의 효과적 관리나 이에 대한 측정문제가 대단히 중요시되었다. 이러한 환경적 상황 속에서 나타난 것이 성과주의예산이라고 할 수 있다.

Ⅱ. 성과주의예산의 내용

성과주의예산의 기본내용은 행정가로 하여금 조직단위의 작업능률(work efficiency)을 측정케 하는 것이다. 성과주의예산은 우선 예산의 범주를 기능별(functional terms)로 나누고, 여기에 대한 구체적인 작업비용(work-cost)을 산정하는 것이다. 따라서 성과주의예산에서 가장 중요한 것은 수행해야 할 작업과 여기에 소요되는 경비를 산정하는 것이다. 우선 성과주의예산을 편성하려면 단위원가(unit cost)와 업무측정단위(unit of work measurement)를 선정해야 한다.

업무측정단위는 글자 그대로 수행해야 할 업무를 분할·측정할 수 있는 단위를 말한다. 업무측정단위는 길이·양·무게·부피 등 어느 것으로도 표시될 수 있다. 50km 구간의 고속도로를 건설할 때에 1km는 업무측정단위가 되고, 의료

ed., Markham, 1972, p. 24.

사업을 벌일 때에 치료된 1인의 환자도 역시 업무측정단위가 된다. 단위원가는 업무측정단위 하나를 산출하는 데 소요되는 경비를 말한다. 그리고 업무량은 필히 업무측정단위를 통해서 표시된다. 따라서 어떤 특정사업의 예산은 단위원가에다 업무량을 곱하면 나온다. 이때 필히 예산은 수행되어야 할 작업과 그에 소요되는 경비를 토대로 해서 산출된다. 이처럼 측정단위가 미리 준비되어 있기 때문에 집행의 성과도 쉽게 비용·작업완료의 대비 속에서 측정할 수 있다. 여기서 성과주의예산은 얼마만큼의 돈을 들여서 얼마만큼의 사업을 완성하였느냐에 최대의 관심을 기울인다. 그러다 보니 적은 돈으로 많은 사업을 완성하려고 하여 관리적 측면을 강조하게 되고, 중앙예산기관의 역할을 강화시키게 되었다.[3)]

이러한 성과주의예산은 미국의 경우 1930년대부터 1960년대 초까지 채택·실시되었고, 우리 나라에서도 한때 국방부와 농림수산부에서 그 사용을 시도한 일이 있었다.

Ⅲ. 성과주의예산의 효용성

(1) 성과주의예산의 최대의 강점은 정부가 무슨 일을 하며, 얼마의 돈을 들여서 어느 정도까지 완성하였는가를 파악할 수 있는 것이다. 즉 수행되어야 할 작업을 향해서 투입과 지출을 직접 비교·분석할 수 있다는 것이다.

(2) 성과주의예산은 외부통제(external control)보다 행정 스스로의 내부(자율적) 통제를 강화시킴으로써 효과성지향의 행정을 촉진시킨다. 행정기관은 의회, 회계검사원 또는 중앙예산기관의 통제나 간섭을 의식하지 않고, 스스로 최소의 비용으로 최대의 실적을 올리려고 하는 자세를 갖게 된다는 것이다. 이들은 비용을 의식하고 어떻게 하면 비용을 절감할 수 있을까에 대해서 항상 생각한다는 것이다. 이들은 능률이라는 객관적이고 합리적인 기준 아래에서 스스로 자신들의 행위를 통제하고 있기 때문에 고위층에서는 세부적인 통제업무에서 벗어나서 보다 포괄적인 관리업무에 관심을 기울일 수 있다.[4)]

(3) 객관적인 측정기준을 마련함으로써 주관적인 판단을 제거시킬 수 있다. 아울러 실적의 결과를 다음 예산에 반영시킬 수 있게 한다.

---

3) Thomas D. Lynch, *op, cit.*, pp. 278～280.
4) Allen Schick, *Budget Innovation in the States*, The Brookings Institution, 1971, p. 50.

Ⅳ. 성과주의예산의 문제점

(1) 우선 업무측정단위를 발견하기가 어렵다는 것이다. 사업에 따라서 업무측정단위를 쉽게 선정할 수 있는 경우도 있으나, 대부분의 경우 공공사무분야에서는 적절하고 타당성이 있는 측정단위를 찾기가 어렵다. 우리 나라에서도 성과주의예산이 실패하게 된 가장 기본적인 이유도 바로 적절한 측정단위를 찾지 못한 데 있었다.

(2) 정부가 하는 일 중에는 가시적이고 측정할 수 있는 산물로 나타나지 않는 일들이 너무 많다. 다시 말해서 돈은 들어갔지만 눈으로 보이지 않고 손으로 잡히지 않는 일들이 너무 많다는 것이다. 따라서 얼마를 들여서 무엇을 얻었는가를 측정한다는 것이 그렇게 쉬운 일이 아니라는 것이다. 성과를 측정한다는 것이 기껏해야 작업 자체의 완성여부를 파악하는 것이지, 그 작업으로 인해서 국민이 어떠한 효과나 혜택을 입었는지는 파악하기가 어렵다는 것이다.

제 3 절 계획예산

Ⅰ. 계획예산의 발생동기

Allen Schick는 계획예산제도(planning programming budgeting system)가 생성·발전하게 된 동기로서 세 가지를 들고 있는데, 그 세 가지란 i) 경제적 분석, ii) 새로운 정보기술 및 정책결정기법의 개발, iii) 계획과 예산의 통합이다.[5] 순서대로 살펴보면 다음과 같다.

(1) 경제적 분석(economic analysis)

경제적 분석에는 거시적 분석과 미시적 분석이 다같이 포함된다. 우선 거시적 분석이 계획예산의 출현에 어떻게 영향을 주었는가에 대해서 살펴보면, 이 이론은 정부의 역할과 기능은 사경제에 영향을 줌으로써 공황하의 실업문제를 해결할 수 있다고 믿었다. 이른바 Keynes 경제학이다. 이들은 재정정책을 통해서 완전고용을 달성할 수 있다고 믿고 중앙예산기관의 기능을 중요시하게 되었다. 이러한 정부의 역할과 재정정책을 통해서 문제를 해결하려고 하는 자세는 계획예산

5) *Ibid.*, pp. 30~35.

의 출현을 기대하였다는 것이다.

다음에 미시적 분석이 계획예산의 발생에 어떻게 영향을 주었는가를 보면, 이것은 한계효용의 원칙(principle of marginal utility)에 의해서였다고 할 수 있다. 즉 경쟁적인 프로그램간에 자원의 적정배분(optimal allocation)을 가능하게 하여 준 것이 한계효용의 원칙이라는 것이다. 다시 말해서 각 대안의 한계효용과 한계비용을 비교함으로써 어디에다 자원을 배분하는 것이 효용을 가장 극대화할 수 있는가를 해결할 수 있다는 것이다. 계획예산의 본질이 합리적인 자원배분의 모색이라면, 미시적인 한계효용이론이야말로 계획예산의 발전에 크게 기여하였다는 결론이 나온다.

(2) 정보 및 정책기법의 개발

컴퓨터의 등장으로 인한 정보처리능력의 향상, operational research, 비용·효과의 분석 및 체제분석 등의 기법들은 계획예산의 채택을 가능하게 하였고, 그것의 발달을 촉진하였다. 즉 이러한 새로운 기법들이야말로 계획예산의 사용에서 필히 일어나는 엄청난 정보의 처리와 분석을 가능하게 하였다는 것이다. 다시 말해서 정보처리능력을 향상시켜 준 기법들이 발달하지 않았다면, 계획예산의 발달은 물리적으로 불가능하였을 것이라는 것이다.

(3) 계획과 예산의 통합

전통적으로 계획과 예산은 제도적인 면에서나 운영적인 면에서 서로 합쳐지지 않고 평행선을 달려온 것이 사실이다. 그리고 양자는 체질적으로도 다른데, 기획은 개혁적이고 확장적이고 소비적인데 반하여, 예산은 보수적이고 소극적이고 저축적이다.

그런데 최근에 와서 양자는 서로 접근·통합되는 경향을 강하게 보여 주고 있다. 이러한 접근·통합의 계기를 마련하여 준 것이 자본투자(capital investment)의 장기성이다. 즉 장기에 걸친 계속사업이나 경제개발계획은 이러한 좋은 예이다.

여하간 이러한 분위기 속에서 생성된 계획예산은 1961년에 미국의 McNamara 국방장관에 의해서 국방예산에 처음으로 도입되었고, 1965년에는 Johnson 대통령에 의해서 전면적으로 연방정부에 도입되었다.

Ⅱ. 계획예산의 의의

한정된 자원을 어떻게 하면 효율적으로 사용하느냐의 문제는 예산이론에서 가장 중요한 문제이다. 계획예산의 근본적인 존재이유가 바로 어떻게 하면 자원을 합리적으로 배분하느냐를 체계적으로 다루는 데 있다. 어느 예산제도나 자원배분문제를 직접·간접으로 다 다루고 있지만, 계획예산은 유난히 국가가 추구해야 할 목표를 중심으로 자원배분문제를 근본적으로 다루고 있다. 따라서 계획예산의 기본목적은 자원배분에 대한 정책결정을 개선하기 위해서 체계적인 기법과 방법을 개발·제공하는 것이다.

계획예산이 주장되는 가장 기본적인 이유는 사업집행에 있어서 능률을 올리거나 자금지출에 대해서 통제를 하자는 것이 아니다. 여기서 강조하는 것은 그릇된 일을 능률적으로 하는 것을 막자는 것이다.

계획예산은 목표를 정하고 이것을 보다 구체적인 사업계획으로 분할하여, 여기에 자원을 체계적으로 연결·배정하는 예산을 말한다. 그리고 장기적 계획을 위한 당해 연도예산을 어떻게 할당하느냐의 문제도 계획예산의 중요한 국면의 하나라고 할 수 있다. 그런데 이때 자원배분을 아무렇게나 마음대로 하는 것이 아니라, 비용·효과분석이나 체제분석의 기법들의 도움을 받아서 한다는 것이다. 여기서 분명히 밝혀 둘 것은 이러한 기법들은 어디까지나 인간의 판단을 보완하는 것이지, 인간의 판단을 대체하는 것은 아니라는 것이다.

Ⅲ. 계획예산의 구성요소

계획예산의 구성요소도 논자에 따라 여러 가지로 설명되나, 여기서는 압축해서 프로그램의 계층적 구조, 분석 및 정보와 보고의 세 가지 요소만 검토하기로 한다.

(1) 프로그램의 계층적 구조

먼저 국가의 기본적 목표(fundamental goal)부터 설정하고, 이것을 성취하기 위해서 하부목표(subgoal)를 세우고, 다시 프로그램, 프로그램의 세부요소(program element) 등으로 계층적인 하강단계를 밟으면서 목표가 구체화되는 것이다. 이때의 목표들은 종합성과 일관성을 갖도록 짜여져 있어야 한다. 여기서 계획예산은 투입(input)보다는 산출(output)을 먼저 생각한다는 것을 알 수 있다. 이때의 목표는 흔히 장기성(multiyear)을 띠기 쉽고, 조직의 경계(organizational boundary)를 뛰어넘기 쉽다. 여기서 계획예산의 특징의 하나가 프로그램이 조직에 우선한다는 것이다. 프로그램 구조와 조직구조가 일치하는 경우란 거의 없다.

⑵ 프로그램의 요강

프로그램의 요강은 기관장과 중앙예산기관이 이용하기 쉽도록 20페이지 이하로 작성된다. 여기에는 사업의 필요성, 목표, 대안에 대한 설명, 비용과 효과의 비교 등이 포함된다.

⑶ 분석의 측면(analytical aspect)

주로 분석의 대상이 되는 것은 목표간이나 프로그램간의 우선순위문제와 목표가 정해지면 최선의 대안을 선정하는 것이다. 또 이러한 분석을 통해서 비용과 기대된 결과가 비교되기도 한다. 분석에 동원되는 기법들이란 주로 통계분석, modeling, game theory, operational research, simulation, econometrics 등이다.

⑷ 정보와 보고(information and report)

예산의 전과정을 통해서 상황에 대한 정보가 정기적으로 보고되어야 한다. 이때 엄청난 정보가 밀려오는데, 이러한 정보는 컴퓨터에 의해서 신속하게 처리된다. 특히 지출된 자금에 대한 계정(accounting), 프로그램이 성취되어 가는 과정 및 성취결과의 분석, 프로그램의 변화신청은 반드시 보고되어야 한다.

⑸ 중장기 사업과 재정계획

일반적으로 계획예산 3년에서 7년에 걸친 중장기 예산이라고 할 수 있다. 중장기사업과 재정계획은 달성하고자 하는 목표의 결과와 비용 그리고 소요되는 재정을 몇 년에 걸쳐 추정되는 액수로 표시된다.

Ⅳ. 계획예산의 효용성

⑴ 정책결정가가 자원을 보다 합리적으로 배열하도록 도와 준다. 계획예산제를 채택했다고 해서 자원배분의 합리화가 일어난다고 보장할 수는 없다. 그러나 계획예산의 출발이 자원배분의 합리화를 모색하는 것에 있었기 때문에 자원의 효과적 사용에 공헌하리라고 생각할 수 있다는 것이다. 계획예산제를 채택하면 필

히 정책결정가는 '무엇이 보다 나은 자원의 합리적 사용인가'를 생각하도록 되어 있다. 여기서 계획예산은 올바른 일에 자원이 비능률적으로 사용되는 것보다 그릇된 일에 자원이 능률적으로 사용되는 것을 막게 된다.

(2) 계획과 예산을 통합시킨다. 자원은 선례에 따라서 막연히 사용되는 것이 아니라 반드시 목적이나 계획을 위해서 사용된다. 여기서 자원사용은 처음부터 목적성을 띠게 된다. 앞에서도 잠깐 언급하였지만 계획예산을 채택하기 전에는 계획과 예산은 따로따로 놀았다. 그리나 계획예산제하에서는 자원이 무엇을 위해서 사용되는가가 밝혀지게 되어 있다.

(3) 자원배분이 고위층에서 이루어지기 때문에 처음부터 대통령이나 고위층의 의사를 예산에 직접적으로 반영시키는 데에 안성맞춤이라는 것이다. 특히 대통령이 개혁의 의지를 가지고 있을 때에 이러한 계획예산제가 매우 적합하다고 할 수 있다.

(4) 중장기계획을 추진하는 데에 있어서 적합한 예산제도이다. 계획 하면 1년·2년의 단기계획도 있지만, 대개 3년 이상의 중장기계획을 생각하게 된다. 이러한 중장기계획을 구체적인 자원의 뒷받침 속에서 추진할 수 있는 것이 계획예산이라는 것이다. 계획예산은 처음부터 비용이나 가용자원(available resources)을 생각하기 때문에 계획에 리얼리즘을 도입하고 있다.

(5) 예산사용이 의도한 결과를 가져왔는가를 확인하고 평가함으로써 예산집행에 있어서 관리의 효율성을 강조하고, 의도한 목표가 성취되지 않았을 때에 다시 예산편성에 반영시킴으로써 예산과정에서 피드백을 원활하게 한다. 다시 말해서 투입과 산출이 계속해서 연결된다는 것이다.

V. 계획예산의 문제점

(1) 정부의 모든 계획이나 활동 및 결과를 수량적 개념으로 표현한다는 것이 거의 불가능하다. 물론 어떤 사업이나 활동은 수적 의미로 용이하게 표현할 수 있으나, 정부가 하는 대부분의 일은 눈에 보이지도 않고 수로 나타내기도 어렵다는 것이다. 비용·효과의 분석기법은 효과의 측정가능성을 전제로 하는데, 정부활동의 효과를 양적으로 측정한다는 것은 대단히 어렵다.

(2) 여기에 소요되는 모든 서류를 준비하고 모든 사업계획을 분석하고 대안을 마련하려면 시간과 돈과 노력이 너무 많이 든다는 것이다. 계획예산이 각 부처에서 반발을 사게 된 가장 큰 이유가 시간과 노력이 많이 들기 때문이었다.

(3) 우선순위를 결정할 기준을 찾기가 어렵다. 구체적인 하위목표간의 우선순위는 한계효용의 이론을 적용시킴으로써 어느 정도 결정할 수 있으나, 상위목표간의 우선순위는 여간해서 결정하기가 어렵다. 예컨대 공장의 건설과 양로원의 설치간에 어느 것이 더 우선적인 사업인지는 알 길이 없다.

(4) 계획예산은 고도의 전문성·기술성을 띠고 있어 의회로서는 예산심의가 어려워 계획예산에 대해서 부정적인 태도를 취하고 있다. 뿐만 아니라 계획예산은 대통령의 권한을 중심으로 집권화를 가져오기 때문에 의회로서는 달갑게 생각하지 않는다.

Ⅵ. 성과주의예산과 계획예산의 관계

성과주의예산과 계획예산은 다같이 예산의 사업성을 강조한다는 점에서는 일치하나 다음과 같은 점에서 상이하다.

(1) 성과주의예산이 기계공학적 능률 모델(engineering model of efficiency)인데 반하여, 계획예산은 거시분석적 모델(macro analytic approach)이다.[6] 성과주의예산에서는 목표가 고정되어 있고, 투입량과 산출량은 적정관계로 조절되고 있다. 그러나 계획예산에서는 목표가 가변적이고 분석 자체가 새로운 목표를 유도하기도 한다. 계획예산은 종합성(comprehensiveness)에 역점을 두고 범주별로 데이터를 준비함으로써 지출목표간에 비교를 가능하게 한다.

(2) 성과주의예산이 그 기본정신과 기법의 아이디어를 비용회계(cost accounting)와 과학적 관리법에서 끌어왔을 때에 계획예산은 그 핵심적 아이디어를 경제학(거시·미시 다 포함)과 체제분석에서 끌어왔다. 성과주의예산에서 예산은 관리도구(management tool)나 작업계획(work program)으로 설명이 되나, 계획예산에서 예산은 경쟁적 요구(competing claims)간의 배분과정(allocative process)이나 정책결정으로 설명된다.[7]

(3) 성과주의예산에서 가장 중요한 것은 수행되어야 할 작업과 용역이다. 따라서 작업(works)이나 활동(activities)은 그 자체가 목표가 될 수 있다. 그러나 계획예산에서 가장 중대한 것은 정부자금의 투자에 의해서 성취되어야 할 목표이다. 따라서 작업이나 활동은 목표성취로 이끄는 중간단계나 수단들이지 목표가 될 수는 없다.

---

6) *Ibid.*, p. 27.
7) *Ibid.*, p. 27.

(4) 일반적으로 성과주의예산이 작업의 과정(process of work)에 관심을 기울일 때에 계획예산은 작업의 목표(purpose of work)에 관심을 기울인다.[8] 그리고 전자가 1년의 단기성을 띨 때에 후자는 5년 내외의 장기성을 띤다.

제 4 절 영기준예산

Ⅰ. 영기준예산의 발생동기

영기준예산(zero-base budgeting)은 Peter A. Pyhrr에 의해서 제창되었다. 그가 Texas Instrument에서 부사장으로 근무할 때에 어떻게 하면 한정된 자원을 보다 효율적으로 사용할 수 있는가에 고심한 나머지, 그의 제 1 의 착안점은 전년도예산을 기준으로 해서 예산을 편성하는 것에서 벗어나는 것이었다. 그의 기본적 아이디어는 전년도사업이지만, 일단은 영(zero)에서 다시 시작하자는 것이다. 이 말은 아무리 계속되어 온 사업이지만, 필요하지 않거나 신규사업에 비해서 중요성이 떨어지면 폐지하거나 줄일 수 있다는 것이다. 그는 이러한 아이디어를 기초로 해서 1970년도 *Harvard Business Review*, 11/12월호에 ZBB에 관한 논문을 기고하였다. 당시 Georgia주지사였던 Jimmy Carter는 이 논문을 읽고, 또 Pyhrr를 Atlanta에 초빙하여 ZBB의 Georgia 주정부예산에의 도입가능성을 검토하였다. Carter는 1973년 회계연도부터 영기준예산제를 채택하였다. 그 후로 영기준예산은 Illinois, Missourri, Texas 주 등에 파급되어 갔다. Carter가 대통령에 당선됨에 따라 연방정부에서도 ZBB를 채택하게 되었다.

Ⅱ. 영기준예산의 의의

영기준예산은 글자 그대로 모든 사업을 영에서부터 평가하여 자원배분을 결정하자는 예산제이다. 따라서 ZBB의 제 1 의 골자는 전년도예산에 구애받지 않고 정책결정단위(decision unit)로 나누어진 조직의 모든 사업에 대하여 영기준을 적용하여 효용성에 따라 예산을 할당하자는 것이다.[9] 따라서 ZBB의 제 1 의 목적은 과거에 관행적으로 실시되어 온 사업을 재평가함으로써 불필요하고 낭비적인

8) *Ibid.*, p. 29.

9) Peter A. Pyhrr, *Zero-base Budgeting*, John Wiley & Sons, 1973.

프로그램을 제거하자는 것이다.

영기준예산은 각 정책결정단위로 하여금 정책결정 패키지(decision package)를 작성하게 하고, 차상급자로 하여금 조직의 목표성취도에 따라 각 패키지에 대해서 우선순위를 결정하게 한다.

영기준예산의 제 1 단계는 각 결정단위의 책임자로 하여금 예산요구서를 작성하게 하고, 왜 그만큼의 돈이 필요한가를 자세하게 분석하게 한다. 이들은 각각의 사업이나 활동에 대해서 정책결정패키지를 만들어야 한다. 이 패키지는 비용의 분석, 목적, 대안, 실적의 측정, 그 사업을 실시하지 않았을 때 나타날 결과, 효용 등을 내포하고 있다. 그 다음 단계는 각 사업이나 활동을 실천하는 여러 가지 대안들을 고려하게 하는 것이다. 이어서 그 사업을 성취하는 데 소요되는 투자액을 최소한도액(minimum level)에서부터 시작하여 여러 가지 수준의 투자액을 고려하는 것이다. 보통 최소한도액은 현예산액의 50∼70%로 잡는다.[10)]

이러한 정책결정 패키지가 마련되면 이것들은 중요도에 따라 서열이 매겨져야 한다. 하위층에서 상층부로 올라가면서 매겨지는 서열화작업은 모든 사업을 일렬로 순서대로 늘어놓게 한다. 이러한 상향적 서열화과정(ranking process)은 최고관리층으로 하여금 각 조직이 하고자 하는 사업들의 가치성을 상호비교함으로써 자원배분의 최종결정을 내릴 수 있게 한다. 정책결정의 패키지가 많으면 많을수록 우선순위의 서열화결정은 어려워진다. 여기서 우선순위가 낮은 사업은 자원배당을 받지 못하게 된다. 그리고 착수하기로 결정한 사업 중에서도 어느 사업에 더 투자를 할 것인가도 최고관리층에서 결정한다.

영기준예산은 최고관리자에게 어떤 사업이 가장 우선성을 띠고 있으며, 이것을 성취하기 위해서는 어느 정도의 자금이 소요되는가에 대해서 자세한 정보를 제공하여 준다. 이것은 각 부서별로 사업과 자금의 중복성을 밝혀 주고, 전년도에서 몇 %의 예산이 증가하였다는 문제보다는 착수하는 사업에 돈이 얼마나 소요되는가에 관심의 초점을 맞춘다. 그리고 부서별로 또는 부서 안에서 어느 사업이 더 중요한가에 대해서 구체적으로 밝혀 주고 있다.

사업의 우선순위를 토대로 한 서열화결정은 어떤 사업은 폐지하고, 어떤 사업은 현행예산 수준의 70%에서 하고, 어떤 사업은 현행수준에서 하고, 어떤 사업은 현행수준의 120%에서 하도록 도와 준다. 서열화작업이 특별히 의미를 가지게 되는 경우는 각 사업마다 최소한의 경비가 충족되고 투자의 여력이 있을 경우이다. 뿐만 아니라 조직이 최고책임자는 ZBB를 통해서 각 조직구성원의 실적과

10) *Ibid.*, p. 7.

조직에의 기여도를 판단할 수 있는 기회도 갖게 된다.

Ⅲ. 영기준예산의 주요절차

영기준예산은 두 가지 단계로 나누어 설명할 수 있다. 하나는 정책결정패키지를 마련하는 것이고, 다른 하나는 이것들에 대한 우선순위를 결정하는 것이다. 이 두 가지 단계에 대해서 위에서 대충 설명하였지만, 여기서 좀더 구체적으로 설명하여 보기로 한다.

(1) 정책결정 패키지(decision package)의 작성

정책결정패키지는 여러 가지 구체적인 기능·사업계획 및 활동들을 평가하고 비교하고 찬부를 결정하고 서열화할 수 있도록 명확하게 기술하고 있는 일종의 서류보따리(a document)라고 할 수 있다.[11] 이러한 패키지는 다음과 같은 요소들을 내포하고 있다.

1) 목 표

2) 그 사업계획을 실천하지 않았을 때 나타나는 결과

3) 실적의 측정

4) 여러 가지 대안

5) 비용과 효과의 분석

이러한 정책결정 패키지는 그 업무에 가장 정통한 낮은 수준의 결정단위(decision unit)에서 작성된다. 이때의 결정단위란 조직체의 활동을 활동단위별(또는 책임소재별)로 세분하되, 각각 독립적으로 하나의 활동을 나타낼 수 있어야 하며, 타활동과 중복됨이 없이 충분히 상호비교하여 의미 있는 의사결정을 내릴 수 있는 조직단위를 이야기한다.

그런데 결정단위가 정책결정패키지를 작성할 때에는 반드시 다음의 두 가지 단계를 순서적으로 고려해야 하는데, 하나는 동일한 과업을 수행하는 여러 가지 방법이고(different way), 다른 하나는 동일한 기능을 수행하는 데 소요되는 여러 가지 수준(different level)의 투자액이다. 나누어 설명하면 다음과 같다.

첫째로 동일한 기능을 수행하는 여러 가지 방법의 분석(different ways of performing the same function)이다. 현행방법에 대해서 다른 방법이 선택되었으면 추천된 대안이 정책결정 패키지에 자세하게 기술되고, 현행방법은 다른 대안으로

11) *Ibid.*, p. 6.

밀려난다. 즉 여러 가지 대안 중 최선의 방안을 선정하는 과정이다. 예를 든다면 서울에서 부산까지 출장을 가는 데 기차도 있고, 고속버스도 있고, 택시도 있다. 여러 가지 대안을 비교한 결과 고속버스로 가기로 결정한 것이다.

둘째로 동일한 기능을 수행하는 데에 소요되는 여러 가지 수준의 투자액에 대한 분석(different levels of performing the function)이다. 이것은 하나의 실천방안이 선정되었으면, 최소한의 투자액부터 시작해서 단계별로 첨가투자액을 분석하는 것이다. 위의 예에서 고속버스로 가기로 하였으면 여비를 어느 정도 들여서 가느냐이다. 최소의 경비만 들여서 갔다 오느냐, 아니면 좀 넉넉히 여비를 가지고 가느냐이다.

여하간 이 단계에서 제일 먼저 취해야 할 조치는 최소한의 경비수준을 결정하는 것이다. 이 수준의 경비는 현행수준의 50~70% 정도라고 지적되고 있다.[12] 이때 '최소한'이라는 말은 과업의 가장 중요한 요소(the most important elements)는 수행해야 한다는 뜻이다. 이때 최소한의 경비는 다른 사업의 첨가수준의 경비(the additional level of effort)보다 우선적으로 평가되어야 한다는 것은 말할 것도 없다.

⑵ 정책결정 패키지의 서열화작업(ranking decision packages)

이것은 위에서 이야기한 두 단계의 결정과정을 거쳐 확정된 모든 사업계획을 중요성의 순서로 서열을 매기는 것이다. 최초의 서열화작업은 그 패키지를 만든 결정단위에서 이루어진다. 이때 그 단위의 책임자는 비용·효과의 분석을 통해서 사업의 우선순위를 결정할 수 있다. 다음에 차상의 관리자는 자기부하의 서열화작업을 검토하고, 이것을 모든 패키지에 대한 단일의 서열화작업을 실시하는 데 하나의 지침으로 사용할 수 있다. 이러한 상향적 과정은 최종의 책임자에게 이를 때까지 계속된다. 그러나 모든 사업계획에 대한 순위결정을 최고책임자에게 전부 맡긴다는 것은 물리적으로 불가능하다는 것이다. 여기서 최고책임자와 최저단위 사이의 어느 지점에서 순위가 결정되는 것이 요구되는데, 정부의 경우는 부나 국이 될 수 있다는 것이다.[13] Pyhrr는 순위를 결정할 수 있는 계층수준은 다음의 4 가지 요소를 고려함으로써 결정되어야 한다고 지적하고 있다.

1) 패키지의 수와 그것을 검토하는 데 소요되는 시간

2) 관리자의 의욕

---

12) *Ibid.*, p. 7.

13) *Ibid.*, p. 17.

3) 사업계획의 자연적 동질성

4) 조직단위의 경계를 넘어서 검토해야 할 필요성의 여부[14)]

여하간 순위를 결정할 때에 우선 다음의 두 가지를 고려함으로써 어려움을 덜 수 있다.

첫째는 누구나 다 중요하다고 인정하는 사업에 필요 이상으로 신경을 쓰지 말 것이며, 두 번째는 5순위와 바로 인접한 6순위간의 비교에 신경을 쓰지 말고 5와 6순위는 15순위보다 중요하다고 결정하라는 것이다.[15)]

Ⅳ. 영기준예산과 계획예산의 관계

Aaron Wildavsky 같은 학자는 PPBS와 ZBB는 기본적으로 하나도 차이가 없다고 지적하고 있다. 그는 ZBB는 PPBS의 변형된 일종이라고 하면서, 추구하는 목적이나 적용하는 기법이 하나도 다를 바가 없다고 지적하고 있다.[16)] ZBB를 제창한 Pyhrr 역시 ZBB는 PPBS를 보완하여 주기 위해서 존재하지, 그것을 대체하려고 나온 것은 아니라고 설명하고 있다.[17)]

PPBS나 ZBB는 프로그램 중심의 예산을 짜고, 체제이론의 기법을 활용하고 자원의 합리적 배분을 추구한다는 입장에서는 동일하지만, 양자는 다음과 같은 점에서 다르다고 지적할 수 있다.

1) 정책결정의 스타일면에서 다르다. PPBS가 하향적일 때에 ZBB는 상향적이다. PPBS에서는 예산결정이 고위층에서 이루어져 그것이 하부기관으로 내려오면서 하부기관의 결정을 조건지우고 있는데, ZBB는 하부단위에서부터 예산을 결정하기 시작한다.

2) PPBS는 무엇을 할 것인가(what to do)에 최대의 관심을 기울일 때에 ZBB는 어떻게 할 것인가(how to do)에 관심을 집중시킨다. 따라서 PPBS가 거시적 분석을 좋아할 때에 ZBB는 미시적 분석을 좋아한다.

3) PPBS가 정책정향적이고 계획정향적인 성격을 강하게 띠고 있을 때에 ZBB는 사업정향적 성격을 강하게 띠고 있다. 따라서 전자에게 주로 요구되는 지식이 체제이론일 때 후자에게는 관리능력이다.

---

14) *Loc. cit.*

15) *Ibid.*, p. 18.

16) Aaron Wildavsky, *The Politics of Budgetary Process*, 3rd ed., Little, Brown and Company, 1979, pp. 202~213.

17) Peter A. Pyhrr, *op. cit.*, pp. 152~153.

4) PPBS가 기존의 조직구조보다 프로그램을 우선시하기 때문에 조직의 경계(organizational boundary)에 구애받지 않을 때에 후자는 기존의 조직구조를 토대로 해서 모든 활동을 실시한다. 따라서 전자는 개방체제의 성격을 띨 때에 후자는 폐쇄체제의 성격을 띠고 있다.

5) PPBS가 새로운 프로그램이나 기존의 프로그램간의 예산변동액에 주요관심을 가질 때에 ZBB는 기존의 프로그램의 계속적인 재평가에 주요 관심을 기울인다.

V. 영기준예산에 대한 평가

(1) 효 용 성

1) 선례답습적인 예산결정에서 벗어나 필요한 부문에 자원을 할당시킴으로써 자원의 합리적 배분을 제고시킨다고 할 수 있다. 아무리 필요한 기존의 프로그램일지라도 일단은 필요하지 않을지도 모른다는 가정하에서 자원배분문제를 다루기 때문에 낭비의 가능성을 줄여 준다. 그리고 착수하거나 재착수하는 사업에 대해서 최소한의 경비제(minimum level of cost)를 도입하여 불필요한 경비를 최대한으로 막는다.

2) 프로그램을 구체적으로 집행하는 일선책임자나 중간관리층의 계선책임자에게 집행에 필요한 운영기준과 도구 및 정보를 제공함으로써 상·하간에 일관적인 맥이 흐르게 한다. 다시 말해서 상·중·하간에 단절상태가 일어날 가능성을 막아 준다.

3) 예산결정에 조직의 모든 사람들을 진지하게 참여시킨다. 정책결정의 패키지가 그 사업이나 과업에 가장 정통한 수준에서부터 마련되고, 이러한 패키지들이 위에로 올라가면서 구체적으로 검토되고 순위가 결정되기 때문에 모든 사람들이 예산의 결정에 진지한 자세로 참여한다.

(2) 문 제 점

1) PPBS와 마찬가지로 채택 · 실시하는 데에 있어서 시간과 노력이 많이 소요되고, 정보의 홍수에 압도되기 쉽다. 모든 사업계획이나 활동마다 정책결정 패키지를 마련하여야 하고, 여기에 대해서 계속 올라가면서 순위를 결정하기 때문에 이러한 업무량은 너무 많은 시간과 노력을 요하고 있다는 것이다.

2) ZBB는 주로 기존의 프로그램을 현행의 경비수준을 중심으로 재평가하는

일에 최대의 관심을 기울이기 때문에 새로운 프로그램의 개발문제에 대해서는 둔감한 편이다.

3) 조직단위의 책임자들이 아무리 자기업무에 정통하다 하더라도 여러 가지 대안을 개발하고, 어떤 수준의 서비스제공이 경제적인가를 결정하기가 그리 쉬운 일이 아니다.[18)]

18) 卞左進 · 李軫周, "零點基準豫算制度," *Journal of Korean Operations Research*, Vol. 3, No. 2, December 1978, p. 71.

제 5 장 정부구매

제 1 절 구매의 의의

정부예산에서 인건비와 이전지출을 제외한 나머지 모든 돈은 재화, 즉 소모품·비품·시설 등을 구매하는 데 사용된다. 따라서 정부구매가 얼마나 중요한가를 알 수 있다. 구매를 어떻게 하느냐는 예산을 절약하는 문제와 직결될 뿐 아니라 사업을 제때에 집행하게 하는 문제와도 직결된다. 정부구매는 여기에서 끝나지 않고 국민경제에 미치는 영향도 크다. 따라서 구매는 단순히 재화를 사들이는 행위가 아니라 적기에 적소에서 적재의 적량을 적가로 구입하는 행위를 말한다.[1] 여기서 구매행위는 간단하지 않다는 것을 알 수 있다. 적절한 시기에 적당한 양의 물건을 적절한 가격으로 구입한다는 것이 쉬운 일은 아니다. 구매행정이 전문가를 통해서 전문화되어야 한다는 논리가 여기에서 나온다. 구매행정을 다루는 사람은 수요·공급의 예측, 공급자, 가격의 변화, 관계된 법률 등에 정통하고 있어야 한다.[2]

구매와 거의 같은 의미로 쓰여지고 있는 것으로 조달이 있다. 조달은 물품은 구매하고 구매한 물건을 인수하여 저장하였다가 수요처에 인도하는 일련의 과정이기 때문에 구매보다 넓은 개념이라고 지적되기도 한다.[3]

한국에서는 구매와 조달업무를 조달청이 담당하고 있는데, 그 업무는 상당히 광범위하다. 물자의 구매·운송·조작·보관·공급을 담당하고, 시설 공사를 계약하고, 시설물을 관리하고 운영하는 업무까지 포함하고 있다.[4]

---

1) Stuart F. Heinritz, *Purchasing*, 3rd ed., Prentice-Hall, 1959, p. 12; 兪焄, 前揭書, 361면.
2) Thomas D. Lynch, *Public Budgeting in America*, Prentice-Hall, 1979, p. 291.
3) 朴英熙, 前揭書, 472면.
4) 조달기금법 제 2 조.

제 2 절 집중구매제도

Ⅰ. 집중구매와 분산구매

집중구매(central purchasing)는 중앙구매기관이 재화를 일괄해서 구입하여 수요기관에게 공급하여 주는 제도를 말한다.

분산구매(field purchasing)는 수요기관이 개별적으로 물건을 구입하는 제도를 말한다. 계산의 규모가 작을 때에는 주로 분산구매제도를 채택하였으나, 구매량이 증가함으로써 구매업무가 중요시됨에 따라 각국의 집중구매제를 채택하게 되었다. 우리 나라의 중앙구매기관인 조달청은 중앙정부와 지방정부의 모든 기관, 정부투자기관, 그리고 조달청장에게 물자의 구매·공급을 요청하는 모든 기관의 물자를 구매한다.

Ⅱ. 집중구매의 장·단점

(1) 장 점[5]

1) 다량을 집중적으로 구입함으로써 예산을 절약할 수 있다. 분산구매때보다 집중구매를 하면 10~15%의 예산절감을 가져올 수 있다고 지적되고 있다. 집중구매를 하면 단가를 할인할 수 있고, 가격변동을 이용하고, 인력을 집중적으로 활용함으로써 예산을 절감할 수 있다는 것이다.

2) 구매업무를 전문화시킬 수 있다. 구매업무를 집중화시킴으로써 부수적이고 소홀히될 수 있는 업무를 독립된 업무로 등장시키고 전문화시킨다는 것이다. 각 부처에서 구매업무를 개별적으로 다루면 겸직업무로 가볍게 다루어져 전문화가 일어나기 어렵다. 그러나 집중구매제하에서는 사람들이 구매업무에만 종사하므로 전문화는 자연적으로 일어난다. 즉 전문적 지식과 기술이 습득됨으로써 전문화가 나타난다.

3) 구매대상물자의 규격을 표준화할 수 있다. 여러 기관에서 공통적으로 사용하는 물건의 규격을 통일시킴으로써 입찰업무의 능률화, 일정한 품질의 보장, 물품검사의 신속화 등 여러 가지 편의점을 제고시킬 수 있다.[6]

---

5) 兪焄, 前揭書, 273~274면.

6) Thomas D. Lynch, *op. cit.*, p. 291.

4) 긴급수요나 예상 외의 수요에 신속하게 대처할 수 있다. 집중구매를 하면 다량의 물건을 집중보관할 수 있으므로 긴급시에 적절히 수요에 대처할 수 있다. 그리고 부처간의 남는 물건을 유무상통하게 한다.

5) 구매정책을 수립할 수 있게 한다. 모든 국가기관에서 소요되는 물건을 구입하는 데 국가적 견지에서 국민경제의 발전과 결부시키면서 정책을 수립할 수 있게 한다.

6) 공급자에게도 편의를 제공하여 준다. 구매업무가 분산되어 있으면 공급자는 각 구매자에게 신경을 써야 하므로 노력과 시간이 많이 걸리나, 하나에 집중되어 있으면 그만큼 시간과 노력을 절약할 수 있다.

(2) 단　점

1) 구입절차가 복잡해질 수 있다. 분산구매하면 신속하게 물건을 구입할 수 있으나, 집중구매하면 절차가 복잡해지고 구매에서 수요기관까지 전달되는 데 시간이 많이 걸려 적기공급이 불가능하게 될 수도 있다.

2) 구매예산의 대규모화로 구입시에 정치적 압력을 받아 특정업체에게만 특혜가 돌아갈 수 있다.[7] 따라서 집중구매제도는 정치적 이권의 개입가능성을 배제하지 못한다.

3) 대기업에 편중될 우려가 많다. 집중구매는 다량을 구입함으로써 외부의 압력이 없더라도 다량생산을 하는 대기업에 절대 유리하다. 우선 가격면에서 중소기업은 대기업과 경쟁을 할 수가 없다. 여기서 국가가 물건을 구입할 때에는 중소기업보호의 대책이 요구된다.

4) 관계부처가 원하는 물건을 사기가 어렵다. 특히 특수품목일 때에는 더욱 그러하다. 중앙구매기관이 아무리 전문화되었다 하더라도 사용기관만큼 물건을 정확하게 판단하지는 못한다. 따라서 물건의 속성을 사용기관만큼 알지 못해 최선의 물건을 구입하지 못할 가능성을 언제나 남겨 두고 있다. 아무리 중앙기관이 공통의 물건만을 구입한다 하더라도 이 가능성은 언제나 남아 있다.

---

7) 兪焄, 前揭書, 376~377면.

제 3 절 구매의 절차

I. 수요판단

수요판단은 수요기관의 구매요구에 의해서 하는 경우도 있고, 구매기관 스스로 하는 경우도 있다. 우리 나라의 경우는 전자를 채택하고 있다. 즉 수요자로 하여금 소요계획서를 제출케 하고 있다. 그러나 수요기관의 구매청구서를 받아 가지고 구매를 시작하면 적기공급이 어려운 경우가 많다. 여기서 구매기관 자체의 수요판단이 요구된다. 이때의 수요판단도 전년도의 소비량, 기구 및 인원의 규모에 맞추어 하기 때문에 객관적 판단이 내려질 수 있다.

구매기관은 운영자금의 한정성이나 보관료를 생각해서 수요기관이 요구하는 물건을 일시에 다 살 수는 없는 것이다. 이때 구매기관은 사용빈도가 높은 물건과 낮은 물건을 구분하여 처리할 필요가 있다. 사용빈도가 높은 물건은 보관하고, 낮은 물건을 구매청구 후에 구매하도록 하는 것이다.

II. 구 매

수요판단이 결정되면 구매지시서가 발부된다. 여기에는 품명 · 종류 · 수량 · 수요기관 등이 명시된다.

구매의 방법에는 경쟁입찰 · 지명경쟁 · 수의계약의 세 가지가 있는데, 경쟁입찰을 원칙으로 하고, 지명경쟁과 수의계약은 예외적으로만 인정한다.

III. 수납과 검사

물건의 공급자는 수납 전에 검사를 받아야 한다. 구매는 주문부처의 승인을 조건으로 완료되기 때문에 승인을 얻지 못하면 구매가 성립하지 못한다.

구매기관은 물품의 생산과정중에 직원을 파견하여 검사할 수도 있으나, 대개의 경우는 물건이 구매기관이나 사용기관에 도착된 후에 전문가가 검사한다. 감사가 끝나면 구매기관이나 수요기관에 인도된다.

Ⅳ. 대금지급

물품의 인도가 끝나면 대금을 지불하게 되는데, 대금지불은 신속하게 할 것이 요구된다.

대금의 지급방법에는 두 가지가 있는데, 하나는 수요기관이 직접 지급하는 방법(분산지급제도)이고, 다른 하나는 구매기관이 지급(집중지급제도)하는 방법이다. 우리 나라에서는 후자를 택하고 있다.

제 6 장 공공재무관리

제 1 절 정부회계

Ⅰ. 정부회계의 개념

정부회계는 정부의 경제적 사건과 활동을 화폐적으로 기록, 분석, 요약, 해석, 평가하고 그 결과를 보고하는 기술이다. 좀 더 구체적으로 말해서 정부의 경제적 활동의 실상을 분석 및 파악하여 회계 고유의 방식으로 기록, 계산, 해석 및 평가하여 그 결과를 전달함으로써 정보이용자나 정책결정가로 하여금 보다 합리적인 결정을 내릴 수 있도록 도와주는 정보제공제도라고 할 수 있다.[1)]

정부회계는 기업회계와는 여러 가지 점에서 차이가 있는데, 첫째로는 이윤동기가 없고, 둘째, 소유자 지분이나 자본금 개념을 가지고 있지 않고, 셋째, 자원의 조달은 주로 조세권의 발동 속에서 이루어지며, 넷째, 시민에 제공하는 서비스에 독점권을 가지고 있으며, 다섯째, 정부가 제공하는 서비스의 경우 서비스의 적정수량이나 서비스의 질을 측정하기가 어렵다는 것이다.[2)]

Ⅱ. 정부회계의 분류

정부회계는 목적 또는 회계보고의 대상에 따라 재무회계(financial accounting)와 관리회계(managerial accounting)로 분류된다.

(1) 재무회계

재무회계는 일반적으로 조직의 외부에 있는 이해관계자들에게 그들의 의사

---

1) 김용우 · 마진호, 정부회계원리, 대영문화사, 2004, 45면.
2) 上揭書, 58～60면.

결정에 도움이 되기 위해서 만들어진 회계이다. 재무회계는 모든 회계의 기본이 되며 다음의 역할을 수행한다. 첫째 정부의 재무상태와 그 변동 및 활동에 대한 정보를 제공한다. 둘째, 정부가 맡은 일을 얼마나 잘 수행하고 있는가를 외부의 사람들에게 알려 주어 책임이행여부의 판단을 내리는 데 도움의 역할을 한다.

(2) 관리회계

관리회계는 조직 내에서 합리적 의사결정을 내리는 데 필요한 정보를 제공하기 위해서 만들어진 것으로 내부보고의 회계라고도 한다. 관리회계는 다음의 역할을 한다. 첫째, 원가에 대한 정보와 효율성에 대한 정보를 많이 담고 있어 조직의 책임자에게 의사결정을 하는 데 많은 도움을 준다. 둘째, 관리회계는 미래지향적인 정보이며 인사, 구매, 연구개발, 서비스 제공 등과 밀접한 정보를 담고 있어 기획과 통제업무를 수행하는 데 도움을 주고 있다.[3)]

제 2 절 예산회계정보시스템

Ⅰ. 예산회계정보시스템의 개념

예산이 미래에 대한 설계라면 회계는 그러한 예산의 집행 결과를 기록하는 것이다. 따라서 예산과 회계는 일관된 목적을 가지고 결합될 수밖에 없다. 여기서 예산회계정보시스템(BAIS: Budget and Accounting Information System)은 예산정보시스템과 회계정보시스템이 합쳐진 것이다. 예산회계정보시스템은 예산과 회계에 관한 조직의 활동을 기록하고 분석하고 요약하는 정보시스템으로 예산편성과 집행의 전 과정에서 발생하는 모든 경제적 사건과 활동을 기록 및 보고한다. 우리는 앞에서 정부회계를 살펴보았는데 예산회계정보시스템은 정부회계를 구현하는 실제도구라고 할 수 있다. 따라서 정부회계는 예산회계정보시스템과는 동전의 양면이라고 할 수 있다.[4)]

3) 上揭書, 50～53면.
4) 이문영 · 윤성식, 前揭書, 429면.

Ⅱ. 예산회계정보시스템의 기능

예산회계정보시스템은 여러 가지 기능을 수행하는 데 그 중 가장 중요한 기능은 예산운영에 관한 기능이다. 그 기능들을 살펴보기로 한다.[5)]

(1) 예산의 운영

예산이 편성되어 집행되는 모든 과정이 기록되고, 분류되고, 집계되고 요약되어 필요시마다 적절하게 사용될 수 있다. 이렇게 정보를 제공하기도 하지만, 실제 편성하고 집행하며 결산을 하고 감사를 할 때에도 사용되므로 실제로 예산을 운영한다고 할 수 있다.

(2) 성과측정을 위한 정보제공

성과측정에 필요한 정보는 주로 경제정보인데 이러한 경제정보는 예산회계정보시스템의 산물이다.

(3) 세금의 부과와 징수

세금은 세입예산을 구성하고 있다. 예산회계정보시스템은 컴퓨터의 도움을 받아 납세자의 명단을 파악하고 과세대상을 작성하고 세금을 계산하고 고지서를 발부하고 세금징수상황과 연체상황을 파악하는 데 큰 역할을 준다.

(4) 구매와 계약에 필요한 정보의 제공

구매는 세출의 가장 중요한 항목의 하나이다. 조직이 필요한 물품과 서비스를 자체 생산할 것인가 아니면 외부에서 구입할 것인가를 결정할 때에 비용과 편익을 기준으로 결정하는데 이때에 비용에 관한 정보를 제공하여 준다. 그리고 조직은 고정자산의 취득가격, 내용연수, 현재 경과연수, 구입예상시기 등에 관한 정보가 필요할 때가 많은데 예산회계정보시스템은 이러한 요구를 충족시켜 준다.

(5) 부채관리와 투자관리에 대한 정보제공

부채관리, 투자관리, 투자수단의 고려, 투자대안의 비교, 투자수익률의 계산, 여유자금의 파악, 자금흐름 등에 필요한 정보를 제공하여 준다.

---

5) 上揭書, 433~440면.

(6) 사용료의 결정에 필요한 정보 제공

사용료 혹은 요금액수 결정은 비용액수에 기초하는데 이러한 비용에 관한 정보를 제공함으로써 요금결정에 도움을 준다.

(7) 행정정보의 공개

국민들이 요구하는 행정정보에 관한 공개는 주로 예산회계에 관한 정보이다. 예산회계정보시스템은 국민들의 이러한 정보공개 요구를 충족시켜 주는 데 크게 역할을 하게 된다.

(8) 투자자에 대한 정보제공

부채를 제공하거나 공채를 구입하는 투자자는 정부의 재무상태에 대한 정보를 원하게 되는데 이러한 요구를 충족시켜 준다.

제 3 절 발생주의회계와 복식부기

Ⅰ. 발생주의회계

발생주의회계는 현금의 수수에 관계없이 어떤 사건이 발생된 시점에 거래를 인식하는 것을 의미한다. 수입은 현금이 유입될 때가 아니라 발생할 때에 기록되며, 지출은 현금이 지불될 때가 아니라 재화를 수령하거나 서비스를 사용하였을 때에 발생한다.

발생주의를 설명하기 전에 이에 반대되는 현금주의 회계에 대해서 잠깐 살펴보기로 한다. 현금주의 회계는 현금이 유입되거나 유출되는 시점을 기준으로 거래가 발생하는 것으로 인식한다. 따라서 현금의 유입과 유출이 수반되지 않는 거래는 회계처리 대상으로 보지 않는다. 따라서 현금주의는 자산, 부채, 자본(순자산) 등을 인식하지 못한다. 현금주의는 이해하기 쉽고, 현금의 흐름을 파악할 수 있고 자의적인 회계처리가 불가능하여 통제가 용이하다는 장점이 있다. 그러나 자산 및 부채의 비효율적 관리, 기간별 재무성과의 비교 불가능, 감가상각과 미지급금 등의 인식불가능의 단점이 있다.[6]

---

6) 김용우 · 마진호, 前揭書, 84～85면.

발생주의 회계는 위에서 이야기한 대로 현금의 수수에 관계없이 사건의 발생된 시점에서 거래를 인식하기 때문에 유동자산, 고정자산, 유동부채, 고정부채 등을 한 장부에서 회계처리하고 있다. 발생주의회계는 원가를 계산하거나 효과와 효율을 평가하려고 할 때에 보다 적절한 제도이다. 그리고 발생주의 회계는 비용편익의 분석과 책임의 확보 및 감가상각의 채택을 가능하게 한다. 발생주의의 장점으로는 첫째, 자산과 부채를 효율적으로 관리할 수 있게 한다. 둘째, 기간별 성과의 비교가 가능하며, 셋째, 산출물에 대한 정확한 원가 산정을 통해 부문별 성과측정이 가능하다는 것이다.[7)]

Ⅱ. 복식부기제도

복식부기는 한마디로 거래가 발생할 때, 거래금액을 장부에 두 번 기록하는 것이다. 복식부기에 반대되는 제도가 단식부기인데 단식부기는 현금과 관련된 거래가 나타나면 한 번만 수입란 혹은 지출란에 기록하고 계산하는 제도이다. 예컨대 텔레비전을 구입했을 때 지출란에 일정의 금액을 기입하면 된다. 그러나 구입할 때에 현금으로 구입했는지 아니면 외상으로 구입했는지는 알 수 없다.

복식부기에서 거래가 나타나면 두 번 기록한다는 것은 거래내용을 금액으로 환산하여 하나는 차변에 또 하나는 대변에 기록한다는 것이다. 거래의 내용에는 원인과 결과가 있다고 보고, 이를 모두 기록하는 것을 이중적 기록이라고 한다. 이러한 이중적 기록으로 자산이나 부채의 발생원인을 알게 된다. 거래의 이중성의 예로서 어느 회계 실체가 100만원을 주고 컴퓨터를 구입하게 되면 컴퓨터라는 자산은 증가하고 지불한 만큼 현금은 감소한다. 자산이 증가한 만큼 현금이 감소하였으니 원인과 결과가 된다. 모든 거래는 원인과 결과로 차변과 대변에 동시에 기록하게 되어 차변의 합계와 대변의 합계는 일치하게 된다. 이러한 일치현상을 대차 평균의 원리라고 한다. 이러한 일치현상을 확인함으로써 기록과 계산의 정확성 여부를 검증할 수 있게 하는데 이를 자기검증 기능이라고 한다. 이러한 자기검증의 기능이야말로 복식부기의 가장 중요한 특징의 하나라고 할 수 있다.[8)]

한국의 경우 예산개혁의 일환으로 발생주의회계와 복식부기제도를 2005년부터 도입 및 실시하기로 되어 있다.

7) 上揭書, 86면.
8) 김용우 · 마진호, 前揭書, 97면.

제 4 절 현금관리

현금관리가 필요한 것은 바로 현금유입과 현금유출의 불일치에 있다. 예산상의 세입과 세출의 예측보다 현금유입과 현금유출이 더 어렵기 때문에 현금관리는 재무관리의 가장 중요한 관심사가 되었다. 여기서 예산상의 가장 큰 문제점은 현금흐름의 관리라고 한다.[9] 예산운영상 실제로 계속해서 일어나는 세입부족현상은 현금관리의 중요성을 더욱 높여 주고 있다.

Ⅰ. 현금관리의 개념

현금관리는 현금의 수입부터 보존 및 지출에 이르는 전 과정에 대한 관리로서 주로 예산집행과정에서 일어난다. 현금관리의 핵심을 이루는 것은 현금부족과 현금과잉을 방지할 수 있는 적정현금보유량을 결정하고 최적현금흐름을 창출하는 관리행위이다. 아울러 최소의 비용으로 최대의 효과를 추구하고, 여유현금을 투자해서 현금수입을 확대하려 하고, 부정, 낭비, 오류 등을 방지하려는 노력도 현금관리의 개념구성에 중요한 요인이 된다.

Ⅱ. 현금예산

앞에서 이야기한 적정현금보유량을 결정하기 위해서는 현금예산을 편성해야 한다. 현금예산이란 한마디로 현금수입과 현금지출을 시간과 연계하여 추정한 계획서이다. 시간과 연계하여 편성한다는 것은 분기를 기준으로, 또는 한달이나 일주일을 기준으로 편성할 수 있다는 것이다. 바람직한 현금예산을 편성하기 위해서는 현금관리정보시스템이 필요하다.

Ⅲ. 현금관리시스템

현금관리시스템은 현금정보관리시스템, 현금관리규정 및 현금관리기법으로 구성된다. 현금관리시스템은 오류가 발생하면 수정하고 적신호가 나타나면 예방을 취함으로써 통제기능을 하며 현금흐름의 예측과 실제의 흐름 사이에 괴리가

9) 이문영 · 윤성식, 공공재무관리, 2002, 373면.

발생하면 그 흐름을 조정하는 역할을 한다.[10)]

우선 현금관리정보시스템에 대해서 간단히 언급하면 현금흐름을 기록하여 보고하고 미래의 현금흐름을 예측하는 정보시스템이다. 현금관리정보시스템은 재무회계정보시스템의 자산계정의 하나인 현금계정에 초점을 맞춰 설계된 시스템이다. 현금관리정보시스템은 현금유출과 현금유입에 관한 정보는 물론, 현금수령업무의 효율성에 관한 정보와 미납기간별로 분석한 정보 등도 내포하고 있어야 한다.

현금관리규정은 현금관리가 소기의 목적을 달성할 수 있도록 조직 내의 제도, 절차, 규칙이며 이는 지나치게 상세하게 규정되어도 곤란하지만 지나치게 포괄적이고 애매해도 곤란하다.

10) 上揭書, 383면.

제 8 편

인 력 관 리

제 1 장 인력관리의 일반이론
제 2 장 공직의 분류
제 3 장 충원과정
제 4 장 능력개발
제 5 장 사 기
제 6 장 공무원의 행동규범

제 1 장 인력관리의 일반이론

제 1 절 엽관제 · 실적제 및 직업공무원제

Ⅰ. 엽 관 제

엽관제(spoils system)는 정당활동과 공직임명이 직결된 인사충원제도라고 할 수 있다. 쉽게 말해서 선거에 승리한 정당이 자기 당에 충성을 다한 사람들을 공직에 임명하는 것이다. 엽관제를 뒷받침해 주는 뿌리 깊은 사상은 공직은 전리품이기 때문에 선거에서 승리한 정당이 차지하여야 한다는 것이다. 여기서 엽관제는 정실제(patronage)와 그 개념이 구별된다. 논자에 따라서 양자를 같은 개념으로 쓰는 사람도 있지만, 정실제가 엽관제보다 광범위한 개념이라고 할 수 있다. 정실제는 공직에의 임명에 있어서 정당적 요소는 물론 그 이외의 친지 · 친척 등 귀속적 관계로 얽혀 있는 사람들을 공직에 임명하는 것을 말하기 때문에 정당적 요소만을 생각하는 엽관제보다 넓은 개념이라고 할 수 있다.

엽관제는 정권이 바뀔 때마다 공무원이 바뀌어야 한다는 것을 그의 기본사상으로 하고 있다. 공직에의 임명기준이 개인의 능력이나 자격이 아니고, 승리한 정당에의 충성과 공헌이 얼마나 컸느냐이다. 여기서 엽관제는 교체임용주의(doctrine of rotation)의 성격을 띠게 된다.[1)]

이러한 엽관제는 주로 미국에서 생성 · 발달하였는데, 이것이 정당화되었던 가장 중요한 근거는 민주정치의 이념에 부합하고 정당의 책임정치를 활성화시키는 데 유익하다는 것이었다. 국민의 지지를 받음으로써 선거에 승리한 정당이 자당의 인사를 공직에 임명한다는 것은 보다 민주적인 것이고 또 이러한 인사를 공직에 임명하여야만 정당은 국민과 약속한 공약과 정책을 보다 효과적으로 이행할 수 있다는 것이다. 그리고 엽관주의가 성행한 시절(1820～1850)의 공직의 내용은

1) 吳錫泓, 人事行政論, 全訂版, 博英社, 1983, 22면.

단순하여 웬만한 사람이면 누구나 담당할 수 있었다는 것도 정당화된 또 하나의 근거였다. 오늘날에도 적당한 수준의 엽관제는 의회와 행정부간의 조정을 활성화시키고 관료제로 하여금 정치적 리더십(political leadership)보다 적극적으로 호응하게 하는 이점이 있다고 지적되고 있다.[2)]

그러나 엽관제는 다음과 같은 점에서 비판을 받고 있다.

첫째, 제 1 의 비판은 무능하고 전문적 지식이 없는 사람을 공직에 임명할 가능성이 커 행정의 비능률을 가져온다는 점이다. 부연하면 행정의 전문화를 전적으로 가로막고 있다는 것이다. W. Wilson이 정치와 행정을 구별하고자 하였던 것도 이러한 엽관제를 행정에서 추방하기 위해서였다는 것은 앞의 행정학계보에서 설명한 바와 같다.

두 번째는 행정의 안정성과 계속성을 유지할 수 없고, 경험과 기술의 축적을 어렵게 한다는 점이다. 일시에 공무원이 대거 교체되면 행정의 안정성을 해치는 것은 말할 것도 없고, 국민에 대한 서비스의 전달에도 혼란을 가져온다.

세 번째는 신분이 보장되지 않음으로써 경력직(career service)을 중심으로 한 직무관료성의 발전을 가로막는다는 점이다.

네 번째는 부패와 낭비를 조장한다는 점이다. 공직에 취임한 공무원은 언제 자리를 떠나게 될지 모르기 때문에 재임기간 동안 온갖 부정수단을 동원하여 개인의 부를 축적하려고 한다. 그리고 사람 때문에 관직을 신설하는 경우도 많아 국가예산의 낭비를 가져오게 한다는 것이다.

다섯 번째는 모든 사람은 누구나 일정의 자격만 갖추면 공직에 취임할 수 있다는 기회균등의 정신에도 위배된다는 점이다.

Ⅱ. 실 적 제

실적제(merit system)는 정당이나 연고관계를 떠나서 능력과 자격에 의해서 공직에 임명하고 승진도 시키는 인사충원제라고 할 수 있다.

실적제는 발달과정에 따라 초기의 소극적인 실적제와 후기의 적극적인 실적제로 나누어 설명할 수 있다.

초기의 소극적인 실적제는 반엽관주의(anti-spoil system)를 골격으로 하고 있다. 즉 공직은 정당의 압력이나 연고관계에서 벗어나 능력과 자격이 있는 사람에 의해서 임명되어야 한다는 것이다. 따라서 초기의 실적주의는 객관적이고 공정한

2) Robert D. Lee, Jr., *Public Personnel System*, University Park Press, pp. 20～22.

시험을 통한 공무원의 선발, 신분보장, 공무원의 정치적 중립 등으로 특징지어졌다.

그러나 시간이 흐름에 따라 이러한 소극적인 실적제에 대해서 반성이 일어나기 시작하였다. 즉 보다 적극적인 봉사와 정책의 효율적 집행을 위해서는 인력충원에 있어서 단순한 정치적 압력의 배제나 신분보장만으로는 부족하다고 생각하였다. 우선 각계각층으로부터 유능한 인재를 모집할 것이 요구되었고, 방어적 체제에서 사회문제해결을 위한 적극적 체제로 나갈 것이 요구되었다. 여기서 적극적인 실적제는 유능한 인재를 선발할 것을 생각하게 되었고, 제대군인의 우대문제, 실업자구제를 위한 사회복지문제, 사회집단간의 차별철폐문제를 생각하게 되었다.[3)]

이러한 적극적인 실적제는 1978년에 통과된 미국의 공무원개혁법(Civil Service Reform Act)에 비교적 잘 나타나 있다. 내용을 검토하면 다음과 같다.[4)]

1) 충원은 사회의 각계각층에서 유능하고 자격이 있는 사람으로 이루어져야 하고, 선발과 승진은 오로지 지식·능력·기술에 의해서 결정되어야 한다. 그리고 모든 사람은 공정하고 공개적인 시험을 통해서 공무원이 되기 때문에 기회균등이 보장된다.

2) 모든 공무원은 채용이나 승진에 있어서 성, 종교, 인종, 정치적 관여, 결혼의 유무, 연령, 신체의 장애 등의 요인과 관계 없이 공평한 대우를 받아야 하고, 사생활의 보호를 받아야 한다.

3) 동일한 일에 대해서는 동일한 급여가 지급되어야 하고, 사기업의 급여와도 비교되어야 한다. 그리고 남달리 뛰어난 업적을 보였을 때에는 적절한 보상체계가 마련되어야 한다.

4) 모든 공무원은 품위와 순수성을 유지하고, 공익에 대한 관심을 가져야 한다.

5) 연방인력은 효율적으로 사용되어야 한다.

6) 공무원은 업무의 수행능력에 따라 지위와 신분이 보장된다. 무능하거나 요구되는 기준에 미달한 자는 공무원의 직을 떠나야 한다.

7) 공무원은 능력을 배양하고, 공직에 보다 헌신적으로 봉사하기 위해서 적절한 교육과 훈련을 쌓아야 한다.

8) 공무원은 자의적인 행위, 차별적 특혜, 강제적 요구로부터 보호받는다. 동시에 공무원은 공식적 권한을 이용해서 선거에 개입 또는 관여할 수 없다.

9) 공무원이 정부 내에서 일어나는 법규의 위반이나 공금의 낭비, 권한의 남

3) 吳錫泓, 前揭書, 29면.

4) Robert D. Lee, Jr., *op. cit.*, pp. 27～28.

용, 국민의 건강이나 안정에 대한 위해행위를 고발하였을 때에 여기에 대한 보복으로부터 보호를 받는다.

이 개혁법에 나타난 실적제는 종전의 실적제와는 다음과 같은 점에서 다르다. 첫째, 자격이 있는 사람을 충원해야 한다는 점에서 한 걸음 더 나아가 사회의 각계각층으로부터의 충원을 강조함으로써 관료제의 사회대표성을 주장하고 있다.

둘째, 동일한 업무에 대한 동일한 급여라는 원칙에서 한 걸음 더 나아가 보수는 뛰어난 실적에 대한 보상과 인정의 수단으로도 사용될 것을 강조하고 있다.

셋째, 채용 및 승진에 있어서 차별의 금지조항을 결혼의 유무, 연령, 신체적 장애까지 확장하고 있다.

넷째, 인력은 효율적으로 사용되어야 한다는 것이다. 인력의 효율적 사용에 대한 강조는 정당의 압력으로부터 벗어난다는 소극적 입장에 비해 훨씬 적극적인 성격을 띠고 있다.

다섯째, 공무원의 윤리적이고 정직한 행동과 공익에 대한 관심을 강조하고 있다. 공무원은 소극적인 법규의 준수자라는 입장에서 한 걸음 더 나아가 정직하게 행동하고 공익을 위해서 사명감을 가지고 일할 것을 요구하고 있다.

여섯째, 공무원은 정부 내에서 위법행위, 권한의 남용, 공금의 횡령 등을 고발하고, 이러한 행위를 보호받을 권리가 있다는 것이다.

소극적 실적제는 엽관제의 단점을 극복함으로써 오늘의 인력관리의 기초를 이루고 있는 것이 사실이다.

Ⅲ. 직업공무원제

직업공무원제란 사람이 공직에 종사하는 것을 일생의 직업으로 생각하고, 또 여기에 대해서 긍지와 명예심을 갖도록 조직·운영되는 인사제도를 말한다. 직업공무원제는 주로 유럽에서 발달하였다고 지적되고 있다. 따라서 직업공무원제는 계급제, 폐쇄형, 일반능력자주의에 입각한 서구형공무원제도를 일컫는 것이다.[5)]

실적제와 직업공무원제도는 그 내용이 중복되는 점도 많으나 출발점과 강조점이 다르다. 우선 중복되는 면을 보면 공직취임에의 기회균등, 신분보장, 정치적 중립, 자격이나 능력에 의한 채용·승진 등이다. 그러나 충원이 개방적이냐 아니면 폐쇄적이냐, 공직에 대한 사회적 평가가 높으냐 낮으냐, 상위직을 정치적으로 임명할 수 있느냐 없느냐에 따라 다르다고 한다. 미국에서는 실적주의에 대한 집

5) 吳錫泓, 前揭書, 32면.

착은 강하였으나 직업공무원제에 대해서는 1930년대에 와서야 관심을 갖기 시작하였다. 미국에서 직업공무원제가 확립될 수 없었던 원인으로 다음의 세 가지를 들고 있다.[6)]

첫째, 개방적 공무원제도이다. 즉 다른 직업에 종사하던 사람이 공무원직에 비교적 용이하게 들어올 수 있었다는 것이다. 이것은 새로운 아이디어를 흡수·개발할 수 있는 장점은 있었으나 직업공무원제를 확립하는 데에는 저해요인이었다.

둘째, 상위직의 정치적 임명이다. 행정부 내의 고위직이 정치적으로 임명되는 경우가 많았다는 것이다. 이것은 내부승진의 기회를 박탈함으로써 직업공무원제의 발달을 저해한 것이 사실이다.

셋째, 공직에 대한 사회적 평가가 낮았다는 것이다. 공직에 대한 사회적 평가가 낮았기 때문에 유능한 청년들을 공직에 많이 끌어들일 수 없었던 것이 사실이다.

그러나 여기서 명백히하여 둘 것은 직업공무원제가 실적제보다 더 우수하다고 이야기할 수는 없다는 점이다. 최근에 양자는 상대방의 장점을 융통성 있게 받아들임으로써 서로 가까워졌다고 할 수 있다. 특히 앞서 살펴본 미국의 1978년의 공무원개혁법은 직업공무원제의 정신을 많이 포함하고 있다고 할 수 있다.

직업공무원제의 확립방안으로서 다음과 같은 것들이 제시되고 있다.

1) **실적주의정신의 확립** 여기서 이야기하는 실적주의는 공개경쟁을 통한 채용과 능력을 토대로 한 승진, 공무원의 신분보장과 정치적 중립을 말한다. 이러한 요소들은 직업공무원제를 확립하는 데에 있어서 전제조건이 되고 있다.

2) **적극적 모집** 유능하고 젊은 사람을 공직에 끌어들이도록 적극적인 노력을 펴야 한다는 것이다. 여기서 젊은 사람을 끌어들인다는 점에서 연령의 제한이 고려된다. 연령의 제한이 없이 아무나 받아들이면 사기업이나 다른 기관에서 성공하지 못한 연로한 사람들이 공직에 안주할 가능성이 크다.

3) **공직에 대한 사회적 평가** 공직에 종사하는 것이 영광스럽게 생각되는 사회라야 직업공무원제가 확립되기 때문에 공직의 위신과 그에 대한 평가를 높이는 데 노력해야 한다.

4) **폐쇄제의 채택** 횡적 전입(lateral entrance)을 완전히 막을 수는 없으나 이것을 가급적 막아야 직업공무원제를 확립할 수 있다. 되도록이면 내부에서 승진할 수 있는 기회를 많이 주어야 직업공무원제가 빨리 다져진다.

6) 兪焄, 行政學原論, 四訂版, 法文社, 1981, 368~372면.

5) **적정한 보수** 보수가 낮으면 우수한 사람을 공직에 끌어들이기 어려운 것은 말할 것도 없다. 공무원의 보수도 사기업체의 보수와 비교해서 최소한 크게 떨어져서는 안 된다. 아무리 공직의 위신이 높다 할지라도 보수가 사기업체에 비해서 너무 낮으면 직업공무원제의 앞날은 어둡다고 아니할 수 없다. 미국이 유능한 인재를 많이 공직으로 끌어들일 수 있었던 것은 공무원의 보수를 사기업체의 수준과 비슷하게 올려놓았기 때문이다.

6) **능력개발의 기회부여** 공무원은 새로운 지식을 흡수하기 위해서 계속해서 재직자훈련이나 교육을 받아야 한다. 뿐만 아니라 전직이나 중앙과 지방간의 교류도 능력개발의 기회로 삼을 수 있다.

7) **적절한 연금제도** 공직을 떠난 후에 생계에 위협을 받지 않을 정도의 연금지불이 보장되어야 한다.

제 2 절 공무원제도의 분류

Ⅰ. 폐쇄형과 개방형

(1) 폐쇄형(closed career system)

폐쇄형은 계층구조의 중간의 자리 이상에 승진의 기회가 생겼을 때에 외부로부터 신규채용하는 것을 금지하는 제도라고 할 수 있다. 쉽게 말해서 내부승진만을 인정하는 제도를 폐쇄제라고 한다. 공무원의 상위계층은 필히 아래로부터 올라가게 되어 있지, 밖에서 수평적으로 들어오지 못하게 되어 있다. 그러나 폐쇄형이라고 해서 공직의 계층구조상 중간단계에서 신규채용하는 것을 제도적으로 막는다는 뜻은 아니다. 예컨대 우리 나라의 5급공채는 폐쇄형의 예외가 아니다. 폐쇄형의 체제라고 해서 하부층의 공무원들이 모두 상위직에 올라갈 수 있는 것은 아니다. 이때 장기간 승진하지 못하고 제자리에 머물러 있을 때 새로운 사람들에게 기회를 주기 위해서 퇴직시킬 수밖에 없다. 이것이 이른바 계급정년제이다. 이러한 폐쇄형은 영국과 같이 계급제를 채택하고 있는 나라에서 나타난다.

폐쇄형은 공무원의 사기를 올리고 일체감을 다지고 직업공무원제를 확립하는 데에는 대단히 좋은 제도이다. 외부로부터의 새로운 아이디어의 유입가능성을 막고 있어 관료집단을 침체시키고 문자 그대로 폐쇄적인 집단으로 몰고 갈 가능성이 크다. 집단이 폐쇄성을 띠면 외부의 변화에 둔감하고 특권집단화할 가능성이 높다. Horold Laski가 영국의 관료제를 특권집단으로 몰아붙인 것은 우연한 일은 아니다.

⑵ 개방형(open career system)

개방형은 폐쇄형과는 달리 승진의 기회가 있으면 외부에서도 들어올 수 있는 제도이다. 개방형은 직위의 전문성을 강조하는 미국과 같은 나라에서 널리 사용되고 있다. 직위의 개방은 주로 상위층에서 일어난다. 외부인사가 상위층 자리에 영입될 때 공무원의 사기에 미치는 영향은 크다. 이러한 개방형은 공무원의 사기를 떨어뜨림으로써 직업공무원제의 확립에 저해요인이 된다. 그러나 새로운 바람과 아이디어를 관료집단에 유입시켜 변화에 적응하는 관료집단의 모습을 지니게 한다.

여기서 한 가지 명백하게 밝혀 둘 것은 어느 사회나 순수한 개방형만을 채택하거나 아니면 폐쇄형만을 채택하는 경우는 없다는 것이다. 어디에 강조점을 두느냐의 차이만 있기 때문에 어느 사회나 양형을 혼합적으로 채택하고 있다. 우리 나라와 같은 경우는 전통적으로 폐쇄형을 채택하고 있으나 개방형도 가미하고 있다.

Ⅱ. 경력직과 특수경력직

한국의 경우 1981년의 국가공무원법의 개정 전까지는 공무원을 일반직과 별정직으로 나누었다. 일반적으로 실적주의의 원칙을 적용받는 공무원을 일반직이라 하였고, 그렇지 않은 공무원을 별정직이라 하였다. 그러나 별정직 가운데 실적주의의 적용을 받는 공무원이 많았다. 그리고 일반직과 별정직으로만 나누니까 지나치게 단순하고, 또 별정직에는 일반직과 같은 것들이 남설되어 있어 인사관리의 좋은 길잡이가 되지 못하였다. 이러한 결함을 시정하기 위해서 경력직과 특수경력직으로 나누고, 다시 그 밑에서 세분하였다. 나누어 설명하면 다음과 같다.

⑴ 경 력 직

경력직은 실적과 자격에 의해 임용되고 그 신분이 보장되며 평생토록 공직에 근무할 것이 요구되는 공무원인데, 다음과 같은 것들이 포함된다.

1) **일반직공무원**　일반직공무원은 종래부터 사용되어 온 개념인데, 이들은 행정일반, 기술 및 연구에 대한 업무를 담당하는 공무원이다. 직군·직렬·직류·직급으로 종적·횡적인 분류체계를 갖는다.

2) **특정직공무원**　법관·검사·외무공무원·교육공무원·군인·군무원·

국가정보원의 직원이 여기에 속한다. 종래에는 이들을 별정직으로 취급하였다.

3) 기능직공무원　기능적인 업무를 담당하는 공무원으로서 토목 · 건축 · 기계 · 통신 · 전기 등의 직으로 나누어진다.

(2) 특수경력직

경력직 이외의 공무원을 말하는데, 다음과 같은 것들이 포함된다.

1) 정무직공무원　이것은 보통 정무관을 말한다. 예컨대 선거에 의하여 취임하는 공무원, 국무총리, 감사원장, 장관, 차관, 서울특별시장, 도지사, 국회사무총장, 헌법재판관, 선거관리위원 등이 이에 속한다.

2) 별정직공무원　국회전문위원 · 감사원사무차장 · 비서관 등이 이에 포함된다.

3) 전문직공무원　국가와의 특별계약에 의하여 연구 및 기술업무에 종사하는 과학자, 기술자 및 특수분야의 전문가를 말한다.

4) 고용직공무원　단순히 노무에 종사하는 공무원을 말한다.

Ⅲ. 국가공무원과 지방공무원

본래 국가공무원과 지방공무원의 구별은 지방자치제가 발달하여 온 서구의 산물이라고 할 수 있다. 이러한 구별은 역사적으로도 의미가 있었고, 정치적으로도 의미가 있었다. 이 경우 지방공무원은 대개 선거에 의해서 취임되는 명예직공무원이었다. 그러나 지방자치제를 실시하지 않는 국가에서의 국가공무원과 지방공무원의 차이는 아무런 의미가 없다.

한국의 경우 정부가 수립되고 지방자치제도가 채택됨에 따라 국가공무원과 지방공무원으로 나누어졌고 양자에 대한 법체제도 달랐다.[7] 그러나 1961년에 지방자치가 실질적으로 정지됨에 따라 이러한 구별은 아무런 의미가 없게 되었다. 지방자치단체라고 통칭되는 지방행정기관에는 국가공무원과 지방공무원이 섞여서 일하고 있었다. 이 경우 높은 자리는 국가공무원에 의해서 점유되고 지방공무원은 낮은 자리만 차지하였다. 같은 계급이라도 국가공무원은 높은 지위를 차지하였다. 따라서 국가공무원 하면 지체가 높고 발전가능성이 많은 엘리트 공무원을 연상하였고 지방공무원 하면 허드렛일이나 하는 하급기관으로 생각하였다. 그

7) 국가공무원의 법적 근거는 국가공무원법과 정부조직법이고 지방공무원의 그것은 지방공무원법과 지방자치법이다.

러나 이러한 상황도 1995년 전후로 지방자치가 본격적으로 실시됨에 따라 변하게 되었다. 지방지치단체에 근무하는 공무원은 상·하직을 막론하고 지방공무원으로 보해야 한다는 것이다. 여기에 맞추어 지방고등고시제도가 도입 · 채택되고 지방행정기관에 근무하는 국가공무원의 지방직화와 자치정부인력의 지방화가 추진되고 있다. 이렇게 될 때 국가공무원과 지방공무원의 분류는 의미가 있게 된다.

Ⅳ. 고위공무원단

⑴ 도입의 목적

고위공무원단은 고위직 공무원(한국의 경우 3급~1급)으로 구성되는데 그 설치 목적은 국정관리적 차원과 정치적 차원의 두 가지로 나누어 설명할 수 있다.[8] 우선 국정관리적 차원에서 보면 통치권자의 정책의지를 행정부 내에서 정책을 수립하고 집행할 때에 이해시키고 반영하므로 정책과정에서 일어날 수 있는 갈등가능성을 방지할 수 있다. 그리고 고위직 공무원을 한 부서에 한정시키지 않고 범정부적 차원에서 계급에 구애받지 않고 적재적소에 활용하고 개방과 경쟁을 독려하고 성과책임을 강화하여 역량 있는 정부를 구현하는 것이다. 정치적 차원에서는 행정 밖의 다양한 이해당사자들과의 접촉함으로써 그들의 의견을 수렴하고 조정함으로써 원활한 관계를 유지하는 데 필요하다. 고위공무원단은 다양한 집단의 이익을 조절하고 균형을 이루는 역할을 할 수 있다는 것이다.

고위공무원단제도는 요약해서 고급관료들이 정책결정과정에서 그들의 경험과 능력 및 전문성을 토대로 행정부 내외의 고객들이 원하는 바를 충족시켜 줌으로써 관료정치의 활성화를 추구하는 것이라고 할 수 있다.[9]

이러한 고위공무원단제도는 1978년에 미국을 위시해서 영국, 호주, 캐나다, 뉴질랜드 등에 도입되었고 한국의 경우는 2006년부터 도입되게 되었다.

⑵ 고위공무원단 구성과 관리

고위공무원단의 구성은 나라마다 다르다. OECD 자료에 의하면 국가공직 외부로부터 고위 공무원단에 들어 올 수 있는 비율은 적게는 10%에서 많게는 30%에 이르고 있다. 미국의 경우는 공무원법에 '전체 공무원단' 중에서 비경력직 공

8) 김판석 · 이선우, "고위공무원단제도 도입과 활용방안 모색—중앙정부 관리자들의 고위공무원단제도에 대한 의식조사를 중심으로—," 한국행정연구, 7권 4호, 1999. 2, 132~136면.

9) 上揭論文, 137면.

무원(non-career appointees)이 10% 정도를 점할 수 있도록 하고 있다. 영국의 경우는 30% 정도의 외부전문가가 고위공무원단에 들어올 수 있다. 그런가 하면 캐나다와 멕시코는 8% 정도이다.[10)]

한국의 경우는 2006년부터 도입 실시하게 되는데 행정부 전체에 걸쳐서 국장급 이상의 공무원으로 구성된다. 여기에는 일반직, 별정직, 계약직, 외무공무원과 부지사 및 부교육감 등 지방자치단체의 국가고위직이 포함된다. 고위공무원단은 개방직: 20%, 공모직: 30% 및 자체 내의 충원: 50%로 구성된다. 고위공무원단에 진입하기 위해서는 과장급 공무원과 민간전문가들은 자질과 능력을 평가하는 역량평가를 받게 되어 있다.

고위공무원단의 인사관리는 계급이나 신분보다는 업무중심으로 이루어진다. 따라서 현행의 3~1급의 계급들은 폐지되고 직무와 직위에 따라 인사관리가 이루어진다. 보수도 계급과 연공서열보다는 직무의 중요도 · 난이도 및 성과에 따라 지급된다. 부처에 배치된 고위공무원은 직상급자와 협의하여 성과계약을 체결하고 성과평가에 따라 급여수준과 적격여부 등 인사상의 진로가 결정된다.

(3) 고위공무원단 운영에 필요한 제도들

1) 개방형 직위 개방형 직위란 외부전문가의 유치를 통해 공직사회의 전문성, 생산성 및 경쟁력을 높이고 부처간의 인사교류를 활성화하기 위해서 만든 제도이다. 다시 말해서 전문성이 요구되는 직위에 공직 내외로부터 공개경쟁을 거쳐 최적격자를 임용하는 제도이다. 이는 직위에 대한 직무수행요건을 정하고 직무수행요건에 적합한 자를 선발하여 직위를 부여하는 직무중심의 직위분류제적 성격을 지닌 제도이다.

적용대상은 중앙행정기관의 실·국장급 직위 중 높은 전문성이 요구되는 직위나 국민생활과 밀접하게 관계되어 민간인 참여의 필요성이 요구되는 직위, 행정환경의 변화에 따라 개혁이 요구되는 직위 등이 우선적으로 개방형 직위로 지정된다. 개방형 직위는 소속부서의 실·국장급 직위의 20% 범위 내에서 중앙인사위원회와 협의하여 정하게 되어있다.

2) 직위공모 직위공모(job posting)란 해당직위의 직무내용과 특성 등을 반영한 임용자격요건을 미리 설정하고 해당직위에 가장 적합한 자격과 능력을 구비한 자를 행정부 내에서 공개 모집을 통해서 선발 · 임용하는 제도이다. 직위공모제는 연공서열중심의 폐쇄적인 인사운영에서 벗어나 우수인재를 적재적소에

10) 上揭論文에서 재인용, 138면.

재배치할 수 있도록 하자는 것이다.

3) **역량평가제** 역량평가란 조직의 목표달성에 필요한 직무수행 능력과 행동특성을 다수의 평가자가 여러 기법을 활용하여 평가하는 제도이다. 평가기법으로 역할연기, 발표, 집단토론 등이 있다. 역량평가는 고위공무원으로 진입하는 필수의 관문이다.

4) **직무성과 계약** 직무성과계약이란 장·차관 등 기관의 장과 실·국장 및 과장간에 성과목표 및 지표 등에 관하여 합의한 후 공식적으로 체결하는 성과계약을 말한다. 이 계약에 의해서 개인의 성과를 평가하고 성과를 보수와 승진 등에 반영한다.

적용대상은 중앙부처 4급 이상 일반직, 별정직, 특정직, 계약직 공무원이 계약체결의 대상자이다. 기관장은 부기관장과, 부기관장은 실·국장과, 실·국장은 과장, 과장은 복수직 서기관과 성과계약을 체결하고 계약기간은 1년이다.

⑷ 고위공무원단 제도의 장·단점

1) **장 점** 첫째, 통치권자의 정책의지를 관료사회에 투입시키고 행정 밖의 다양한 이해집단들의 의견을 수렴함으로써 정치와 행정을 접합시키는 연결고리 역할을 함으로써 고위공무원들의 정치적 역할을 활성화시킨다. 따라서 고위공무원들의 거시적이고 통합적이고 범정부적 시야를 키워 준다.

둘째, 고위직의 계층구조(예컨대 1급 2급 등)를 없애 버림으로써 신분 지향적이고 지위 지향적(position-oriented)인 자세에서 역할 지향적(role-oriented) 자세로 전환시킴으로써 조직의 민주화를 촉진시킨다. 그리고 공직자들을 승진의 초조감과 불안감에서 해방시켜 준다.

셋째, 연공서열에서 벗어나서 능력중심으로 인재를 발굴해서 적재적소에 배치할 기회를 줌으로써 조직운영을 활성화시킨다. 특히 민간부문에서 인재를 영입하고 또 다른 부서에서 적절한 인물을 데려 올 기회를 가져 조직은 폐쇄성에서 벗어나 개방성의 성격을 지니게 된다.

넷째, 적격심사와 성과계약을 통해서 고위직의 책임성을 강화시킨다. 따라서 조직 내에서 생산성, 결과지향성, 책임성, 창의성, 과업중심 등의 조직문화가 자리를 잡게 된다.

2) **단 점** 첫째, 업무 장악력의 약화이다. 조직에 개방직과 공모직을 통해서 들어온 고위공직자는 새로운 사람들이기 때문에 기존의 조직분위기나 관행을 잘 파악하지 못함으로써 휘하의 조직분위기와 사람들을 장악하기가 쉽지 않

다는 것이다.

둘째, 과장급 이하 공무원들의 승진적체 현상이 벌어질 가능성이 크다는 것이다. 고위공무원단으로의 진입이 공직 외부에도 열려 있고, 풀로 운영되기 때문에 인사적체가 일어날 가능성이 크다는 것이다.

셋째, 신분보장의 약화로 공직자들이 불안감에서 벗어나기 어렵다는 것이다. 고위공무원단의 주된 목표의 하나가 성과를 통한 책임행정의 확보인데 성과를 내지 못하면 공무원단에서 퇴출된다.

넷째, 특정부처 출신의 공직자들이 편중 임용될 가능성이 높다는 것이다. 사회통념으로 어떤 부서에 엘리트 공무원들이 모여 있다고 하면 이러한 고위직들이 부처배치에 과다 대표되고, 그렇지 못한 부서 출신들은 과소 대표될 가능성이 높다는 것이다.

제 3 절 중앙인사기관

중앙인사기관은 정부의 전체적 인사행정을 통합 · 주관하는 기관을 말한다.

I. 중앙인사기관의 설치이유

(1) 인사행정상 할거주의를 막는 것이다. 각 행정기관별로 인력관리문제를 처리하면 행정 전체적인 면에서 통일성이 결여되어 인사행정상 여러 가지 혼란이 야기되기 쉽다.

(2) 정실주의를 배제하는 데 효과적이다. 각 기관에서 인사문제를 독립적으로 다룰 때에는 기관의 책임자나 실력자가 인사문제에 개입하여 정실인사가 일어날 가능성이 크다.

(3) 인력개발정책을 통일적으로 추진하기 위해서도 중앙인사기관이 필요하다. 인력의 충원과정에서부터 능력개발 및 퇴직에 이르기까지 통일적인 정책의 수립이 필요한데, 이것은 중앙인사기관에 의해서만 가능하다. 그리고 직업공무원제도의 확립도 모든 인사문제가 중앙인사기관에 의해서 통일적으로 통합 · 관리될 때에 촉진 및 강화된다.

(4) 행정수반에게 인력관리에 대한 최종적인 책임을 지게 하는데, 이러한 것은 중앙인사기관을 설치함으로써 가능하다. 다시 말해서 행정수반이 행정전반에

관한 지휘권을 확립하는 데 도움이 된다는 것이다.

Ⅱ. 중앙인사기관의 조직상의 특성

(1) 독 립 성

여기서의 독립성이란 인사문제를 다룰 때에 정치적 압력이나 영향으로부터 자유로운 상태를 이야기한다. 독립성이 추구되는 이유는 정치적 영향으로 인한 정실인사의 배제와 공정한 인사와 공무원의 권익을 보호하기 위해서이다.[11)]

독립성을 보장하기 위한 제도적 수단으로 인사기관 지도부의 인적구성에 대한 신분보장을 마련하고, 임기제를 실시하고 위원마다 임기를 달리 해서 일시에 위원 전체가 교체되는 일을 막고, 동일정당이나 동일학교 출신이 인적 구성에 있어서 과반수를 넘지 않도록 규제하는 것이다. 이러한 독립성에 대한 비판적 시각으로 대통령의 적극적인 인력활용정책을 가로막는다는 것이다.

(2) 합 의 성

중요한 결정을 내릴 때에 구성원들의 합의에 따르자는 것이다. 전원일치나 다수결 제도는 합의제의 결정방식이다. 합의제가 추구되는 것은 신중성과 공정성을 확보하기 위한 것이다. 특히 공무원의 신분상의 문제를 중심으로 준 사법기능을 수행할 때에 합의성은 절실히 요구된다.

(3) 집 권 성

통일된 인사원칙을 확보하기 위해서 인사에 관한 권한을 중앙기관에 집중시키는 것을 말한다. 인사업무나 기능이 각 부서별로 또는 자치단체별로 분산되어 있으면 무원칙, 혼란 및 무질서가 야기된다는 것이다. 아울러 인사에 관한 여러 가지 제도나 기법들이 연구되고 모색되어야 하는데 이것을 가능하게 하는 것은 중앙인사기관의 집권성이다. 부처 차원에서는 제도의 개혁이나 새로운 변화를 모색하기에는 벅차다는 것이다. 그러나 집권성은 부처차원에서 융통성의 신축적 인력관리를 모색하는 데 걸림돌이 되는 것도 사실이다.

---

11) 유민봉 · 임도빈 공저, 인사행정론, 박영사, 2003, 134면.

Ⅲ. 중앙인사기관의 조직형태

(1) 합 의 형

이 형태는 일반 행정조직에서 분리되어 있고, 대통령으로부터 독립적 지위를 누린다. 그리고 합의형이기 때문에 구성원의 합의에 의해서 결정이 이루어진다. 이 형태는 정치적 중립성을 지키기 위해서 양당제 아니면 비정당적 인원으로 구성되고, 구성원의 임기가 정해진 것이 특징이다. 양당제의 경우는 반드시 양당에서 위원이 나오게 되어 있다.

이러한 합의형은 정실인사를 배제하고 구성원을 순차적으로 교체시킴으로써 인사정책의 계속성을 유지할 수 있다는 장점도 있으나, 정책의 결정이 느리고 책임이 분산되며, 대통령의 지휘·감독을 받지 않아 효과적인 통제를 어렵게 한다는 비판도 있다.

(2) 단 독 형

이 형태는 한 사람이 중앙인사기관의 책임자가 되는 조직형태이다. 이 경우 중앙인사기관의 책임자가 행정수반에 의해서 임명되고, 또 그 지휘·감독을 받는다. 이러한 형태는 책임소재를 분명히 하고, 의사결정을 신속히 내리고, 각 부처의 인사기관과 기능적 관계를 강화시키고, 대통령의 행정통제를 용이하게 하는 장점을 지니고 있다. 그러나 인사행정에 있어서 불공정하고 자의적인 결정을 내릴 가능성이 크며, 정책의 일관성을 깨뜨리게 할 위험성도 있다.

(3) 절 충 형

이것은 합의형과 단독형의 중간형태라고 할 수 있는데, 여기에는 두 가지 종류가 있다. 하나는 여러 위원으로 구성하되 그 중의 하나가 위원장이 되어 기술적인 집행문제에 대해서는 단독으로 책임을 지며 행정수반에 대해서는 참모역할을 하는 방법이다. 우리 나라의 경우 2004년 정부조직법 개정으로 행정자치부 인사기능이 중앙인사위원회로 이관되어 일원화되었는데 이러한 형태가 여기에 해당한다.

또 하나는 합의제와 단독제를 동시에 이원적으로 존속시켜 인사업무를 분담시키는 방법이다. 일본의 경우가 여기에 해당하는데 일본에는 인사원과 총리대신 산하 총무청 인사국이 병존하고 있다.

Ⅳ. 중앙인사기관의 기능

⑴ 준입법적 기능

준입법적 기능이란 국회에서 제정한 법률의 범위 내에서 인사행정에 관한 규칙을 제정하는 기능을 이야기한다. 이러한 준입법적 기능을 통해서 정실인사를 막을 수 있고, 인사행정에 있어서 통일성과 일관성을 유지할 수 있다.

⑵ 준사법적 기능

위법 또는 부당한 처분을 받았다고 생각하는 공무원으로부터 소청이 있을 때에 이를 재결할 수 있는 권한을 가지고 있다. 이러한 재결은 처분행정청을 기속하는 효력을 지니고 있다.

⑶ 집행적 기능

중앙인사기관이 집행하는 업무로서는 공직분류, 임용, 승진, 훈련, 이동, 보수 및 후생복지 등에 관한 사항이다. 이 외에도 인적자원의 개발, 전문적인 인력관리를 위한 연구 및 조사, 최고책임자나 각 부서의 인력기관에 대한 조언을 수행한다.

⑷ 감사기능

중앙인사기관은 각 부서기관이 정해진 법과 규칙에 따라 인사행정을 수행하고 있는지 지도하고 감사할 수 있다. 감사결과 위법 또는 부당한 사실을 발견하면 소속기관장에게 시정을 요구할 수 있고, 관계공무원을 징계위원회에 회부할 수 있다.

Ⅴ. 각국의 중앙인사기관

⑴ 미국의 중앙인사기관

미국은 1883년 Pendleton 법의 제정과 더불어 인사위원회(Civil Service Commission)가 설치되었다. 동 위원회의 설치목적은 엽관주의를 방지하고 실적주의를 확립하자는 것이었다. 동 위원회는 행정기관이면서도 대통령의 지휘 및 감독을 받지 않는 독립기관이었다. 3인의 위원으로 구성하되 초당파적 합의제 기관이었다. 연방정부의 인사행정을 총괄하는 기관으로서 행정적, 준입법적 및 준사법적 기능을 수행하였다. 1978년 공무원개혁법이 통과됨으로써 동 위원회의 기능은 인사관리처(Office of Personnel Management)와 실적제보호위원회(Merit System Protection Board)로 분담되었다. 인사관리처는 대통령의 관리상의 수족으로 인사행정 전반의 문제들인 시험, 배치, 승진, 전보, 훈련, 보수, 퇴직 연금 등의 문제를 다루고, 실적제보호위원회는 독립된 합의제 기관으로 공무원의 권리를 구제하고 소송을 재결하는 문제를 다룬다.

(2) 영국의 중앙인사기관

영국은 오랜 기간 재무성이 중앙인사기관으로 역할을 하여 오다가 1855년에 추밀원령에 의해서 인사위원회가 설치됨으로써 이원화되었다. 인사위원회는 5명으로 구성되었고, 수석위원이 위원장이 되었다. 공무원의 보수 및 연금 등의 업무는 기존의 재무성이 담당하였고 선발에 관한 업무는 인사위원회가 담당하였다.

그러다가 1968년에 행정개혁에 따라 공무원성(Civil Service Department)이 설치됨으로써 종래의 재무성에서 관장하던 배치, 훈련, 보수, 승진 등의 업무를 인수하게 되고, 기존의 인사위원회는 공무원성에 부설되게 되었으며, 역시 시험 및 선발에 관한 업무를 관장하게 되었다.

1981년에 대처 수상의 공무원 인력규모의 축소 의지에 따라 공공성이 폐지됨으로써 인력관리와 보수관리는 재무성으로 이관되었다. 조직관리, 교육훈련, 충원 등의 문제는 새로 내각관리처에 설치된 관리인사처(Management and Personnel Office)에서 담당하게 되었다. 그 사이 여러 차례 개편작업을 거치다가 1995년에 정부조직개편에 따라 공공서비스실(Office of Public Service)체제로 자리를 잡게 되었다. 따라서 보수, 근무조건 등 공무원 관리에 관한 전반적인 사항이 공공서비스실로 일원화되었다.

(3) 일본의 중앙인사기관

일본의 중앙인사기관으로 들 수 있는 것은 인사원과 내각총리대신산하의 총무청 인사국이다. 인사원은 3인의 위원으로 구성된 합의제 기관으로 그 중의 1인은 총재로 임명된다. 인사위원은 양원의 동의를 얻어 내각이 임명한다. 2인 이상이 동일정당이나 동일대학 출신이어서는 안 된다. 임기는 4년으로 하고 12년을 초과할 수 없다. 인사원은 급여, 시험, 임면, 훈련, 징계, 고정처리에 관한 업무를 관장한다. 그리고 인사원 규칙 및 지령을 제정하고 인사행정의 개혁에 관한 연구를 실시한다. 총무청 인사국은 근무평정, 복지후생, 퇴직수당 등을 취급한다.

Ⅵ. 한국의 중앙인사기관: 중앙인사위원회

1963년까지는 고시위원회와 총무처 인사국이 있었으나 그 후에 폐지되고, 1997년까지는 총무처와 소청심사위원회가 중앙인사기관으로 역할을 하였다. 1998년 김대중 정부가 들어서면서 총무처와 내무부가 합쳐 행정자치부로 개편됨에 따라 행정자치부가 중앙인사기관으로 역할을 하게 되었다. 그러다가 1999년에 대통령령으로 독립적인 심의·의결기구인 중안인사위원회가 설치됨으로써 중앙인사기관이 이원화되었다. 중앙인사위원회의 설치목적은 정실임용을 방지하고 인사행정의 공정성을 확보하기 위한 것이었다.

행정자치부는 5급 이상 공무원의 임용제청과 협의, 임용시험실시 등 공무원에 대한 인사업무를 총괄하며, 관계법령의 시행과 운영, 공무원에 대한 교육·훈련과 징계문제를 관장하였다.

중앙인사위원회는 행정부소속 공무원의 인사행정에 관한 기본정책 수립과 개혁에 관한 사무를 관장한다. 또한 3급 이상 공무원의 채용과 승진을 심사하고, 각 행정기관의 인사가 공정하게 이루어지고 있는가에 대한 감사를 실시한다. 그 밖에 인사·보수 등 인사 관계 법령의 제정 및 개정안도 심의한다. 위원회는 대통령이 임명하는 위원장 1인과, 위원장의 제청으로 대통령이 임명하는 상임위원 1인과 3인 이내의 비상임위원으로 구성되며, 위원장과 위원의 임기는 3년으로 1차에 한하여 연임할 수 있다.

2004년에 정부조직법의 개정으로 행정자치부의 인사업무가 중앙인사위원회로 이관됨에 따라 인사행정업무가 한곳으로 통합되어 일원화되었다. 중앙인사위원회 산하에 소청심사위원회와 중앙공무원교육원이 있다.

제 2 장 공직의 분류

여기에서는 계급제(rank system)와 직위분류제(position classification)에 대해서 설명하기로 한다.

제 1 절 계 급 제

Ⅰ. 계급제의 의의

다음에 설명할 직위분류제가 직무(job)의 특성에 착안한 분류방법이라고 한다면, 계급제는 사람의 특성에 착안한 분류방법이라고 할 수 있다. 계급제는 공무원의 계급 또는 신분(rank or status)에 기초를 두고 직위를 분류한다.

계급제하에서는 계급이 사람에게 부착되어 있으므로 계급만 같으면 누구나 그 자리에 갈 수 있다. 예컨대 서기관이면 서기관에 해당하는 어떤 종류의 자리이든 갈 수 있다는 것이다. 따라서 승진의 수직적 이동이나 수평적 이동의 폭이 넓어 인력을 비교적 융통성 있게 활용할 수 있다.

계급제는 교육제도와 관계가 깊고 계급간의 차별이 크며, 높은 계급이 엘리트화되고, 폐쇄형의 체제를 채택하고 있는 것이 특징이라고 지적되고 있다.[1] 계급제를 채택하고 있는 나라는 영국을 비롯해서 독일 · 프랑스 · 일본 등이 있다.

Ⅱ. 계급제의 장·단점

⑴ 장 점

1) 직무내용에 따라 사람을 선발하지 않기 때문에 일반교양을 가진 사람을

1) 朴東緖, 人事行政論, 全訂版, 法文社, 1978, 122～124면.

쉽게 임용할 수 있다.

2) 일반적 교양을 가진 사람이 임용된 후 같은 계급끼리는 전보가 활발하여 능력이 넓게 키워진다. 여기서 공무원의 신축성과 적응성이 키워진다.

3) 횡적 조정이 잘 이루어진다. 직위분류제하에서는 직무가 고도로 전문화되어 있어 공무원간의 의사소통이나 조정이 어려운데, 계급제는 횡적 협조와 조정을 용이하게 한다.

4) 인간의 계급과 신분에 주안점을 둔 제도이기 때문에 공무원의 신분을 더욱 강하게 보장하여 준다고 할 수 있다. 따라서 직업공무원제의 확립에 보다 기여하는 제도라고 할 수 있다.

(2) 단 점

1) 행정의 전문화를 가로막고 있다. 사회가 전문화되고 분업화됨에 따라 행정업무도 수직·수평으로 전문화되어야 하는데, 계급제는 상·하의 수직적으로만 등급화되어 있어 행정의 횡적인 전문화를 가로막고 있다.

2) 동일한 업무에 대한 동일한 보수의 지급을 어렵게 한다. 본래 보수는 책임의 경중이나 직무의 난이도에 따라 결정되어야 하는데, 상·하계층으로만 구분된 계급제는 이러한 원칙을 보수결정에 반영하지 못한다.

3) 직무내용이 명확하게 규정되어 있지 않기 때문에 객관적인 근무평정을 확보하기가 어렵고, 적절한 훈련계획을 세우기도 어렵다.

제 2 절 직위분류제

Ⅰ. 직위분류제의 의의

계급제가 사람의 능력이나 자격에 맞추어 공직을 분류하였다면 직위분류제는 직무의 특성에 착안하여 분류한 제도이다. 즉 직무의 책임과 난이도에 따라 수직·수평적으로 분류하는 제도를 말한다.

Ⅱ. 직위분류제의 발달원인

직위분류제는 미국에서 발달하였는데, 그 원인을 살펴보면 다음과 같다.

(1) 동일종류의 업무에 대해서는 동일액의 보수지급

1910년경에 Chicago시는 직위분류제를 채택하였는데, 그 주된 이유는 보수의 불공평을 없애자는 것이었다. 이 무렵에 어떤 사람들은 자기가 하는 일보다 더 많이 돈을 받고 다른 사람들은 적게 받는다고 생각되었다. 보수의 불공평을 없애기 위해서 직무의 난이도와 책임의 경중에 따라 직위의 분류가 요구되었다. 직위분류제는 사회적 배경이나 교육의 차이 또는 정당과의 유대에 관계 없이 동일한 업무를 하는 사람은 동일한 액수의 봉급을 받는 것을 가능하게 하였다.

(2) 엽관제의 배척

1830년경부터 풍미한 엽관제는 행정의 능률을 저하시킨 것은 말할 것도 없고 사람을 위해서 관직을 필요 이상으로 설치하다 보니 재정상의 폐해도 말이 아니었다. 행정을 정치의 오염으로부터 보호하고, 그것의 능률을 올리고 재정상의 폐해를 시정하기 위해서 직위분류제가 요구되었던 것이다.

(3) 과학적 관리법

본래 시간과 동작(time and motion)의 연구에서부터 출발한 과학적 관리법은 직무의 체계적 분석과 배열에 관심을 기울이고 노동량에 임금을 맞추려고 하였다. 이러한 작업량에 따른 임금의 표준화는 직위분류제의 발달에 도움이 되었던 것이다.

제3절 직위분류제의 수립과정

I. 직위분류제의 구성요소

직위분류제의 내용을 이루고 있는 것은 최소단위인 직위에서 시작하여 최대단위인 직군에 이르기까지 여러 가지가 있다. 각각 검토하여 보면 다음과 같다.

(1) 직위(position)

직위는 직위분류제가 시작되는 가장 최소한의 기초가 되는 단위로서 한 사람이 수행하는 직무와 책임을 말한다.

(2) 직급(class)

직무의 성질·곤란성·책임도가 비슷한 직위를 한데 모아 놓은 것을 말한다. 동일한 직급에 속하는 직위에 대해서는 임용자격·시험·보수 등에 있어서 동일하게 취급할 수 있다. 동일한 직급이라도 수많은 직위를 포함하는 경우도 있고 몇 개 안 되는 직위를 포함하는 경우도 있다.

(3) 직류(sub-series)

직류는 다음에 설명할 직렬을 세분화한 것이다. 즉 직렬 내에서 담당분야가 동일한 직무의 무리를 말한다. 직류는 임용시험의 내용을 결정하고 보직관리를 하는 데 기준을 제시하여 준다.

(4) 직렬(series of classes)

직무의 성질은 비슷하나 곤란성과 책임도가 다른 직급을 모아 놓은 무리를 말한다. 예컨대 토목기술의 직이지만 책임의 경중과 직무의 곤란도에 따라 상·중·하의 계급으로 나눈다. 이들은 전부 토목직렬에 포함시킬 수 있다. 따라서 직렬은 직급으로 이루어진 가족이라고 할 수 있다.

(5) 직군(occupational group)

직무의 성질이 광범위하게 유사한 직렬을 모아 놓은 무리를 말한다. 따라서 직위분류제의 가장 큰 단위라고 할 수 있다.

(6) 등급(grade)

등급은 직무의 성질은 다르지만 곤란성·책임도 및 자격수준이 비슷하여 동일한 보수를 지급하게끔 모든 직위를 순위화하는 것이다.

Ⅱ. 직위분류제의 수립과정

직위분류제가 수립되는 과정은 준비작업, 직무조사, 직무분석 및 평가직급명세서작성, 정급 및 유지·관리의 단계로 나누어진다.[2] 간단히 단계별로 설명하면 다음과 같다.

2) 吳錫泓, 人事行政論, 88~125면.

(1) 준비작업

직위분류제의 작업을 실시하기 전에 미리 기초를 마련하는 단계로서 여기에는 방향과 정책의 설정, 관계법령의 제정, 담당기관의 결정, 전문가의 확보, 대상 직위의 결정 등이 포함된다.

(2) 직무조사

직무에 관한 자료를 수집하는 단계이다. 자료수집의 가장 중요한 수단은 직무기술서이다. 직무기술서는 개개 공무원이 자기가 담당하고 있는 직무내용을 기술하는 것이다.

(3) 직무분석 및 평가

직무에 관한 정보가 얻어지면 분석·평가하여 성질별로 책임의 비중별로 구분하는 단계이다. 직무분석은 직무의 종류에 따라 직렬 또는 직군별로 종적으로 구분하는 것을 말한다. 직무의 평가는 직무의 비중 또는 상대적 가치에 따라 횡적으로 구분하는 것을 말한다. 직무평가에 의해서 등급과 직급이 결정된다. 직무평가의 방법에는 서열법, 분류법, 점수법 및 요소비교법이 있다. 간단히 분설하면 다음과 같다.

1) 서열법(ranking method) 가장 간단하고 일찍이 시작한 방법이다. 직위명을 기록한 카드 하나하나를 보면서 직위의 전체적 가치를 종합적으로 평가하여 서열을 결정한다. 객관성을 보장받기 위해서 각 위원의 평가를 평균하여 대표치를 구한다.

2) 분류법(classification method) 이 방법은 먼저 등급표를 만들어 놓고 다음에 직무를 평가하여 정급하는 방법이다.

3) 점수법(point method) 직무를 구성요소별로 나누고 요소별로 점수를 매긴다. 예컨대 하나의 직위를 기술·책임·노력·작업조건으로 나누고, 여기에 대한 점수의 할당은 중요도에 따라 다르다. 총점을 500점으로 할 때에 기술에 250점, 책임에 100점, 노력과 작업조건에 각각 75점을 매길 수 있다. 다음에 요소별로 다시 점수를 매긴다. 이때 요소별 평점을 합계하거나 평균한 것이 등급결정의 지표가 된다.

4) 요소비교법(factor comparison method) 이 방법은 각 직무의 평가요소를 기준직무의 평가요소들에 부여된 수량적 가치에 대비시켜 평점을 매기는 것이다.

⑷ 직급명세서작성

직급명세서는 직급의 명칭과 그 직급에 공통되는 직무의 내용, 책임의 범위, 직무수행의 예시, 직무수행에 필요한 자격요건 등을 기술한 문서이다. 직급명세서를 만드는 목적은 직급들을 서로 명확하게 구별할 수 있게 하고, 직위들을 직급에 배치할 때에 분명한 기준을 제시하기 위해서이다. 직급명세서는 근무평정 · 교육훈련 · 채용 등에 기준을 제시하여 주기도 한다.

⑸ 정　　급

정급이란 실제의 직위들을 직급에 배치하는 것을 말한다.

⑹ 유지 · 관리

직위분류제의 수립이 끝나면 이것을 현실에 맞도록 유지하는 단계이다. 즉 직위의 신설 · 개폐 등 변동을 파악하고, 여기에 따라 분류구조를 수정해 나가는 일이라고 할 수 있다.

제 4 절　직위분류제의 장·단점

Ⅰ. 장　　점

⑴ 동일한 업무에 대해서 동일한 급여의 지급을 가능하게 한다. 즉 급여의 차이를 직무의 곤란성과 책임의 정도에 따라서 둘 수 있다.

⑵ 선발 · 경력발전 · 인사배치 · 근무평정의 기준을 제공하여 줌으로써 인사상의 여러 가지 문제들을 용이하게 처리하도록 도와 준다.

⑶ 행정의 전문화를 촉진시킨다. 행정직무를 수직 · 수평 양면으로 자상하게 구분하여 전문화를 촉진시키고 책임의 한계도 명확하게 한다.

⑷ 공정성을 확보함으로써 직원의 사기를 높여 준다. 급여로부터 모집 · 승진 · 근무평정 · 전보에 이르기까지 객관적인 기준이 마련되어 있어서 인사권자의 주관성이 배제됨으로써 직원들은 사기를 잃지 않고 일에 전념할 수 있다.

⑸ 인력의 수급계획을 체계적으로 수립할 수 있다. 행정 역시 전문화된 인력을 요구하고 있는데, 직위분류제는 행정전문화를 위한 인력의 수급계획을 가능하

게 하여 준다.

Ⅱ. 단　　점

(1) 지나치게 직무가 세분화되어 있어 신축적인 인력활용을 불가능하게 한다. 동시에 이러한 세분화는 인간의 이해력과 안목을 협소하게 하고 기관간의 횡적 협조와 조정을 어렵게 한다.

(2) 직위분류제에 있는 직위들은 직무내용의 변화를 제대로 반영하고 있지 못하다는 것이다. 동일한 직위이지만 그 내용은 시간의 흐름에 따라 변할 수 있는데, 직위분류제는 변화하는 직업의 내용을 반영하지 못하는 경우가 많다.[3)]

제 5 절　우리 나라에서의 공직의 분류

Ⅰ. 경　　위

우리 나라에서 공직의 분류는 계급제 위주로 되어 왔으나, 과거 20여 년간 직위분류제도의 요소를 상당히 가미시켜 왔다. 따라서 현재의 공직의 분류는 계급제와 직위분류제의 혼합물이라고 할 수 있다.

우리 나라는 정부수립과 더불어 계급제를 채택하였다. 이 무렵에 공무원의 봉급액에 따라 1급·2급·3급갑·3급을·4급 및 5급으로 나누어져 있었다.

공무원은 자기의 계급에 따라 동일한 계급이면 어떤 직위에라도 이동할 수 있었으며, 승진도 아무런 제약을 받지 않았다. 다만 사무계와 기술계라는 대구분에 있어 양자간의 전직에는 전형이라는 시험을 거치게 하였다. 공무원의 처우는 직종이 아니라 직급에 따라 이루어졌다.

1963년에는 국가공무원법이 개정되고 직위분류법이 제정되었다. 직위분류법이 제정된 다음 3년간 일부직위에 대한 직무조사를 하고 직급명세서도 만들었다. 그러나 1966년까지 진행된 직위분류작업은 기술적인 미비가 많은데다가 분류대상이 한꺼번에 너무 많았고, 또 계획 자체에도 회의가 생겨 추진사업은 중단되고 말았다.[4)]

---

3) Robert Lee, Jr., *Public Personnel System*, pp. 65～66.

4) 吳錫泓, 前揭書, 129면.

1973년에 국가공무원법이 개정됨에 따라 직위분류법은 제정된 지 10년 만에 폐지되었다. 그러나 법이 폐지되었지만 직위분류제를 실시하겠다는 정신은 1973년의 개혁법에도 남아 있었다.

여하간 1960년대 초부터 직위분류제를 채택한다고 하면서부터 외형상으로나마 직위분류제적 요소가 적지않게 나타났다. 직위 · 직급 · 직렬 · 정급 등의 용어들이 법령에 사용되기 시작하였고 직렬과 직급도 상당히 세분되었다. 계급도 종래 6계급에서 9계급으로 늘어났다.

1981년에 다시 국가공무원법이 개정되면서 직위분류제에 손질을 가함으로써 직위분류제를 다지는 데 진일보하였다고 볼 수 있다. 계급수는 명칭만 바꾸었지 9계급 그대로 두었다. 그러나 과도하게 통합되어 있던 행정직렬을 세분화하였고, 많은 직위를 그것을 담당하는 사람과 관계 없이 직무의 내용 그 자체를 중심으로 만들었다.

Ⅱ. 직위분류제도입상의 문제점

우리 나라의 공직분류제도는 1960년대부터 직위분류제도의 채택이 시도되었으나, 아직도 계급제적 요소가 농후하다고 볼 수 있다. 우선 지금까지의 분류가 본격적인 직무조사와 평가를 거치지 않고 이루어졌다는 것이다.[5] 그리고 9개의 등급도 직무의 곤란성보다는 종래의 계급관을 더욱 반영하고 있으며, 상위계급에 올라갈수록 계급제적 냄새가 강하다. 그리고 직급구조가 분화된 직무의 내용을 정확하게 반영하고 있지 못하다. 특히 우리 나라의 일선기관에는 하나의 직위가 여러 가지 이질적인 업무를 동시에 수행하거나 아니면 계절적으로 직무의 내용이 변동되는 혼합직이 많은데, 이러한 현상은 직위분류제의 도입을 어렵게 만들고 있다.

5) 上揭書, 132면.

제3장 충원과정

여기서 이야기하는 충원과정은 유능하고 똑똑한 사람들을 공직으로 끌어들이는 과정을 말한다.

제1절 모　　집

Ⅰ. 모집의 의의

모집(Recruitment)은 유능하고 적절한 인물들이 공직에 응모하도록 유인하는 행위라고 할 수 있다.

취업기회가 한정되어 있고 공직에 대한 사회적 평가가 높은 사회에서는 모집에 별로 문제가 없다. 그러나 취업의 기회가 많고 공직에 대한 사회적 평가가 낮은 사회에서는 모집이 중요한 의미를 가진다.

일반적으로 절대군주주의체제를 경험한 국가에서는 공직에 대한 사회적 평가가 높은 편이고, 미국과 같이 그러한 경험이 없는 나라에서는 공직에 대한 사회적 평가가 낮다. 우리 나라의 경우는 역사적으로 관료제가 권력 및 지배계급으로 존재하였고, 산업화가 되지 않아 취업의 기회가 극히 한정되었다. 이러한 상황하에서는 모집의 적극화가 특별히 논의될 필요가 없었던 것이다. 그러나 1960년대를 전후해서 산업화가 급격하게 이루어짐에 따라 최상급의 인재들이 사기업분야로도 대거 진출하게 되었다. 유능한 인재들을 많이 사기업에 빼앗김에 따라 정부의 입장에서도 모집의 중요성을 인식하지 않을 수 없게 되었다. 특히 낮은 급여수준은 많은 젊은이들로 하여금 공직에 지원하는 것을 꺼리게 하였다. 그리고 의사·기술자·전문가를 필요로 하는 분야에서는 사기업과 근무조건면에서 경쟁을 할 수 없게 되어 특별한 모집정책을 생각하지 않을 수 없게 되었다.

Ⅱ. 모집에 대한 두 가지 견해

모집에 대해서는 두 가지 견해가 있는데, 하나는 당해 분야에서 가장 뛰어난 인재들을 유인·선발해야 한다는 입장이고, 다른 하나는 공직은 대표성을 띠어야 하기 때문에 각계각층의 사람들이 참여할 수 있는 모집정책을 펴야 한다는 입장이다.

두 번째 견해의 기본가정은 공직은 특별한 경우를 제외하고는 보통수준의 사람이면 누구나 감당할 수 있다는 것이다. 또한 일류의 엘리트로만 충원하는 것보다 다양한 보통수준의 사람들로 충원하는 것이 오히려 공직이 민주성과 개방성을 띠게 된다는 것이다.[1] 거기에다 오늘날의 행정은 가치배분의 기능까지 하게 되어 행정충원 특히 고위층의 충원에 있어서 각 분야별로 대표성이 요구된다는 것이다. 즉 일류의 엘리트로 충원된 행정체제보다는 평범하면서도 각 분야를 대표하는 사람들로 구성된 행정체제가 보다 바람직하다는 것이다.

그러나 어떠한 견해나 적극적인 모집방법이 필요하다는 것에는 의심의 여지가 없다.

Ⅲ. 적극적인 모집방법

(1) 사기업체와 유사한 대우조건

인재유치에 있어서 경쟁자는 사기업이다. 따라서 보수나 기타의 근무조건이 사기업에 비해서 너무 떨어지면 유능한 인재를 공직으로 끌어들이기가 어렵다. 우리 사회는 아직까지는 공직에 대한 사회적 평가가 높아 사기업에 비해서 급여수준이 훨씬 낮아도 공직을 지원하는 사람이 많이 있으나, 이러한 경향이 언제나 계속되리라고 생각되지는 않는다. 여기서 보수를 비롯해서 근무조건의 개선이 요구되고 사기업보다 유리한 조건이 있으면 이것을 적극적으로 선전하여야 한다.

(2) 특수분야의 특별채용

특수분야에서 특별한 기술이나 자격이 있는 사람이 필요한 경우가 있는데, 이때에는 복잡한 시험절차를 거치지 않고 특별채용하도록 한다. 특히 이러한 경우 필요한 인력을 확보하는 데 사기업과 경쟁할 수 없으므로 보수 등의 근무조건을 중심으로 특별계획을 수립해야 한다.

---

1) Robert D. Lee, Jr., *Public Personnel System*, p. 104.

(3) 전국적인 모집공고

모집공고는 모든 국민이 다 알 수 있도록 하여야 한다. 이러기 위해서는 전국망을 가진 방송매체나 신문을 이용해야 한다.

(4) 모집절차의 간소화

시험에 필요한 절차도 간소화해야 함은 물론 응시에서 채용에 이르는 과정도 기간이 짧을수록 좋다. 시험에 합격시켜 놓고 몇 달간 기다리게 하는 것은 적극적인 모집제도라고 할 수 없다.

(5) 모집대상에 대한 직접접촉

대학이나 훈련기관 등 후보자를 많이 보유하고 있는 기관에 직접 사람을 파견하여 모집활동을 할 수도 있고 팜플렛과 모집문서를 보낼 수도 있다. 이러한 방법은 특수분야의 인력을 모집할 때 특히 효율적이라고 할 수 있다.

Ⅳ. 모집의 자격요건

공무원임용의 자격요건으로 다음과 같은 것을 들 수 있다.

(1) 국 적

어느 나라나 공직채용에 있어서 자국인과 외국인을 구별하고 원칙적으로 자국인만 공무원으로 채용한다. 그러나 특별한 전문분야나 일정기간을 조건으로 해서 외국인을 공직에 취임시킬 수 있다.

(2) 교 육

직무수행에 필요한 지식이나 기술을 가진 사람만 공직에 취임할 수 있다는 것이다. 여기서 문제는 공식적인 학교교육을 받아야만 하느냐이다. 학교교육을 자격요건으로 강조하느냐 하지 않느냐는 나라마다 다르다. 일반적으로 계급제를 채택하고 있는 나라는 학교교육을 중요시하고 직위분류제를 채택하고 있는 나라는 그렇지 않다. 학교교육의 중요시 여부는 나름대로 장·단점이 있는데,[2] 우리 나라에서는 1972년까지 공직채용에 학력을 중요한 자격요건으로 인정하였으나,

2) 장·단점에 대해서는 吳錫泓, 人事行政論, 159～164면 참조.

1973년부터는 자격요건으로서의 학력을 일체 폐지하였다.

(3) 연 령

공직취임에 있어서 연령을 보자는 것이다. 정도의 차이만 있지 어느 나라나 연령제한을 두고 있다. 즉 너무 젊어도 될 수 없고, 너무 늙어도 될 수 없다는 것이다. 연령조건을 가장 까다롭게 규정하고 있는 나라가 영국인데, 행정계급의 최하위급에 채용되려면 20~24세의 대학출신자로서 시험에 합격해야 한다. 우리나라에서도 연령조건을 두고 있는데, 5급의 경우는 만 20세 이상~35세 이하로서 그 조건이 까다롭지 않다.

(4) 성

남녀의 구별이 공식적으로 공직취임의 자격요건이 되는 시대는 지났다. 그러나 아직도 사회관습이나 담당할 업무의 성격상 여자가 공직취임에서 제약을 더 많이 받는 것이 사실이다. 그러나 예외적이지만 여성이기 때문에 우대를 받는 경우도 있다.[3)]

제2절 시 험

Ⅰ. 시험의 의의

수많은 지원자들 중에서 가장 적격한 사람들을 선발하는 수단이 시험이다. 시험은 공직의 기회균등과 능력이 있는 사람을 선발해야 한다는 두 가지 요청을 조화시켜 주고 있다.

Ⅱ. 시험의 효용성

효용성의 기준으로 다음과 같은 것을 들 수 있다.

(1) 타당도(validity)

이것은 시험이 측정하고자 하는 바를 실제로 측정하는 정도를 말한다. 따라

---

3) 간호사·타자원·교환원 등은 절대적으로 여자에게 유리한 직업이다.

서 측정하고자 하는 바를 정확히 측정하게 되면 타당도가 높은 시험이라고 할 수 있다.

타당도는 측정하고자 하는 초점을 어디에 두느냐에 따라 기준타당도·내용타당도 및 구성타당도의 세 가지 유형으로 나누어진다.[4)]

⑵ 신뢰도(reliability)

시험이 측정도구로서 일관성을 가질 때에 신뢰도가 있다고 한다. 동일한 시험을 동일한 사람들에게 적당한 간격을 두고 실시할 때에 점수의 결과가 유사하게 나오면 신뢰도가 높다고 할 수 있다. 신뢰도를 확보하기 위해서는 채점의 객관도를 높여야 한다.

⑶ 난이도(difficulty)

시험은 응시자들의 우열을 구별할 수 있을 정도로 만들어져야 한다는 것이다. 따라서 득점의 차이가 적당하게 분포될 수 있는 시험이라야 한다. 시험이 너무 쉽거나 너무 어려우면 우열을 가리기가 어렵다.

⑷ 객관성(objectivity)

이것은 시험을 채점함에 있어서 채점자의 편견이 개입하지 못하도록 하는 것이다. 객관성을 보장하는 방법으로서는 하나의 답안지를 여러 사람이 채점하여 평균하는 수도 있고 미리 채점기준을 설정하여 놓고 이에 따라 채점하는 경우도 있다.

⑸ 실용성(practicality)

여기서 이야기하는 실용성은 시험은 그 실시가 편리하고 용이하여야 한다는 것이다. 여기서 가장 문제되는 것이 비용의 과다이다.

Ⅲ. 시험의 종류

여기서는 시험의 방법에 따라서 그 종류를 살펴보기로 한다.

---

4) 이것에 대한 자세한 설명은 吳錫泓, 前揭書, 177~181면.

(1) 필기시험(written test)

공무원의 선발수단으로 가장 많이 쓰이는 것이 필기시험이다. 필기시험은 답안작성의 형식에 따라 주관식과 객관식으로 나누어진다.

1) 주관식 시험(subjective test)　이것은 주어진 문제에 대하여 수험자가 마음대로 쓰게 하는 논문식 시험이다. 이러한 타입의 시험은 문제를 내기가 용이하고 수험자의 종합적인 능력을 평가하는 데 유용하다는 장점이 있다. 그러나 채점하기가 어렵고 채점자의 주관 등 시험 외적 요인이 채점에 개입할 여지가 많으며 문제의 수가 적을 수밖에 없기 때문에 골고루 테스트할 수가 없다.

2) 객관식 시험(objective test)　문제에 대한 해답의 형식이 정해진 시험을 말한다. 여기에는 여러 가지 유형이 있는데, 예를 들면 정오형·선다형·연결형·정정형·배열형 등이다. 이러한 시험은 채점이 쉽고 평가자의 편견이 개입하지 않는 장점이 있으나, 수험자의 종합적인 사고능력이나 논리성을 측정하지 못하는 단점이 있다.

(2) 면접시험(interview)

이것은 구술시험(oral test)이라고도 하는데, 수험자가 말로 표현한 것을 토대로 해서 능력을 평가하는 시험을 말한다. 면접시험의 기본목적은 수험자의 지식이나 기술보다는 인품·성격·태도·외양 등을 파악하는 것이다. 따라서 인간 전체를 파악하는 데에는 유용한 측정방법이라고 할 수 있다. 그러나 평가자의 주관적 편견이 개입할 여지가 많고 평가자가 여럿 있을 때에는 평가자의 신뢰성이 떨어질 수 있다.

(3) 실기시험(performance test)

응시자로 하여금 직무수행에 필요한 실기를 시현케 함으로써 그 능력을 평가하는 것이다.

실기시험은 직무수행과 가장 밀착되는 시험이므로 타당성이 높으나 실천하기에 비용이 많이 들고 장래의 발전가능성을 파악하기에도 난점이 있다.

(4) 서류심사

이는 지원자가 제출한 서류를 중심으로 적격성을 가려 내는 방법이다. 여기에는 지원서·졸업증명서·성적증명서·이력서·자격증·추천서·보고서·업적

증명서 등이 포함된다.

서류심사는 다른 시험방법을 보충하는 방법으로 쓰이나 이 방법만으로 합격자를 가리는 경우가 있다. 서류심사는 비용이 적게 들고 시험관리가 쉽고 지원자에 관해서 상세한 정보를 얻을 수 있는 장점이 있으나, 평가자의 편견이 개입함으로써 판단의 객관성을 흐리게 할 가능성이 크다.

제 3 절 채용절차

Ⅰ. 채용후보자명부(eligible list)

시험실시기관은 합격자가 확정되면 그 명단을 성적순으로 만든다. 후보자의 명부를 작성하는 일은 기계적이지만 다음 사항을 유의할 필요가 있다.

첫째, 시험의 공고로부터 후보자의 명부를 작성할 때까지 시간이 너무 걸려서는 안 된다.

둘째, 후보자로 선정되어 임명될 때까지의 시간이 너무 길어도 안 된다.

셋째, 후보자명부의 유효기간을 정해야 한다. 유효기간이 너무 길어도 안 좋지만 너무 짧아도 좋지 않다. 유효기간을 정할 때에는 정부업무와 개인능력의 변화요인을 고려하여야 한다. 우리 나라의 경우 5급공채의 명부는 그 유효기간이 5년이다.

Ⅱ. 추천(certification)

결원이 있을 때 이를 보충하기 위해서 임용권자가 시험실시기관에 추천을 의뢰하면 추천권자는 후보자명부에서 추천하게 된다. 임용권자는 추천된 후보자를 심사하여 받아들이거나 거부한다.

후보자를 추천할 때에는 시험성적 등 참고자료를 같이 보낸다. 추천은 어디까지나 임용권자의 선택행위를 전제로 한다.

추천방법으로는 단일추천제 · 삼배수추천제 · 합동추천제 · 지정추천제 등이 있다.

Ⅲ. 시보임용(probation)

추천된 후보자는 바로 정규공무원으로 임명되는 것이 아니라 특정의 시보기간을 거쳐야 한다. 이 기간의 임용을 시보임용이라고 한다. 이 기간 동안 공무원으로서 부적격하다고 생각되면 정규공무원으로 임명되지 못한다.

시보임용제는 선발과정의 일부로서 시험제도의 부족한 점을 보완하기 위해서 만들어졌다. 동시에 이 기간에 직무수행방법을 익힌다는 점에서 적응훈련의 목적도 가지고 있다. 시보기간은 업무의 성질에 따라 결정할 일이지만 너무 짧아도 너무 길어도 좋지 않다. 우리 나라의 경우는 5급공무원이 1년이고 6급 이하의 공무원은 6개월이다.

Ⅳ. 임명과 보직

시보기간이 끝나면 정규공무원으로 임명된다. 임명과 동시에 보직이 부여된다. 임명은 공무원의 신분을 획득하게 하는 행위이며, 보직은 특정의 직위에 배치하는 행위이다. 보직은 직무의 성격과 공무원의 성격을 조화시켜서 결정해야 한다. 직무의 성격으로는 종류 · 전문성 · 능력수준 · 조직상의 비중 등을 들 수 있고, 공무원의 성격으로는 전공분야 · 훈련 · 근무경력 · 적성 등을 들 수 있다.

제 4 절 배치전환

Ⅰ. 배치전환(transfer)의 의의

이것은 담당직위의 수평적 이동을 말한다. 이러한 이동은 국 내에서, 부 내에서, 부처간 또는 인사관할을 달리하는 기관간에서도 일어날 수 있다.

배치전환에는 세 가지 종류가 있는데, 그것은 전보 · 전직 및 파견근무이다. 전보는 직무의 성격이 같은 동일직급 내에서의 이동을 말하고, 전직은 직무의 내용이나 성격이 다른, 다시 말해서 직렬이 다른 동일한 직위간의 이동을 말한다. 파견근무는 보직의 소속을 변경하지 않고 다른 기관의 업무를 잠정적으로 처리하여 주는 것을 말한다.

Ⅱ. 배치전환의 효용성

(1) 잘못된 보직의 해결

공무원은 처음부터 보직을 잘못 받을 수도 있고, 또는 보직을 받은 다음에 적응을 잘 못하는 경우도 있다. 이러한 경우는 공무원 개인이나 직장에 바람직하지 못하다. 이러한 부적응현상을 해결하여 주는 것이 배치전환이다.

(2) 공직의 침체방지

한 사람이 한 자리에 오래 앉아 있으면 싫증이 나고 권태로움에 빠지기 쉽다. 이러한 사람에게 활력을 불어넣어 주고 새로운 분위기에서 의욕을 가지고 일할 수 있는 계기를 마련하여 주는 것이 배치전환이다.

(3) 공직의 사유시배제

한 사람이 한 자리에 너무 오래 있으면 터줏대감행세를 하면서 그 자리는 자기 것이라는 생각을 가지기 쉬운데, 이것을 막아 준다.

(4) 공무원의 훈련

공무원의 시야를 넓히고 관리능력을 배양시킨다는 의미에서 일정기간을 중심으로 순환보직시킨다.

(5) 비공식집단의 폐해제거

사람들이 한 직장에 오래 머물러 있으면 연고관계나 이해관계를 중심으로 비공식적 집단을 만들기 쉽다. 이러한 집단은 흔히 파벌집단화하여 공식적 집단에 해독작용을 끼치기 쉽고 대립과 파당을 일삼기 쉽다.

(6) 새로운 아이디어의 주입

특정의 집단은 새로운 사람을 받아들임으로써 새로운 아이디어나 쇄신의 계기를 더 많이 갖게 된다.

Ⅲ. 빈번한 배치전환의 폐해

배치전환이 너무 자주 일어나면 다음과 같은 폐해를 일으킨다.

(1) 전문화의 저해

너무 직장을 자주 옮기면 행정의 전문화는 물론 행정인의 전문화도 일어나지 않는다. 뿐만 아니라 너무 자주 옮겨다니면 안정성을 잃고 직장에 대한 애착심을 갖기 어렵다.

(2) 직업관료제의 약화

공무원이 너무 자주 옮겨다니면 경력직(career service)이 발달하지 못하고, 이렇게 되면 직업관료제의 확립이 어렵게 된다.

(3) 행정 서비스의 비계속성

사람이 너무 자주 바뀌면 고객은 안정되고 계속적인 서비스를 전달받기가 어렵다. 동시에 행정인으로서도 새로운 환경에 적응하기에 바빠 심적 혼란을 일으키게 된다.

(4) 특정목적을 위한 악용가능성

배치전환은 인사권자의 특별목적을 위해서 악용될 가능성이 많다. 예컨대 징계의 수단으로, 사표를 강요하는 수단으로, 부하의 과오를 덮어 주는 수단으로, 부패를 조장하는 수단으로 악용될 수 있다는 것이다.[5)]

Ⅳ. 파견근무

파견근무는 배치전환의 특수한 형태이다. 따라서 일반적인 배치전환과 분리해서 검토한다.

(1) 파견근무의 개념

공무원이 본래의 소속을 바꾸지 않고 일정기간 다른 기관에 가서 그 기관의 일을 수행하여 주는 것을 말한다. 소속을 바꾸지 않았기 때문에 급여도 본래의 소속부서에서 받는다. 여기서 소속을 완전히 바꾸는 전직이나 전보와 다르다. 파견기간은 보통 1년에서 2년이다.

---

5) 上揭書, 240~241면.

(2) 파견근무의 용도

파견근무는 다음과 같은 경우에 그 필요성이 인정된다.

1) 한 기관의 업무가 일시적으로 폭주하여 그 기관의 인원으로서는 그 업무를 다 처리할 수 없을 때이다. 이때의 폭주현상은 일시적이어야지 계속적이면 인원을 새로 늘려야 한다.

2) 한 기관의 인원만으로는 도저히 해결할 수 없는 새로운 기술이나 지식이 일시적으로 필요한 경우 해당 기술자를 파견시켜 근무케 할 수 있다.

3) 새로운 인력이 계속적으로 필요하지만 아직 예산확보가 되지 않았을 때이다. 이때에는 새로운 예산이 확보될 때까지만 파견이 허용된다.

4) 새로 만든 조직이 안정되고 적응될 때까지 기존의 다른 기관의 공무원을 파견시켜 근무케 하면 다른 기관과의 융화를 쉽게 이룩할 수 있다.

5) 국가기관이 아닌 다른 기관에서 일시적으로 국가의 사무를 수행할 때에 공무원을 그 기관에 파견근무시킬 수 있다.

6) 관계기관간에 긴밀한 협조를 요하는 공동의 사무가 생길 때이다.

7) 행정의 고위층에서 부서들의 역할과 운영실태를 구체적으로 파악하고 싶어할 때에 고위층의 요구로 당해 부서의 직원을 파견하여 근무케 할 수 있다.

제 5 절 승 진

Ⅰ. 승진의 의의

승진은 상위계급의 직위로 이동하는 것을 말한다. 동일한 계급 내에서 봉급만 올라가는 승급과는 다르다. 승진은 어디까지나 충원과정의 일환이지만 승급은 충원과정에 들어가지 않는다.

승진관리가 제대로 이루어지려면 여러 가지 조건이 구비되어야 하는데, 무엇보다 직위마다 자격요건이 명확하게 규정되어야 하고 객관적인 승진기준이 마련되어야 한다.

Ⅱ. 승진과 신규채용과의 관계

상위계급에 빈 자리가 생겼을 때에 충원하는 방법으로 두 가지가 있다. 하나는 아래에서 위로 승진시키는 것이고, 다른 하나는 외부에서 신규로 채용하는 것이다. 어느 것이나 다 일장일단이 있기 때문에 적절히 조화시킬 것이 요구된다. 어느 나라나 다 어느 것에 역점을 두느냐의 정도의 차이만 있지 두 가지 방법을 병행해서 쓰고 있다. 신규채용은 조직에 새로운 바람을 넣어 주고 행정의 침체를 막고 고급공무원의 질을 높인다는 장점도 있으나, 공무원의 사기를 떨어뜨림으로써 직업공무원제확립에 저해요인이 되기 때문에 신중을 기하여야 한다.

Ⅲ. 승진에 있어서 폐쇄주의와 개방주의

폐쇄주의는 승진의 기회를 한 기관에 한정시키고, 개방주의는 기관별 장벽을 깨뜨리는 것이다. 폐쇄주의는 승진의 경쟁자가 한 기관에 한정되어 있기 때문에 경쟁이 치열하지 않으나 개방주의는 경쟁이 치열하다.

우리 나라는 승진의 경쟁을 기관 내에 한정시키고 있어 폐쇄주의를 채택하고 있다. 일반적으로 폐쇄주의가 요구되는 이유는 다음과 같다.[6)]

첫째 일반적으로 공무원들은 자기네들 직장에서 승진의 기회가 생기면 기득권을 가진 것처럼 생각한다. 즉 자기직장의 직위에 대해서 관례적인 소유욕을 가지고 있어 외부에서 승진되어 오면 심한 반발을 한다는 것이다.

둘째, 기관의 임용권자는 승진의 기회가 생기면 기관 내에서 유능한 사람을 승진시키고 싶고, 또 자기기관 내의 인사문제에 대해서 외부의 간섭을 받기를 싫어한다는 것이다.

셋째, 기관별로 업무수행의 조건이나 분위기가 달라 외부에서 승진해 오면 적응상의 문제를 일으킨다.

그러나 폐쇄주의는 경쟁의 폭을 줄임으로써 유능한 사람을 승진시킬 기회를 줄이고 기관간에 승진기회의 불균형을 가져오게 할 가능성이 크다.

Ⅳ. 승진의 기준

승진은 공평하게 이루어져야 한다. 승진이 공평하게 이루어지지 않으면 직원

6) 上揭書, 248~249면.

의 사기에 미치는 영향이 크다. 승진의 공평성을 보장하기 위한 기준에는 다음과 같은 것들이 있다.

(1) 근무성적(performance rating)

현직위에서의 근무성적을 승진의 기준으로 삼는다는 것이다. 현직위에서 근무성적이 좋은 사람이 상위직에서도 반드시 좋으리라는 보장은 없지만 가능성은 높다고 보아야 한다. 문제는 근무성적평정이 얼마나 공정하고 정확하냐이다.

(2) 선임순위(seniority)

이것은 경력이라고도 하는데, 공직에 머무른 기간을 말한다. 객관성이 있고 가장 간편한 방법이다. 뿐만이 아니라 공직의 안정성유지에도 기여하므로 직업공무원제확립에도 도움이 된다. 그러나 오래 근무했다고 해서 반드시 유능하지는 않기 때문에 공직의 침체를 가져올 가능성도 크다. 능력주의라는 가장하에 정실주의가 판을 칠 때에는 오히려 선임순위가 가장 저항을 덜 받는 승진의 기준이 될지 모른다.

(3) 승진시험의 성적

승진시험에 쓰이는 시험은 주로 필기시험이다. 시험 역시 직무능력을 완전히 측정하는 기준은 될 수 없지만 일반적인 지식과 판단능력을 측정하는 기준으로 지원자가 승복할 수 있는 기준이라고 할 수 있다.

(4) 학　　력

학위증이 승진의 기준이 될 수 있다는 것이다. 즉 학력이 높으면 높을수록 승진에 유리하다는 것이다. 그러나 학력이 기준이 되는 데에도 문제점이 적지 않다. 우선 학력의 질을 쉽게 판가름할 수가 없다는 것이다. 또 대학의 질적 차이를 마음 속으로는 인정하지만, 공식적으로는 인정할 수 없다는 것이다. 또 학력이 높다고 해서 직무와 같은 계통의 교육이냐도 문제가 된다.

(5) 훈련(training)

일정한 재직훈련을 승진의 요건으로 사용하는 경우가 있다. 그리고 요건이 아니더라도 훈련을 받는 자가 받지 않은 자보다 나으리라는 가능성은 크기 때문에 승진의 기준으로 고려될 수 있다.

(6) 상벌의 유무

상벌의 유무는 승진에 유리한 또는 불리한 조건으로 작용할 수 있다는 것이다. 단지 문제가 되는 것은 상벌도 여러 가지 종류가 있어 그 비중을 어떻게 가리느냐이다.

(7) 기준의 적절한 배합

승진의 기준으로서 여러 가지를 검토하여 보았다. 어느 것이나 완전한 기준이 될 수는 없기 때문에 여러 가지 기준을 배합하는 것이 바람직하다. 기준간의 비중결정은 업무의 성격에 따라 여러 가지 형태로 나타날 수 있다.

제 4 장 능력개발

제 1 절 교육훈련

Ⅰ. 교육훈련의 의미

교육훈련이란 행정의 목표를 보다 효과적으로 성취하기 위해 공무원에게 직무수행에 필요한 지식과 기술을 제공하는 행위라고 할 수 있다.

교육훈련은 지식과 기술을 제공함으로써 행정능률을 향상시킴은 물론 공무원의 의식구조와 가치관을 변화시키는 것도 그 목적으로 한다.

오늘의 사회는 날로 그 지식과 기술이 팽창·발달함에 따라 행정도 같은 현상을 경험하게 된다. 따라서 행정공무원도 새로운 지식이나 기술을 습득하지 않고는 자기직무를 효율적으로 수행할 수 없게 된다. 여기서 교육훈련의 중요성은 아무리 강조하여도 지나칠 것이 없다.

Ⅱ. 교육훈련의 필요성

(1) 행정환경의 변화에의 적응

행정환경은 날로 복잡해지면서 급변하고 있다. 세계화, 개방화, 정보화의 현상은 행정의 변화를 촉구하고, 행정의 변화는 전문적 지식과 기술로 무장된 공무원을 요구하고 있다. 우리는 앞에서 지식사회는 지식정부를 요구하고 지식정부는 전문적 지식으로 무장된 공직자를 요구한다고 밝힌 바 있다. 공직자가 필요로 하는 지식과 기술을 제공하기 위해서 교육훈련은 필요한 것이다.

(2) 보직의 변경, 직무변동 및 승진에 대비

공무원은 한 가지 직무에만 종사하지 않는다. 새로운 직무는 새로운 지식을 요구하고, 또 직무 자체가 변동하기도 하는데 이러한 변동은 새로운 지식을 요구한다. 그리고 승진을 하게 되면 상위직으로 올라가게 되는데 이러한 상위직은 보다 포괄적이고 광범위한 지식을 요구한다.

⑶ 시야의 확장

공무원 자신의 퇴화 및 정체를 방지하고 새로운 시야와 비전을 갖기 위해서도 지속적인 교육 및 훈련이 필요하다. 새로운 지식을 접하지 않으면 우물 안 개구리식의 삶을 벗어나기 어렵다.

⑷ 가치관의 변화

가치관의 변화는 새로운 교육을 통해서 일어나는 경우가 많다. 폐쇄적인 사고에서 개방적인 사고로 변하기 위해서는 무엇보다도 경험을 동반한 교육이 필요하다. 해외파견교육이나 훈련은 의식이나 가치관의 변화에 가장 큰 영향을 준다고 할 수 있다.

Ⅲ. 교육훈련의 제방법

⑴ 강의(lectures)

교육훈련에서 가장 많이 쓰이는 방법이다. 교육의 내용을 수백 명의 피교육자에게 단시간에 전달하는 데에는 최선의 방법이라고 할 수 있다. 이것은 편리하고 경제적이고 어디에서나 쉽게 실천할 수 있다. 그러나 주입식이기 때문에 피교육자가 교육에 능동적으로 참여할 기회가 없고 교육내용을 쉽게 잊어버릴 수 있다.

⑵ 집단토론(group discussion)

피교육자에게 주제를 주어 그들 전원이 문제해결에 참여하는 것이다. 토론의 가장 이상적인 형태가 분임토의이다. 분임토의는 토론에 적합한 10여 명 내외의 수로 그룹을 만들어 사회자 하나를 선정해서 충분한 토의를 통해 적절한 답을 구하게 하는 것이다. 이 방법은 피교육자를 전부 교육에 능동적으로 참여시키게 하고, 피교육자의 발표력과 사고력을 키워 준다. 그러나 시간이 오래 걸리는 흠이 있다.

⑶ 대담(dialogue)

이것은 교육자와 피교육자간의 질의·응답의 형식으로 교육을 실시하는 것을 말한다. 문제가 풀어지는 과정에 분명한 이점이 있으나, 소수자만이 참여하고 시간이 많이 걸리는 단점이 있다. 공무원교육훈련의 방법으로서는 적합한 것이라고 할 수 없다.

(4) 사례연구(case study)

사례연구는 분임토의와 비슷하다. 강사가 먼저 일반이론을 피교육자에게 소개하고 이것을 응용해서 풀 수 있는 문제를 내 준다. 이때의 문제는 실제 있었던 사례도 좋고 가상적인 사례도 좋다.

사례연구는 반드시 그러하지는 않지만 흔히 집단적으로 진행된다. 사회자가 나와서 모든 사람들을 토론에 적극적으로 참여케 하여 문제를 풀어 나간다. 이것은 스스로 생각하게 하여 문제해결의 능력을 키워 주고 많은 지식을 동원케 하는 장점이 있다.

(5) 현장실습(on the job training)

실제 현장에 나가서 견학과 동시에 실습을 하게 하는 교육이다. 특히 기술직에 종사하는 공무원에게 유용한 교육방법이다.

(6) 시청각교육(audio-visual education)

이것은 도표 · 사진 · 그림 · 필름 · 녹음기를 통해서 교육을 시키는 방법이다. 이것은 말이나 글로써 표현하기 어려운 대목을 쉽게 설명할 수 있고, 피교육자의 이해를 촉진시키고 이들의 관심을 집중케 함으로써 교육의 성과를 높일 수 있는 방법으로서, 교육훈련에 많이 쓰이는 방법이다.

(7) 역할연기(role playing)

어떤 상황을 연기로 꾸며서 보여 주는 교육방법이다. 피교육자들은 이러한 역할연기를 봄으로써 판단하고 토론하게 된다. 이것은 실제 직무상황과 같은 상황을 실연시킴으로써 문제를 빨리 이해시키고 참여자들의 태도변화와 민감한 반응을 촉진시킨다.

(8) 감수성훈련(sensitivity training)

이것은 실험실훈련 또는 T-그룹이라고 하기도 한다. 이것은 피교육자들의 자유로운 의견교환과 상호작용을 통해서 태도를 변화시키는 것에 역점을 두는 방법이다. 즉 자유롭게 상호작용을 함으로써 자신을 정직하게 드러내고, 또 상대방도 정직하게 파악함으로써 개방적이고 공존하는 인간관계를 배우게 한다. 감수성훈련은 인간을 이해하고 다른 사람과 원활하게 지내기 위해서는 어떻게 행동하여야 하는가를 배우게 한다.

⑼ 모의연습(simulation)

이것은 업무수행중 피교육자가 직면하게 될 상황을 가상적으로 만들어 놓고 거기에 대처하도록 요구하는 방법이다. 모의연습 하면 넓게도 해석할 수 있으나 보통은 관리자훈련방법(management game)을 가리킨다. 즉 조직운영의 상황을 가상하여 놓고 피교육자가 관리상의 여러 가지 결정을 내려 보게 하는 방법이다. 이 방법은 문제의 상황을 정확하게 이해시키며, 이론과 현실간의 차이를 파악하게 하는 실감나는 교육방법이라고 할 수 있다.

⑽ 실천학습(action learning)

1) **실천학습의 의의** 앞의 모의연습이 가상적으로 만들어 낸 상황이라면 실천학습에서 다루는 상황은 실제의 상황이다. 예컨대 쓰레기 수거문제를 중심으로 프로그램을 짜서 실제의 문제를 풀면서 학습을 하는 것이다. 여기서 실천학습은 업무현안을 해결하는 과정에서 교육과 학습이 이루어진다. 일반적으로 교육은 지식을 먼저 습득하고 그것을 적용하는 과정으로 이해되는데 실천학습은 행동과 실천 속에서 교육이 동시에 이루어진다는 데 그의 특색이 있다.

여기서 실천학습에 대한 개념규정을 해 보면 교육 참가자들이 소집단(4~8명)을 이루면서 실제 풀어야 할 문제를 놓고 질문, 토론, 경험과 지식의 공유, 성찰 등을 통해서 문제를 풀면서 학습하는 것을 이야기한다.

2) **실천학습의 구성요소** 실천학습을 구성하는 요소들로서 실제로 풀어야 할 문제, 소 그룹, 질의, 실행의지, 학습의지, 촉진자 등이 있으나 이 중에서도 가장 중요한 핵심적 요소는 질문과 실천 및 성찰이다.[1] 실천학습의 최종적 목적은 교육과 실천을 통합하고 일원화시킴으로써 실천과 경험과 성찰 속에서 현실에 부합하는 문제해결을 모색하자는 것이다.

---

1) 조경호 외, 문제해결형 Action Learning) 교육모듈 개발 및 공무원 교육에의 적용방안 연구: 이론 및 실태, 중앙인사위원회, 2004, 16~22면.

Ⅳ. 교육훈련상의 유의점

교육훈련은 시간 · 돈 등 투자를 많이 필요로 하는 프로그램이기 때문에 필히 비용 이상으로 효과를 거두어야 한다. 생산적이고 실효성이 있는 교육훈련이 되기 위해서는 다음과 같은 점이 유의되어야 할 것이다.

첫째, 교육에 참여하는 피교육자들이 차출계획에 의해서 형식적으로 동원되어서는 안 된다. 따라서 획일적인 입장에서 의무적으로 교육에 참여시키게 할 것이 아니라 자발적인 입장에서 희망자부터 참여시키는 것도 하나의 방법이라고 할 수 있다. 다시 말해서 교육에 부정적인 자세를 가진 공무원을 교육장에 끌어들이면 본인에게는 말할 것도 없고 다른 사람에게도 악영향을 끼친다는 것이다.

둘째, 주입식교육에서 벗어나서 사고력을 키우고 과학적 사고를 강조하는 교과과정을 마련해야 한다. 세부적인 절차나 기법중심의 교육은 지양되어야 한다. 아울러 의식구조의 변화와 개방적인 성격을 강조하는 교육내용이 되어야 한다. 지나친 윤리의식이나 사명감의 강조는 독선과 교조적 사고로 유도할 가능성이 크다는 것을 명심할 필요가 있다.

셋째, 교육의 프로그램을 계속해서 평가하여 개선과정을 밟아 나가야 한다. 평가는 전문가에게도 의뢰할 수 있지만, 피교육자를 통해서 이루어지는 것이 가장 바람직하다. 피교육자들의 반응이 좋지 않은 교과목은 수정 · 보강 또는 폐지하여야 한다.

넷째, 교육훈련에 인사행정상의 보상이나 혜택을 연결시키는 것이다. 즉 교육훈련을 마치고 오면 장래에 승진이나 배치전환에 유리하다는 것을 관례화시켜야 한다. 여하간 교육훈련에 들어가는 것이 모든 면에서 유리하다는 것을 법제화하여야 한다.

제 2 절 근무성적평정

Ⅰ. 근무성적평정의 의미

근무성적평정(performance evaluation)은 공무원의 직무수행능력 및 실적을 평가하여 이를 인사관리에 활용하는 것을 말한다. 근무성적평정제는 실적주의의 대두와 더불어 인사관리의 객관적인 기준을 찾자는 의도에 부응한 제도라고 할 수 있다.

Ⅱ. 근무성적평정의 목표

⑴ 공무원과 행정의 발전

근무성적평정은 공무원의 능력발전을 돕고 보다 나은 직무수행방법을 탐색하게 함으로써 행정발전에 기여하게 한다.

평정대상인 공무원의 강점은 무엇이고, 약점은 무엇이며, 다른 사람들과의 인간관계는 어떠하며, 조직에의 기여도를 평가함으로써 공무원으로 하여금 자기발전에 노력하도록 한다.

⑵ 인사처리의 기준제시

인사는 공정하게 처리되어야 하는데, 근무성적평정은 그 기준을 제시하여 준다. 즉 배치전환·승진·감원·보수의 결정 등에 객관적인 기준을 제공하는 역할을 함으로써 인사의 자의성을 배제하려고 한다.

⑶ 인사기술의 평가기준제시

여러 가지 인사행정의 기술의 타당성을 검증하는 데에 기준으로 사용된다. 예컨대 시험성적이 채용수단으로 타당한가를 근무평정을 통해서 검증할 수 있다.

Ⅲ. 평정방법

중요한 것만 골라서 이야기하면 다음과 같다.

⑴ 도표식방법(graphic rating scale)

근무성적평정에 있어서 가장 많이 사용되고 있는 방법이다. 우선 평정요소를 나열하고, 각 요소마다 등급을 설정하여 해당 등급에 표시함으로써 평정한다. 우리 나라에서 사용하고 있는 도표식 방법을 중심으로 설명하면, 평정요소로 근무실적·근무수행능력·근무수행태도·청렴도를 들 수 있다. 다음에 이러한 요소들을 보다 세분해서 세분항목에 약간의 설명을 붙인다. 예컨대 직무실적을 직무의 질과 양으로 나누어 직무의 양은 처리건수를 나타나게 하고, 직무의 질은 처리의 우수정도를 나타나게 한다. 직무수행태도는 책임성·적극성·협조성으로 세분하고, 각 요소에 대해서 간단한 설명이 부착된다. 다음에 세분된 각 요소에 탁월 · 우수 · 보통 · 미흡의 등급을 매겨 놓고 평정자가 해당되는 난에 체크한다.

이 방법은 우선 그 작성과 사용이 용이하다. 이미 표가 만들어져 있어 평정자는 해당란에 체크만 하면 되기 때문에 많은 사람들을 평정해야 할 때에 특히 편리하다. 그러나 평가자의 주관이나 편견이 개입할 가능성이 많고, 평정시에 연쇄적 영향(halo effect)을 받을 가능성이 크다.

(2) 강제배분법(forced-distribution system)

이것은 평정성적의 분포가 어느 한쪽에 치우치지 않도록 성적분포의 비율을 미리 정해 놓는 방법이다. 예컨대 수를 받는 사람을 전체의 15%로 잡아 놓는 경우이다. 이 방법은 집단 내의 성적분포가 정상분포(normal distribution)에 가까우리라는 가정하에 채택하고 있지만 무리한 상황이 벌어질 경우도 많으리라고 생각된다. 경우에 따라서는 엘리트만 모여 있을 수도 있고, 열등자만 모여 있을 수도 있기 때문이다.

(3) 서 열 법

이것은 피평정자들을 서로 비교해서 서열을 정하는 방법으로서 규모가 작은 집단에서만 사용할 수 있다. 서열법은 특정집단 내의 전체적인 서열을 알려 주기는 하나 다른 집단과 비교할 수 있는 객관적인 자료는 제시하지 못한다.

서열법에는 대인비교법(man-to-man comparison)과 2인조비교법(paired comparison) 등이 있다. 2인조비교법은 두 사람씩 짝을 지어 비교를 되풀이하는 방법이다.

대인비교법은 기본척도를 피평정자를 기준으로 하여 만든 다음, 피평정자 중에서 가장 우수한 자와 가장 열등한 자를 골라 양극에 배치하고, 다음에 중간정도의 사람을 중간에 배치한다. 그리고 나서 나머지 사람들을 이미 선정된 기준척도와 비교하면서 배치하는 방법이다.

(4) 산출기록법(production records)

이 방법은 산출실적에 따라 평가하는 방법이다. 이것은 단순하고 반복적인 업무를 평가하는 데 적합하다. 그러나 생산량을 측정하기 어려운 직무에는 사용하기 어려운 방법이다. 그리고 산출의 결과만을 따지기 때문에 피평정자의 성격이나 인간관계에 대해서는 전혀 알 수가 없다.

⑸ 강제선택법

피평정자의 성격 · 지도력 · 업무수행능력에 관해서 50여 개의 평가항목을 만들고 평정자로 하여금 선택하게 한다. 예컨대 '시간을 잘 지킨다'라는 항목을 만들어 놓고, 선택항목으로 '그렇다', '보통이다', '그렇지 않다'를 만들어 놓고 평정자로 하여금 하나만 택하게 한다. 피평정자에 대한 종적인 평가는 평가항목들을 합산함으로써 한다. 이 방법은 피평정자의 행동을 긍정적인 면과 부정적인 면으로 나누어 점수를 가감하는 가감점수법과 비슷하다.

⑹ 서술적 보고서

이것은 피평정자에 대해서 그의 성격과 인간관계 및 업무수행능력에 대해서 형식에 구애받지 않고 자유스럽게 기록하도록 하는 방법이다. 이것은 직속상관이 아닌 다른 외부기관으로 하여금 중요한 인사에 의견을 개진하게 하는 보조적인 방법으로 활용할 수 있다.

⑺ 직무기준법

이 방법은 직무수행의 기준을 미리 정하여 놓고 실적을 여기에 비교시키는 방법이다. 직무기준은 직무수행의 양, 정확도, 시간단위, 방법 등으로 표시할 수 있다. 예컨대 한 시간에 타자를 몇 자를 친다는 직무수행의 양이다. 이 방법은 평정을 객관화하고 업무의 개선을 촉구한다는 장점도 있으나, 매직위마다 평정표를 따로 만들어야 한다는 단점도 있다.

⑻ 집단평정법

보통 근무성적평정은 직속상관이 한다. 그러나 경우에 따라서는 동료도 하고 부하도 한다. 동료평정이나 부하평정은 집단평정의 일종이다. 한 사람을 평정하는 데 여러 사람들이 참여하기 때문에 평정의 객관성과 신뢰성을 제고시키지만 시간이 많이 걸리고 관리하기가 불편하다.

⑼ 평정상의 유의점

첫째, 평정방법의 선택문제인데, 평정방법은 조직의 실정에 맞아야 한다. 그리고 여러 가지 방법을 병용해서 사용할 수도 있다. 조직의 실정이라고 할 수 있는 것은 조직의 목적 · 기능 · 규모 · 업무, 조직구성원의 성향 등이다.

둘째, 평정은 여하한 경우라도 공정성과 객관성을 상실해서는 안 된다. 따라서 평정이 특정인의 전단물이 되지 않도록 유의해야 하며, 평정자의 자의와 과오를 예방하도록 제도적 장치가 마련되어야 한다.[2)]

Ⅳ. 근무성적평정에 대한 부정적 견해

근무성적평정제는 다음과 같은 점에서 비판의 대상이 되고 있다.[3)]

(1) 평가의 타당도와 신뢰도문제

평정의 타당도와 신뢰도 문제는 표의 작성에도 있지만 운영상에도 나타난다는 것이다. 객관적인 표를 작성하기도 어려운데, 거기에다 평정자의 평정능력과 성실도의 문제가 덧붙여져 이러한 것들이 올바른 평정의 도구가 될 수 없다는 것이다.

(2) 평정의 공정성문제

공정한 평정자가 드물다는 것이다. 본래 인사관리에는 주관성이 많이 개입되기 쉬운데, 근무성적평정의 경우에는 더욱 심하다는 것이다. 특히 혈연·지연·학연 등의 원초적 연고관계를 중요시하는 귀속주의문화 속에서는 공정한 평정자를 기대하기가 어렵다는 것이다.

(3) 관대화·집중화·연쇄화경향

관대화경향은 평정자가 부하직원으로부터 욕먹기 싫으니까 후하게 평정하려는 경향이다. 이러한 현상은 우리 나라에서 두드러지게 나타난다.

집중화도 관대화와 비슷한 현상인데, 이는 가장 무난한 중간에 절대다수를 집중시키는 것을 말한다. 그런데 반드시 중간만은 아니고 상위이든 하위이든 어느 지점에 집중되는 현상을 말한다.

연쇄화는 첫번째의 평정등급이 다음 것을 평가하는 데에도 영향을 준다는 것이다. 이 모두가 평정의 객관성과 신뢰성을 해친다.

---

2) 吳錫泓, 人事行政論, 355면.

3) 朴東緖, 人事行政論, 218~220면.

(4) 표준화의 곤란성

표준화는 과별로, 국별로, 기관별로 다르다. 이러한 차이는 평정자마다 관점이 다르기 때문이다. 다시 말해서 표준화나 평정의 통일적인 기준이 없기 때문에 평정은 조직단위별로 다르다. 따라서 A국의 평균평점이 B국의 평점보다 숫자상으로는 높을 수 있지만, 실제로는 떨어질 가능성도 많은 것이다.

(5) 직장분위기의 긴장화

직장 내에서 평가하는 사람과 평가를 받는 사람이 같이 있으면 긴장감을 조성시키는 것이 사실이다. 인간은 자기가 평가를 받고 있다고 생각할 때에 긴장감을 느낄 가능성이 커진다. 그리고 직무수행면에서 능력이 부족하다고 느끼는 피평정자는 직무 이외의 방법으로 상관의 호감을 사려고 하여 직장의 분위기를 흐리게 한다. 또 평정관계는 상·하간의 관계를 지배·종속의 관계로 더욱 몰고 갈 가능성이 크다.

제 5 장 사 기

제 1 절 사기의 일반이론

Ⅰ. 사기의 개념

사기(morale)는 조직구성원이 조직의 목표성취에 기여하겠다는 의욕을 말한다. 따라서 직무수행동기 또는 의욕이라고 하기도 한다.

사기의 개념에 내포된 요소들을 보면 다음과 같다.[1)]

첫째, 사기는 직무와 관계된 동기라야 한다. 직무와 관계 없는 단순한 만족감이나 적응능력은 사기와는 관계가 없다.

둘째, 사기는 개인적인 현상일 뿐 아니라 집단적인 현상이다. 즉 사기의 주체는 개인뿐만 아니라 집단도 될 수 있다는 것이다. 개인의 사기와 집단의 사기가 반드시 일치하지는 않지만, 대개의 경우 조직구성원의 사기가 높으면 집단의 사기도 올라간다. 여하간 사기는 조직의 직무수행과 관계가 되므로 개인현상인 동시에 집단현상이라는 것이다.

셋째, 사기는 어디까지나 주관적인 심리상태를 이야기한다. 다시 말해서 객관화할 수 없는 개념이라는 것이다. 동일한 조건하에서 일을 해도 어떤 집단은 사기가 높고 어떤 집단은 사기가 낮다. 따라서 사기는 정신상태의 수준을 나타내는 개념이다. 사기가 높다 낮다의 이야기가 바로 이를 두고 하는 말이다.

넷째, 사기의 기본요인은 인간의 욕구라고 할 수 있다. 인간의 욕구가 물질적이든 심리적이든 그것은 사기의 가장 중요한 결정인자라는 것이다. 따라서 욕구가 충족되면 사기가 올라가고 욕구가 충족되지 않으면 사기가 떨어진다고 한다. 여기서 사기관리론과 욕구이론은 표리관계에 있다고 할 수 있다.

다섯째, 사기는 리더십과 직결되어 있다. 동일한 조건하에 있는 사람들도 리

1) 吳錫泓, 人事行政論, 479~480면.

더십의 스타일에 따라 사기가 올라가기도 하고 떨어지기도 한다. 여기서 사기는 상황적이고 상호작용적 개념이라고 할 수 있다. 리더십의 가장 중요한 역할의 하나가 조직구성원과 집단 전체의 사기를 높이는 것이다.

여섯째, 사기의 요소는 사람에 따라 상황에 따라 다르고 같은 경우라도 영향을 미치는 정도가 사람에 따라 다르다. 따라서 모든 사람들에게 획일적으로 적용되는 사기요인은 없다. 돈보다는 정을 베풀어 줄 때에 사기가 올라가는 사람이 있는가 하면, 반대의 경우도 얼마든지 있다. 그리고 같은 돈이라도 사람에 따라 그 영향의 정도가 다르다.

Ⅱ. 사기의 역할

(1) 생산성에 기여

사기가 높으면 생산성도 높아지느냐의 문제는 오랫동안 논쟁거리가 되어 왔다. 양자간에는 정의 관계가 성립한다고 주장하는 사람이 있는가 하면, 아무런 관계가 없는 독립적인 관계라고 주장하는 사람도 있다. 그러나 사기가 높으면 생산성도 올라갈 확률이 높다는 것을 부정할 수는 없다.

(2) 충성심과 동질화의 강화

사기가 높으면 조직구성원은 집단에 동질화되고 아울러 충성심을 발휘한다. 그러나 사기가 낮은 집단구성원은 좀처럼 집단과 일체감을 갖지 못한다.

(3) 집단과 직업에 대한 자부심

사기가 높은 사람은 자기 직업과 자기가 소속한 집단에 대해서 긍지와 자부심을 갖는다.

(4) 자발적인 조정에 기여

사기가 높은 사람은 자발적으로 조직의 규범을 준수함으로써 조직의 자기조절기능을 향상시킨다. 따라서 조직의 자율적 조정기능을 높인다.

(5) 직업적 전문주의의 촉진

사기가 높은 사람은 직무 이외의 것에 별로 관심을 기울이지 않는다. 이러한 사람들은 주로 자기가 하는 일에만 관심을 기울임으로써 전문성과 창의성을 촉진시킨다. 사기가 낮은 사람은 자기직업에서 성공하겠다는 의욕이 약하고 기회만 오면 다른 직장으로 가려고 하기 때문에 직업적 전문화를 기대하기 어렵다.

(6) 밝은 사회건설에 기여

사기가 높은 사람은 현실긍정적이고 이러한 사람들은 밝고 명랑한 조직사회를 건설하는 데 밑거름의 역할을 한다. 사기가 높을 때에 자기도 긍정하고 타인도 긍정하고 현실을 감사한 마음으로 받아들이기 때문에 이것은 화합과 건설의 씨앗이 된다.

Ⅲ. 사기의 결정인자

무엇이 사기를 결정하는 데 가장 중요한 인자인가에 대해서는 학자마다 다르다. 과학적 관리법이나 전통적 이론에서는 경제적인 욕구충족을 가장 중요시하였고, 사회심리학적 입장을 취하는 사람은 심리적 만족을 가장 중요시하였다. 그런가 하면 복합적 인간관을 취하는 사람들은 인간의 복합적 욕구를 충족시켜 줄 때에 사기가 올라간다고 주장하고 있다. 여기서는 사기의 결정인자를 어느 학설에 치중하지 않고 종합적인 입장에서 살펴보기로 한다.

(1) 경제적 욕구의 충족

어느 학설도 경제적 욕구의 중요성을 경시하지 않는다. 단지 강조하는 정도의 차이만 있을 뿐이다. 경제적으로 생활의 위협을 받고 있는 사람에게 사기가 올라갈 수 없다. 경제적 욕구를 충족시켜 주는 일이 사기진작의 제 1 의 조건이라고 할 수 있다. 경제적 욕구의 충족문제는 곧 보수문제로 이 다음 절에서 보다 자세하게 다루겠다.

(2) 개인적 인정감

인간은 자기의 능력이나 기여도가 다른 사람으로부터 인정받을 때에 높은 사기를 갖게 된다. 따라서 약점을 지적하는 것보다는 강점을 들추어 인정하여 줄 때에 사기가 올라간다는 것은 말할 것도 없다. 따라서 포상이나 표창제도는 사기를 양양시키는 데에 좋은 제도라고 할 수 있다.

(3) 공정한 인사관리

객관적인 기준이나 자격에 의한 인사관리는 사기를 높여 준다. 인사관리가 공정하지 못하면 조직구성원이 피해의식에 빠지게 되어 사기의 저하를 가져오게 된다. 능력주의라는 가장하에 자기와 연고관계가 있는 사람만 인사상 특혜를 주면 연고관계가 없는 사람은 실의에 빠지게 되고 이직의 뜻을 품게 된다. 따라서 잘못된 능력주의는 아예 선임순위제(seniority system)보다 훨씬 사기를 떨어뜨린다. 왜냐하면 선임순위제는 그 나름대로 객관적인 기준이 되기 때문이다.

(4) 참 여 감

인간은 자기표현욕구가 있고 이러한 욕구가 충족되면 사기가 올라가게 된다. 이러한 자기표현욕구를 충족시켜 주는 것이 참여이다. 아무리 하위계층의 직원이지만 윗사람의 지시나 명령만 받고 일할 때보다 정책결정에 자기 의견을 개진할 기회가 있을 때에 자기 업무에 보다 큰 의욕을 갖게 된다. 여기서 권한의 위임이나 집단토론이 촉구된다.

(5) 소 속 감

인간의 중요한 욕구 중의 하나가 소속감(belongness)이다. 조직구성원이 되었다고 해서 반드시 소속감을 갖는다고 볼 수는 없다. 자기가 근무하는 직장이 마음에 들지 않을 때에 소속감을 갖지 못하게 된다.

그러나 자기가 근무하는 직장이 대외적인 면에서는 마음에 들어도 직장 내에서 소속감을 갖지 못하는 경우가 있다. 예컨대 인간적이고 감정적인 면에서 어울릴 수 있는 비공식적 집단을 가질 수 없을 때이다. 이때 인간은 심한 소외감을 느낌으로써 의욕을 잃게 된다. 따라서 조직 내에서 비공식적 조직의 활성화는 사기를 그만큼 앙양시킨다.

(6) 자아실현의 욕구충족

인간의 욕구체계 중 가장 최종적이고 궁극적인 단계가 자아실현의 욕구라고 지적되고 있다. 자아실현의 욕구는 자기가 되고자 하는 인물이 되거나 궁극적으로 추구하는 목표를 성취할 때에 충족되기 때문에 반드시 높은 자리에 올라간다고 해서 이 욕구가 충족된다고 할 수는 없다. 그러나 승진의 욕구와 자아실현의 욕구는 정의 관계에 있기 때문에 승진의 기회가 차단되면 그만큼 자아실현의 욕구도 좌절된다고 볼 수 있다.

제 2 절 보수와 연금

Ⅰ. 보수의 의미

보수는 공무원의 봉사에 대한 금전적 보상으로서 생활유지의 수단이라고 할 수 있다. 보수는 여러 가지 종류와 형태의 금전지급을 포함한다. 따라서 보수는 봉급과 각종 수당을 합친 것이다. 그러나 보수의 기본을 이루고 있는 것이 봉급이다.

보수는 국민의 세금에 의해서 지급되는 공무원의 생계수단이고 동시에 정부로서는 유능한 인력을 끌어들이는 유인수단이기 때문에 모든 국민의 관심의 대상이 된다. 뿐만 아니라 이것은 정부재정의 큰 비중을 점하고 있어 이것의 지출은 국민경제에 중요한 영향을 끼치므로 경제정책적인 면에서도 중요한 의미를 가진다. 이러한 세력적 상황을 참작함으로써 보수는 대내·외적으로 형평을 유지해야 하는데, 그 요건은 다음과 같다.[2)]

첫째, 공무원의 보수수준은 대외적인 균형을 유지해야 한다. 이것은 민간기업의 보수수준과 비교해서 너무 떨어져도 안 되고 너무 높아도 안 된다는 것이다.

둘째, 대내적 형평도 유지해야 하는데, 이것은 동일한 종류의 업무와 등급에 대해서는 동일한 보수를 지불해야 한다는 것이다.

셋째, 보수의 차이는 적절한 등급에 따라 이루어져야 하고 개별적인 협상에 의해서 이루어질 수 없다.

넷째, 뛰어난 직무실적이나 정상적인 자기업무 이외의 업무에 대해서는 적절한 보상이 마련되어야 한다.

다섯째, 보수는 공무원의 생활수단이기 때문에 가족의 생활을 부양하고 품위를 유지할 정도의 수준은 되어야 한다. 공무원의 보수수준이 생계비에도 미치지 못하면 부정을 조장하는 행위밖에는 안 된다.

여섯째, 보수는 국가예산의 중요한 일부를 점하고 있기 때문에 예산관리자들이 보수예산의 장래수요를 파악할 수 있도록 그 체계가 정비되어야 한다.

---

2) Donald E. Hoag and Robert J. Tudel, *How to Prepare a Sound Pay Plan*, International Personnel Management Association, 1976, pp. 1～2.

Ⅱ. 보수수준의 결정

보수수준을 결정하는 데에도 두 가지 접근이 있다. 하나는 보수전반에 적용되는 일반수준(general level)이고, 다른 하나는 조직 내에서 등급을 결정하는 차별적 수준(differential level)이다. 각각 나누어서 설명하기로 한다.

(1) 일반수준의 결정요인

1) 생 계 비 보수결정요인으로 가장 중요한 인자가 생계비이다. 공무원의 책임이나 하는 일에 관계 없이 최저의 생활을 유지할 수 있을 정도의 보수는 주어야 한다는 것이다. 이것은 인간으로서 당연히 요구되는 권리이다. 따라서 보수를 결정할 때에는 최저의 생활을 보장하는 생계비를 고려해야 한다. 따라서 최저생활을 보장하는 생계비는 보수의 하한선(minimal level)을 이루고 있다. 그런데 문제가 되는 것은 무엇이 최저생활이냐이다. 이것은 나라마다, 나라 안에서도 각 사회마다 다를 수 있다. 즉 최저생존수준이냐, 건강과 위신을 유지할 수 있는 수준이냐, 아니면 문화수준이냐이다. 여기서는 문제를 단순화시키기 위해서 건강과 위신을 유지할 수 있는 수준으로 생각하기로 한다.[3]

또 생계비를 고려하는 데 가족수를 고려할 것이냐의 문제를 고려한다면 몇 사람까지 할 수 있느냐의 문제가 제기된다. 여기에는 여러 가지 방법들이[4] 있으나 생계비는 가족의 생계비도 가족수당의 형태로 고려되어야 한다고 생각한다.

2) 민간기업의 임금수준 아무리 공무원의 보수가 건강과 품위를 유지할 수 있는 수준은 넘었다 하더라도 민간기업의 임금수준에 비해 너무 떨어지면 대외적 형평의 문제가 일어날 뿐 아니라 유능한 인재를 공무원으로 유치할 수 없다. 실제 많은 나라에서 공무원의 보수를 결정할 때에 민간기업의 그것과 비교함으로써 형평의 원칙이 유지되도록 노력하여 왔다.[5]

공무원의 보수수준을 결정할 때에 민간기업의 임금수준을 고려하면 우선 대외적 형평을 유지하는 데 좋고, 다음에는 노동시장에서 민간기업과 유능한 인력을 놓고 경쟁하는 데 적합하다고 할 수 있다. 문제는 민간기업의 임금수준에도 여러 가지가 있는데, 어느 것을 기준으로 삼고 고려하느냐이다. 즉 임금수준은 대기업·중기업·소기업에 따라 다르다. 비교의 기준은 대기업의 평균수준으로 하는

3) 吳錫泓, 前揭書, 417면.
4) 上揭書, 417~418면.
5) N. J. Cayer, *Managing Human Resources: An Introduction to Public Personnel Administration*, 1980, pp. 93~94.

것이 바람직하리라고 생각된다.

3) 국가의 재정능력 공무원의 보수수준이 국가의 재정능력에 의해 결정된다는 것은 말할 것도 없다. 공무원의 보수를 아무리 올려 주고 싶어도 재정이 허락하지 않으면 불가능하다. 그런데 국가의 재정상태는 국민의 담세력에 의해서 결정되고 담세력은 나라 전체의 경제력이나 국민소득에 달려 있다. 따라서 공무원의 보수수준은 경제발전의 수준과 직결되고 있다.

4) 정부의 경제정책 공무원의 보수수준은 그 나라의 경제정책에 의해서도 크게 영향을 받는다. 즉 성장위주의 정책이냐 아니면 안정위주의 정책이냐에 따라 보수수준이 영향을 받는다는 것이다. 일반적으로 인플레이션을 잡고 물가안정을 도모할 때 보수의 인상을 기대하기는 어렵다.

⑵ 차별적 수준의 결정요인

차별적 수준의 결정이란 직무의 책임이나 난이도의 정도에 따라 보수액의 서열을 결정하는 것이다. 차별적 수준을 결정하는 데 고려되는 요인으로서는 직무·작업조건·학력·자격·경험·근속기간 등이 있다.

보수의 차별적 수준의 결정에 직무내용이 얼마나 반영되느냐는 직위분류제를 채택하느냐, 아니면 계급제를 채택하느냐에 따라 다르다. 직위분류제하에서는 직무내용이 보수수준의 결정에 거의 전적으로 반영되어 직무급이라고 하기도 한다. 그러나 계급제하에서는 보수수준을 결정하는 데 있어서 속인적 요소를 고려함으로써 신분급이라고 하기도 한다.[6)]

Ⅲ. 보수의 구성

여기서는 보수의 구성을 기본급과 부가급(수당)으로 나누어 설명하기로 한다.

⑴ 기 본 급

기본급은 봉급이라고도 한다. 이것은 보수 가운데서 가장 기본적인 부분을 차지하는 것이다. 이것은 기준근무시간에 대한 보수로서 각종 수당이나 연금을 산정하는 데에 기준이 된다.

기본급의 종류로는 생활급·근속급·경험급·자격급·능력급·직무급·업

6) 吳錫泓, 前揭書, 413～414면.

적급 등이 있다.[7] 기본급은 하나의 종류만을 기준으로 해서 결정되는 것이 아니라 대개 여러 가지 종류를 종합적으로 고려해서 결정된다. 예컨대 기본급이 직무급을 기준으로 해서 만들어진다 하더라도 여기에는 생활급이나 근속급을 다같이 고려한다는 것이다.

(2) 부가급(수당)

부가급은 기본급을 보완하는 수단으로 사용된다. 즉 근로조건의 특수성을 기준으로 해서 지급되는 보수이다. 여러 가지 상이한 근무조건을 충족시키려면 하나의 기본급으로는 부족한 경우가 많다. 이러한 부족한 점을 보완하고 메우기 위해서 고안된 것이 부가급제이다. 특히 보수의 일반수준이 생계비에 미달하고 다양하고 특수한 근무조건에 대처하기 어려울 때에 수당이 가지는 사회적 의미는 대단히 크다. 그러나 수당은 기본금을 보완하는 수단이기 때문에 그 비중이 너무 커지면 보수관리에 혼란을 가져온다. 따라서 그 남용은 늘 경계의 대상이 되어야 한다.[8]

수당의 종류로 들 수 있는 것은 직무가급적 수당(직무의 특이성 때문에 지급되는 수당)·생활보조급적 수당(생계비를 보조하기 위한 수당으로 대표적인 것이 가족수당)·지역수당(예컨대 벽지수당)·조정수당(기존의 보수보다 높은 보수를 지급해야 할 때 지급하는 수당)·능률급적 수당(예컨대 상여수당)·초과노동수당 등이 있다.

Ⅳ. 보수의 지급 형태

(1) 시 간 급

시간급은 작업의 양이나 질 또는 성과와 관계없이 일한 시간에 따라 미리 정한 보수를 지급하는 방법을 이야기한다. 따라서 고정급이라고도 한다. 지급기간에 따라 시급제, 일급제, 주급제, 월급제, 연봉제의 형태를 취한다. 일반적으로 기능직이나 하위직 또는 임시직에는 시급제, 일급제, 주급제를 적용하고, 사무직이나 관리직에는 월급제나 연봉제를 적용한다.[9]

---

7) 上揭書, 430~433면.
8) 수당의 남용으로 사회에 끼치는 폐해에 대해서는 上揭書, 434면 참조.
9) 유민봉·임도빈, 인사행정론, 박영사, 2003, 557면.

(2) 성 과 급

성과급은 개인이나 집단이 달성한 성과에 따라 보수를 차등적으로 지급하는 형태를 이야기한다. 성과급제는 동기부여와 생산성 향상의 수단으로 그 가치성이 인정된다. 평가, 측정 및 지급의 대상이 개인이냐 집단이냐에 따라 개인성과급과 집단성과급으로 나눈다. 개인성과급은 개인의 성과에만 관심을 가짐으로써 집단적 차원에서의 협력을 약화시킬 가능성이 높다. 반면에 집단성과급은 집단 내의 개인의 차별성을 구분하지 않기 때문에 무임승차(free-riding)를 유발할 가능성이 높다.[10)]

성과급제는 조직 내에서 동기부여와 경쟁성을 유발함으로써 조직의 생산성과 효율성을 제고시키는 장점이 있으나 다음과 같은 한계점도 있다는 것도 알아야 한다.

첫째, 성과를 정확하게 측정할 수 있는 객관적 지표설정이 어렵다는 것이다.

둘째, 성과측정이 양적인 면에 치우침으로써 질적인 측면이 도외시된다.

셋째, 조직 내에서 협력과 결속보다는 분열과 갈등을 조장하기 쉽다.

우리 나라의 경우 3급 국장급 이상과 계약직 공무원에게는 성과급 연봉제를 실시하고 3급 과장급 이하의 공무원에게는 성과 상여금제를 도입하고 있다.

(3) 연 봉 제

연봉제는 개인의 능력, 실적 및 조직에의 공헌도를 토대로 결정되는 연간 보수액을 이야기한다. 연봉제 역시 성과급처럼 개인의 경쟁력을 유발함으로써 조직의 생산성을 높이기 위한 제도라고 할 수 있다. 연봉제는 연간으로 정해진 계약임금으로 기본급, 상여금, 수당 등의 세분화된 항목이 없다.

연봉제는 고정급적 연봉제와 성과급적 연봉제가 있다. 고정급적 연봉제는 일년단위로 정해진 보수를 말하며, 성과급적 연봉제는 계급별로 정해진 기본연봉과 실적에 따라 차등 지급되는 성과연봉으로 구성된다.

연봉제는 다음과 같은 장·단점을 지니고 있다. 장점으로는 첫째, 개인으로 하여금 의욕적으로 일을 하게 하여 조직의 활성화를 촉진시킨다. 둘째, 우수한 인재를 용이하게 확보할 수 있는 길을 열어 준다. 셋째, 기본급, 상여금, 각종수당 등 여러 가지 보수항목들이 없어져 보수관리가 간편해진다. 넷째, 공정한 평가문화가 정착될 수 있는 분위기를 조성하여 준다.

10) 上揭書, 558면.

단점으로는 평가의 공정성과 객관성을 확보하기가 쉽지 않다. 둘째, 조직 내에서 갈등과 분열을 조장할 가능성이 크다. 셋째, 단기적인 성과에 치중하다 보면 장기적인 안목과 시야가 가려질 수 있다.

한국의 경우 정무직 공무원(차관급 이상)과 특1급 외교직 공무원에게는 고정급적 연봉제를 적용하고, 일반직, 별정직, 계약직 등에서 3~1급의 고위직에는 성과급 연봉제를 적용한다.

V. 승급과 보수의 조정

(1) 승 급

승급은 각 등급 내에서 봉급을 올리기 위해서 호봉을 올리는 것을 말한다. 따라서 승급은 직위의 변동을 가져오지 않는다.

승급은 비록 직위의 변동을 가져오지는 않지만 보수를 증가시킴으로써 공무원의 직무수행의욕을 증진시키고 생계비의 증가를 통해 생활안정에 기여케 한다.

승급에는 보통승급과 특별승급이 있다. 보통승급은 공무원 전체를 대상으로 정기적으로 행하여지기 때문에 정기승급이라고 하고, 특별승급은 특별히 우수하거나 공적이 있는 사람을 대상으로 이루어진다.

(2) 보수의 조정

이것은 물가와 생활비의 변동에 적응하는 문제이다. 본래 공무원의 보수조정은 추가경정예산이나 예산의 유용을 전제로 하기 때문에 거의 불가능한 과정이다. 단지 여기에서는 이론적인 면에서 보수의 조정을 살펴보기로 하다. 보수의 조정은 보수결정요인의 변동에 따라 보수를 변경시키는 것으로서 여기에는 부분적인 것과 전반적인 것이 있다.[11] 보수조정이 요구되는 것은 인플레이션 등의 이상경제하에서 공무원의 생활안정을 보장하기 위한 것이다.

보수조정의 유형으로는 대외적 균형을 유지하는 조정, 물가 또는 생계비의 변동에 따른 조정 및 노사협의에 의한 조정 등이 있다.[12] 그러나 가장 중요한 조정은 물가 또는 생계비의 변화에 따른 조정이다. 물가와 생계비의 변동에 따라 보수를 조정하려면 생계비조사 · 소비자물가조사 · 임금조사가 일상화되어야 한다. 물가나 생계비의 변동의 따라 자동적으로 보수를 변하게 하는 연동보수제라는 것

11) 上揭書, 453면.

12) S. Lefaver and R. Jaeck, "Compensation for Public Managers: A Different Way," *Public Personnel Management*, Vol. 6, No. 4, July-August 1977, p. 270.

이 있다. 그런가 하면 인플레이션이 지난 다음에 인플레이션이 보수에 미친 영향을 평가하여 화폐가치가 절감된 만큼 보상해 주는 일괄보상제가 있다. 어떠한 종류의 보수조정도 현행예산제도하에서는 거의 불가능하다.

Ⅵ. 연　　금

(1) 연금제의 의미

연금제는 사회보장제도의 일환이다. 즉 공무원이 노령·질병·부상 기타의 이유로 퇴직하거나 사망한 경우 본인 또는 유족의 생계를 위해서 금전을 지급하는 제도이다. 따라서 연금 하면 보통 퇴직연금을 말한다.

퇴직연금은 거치된 보수(deferred wage)로 이해해야 한다고 지적되고 있다.13) 즉 정부가 베푸는 은전이 아니라 정부가 맡아 두었던 보수를 나중에 공무원에게 지급하는 것으로 공무원은 이를 받을 권리가 있다는 것이다.

연금제는 직업공무원제도의 확립에 불가결한 요소로서 공무원이나 정부나 납세자의 입장에서 다같이 이익을 주는 제도라고 지적되고 있다.14) 즉 정부로서는 생산성이 떨어진 연로한 공무원을 보수 전액을 지급하면서도 계속 근무시키는 것보다는 보수의 일부를 주고 퇴직시키는 것이 보다 경제적이라는 것이다. 공무원으로서는 퇴직 후에 생활이 보장된다는 면에서 연금에서 받는 혜택은 자못 크다. 또한 연금제도로써 인력을 교체하여 행정업무의 생산성을 높이면 납세자인 국민에게도 이익이 된다.

우리 나라도 1960년부터 공무원연금제도를 채택하고 있는데, 선거에 의한 공무원과 임시적 공무원을 제외하고는 모든 공무원이 이 제도의 적용을 받게 되어 있다. 현행연금제는 기금제와 기여제를 채택하고 있다. 즉 정부와 공무원이 공동으로 기여하여 기금을 만들고 거기서 연금을 지급하도록 되어 있다.

(2) 연금기금의 조성

1) 기금제와 비기금제　연금사업에 필요한 재원을 미리 마련하여 두는 제도를 기금제(funded system)라 하고, 필요한 재원을 그때 그때 마련하는 제도를 비기금제(unfunded system)라고 한다.

비기금제는 개시비용(start-up cost)이 적게 들고 그 운영이 간단하고 관리비

13) O. G. Stahl, *Public Personnel Administration*, 7th ed., Harper and Row, 1976, p. 401.

14) 吳錫泓, 前揭書, 458면.

용도 적게 든다. 그러나 이 제도는 시간이 흐를수록 기금제보다 비용이 많이 들고 운영하기도 불편하다. 그리고 미리 마련해 놓은 기금도 없고, 거기에서 나오는 수익도 없어 연금수혜자에게 충분한 보상을 주지 못한 가능성이 크다. 이러한 점에서 연금은 기금제로 운영하는 것이 바람직하다.

2) 기여제와 비기여제　기금제를 채택하는 경우 그 재원을 어떻게 마련할 것인가의 문제에 부딪힌다. 기여제는 재원을 정부와 공무원이 공동으로 부담하는 것이고, 비기여제는 정부가 단독으로 부담하는 제도이다. 대부분의 나라들은 기여제를 채택하고 있다.

(3) 연금급여의 조정

연금제도에 있어서 가장 중요한 문제의 하나가 연금급여의 구매력을 유지하는 것이다. 인플레이션이 심한 사회에서 연금지급이 조정되지 않으면 그 연금제도는 아무런 의미가 없다.

연금급여의 구매력을 유지시키기 위해서는 연금구조에 인플레이션에 대항할 수 있는 장치를 마련해야 한다. 우리 나라 공무원연금법에서는 여기에 대한 대책으로 두 가지를 규정하고 있는데, 하나는 재직기간의 최종월의 보수를 연금산출의 기초로 하는 것이고, 다른 하나는 퇴직시에 일시금을 지불하는 것이다. 그러나 이러한 대책들은 미흡하고 불완전하다.

인플레이션에 보다 적극적으로 대항하는 조정책을 두 가지만 들면 다음과 같다. 하나는 연금급여를 생계비지수에 결부시켜 생계비의 변동에 따라 연금급여도 자동적으로 조정케 하는 것이다. 다른 하나는 연금급여의 산출기초로 되었던 보수가 변동될 때마다 연금지불도 함께 조정되게 하는 것이다. 이것은 재직자의 보수수준과 퇴직자의 연금급여수준을 결부시켜 보수가 인상되면 연금도 자동적으로 올라가게 하는 것이다.

제 3 절　제안제도

Ⅰ. 제안제도의 의미

제안제도(suggestion system)는 조직구성원이 조직의 운영개선에 관해서 창의적인 의견을 제시했을 때에 이를 심사하고, 채택하게 되면 이에 대해서 보상하는 제도를 말한다. 제안제도는 모든 사람들이 업무개선에 참여함으로써 그들의 사기를 높이자는 것이다. 특히 이것은 상향적 의사전달의 가장 중요한 수단으로서 누구나 부담 없이 자유스러운 가운데서 자기 의견을 개진케 하는 방법으로서 대부분의 나라에서 제안제도를 채택하고 있다.

우리 나라에서는 1963년부터 제안제도를 실시한다고 규정하였으나, 이 제도의 본격적 운영은 1973년에 대통령령으로 그의 운영절차를 규정하고부터라고 할 수 있다.

Ⅱ. 제안제도의 효용

(1) 업무개선

제안제도의 제1차적 효용은 업무개선이다. 업무개선의 범위는 정책의 내용, 절차의 간소화, 작업환경의 개선, 서비스 전달방법의 개선, 경비의 절약 등 포괄적이고 광범위하다. 그러나 인사권에 개입하거나 누구를 처벌하자는 제안은 업무개선의 범위에 포함되지 않는다.

(2) 사기의 제고

제안제도는 참여의식을 조장시켜 줌으로써 조직구성원의 사기를 높여 줌은 말할 것도 없다. 아울러 이 제도는 인정감과 자기표현의 욕구를 충족시켜 주고 나아가서 자기의 의견이 받아들여져서 자기의 공적과 기여가 알려질 때에 큰 자부심을 갖게 한다.

(3) 교육적 효과

제안제도는 조직구성원의 자기능력개발을 자극한다. 이것은 사고력·창의력 및 문제해결능력(problem-solving capacity)을 키워 준다. 그리고 이러한 제안제도는 조직구성원으로 하여금 항상 문제의식을 가지고 살도록 촉구한다.

(4) 환류통로의 역할

조직구성원이 고위층의 정책결정이나 운영방법에 대해서 제안제도를 통해서 의견을 제시하게 되면 이는 분명히 고위층의 역할을 평가하는 환류작업이 된다. 여기서 제안제도는 환류통로(feedback channel)의 역할을 하게 된다. 아울러 조직구성원들은 여러 가지 문제에 대해서 의견을 제시하게 되어 이들의 지배적인 관심사를 파악할 수 있게 된다.

Ⅲ. 제안제도의 과정

이것은 세 가지 단계로 나누어지는데, 그것은 제안의 접수, 제안의 심사 및 제안의 채택과 보상의 실시이다.

⑴ 제안의 접수

제안자의 자격, 제안의 대상 및 제안의 내용은 제안접수의 기준이 된다.[15)]

제안자는 조직참여자들에게 한정되는 것이 보통이다. 되도록이면 하급직원의 상향적인 참여를 고취하기 위한 것이 제안제도이기 때문에 고위층의 사람들이나 연구개발직에 있는 사람들은 그 자격에서 제외하는 경우도 흔히 있다.

제안의 대상에 따라 자유제안 · 지정제안 · 직무제안 및 추천제안의 네 가지로 나누어진다. 그런데 이러한 제안이라 하더라도 그 내용에 따라 제안으로 성립될 수 없는 것이 있다. 예컨대 공지의 사실이나 통용되고 있는 지식이나 기술, 단순한 불만 등은 제안이 될 수 없다.

좋은 제안을 접수하기 위해서는 적극적으로 모집활동을 전개해야 한다. 적극적인 활동으로는 모집기간의 정기설정, 광고, 문제영역의 설정과 설명, 충분한 보상 등을 들 수 있다.

접수의 방법은 제안의 종류에 따라 다른데, 제안관리기관에 직접 제출하는 방법이 있고, 직장의 감독계통에 따라 제출하는 방법이 있다. 그러나 전자의 방법이 보편화된 방법이다.

⑵ 제안의 심사

제안은 심사를 거쳐 그 채택 여부를 결정한다. 그런데 누가 심사를 하느냐의 문제가 생긴다. 여기에는 두 가지가 있는데, 하나는 제안자의 소속기관에 맡기는 방법이고, 다른 하나는 특별히 마련된 심사위원회에 맡기는 방법이다. 우리 나라는 행정자치부에 중앙심사위원회를 둠으로써 후자를 택하고 있다. 심사할 때에 관계기관이나 전문가에게 조사 · 실험 · 분석을 의뢰할 수 있다.

---

15) 上揭書, 556~557면.

(3) 채택과 보상

좋은 제안은 채택과 동시에 실시된다. 부득이한 경우가 있을 때는 제외하고는 실시되고 실시에 부족한 점이 있을 때에는 전문기관에 의뢰해서 보완할 수 있다.

채택된 제안에 대해서는 보상을 하게 되어 있다. 여기에는 경제적인 것과 비경제적인 것이 있는데, 대개는 두 가지를 병용한다. 가장 많이 쓰이는 방법으로는 보상금과 인사상의 특전이다.

제 4 절 고충처리

Ⅰ. 고충처리의 의미

어느 조건이나 고충이 있게 마련이다. 그런데 이러한 고충이 해소되지 않거나 그 원인이 시정되지 않으면 직원의 사기에 큰 영향에 끼친다.

우리 나라에서도 오랫동안 인사관리에서 고충처리제를 외면하여 오다가 1981년에 이르러서야 도입 · 채택하게 되었다.

그러면 여기서 이야기하는 고충(grievance)이란 무엇인가? 고충은 직장관계를 중심으로 조직구성원이 느끼고 표시하는 불만이라고 할 수 있다. 즉 반드시 직장을 중심으로 일어나는 고충이라야 한다. 그러나 그 고충이 반드시 정당한 근거를 가질 필요는 없다.

고충의 대상과 원인은 여러 가지가 있을 수 있다. 직장 내에서의 불편한 인간관계, 불공평한 인사, 시설의 불비, 불량한 작업환경, 가학적인 감독방법 등 수없이 많다. 우리 나라에서 고충처리의 대상으로 삼고 있는 것은 근무조건에 관한 것, 인사관리에 관한 것, 신상문제에 관한 것으로 나누어지고 있다.

고충처리제도는 제안제도나 소청심사제도와 관계가 깊은데, 특히 소청심사제도와는 너무나 비슷하여 구별하기가 힘들 정도이다. 그러나 대상의 면에서 양자는 구별된다. 즉 소청심사의 대상으로는 그 범위가 한정되어 있어 고충처리의 대상보다 범위가 좁다. 소청심사의 대상으로는 징계처분 · 강임 · 휴직 · 직위해제 · 면직처분 등만이 대상이 될 수 있다. 전직 · 전보 · 승진 등은 고충처리의 대상은 될 수 있어도 소청의 대상이 되지는 않는다.

Ⅱ. 고충처리의 절차

고충이 있으면 감독자에 의해서 해결되는 것이 가장 바람직하다. 그런 감독자에 의해서 해결되지 못하는 경우가 있고, 또 감독자 자신이 고충처리의 대상이 되는 경우도 있다. 따라서 감독자에 의한 고충처리에는 한계가 있다.

고충처리의 절차는 나라마다 다른데, 여기서는 한국의 경우를 중심으로 살펴보기로 한다. 우선 고충처리를 담당하는 기관으로는 중앙위원회와 보통위원회가 있다. 중앙위원회는 중앙인사기관인 행정자치부에 설치하도록 되어 있으나, 그 기관은 소청심사위원회가 맡고 있기 때문에 실질적으로는 소청심사위원회가 고충처리를 맡고 있다. 중앙위원회는 5급 이상의 일반직과 일부특정직공무원 그리고 6급 이하 공무원의 재심청구를 담당한다.

보통위원회는 6급 이하의 공무원이 소속한 기관장을 단위로 설치된다. 보통위원회의 위원장이나 위원은 설치기관의 장에 의해서 임명되기 때문에 고충처리에만 전임하는 사람들이 아니다.

고충처리위원회는 심사가 끝나면 결정을 내린다. 결정은 심사청구를 받고 30일 이내에 내리고, 이것을 행정자치부장관이나 설치기관의 장에게 송부하고 심사청구인에게도 통보한다.

제 6 장 공무원의 행동규범

제 1 절 공무원의 행동규범

Ⅰ. 행동규범의 내용

우리는 앞에서 행정 전체로서의 윤리성을 거시적인 차원에서 살펴본 바 있다. 여기서는 행정을 구성하고 있는 공무원 개인에게 요구되는 행동규범을 미시적인 입장에서 살펴보기로 한다.

인간은 누구나 자기가 소속하고 있는 집단에 따라 직무윤리를 지니고 있다. 공무원도 예외는 아니다. 공무원은 특히 국민의 수임자로서 공직을 담당·수행한다는 점에서 다른 직업인보다 더욱 윤리적인 행동규범이 요구된다. 특히 오늘의 행정은 가치배분의 기능까지 수행함으로써 그것의 행위가 국민생활에 미치는 영향은 너무도 심대하다고 할 수 있다. 여기서 공무원에게 요구되는 행동규범은 아무리 강조하여도 부족할 것이 없다고 할 수 있다.

공무원에게 요구되는 행동규범도 보는 시각에 따라 여러 각도에서 설명할 수 있으나, 여기서는 우리 나라 공무원법을 중심으로 중요한 것만 간단히 살펴보기로 한다.

(1) 성실의 의무

여기서 이야기하는 성실의 의무는 법령의 전수뿐만 아니라 국리민복을 위해서 최선을 다한다는 의미를 포함하고 있다. 공무원은 무엇이 국리민복을 가져오게 하는가에 대해서 늘 적극적으로 사고하면서 직무를 수행하여야 한다. 이러한 성실의 의무는 재량행위를 할 때에 더욱 요구된다. 공무원은 자기의 행위가 합법성은 물론 합목적성도 띠고 있는가를 늘 고려하여야 한다.

⑵ 친절 · 공정의 의무

공무원은 모든 고객에게 친절하고 공평한 자세로 대하여야 한다. 이러한 의무는 우리 나라 공무원에게 유달리 강조되는 의무라고 할 수 있다. 우리의 행정은 오랫동안 국민에게는 지배자로서 군림해 왔기 때문에 위협과 공포의 대상으로 인식되어 왔다. 따라서 행정과 국민간의 거리감은 이만저만 먼 것이 아니었다.[1] 이러한 거리감을 좁히기 위해서라도 공무원은 최선을 대해서 국민에게 친절해야 한다. 이때 공무원 자신이 법의 집행자라기보다는 문제해결인으로 스스로를 생각한다면 국민에게 보다 친절한 자세를 갖기 쉽다.

다음에 공무원은 모든 국민에게 공평하게 서비스를 전달하여야 한다. 공무원이 연고의식이나 편향성에 사로잡혀 고객들을 차별하면 일부층에 대한 봉사자이지 전체국민에 대한 봉사자는 아니다.

⑶ 청렴의 의무

이것은 공직을 미끼로 해서 개인의 이권을 확장하는 행위를 해서는 안 된다는 이야기이다. 따라서 직무와 관련해서 어떠한 뇌물이나 향응을 받을 수 없다. 동시에 소속상관에게 뇌물을 공여하는 행위를 해서도 안 되고 부하공무원으로부터 뇌물을 받아서도 안 된다. 이것은 행정의 부패를 방지하고 공직의 윤리를 세우는 데 제 1 의 조건이라고 할 수 있다.

⑷ 품위유지의 의무

공무원은 모든 국민에게 수범자로서 행동하여야 하기 때문에 공·사의 생활에서 품위를 유지해야 한다. 품위는 인격관리에 관계되는 것으로 언어에서부터 시작하여 행동 · 복장 · 두발 · 몸가짐에 이르기까지 다 미친다. 지나치게 누추한 복장도 품위유지에 손상이 되지만, 지나치게 사치적인 복장도 역시 품위유지에 손상이 된다. 품위를 유지하라니까 국민에게 오만한 자세를 취하라는 것은 아니다.

⑸ 영리업무 및 겸직의 금지

공무원은 공직 이외의 다른 영리사업에 종사할 수 없고, 또 다른 직업을 겸할 수 없다. 이것은 공무원으로서 충실한 근무와 전인격을 바쳐 국가와 국민에게

1) 국민과 행정간의 거리감에 대해서는 李宗范, "國民과 行政간의 距離感," 金雲泰 外 共著, 韓國政治行政의 體系, 博英社, 1982, 223~239면 참조.

봉사할 것을 보장하기 위한 것이다. 공무원이 공직에 있으면서 영리사업을 종사하면 행정에 대한 신뢰를 떨어뜨리고, 또 공직자로서 최선을 다하는 봉사를 기대할 수 없다. 더군다나 공무원이 자기직무와 관계가 있는 사업에서 영리를 추구할 때에는 공익에 배반되는 행위를 할 가능성이 크다. '관·재유착'의 사회에서 공무원에게 영리사업을 허용하면 고양이에게 생선을 지키라는 이치와 같다. 이러한 이유에서 공무원은 퇴직 후에도 상당기간 유관업체에 취업하지 못하게 되어 있다.

⑹ 정치운동의 금지

외국의 경우에는 공무원이 정당에 가입할 수도 있으나 우리의 경우에는 공무원의 정당가입을 금하고 있다. 공무원은 정당인이 될 수 없는 것은 말할 것도 없고 특정의 정당이나 입후보자를 위해서 선거 운동을 할 수도 없다. 공무원의 정치활동금지는 공무원의 정치적 중립을 보장하기 위해서이다.

⑺ 집단행동의 금지

공무원은 공무 이외에 노동운동이나 다른 집단운동을 할 수 없다. 공무원은 전체국민에 대한 봉사자이기 때문에 자기들의 이익을 위한 어떠한 단체행동도 할 수 없다는 것이다.

Ⅱ. 행동규범을 준수시키는 방안

행동규범이 아무리 훌륭하게 마련되어 있다 할지라도 그것이 지켜지지 않으면 아무런 의미가 없다. 공무원의 행동규범이 지켜지도록 공무원 스스로도 노력하여야 하지만 사회적 여건도 조성되어야 한다. 몇 가지 방안을 들면 다음과 같다.

⑴ 국민의식수준의 향상

공무원에게 행동규범을 준수하도록 요구하는 제 1 의 강한 세력이 국민의 의식수준이라고 할 수 있다. 관이 민을 지배하고 지도하겠다는 관료문화 속에서는 공무원의 친절하고 성실한 봉사를 기대하기 어렵다. 국민의 의식수준을 높임으로써 주인의식을 가질 때에 이러한 관료문화를 깨뜨릴 수 있다. 다시 말해서 국민이 자기를 향상시키고 주인의식을 가질 때에 공무원들은 행동규범을 지키지 않을 수 없게 될 것이다.

(2) 생활급의 지급

공직자로서 부정을 하지 않고 청렴한 생활을 하도록 요구하려면 최소한 품위를 유지할 수 있는 급료는 지급하여야 한다. 생활할 수 있는 정도의 급료를 주지 않고 청렴이나 품위유지를 강요하면 이것은 억지요 앞뒤가 맞지 않는 이야기이다.

생활급을 지급하였다고 해서 부정이 없어진다고 보장할 수는 없다. 그러나 생활급은 부정을 막고 청렴을 지킬 수 있는 최소한의 필수조건이라는 것을 명심할 필요가 있다.

(3) 정치의 민주화

정치의 민주화가 행정의 정치적 중립의 전제조건이라는 것은 이 책 전체에서 누누히 주장하는 바이다. 권력이 교체되지 않는 장기집권의 체제에서 공무원의 정치적 중립과 공정한 봉사를 기대한다는 것은 어불성설이다.

(4) 자율적인 직업윤리의 구축

공무원도 자기 역할에 기대되는 윤리의식을 개발하고 내면화시키는 데 최선을 다하여야 한다. 윤리의식은 상위층의 사람들이 앞장서서 솔선수범할 때에 견고하게 굳어진다고 할 수 있다. 직업윤리는 반드시 도덕적인 사고 속에서만 싹트는 것이 아니다. 어떻게 하면 직무를 보다 효율적으로 수행할 수 있을까를 계속해서 검토하고 연구할 때에 오히려 건전한 직업윤리가 탄생될 수 있다.

(5) 외제적 통제와 제도의 정비

이 방법은 가장 소극적인 방법이라고 할 수 있다. 그러나 공무원에게 행동규범을 어겼을 때에 제재를 가하겠다는 조치도 행동규범을 준수시키는 하나의 방안이라고 할 수 있다. 외제적 통제를 담당하는 기관으로는 국민·의회·사법부·옴부즈만·감사원 및 사정기관 등을 들 수 있다. 그리고 공무원의 재산을 등록시켜 공개하는 것도 제도정비의 일환이라고 할 수 있다.

제 2 절 공무원의 정치적 중립

Ⅰ. 정치적 중립의 의미

우리는 앞에서 행정의 이념으로서 중립성을 검토한 바 있다. 여기서 이야기하는 공무원의 정치적 중립은 앞에서 이야기한 중립성을 공무원 개인의 입장에서 좀더 구체적으로 설명하는 것이다.

공무원의 정치적 중립의 본질을 이루고 있는 것은 공무원은 어떠한 당파적 이익이나 정당간의 정치투쟁에도 개입하지 않고 엄정중립을 지킴으로써 국민 전체의 봉사자로서 위치를 견지하자는 것이다. 아울러 권력의 교체와 관계 없이 인력이 보존됨으로써 행정의 전문화와 계속성을 유지할 수 있다. 그리고 정치적 중립성은 행정의 고유영역인 관리성을 계속해서 지킬 수 있게 한다.

공무원의 정치적 중립이 행동규범으로 요구되는 근거를 좀더 구체적으로 살펴보기로 한다.

첫째, 불편부당의 공평한 봉사이다. 공무원이 특정의 정당이나 정치권력층과 밀착되어 있으면 공평한 봉사를 기대하기 어렵다. 즉 국민 전체의 수임자로서의 역할을 기대하기 어렵다는 것이다.

둘째, 정당간에 선의의 경쟁을 통해서 권력을 장악하게 함으로써 민주정치의 길을 다지게 하자는 것이다. 관이 선거에 간섭하고 개입할 때에 공명한 선거를 기대할 수 없고 공명선거를 기대할 수 없을 때에 민주정치의 싹은 트지 않는다. 따라서 공무원의 정치적 중립성은 민주정치의 확립과 직결되고 있다.

셋째, 행정의 자율성을 보장하게 한다. 행정은 자기의 고유영역이 있는데 이러한 고유영역이 어느 누구에게도 침해당하지 않은 상태를 행정의 자율성이 보장된 상태라고 한다. 행정의 고유영역 하면 기술성 · 전문성 · 안전성을 들 수 있다. 행정의 자율성은 봉사의 계속성과 안전성을 약속하여 주고 있다.

넷째, 엽관제를 방지함으로써 실적제의 확립을 가능하게 하여 행정의 능률과 전문성을 제고시킬 수 있다는 것이다.

Ⅱ. 정치적 중립의 내용

여기에는 두 가지가 있는데, 하나는 공무원을 외부의 정치적 간섭으로부터 보호하는 것이고, 다른 하나는 공무원이 능동적으로 정치활동을 하지 못하게 하는 것이다. 전자의 예로는 공무원의 신분을 보장하고 임용에서 승진·전보에 이르기까지 정치세력이 간섭하지 못하게 하는 것이다. 후자의 경우는 공무원의 정치활동을 제한하는 것인데, 우리 나라 공무원법은 다음과 같은 것을 규정하고 있다.[2)]

1) 공무원은 정당 또는 정치단체에 관여하거나 가입할 수 없다.

2) 공무원은 선거에 있어서 특정정당 또는 특정인을 지지하거나 반대하기 위해서 어떠한 행동도 할 수 없다.

3) 공무원은 다른 공무원에게 선거에 간섭하도록 요구할 수 없고 정치적 행위의 보상 또는 보복으로 이익 또는 불이익을 약속하여서는 안 된다.

Ⅲ. 정치적 중립에 대한 비판

공무원의 정치적 중립에 대해서 여러 가지 시각에서 비판이 제기되고 있는데, 간단히 살펴보면 다음과 같다.

1) 날로 늘어나고 있는 공무원집단을 정치적 활동의 자유에서 배제하는 것은 형평의 원칙에 어긋난다는 것이다.

2) 참여적 관료제(participatory bureaucracy)의 발달을 저해한다. 참여적 관료제란 중간관리층 이하의 공무원들이 정책결정에 참여하고 자기의 의견을 대내외적으로 표현할 수 있는 관료제를 말한다.[3)] 오늘의 행정은 참여적 관료제를 지향하고 있는데, 공무원의 정치적 중립은 이러한 흐름에 역행적이라는 것이다.

3) 공무원을 폐쇄집단화할 가능성이 크다는 것이다. 즉 공무원에게 정치적 중립을 강요함으로써 사회가 어떻게 돌아가며 국민이 무엇을 요구하는가에 대해서 무관심한 태도를 갖게 만들어 공무원집단을 사회로부터 폐쇄화시킬 가능성이 크다는 것이다.[4)]

4) 정치와 행정을 계속과정으로 이해할 때에 구태여 공무원의 정치적 중립을 주장할 근거가 없어졌다는 것이다.[5)]

---

2) 국가공무원법 제65조 참조.

3) J. M. Shafritz and Others, *Personnel Management in Government: Politics and Process*, Marcel Dekher, 1978, p. 173.

4) Davis S. Levitan, "The Neutrality of the Public Service," *Public Administration Review*, Vol. 2, 1942, p. 318.

5) C. R. Santos, "The Political Neutrality of the Civil Service Reexamined," *Public Personnel Review*, January 1969, pp. 9～14.

제 3 절 공무원의 단체행동

Ⅰ. 공무원단체행동의 의미

공무원이 단체행동을 할 수 있느냐 없느냐의 문제는 오늘날 정부의 인력관리에서 가장 논란이 많고 관심을 끄는 분야라고 할 수 있다. 문제는 공무원이 단순한 직업인이 아니라 국민의 수임자라는 데 있는 것 같다.

그러나 오늘날 선진제국의 인력관리에서 가장 중요한 내용을 이루고 있는 것이 공무원의 단체행동이라고 할 수 있다. 미국의 경우에 공무원의 단체행동을 정식으로 금지하고 있는 주는 1978년을 기준으로 North Carolina와 Virginia의 2주밖에 없고 8개 주는 아직 공식적인 입장을 밝히지 않고 있고, 나머지 40개 주는 적용정도의 차이만 있지 공무원의 단체행동을 인정하고 있다.[6] 이처럼 공무원의 단체행동은 보편화되고 있다. 그러나 대부분의 나라 특히 후진국들은 공무원의 단체행동을 금지하고 있거나 부정적으로 생각하고 있다. 우리 나라의 경우도 나중에 이야기하겠지만, 아주 한정된 현업기관에 종사하는 공무원을 제외하고는 공무원의 단체행동을 금지하고 있다.

공무원의 단체행동이란 쉽게 말해서 공무원이 노동조합(labor union)을 결성해서 채용·급여·근로조건 등 인사관리전반에 걸쳐서 단체행동을 할 수 있는 권한을 말한다. 여기에는 가입권·단체교섭권(collective bargaining)·파업(strike) 등이 포함된다. 그러나 공무원의 단체행동을 인정하는 나라에서도 적어도 공식적으로는 파업만은 인정하지 않고 있다. 따라서 공무원의 단체행동의 대종을 이루고 있는 것은 단체교섭권이다.

Ⅱ. 공무원단체행동의 발생계기

(1) 사기업에 준하는 대우의 요구

공·사직업간의 대우의 균형화이다. 공무원은 오랫동안 사기업의 직원에 비해서 낮은 대우를 받아 왔다. 이러한 낮은 대우에 대한 보상책으로 공무원의 단체행동이 시도되었다.

6) Chester A. Newland, "Collective Bargaining in the Public Sector," in Thomas Vocino and Jack Rabin(eds.), *Contemporary Public Administration*, Harcourt Brace Jovanovick, 1981, p. 338.

(2) 근로조건의 개선

공무원의 근로조건에 대한 불만은 그들을 단체행동으로 유인하였다. 특히 공직 중에서도 노동을 제공하는 현업분야나 소방관, 집달관, 정신병원의 근무자와 같이 위험이 따른 분야에서 근로조건개선의 요구는 높다.

(3) 고정처리제도의 불비

공무원의 권익이 억울하게 침해당하였을 때에 그것을 구제하는 절차나 방법이 느리고 흡족하지 못하였다. 이것은 행정당국과 공무원단체간의 신속한 협상적 처리의 필요에 대한 요구를 강화시켰다.

(4) 공무원의 증가

공무원의 수적 증가는 그만큼 세력을 신장시킴으로써 단체행동의 자유를 촉진시켰다.

(5) 정치적 행동 · 항의 및 시위의 보편화

각계각층에서 권리들을 부르짖는 소리가 높아졌다. 특히 종족 · 성 · 종교를 중심으로 소수자보호운동은 거의 광적이었다. 사회각층에 이러한 권리보호운동이 일어남에 따라 공무원들도 자신들을 적절한 압력단체가 될 수 있다고 인식하기 시작하였다. 이러한 인식은 단체행동을 촉진시켰다.

Ⅲ. 단체행동의 긍정적 측면

(1) 공무원의 권익옹호

공무원은 국민에 대한 봉사자이기 전에 인간이기 때문에 그들의 처우나 권익이 다른 직업에 비해서 너무 뒤떨어진다고 생각할 때에 보호받을 권리가 있어야 한다는 것이다. 특히 공무원 중에서도 단순한 노동을 제공하는 사람이나 위험한 일에 종사하는 사람들은 자기들의 근로조건을 개선하기 위해서도 노동조합을 결성해서 단체행동을 할 수 있는 자유가 보장될 것이 요구된다.

(2) 조직운영의 민주화

공무원의 단체행동은 모든 공무원으로 하여금 자기들의 권익문제에 대해서 적극적으로 참여하고 토론케 함으로써 능률성과 참여성을 촉진케 한다. 이러한 참여감은 조직의 민주화에 기여하는 바가 크다.

(3) 공무원의 집합적인 의사표시기관으로서의 역할

공무원은 개별적인 입장에서가 아니라 집합적인 입장에서 자기들의 의사를 대내외적으로 표시할 필요가 있을 때가 있는데, 이것을 가능케 하여 준다. 공무원은 집단적으로 고위관리층이나 국회 또는 국민 등의 외부세력에 자기들의 의사를 표시하고 싶을 때가 많을 것이다. 이때 공무원의 노동조합은 이러한 일을 적절히 처리하는 역할을 할 수 있다.

(4) 직업윤리의 발달

공무원의 단체적 활동은 자기들의 이익신장에 주안점을 두겠지만, 때로는 행정개선의 실마리가 되고 직업윤리를 발달시키는 계기가 된다. 공무원의 권익신장과 행정개선 또는 직업윤리의 발달간에는 상충의 가능성도 있지만 양립의 조화가능성이 더욱 크다는 것이다.[7)]

Ⅳ. 단체행동의 부정적 측면

공무원의 단체행동에 대한 비판은 공직의 특수성에서 주로 논의되고 있다.

(1) 정부활동의 계속성 요구

정부활동은 사기업체와 달라 그 활동이 정지되면 국민생활에 끼치는 영향이 너무나 크다. 정부활동은 독점성이 특징인데, 이것이 가동을 하지 않으면 다른 어느 것도 이것을 대체할 수 없다.

(2) 공익을 추구하는 국민의 수임자

공행정은 그 속성이 사행정과 달라 공익을 추구하는 것을 그 존재이유로 삼는다. 그리고 국민에 대한 봉사를 제 1 의 사명으로 삼고 있으면서도 동시에 때로는 권력기관으로도 행세한다. 따라서 공직이라는 생리가 노동조합과는 거리가 멀다는 것이다. 특히 행정기관이 권력기관으로서의 성격을 강하게 띨 때에 여기에 단체행동권까지 부여한다면 특권집단화로 더욱 몰고 간다는 것이다.

7) 吳錫泓, 人事行政論, 605면.

⑶ 노·사구별의 애매성

정부조직 안에서는 관리층과 비관리층으로 구분하는 것이 어느 정도는 가능하지만 노·사의 관계로 명확하게 구분하는 것은 거의 불가능하다. 공무원은 누구나 국민에 대해서 피사용자의 입장에 있는데, 그 안에서 누가 사용자이고 누가 피사용자인가를 구분하기가 대단히 어렵다. 그리고 또 구분이 가능하다 할지라도 사용자는 피사용자의 요구를 자기 마음대로 들어 줄 수 없는 경우가 많다.

⑷ 실적주의원리의 위배

공무원은 직업별로 단체행동이 용인되기도 하고 되지 않기도 하며 또 노동조합에 가입하는 것도 자유이다. 단체행동이 용인되는 사람은 대우를 잘 받고 그렇지 못한 사람은 대우를 덜 받는다면 형평과 공정성이 원리에 위배된다. 공무원의 단체행동은 승진 등의 인사문제를 처리할 때 능력이나 실적(merit)보다는 근무연한(seniority)을 더욱 중요시한다.[8] 이러한 연공순서는 인사관리에서 나름대로 객관적인 기준이 되기는 하나 실적을 중시하는 실적제의 원리와는 조화되지 않는다는 것이다.

⑸ 조직 내에서 계층간의 갈등조장

노동조합이 탄생됨으로써 관리계층(사용자측)과 비관리계층(피사용자측)간의 갈등과 대결이 더욱 조장된다. 이들은 동업자로서 행동하기보다 이해관계를 달리하는 사람으로 상대방을 인식하게 된다. 조합구성원은 자기네들을 채용한 정부보다는 노동조합에 더욱 충성심을 발휘함으로써 늘 갈등의 씨앗을 지니고 있다.

Ⅴ. 우리 나라의 경우

우리 나라 헌법은 원칙적으로 공무원의 단체행동을 금하고 있다. 단지 노무에 종사하고 있는 사람들에 한해서만 예외적으로 인정하고 있다. 헌법 제33조 2항은 "공무원인 근로자는 법률이 정하는 자에 한하여 단결권·단체교섭권 및 단체행동권을 가진다"라고 규정하고 있다.

법률이 정하는 노무에 종사한 공무원이란 체신부·철도청 소속의 현업기관과 국립의료원의 작업현장에서 노무에 종사하는 기능직공무원과 고용원을 말한

8) Robert Lee, *Public Personnel System*, p. 399.

다. 사실 노무에 종사하는 공무원 가운데서도 서무・인사・기밀업무・경리・보안업무・운전에 종사하는 공무원들은 노동조합에 가입하거나 다른 단체행동을 할 수 없다. 따라서 단체행동을 할 수 있는 공무원의 범위는 극히 한정되어 있다고 할 수 있다.

참고문헌

〔한국문헌〕
姜信澤, 社會科學研究의 論理, 博英社, 1981.
姜信澤, 財務行政論, 博英社, 1996.
강신택 역, 행정학의 언어, 박영사, 1999.
강신택, 행정학의 논리(개정판), 박영사, 2005.
강신택, 한국행정학의 논리, 박영사, 2005.
金光雄, 行政科學叙說, 博英社, 1983.
金圭定, 新行政學原論(改訂版), 法文社, 1996.
김근세, 책임운영기관 제도에 관한 비교분석, 집문당, 2000.
金東建, 現代財政學, 博英社, 1984.
金明守, 公共政策評價論, 博英社, 1987.
김병준, 한국지방자치론, 법문사, 1995.
金信福, 發展企劃論, 博英社, 1983.
김영종, 부패학, 숭실대학교 출판부, 2001.
김영평, 불확실성과 정책의 정당성, 고려대 출판부, 1991.
김영평 · 최병선 편저, 행정개혁의 신화와 논리, 나남, 1993.
김용우 · 마진호, 정부회계원리, 대영문화사, 2004.
金雲泰, 行政學原論, 博英社, 1986.
金雲泰 · 姜信澤 · 白完基 外, 韓國政治行政의 體系, 博英社, 1982.
金雲泰(編著), 韓國政治論, 博英社, 1982.
金仁秀, 巨神組織論, 貿易經營社, 1996.
金學魯, 地方行政의 理論과 實際, 博英社, 1997.
김항규, 행정철학(개정판), 대영문화사, 2001.
김해동 · 윤태범, 관료부패와 통제, 집문당, 1994.
남궁근 외, 전자정부를 통한 부패통제, 한울, 2002.
盧化俊, 政策評價論(全訂版), 法文社, 1986.
盧化俊, 政策學原論, 博英社, 1995.
朴東緖, 韓國行政論(第二全訂版), 法文社, 1984.
朴東緖, 人事行政論, 法文社, 1981.
朴東緖, 韓國行政의 改革, 法文社, 1991.
朴命洙, 韓國行政論, 大旺社, 1986.
朴英熙, 財務行政論, 茶山出版社, 1983.
朴雨淳, 現代組織論, 法文社, 1996.

박천오 외, 인사행정의 이해, 법문사, 2000.
박홍식, 내부고발의 논리, 나남, 1999.
배득종, 신재무행정, 박영사, 1996.
白完基, 韓國의 行政文化, 高大出版部, 1982.
백완기, 한국행정학의 기본문제들, 나남, 1996.
백완기 편, 국제화에 대한 사회과학적 이해, 박영사, 1995.
백완기 · 신유근 외, 문화와 국가경쟁력, 박영사, 1996.
徐泰潤, 韓國政府組織論, 博英社, 1985.
申武燮, 財務行政學, 大永文化社, 1989.
安秉萬, 韓國政府論, 茶山出版社, 1985.
安海均, 現代行政學(全訂版), 茶山出版社, 1987.
安海均, 政策學原論, 茶山出版社, 1984.
安海均, 韓國行政體制論, 서울大出版部, 1986.
吳錫泓, 人事行政論(全訂版), 博英社, 1983.
吳錫泓, 組織理論, 博英社, 1980.
오석홍, 한국의 행정, 경세원, 1995.
오석홍, 행정개혁론, 박영사, 1995.
오석홍, 행정학(신판), 박영사, 2005.
吳錫泓 편, 行政學의 主要理論, 經世院, 1996.
吳然天, 韓國地方財政論, 博英社, 1987.
오연천 · 이달곤, 세계화시대의 국가정책, 박영사, 2004.
오철호 편, 정보통신 기술과 행정, 대영문화사, 2002.
유민봉, 한국 행정학, 박영사, 2005.
유민봉 · 임도빈, 인사행정론, 박영사, 2003.
劉鐘海, 現代行政學, 博英社, 1980.
兪 焄, 行政學原論(改訂版), 法文社, 1983.
兪 焄, 財務行政論, 法文社, 1973.
윤견수 · 이종범 외, 딜레마와 행정, 나남, 2000.
윤성식 · 권수영, 정부회계, 법문사, 1998.
윤성식, 예산론, 나남, 2003.
尹聖植 · 李文永, 財務行政論, 學現社, 1995.
윤성식 · 이문영, 공공재무관리, 법문사, 2002.
尹禹坤, 組織論, 法文社, 1977.
尹正吉, 政策過程論, 汎論社, 1987.
尹在豊, 組織學原論, 博英社, 1985.
李觀雨, 新調査方法論, 螢雪出版社, 1974.
李文永, 韓國行政論, 一潮閣, 1980.
李宗范, 國民과 政府官僚制, 高大出版部, 1986.

이종범 외, 지식정부를 위한 고시제도개혁, 나남, 2000.
이종범 · 안문석 외, 딜레마 이론, 나남, 1994.
李鍾益, 財務行政論, 博英社, 1981.
이창원 · 최창현, 새조직론, 文永文化社, 1996.
李漢彬, 社會變動과 行政, 博英社, 1968.
전상경, 정책분석의 정치경제(제 3 판), 박영사, 2005.
전수일, 관료부패론, 선학사, 1996.
정우일, 공공조직론, 박영사, 2005.
정우일, 행정통제론, 박영사, 2004.
鄭正佶, 政策決定論, 文明出版社, 1988.
정정길, 행정학의 새로운 이해, 대명, 2000.
鄭正佶 外, 政策評價, 典廣出版社, 1987.
조석준, 한국행정조직론(제 2 판), 법문사, 1997.
趙錫俊, 組織論, 法文社, 1977.
趙錫俊, 韓國行政學(改訂版), 博英社, 1984.
趙昌鉉, 行政學原論, 法志社, 1985.
崔炳善, 政府規制論, 法文社, 1992.
최성모 편, 정보사회와 정보화정책, 나남, 1998.
崔昌浩 · 鄭世煜, 行政學, 法文社, 1977.
최호준, 시민행정학(개정증보판), 거목, 1993.
韓瑛煥, 國家發展과 行政, 亞細亞文化社, 1989.
황성돈 · 정충식, 전자정부의 이해, 다산출판사, 2002.
黃仁政, 行政과 經濟開發, 서울大出版部, 1970.
정부학연구, 고려대학교.
韓國政治學會報, 韓國政治學會.
한국행정연구, 한국행정연구원.
韓國行政學報, 韓國行政學會.
行政論叢, 서울大行政大學院.

〔구미문헌〕

Anderson, James E., *Public Policy-Making,* New York: Holt, Rinehart and Winston, 1979.

Anderson, William H., *Financing Modern Government*, Boston: Houghton Mifflin, 1973.

Appleby, Paul H., *Policy and Administration,* Tuscaloosa, Ala.: University of Alabama Press, 1949.

Argyris, Chris, *Interpersonal Competence and Organizational Effectiveness*, Homewood, Ill.: Dorsey, 1962.

Argyris, Chris, *Management and Organizational Development*, New York: McGraw-Hill, 1971.

Argyris, Chris, *Organization and Innovation*, Homewood, Ill.: Irwin, 1965.

Argyris, Chris, *Personality and Organization: The Conflict between System and the Individual*, New York: Harper and Row, 1957.

Barker, Larry L., *Communication*, Englewood Cliffs, N.J.: Prentice-Hall, 1978.

Barnard, Chester I., *The Functions of the Executive*, Cambridge, Mass.: Harvard University Press, 1938.

Bauer, Raymond, *Social Indicators*, Cambridge, Mass.: MIT Press, 1967.

Bellone, Care J.(ed.), *Organization Theory and the New Public Administration*, Boston: Allyn and Bacon, 1980.

Bennis, Warren G. and Slater, P. E., *The Temporary Society*, New York: Harper & Row, 1968.

Bennis, Warren G., *Beyond Bureaucracy: Essays on the Development and Evolution of Human Organizations*, New York: McGraw-Hill, 1973.

Bennis, Warren G., *Organization, Development: Its Nature, Origins, and Prospects*, Reading, Mass.: Addison-Wesley, 1969.

Blau, Peter M. and Meyer, Marshall W., *Bureaucracy in Modern Society*, 2nd ed., New York: Random House, 1971.

Blau, Peter M. and Scott, W. Richard, *Formal Organizations*, San Francisco: Chandler, 1962.

Blau, Peter M., *The Dynamic of Bureaucracy*, Chicago: University of Chicago Press, 1955.

Boulding, Kenneth E., *The Organizational Revolution*, New York: Harper and Row, 1953.

Bozeman, Barry, *Public Management and Policy Analysis*, New York: St. Martin's Press, 1979.

Braibanti, Ralph(ed.), *Political and Administrative Development*, Durham, N.C.: Duke University Press, 1969.

Caiden, Gerald E., *Public Administration*, 2nd ed., Pacific Palisades, Calif.: Palisades Publishers, 1982.

Caiden, Gerald E., *Administrative Reform*, Chicago: Aldine, 1969.

Caiden, Naomi and Wildavsky, Aaron, *Planning and Budgeting in Poor Countries*, New York: John Wiley and Sons, 1974.

Cameron, Kim S. and Whetten, David A.(eds.), *Organizational Effectiveness: A Comparison of Multiple Models*, New York: Academic Press, 1983.

Cayer, N. Joseph, *Managing Human Resources: An Introduction to Public Personnel Administration*, New York: St. Martin's Press, 1980.

Crozier, Michel, *The Bureaucratic Phenomenon* Chicago: University of Chicago Press, 1964.

Dahl, Robert A., and Lindblom, Charles E., *Politics, Economics and Welfare*, 2nd ed., Chicago: University of Chicago Press, 1976.

Downs, Anthony, *Inside Bureaucracy*, Boston: Little, Brown, 1967.

Dror, Yehezkel, *Design for Policy Science*, New York: American Elsevier Publishing, 1971.

Dror, Yehezkel, *Public Policy Making Reexamined*, San Francisco: Chandler, 1968.

Dror, Yehezkel, *Ventures in Policy Sciences*, New York: Elsevier, 1971.

Drucker, Peter F., *Management: Tasks, Responsibilities, Practices*, New York: Harper and Row, 1974.

Dubin, Robert et al., *Leadership and Productivity*, Scranton, Penn.: Chandler, 1965.

Duncan, W. Jack, *Organizational Behavior*, Boston: Houghton Mifflin, 1978.

Dye, Thomas R. and Gray, Virginia, *Determinants of Public Policy*, Boston: Lexington, 1980.

Dye, Thomas R., *Politics, Economics, and the Public: Policy Outcomes in the American States*, Chicago: Rand McNally, 1966.

Dye, Thomas R., *Policy Analysis*, Alabama: Univ. of Alabama Press, 1976.

Dye, Thomas R., *The Politics of Equality*, New York: Bobbs-Merrill, 1971.

Dye, Thomas R., *Understanding Public Policy*, 4th ed., Englewood Cliffs, N.J.: Prentice-Hall, 1981.

Esman, Milton J., *Administration and Development in Malaysia*, Ithaca, N.Y.: Cornell University Press, 1972.

Etzioni, Amitai(ed.), *Complex Organizations: A Sociological Reader*, New York: Holt, Rinehart and Winston, 1961.

Etzioni, Amitai, *Modern Organization*, Englewood Cliffs, N.J.: Prentice-Hall, 1964.

Farmer, David J., *The Language of Public Administration: Bureaucracy, Modernity, and Postmodernity*, The University of Alabama Press, 1995.

Fesler, James W., *Public Administration: Theory and Practice*, Englewood Cliffs, N.J.: Prentice-Hall, 1980.

Fiedler, Fred E., *A Theory of Leadership Effectiveness*, New York: McGraw-Hill, 1967.

Frederickson, H. George, *New Public Administration*, Alabama: University of Alabama Press, 1980.

French, Wendell L. and Bell, Cecil H., Jr., *Organization Development*, Englewood Cliffs, N.J.: Prentice-Hall, 1978.

Frohock, Fred M., *Public Policy*, Englewood Cliffs, N.J.: Prentice-Hall, 1979.

Fukuyama, F., *Trust: The Social Virtues and the Creation of Prosperity,* The Free Press, 1995.

Gable, Richard W., *Development Administration: Background, Terms, Concepts, Theories and a New Approach*, SICA, ASPA., 1976.

Gant, George F., *Development Administration: Concepts, Goals, Methods*, Madison, Wisconsin: University of Wisconsin Press, 1979.

Galbraith, Jay R., *Organization Design*, Addison-Wesley Publishing Company, 1977.

Gaus, John M., *Reflections on Public Administration*, Ala.: University of Alabama Press, 1947.

Gawthrop, Louis C., *Administrative Politics and Social Change*, New York: St. Martin's Press, 1971.

Gawthrop, Louis C., *Bureaucratic Behavior in the Executive Branch: An Analysis of Organizational Change*, New York: Free Press, 1969.

Golembiewski, Robert T. et. al.(ed.), *Public Administration: Readings in Institutions, Behavior*, 3rd ed., Chicago: Rand McNally, 1976.

Golembiewski, Robert T., *Public Administration as a Developing Discipline Part I. Perspectives on Past and Present*, New York: Marcel Dekker, 1977.

Gordon, George, J., *Public Administration in America*, 2nd ed., New York: St. Martin's Press, 1982.

Gortner, Harold F., *Administration in the Public Sector*, 2nd ed., New York: John Wiley and Sons, 1984.

Gouldner, Alvin W., *Patterns of Industrial Bureaucracy*, New York: Free Press, 1954.

Gregory, Roy and Hutchesson, Peter, *The Parliamentary Ombudsman: A Study in the Control of Administrative Action*, London: Allen and Unwin, 1975.

Gulick, Luther, and Urwick, Lyndall(eds.), *Papers on the Science of Administration*, New York: Institute of Public Administration, 1937.

Heady, Ferrel, *Public Administration: A Comparative*, 2nd ed., New York: Marcel Dekker, 1978.

Heidenheimer, Arnold J. et al., *Comparative Public Policy*, New York: St. Martin's Press, 1975.

Heidenheimer, Arnold J., *Political Corruption: Readings in Comparative Analysis*, New York: Holt, Rinehart, and Winston, 1970.

Heiyel, Carl(ed.), *Human Resources Development*, New York: Van Nostrand Reinhold, 1980.

Held, Virginia, *The Public Interest and Individual Interests*, New York: Basic Books, 1970.

Henry, Nicholas, *Public Administration and Public Affairs*, 2nd ed., Englewood Cliffs, N.J.: Prentice-Hall, 1980.

Herring, E. Pendleton, *Public Administration and the Public Interest*, New York: Russell and Russell, 1936.

Hodgetts, Richard M., *Management Fundamentals*, Hinsdale, Ill.: Dryden, 1981.

Hodgetts, Richard M., *Modern Human Relations*, Hinsdale, Ill.: Dryden, 1980.

Hodgkinson, Christopher, *Towards a Philosophy of Administration*, New York: St. Martin's Press, 1978.

Hollander, Edwin P., *Leadership Dynamics: A Practical Guide to Effective Relationships*, New York: The Free Press, 1978.

Holzer, Marc(ed.), *Productivity in Public Organizations*, Port Washington: Kennikat Press, 1976.

Homans, George, *The Human Group*, New York: Harcourt Brace Jovanovich, 1950.

Hood, Christopher C., *The Limits of Administration*, New York: John Wiley and Sons, 1976.

Hummel, Ralph P., *The Bureaucratic Experience*, 2nd ed., New York: St. Martin's Press, 1982.

Huntington, Samuel P., *Political Order in Changing Societies*, New Heaven, Conn.: Yale University Press, 1960.

Hyde, Albert C. and Shafritz, Jay M.(eds.), *Government Budgeting: Theory, Process, Politics*, Oak Park, Ill.: Moore, 1978.

Hyneman, Charles S., Bureaucracy, in a Democracy, New York: Harper and Row, 1950.

Jones, Charles O., *An Introduction to the Study of Public Policy*, 2nd ed., North Scituate Mass.: Duxbury Press, 1977.

Kast, Fremont E. and Rosenzweig, James E., *Organization and Management*, London: McGraw-Hill, 1981.

Kast, Fremont E. and Rosenzweig, James E., *Organization Management: A Systems and Contingency Approach*, 3rd ed., New York: Mcgraw-Hill, 1979.

Katz, Daniel and Kahn, Robert, L., *The Social Psychology of Organizations*, 2nd ed., New York: John Wiley and Sons, 1978.

Kaufman, Herbert, *Are Government Organization Immortal?* Washington, D.C., The Brookings Institution, 1981.

Kluckhohn, Florence R. and Strodtbeck, Fred L., *Variations in Value Orientations*, New York: Haper and Row, 1961.

Kramer, R. M. et al., *Trust in Organization in Trust: Frontiers of Theory and Research*, Sage Publication, 1996.

Kramer, Fred A., *Dynamics of Public Bureaucracy: An Introduction to Public Management*, 2nd ed., Cambridge, Mass.: Winthrop, 1981.

Kramer, Fred A.(ed.), *Perspectives on Public Bureaucracy*, 2nd ed., Cambridge, Mass.: Winthrop, 1977.

Krone, Robert M., *Systems, Analysis and Policy Sciences*, New York: John Wiley and Sons, 1980.

Kuhn, Thomas S., *The Structure of Scientific Revolutions*, Chicago: U. of Chicago P., 1970.

Lane, Fredericks S.(ed.), *Current Issues In Public Administration*, Fifth ed., New York: St. Martin's Press, 1987.

La Palombara, Joseph(ed.), *Bureaucracy and Political Development*, Princeton: Princeton University Press, 1963.

Lawrence, Paul R. and Lorsch, Jay W., *Organization and Environment*, Homewood, Ill.: Richard D. Irwin, 1967.

Lawrence, Paul R. and Lorsch, Jay W., *Organization and Environment: Managing Differention and Integration*, Homewood, Ill.: Irwin, 1969.

Lee, Robert D., Jr., *Public Personnel Systems*, University Park Press, 1979.

Lee, Robert D., Jr., and Johnson, Ronald W., *Public Budgeting System,* Baltimore: University Park Press, 1973.

Lerner, Daniel and Lesswell, Harold D.(eds.), *The Policy Sciences*, Standford: Standford University Press, 1960.

Levine, Charles H. et al., *Public Administration*, Scott, Forseman and Company, 1990.

Likert, Rensis, *The Human Organization: Its Management and Value*, New York: McGraw-Hill, 1967.

Lindblom, Charles E., *Strategies for Decision Making*, Urbana: University of Illinois Bulletin, 1971.

Lindblom, Charles E., *The Policy-Making Process*, 2nd ed., Englewood Cliffs, N.J.: Prentice-Hall, 1980.

Lippmann, Walter, *The Public Philosophy*, Boston: Little, Brown, 1955.

Luthans, Fred, *Organizational Behavior*, 3rd ed., New York: McGraw-Hill, 1981.

March, James G. and Simon, Herbert A., *Organizations*, New York: John Wiley and Sons, 1958.

Marini, Frank(ed.), *Toward a New Public Administration*, Scranton: Chandler, 1971.

Marini, Roscoe C.(ed.), *Public Administration and Democracy*, Syracuse, N.Y.: Syracuse University Press, 1965.

Maslow, Abraham H., *Motivation and Personality*, New York: Harper and Bro-

thers, 1954.
Mayo, Elton, *The Human Problems of an Industrial Civilization*, New York: Macmillan, 1933.
Mayo, Elton, *The Social Problems of an Industrial Civilization*, Boston: Harvard School of Business Administration, 1945.
McGegor, Douglas, *The Human Side of Enterprise*, New York: McGraw-Hill, 1960.
McKenzie, Gordon and Tullock, Richard B., *Modern Political Economy*, London: McGraw-Hill, 1978.
Meltzner, Arnold J., *Policy Analysis in the Bureaucracy*, Berkeley, Calif.: University of California Press, 1976.
Millet, John D., *Organization for the Public Service*, Princeton, N.J.: Van Nostrand, 1966.
Milton, Charles R., *Human Behavior in Organizations: Three Levels of Behavior*, Enmglewood Cliffs, N.J.: Prentice-Hall, 1981.
Mitchell, Terence R., *People in Oeganizations: Understanding Their Behavior*, London: McGraw-Hill, 1978.
Montgomery, John D. and Siffin, William J.(ed.), *Approaches to Development*, New York: Twentieth Century Fund, 1969.
Morrow, William L., *Public Administration: Politics, Policy, and the Political System*, 2nd ed., New York: Random House, 1980.
Morstein Marx, Fritz(ed.), Elements of Public Administration, Englewood Cliffs, N.J.: Prentice-Hall, 1946.
Mosher, Frederick C.(ed.), *American Public Administration: Past, Present, and Future*, Ala.: University of Alabama Press, 1975.
Mosher, Frederick C., *Democracy and the Public Service*, New York: Oxford University of Alabama Press, 1968.
Mouzelis, Nicos P., *Organization and Bureaucracy: An Analysis of Modern Theories*, Chicago: Aldine, 1969.
Murphy, Thomas P. and Others, *Contemporary Public Administration, Itasca*, F.E.: Peacock, 1981.
Nachmias, David, *Public Policy Evaluation: Approaches and Methods*, New York: St. Martin's Press, 1979.
Nagel, Stuart S., *Policy Evaluation*, New York: Praeger, 1982.
Nakamura, Robert T. and Smallwood, Frank, *The Politics of Policy Implementation*, New York: St. Martin's Press, 1980.
Nigro, Felix A. and Nigro, L. G., *Modern Public Administration*, 2nd ed., New York: Harper and Row, 1980.
Nigro, Felix A. and Nigro, Lloyd G., *the New Public Personnel Administration*, 2nd

ed., Itasca, Illinois: F.E. Peacock Publishers, 1981.

Novick, David(ed.), *Current Practice in Program Budgeting(PPBS): Analysis and Case Studies Covering Government and Business*, New York: Crane Russak, 1973.

Nye, Joseph S. Jr. et al., *Why People Don't Trust Government,* Harvard University Press, 1998.

Odiorne, Georges S., *Management by Objectives*, New York: Pitman, 1965.

Okun, Arthur M., *Equity and Efficiency*, Washington, D.C.: The Brookings Institution, 1975.

Ostrom, Vincent, *The Intellectual Crisis in American Public Administration*, revised edition, Ala.: University of Alabama Press, 1974.

Osborne, David and Ted Gaebler, *Reinventing Government: How the Entrepreneurial Spirit play in transforming the Public Sector,* Addison-Wesley, 1992.

Perrow, Charles A., *Complex Organizations: A Critical Essays*, Glenview, Ill.: Scott Forseman, 1972.

Peters, B. Guy, *The Politics of Bureaucracy: A Comparative Perspective*, New York: Longman, 1978.

Peters, B. G., *The Future of Governing: Four Emerging Models,* University of Kansas Press, 1995.

Pettit, Philip, *Judging Justice*, London: Routledge and Kegan Paul, 1980.

Pfiffner, John M. and Sherwood, Frank P., *Administrative Organization*, Englewood Cliffs, N.J.: Prentice-Hall, 1960.

Philips, Hiram S., *Guide for Development: Institution Building and Reform*, New York: Praeger, 1969.

Pressman, Jeffrey L. and Wildavsky, Aaron B., *Implementation*, Berkeley: University of California Press, 1979.

Presthus, Robert, *Behavioral Approach to Public Administration*, Tuscaloosa Ala.: University of Alabama Press, 1965.

Presthus, Robert, *Public Administration*, 7th ed., New York: Ronald Press, 1976.

Pursley, Robert D. and Scortland Neil, *Managing Government Organizations: An Introduction to Public Administration*, Monterey, Calif.: Duxbury, 1980.

Pyhrr, Peter A., *Zero-Base Budgeting: A Practical Management Tool Evaluating Expenses*, New York: John Wiley and Sons, 1973.

Quade, Edward S., *Analysis for Public Decisions*, 2nd ed., New York: North Holland, 1982.

Rainey, Hal G., *Understanding and Managing Public Organigation*, Jossey-Bass, Publishers, 1991.

Raphaeli, Nimrod(ed.), *Readings in Comparative Public Administration*, Boston: Allyn and Bacon, 1967.

Rawls, John, *A Theory of Justice*, Cambridge, Mass.: The Bel Knap Press of Harvard University Press, 1971.

Redford, Emmette S., *Democracy in the Administrative State*, New York: Oxford University Press, 1969.

Riggs, Fred W., *Administration in Developing Countries: The Theory of Prismatic Society*, Boston: Houghton Mifflin, 1964.

Riggs, Fred W., *Prismatic Society Revisited*, N.J.: General Learning Press, 1973.

Riggs, Fred W.(ed.), *Frontiers of Development Administration*, Durham, N.C. Duke University Press, 1971.

Ripley, Randall B. and Franklin, Grace A., *Policy-Making in the Federal Executive Branch*, New York: The Free Press, 1975.

Robbins, Stephen P., *The Administrative Process*, Englewood Cliffs: Prentice-Hall, 1980.

Robbins, Stephen, *Organization Theory: The Structure and Design of Organization*, Prentice-Hall, 1983.

Robey, Daniel and Altman, Steven(eds.), *Organization Development: Progress and Perspectives*, New York: Macmillan, 1982.

Rohr, John A., *Ethics for Bureaucrats: An Essay on Law Values*, New York: Marcel Dekker, 1978.

Rosen, Bernard, *Holding Government Bureaucracies Accountable*, New York: Praeger, 1982.

Rosenau, J. and E. Czempie(ed.,) *Governance without Government: Order and Changes in World Politics*. Cambridge University Press, 1992.

Rourke, Francis E., *Bureaucracy, Politics, and Public Policy*, 2nd ed., Boston: Little, Brown, 1976.

Rourke, Francis E., *Bureaucracy, Power in National Politics*, 3rd ed., Boston: Little, Brown, 1978.

Rowat, Donald C.(ed.), *The Ombudsman: Citizen's Defender*, Toronto: University of Toronto Press, 1965.

Schelling, Thomas C., *The Strategy of Conflict*, Cambridge, Mass.: Harvard University Press, 1960.

Schick, Allen, *Budget Innovation in the States*, Washington, D.C.: Brookings Institution, 1971.

Schick, Allen(ed.), *Perspectives on Budgeting*, Washington, D.C.: The American Society for Public Administration, 1980.

Schubert, Glendon, *The Public Interest: A Critique of the Theory of a Political*

Concept, Glencoe, Ill.: Free Press, 1960.

Schuman, David, *Bureaucracy, Organizations, and Administration: A Political Primer*, New York: Macmillan, 1976.

Scott, James C., *Comparative Political Corruption*, Englewood Cliffs, N.J.: Prentice-Hall, 1972.

Selznick, Philip, *TVA and the Grassroots: A Study in the Sociology of Formal Organization*, Berkeley: University of California Press, 1949.

Shafritz, Jay M., *Position Classification: A Behavioral Analysis for the Public Service*, New York: Praeger, 1973.

Sharkansky, Ira, *Public Administration: Agencies, Policies, and Politics*, San Francisco: W. H. Freeman, 1982.

Shaw, Marvin E., *Group Dynamics: The Psychology of Small Group Behavior*, New York: McGraw-Hill, 1971.

Siegel, Laurence, and Lane, Irving M., *Personnel and Organizational Psychology*, Homewood, Ill.: Richard D. Irwin, 1982.

Siegel, Richard L. and Weinberg, Leonard B., *Comparing Public Policies: United States, Soviet Union, and Europe*, Homewood, Ill.: Dorsey, 1977.

Simon, Herbert A., *Administrative Behavior: A Study of Decision-Making Processes in Administrative Organization*, 3rd ed., New York: The Free Press, 1976.

Simon, Herbert A., Smithburg, Donald W. and Thompson, Victor A., *Public Administration*, New York: Knopf, 1950.

Stahl, O. Glenn, *Public Personnel Administration*, 7th ed., New York: Harper & Row, 1983.

Stillman, Richard J., *Public Administration*, Boston: Houghton Mifflin Co. 1996.

Stogdill, Ralph M., *Handbook of Leadership: A Survey of Theory and Research*, New York: Free Press, 1974.

Suchman, Edward A., *Evaluative Research: Principles and Practice in Public Service and Social Action Programs*, New York: Russell Sage, 1967.

Swerdlow, Irving, *The Public Administration of Economic Development*, New York: Praeger, 1975.

Tannenbaum, Arnold S., *Control in Organization*, New York: McGraw-Hill, 1968.

Taylor, Frederick W., *Principles of Scientific Management*, New York: W. W. Norton, 1911.

Thompson, James D., *Organizations in Action*, New York: McGraw-Hill, 1967.

Thompson, Victor A., *Bureaucracy and the Modern World*, Morristown: General Learning Press, 1976.

Thompson, Victor A., *Modern Organization: A General Theory*, New York: Knopf,

1961.

Truman, David, *The Governmental Process*, New York: Alfred A. Knopf, 1955.

Tullock, Gordon, *The Politics of Bureaucracy*, Washington, D.C.: Public Affairs Press, 1965.

Uphoff, Norman T. and Warren F. Ilchman, *The Political Economy of Development*, Berkeley: Univ. of California Press, 1972.

Urban, Michael E., *The Ideology of Administration*, Albany: State Univ. of N.Y. Press, 1982.

Uveges, Jr., Joseph A., *The Dimensions of Public Administration*, Boston: Holbrook, 1975.

Vroom, Victor H., *Work and Motivation*, New York: John Wiley and Sons, 1964.

Warwick, Donald P., *A Theory of Public Bureaucracy*, Cambridge: Harvard University Press, 1975.

Waldo, Dwight(ed.), *Ideas and Issues in Public Administration*, 2nd ed., Boston: Holbrook Press, 1971.

Waldo, Dwight(ed.), *Public Administration in a Time of Turbulence*, Scranton: Penn.: Chandler, 1971.

Waldo, Dwight(ed.), *Temporal Dimensions of Development Administration*, Durham, N.C.: Duke University Press, 1970.

Waldo, Dwight, *The Administrative State*, New York: Ronald, 1948.

Waldo, Dwight, *The Enterprise of Public Administration: A Summary View*, Novato, Calif.: Chander and Sharp Publishers, 1980.

Waldo, Dwight, *The Study of Public Administration*, New York: Random House, 1955.

Weidner, Edward W.(ed.), *Development Administration in Asia*, Durham, N.C.: Duke University Press, 1970.

Weiss, Carol, *Evaluation Research*, Englewood Cliffs, N.J.: Prentice-Hall, 1972.

Werther, William B., Jr. and Davis, Keith, *Personnel Management, and Human Resources*, New York: McGraw-Hill, 1982.

Wholey, Joseph S., *Evaluation: Promise and Performance*, Washington, D.C.: Urban Institute, 1979.

Wholey, Joseph S., *Zero-Base Budgeting and Program Evaluation*, Lexington, Mass.: Lexington, 1978.

Whyte, William H., Jr., *The organization Man*, New York: Harper and Row, 1956.

Wildavsky, Aaron, *Budgeting*, Boston: Little, Brown and Go., 1975.

Wildavsky, Aaron, *How to Limit Government Spending*, Berkeley: University of California Press, 1980.

Wildavsky, Aaron, *The Politics of the Budgetary Process*, 3rd ed., Boston: Little,

Brown and Co., 1979.
Zaltman, Gerald, Duncan, Robert and Holbeck, Jonny, *Innovations and Organizations*, New York: John Wiley and Sons, 1973.

〔학 술 지〕
Administration and Society
Administrative Science Quarterly
American Political Science Review
Comparative Politics
International Review of Administrative Sciences
Policy Sciences
Public Administration(U.K.)
Public Administration Review
Public Personnel Management

인명색인

A

Aiken, H. D. 127, 396

Aiken, M. 346

Aldrich, H. E. 178

Anderson, J. E. 358, 371

Anderson, S. V. 335

Appleby, P. 71, 402, 434, 481

Argyris, C. 27, 28, 101, 149, 152, 255, 268

Aristotle 429, 430

Arrow, K. 45

B

Bachrach, P. 122

Bailey, S. K. 397, 399

Banfield, E. C. 417

Baratz, M. S. 122

Bardach, E. 372, 451, 454, 455

Barnard, C. I. 31, 109, 229

Bass, B. M. 245, 247

Bator, F. M. 443

Bauer, R. A. 439, 440

Bayley, D. H. 410

Beckhard, R. 27, 268

Beer, S. 240

Bell, C. 27, 268

Bellone, C. J. 40

Bendix, R. 113

Bennis, W. G. 27, 110, 147, 268

Bentley, A. F. 418

Bercovitch, J. 305

Berelson, B. 298

Berger, M. 36, 37

Biderman, A. D. 441

Blake, R. R. 274

Black, H. C. 428

Blau, P. M. 98

Botner, S. B. 79

Boulding, K. E. 303, 439

Braibanti, R. 36, 37

Brand, R. 285

Braybrooke, D. 480

Buchanan, J. 45

Buechner, J. C. 29

Bunker, B. B. 195

Burkhead, J. 463, 474, 475, 479, 486, 516

Burnham, W. D. 372

C

Caiden, G. E. 346

Cameron, K. 317

Carter, J. 526

Cartwright, D. 249

Cassineli, C. W. 417

Cayer, N. J. 601

Chamberlain, N. A. 304

Charlesworth, J. C. 33

Cherry, C. 171

Cohen, M. 369, 370

Cohen, S. G. 222, 285

Cooper, T. L. 396

Crozier, M. 131
Cyert, R. M. 182, 230
Czempiel, E. 53

D
Dahl, R. A. 30, 33, 121
Danziger, J. N. 78
Davis, S. M. 217
Denhardt, R. B. 43
Deutsch, K. 358
Diamant, A. 35, 99
Dickson, W. J. 26, 28, 109
Diesing, P. 155, 158
Dill, W. 179
Dimock, M. E. 24, 342
Downs, A. 34, 178
Dror, Y. 367, 380
Drucker, P. F. 259
Duncan, R. B. 178, 179
Dye, T. R. 358

E
Easton, D. 33
Eisenstadt, S. N. 35, 100
Esman, M. J. 36, 37
Etzioni, A. 25, 117, 364, 365

F
Farmer, D. J. 55, 56
Festinger, L. 135
Fiedler, F. E. 250
Fliley, A. C. 255
Folberg, J. 305
Fox, C. J. 55
Frederickson, H. G. 40, 427
French, W. L. 27, 268
Fukuyama, F. 200

G
Galbraith, J. R. 230
Gardner, N. 268
Gaus, J. 37, 38
Gawthrop, L. C. 299, 303
Gerth, H. H. 95
Gibb, C. A. 246,
Golembiewski, R. T. 242
Goodenough, W. H. 346
Goodwin, B. 429, 430, 431
Gordon, P. J. 25, 256
Gouldner, A. 109
Graicunas, V. A. 23
Greenstein, F. I. 388
Gross, B. M. 383, 439, 486
Grumm, J. G. 388
Guba 57
Guest, R. H. 257
Gulick, L. 16, 20, 22, 24, 31, 141

H
Hage, J. 127, 346
Hallander, E. P. 247
Hampton, D. R. 133, 304
Hardin, G. 45
Harmon, M. M. 40, 41, 42, 44
Hatry, P. 382
Heady, F. 35, 37, 99, 111
Heidenheimer, A. J. 405
Heinritz, S. F. 533
Hemphill, J. K. 247
Henderson, A. M. 95
Herbert, A. W. 323, 327
Herring, P. 423

Herzog, E. 390
Hill, L. B. 288
Hoag, D. E. 600
House, R. J. 251, 255
Howard, S. K. 155
Husserl, E. 41
Hyman, H. H. 391

J
Jacob, C. E. 426
Jaeck, R. 605
Johnson, R. W. 471, 521
Jones, C. O. 372
Jun, J. S. 259
Justinian 428

K
Kagan, R. A. 451, 454, 455
Kahn, R. L. 303, 354
Kahneman, D. 184
Kalberg, S. 156
Kaplan, A. 396
Katz, D. 354
Katz, F. E. 133
Kaufman, H. 342
Keely, M. 318, 319
Kelley, J. 248
Kerr, S. 255
Key, V. O., Jr. 475, 484
Keynes 520
King, J. L. 78
Kirkhart, L. 42, 43, 268
Kornhauser, W. 426
Kraemer, K. L. 78
Kramer, R. M. 195

L
Landau, M. 17, 166
La Palombara, J. 35, 37
Lawrence, P. R. 102, 178, 179, 217, 255, 302
Leach, E. R. 130
Leavitt, H. 304
Lee, H. B. 36
Lee, R. D., Jr. 548, 549, 570, 573
Lee, R. D. 471, 621
Lefaver, S. 605
Leighton, A. 345
Leineberry, R. L. 372
Levine, C. H. 48
Levinthal, D. A. 283
Levitan, D. S. 617
Lewicki, R. J. 195
Lewis, V. B. 484, 485
Lincoln 57
Lindblom, C. E. 362, 363, 480
Lippitt, R. 253
Lippmann, W. 417
Long, N. 13
Lorsch, J. W. 102, 178, 179, 255, 302
Luce, R. D. 178
Lundstedt, S. 147
Luthans, F. 248
Lyden, F. J. 475, 517
Lynch, T. D. 507, 519, 533, 534

M
Maccoby, E. E. 253
Macleod, R. B. 41
Madon, S. 78
Mannheim, K. 155, 156, 158
March, J. G. 34, 359, 369, 370

March, J. M. 182
Marini, F. 32, 40
Marx, F. M. 17
Maslow, A. H. 150
Mayer, R. C. 195
Mayo, E. 26, 28, 138
McCaffery, J. 264
McGregor, D. 141, 270
McNamara 521
Means, R. 395
Medeiros, J. A. 13, 105
Merton, R. K. 102, 109
Meyer, M. W. 98
Meyerson, M. 417
Miller, E. G. 475, 517
Miller, H. T. 55
Mills, C. W. 95
Mintzberg, H. 128
Mises, L. V. 485
Mitchell, T. R. 251
Moe, T. M. 48
Morizelis, N. P. 111
Morrow, W. L. 30, 322, 324
Mosher, F. C. 340, 346
Mouton, J. S. 27, 274
Musgrave, R. A. 470, 476

N
Nachmias, D. 382
Naisbitt, J. 76
Nakamura, R. T. 372, 376
Napoléon 248
Neustadt, R. 172
Newland, C. A. 618
Newman, W. H. 337
Niebuhr, R. 398
Nigro, F. A. 10
Nigro, L. G. 10
Norris, D. F. 78
Nye, J. S. 199, 405

O
Okun, A. H. 430, 445
Olsen, J. 369, 370
Olson, N. 375
Ostrom, W. 46

P
Page, W. J. 262
Park, R. 270
Parsons, T. 36, 95, 109, 111, 121
Pattenaude, R. 270
Pennock, J. R. 418, 419, 423
Perez, F. A. 306
Petrullo, L. 247
Pfeffer, J. 314
Pfiffner, J. M. 418
Plato 416
Polsby, N. W. 389
Pressman, J. L. 372
Presthus, R. V. 328, 329, 336, 418
Pugh, D. S. 32, 127
Pyhrr, P. A. 526, 529, 530

Q
Quinn, R. E. 317, 318

R
Rabin, J. 9, 267, 618
Raiffa, H. 178
Rainey, H. G. 288
Raphaeli, N. 35, 334

Rawls, J. 318, 428, 429
Rein, M. 372
Rhodes, R. A. W. 52
Riggs, F. 19, 35, 37, 38
Robbins, S. P. 127, 214, 216, 302, 310, 318
Robinvitz, F. F. 372
Roethlisberger, F. J. 26, 28, 109
Rohrbaugh, J. 317, 318
Roosevelt, F. 172
Rosenau, J. 53
Rossi, P. 389
Roth, G. 162
Rothenberg, J. 419
Rousseau, D. M. 195
Rowat, D. C. 334 335
Roy, D. F. 134

S
Salancik, G. 314
Santos, C. R. 617
Sayles, L. R. 134
Sayre, W. S. 17, 35
Schein, E. H. 148, 294
Schick, A. 459, 479, 484, 486, 494, 507, 517, 519, 520
Schmitt, D. E. 13, 105
Schneider, H. W. 417
Schultze, C. 460
Scott, J. C. 405, 407
Selltiz, C. 392
Selznick, P. 109
Shafritz, J. M. 617
Shepard, H. A. 303
Sherwood, F. P. 262
Siffin, W. J. 35
Sills, D. L. 246
Silverman, D. 42
Simon, H. A. 3, 16, 25, 31, 32, 115, 119, 155, 158, 164, 177, 229, 353, 359, 362, 363
Singh, J. 168
Slater, P. E. 110
Smallwood, F. 372 376
Smith, H. R. 418
Smithburg 3
Spiro, H. J. 329
Stahl, O. G. 606
Stakes, S. L. 99
Steiner, G. A. 298
Stillman, R. J. 19, 342
Strauss, G. 105, 134
Suchman, E. A. 382, 390, 392
Summer, C. E. 304

T
Taylor, A. 305
Taylor, F. W. 20, 21, 67, 141, 228
Thompson, J. 34, 178
Thompson, V. A. 3, 34, 103
Truman, D. 418
Tudel, R. J. 600
Tullock, G. 34, 45
Tversky, A. 184

U
Urwick, L. 16, 24, 31, 141

V
Van Horn, C. E. 372
Van Meter, D. S. 372
Vlek, C. 184

Vocino, T. 9, 267, 618
Von Neumann 167, 171

W
Waldo, D. 3, 5, 16, 21, 31, 40, 396
Webber, R. A. 304
Weber, M. 95, 121
Weidner, E. 35
Weinberg, M. W. 372
Weiss, C. 390
Weiss, M. 343
Wendt, D. 184
Weschler, L. F. 48
White, R. K. 253
Wildavsky, A. 34, 121, 372, 480, 530
Williams, R. M., Jr. 357
Wilson, W. 16, 19, 20, 67, 548
Winter, G. 396
Wittich, C. 162
Wright, C. R. 391

Y
Yukl, G. A. 251, 252

Z
Zald, M. N. 242
Zander, A. 249

사항색인

ㄱ

가격구조규제 450
가격규제 450
가격규제완화 455
가격비결정성 36
가변성 240
가외성 166, 170, 172, 345
가외성의 장치 182
가외성의 한계 173
가외성의 효용성 171
가외성장치 170
가용자원 524
가입권 618
가족수당 601
가족주의 188, 401, 410
가치공준 162
가치관 293, 295
가치선호의 갈등 164
가치성 17
가치의 할인 176
가치적 차원 162
가치전제 66, 513
가치주의 39
가치중립성 20
가치처리 368
가치함축적인 가정 269
간신히 헤쳐나가는 모형 362
간접규제 447
간접지표 383, 440
간접효과 383
갈등관계 152
갈등관리 252, 298
갈등성 288
갈등의 해결방안 302
감사기관에 의한 통제 114
감사원의 감사제도 336
감사위원회 210
감수성 273
감수성훈련 28, 149, 273, 588
감액배정 499
감응성 385
감정의 논리 136
감정적 요소 163
감정주의 105
감찰 252
강의 587
강제배분법 592
강제선택법 593
강제수단 11
강제적 권위 117
개발전략 15
개방성 38, 57, 266
개방적 임용제도 85
개방정향적 192
개방주의 583
개방직 556
개방체제 26, 260
개방체제모형 316
개방형 553
개방형 직위 556
개방화 87
개별적 책임제 193, 375

개시비용 606
개인간의 갈등 242
개인적 자의성 161
개인학습 279
개혁안의 작성 347
객관성 197, 576
객관식 시험 577
객관적 지식 84
거대담론 60
거래비용 199
거래비용이론 50
거리감 199
거버넌스 52
거버넌스 학파 52
거부권제도 166
거시변수 252
거시분석적 모델 525
거시적 차원의 윤리 396
거치된 보수 606
건전재정 471
검사 536
검투사의 역할 258
Game Theory 356, 361
견제와 균형 166
결과선 386
결과정향적 265
결과정향적 목표 259, 260
결산 505
결산권 460
결산위원회 507
결산의 문제점 507
결산의 심사 506
결산의 확인 506
결정의 메커니즘 230
결정작성위원회 210
경력개발프로그램 90
경력직 553
경력체제 229
경비의 총액 502
경상계정 469
경상비용 471
경상사무비 489
경상적 지출 470
경실련 327
경영결정의 신과학 230
경쟁입찰 536
경제규제정책 432
경제성질별 분류 473
경제장관회의 210
경제적 규제 442, 448
경제적 능률 480
경제적 동물 141
경제적 분석 520
경제적 비용 455
경제적 유인체계 142
경제적 존재 24
경제적 합리성 159
경제지표 440
경제학적 접근방법 47
경직주의 185
경합적 가치 316, 318
경합적 가치의 접근방법 316
경험의 본체 41
계급정년제 552
계급제 564
계급제의 단점 565
계급제의 장점 564
계량적 대체물 383
계산형 169
계서제 231
계선 228, 265, 300
계속비 464, 502

계속비결산보고서 506
계수조정 493
계약제 50
계층모형 377
계층적 구조 203
계층적 지휘체계 96
계층제 302
계층제의 기능 205
계층제의 원리 96, 228
계층제적 권위구조 95
계획성 269
계획예산 520, 522
계획예산의 구성요소 522
계획예산의 문제점 524
계획예산의 효용성 523
고객불만추적제도 286
고객에 대한 평등성 10
고과제도 85
고도의 표준화 129
고발 509
고용직공무원 554
고위공무원단 555
고위공무원단 제도의 장·단점 557
고위직 공무원 555
고전적 기술관료형 376
고정급 603
고정급적 연봉제 604
고정처리제도 619
고충처리 610
고충처리의 절차 611
고층성 29
고층적 조직구조 222
공간적 장벽 87
공개성 12, 63
공공관료 13
공공기업가 50
공공기업인 51
공공선택이론 45
공공성 4
공공영역 4, 191, 475
공공재 419, 443, 477
공공재무관리 538
공공재설 419
공공정책 12
공권력 308, 395
공금횡령행위 407
공동의 방향감각 245
공동체의 이익설 419
공리적 권위 117
공모직 556
공무상의 비밀 123
공무원개혁법 549
공무원단체행동 618
공무원의 행동규범 612
공무원제도의 분류 552
공식성 329, 353
공식적 권위 302
공식적 질서 160
공식적인 계선 115
공식화 126
공식화의 기법 128
공식화의 단계 317
공식화의 범위 128
공신력 127
공예산 459
공유된 신념 293
공유지의 비극 45
공익 9, 331, 416
공익성 63, 213
공익의 구성요소 419
공익의 기능 422
공익의 산출과정 425

공익창조설 426
공적 이미지 308
공정성 213, 306, 594
공청회 62
공통의 가치의식 134
공통의 기대 315
공평성 319, 402, 428, 514
공해방지법 453
공행정 8
공행정의 역할 12
과다대표 436
과당경쟁 449
과소대표 436
과업 247
과업의 상호의존성 301
과업의 조직화 252
과업중심적 리더십 250
과업중심적 스타일 250
과업집단 217
과업형 275
과잉동조현상 102
과정변수 313
과정상담 344
과정설 417
과정적 접근방법 343
과중한 서류작업 263
과학성 17, 33
과학적 관리법 21, 23, 63, 227, 259, 525, 566
과학주의 30
관계유지 252
관대화 594
관료의 독선화 36
관료적 기업가형 379
관료적 보금자리 104
관료정치 73
관료제 95, 204, 214, 572
관료제의 법규화 105
관료제의 병리 101
관료제의 부정적 속성 263
관료제의 순기능 105
관료제적 성격 8
관료제화 100
관료조직의 특권화 104
관리과학 230
관리기술 9
관리망 274
관리원칙 5
관리의 역할 227
관리자훈련방법 589
관리적 성격 9
관리정향적 373
관리정향적 예산 517
관리주의 20
관리회계 538, 539
관성적 성향 349
관성적인 현상 165, 355
관성화 104
관우월주의 188
관운주의 189
관존민비 188, 410
관직이권주의 189
관할권 124
관행 293
교육위원회 210
교육훈련 229, 586
교차보조 450
교체임용주의 547
교체직의 상설화 75
교환보조 450
구매의 절차 536
구매행정 533

구성원간의 동질적 조화 226
구성타당도 576
구조기능설 5
구조적 설계 343
구조적 접근방법 343
국가경쟁력 200
국가공무원 554
국가공무원법 571
국가재정 469
국고채무부담행위 503
국민에 의한 통제 114
국정관리적 차원 555
국제정보담당기관 90
국제화 87
굴종의식 192
권력분립 166
권력욕 152
권력의 개념 121
권력의 원천 122
권력의 정당성 196
권력의 존재 양상 124
권력자원 378
권력적 접근방법 314
권력집단화 112
권력현상성 110
권력형 부패 406
권리구제행위 333
권위 227
권위구조 96
권위의 계서화 231
권위의 계층제 98, 228
권위주의 188
권위주의적 리더십 142, 251, 254
권위형 253
권한의 변화 77
권한의 위임 145, 252
권한의 평등화 105
귀속성 139
귀속주의 107
귀족정치 426
규모의 경제 444
규범설 295, 417
규범적 권위 117
규제개혁 454
규제의 개념 442
규제의 방법 447
규칙 129
규칙에 의한 지배 53
극대화과정 357
극대화의 전략 47
근거리 통신망 78
근무성적평정 590
근무연한 621
근본주의적 메타이론 55
근접성 408
글로벌 거버넌스 53
금융통화운영위원회 211
급행료 412
긍정적 외부효과 240
긍정적 의식 130
기계공학적 능률 모델 525
기계모형 231
기계적 능률 20, 24, 64
기계적인 조직설계 228
기관비용 199
기관평가 336
기관헌장 289
기금 467, 469
기금제 606
기능별 분류 472
기능부서 216
기능의 전문화 95

기능의 중복현상 173
기능적 매니저 214
기능적 합리성 156, 157
기능적 회계 518
기능직공무원 554
기대효과 347
기득권의 수호 348
기본급 602
기본적 결정 365
기본효과 388
기술계 570
기술성 16, 20
기술적 권위 376
기술적 재량권 376
기술적 지식 378
기술적 합리성 159
기술지명인 377
기술훈련 273
기억 165
기업가형 정부 51
기여제 606, 607
기준타당도 576
기채동의권 460
기획 353
기획예산 459
긴급배정 499
긴급재정처분권 464
긴급조치제 62
끈질긴 공격정신 373

ㄴ
난이도 576
날치기 스타일 370
남녀고용평등법 454
낮은 수준의 공식화 215
낮은 수준의 복잡성 215
내면화의식 373
내부고발 414
내부배열 169
내부통제 331, 335, 500
내부통합 294
내셔널 거버넌스 53
내용적 합리성 158, 162
내용타당도 576
내적 과정모형 316, 317
내적 통합과정 293
내적 환경 179
네트워크 53
네트워크적 접근방법 53
네트워크화된 정부 79
노동위원회 211
노동조합 618
Northcote and Trevelyan위원회 341
논리실증주의적 접근방법 32
뇌물수수행위 406
느슨한 조직구조 148, 283
능력 196
능력개발 586
능력이론 431
능력주의 95, 97, 404, 599
능률성 63, 385
능률성을 측정하는 모델 384

ㄷ
다국적 기업 88
다년도세출예산 502
다년회계주의 505
다름의 정치 59
다름의 지식 59
다수결의 원리 421
다양성 58
다조직적 조정 46

다중연결모형이론 251
단기적 목적 260
단년회계주의 505
단독제 208
단독형 560
단순·복잡의 차원 180
단순순환학습 281
단순화과정 363
단식부기 542
단위부서 228
단위원가 519
단일추천제 578
단임적 조직구조 205
단체교섭권 618
단체정신 109
단체행동의 긍정적 측면 619
단체행동의 부정적 측면 620
당겨배정 499
당근과 채찍의 전략 142, 257
당위성 119, 295
당정협의회 75
대금지급 537
대담 587
대리인이론 50
대변역할 258
대상집단과의 계약 271
대상집단에의 개입 271
대상현상 441
대안비교 356
대안선정 356, 384
대외관계전문가 90
대인비교법 592
대차평균의 원리 542
대처의식의 조장 177
대통령품질상 284
대표관료제 403, 435
대표성 14, 184
덩어리째의 예산 494
도구적 우정관계 407
도구적 합리성 56
도급제 21, 227
도의적 책임 328
도정-목표이론 247, 250
도표식방법 591
독과점규제 448
독과점현상 14
독립규제위원회 211
독립변수 381
독립성 212, 559
독점성 11
동기부여 144, 227, 257
동기유발 252
동기의 기대개념 248
동등성 319
동등잠재력 168
동료조직 218
동시적 공학 287
동일체 의식 198
동일화기반의 신뢰 195
동일화의 권위 118
동일화집단 118
동질화 597
등급 567
DSS 78

ㄹ

로컬 거버넌스 53
Linear Programming 361
리더십 245, 596
리더십의 구성요소 246
리더십의 유형 253
리저널 거버넌스 53

ㅁ
막료 228, 265, 300
만족모형 362
만족이론 178
매트릭스 구조 287
메타설화 55
메타이론 55, 60
면접시험 577
명령 116
명령의 연쇄적 통일성 95
명령적 리더십 101
명령통일의 원리 22
명문화된 기준 330
명시이월 502
명시적인 법적 책임 329
명예직공무원 554
명확화 252
모방적 의식 130
모의연습 589
모집 572
모험주의 187
목간의 유용 501
목적세 465
목표관리 259, 311
목표관리의 문제점 263
목표관리의 장점 261
목표성취의 접근방법 311
목표에 의한 관리 145
목표의 구체화작업 374
목표의 선택 226
목표의 성취도를 측정하는 모델 382
목표의 조작화 311
목표정향적 265
몰사인주의 402
몰인간적인 초연성 97, 98
몰인정성 95
무기한세출예산 502
무사안일 176, 192, 410
무임승차 46, 225
무작위 176
묵시적인 법적 책임 329
문답회의 257
문서주의 98
문제성 있는 선호 369
문제의식적 탐색 182
문제처리 368
문제해결 252
문제해결의 스타일 370
문책처분 509
문화유산 91
문화적 전통 256
물화 43
미국의 중앙인사기관 561
미래가치 483
미래적 편견 479
미분할성 13, 46
미시변수 252
미시적 차원의 윤리 396
민원상담실 325
민정비서실 336
민주성 62
민주적 리더십 145
민주제 112
민주형 254
민중통제 332

ㅂ
반실증주의 41
반엽관주의 548
반응성 62
반행정현상 57
발견의 맥락 56

발생주의회계 541
발전주의 35
발취검사 509
방법론적 개인주의 47
방임형 254
배분적 정의 427, 430
배정유보 499
배치전환 579
배치전환의 효용성 580
배타적인 멤버십 301
번문욕례 112, 191
벌과금 308, 446
범지구화 87
법 앞의 평등 10
법령해석권 333
법률제정권 333
법의 정신 330
법인운용기금 467
법적 권위 115
법적 규제성 10
법적 요구도 329
법적 책임 10, 329
법적 합리성 160
법치행정 61
벤치마킹 282
변상판정 509
변상판정서 509
변칙지출 505
변화의식 192
변화저항성 283
별정직공무원 554
보상체계 224
보수 600
보수수준 257
보수수준의 결정 601
보수의 구성 602
보수의 지급 형태 603
보조금 446
보조적 단위기관 168
보직 579
보통승급 605
보통위원회 611
보편적인 속성 248
보편주의 160, 162
복수의 집행부 218
복식부기제도 542
복지국가의 후유증 49
복합적 인간관 148
본예산 467
부가급 603
부가급부 257
부당이득 446
부서의 독립성 252
부서의 환경적 호의성 252
부서편성의 원리 23
부서화 228
부정적 외부효과 240
부정적 의식 130
부정적 효과 388
부처별 예산요구액 491
부패감시 센터 414
부패에 대한 대책 413
부패의 개념 405
부패의 긍정적 기능 410
부패의 기능 410
부패의 부정적 기능 411
부패의 소지 408
부패의 유형 406
부패통제 82
분권적 의사결정 215
분권화 145, 237
분권화된 권위구조 265

분권화의 장점 242
분권화의 저해요인 237
분류법 568
분배적 형평 6, 445
분산구매 534
분산지급제도 537
분석에 의한 마비 486
분업 96, 227
분업의 유형 226
분임토의 587
불가능의 공리 45
불명확한 기술 369
불신 195
불신감 253
불용액 506
불편부당 197, 428
불평등한 배분 428
불평등한 신분 408
불평의 최소화 320
불확실성 168, 169, 175, 230, 240
불확실성에의 대처과정 175
불확실성의 과장 176
불확실성의 긍정적 측면 177
불확실성의 대처방안 181
불확실성의 부정적 측면 176
불확실성의 제거 182
비가외적 체제 167
비경제적 유인체계 142
비경합적 소비성 419
비계층적 제재의 권위 118
비공식적 조직 132, 146
비공식적 조직의 기능 136
비공식적 학습 282
비공식적인 계선 115
비교주의 35
비구조성 29
비금융공기업예산 469
비기금제 606
비기여제 607
비문서화된 표준적 행위 127
비밀성 12, 123
비배제성 419
비본능적인 예측가능한 행위 130
비사인성 197
비사인주의 113, 434
비사인화 126
비실험설계 387
비용개념 64
비용회계 525
비용·효과상의 한계 173
비인간화 103
비정규성 216
비정규적 기술 216
비정형성 127, 216
비조직적인 사회활동 148
비집행 378
빈곤대책 436
빈약형 275

ㅅ
사고이월 502
사기 596
사기관리론 596
사기의 결정인자 598
사기의 역할 597
사례연구 588
사무계 570
사법부에 의한 통제 114
사법통제 333
사실의 노정 106, 302
사실정향적 192
사실정향주의 187

사업계획별 분류 473
사업계획서 290
사업집행보고서 500
사영역 191
사예산 459
사용재 419
사이버 거버넌스 53
사익 9
사익의 한계성 424
사인관계의 배제 96
사인주의 105, 107, 111, 402
사적 영역 4
사전검사 500, 508
사전의결의 원칙 464
사전평가 380
사정 489
사정담당기관 336
사행정 8
사회개발의 개념 437
사회문화 294
사회보고 439
사회보장제도 358
사회심리적 비용 455
사회심리학적 접근방법 28
사회의 동력성 194
사회자본 471
사회적 규제 442, 451
사회적 규제의 목적 452
사회적 규제의 종류 452
사회적 능률 64
사회적 동물 133
사회적 비용 349
사회적 이미지 139
사회적 자본 194
사회적 정의 428
사회적 정의의 접근방법 318
사회적 합리성 159
사회적 형평 427
사회적응도 384
사회지표 437, 439
사회통합 438
사회회계 439
사회회계체제 439
사후검사 508
사후평가 380
산업경쟁력 89
산업안전보건법 453
산출기록법 592
살라형 36
삶의 질 451
3인의 관리위원회 218
삼독회 166
삼배수추천제 578
삼심제도 166
삼중순환학습 281
상담집단 154
상대적 능률 24
상대적 비중 315
상대주의 186
상부책임제도 143
상상 56
상상력 355
상업식 검사 508
상위설화 58
상임위원회 493, 496
상자주의 58
상징적 상호작용주의 41
상향적 서열화과정 527
상향적 편성 488
상호의존성 38, 261
상황 247
상황론 247, 249

상황변수 249
상황적 변화가능성 240
상황적 불확실성 240
상황적응모형 249
샘플서베이 326
생리적 욕구 150
생리적 존재 24
생산계층 97
생산력 26
생소자집단 273
생태론 37
생태론적 접근방법 37
생활급 191, 413, 615
생활보호제도 436
생활세계 42, 43
생활양식 256, 293
생활의 질 437
생활주기 318
서기계층 97
서류심사 577
서면검사 508
서비스 규제 451
서비스 규제완화 455
서술적 보고서 593
서열법 568, 592
서열화작업 529
선거 332
선거관리위원회 210
선논리적 세계 42
선량한 이웃 199
선례답습주의 176, 188
선례성 481
선례의존주의 185
선발 128, 229
선발장치 231
선임순위제 584, 599
선진화의 의지 87
선택적 검사사항 336
설계전략 233
성과계약보고서 290
성과급 51, 604
성과급적 연봉제 604
성과의 평가기준 385
성과주의예산 517
성과주의예산의 내용 518
성과주의예산의 문제점 520
성과주의예산의 효용성 519
성과지표 382
성숙화의 단계 317
성실의 의무 612
성악설적 인간해석 141
성찰적 언어 패러다임 58
성찰적 해석 58
성취능력 97
성취정향적 리더십 251
성취주의 100, 106, 186, 404
세계화 87, 223
세계화 마인드 89
세계화의 주체 91
세뇌훈련 229
세입결산보고서 506
세입예산월별징수계획서 498
세출감시기구 500
세출결산보고서 506
세출예산월별지출계획서 498
소극적 제재 119
소극적인 실적제 548
소극적인 자유 67, 68
소비자선호의 이론 475, 477
소비자선호의 접근방법 476
소비자의 중첩성 288
소속감 152, 599

소요계획서 536
소집단 132
소집단성 136
소청심사위원회 563, 611
소청심사제도 610
속성론 247, 248
쇄신적 관리 261
수납 536
수당 603
수시배정 499
수의계약 536
수익자부담의 원칙 444
수정예산 468
수직적 분업 227
수직적 분화 205
수직적 커뮤니케이션 131
수직적인 정보체제 233
수평적 관계의 창조 234
수평적 분화 205, 215
수평적 커뮤니케이션 131
수평적인 분업화 204
수평조직 344
수확체감의 법칙 444
순수한 설득 303
순환보직제도 85, 90
순환적 균형예산제 471
습관 165
승급 605
승진 582
승진의 기준 583
시간급 603
시관 358
시기적절성 306
Simulation 356
시민감사청구제도 414
시민교육 322
시민사회중심 거버넌스 53
시민을 위한 분류 473
시보임용 579
시장 실패설 5
시장개입정책 432
시장의 법칙 162
시장의 불완전성 444
시장의 실패 211
시장중심 거버넌스 53
시정 509
시정조치 338
시청각교육 588
시행착오 187
시행착오의 연속과정 373
시험 575
시험의 종류 576
시험의 효용성 575
신경구조성 169
신경생리성 169
신공공관리 학파 49
신공공관리론 223
신뢰 194
신뢰도 384, 389, 576, 594
신뢰성 167, 171
신뢰의 권위 117
신분급 602
신비적인 마력 203
신자유주의 49, 88
신행정학 39, 433
실기시험 577
실용성 576
실적 429
실적기준 442
실적별 보상제 192
실적의 표준화 21
실적이론 430

실적제 548
실적제보호위원회 562
실적주의정신 551
실지검사 508
실질의 목표 312
실질적 조정 120
실질적 합리성 156, 157
실천계획의 수립 271
실천적 개입 271
실천적 규칙 17
실천적 차원 161
실천학습 589
실험실 세미나 훈련 276
실험실훈련 273, 588
실험주의 147
심리적 만족감 262
심리적 성공감 27
심리적 유인체계 339
심리적 패배감 153
쓰레기통모형 369

ㅇ
아이디어 수집장치 257
안방민원 81
안전감 152
안전욕구 150
암묵적 지식 84
압력단체 332
애드호크라시 214
애드호크라시의 구조적 특징 215
애드호크라시의 장·단점 219
애정적 욕구 150
양원제 166
언어적 접근 58
업무의 단조성 134
X이론 141
NGO 321
엘리트의 분산화 190
MBO 267
MIS 375
여론 332
역량평가제 557
역할기대 129
역할명료성 252
역할연기 557, 588
역할요구 129
역할전문화 228
연고성의 배격 113
연고주의 107, 111, 188, 401, 402, 413
연공서열 556
연공순서 97
연구기금 467
연금 606
연대감 198
연대성 238
연방정부서비스 품질대상 프로그램 284
연방주의 166
연봉제 604
연부액 502
연성적 조직구조 85
연쇄화 594
엽관제 67, 547, 566, 616
엽관주의 20
영구적 위원회 218
영국의 중앙인사기관 562
영기준결정 484
영기준예산 526
영기준예산의 의의 526
영기준예산의 절차 528
영리업무 및 겸직의 금지 613
영역의 전문화 96

영역해제 57
영향력 116
영향력의 규모 11
영향모형의 설정 386
예결특별위원회 494
예비비 503
예비비사용명세서 503
예비비사용요구서 503
예산 459
예산개요 473
예산결산특별위원회 496
예산결정 478
예산공개의 원칙 463
예산과정 480, 488
예산단일의 원칙 465
예산명료의 원칙 463
예산배정요구서 498
예산비목의 축소 504
예산순환 488
예산심의 492
예산심의결정권 460
예산심의과정 493
예산엄밀의 원칙 464
예산완전성의 원칙 465
예산요구서작성 489
예산의 기능 459
예산의 분류 472
예산의 심의 · 결정권 333
예산의 원칙 463
예산의 유용 500
예산의 이월 502
예산의 이체 501
예산의 재배정 499
예산의 정책적 기능 478
예산의 종류 466
예산의 편성 488
예산절차 488
예산정보시스템 539
예산집행권 495, 497
예산통일의 원칙 465
예산통제권 494
예산편성지침 489
예산한정성의 원칙 464
예산회계법 463
예산회계정보시스템 539
예산회계정보시스템의 기능 540
OD 266, 268
OR 230, 343, 375
OECD 555
Operational Research 356, 361
온정주의 189
옴부즈만에 의한 통제 114
옴브즈만제도 334
Y이론 143, 260, 266, 270
YWCA 327
YMCA 327
외부경제 443
외부경제성 13, 14, 420, 422
외부계약 50
외부비경제 443
외부비경제성 14
외부전문가 277
외부통제 331, 332
외부효과 240, 443, 446
외연성 6, 14, 46
외재적 규제 144
외적 환경 179
외적환경에의 적응과정 293
외제적 통제 615
요소비교법 568
욕구 429
욕구간의 계층성 151

욕구이론 432, 596
우선순위 375
우연적 오차 389
운명주의 189
운영상의 한계 173
운영심의회 291
원리의 시대 67
원리적 접근법 23
원리주의 31
원스톱·논스톱 서비스 81
위기관리의 역할 258
위원회구조 218
위원회의 유형 210
위원회제 203, 208
위험 178
유동적 참여자 369
유동적인 자원 101
유사성의 추구 133
유연성 224
유의미성의 판정기준 386
유의수준 386
유형화 163
유형화된 특수성 185
유효수효 461
윤리의 상대성 398
은유 58, 59
응집력 252, 256, 296
응집적 집단 228
의도된 행위 44
의사결정의 기회 369
의식 130
의식적인 사고작용 165
의식적인 사유과정 158
의식적인 행동 3
의식주의 188
이념적 가치 295
이데올로기 358
EDPS 343, 344, 356
이론의 검증성 33
이론적 차원 163
이상형 95, 275
이상형의 관료제 95
이성적 과정 155
EIS 78
이용 500
이용가능성 184
이원론 71
이월명세서 502
2인조비교법 592
이전지출 462
이중순환학습 281
이중적 기록 542
이질혼합성 36
이층제 57
이탈의 스타일 370
인간관계론 143
인간관계론적 접근방법 28
인간관계모형 316
인간관계적 리더십 250
인간관계적 스타일 250
인간관계적 접근방법 228
인간다운 생활 402, 432
인간동원체제 229
인간목표중심의 관리 153
인간생태론 37
인간욕구의 5단계 150
인간의 가치 396
인간의 욕구체계 150
인간의 자의성 126
인간의 전문화 300
인간의지의 과학 396
인간적인 조직설계 228

인간주의 26
인간중심적 접근방법 229
인간해석 141
인간행동의 저질화 176
인공적인 창조물 295
인력관리 547
인맥주의 111
인사관리처 562
인사원 562
인사위원회 561
인사충원제도 547
인센티브제도 86
인적 요소 179
인적 자원 85
인정과 보상 252
인지과정상의 차원 162
인지력 158
인지적 학습 279
인출행위 280
일관성 514
일괄총액예산 496, 497
일반수준 601
일반수준의 결정요인 601
일반적 검사 508
일반주의 189
일반직 300
일반직공무원 553
일반회계 469
일반회계예산 466
일본의 중앙인사기관 562
일선기관의 강화 323
1차집단적 할거현상 403
임기제 559
임명 579
입법부에 의한 통제 114
입법통제 333

ㅈ
자기검증 기능 542
자기규제능력 142
자기완결성 222
자기표현 153
자기표현적 인간 273
자동적 합리화 157
자동적인 조정력 126
자문위원회 210, 326
자본계정 469
자본예산 470
자본적 지출 470
자아발현적 욕구 133, 151
자아실현의 이론 28, 143
자아실현주의 27
자아적 이미지 139
자연권 428
자연독점 447
자원배분 123, 475
자원배분의 경제적 접근방법 483
자원배분의 정치적 접근방법 478
자원의 무한정성 320
자원의 한정성 299
자유방임형의 리더십 147
자유제안 609
자유토론 224
자율성 219
자율적 질서 8
자족적 과업 233
자체평가제도 146
작업과정의 표준화 129
작업구조도 250
작업분석 21
작업성취도만을 측정하는 모델 382
작업의 전문화 300
작업흐름의 공식적 설계 104

잠재적 이익 423
잠정예산 464
잠정예산제 493
장기적 대안 366
장기적 목적 260
장애인고용촉진등에관한법률 454
재결 561
재량권 12
재량성 219
재량적 실험형 378
재량적 행정권 377
재량행위 123
재무회계 538
재분배정책 462
재정수요의 탄력성 487
재정자립도 239
재정증권발행제도 505
재정통제 498
재직훈련 584
재차이월 502
저항세력 347
적격성 306
적극적 제재 119
적극적인 교환관계 249
적극적인 모집방법 573
적극적인 실적제 549
적극적인 자유 68
적대감 253
적시학습 282
적응성 167, 172, 184
적절성 385
적합성 385
전결권 222
전략적 선택 226
전략적 지점 337
전략적 환경 315
전략-환경적 접근방법 314
전문성 16, 120, 122
전문성의 권위 117
전문자필적 57
전문정향성 44
전문직 300
전문직공무원 554
전문화에 역행 323
전문화의 원리 22
전문화현상 239
전보 579
전용 501
전자상거래법 80
전자서명법 80
전자자금이체법 80
전자정부 79, 80, 83
전직 579
전체적 효과 388
전통적 권위 99, 117
전통적 접근방법 23, 227
절차 129
절차의 간소화 191, 403, 413
절차의 양면성 399
절차의 역설성 399
절차적 공정성 306
절차적 조정 120
절차적 합리성 158
절충형 275, 560
점수법 568
점증모형 362
점증성 481
점증적 결정 365
점증주의 188, 480
점화자 258
접근방법의 다원성 486
정규적인 브레인스토밍 257

정급 569
정기승급 605
정당 332
정당한 절차 428
정당화의 맥락 56
정무관 554
정무직공무원 554
정밀검사 509
정보공개조례 327
정보사회 76
정보의 불완전성 164
정보의 비대칭성 51
정보의 수집 181
정보의 완전성 164
정보전파 252
정보제공제도 538
정보처리능력 233
정보처리모형 230
정보통신기술 77, 85
정보화 223
정부구매 533
정부사업기금 467
정부소유 358
정부운용기금 467
정부의 규제 10
정부중심 거버넌스 53
정부출연기관운용기금 467
정부회계 538
정실인사 301
정실제 547
정실주의 36, 111, 358
정실주의적 특혜주의 407
정의 428
정적 결합체 132
정적·동적 차원 180
정적 인간주의 189
정책 129
정책감사 512
정책감사의 범위 513
정책결정 168, 353
정책결정 패키지 528
정책결정가 359
정책결정과정 353
정책결정의 과정 354
정책결정의 저질화 176
정책의 일관성 197
정책적 유의미성 386
정책절차 514
정책집행 371
정책집행의 유형 376
정책평가 380
정치권력 13, 74
정치권력의 시녀역할 192
정치문화 357
정치운동의 금지 614
정치의 안정화 13
정치적 권위 6
정치적 권위설 6
정치적 리더십 548
정치적 성격 10
정치적 중립 616
정치적 중립의 내용 616
정치적 차원 555
정치적 합리성 160, 479
정치적인 재능 379
정치·행정이원론 20
정태적 역할구조 104
정통성의 권위 119
정확성 172
제 1 의 공리 64
제 1 차적 집단 8, 100
제 2 차적 집단 100

제2차적 효과 388
제3의 모델 364
제3의 효과 477
제4부 211
제도경제학적 접근방법 50
제도의 국제화 90
제안관리제도 609
제안제도 257, 607
제안제도의 과정 609
제재의 권위 118
Z이론 147
ZBB 527, 530
조기배정 499
조달업무 533
조달청 533
조사 · 질문권 333
조세-이전지출정책 462
조작된 설득 303
조작적 정의 310
조작적인 협상과정 304
조정 597
조정위원회 210
조정 · 통합행위 257
조직 내적 갈등 299
조직 외적 갈등 305
조직구조의 평면성 146
조직단위간의 갈등 242
조직단위간의 조정 226
조직단위의 요소 179
조직문화 293
조직문화의 기능 296
조직문화의 형성과정 294
조직문화의 형성요인 294
조직발전 143, 264, 268
조직발전의 과정 270
조직발전의 문제점 276
조직발전주의 27
조직설계 228, 230
조직설계의 접근방법 227
조직의 민주화 223
조직의 성격 255
조직의 유기성 131
조직의 중복성 345
조직의 체제성 170
조직의 초점 316
조직의 평면성 27
조직의 효과성 310
조직적 대응 183
조직학습 278, 279
조직학습의 유형 280
조직행동 280
조직행위의 비정형성 29
조직화 252
조직화된 무정부상태 369
조직화된 행동 3
조직화하는 방법 226
조직환경 265
조직활동의 요소 179
존경의 욕구 150
종속변수 381
종합적 검사 508
죄수의 딜레마 45
주관식 시험 577
주관의 객관화 186
주관적 지식 84
주민위주의 행정 242
주민참여 62, 321, 332
주민참여의 문제점 323
주민참여의 활성화방안 325
주변부에 있는 정치적 공동체 59
주입식교육 590
주제통상위원회 212

주체설 5
준거기준 61
준거기준간의 갈등문제 68
준거기준간의 우선순위 67
준실험설계 387
준예산 464
준예산제도 493
중립성 14, 66
중립주의 187
중복 166
중복성 36, 168, 170
중앙공무원교육원 563
중앙구매기관 534
중앙심사위원회 609
중앙예산기관 488
중앙위원회 611
중앙인사기관 558
중앙인사기관의 기능 561
중앙인사기관의 조직형태 560
중앙인사기관의 특성 559
중앙인사위원회 563
중앙정부예산 469
중장기 예산 523
중재의 성공적 조건 306
중재자 305
중첩 166
지각필터 279
지구촌화 87
지도역할 246
지도자 246
지도자와 집단구성원과의 관계 250
지명경쟁 536
지방공무원 554
지방고등고시제도 555
지방분권화 325
지방재정 469
지방정부예산 469
지성적 통찰력 157
지속적인 학습 282
지시적 위임형 377
지식기반의 신뢰 195
지식사회 90
지식센터 86
지식정부 83, 84, 586
지역전문가 90
지원 252
지위의 부조화 301
지정제안 609
지정추천제 578
지지적 리더십 251
지휘적 리더십 251
직군 566, 567
직급 567
직급명세서 569
직렬 567
직류 567
직무감찰 336, 337, 510
직무급 602
직무기준법 593
직무만족도 260
직무배치 229
직무설계 229
직무성과계약 557
직무적 책임 330
직무제안 609
직무확장 27, 146, 229
직업공무원제 550
직업윤리 337, 404, 615
직업적 전문가 98
직업적 전문주의 20, 189, 597
직위 566
직위공모 556

직위분류제 90, 564, 565
직위분류제의 단점 570
직위분류제의 수립과정 567
직위분류제의 장점 569
직위에 부여된 권한 250
직접규제 447
직접지표 440
진단 271
진실험설계 387
진입규제 450
진입규제완화 455
진화적 과정 372
집권성 559
집권적 관리 518
집권화 228, 237
집권화된 권위구조 265
집권화의 요인 237
집권화의 장점 241
집단 246
집단결정 254
집단공동체의 단계 317
집단구성원의 인적 사항 255
집단규범 28
집단론 247, 249
집단실적 250
집단역학 296
집단적 동질성 197
집단토론 113, 253, 254, 557, 587
집단평정법 593
집단행동 273
집단행동의 금지 614
집중구매 534
집중구매의 장·단점 534
집중지급제도 537
집중화 594
집합적 소비성 419
집행 12
집행상의 문제점 504
집행상의 신축성 500
집행의 집중현상 504
징계위원회 561
징계처분 508

ㅊ

차관회의 210
차별적 배분 429
차별적 수준 601
차별적 수준의 결정요인 602
차별체계 135
참된 가치 389
참여감 599
참여자 369
참여적 관료제 617
참여적 관리 146, 259, 260
참여적 관리원칙 287
참여적 리더십 251
창업의 단계 317
창의력 355
창의적 작업 200, 219
창조성 172
채용절차 578
채용후보자명부 578
책임운영기관의 공식적 구성요소 289
책임운영기관제도 289
책임전가 189
철인군주 426
청렴의 의무 613
체계적인 사유과정 155
체제의 조작화 313
체제접근방법 313
초국적 기업 88
초인적인 우월성 203

촉매역할 258
총괄예산 504
총무청 인사국 562
총액배분 편성 490
총액승인예산 496
총체적 관리 146, 261
총체적 품질관리 284
최고가격규제 450
최소한의 경비제 531
최저가격규제 450
최저가격제 451
최저임금제 446
최적 367
최적모형 367
추가경정예산 465, 468, 504
추밀원령 562
추종자 246
추천 578
추천제안 609
충성심 597
충성파 인사 75
측정도구 384
친근자집단 273
친목형 275
친절·공정의 의무 613

ㅋ

카리스마 189
카리스마적 권위 99, 117
Carnegie-Mellon학파 230
Keynes경제학 520
코딩화 57
Cost-Benefit Analysis 361
쾌적한 작업조건 257

ㅌ

타당도 384, 389, 390, 575, 594
타산적 신뢰 195
타율적 질서 8
타자성 57
탈관료주의 27, 147
탈관료화 214
탈관료화이론 27
탈관료화현상 111
탈교조주의 186
탈국경화 87
탈규제화이론 454
탈영역화 57
탈퇴의 자유 136
탈행태주의 40
탐지 183
태도조사환류 274
터널적 시각 257
테크놀로지의 발달 255
통계적 유의미성 386
통솔의 범위 22
통일체 170
통제과정 337
통제정향적 예산 517
통제제도 143
통치상의 분권화 237
통치상의 집권화 237
통합부패방지법 415
통합성 159, 213
통합예산 468, 470
통합적 관리 261
퇴거규제 450
퇴거규제완화 455
퇴직연금 606
투명성 82
투자비용 471

특별승급 605
특별위원회 210
특별채용 90
특별회계 469
특별회계예산 466
특별회계제도 465
특수경력직 554
특정직공무원 553
특혜의식 434
T-그룹 588
T-그룹 훈련 273
TQM의 원칙 286
TQM의 핵심개념 285
팀 221
팀빌딩 252
팀워크 262
팀제 221
팀제의 장·단점 223
팀학습 279

ㅍ

파견근무 579, 581
파견근무의 용도 582
파급효과 387, 388
파레토 최적 445
파벌적 집단 132, 139
파벌주의 105
파업 618
파트너십 52
패러다임 55
Pendleton법 561
편파의식 434
평가 272
평가기준 304
평가설계 381
평가업무 391
평가의 논리 381
평가의 모델 382
평가의 절차 385
평등 429
평면성 29
평면조직 214
평정방법 591
평정상의 유의점 593
평정표 593
폐기학습 280, 283
폐쇄성 266
폐쇄적인 특수집단 100
폐쇄제 551
폐쇄주의 583
폐쇄집단화 617
폐쇄체제 26
폐쇄형 552
POSDCORB 22
포스트모더니즘 56
포스트모더니즘 학파 55
표준예산제도 489
표준화 181, 595
표출된 행위 44
품목별 분류 472
품목별예산 459, 516
품목별예산의 문제점 517
품위유지의 의무 613
품질개선모범상 284
품질기능전개 287
품질통제기관 304
풍요 속에서의 착취 427
프로젝트 매니저 214
프로젝트 부서 216
프리즘적 사회 36
피라미드형의 관료제 108
PERT 356, 375

PPBS 264, 530
필기시험 577
필요적 검사사항 336

ㅎ
하부과업 231
하위과업 226
하향적 편성 488, 490
하향적 편성의 장·단점 491
학습기회 282
학습담당자 283
학습의 함수 370
학습조직 84, 279
한계단위의 점증수준 484
한계비용 521
한계효용의 원칙 521
한계효용의 이론 484
한국소비자보호원 452
한국의 책임운영기관제도 290
한정된 비교 363
한정적 합리성 182
할거주의 558
Haldane위원회 341
합동추천제 578
합리모형 361
합리성 120, 155
합리성 외부 59
합리성의 제약요인 163
합리성의 차원 160
합리적 목표모형 316
합리적 밖의 요소 367
합리적 요소 367
합리적 조직구조 95
합리적 존재 24
합리적인 계산체계 100
합리적인 권위 99
합리적인 행동 3
합리주의 186
합법성 61
합법적 권위 117
합의설 418, 559
합의제 208
합의제의결기관 210
합의형 560
항간의 이용 500
해결책 369
해결해야 할 문제 369
해석과정 279
해석사회학 41
해체 56
행동적 학습 279
행렬조직 216
행위유형의 보수성 165
행위지속적 현상 165
행정개혁의 개념 340
행정개혁의 성공적 조건 345
행정개혁의 접근방법 342
행정개혁의 추진과정 346
행정계층 97
행정과정의 민주화 63
행정관 327
행정관료제 104
행정관행 74
행정규제 442
행정독재국가 37
행정문화 185, 293
행정문화의 변동요인 190
행정문화의 주요내용 186
행정부패 405
행정생산성 85
행정서비스의 최저수준 240
행정수반 335

행정신뢰 194
행정신뢰에 영향을 주는 요인 196
행정신뢰의 기능 199
행정윤리의 개념 395
행정윤리의 차원 399
행정윤리의 확립방안 401
행정의 공개성 197
행정의 공정성 197
행정의 권력현상 121
행정의 권력화 125
행정의 독선성 191
행정의 우월의식 191
행정의 윤리 395
행정의 자율성 192
행정의 재량영역 334
행정의 정치화 71
행정의 준거기준 331
행정의 탈권력화 193, 403, 413
행정적 권위 115
행정적 권위의 기능 119
행정적 권위의 종류 117
행정적 분권화 237
행정적 정신 56
행정적 집권화 237
행정정보의 디지털화 81
행정중재 305
행정책임 328
행정책임의 기준 330
행정책임의 보장 331
행정책임의 종류 328
행정체제의 발전도 111
행정통제 328, 331
행정편의 104
행정편의주의 125
행정평가제 193
행정학의 실용성 40
행정학의 양면성 18
행태론적 접근방법 32
행태적(인간관계적) 접근방법 344
행태주의 30
허위변수 381
헤드십 245
현금관리 543
현금관리규정 543, 544
현금관리기법 543
현금관리시스템 543
현금예산 543
현금유입 543
현금유출 543
현금정보관리시스템 543
현금주의회계 541
현상학 41
현상학적 접근방법 41
현실적인 속성이론 248
현실적합성 40
현실처리 368
현장실습 588
현지채용 90
협동 252
협상 170, 304
협상력 304
형상형 377
형식적 지식 84
형식적 차원 161
형식주의 36, 188
형평성 48, 422
형평화 15
Hawthorne실험 26
호손 연구 228
호혜성 408
혼란변수 381
혼합관조모형 364

확산효과 240, 477
환경관리 233
환경보전법 453
환경의 상태 255
환경인식 279
환경적 불확실성 179, 183
환경적 세력 185
환류 271, 272
환류과정 179, 380
환류통로 608
활동별 분류 473
회계감사 500
회계검사 336, 507
회계검사와 직무감찰의 차이 511
회계검사의 문제점 510
회계검사의 종류 508
회계연도독립의 원칙 502
회계정보시스템 539
회계책임 516
회고적 편견 479
횡단면적 설계팀 287
횡적 협조 243
효과성 65, 385, 387
효과의 종류 388
효용성 314, 318
Hoover위원회 341
후생기금 467
후원자·고객간의 관계 407
훈련 21, 130
훈련된 무능력 73
희소성 367, 481

著者略歷

서울大學校 文理科大學 政治學科 卒業(政治學士)
서울大學校 行政大學院 卒業(行政學碩士)
美國 Florida 州立大學校 大學院 卒業(政治學博士)
行政考試 및 昇進試驗委員
高麗大學校 政經大學長 歷任
韓國行政學會會長 歷任
韓國社會科學硏究協議會會長 歷任
現 高麗大學校 政經大學 行政學科 名譽敎授
  대한민국학술원 회원

著 書

韓國政治論(共著, 博英社, 1976)
韓國의 行政文化(高麗大 出版部, 1982)
行態科學(譯, 三英社, 1982)
第 3 世界硏究 II(共著, 韓國精神文化硏究院, 1983)
韓國政治行政의 體系(共著, 博英社, 1984)
민주주의문화론(나남출판, 1994)
국제화에 대한 사회과학적 이해(편저, 박영사, 1995)
문화와 국가경쟁력(공저, 박영사, 1996)
한국행정학의 기본문제들(나남출판, 1996)
성경과 민주주의(예영커뮤니케이션, 1999)
한국행정학 50년—문헌검토를 중심으로—(나남출판, 2005)
其他 論文多數

신판
행 정 학

1984년	6월	30일	초판발행
1988년	1월	20일	전정판발행
1992년	8월	15일	전정증보판발행
1996년	7월	30일	전정증보신판발행
1998년	7월	30일	제 4 전정판발행
1999년	8월	30일	제 4 전정보정판발행
2006년	7월	20일	신판발행
2021년	3월	10일	중판발행

저 자 백 완 기
발행인 안 종 만
발행처 (주) 박영사
서울특별시 종로구 새문안로3길 36, 1601
전화 (733)6771 FAX (736)4818
등록 1959. 3. 11. 제300-1959-1호(倫)

www.pybook.co.kr e-mail: pys@pybook.co.kr

정 가 29,000원 ISBN 89-7189-452-0